2017

永州市冷水滩区年鉴

LENGSHUITANQU NIANJIAN

中共永州市冷水滩区委　永州市冷水滩区人民政府　主办
永州市冷水滩区党史与地方志征集编纂办公室　编

方志出版社
Publishing House of Local Records

图书在版编目（CIP）数据

永州市冷水滩区年鉴. 2017 / 永州市冷水滩区党史与地方志征集编纂办公室编. — 北京：方志出版社，2018.6

ISBN 978-7-5144-3106-3

Ⅰ. ①永… Ⅱ. ①永… Ⅲ. ①区（城市）—永州—2017—年鉴 Ⅳ. ① Z526.44

中国版本图书馆 CIP 数据核字（2018）第 141533 号

永州市冷水滩区年鉴（2017）

编　　者： 永州市冷水滩区党史与地方志征集编纂办公室

责任编辑： 刘　珊

出 版 人： 冀祥德

出 版 者： 方志出版社

地址　北京市朝阳区潘家园东里 9 号（国家方志馆 4 层）

邮编　100021

网址　http://www.fzph.org

发　　行： 方志出版社图书经销中心

电话（010）67110500

经　　销： 各地新华书店

印　　刷： 湖南奔腾文化创意股份有限公司

开　　本： 889 × 1194　　1/16

印　　张： 24

字　　数： 605 千

版　　次： 2018 年 6 月第 1 版　　2018 年 6 月第 1 次印刷

印　　数： 001~600 册

ISBN 978-7-5144-3106-3　　**定价：** 240.00 元

编辑说明

《永州市冷水滩区年鉴》（2017）为创刊号，主要记载永州市冷水滩区国民经济和社会发展的基本情况与重大事件。

本年鉴坚持以马克思列宁主义、毛泽东思想、邓小平理论、“三个代表”重要思想、科学发展观、习近平新时代中国特色社会主义思想为指导，坚持辩证唯物主义和历史唯物主义的立场、观点、方法，存真求实，全面、客观，系统记述冷水滩区2016年度发展情况。

本年鉴除特载采用综合性文章外，其余均采用规范性记述，按类目、分目、条目三个层次编排；部分条目由于篇幅过长而增加细目，但不在目录中体现。类目依次有特载、大事记、冷水滩区概况、中共永州市冷水滩区委员会、冷水滩区人民代表大会、冷水滩区人民政府、政协冷水滩区委员会、民主党派社会团体、法治、军事公安消防、农业、工业、交通、城乡规划建设和环境保护、商业贸易、财政税务银行、综合经济管理、科技教育、文化体育、卫生、人力资源和社会保障、民政人口计生、乡镇街道概况、附录等24个，有随文彩照93幅。

本年鉴所载稿件，均由各乡镇、街道和各单位撰稿人提供，并经供稿单位领导审核。主要经济指标中的地区生产总值、工农业总产值一般按当年价格计算，其增减百分比则按可比价格和可比口径计算。因统计口径和统计制度变化，部分数据不尽一致。

本年鉴收录范围，以永州市冷水滩区现今行政区划为界，时间以2016年1月1日—12月31日为限。

《永州市冷水滩区年鉴》编纂委员会

名誉主任　何冲龙

主　　任　桂砺锋

副 主 任　蔡富强　齐纲要

委　　员　唐爱华　唐　亚　唐美云

　　　　　徐小广　龙爱国　张风屏

《永州市冷水滩区年鉴》编辑部

主　　编　张风屏

副 主 编　马柱立　陈锦和

编　　辑　蒋庚元　蒋正洁　蒋春华

　　　　　聂新华　周六妹

目　录

特　载

大事记

冷水滩区概况

中共永州市冷水滩区委员会

冷水滩区人民代表大会

冷水滩区人民政府

政协冷水滩区委员会

民主党派 社会团体

法　治

军事　公安消防

农　业

工　业

交　通

城乡规划建设　环境保护

商业贸易

财政 税务 银行

综合经济管理

科技 教育

文化 体育

卫　　生

人力资源和社会保障

民政 人口计生

镇乡、街道概况

附　录

特　载

加快建设品质活力首善区 为冷水滩率先基本实现现代化而努力奋斗

——在中国共产党永州市冷水滩区第八次代表大会上的报告

中共冷水滩区委书记　何冲龙

（2016 年 8 月 29 日）

中国共产党永州市冷水滩区第八次代表大会，是在区“十三五”扬帆起航的关键时期召开的一次十分重要的会议。大会的主题是：强化传承冷水滩历来改革开放、敢为人先的鲜明特质，全面落实创新、协调、绿色、开放、共享发展理念，积极顺应“市强区兴民富”发展大势，始终坚持以经济建设为中心，动员全区人民为加快建设品质活力、富裕文明冷水滩，率先基本实现现代化而努力奋斗！

过去五年取得辉煌成就

区第七次党代会以来的五年，是冷水滩发展史上极为关键、极具成就的五年。五年来，在省委、省政府和市委、市政府的坚强领导下，七届区委团结带领全区广大党员干部群众，开拓奋进，攻坚克难，圆满完成了区第七次党代会确定的各项目标任务，实现了经济社会跨越式发展。回顾过去五年工作，最值得欣慰的是：我们积极应对经济发展新常态，主要经济指标成功实现翻番，发展速度始终在全市保持第一方阵的领先地位。最值得自豪的是：我们采取超常规措施，在成功创建省级卫生城市基础上，一举成功创建国家卫生城市、国家森林城市，将不可能的事变成了可能，名城联创提高了城市知名度。最值得骄傲的是：我们争创一流，在全市第一个、全省前 20 个实现全面建设小康社会达标。先后获得国家现代农业示范区、中国幸福城市等国家级荣誉 50 余项、省级荣誉 100 余项。最值得弘扬的是：我们坚决强化党的领导，以执行力建设为抓手，全力推进民生工程建设，以民为本、和衷共济、共同担当的干事创业氛围空前浓厚。

1. 综合实力实现跨越式提升。截至 2015 年，全区地方生产总值突破 200 亿元，是 2010 年的 1.8 倍。社会消费品零售总额突破 100 亿元，是 2010 年的 2.0 倍。固定资产投资突破 240 亿元，是 2010 年的 3.7 倍，五年累计完成 810 亿元。财政总收入从 5.1 亿元增长到 12.6 亿元，增长 148%。中心城区经济总量、人均均量、运行质量“三量齐升”，区域综合实力更加雄厚。

2. 结构调整实现跨越式突破。截至 2015

年，三次产业结构比调整到12.2:48.8:39，呈现“二三一”的产业结构。高科园从6平方公里扩大到14平方公里，投产项目30多个。全区产值过亿元企业达到65家，规模以上工业企业达到140余家，新型工业主导地位更加突出。第一产业增速连续保持全市第一，粮食生产实现“十一连增”，农产品加工企业增至210家，现代农业基础地位更加夯实。科技、信息、金融、物流等现代服务业支柱地位更加明显，中心城区集聚力、辐射力、影响力不断提升。

3. 城乡面貌实现跨越式改变。突出城市经济主线，中部滨江新城、东部活力新城建设全面铺开，城镇建成区面积扩展到35.6平方公里，城镇人口增加到36.7万人，城镇化率提高到68.7%，中等城市的骨架基本形成。全面实施中心城区提质改造，城区主干道路基本完成路面“白改黑”、路边绿化美化、路下管网改造、人行道板提质提标、临街建筑立面改造。23条断头路全面贯通，55个城中村、70个城乡结合部“脏、乱、差”现象明显改观。全面打通对外连接大通道，高速铁路正式运营，每天经停13对26趟车次，永州机场开通北京、上海、海口、深圳等6条航线，祁冷公路、二广高速、衡枣高速等5条跨境干线建成通车，区域性交通枢纽城市基本形成。全面开展农村环境综合整治，所有建制村完成了治理，建成省级新农村和美丽乡村3个。加强农村交通水利基础设施建设，行政村水泥路通达率100%，完成中小河流治理、水利大小工程2.1万处，解决13万人饮水安全问题，农业农村发展环境明显改观。

4. 改革开放实现跨越式推进。深化行政管理体制改革，深入推进“四单”管理和“先照后证”“三证合一”，全区市场主体达到3.4万户，注册资本达到60亿元，“大众创业、万众创新”的市场活力更加释放。深化农村产权制度改革，完成全区8万户、42万亩农村土地确权登记，更多企业、更多资金、更多项目进入农村。深化社会治理机制改革，城区范围全面实行社区网格化管理，28项便民服务、69项审批事项都在群众“半小时步行圈”内。

5. 民生事业实现跨越式发展。实施教育、生态、就业“三项优先”战略，完成了四中整体搬迁和移交，打造了一批教育品牌。落实湘江保护和治理行动三年计划，生态环境进一步优化。积极推进就业创业，解决了一大批劳动力就业。科技、卫生、计生、文化、体育等社会事业更加兴旺，养老、医疗、低保、五保等保障更加坚实，群众幸福感更强。城镇居民人均可支配收入、农村居民人均可支配收入始终保持全市前列，干部职工平均工资、村支书报酬、社区干部待遇始终保持全市前列，群众获得感更多。社会治安、信访、维稳、食品药品监督、安全生产监管等各项工作更加有力，群众安全感更大。特别是在市委、市政府坚强领导下，我们有智慧、有魄力、有担当破除发展障碍，集中开展103个小区整治，发放国土证6万多本，解决了几十年没有解决的遗留问题，市民满意度更高。

6. 党的建设实现跨越式迈进。从严管党治党，党和政府的公信力不断增强。深入开展党的群众路线教育实践活动、“三严三实”专题教育、“两学一做”学习教育等党建主题活动，党员干部的思想认识更加统一，各级党委班子的领导核心作用更加突出。强化基层组织建设，城区300个网格实现“全覆盖”。坚持把纪律和规矩挺在前面，纪律建设更加严明。全力支持人大、政协依法行使职权职能，全力支持公安、检察、法院依法开展工作，法制建设更加规范。高度重视宣传、统战、人武、工会、共青团、妇联、民族、宗教、侨务、对台、老年、残疾人、人防、消防、气象等工作，社会各界齐心协力，共同推动冷水滩加快发展的积极性、创造性得到充分发挥。

五年的实践充分证明：始终坚持党建引领，总揽全局，是做好一切工作的前提。始终坚持凝心聚力，团结干事，是做好一切工作的基础。始终坚持攻坚克难，勇于担当，是做好一切工作的关键。始终坚持以民为本，实事求是，是做好一切工作的保证。

同志们，成绩来之不易，经验弥足珍贵。在肯定成绩、总结经验的同时，我们也冷静的看到自身存在的不足，清醒的认识到前进道路上的困难和问题。主要是：思想建设、组织建设、作风建设、党风廉政建设仍需进一步加强，执行落实能力仍待进一步提高；区域经济总量不大，发展质量不优，支柱企业不多，应对新常态压力较大；基础设施不够完善，功能配套不够齐全，后续增长乏力等等。对此，我们将在今后的工作中引起高度重视，运用最有力的措施，实现最科学的解决，力争最大限度地突破。

开启基本实现现代化新征程

未来五年，是实现“两个一百年”奋斗目标承前启后、继往开来的重要时期，世情、国情、省情、市情都在发生深刻变化。从全国发展态势看，我国经济正在向形态更高级、分工更复杂、结构更合理的阶段演化，经济发展进入新常态，发展速度正从高速增长转向中高速增长，发展方式正从规模速度型粗放增长转向质量效率型集约增长，发展结构正从增量扩能为主转向调整存量、做优增量并存的深度调整，发展动力正从传统增长点转向新的增长点。中央提出到2020年，完成以工业化、城市化为主要特点的第一次现代化，加快开启现代化征程是指导我们今后一个时期发展的基本坐标。从全省发展态势看，我省经济社会发展正进入全面建成小康社会、转型升级和“三量齐升”的关键期，处于工业化、城市化发展的重要阶段，省委、省政府全面布局，着力打造长株潭城市群、洞庭湖区、湘南国家级承接产业转移示范区、大湘西边区贸易中心四大经济板块。全省百舸争流，千帆竞发，率先开启现代化征程是指导我们加快发展的最好路线图。从市区发展态势看，在省直管县体制下，市区一体化已成为发展大势。在市委、市政府坚强领导下，我们要强化“市强区兴民富”理念，政治上，树立政治意识、大局意识、核心意识、看齐意识，坚决贯彻落实市委、市政府的决策部署和工作安排，不打折扣、不搞变通、不推责任。思想上，清楚认识“县”与“区”的体制区别，清楚认识“投资市里负责，税收市区共享”的体制优势，牢牢树立“市区一体化”的发展理念，深入推动项目建设一体化、园区建设一体化、城市治理一体化、城乡发展一体化，不讨论、不争论、不议论。行动上，对市委、市政府交办的各项工作任务，特别是征地拆迁任务、项目建设任务、城市创建任务，要站在“强市兴区富民”的高度，严格按照时间节点，坚决执行落实到位。

基于上述分析，全区上下要以只争朝夕的精神状态，以慢不得、等不起的紧迫感，创新作为、主动作为、率先作为、积极作为，全身心投入到现代化建设大潮中去，为率先基本实现现代化贡献自己的最大力量。

今后五年，区委工作的指导思想是：高举中国特色社会主义伟大旗帜，全面贯彻党的十八大以来的路线方针政策，积极顺应“市强区兴民富”的发展大势，坚持以经济建设为中心，坚持党要管党从严治党，突出供给侧改革主线，突出产业园区建设，突出打造品质活力首善区，大力提升中心城区辐射力和带动力，在全市率先建成全面小康社会，率先基本实现现代化。

发展定位是：立足打造“经济繁荣、环境优美、和谐文明、宜居宜商”的首善之区总体定位，建设最具吸引力、凝聚力、影响力、辐射力的中心城区，在全市范围内着力建设“四个中心”。即：建设区域交通中心。构筑铁路对外通道，建设公路对外通道，构建航运对外通道，架设航空对外通道，打造“水陆空”全方位覆盖、大进大出的区域交通枢纽中心城区。建设生态文明中心。以争创国家生态文明试验区、国家近零碳排放示范区、国家公园为抓手，打造在全省乃至全国具有一定知名度和影响力的生态宜居山水名城。建设区域城市中心。加快创建国家交通管理模范城市、国家文明城市、国家园林城市，完善功能配套，壮大城市产业，建设潇湘城市群核心区和湘西南城市中心。建设产业集群中心。做大生物医药、机械制造、电子信息、农产品加工、节能环保、新能源、现代物流等支柱产业，打造企业集聚、产业集群的产业发展新高地。

发展目标是：人口数量、新型城市化、新型工业化、GDP 权重、区域创新体系、标准化要素等现代化核心指标全面达标，在全市率先基本实现现代化。具体表现为：经济发展跃升。经济发展速度快于国家、省、市平均速度，各项主要经济指标实现翻番，绝对额保持全市前列，领先全市发展。民生福祉增加。社会保障实现“全覆盖”，城镇居民人均可支配收入、农村居民人均可支配收入、干部职工工资收入保持全市前列，人民群众有更多的获得感和幸福感。社会事业进步。科技、文化、教育、卫生等事业齐头并进，九年义务教育巩固率达到99.6%，基本普及高中教育。行政村客运班线通达率、农村居民安全饮水比率达到100%。民主法治提高。社会治理体系和治理能力进一步提升，社会安全水平进一步增强，司法公信力明显提高。党的建设加强。从严治党成为常态，基层战斗堡垒更加坚实，党员队伍战斗力更加凝聚，各级党组织的领导力、公信力显著加强。

发展要求是：坚持思想观念引领，突出“新”。把解放思想作为开路先锋，善于用改革的办法解决发展中的问题。紧扣经济建设主题，坚持“快”。抓住发展不够、发展不足这个主要矛盾，坚持“好中求快、以快促好”，用法治的思维、改革的办法，化解矛盾，推动发展。贯穿五大发展理念，着眼“优”。推动思路转换、方式转变、路径转轨，不断增强发展的全面性、协调性和可持续性。树立争先进位境界，立足“干”。弘扬脚踏实地、真抓实干的优良作风，做到想干事、能干事、干成事、不出事。巩固党的领导地位，力求“严”。坚持党要管党、从严治党，树牢政治意识、大局意识、核心意识、看齐意识，凝聚人心向背，总揽全局，协调推进各项工作。遵循以人为本要求，务求“实”。丰富民生内涵，夯实民生基础，努力营造幸福美好生活人人共建、人人共享的生动局面。

抢占经济社会发展制高点

波澜壮阔的“十三五”大幕已经开启。机遇空前，挑战也空前，发展面临新课题，发展需要大智慧。全区上下要始终保持昂扬向上的精神状态、争先进位的雄心壮志和永不满足的目标追求，抢占未来发展的制高点，全力推动产业高度发展、城市特色鲜明、人民安居乐业。

1. 传承冷水滩历来敢为人先的鲜明特质，抢占改革开放制高点。冷水滩历来具有改革开放、敢为人先的鲜明特质。三十多年来，冷水滩因改革而新生，因开放而崛起，因创新而壮大。改革开放已成为冷水滩独特的基因，敢为人先已成为冷水滩鲜明的特质。新常态下，全区上下要率先担当起历史责任，传承和发扬优良传统，让改革开放的理念进一步在头脑中树立起来，让敢为人先的豪迈进一步在行动中释放出来。

把思想开放推向新高度。对外开放程度是

一个地方经济社会发展的“晴雨表”。改革开放以来的实践证明，封闭就会落后，封闭就会落伍。要有最开放的思想。从全球化、全域化发展的大势、趋势出发，跳出冷水滩看冷水滩，把发展的着力点聚焦到产业发展上，把发展的突破口聚焦到项目引领和项目质量效应上，把发展的动力聚焦到形成高度的开放型经济上，把发展的目标聚焦到率先基本实现现代化上。要有最开放的理念。各级各部门要革除一切影响发展的陈旧思想障碍和体制机制弊端，善于接受新理念、新知识、新观点，敢于探索新办法、新路子、新经验，自觉顺应潮流、与时俱进，牢固树立“钱不在口袋里而在脑袋里”的理念，把资源资产加快转变为资金资本，形成生产要素、技术资金、文化理念涌流奔流的良好局面。要有最开放的业态。全面推行互联网思维，抢抓“互联网+”、物联网等新的业态机遇，制定进一步开放的政策措施体系，通过政策的倾斜营造洼地效应，吸引各种新兴产业经济、实体经济的资源要素向冷水滩聚集，为其发展创造各方面的优惠条件，形成最开放的效应。

把改革创新推向新高度。习近平总书记强调，改革开放是决定当代中国命运的关键一招，也是决定实现“两个一百年”奋斗目标、实现中华民族伟大复兴的关键一招。当前改革进入攻坚期，改革环境很复杂，面对利益、权力、财力及制度保障等难题，要勇于担当改革创新大任，敢于变革，努力做到在思想上不断有新突破、在实践上不断有新创造、在发展上不断有新成就。要加快推进供给侧改革。紧紧围绕“三去一降一补”，推进结构调整，增强供给结构对需求变化的适应性和灵活性，提高全要素生产率。要突出加快补齐财政金融、新型工业化、新型城镇化、科技创新、精准扶贫等发展短板，特别是要充分发挥经建投、高科建集团的融资功能，储备融资200亿元以上的项目库，用新理念发展新产业，引进央企或上市公司开发建设一批战略大项目。要加快推进重大领域改革。针对发展中不平衡、不协调、不可持续的问题，以更大的政治勇气和智慧，不失时机地深化改革，攻克体制机制上的顽瘴痼疾，切实转变职能，切实增强“合法高效、又快又好”的内生动力。要加快推进民生领域改革。要通过教育、就业、医疗、社会保障等民生热点领域的改革，促进学有所教、劳有所得、病有所医、老有所养、住有所居成为现实。

把创先争优推向新高度。“市强区兴民富”始终是全区工作的大势，率先基本实现现代化始终是全区工作的大局。全区基层党组织和广大党员干部一定要站在全局和战略的高度，大力弘扬敢闯敢冒、敢为人先的创新精神，只要有利于加快冷水滩发展、有利于增强全区综合实力、有利于提高全区群众生活水平，就要大胆探索、勇于实践，坚持以创新的思维、方法和机制解决前进中的困难和矛盾，创造出更加辉煌的业绩。特别是本次党代会提出“四个中心”奋斗目标，更加要求全区各级各部门的党组织要有一流的标准、一流的作风、一流的素质和一流的追求。以更高的标准衡量和要求自己，以辩证的观点审视和剖析自己，以改革的精神加强和完善自己，永不自满，永不懈怠，把创先争优不断推向新高度。

2. 找准区域实体经济发展的最大“风口”，抢占产业发展制高点。加快区域经济发展，首先要在少数条件优越的板块上形成经济增长极。培育区域经济增长极，核心抓手是培育产业。城市没有产业支撑，即便再漂亮，也只是“空城”；产业没有城市依托，即便再高端，也只能“空转”。

顶层设计产业规划。产业规划要坚持先策划、再规划、再计划、再实施。产业规划设计，既要体现国家战略、时代精神，又要突出地域元素、冷水滩特点；既突出超前谋划、乘势而上，又坚持实事求是、切实可行。要善于借用外脑、借用智库，大胆推行外包模式，聘请国际国内知名智库和设计机构对全区产业进行系统规划设计，将全区“十三五”规划实施的458个重点项目2250亿元投资，分门别类列入产业计划，按照策划、规划组织实施，提高项目投资的针对性和实效性。

发展壮大产业优势。加快发展，差距在产业，希望在产业。大力发展高新技术产业。抓好永州电子商务创客孵化服务中心、智能家居电子商务产业园、农村电子商务平台项目，以信息化带动工业化，以工业化促进信息化。积极发挥企业在技术创新中的主体作用，深化国内外产学研合作和交流，提高信息技术应用水平，提高高新产业增加值在全区工业中的比重。努力改造提升传统产业。传统产业是我区工业的基础，要依托现有产业优势和重点骨干企业，积极营造规模实力优势、品牌质量优势、技术装备优势、市场竞争优势和人才集聚优势。做大做强新兴支柱产业。努力培育经济规模大、主业突出、核心竞争力强的航空母舰企业，形成一批年销售达100亿元、50亿元、10亿元的大企业，创建一批国家级名牌产品，形成合理的梯队结构。今后五年，重点打造“五个百亿产业集群”，即：百亿电子信息产业集群，支持达福鑫电子信息产业园建设，引进落户一批电子项目，促进电子信息产业和其他产业融合发展；百亿先进装备制造产业集群，依托长丰集团，引进落户一批汽车及配套项目，壮大机械制造，促进传统装备制造企业向先进装备制造企业转型；百亿生物医药产业集群，以恒伟医药、希尔制药、大自然制药等企业为重点，引进一批生物医药项目，建成一个产业链完善、创新能力强、特色鲜明的产业集群；百亿农产品加工产业集群，大力支持果秀、泉辉、恒惠等龙头企业技改扩能，形成规模品牌优势；百亿现代物流产业集群，加快推进永州航空物流、永州站物流中心、滨江新城物流配送中心项目建设。大力培育奔腾印务、达福鑫、果秀、恒伟等企业上市。

优化做实产业平台。以高科园为主平台，按照“工业新城、绿色新区”的园区定位，完善园区发展规划，开拓创新，先行先试，打造新型工业化增长极。做强园区基础体系，加快园区路网、标准化厂房、通讯电力等基础设施建设，尽快实现“七通一平”，建成基础配套功能完善的高标准工业园区。扎实推进“五大功能区”建设，围绕产业完善功能配套，大力开展招商引资，通过以商招商、小分队招商、网上招商，延伸产业链条，形成产业集群，做大做强“园中园”，形成产业转型发展新格局，打造全市工业发展高地和创新创业基地。加快信息物流、资源融合等服务平台建设，加强职校企业用工技能培训，切实解决好园区企业的用工、生活等配套问题，构建全方位立体式服务体系。打造中心城区中小企业创业孵化园、高科园小微企业创新创业孵化园，形成中小微企业“铺天盖地”的发展格局，推动大众创业、万众创新。

3.加快品质活力中心城市的扩容提质，抢占城市创建制高点。按照城市发展规律，区域中心城市的辐射直径一般为300公里，两大城市群之间会形成断裂区，每300公里会崛起一座区域中心城市。湘粤桂三省边界区域，目前还没有形成占据控制地位的区域中心城市，成为亟待填补的空白领域。永州恰好位于全国经济最为活跃的珠三角城市群和湖南省核心增长极长株潭城市群中间地带的“断裂区”上，受周边城市群产生的控制作用力相对较小，能保持良好的独立成长性。我们要立足区域中心城市这一定位，补齐“中心城市不中心”这一短板，以勇于担当、只争朝夕的精神，全面高效地落实中心城区建管过程中市委市政府赋予冷水滩区的光荣使命和各项任务，在周边城市的竞争中勇当“旗手”，建设一个具有现代都市气息的新城区。

深入创建提升城市品位。扎实推进国家交通管理模范城市、全国文明城市、区域性铁路枢纽城市建设，努力实现名城联创目标。在创建理念上，要做到人居环境与城市建筑和谐共融，自然风光与人文景观相得益彰，对内有宜居性，对外有吸引力。特别是对标志性建筑、标志性地段，要精心设计、精细施工、精品建设。具体在创建中，积极开展城市硬化、绿化、净化、美化、亮化、序化“六化”工程，发挥创建效应。充分利用“两房两棚”、“两供两治”政策，加快老城区改造提质，抓好湘江西岸棚户区和城中村集中连片改造，实施宋家洲片区综合开发，全面实现河东河西共同共享发展。通过五年努力，中心城区文化、生态、产业和生活品质得到全面提升。

基础配套完善城市功能。全面落实市委、市政府对中心城区区域功能定位，强化东扩西跨、南北联城，拉开城区发展骨架，拓展城市发展空间，打造潇湘城市群核心区，形成永州北部半小时经济圈。加快洛湛铁路邵永客运专线、湘桂铁路电气化改造、永州北站新建及永州站提质改造、永州机场迁建、衡阳至永州高速公路冷水滩段、冷东公路、黎马公路等交通路网建设，拓展对外通道大循环。加快九嶷大道、梧桐路、凤凰路、翠竹路等提质改造和零陵路、双洲路立面改造，建设冷水滩至零陵快速公交(BRT)项目，完善城区主干路网内循环。保持城市基础配套建设的投资强度，全面完成路网、水网、电网、视讯网等基础设施建设，配套跟进商业网点、教育医疗、金融服务、休闲场所等服务设施。加强地下空间开发利用，实施城市供水管网扩容改造，完善天然气输配、集中供热管网和污水处理设施。按照市里要求，高标准完成安置小区、小游园建设任务。

精细管理丰富城市内涵。树立“建管并重、重在管理”的理念，围绕智慧城市建设，建立数字化城管平台，推广物联网、云计算、大数据等高新技术运用，推动城市智能化管理。配合市里完善区域发展规划，重点推动土地利用、城镇发展、产业布局规划等“多规合一”，加大规划执行和执法力度。巩固提升创国卫成果，深入开展乱搭乱建、占道经营、乱停乱放等专项治理和文明劝导，确保城市管理常态化、长效化。用创国卫的措施推进“三创一保”工作，确保创建国家交通管理模范城市、创建国家文明城市、创建国家园林城市、国家卫生城市三年复核顺利通过。建立健全网格化、联动化管理机制，落实职能部门监管与辖区属地管理责任，构建市、区、街道社区“三位一体”的管理网络，提升管理实效和服务水平。

4. 统筹城乡一体化战略的协调发展，抢占农村发展制高点。没有农民的富裕，就没有全面的繁荣；没有农村的稳定，就没有全局的稳定。要按照城乡发展一体化要求，城乡融合发展，积极推进新农村建设进程，实现城乡居民生活质量同步提升、生活环境同步改善、生活方式同步优化。

加强基础设施建设，配套完善新农村。统筹城乡基础设施布局，强化城乡基础设施对接，推动水、电、路、信、气等基础设施城乡联网。以畅通区内城乡交通内循环为重点，全面打通农村公路断头路，进一步方便广大群众的出行。多渠道筹措资金，加强通村通乡公路的维修改造，延长农村公路使用年限。继续推进“五小”水利工程、中小河流治理、小农水、国土整理等一批重大项目实施，提升水利设施的蓄水防洪能力，发挥农田水利的基础保障作用。大力推进“三网融合”，打造光网无线城市，建设“宽带农村”。实施能源设施建设工程，大力普及沼气建设，加强农村新型能源开发，引导农户推进“六改一建”。

加快美丽乡村建设，环境改善新农村。紧紧围绕乡村旅游和美丽乡镇建设，积极开展“百村示范、千村创建、村村整治”综合治理行动，高标准完成村庄规划编制，构建种植业、养殖业协调发展的生态农业产业循环体系，推广种养结合、循环利用的生态健康种养生产方式，有效控制农业面源污染，改善农村居住环境。突出抓好农村垃圾处理和污水处理设施建设，加快农村改水、改厕、改厨、改圈步伐，实现道路亮化、村庄绿化、庭院美化、水源净化，建立农村保洁长效机制。加强村民建房管理，统筹农村危房改造和“空心村”整治，开展新农村集中建房试点工作。到2020年，全区建成一批整洁有序、经济活跃、生态优美、特色鲜明、乡风文明的美丽乡村，85%的行政村达到新农村建设要求。加快农村综合配套改革，稳定和完善农村基本经营制度，深化农村产权制度改革，建立健全农村土地经营权流转和服务管理平台。鼓励发展农村专业合作组织，有效推行统分结合的经营模式。

加速新型城镇建设，辐射带动新农村。以产业带动新型城镇化。大力推进农业产业化，充分发挥冷水滩国家现代农业示范区引领带动作用，依托一批农业产业化龙头企业大力发展“订单农业”，提升农业机械化和专业化程度。新建一批农业产业化基地，鼓励乡镇发展特色产业、特色产品，形成“一镇一品”格局。以设施促进新型城镇化。完善小城镇发展总体规划，以道路、电力、通信、供水等建设为重点，加强主次干道路网、管网的提质改造，配套绿化、亮化、美化。到2020年，道路硬化率、自来水供给率、垃圾清运率、污水处理率均达到100%。按照国家标准，合理规划、建设、改造乡镇中心农贸市场和中心停车场，逐步推进划行归市，形成中心城镇建设新气象。加快城镇公共服务向农村覆盖，促进城乡居民同等享受就业、教育、医疗卫生、住房保障、社会福利、社会救助等权利。全面放开居民落户限制，鼓励农民进镇买房，提升小城镇人气。以示范引领新型城镇化。突出普利桥、黄阳司等中心城镇建设重点，打造一批品质活力示范乡镇。

5. 提升广大人民群众期盼的幸福指数，抢占民生保障制高点。加强和改善民生，是社会文明进步的现实表现，是促进社会公平正义的重要着力点。幸福冷水滩的核心是以民为本，一切相信群众，一切依靠群众，一切为了群众，让广大群众共享发展成果，是我们全部工作的出发点和落脚点。

提升社会保障水平。全面试行“五险”统一征缴模式，实现城乡居民社会养老保险全覆盖。加强新农合、新农保资金管控，不断提高城乡低保、新型农村合作医疗、城镇居民基本医疗保险、新型农村社会养老保险等的参保率。健全社会救助体系，建立健全医疗救助、重特大疾病救助和相关救助制度，保障困难群众基本生活。大力推进城镇保障性住房建设。强化土地征收各项保险费用依法收缴，切实按政策依法解决被征地农民养老保险问题。完善捐赠工作运行机制，积极支持福利、慈善事业发展。加快健康养老服务体系建设，鼓励社会力量兴办养老服务机构，引进一批养老服务项目。

健全公共安全体系。建立健全食品药品安全应急处置体系，从快从严查处违法案件，确保广大群众食品药品安全。加强消费维权体系建设，保障消费者的合法权益。全面加强安全监管能力建设，积极推进省级安全生产示范创建工作，建立完善安全生产隐患排查治理体系。加强职业危害监控，建立健全职业危害防治工作协调联动机制。全面建立全区自然灾害救助制度，建立健全统一指挥、结构合理、反应灵敏、保障有力、运转高效的突发事件应急体系。以“平安冷水滩”建设为抓手，健全社会治安防控体系，加强刑事犯罪预警工作，始终保持对各种刑事犯罪的高压态势，严厉打击各种违法犯罪行为，提升社会治理综合能力，切实保障人民生命财产安全。加强农村网格化建设，建好农村“天网工程”，提高农村治安管理科技水平，确保农村社会平安稳定。

加快公共事业发展。深入推进教育优先发展战略。加大教育投入，优化资源配置，大力发展学前教育，集中促进义务教育均衡发展，基本普及高中阶段教育，做大职业教育和民办教育，稳步发展非学历继续教育。逐步分类推进中等职业教育和免除学杂费，实现家庭经济困难学生资助全覆盖。加快医疗卫生计生事业发展。继续深化医药卫生体制改革，加强公共卫生服务体系建设，建立三级医疗卫生服务无缝对接机制。加强社区医院和村级卫生室建设和管理，切实解决好人民群众“看病难、看病贵”问题。充分发挥利益导向作用，推动计生工作从管理职能向服务职能转变，全面实施免费计生技术服务。加强文体事业发展。重点抓好区文化艺术中心的建设和社区（村）文化设施配备，建立健全公共文化设施网络。以文化创意类产业发展为重点，加快永州文化创意产业园和奔腾印务二期工程建设。广泛开展全民健身活动，全面提高人民身体健康素质。推进城乡客运一体化，实现农村客运覆盖所有行政村。

6.补齐全面建成小康社会的“短板”，抢占小康建设制高点。今后五年是全面建成小康社会的决胜阶段。要充分发挥全面小康的总揽作用，以敢打必胜、决战决胜、率先实现的态度和决心，全力巩固和扩大全面小康建设成果，向基本实现现代化的更高目标迈进。

打赢扶贫攻坚硬仗。要以精准扶贫、精准脱贫为重点，精准发力、深度用力，坚决打赢扶贫攻坚这场输不起的硬仗。着力实施整村推进工程，安排专项资金对贫困村实施定点扶持，重点解决贫困村道路交通、产业发展、饮水安全、异地搬迁扶贫等制约发展的根本性问题，帮助实现长足发展。大力支持贫困村发展集体经济，深入实施贫困村“一村一品”产业扶贫行动。用好用活用足小额扶贫贷款，着力实施精准化、精细化扶贫，对困难家庭做到一家一本台账、一个脱贫计划、一套帮扶措施。全面开展好对贫困家庭劳动力实用技能、劳务就业等方面的培训，引导贫困户就地就业、就近就业，实现脱贫。着力增强扶贫合力，积极争取省市支持，发动部门单位参与，广泛开展社会扶贫。改革扶贫资金管理体制，整合财政资金和金融力量，增加扶贫资金使用针对性和实效性。力争在现行标准下，提前一年实现全部脱贫目标。

补齐小康建设短板。要突出覆盖领域的全面，在坚持以经济建设为中心的同时，全面推进政治建设、文化建设、生态文明建设，促进全面小康建设的各个环节、各个方面协调发展。要突出覆盖人口及覆盖区域的全面，针对我区当前农村小康薄弱环节，着力抓好农业产业化建设，加快转变农业发展方式，推进农业生产机械化和经营规模化，培育新型农业经营主体和新型农民，壮大村级集体经济，打造农村经济升级版。抓好涉农资金整合，加大对农业农村在政策、资金、项目等各方面的倾斜和支持力度。

践行全面从严管党治党新要求

实现今后五年的奋斗目标，关键在党要管党、从严治党。各级党组织要切实强化管党治党责任，不断加强和改进党的建设，进一步密切党和人民群众的血肉联系，着力提高各级党组织的执政能力和领导水平，始终保持党的纯洁性和先进性，为率先基本实现现代化提供坚强保证。

1. 以思想政治建设为引领，聚集正能量。抓好党的建设，首要任务是加强思想政治建设，关键是教育管理好广大党员和干部。突出抓好党内教育，着力巩固党的群众路线教育实践活动和“三严三实”专题教育成果，持续深入开展“两学一做”学习教育，始终以理想信念领航奋进方向，以马克思主义中国化最新理论成果武装头脑、指导实践、推动工作，确保全区上下思想上统一、政治上团结、行动上一致，确保各级党组织和党员干部对党绝对忠诚。着力改进思想政治工作方式方法，不断完善党委（党组）中心组学习制度，严格落实“三会一课”党组织生活制度，创新和加强对党员的日常教育和监督管理工作，推动党内政治生活正常化、正规化，推动党员教育管理严起来、实起来。切实加强党对意识形态工作的领导，建立健全意识形态工作制度机制，坚持正确政治方向，能管、会管、用好互联网，不断加强新闻舆论阵地建设，真正把意识形态这“党的一项极端重要的工作”抓实抓好，努力营造良好的舆论氛围和社会风尚。

2. 以执行力建设为重点，培育生力军。坚持以“诚”为本，团结至上。对各级班子，要切实落实民主集中制，积极开展批评和自我批评，坚决消除内耗、污蔑、造谣等行为。对班子成员，要严守政治纪律和政治规矩，加强党性修养和个人修为，求进步不找关系、讲能力不摆资历，不相互倾轧，不踩人害人，真正做到以真诚求团结，以团结求发展。要避免无原则的一团和气，切实解决当前存在的少数领导班子软弱涣散和少数领导干部能力不足“不能为”、动力不足“不想为”、担当不足“不敢为”的问题，推动形成能者上、庸者下、劣者汰的有效机制，激发班子建设的内生动力。坚持以“干”为要，务求实效。要把加强执行力建设作为班子建设的重要内容，强化执行过程中思想上的自觉和行动上的效果，坚决做到“只为成功找办法，不为失职找借口”，把各级班子打造成具有铁一般执行力的坚强班子。要引导广大党员干部切实把心思聚焦到“想干事”上来，把才能聚焦到“能干事”上来，把目标聚焦到“干成事”上来，把底线聚焦到“不出事”上来。注重在改革创新、攻坚克难的工作实践中考察和识别干部，注重统筹使用好党政干部和企事业单位干部，注重培养选拔优秀年轻干部、妇女干部、党外干部，真正“聚天下英才而用之”，真正将党和人民需要的好干部选出来、用起来。坚持以“严”为重，加强管理。把从严管理干部贯彻到干部队伍建设全过程，覆盖到培养教育选拔任用、考核评价、监督检查等各方面，着力提升广大党员干部的党性修养和能力水平，着力打造具有“四个铁一般”的高素质执政骨干。坚持从严管理干部与正向激励相结合，建立健全“有为激励、无为问责”制度体系，强化对各类干部考核结果的运用，提高干部队伍的积极性和执行力。

3. 以基层组织建设为基础，修建堡垒群。夯实农村基层党建基础。切实加强村级班子建设，着力健全村务监督机制，坚决做到村级招待费“清零”。突出抓好软弱涣散党组织整顿，积极推进在31个贫困村试行村支部书记专职化工作，进一步强化驻村帮扶工作，真正把农村基层党组织建设成为带领群众脱贫攻坚的坚强战斗堡垒。扎实推进农村网格化建设。结合农村精准扶贫、治安防控体系建设，实现100%村网格化服务管理运行，推动农村基层党建和基层治理的良性互动。切实加强街道和社区党组织建设。以推动街道人员下沉、部门服务事项下放和基层党组织全覆盖为重点，持续推进城区社区网格化改革和社会治理机制改革创新，进一步发挥街道党工委的推动作用、社区党工委的主导作用、网格党组织的基础作用。切实加强区直机关、国有企事业单位等基层党组织建设，着力解决部分党组织思想政治工作弱化、组织生活不正常等突出问题，增强党组织的战斗力、凝聚力；加大“两新”组织党建工作力度，推进党的组织、党的工作和党员作用发挥“三个全覆盖”。

4. 以党风廉政建设为保障，筑牢防火墙。切实筑牢防腐拒变思想防线，自觉做到心中有戒、清正廉洁。落实“两个责任”。严格落实党风廉政建设党委主体责任和纪委监督责任，完善“两个责任”清单管理和问责办法。严明党的纪律。切实增强纪律和规矩意识，严格遵守党的政治纪律、组织纪律、财经纪律、群众纪律和廉洁纪律以及工作、生活纪律，坚决同违反党纪的行为作斗争，以严肃纪律保证各项工作顺利推进。保持惩治腐败高压态势。坚持“无禁区、全覆盖、零容忍”，严查违反党的纪律特别是政治纪律和组织纪律的行为，严查发生在领导机关、领导干部中插手工程建设和土地出让、买官卖官、腐化堕落等案件，严查基层违纪违法等群众身边的不正之风和腐败问题。坚持不懈抓作风建设。按照“三严三实”要求，大力开展“雁过拔毛”式腐败和“纠‘四风’、治‘陋习’”等专项整治活动，强化对违反中央八项规定精神行为的监督执纪问责，坚决防止“四风”反弹回潮。进一步完善落实厉行节约、办公用房、职务消费、公务接待等制度，建立督查考评问责机制，推进作风建设常态化、长效化。加强反腐倡廉制度建设，坚持用制度管人、管事、管权，扎紧织密制度的笼子，强化制度执行力，加快形成不敢腐、不能腐、不想腐的有效机制。

5. 以抓好总揽协调为根本，舞好指挥棒。切实加强区委班子自身建设，继续发挥好总揽全局、协调各方的领导核心作用。加强和改善党对人大工作的领导，支持区、乡两级人民代表大会依法行使职权、积极开展工作，更好地完善人大工作机制，更好地发挥区人大对“一府两院”的监督职能。加强党对协商民主建设的领导，牢牢把握协商民主正确政治方向，进一步提高人民政协协商民主制度化、规范化、程序化水平。加强党对统一战线工作的领导，积极为各民主党派、工商联、无党派人士发挥作用搭建平台；加强对新媒体中代表人士、非公有制经济人士工作，广泛凝聚社会各界智慧和力量。加强党对群团工作的领导，充分发挥工会、共青团、妇联、侨联、文联、科协、残联等人民团体的桥梁纽带作用，更好反映群众呼声，维护群众合法权益。切实抓好党管武装工作，加强国防教育、国防动员和后备力量建设，促进军民深度融合发展。

同志们，冷水滩发展又站在了新的历史起点上，蓝图催人奋进，使命重于泰山。让我们在市委、市政府的坚强领导下，紧密地团结在以习近平同志为总书记的党中央周围，坚持领先上的高度自信、执行上的高度自觉、作风上的高度自强，传承“改革基因”，强化“开放特质”，加快建设品质活力首善区，为冷水滩率先基本实现现代化做出新的更大的贡献！

在区委学习中心组专题学习研讨暨区委务虚工作会议上的讲话

中共冷水滩区委书记　何冲龙

（2016年11月7日）

区委用两天的时间，组织所有区级领导、区级主要综合经济部门和党委工作部门的主要负责同志、乡镇街道党政主要负责同志召开这样一个务虚会，既是一个统一思想的会、凝聚共识的会、完成任务的会，更是一个大家互相之间交流、交心、交底的会。讲交流，这两天的会上，有39名区级领导、19名乡镇街道书记和区直20个主要部门的负责同志先后作了书面的或口头发言。这些发言，都聚焦到了贯彻上级的精神，包括中央、省委、市委的精神，贯彻市、区党代会的精神；都聚焦到了如何破解项目建设的难题；都聚焦到了如何勇于担当、敢于担当历史使命的要求；都聚焦到了怎样去争先创优。反映出大家彼此心中都在想冷水滩的大事，都在想把工作干好，并给区委、区政府提了很好的建议。同时，参加的区级领导和区直部门、乡镇、街道负责人，大家心中有个比较，你发言的水平、思考的深度、提出的建议，究竟是形而上的东西，还是有操作性、有针对性、有可行性，体现了你对全区的有关工作、主管的工作、辖区内的工作的认知水平、思考深度和下一步行动程度，也给大家在心中有杆秤。有的区级领导说“某某某很不错”，我说他连思考他本地的问题都思考不好，还有什么很不错？所以这一次的交流，对区委、区政府来说，特别对我来说，感到了大家的精气神，感到了大家都充满激情，这是很难能可贵的。

我们现在正处在一个伟大的时代，处在一个伟大的变革的时代，一定要在这个伟大的时代当中，想想伟大时代中的自己，想想自己在伟大的时代中应做的努力。只有这样，你才有大的思想、大的格局。刚才讲了，这次会议是一次交心的会。区级领导之间交心，区级领导与乡镇、科局之间交心，区委、区政府又广泛听取了大家的意见。这种务虚会本身就是听取意见的一种办法，也是听取意见的一种平台，是最广泛、深入而且公开的方式，更能展示是不是为全区大局考虑的一种方式。这次会议也是一次交底的会。大家都按照自己的发言增强大局意识、增强政治意识、增强核心意识、增强看齐意识，按照习总书记的“五好”标准履行好自己的职责。平时发言，有的乡镇书记当面讲得好，背后就不搞；有的区级领导当面讲得好，结果不担当。但是今天的会议是交底，大家都监督交底，所以对我启发和鼓舞是非常之大。会后，大家的发言资料我们还要整理的，看看到明年年底怎么个落实结果。

砺锋同志在务虚会上讲的几点和几项工作，我都完全赞同，请大家按照各自职责，务必抓好落实，抓出效果。我在务虚会上的发言提纲共五点：一是找准发展的要求在哪里——谋划目标要超前，策划包装要超前。二是找准发展的“风口”在哪里——多么忙不重要，忙什么才重要。三是找准发展的“痛点”在哪里——只有改变“脑袋”，才能改变“口袋”。四是找准发展的抓手在哪里——在体制机制上用好考核的尺子、问责的鞭子。五是找准发展的差距在哪里——提振精气神，努力实现全年工作创先争优。市、区党代会后，对于全区工作究竟怎么干？干得怎么样？一直在思考。今天这个讲话、这个思考、这个发言，就是要从认识论、方法论的一些思维方式和大家进行交流，也是与大家共勉。

一、找准发展的要求在哪里——谋划目标要超前，策划包装要超前

我们的目标是什么？省、市、区三级党代会精神就是我们今后五年的总方向，对全区的经济社会发展形势、发展方向、发展要求提出了明确的目标。对于如何实现目标，之前我们历年来都有些这样的现象，就是开了会之后怎么搞与工作目标结合得不紧密。因此，应该从一年一度抓起，连续抓五年，我想目标就会实现。今后五年，冷水滩的最高目标是“两个率先”，那么就要围绕这“两个率先”来工作，大家都要出点黑汗。要确保这一目标超前，就要扎实做好以下六项工作：第一，区“两办”牵头，把区党代会的“一个主题、两个率先、三个突出、四个中心、五个目标、六个制高点”全部细化到各个部门，这也是区级领导提的建议。第二，区里面为了更好地落实“十三五”的宏伟蓝图、党代会的宏伟蓝图，准备由主管的常委和副区长牵头，无论是借用外脑，还是请一些顶层设计，要制定好十个“三年行动计划”，包括：（1）潇湘城市群的核心区建设；（2）“1+X”产业建设。“1”是整个经济产业的发展意见，“X”是我们五大主导产业，每个产业要出台一个三年行动计划；（3）交通三年大会战建设；（4）以教育、卫生为主的供给侧改革三年计划；（5）城乡一体化发展的三年行动计划；（6）深化改革的三年行动计划；（7）法治冷水滩的三年行动计划；（8）健康冷水滩的三年行动计划；（9）生态冷水滩的三年行动计划；（10）两年的脱贫行动计划。这十个行动计划必须具体到项目、具体到办法、具体到政策、具体到问责措施的计划。同志们，工作不安排到具体，都是形而上、讲道理是搞不好的。习总书记抓深改组 1000 天，每项改革都亲自召集会议，具体到关键环节、关键主体、关键节点以及改到什么程度。抓精准扶贫，就明确提出了扶贫对象精准、项目安排精准、资金使用精准、措施到户精准、因村派人精准、脱贫成效精准“六个精准”。刚才砺锋同志讲的九件工作有很多落实不下，是什么问题？就是在座的安排不具体、督查不具体，常委、副区长安排局长，局长安排副局长，副局长安排股长，股长安排办事员，办事员用得又不顺手。有些事业单位当兵回来的多，一个单位总共 5 个人，他那个局长还要摆出局长的谱来。市委、市政府的领导都是抓细节、抓具体，像陈文浩书记，对于立面改造的每一个立面、人行道每一块砖的品质都要具体要求，按设计搞。那个单位搞不好，就是你那个单位没做具体；区级领导没做好，就是你没安排具体。比如美丽乡村，如果不落实到具体，钱从哪里来？谁去做设计？督查主体是谁？具体谁去组织？那就搞不好。比如高科园，这么多企业，原来我在区里当区长就签了的合同，老板也有钱、有主动性，但是这个项目谁去落实、征地矛盾怎么解决，都不具体，结果 2012 年、2013 年签的合同，就那么一两栋房子都没拆下来。所以，必须要把这十个“三年行动计划”具体到项目，具体到所有的机制。你想干点事，没有这样一种激情，没有一竿子插到底、一抓到底的那种决心、气魄和气度，那是搞不好的。大家都停留在那种概念性的、形而上的东西上，怎么搞得好？第三，“十三五”期间的458个、总投资2300亿元的项目，需要包装的，在明年上半年全部包装好，要请顶尖专家来包装。第四，明年的发展目标必须要高于全省、全市的水平，要作为全市第一个、全省前20个全面小康达标县区的指标来安排。请发改委、统计局和各个部门按这个思路来研判明年的指标。第五，明年的重点项目要在今年12月之前顶多春节之前拿出来，请发改委、重点办落实。第六，2017年的各项考核，要在一季度就下文，请按各自分管的工作对号入座。现在要申报国家级四明山森林公园，全市8个国家森林公园，基本上每个县都有，要把林业部门的顶尖设计和旅游部门的顶尖设计结合起来，把方案做出来。请区发改委和区“两办”把这些需要包装的项目列个清单，在一个月之内我们研究，究竟请哪些顶尖设计来做。什么叫谋划？一定要有格局才叫谋划。

二、找准发展的“风口”在哪里——多么忙不重要，忙什么才重要

有人说，无论是单位还是个人，只要找准了“风口”，猪都能飞起来。今天的现状，是由三五年之前的选择所决定的，今后三五年的状况是由今天的决择决定的。今后三到五年的工作，“风口”究竟在哪里？究竟怎么去突破？究竟怎么伤其十指不如断其一指？一个单位、一个乡镇、一个县区应该要突出重点来带动一般，用一般来推动重点。每一名区级领导都分管很多工作，你要怎么找到你的“风口”？每一个局都有很多工作，你也要找准你的“风口”。全区明年乃至三年行动计划一定要用不平衡的手段来推动平衡发展。毛主席在党委工作方法当中，就是要抓两头、促中间。对全区来说，有这样几件事务必要突出重点、形成共识、推动发展。

第一个“风口”：一定要把资源、资产、资本、资金充分地涌动起来。如果这“四资”不涌动起来，所有的安排都是空的。什么水汲江大道、高科园建设、美丽乡村、农村综合平台，甚至绩效考核要同城同级别同待遇，这都是空的。比如冷东公路，市里面给了政策，如果拆迁的钱都没有，怎么搞得起来？美丽乡村建设、农村的水电路讯，如果资金调度顺不起来，怎么搞得起来？因此，当前一个重要的工作就是要把这“四资”充分地涌动起来，只有涌动起来才有活力。怎么涌动？我觉得有这么几个事要做：一是真正把两个平台公司做实起来。经济形势的大势变化催生了很多政策的变化。下一步，区高科建、区经建投两个平台公司要通过一两年的努力，真正作为实体化的公司运作。我到全省做得最好的平台公司参观学习过，人家的胆量大得很，为了做现金流，它把所有的预算单位资金全部打入平台公司。所以，两个平台公司的目标就是在两三年之内融资到位200亿元。但现在很难，包装实施一个项目至少要10~16个批文，这就需要各位全力支持。今年要确保融资到位30亿元，争取50亿元。明年要争取100亿元。二是用足用活沉淀的预算内资金。我8月份到任后看账，发现沉淀了很多预算内资金。2013年我在这里工作的时候，区委、区政府争取了一个10000户的国有工矿棚改项目，因为设计各方面的原因一直没动起来，结果，上级无偿资金2亿元多，银行贷款资金2.6亿元多，这一个项目就至少沉淀了5亿元的资金。昨天研究保障性住房，我们大概9500多套，这9500套保障性住房8.5亿元，沉淀了不少的资金。此外，还有很多其他的沉淀资金，这些资金一定要用活。三是激活优质资产的资金。之前历届区委、区政府投入到高科园、农科园两大园区的专项资金大体上是10亿元以上，如果这10亿元投给两个平台公司特别是高科建公司，先运作融资30亿元，再把这10亿元全部置换

出来，那会没钱用吗？而高科建现在的优质资产是41亿元的资产原值，必须要有更加大胆的思维、更加大的作为。我们参观浙江的一些特色小镇，他们的融资做法、他们的资本玩法，它流动得起来，所以要用活已投入的建设资金。四是要创新资金的运行模式。区里要成立创新创业基金，成立实体经济风险基金，可以采取资源入股、资金入股、股权置换等方式来运作我们的实体经济。现在奔腾印务要上市了，还有几个公司也在上市辅导，那么我们可不可以把政府性的资金交给他，买他的原始股？对此，全国最大的一个例子就是京东方案例。当时京东方的负责人要到重庆去投资，要重庆市人民政府给予支持，在优惠政策上、地价上、税收上、奖励上给予大的支持。有人说，上海给重庆最大的贡献就是贡献了一个黄奇帆。对于京东方提出的这一要求，重庆市领导说：这样的支持没有益处。你现在的现金流动有困难，我可以通过平台公司给你支持。你进行扩股、增股，我们平台公司买你的股份。重庆有8大平台公司，通过平台公司假设买了他20亿元的股份。最后京东方实现三板上市，重庆公司由于买的是原始股，20亿元变成了大概100个亿，不但20亿元的投资回来了，还引进了京东方这样一个世界500强的企业，最后还赚了80亿元。这就是理念，这就是具体操作抓手。现在招商引资的政策不能搞了，那就必须有这个理念考虑，可以把它做成1亿元、2亿元甚至3亿元的基金。以上四条，这是第一个“风口”。这个“风口”做不好，其他的“风口”都是空的。这两、三年，乃至更长时期，要把这个作为区委、区政府主要领导抓的最主要的一项工作。

第二个“风口”：一定要让高科技工业园真正成为全区经济发展的增长极。高科技工业园是市委、市政府给区里的一个金饭碗，现在的问题是怎么让这个金饭碗发出金光。不能怪大环境，这么多项目都已经签订了合同，企业主也有钱，你还怪什么大环境？而且，同样的大环境，江华、宁远、经开区为什么这么多项目落进去？那么，高科园怎么真正成为增长极，我认为这么几个事是需要操作的。第一件事是现有的项目必须尽快达成投产。这个事请区委办尽快督查。如果说高科园还实现不了的话，你们的班子自己怎么想？关键在人，人是绝对的最活跃的生产要素。你们都表了态，一个月之后结账。第二件事是基础设施。水、电、路、信、网要在12月底前全面开工，请高科建和几个指挥部抓紧，特别是很多同志发言都提到的九嶷大道、谷源路、凤凰北路、水汲江大道、水汲江大桥等的建设。这是高标准打开中心城的“北大门”的必然要求。第三件事是成立专门班子把保障性住房的资金用起来。现在的征迁已经扩到谷源路、零陵北路，要把这个区域的土地征回来，拆迁安置拿下来。住建部门这一块有很多资金，原来就打包把有的基础设施已经打进去了。紫霞安置小区那一片的拆迁要货币安置的，钱没付给别人，每年的周转费一两百万，这一片的房子有钱又不能建起来。两边一算，每年财政要拿300万元出来。第四件事是紫霞安置小区和湖塘公租房小区。所有的配套设施必须要在春节前尽可能完工，要实现入住。这里就有将近几个亿的资产丢在那里，一边老百姓租别人的房子，财政付周转金；一边住房又空在那里；一边住建部门的钱又拨不出去。你们管没有？管到位没有？主管的同志想过没有？这些事怎么去处理？第五件事是怎么通过几个基金，包括创新创业基金、实体风险基金来增强产业链招商，使企业兴旺起来。第六件事是怎么样结合顶层设计，把老凤凰园这一片与水汲江连接起来，和原来的高科园融合起来。其中一个最大的引爆点就是生物制药链。浙江省有一个药业小镇，这个小镇规划3.5

平方公里，基础设施投入30亿元，产业的扶持大概15亿元~20亿元，把旅游、制药、市场、论坛结合起来。我们实际上具备了这个条件，现在我们很多生物制药企业都具备了上市的条件，恒康可以上市了、恒伟可以上市了、大自然可以上市了等，要请顶尖的团队做设计，下一步从这里破题。第七件事是如何增加招商引资的氛围，招商引资的效率要有所突破。这需要战略思维去把握。根据习总书记指示，全国在长江以南要建立10个足球小镇，一年四季都可以用。每个小镇建12个标准化足球场，配套设施要完善，以市场化的方式运作。中德友好交流协会计划到我们这里考察，我和区长就要跑北京衔接沟通。如果这件事办成了，将是一个伟大的事。所有的设施投资大概5亿欧元，除了汇率的变动，还有我们CPI的指数，按20年之后的货币价值，这笔钱相当于是送给我们的。这个如果做起来，他们开什么条件都答应。如果每年有上百支青少年足球队过来我们这里，名片就打响了，这比你引进的什么项目都要好。如果以后培养出穆勒、克罗克一样的球星出来，那地方名气就更大了。现在的冷水滩已经具备了这种大进大出的理念、大进大出的条件，不仅高铁米字形、飞机开通几个大城市的航班，而且生态特别好。

第三个“风口”：一定要把城乡网格化治理作为我们现代治理的重点。请各区直部门、乡镇、街道高度重视。现在治理能力、治理体系靠什么？必须要用“互联网+”的手段，党建引领的手段，最终归于网格化的手段。区直各部门要一把手亲自抓，不折不扣地落实好“1+N”的文件，真正做到重心下移，让老百姓办事顺心、称心。

第四个“风口”：一定要把全面落实市区规定动作和区里自选动作的征地拆迁安置工作做好。现在冷水滩的项目为什么落不了地，核心问题就是征地拆迁安置滞后，特别是拆迁安置没有做好。这项工作的关键是你有没有想法、有没有办法、有没有做法，关键看你敢不敢担当。比如曾跃进同志、周玉花同志、刘继宏同志等等，干征地拆迁工作就比较顺，因为他们跟拆迁户面对面的做工作，所以效果突出。这个“风口”解决不了，就算有再多的钱、再多的事、再多的项目来，还是和原来一样落不下，比如说园区目前的这些项目。这个事怎么弄，关键还是靠大家。

第五个“风口”：一定要把以特色小镇、美丽乡村为主的城乡一体化做实。我觉得乡镇、街道的书记也不要面面俱到，我感觉到大家的思维还有开拓的空间，实际上只要突出一些重点工作，那是大有可为的。农村要搞哪几件事？通过整合资金，平台融资做这么几件具体事：一是乡镇综合平台的建设和运营。把村卫生室、村党建室、村纪检办案室、村委活动中心、村广场、村健身场所、村里开会礼堂、村敬老院等一起打包争取3亿元。现在就是做设计，确定一位常委来抓这项工作。二是乡镇集贸市场按国标要求改造提质。三是农村以污水处理、垃圾清运为主的综合环境整治。请环保局把已经开工的项目、已招标的项目尽快推进。四是每个乡镇都要搞一个引导农民自主建房、集中建房和美丽乡村的点，现在老百姓建房，我们怎样去引导？请住建部门和国土部门考虑这个问题。我们省内，郴州和湘北是做得很好的，有一个很好的机制。五是农业产业怎么以创新农业合作社、家庭农场为载体进行三权分置。郴州的汝城县做了稻田公园，我们的伊塘镇种了彩色水稻，大家一定不要局限于自己的思维方式。以上五项工作，纳入2017年的考核。

第六个“风口”：一定要全面实行“党建+”。用党建来引领所有的“风口”。

第七个“风口”：一定要抓实以教育、卫生、养老等供给侧改革。市委、市政府要求我们投入30亿元。其中，学校建设不快也是征地拆迁安置滞后，施工环境不优的问题。

三、找准发展的痛点在哪里——只有改变“脑袋”，才能改变“口袋”

我觉得，我们的“脑袋”还是很好的，大家的理念很新。但是，在紧跟时代、紧跟政策、紧跟市场、紧跟解决实际问题的能力上，都有很大的空间。我前天跟几个局长谈项目的时候，他们讲的还是以前的老套路，一个项目从包装、立项、可研、论证、评审，大体上都要一两年。但是你如果采取并列式的方法，可能就是不到一年，甚至半年。所以我想，要改变“脑袋”，有这么几件事，我和大家共勉。第一，要改变“脑袋”，就要真正使自己学起来。不学习是不行的。关于学习，我觉得大家要把握这么几学：一是政治理论要持之以恒的学。以习近平总书记为核心的党中央出台这么多政策，包括今年这么多发言对政策的把握度都要紧跟。二是本职业务要深学。谈到本职工作和本职业务的时候，汇报一定不能带材料。开常委会的时候，一定不能按材料读。本职业务的那几件事一定要搞清，要比我们分管的常委、分管的副区长更懂，不然你还当什么干部？三是急需的知识要先学。就是对于你来说，那些知识急需的，都要先一步学起来。四是修身的知识要勤学。这些都是要求。第二，要改变“脑袋”，就要真正把自己摆进去。这一点非常重要。一个地方的思想观念，是由一个关键主体的群体来主导的，大家看看有没有这样的观点，有没有这样的现象：如果一个个体进入到一个思想理念比较先进的群体中，你交的朋友是比较有格局的朋友，就算你不想要开放，时间长了你自然而然思想和理念都会相对先进。如果说一个群体某种思想观念比较接近，那就是熬夜的人经常一起熬夜，喝酒的人经常一起喝酒。我想，一个开放的群体，我们在座的关键的主体，大部分是思想解放、理念先进的，但是很多事没有把自己摆进去。在涉及到个人利益、部门利益的时候，他就有推的问题，他就埋怨别人；在涉及到这件事要冒风险、这件事要担当的时候，他就说别人不敢担当，他就用手电筒照别人。往往是马克思主义马别人的多、手电筒照别人的多，自己却完全没有摆进去，没有去认认真真想一下：我的理念、我的思维究竟跟不跟得上这个伟大的时代？我的想法、我的办法究竟与我的职位匹不匹配？我面临这种需要担当的、需要担风险的事情，究竟能不能冲得上、拉得出、干得了？大家都扪心问问。如果说，你的这些理念、这些思维赶不上趟，那你只有是埋怨别人的多、推三拉四的多、赶不上趟的多。第三，要改变“脑袋”，就要真正让自己走出自己。如果你走不出自己的思维定势，走不出自己原来的经验、框框，走不出自己的格局、利益，我想你能够去破解难题，能够去完成任务，能够发展很好，这种可能性是很小的，你的内动力是不可能产生的，你只能依靠外力来推动。有位哲人说，你之所以不强大，是因为你总想过舒服的日子。作为关键主体，我认为，关键要突出以下六种思维来改变我们的脑袋。一是要有战略思维。二是要有系统思维。三是要有辩证思维。四是要有创新思维。五是要有底线思维。六是要有融合思维。

四、找准发展的抓手在哪里——在体制机制上用好考核的尺子、问责的鞭子

关于发展、关于工作，大家现在普遍的说法是单位人手少，单位的积极性调动难。冷水滩区吃“皇粮”将近1.6万人，可能是岗位工资和工作劳动不成正比的太多的原因，工作还是很浮躁。一项工作，正职安排副职，副职安排股长，股长安排办事员，工作抓不具体、具体抓不到位、到位不出效果。毛主席在抗日战争时期、

解放战争时期，所有电报基本都是自己起草的。我们在座的，哪些做到了？我们一弄，就叫办公室来，写完了还说办公室没有理会你的意图，是不是要调换个办公室主任来？有本事你自己写嘛！不是说所有的东西都要亲力亲为，起码一般的东西还要自己动手。我这个讲话原来他们给我写了，我说不要你们弄了，你们辛苦得很，我自己拟一个提纲，我口述。好几个局长都说自己那里没有一个写手，写手要一个是对的，但是别人辛辛苦苦拟一个文稿，你又讲别人写不好，这是不行的。我觉得，今后发展的抓手在哪里？关键还是执行力，关键还是人。第一，在用人上，实行“五比五看”机制。最近我和远林同志聊了很久，现在缺了这么多位置，想来的人很多，而且还通过各种关系来找。我在这里说，在座的同志们朋友很多，有很多熟悉的领导，我也是在零冷两区成长起来的干部，老领导、老同学、老朋友、老上级很多，请你们千万不要再找他们。今天燕玲同志组织学习的几个“不准”，其中一个“不准”就是不准干部提拔的时候找关系。大家一定要把本职工作干好，也不用单独的过来跟我汇报思想了。我现在是听所有区级领导的思想，听他们对大家的评价，然后再找乡镇、街道党政主要负责人、区直单位主要负责人谈心。怎么制定个机制出来？主要是“五比五看”：比信念坚定，看政令畅通的情况；比为民服务，看为民办事的情况；比勤政务实，看履行职责的情况；比敢于担当，看破解难题的情况；比清正廉洁，看执行“六大纪律”的情况。这五比准备搞十个指标，主要包括：2012 年以来争先创优的情况；2012 年以来跑项争资的情况；2012 以来联系重点项目的任务完成情况；“五创”过程中的历年排位情况；近五年来坚守“六大纪律”的情况等，再来进行充分比较，统筹考虑。政府机构改革，我们的副职还没配，也要设定一套相对操作性强的办法出来。争先创优区里有二十六项指标，要把指标排出来，努力做到德、能、绩、勤、廉都要配位。每一个岗位都会有他特殊的要求。比如说有些岗位需要执行力很强的人去做，有些岗位是区里跑项争资的重要部门，那么看到领导就脸红、普通话讲不清楚的就不能去。第二，在工作上，实行区级领导联系重点项目的台账制度。区级领导联系的重点项目，区委、区政府研究采取目标管理的办法来保证津补贴。初步想法：一是今年 12 月底之前，把所有项目的现状摄像，把要解决的问题形成台账。二是从明年 1 月份起，每一个月或者每一个季度，由纪委、“两办”、组织部、宣传部带着摄像机和红网记者，把每一个项目指挥部解决问题的进度列成台账，形成影像资料。三是每一个季度在《永州日报》、永州公共频道、红网等媒体上公布一次。四是我们的绩效考核，单位发的部分可不可以拿出来作为破解难题的考核，请人社、财政部门研究这个问题。五是区直部门履职不到位，干部能不能下来。中组部有文件，干部能上能下，不是说只有犯了错误才下。市里也有很多这样的情况，工作打不开局面的、执行力不强的、老是保持现状的，就可以调整。第三，在考评上，设置乡镇、街道业绩考核平台。一是年初与乡镇、街道确定全年重点工作和每一个季度的目标任务。二是由纪委、区委办、组织部组成一个高规格的巡查、考核班子来考核打分。三是每一个季度对乡镇、街道书记进行夜考，召开一定范围的会，排在前三的做经验推介，排在后面的做表态发言。一年连续三次最后的，调整岗位。你不能做太平官，做太平官就不行。还有就是区直单位的干部怎么交流的问题也是一个大问题。目前，在区直单位一个岗位上干了 10 年以上的有 150 多人，最长的在一个岗位上副科级实职干了 21 年，这是很值得敬佩的。下一批考察的时候，对区直单位进行一次例行考察。这些措施的激活，要按照这两天务虚会开的内容落实。市委、市政府用干部就体现了当时对各县区的考察，用了9个指标。从今年起，各考察组要通过区里面平台的考核、通过市里各种平台的考核、通过各种指标的比对，在体制机制上做到考核是把尺子、问责是把鞭子。当主要领导，至少三件事要做到，第一，你要真正去做这件事，有本事、有能力去做这件事；第二，你要营造一个相对公平的政治生态、清爽的政治生态。第三，讲基本感情，只要不突破底线。我这也是和大家交流、交心、交底。

五、找准发展的差距在哪里——提振精气神，努力实现全年工作创先争优

全年的任务要争先进，不争先进的人今后按这个调整干部，区委就舞好这个指挥棒。今年，市委、市政府已经明确了23项市级考核项目，包括3项综合考核和20项重点工作考核，区委、区政府也逐一明确了责任区级领导和责任区直部门。在接下来的时间，各责任区级领导和责任区直部门主要负责人要认认真真、扎扎实实、方方面面做好创先争优各项工作。这里明确一个思想：绩效考核、全面建成小康社会考核、精准扶贫考核这3项综合考核，必须要确保先进。20项重点工作考核，去年获得先进的必须继续保持，未获得先进的要力争进入先进，要确保至少一半以上考核项目获得先进。特别是安全生产、社会综治、人口计生3项一票否决的考核，决不允许出半点差错。

冷水滩区人大常委会工作报告

（2016年11月27日在冷水滩区第九届人民代表大会第一次会议上）

冷水滩区人大常委会主任 肖惠黎

区八届人大常委会工作回顾

区八届人大常委会任期的四年，是全区上下攻坚克难、加快发展的四年，也是人大工作不断改进、持续提高的四年。四年来，在区委的坚强领导下，区人大常委会认真贯彻落实党的十八大和十八届历次全会及习总书记系列重要讲话精神，围绕中心，依法履职，共举行常委会会议36次，主任会议82次，听取和审议“一府两院”专项工作报告61个，作出决议决定22项，开展执法检查14次，组织视察调研活动52次，对12个政府工作部门进行工作审议，依法任免国家机关工作人员228人次，为品质活力首善区建设作出了积极贡献。

一、紧扣中心，精准发力，服务大局展现新作为

围绕中心、服务大局是人大工作的根本要求。四年来，常委会始终把服务发展大局作为人大工作的第一要务，站位全局，主动作为，全力促进经济社会平稳健康发展。

关注经济运行，促进平稳发展。常委会密切关注经济运行情况，围绕“十二五”规划主要目标任务落实，实行对口办委跟踪督促，广泛听取意见建议，加强对经济形势的调查、研究和分析；听取和审议了各年度上半年计划执行、“十二五”规划实施中期评估、《政府工作报告》承诺的重点工作或重大事项落实、“十二五”规划执行和“十三五”规划编制情况的报告，提出相关审议意见，支持政府适应经济发展新常态，坚持稳中求进总基调，坚定不移抓招商、抓项目、抓服务，奋力决战“十二五”，精心谋划“十三五”。政府及相关部门坚定信心、抢抓机遇，强化措施、积极作为，确保了年度计划和“十二五”规划的顺利完成，取得了主要经济指标成功实现翻番，发展速度始终在全市保持第一方阵领先地位的可喜成绩。

强化预算审查，打造阳光财政。修改完善预算审查监督办法，实行全口径预算审查监督；规范部门预算审查，从2014年开始将部门预算（草案）经主任会议初审后提交人代会审查；坚持每年听取和审议上年度决算和同级审、本年度预算执行情况报告，适时审查财政预算调整方案，要求政府强化收入征管，优化支出结构，深化财政改革，提高财政管理水平；听取和审议了区人民政府社会抚养费征收管理使用、财政债权债务管理、审计意见整改落实情况的报告，建议政府严格征缴标准、规范举债行为、加强审计意见整改落实；支持政府全面推行预决算、“三公”经费公开和国库集中支付等财政制度改革，大力推进公共财政建设。此外，先后就高科园建设、精准扶贫等项目融资事宜作出决议决定12项，助推政府破解资金制约瓶颈，确保重点项目或重点工作顺利推进。

规范人事任免，激发干事活力。坚持党管干部与人大依法任免干部相结合，修订完善人

事任免办法，严格执行主任会议初审、任前调查公示、任前法律知识考试、供职发言、投票表决、颁发任命书、宪法宣誓等制度，着力推动人事任免工作的制度化、规范化建设。四年来，共依法任免国家机关工作人员 228人（次）。同时，把履职测评作为强化干部履职监督的重要举措，对政府工作部门主任、局长和“两院”副职实行“年初承诺、年中查诺、年终评诺”，坚持平时督查、年中抽查、年终检查，适时掌握承诺对象践诺情况，并对其践诺情况分别在该单位干部职工会和人大常委会上实行二次满意度测评，四年来共开展践诺测评156人次，有力地促进了承诺对象依法履职。

加强三农监督，致力城乡统筹。常委会听取和审议了区人民政府农机购置补贴政策落实、农村土地流转、农村环境治理和建制镇人居环境改善、农业综合开发、农业产业化经营等工作情况的报告，组织代表视察了水利基础设施建设、农科园建设、农村环境污染治理等工作情况。针对农机购置补贴程序繁杂、土地流转风险防范机制不够健全、农村环境治理投入不足等方面的问题，形成交办意见22条，督促政府全面整改落实。政府及相关部门认真研究、健全机制、加大投入，基础设施建设明显加快，现代农业发展全力加速，农业农村发展活力持续增强，城乡环境面貌逐步改善。同时，就乡镇行政区划调整作出决定决议3项，助推我区合并3个乡镇、析置2个街道，有力促进了城乡统筹和区域经济发展。

给力城市建设，助推提档升级。常委会听取和审议了区人民政府关于创建国家卫生城市、四明山森林公园申报和封山育林工作、控违拆违工作情况的报告，组织代表先后将创国卫、创国森、创交模作为大会1号议案提请会议表决通过，集中代表智慧、凝聚创建共识，组织了创建国家森林城市工作情况专题调研，开展了大气污染防治法执法检查，组织代表集中视察了创国卫、创国森议案办理情况和社区网格化建设管理工作情况，深入推进“三湘环保世纪行”活动，提出了相关意见、建议。政府及相关部门积极采纳，认真落实，通过全区上下的共同努力，我区成功创建了国家卫生城市、国家森林城市，四明山森林公园通过省级专家组验收，生态环境逐步改善，城市管理水平全面提升，生态宜居山水名城已具雏形。

融入发展大局，参与中心工作。四年来，常委会坚持在监督中支持、在支持中监督，主动融入经济建设主战场、改革发展主阵地，按照区委统一部署，常委会领导和机关办委积极参与重点项目、“三创一保”、安置小区和断头路建设、精准扶贫、信访维稳、联系乡镇等中心工作，靠前指挥，压实责任，助推了经济社会发展。四年来，常委会领导和机关办委每年联系重点财源建设项目60余个，累计完成税收6亿余元；常委会领导联系的九嶷大道、新府路、百花路、月岩路、梨子园路、银象路等6条断头路全部按要求完成任务；常委会领导直接负责工作的滨江新城、中央新城、曲河花园安置小区、永州大道1.88公里、祁冷快速通道、银海富都、紫金大邸、城区农贸市场改造、湘江西岸文昌阁片区改造等重点项目扎实推进，联系的6个扶贫村全部按要求完成年度脱贫任务；共为联系点筹措各类建设资金300余万元。

二、紧贴民心，持续给力，助推民生创造新业绩

关注民生、为民谋利是人大工作的本质要求。四年来，常委会始终把促进民生改善作为人大工作的第一追求，聚焦热点，持续监督，倾力促进民本民生持续有效改善。

聚焦教育事业，助推学有所教。教育事业是民生之基。常委会听取和审议了区人民政府学前教育、城区学位建设、义务教育阶段学校

建设管理情况的报告，组织代表视察了城区学位建设情况，针对公办幼儿园不足、城区学校“大班额”现象突出、农村义务教育资源不平衡等方面的问题，提出审议意见和建议18条。政府及相关部门认真落实，持续加大教育投入，加快建校扩容进度，鼓励支持社会办学，加强农村义务教育政策扶持。四年来，共兴建公办幼儿园9所，新增城区学位2.5万个，新建合格学校39所，新改造薄弱学校47所，“入园难”“大班额”问题得到有效缓解，农村义务教育质量逐步提升，促进了城乡教育均衡健康发展。

聚焦医疗卫生，助推病有所医。医疗卫生事关群众身体健康。常委会组织代表视察了全区基层医疗卫生综合配套改革工作情况，听取和审议了区人民政府社区卫生服务中心工作情况的报告，建议政府要完善硬件设施、加大宣传力度、创新人才引进机制、加强规范管理，不断提升社区医疗卫生服务水平。政府及相关部门进行了认真研究，并在今后的工作中加以落实，有力地推动了全区基层医疗卫生事业健康发展。听取和审议了区人民政府新农合运行情况的报告，针对宣传不到位、监管措施不力、政策利好不够等方面的问题，及时提出整改建议。政府及相关部门强化措施，扎实整改，让农民享受到了更多的实惠。

聚焦城乡交通，助推行有所畅。城乡交通事关群众安全出行。农村公路管养不到位，群众反响强烈。常委会组织开展了农村公路建设管理情况专题调研，听取和审议了区人民政府通村公路管理养护工作情况的报告，督促政府及相关部门健全管养机构、落实管养责任、加大资金投入，切实提升农村公路管养水平。中心城区行车难、停车难、管理难，群众颇有怨言。常委会组织开展了中心城区河西交通状况的专题调研，听取和审议了凤凰园交警大队关于中心城区河西道路交通管理工作情况的报告，提出了审议意见交相关部门整改落实。政府及相关部门以创交模为契机，加强宣传，完善设施，严格执法，中心城区拥堵问题得到有效缓解。

聚焦社会保障，助推老有所养。被征地农民养老保障事关失地农民切身利益。常委会高度重视，连续三年将被征地农民养老保险政策落实情况纳入监督议题，先后召开3次主任会议、2次常委会会议专题听取被征地农民养老保险工作落实情况的报告，组织调研组深入相关村组，采取召开座谈会、访群众、查资料等形式，全程跟踪政策落地情况。针对政策宣传不力、推进落实缓慢等问题，要求政府务必强化措施，全力推进，限期完成，决定并视其落实情况适时启动相关问责程序。政府及相关部门认真研究，制定方案，强化措施，落实责任，全区被征地农民养老保险参保工作稳步推进。

聚焦食药安全，助推食有所安。食品药品事关人民群众生命安全。常委会听取和审议了区人民政府关于菜篮子工程建设和食品药品监督管理工作情况的报告，对区食药监局开展了工作审议，连续四年开展食品安全法执法检查和跟踪整改工作，扎实推进“农产品质量安全行”活动，针对食品药品安全意识不强、监管基础比较薄弱等问题提出了整改意见和建议，要求政府及相关部门强化宣传教育、突出重点环节、加强日常监管、严厉打击制假、售假行为。政府及相关部门狠抓审议意见整改，进一步健全工作机制，完善监管网络，强化源头监控，加大执法力度，全面提升食药安全工作整体水平，有力地捍卫了人民群众“舌尖上的安全”。

聚焦城乡住房，助推住有所居。群众有房可住是最大的民生。常委会听取和审议了区人民政府保障性住房建设情况的报告，针对地方配套资金缺口较大、管理相对滞后等问题，提出了重视配套建设、拓宽融资渠道、健全长效管理机制等审议意见。政府高度重视，落实责任，完善措施，强力推进保障性住房建设，有效缓解了部分城镇低收入居民的住房困难；听取和审议了区人民政府农民建房管理工作情况的报告，督促政府科学编制规划，强化批后监管，简化审批程序，确保农民建房有序推进。

三、紧守公心，聚焦用力，依法治区增添新举措

促进公平、依法治区是人大工作的神圣职责。四年来，常委会始终把推进依法治区作为人大工作的第一责任，突出重点，注重实效，强力促进全面依法治区深入实施。

加强工作审议，力促依法行政。常委会以相关法律法规贯彻执行和依法行政为重点，先后对政府食药监、住建、文新旅、审计、公路、畜牧水产、科技、司法、财政、水利、城管、环卫等12个部门开展工作审议。围绕被审议单位职能职责，面向社会、深入基层，采取座谈会、个别谈话、问卷调查等形式，广泛征求意见建议，共收集梳理12个受审议单位存在的问题、建议158条，形成交办意见52条，跟踪整改落实并实行整改满意度测评。被审议单位制定整改方案，强化整改措施，落实整改责任，逐项扎实整改，有效解决了一批人民群众反映强烈的热点、难点问题，促进了政府部门改进工作、依法行政。

加强执法检查，力促法律实施。常委会坚持少而精、重实效的原则，先后对《食品安全法》《预算法》《大气污染防治法》《水污染防治法》等6部法律开展执法检查，针对检查中发现的问题，提出针对性意见交相关部门整改落实。执法部门高度重视，采取得力措施，认真研究整改，有力地保证了相关法律法规在我区的正确实施。同时，进一步完善备案审查工作机制，四年来，共对区人民政府报备的131件规范性文件进行了备案审查，主动向市人大报备区人大常委会作出的决定、决议26件，有效防止了违法违规行为，从源头上维护了法制统一。

加强治安监督，力促平安和谐。常委会高度关注平安创建工作，听取和审议了区人民政府社会治安管理、农村社会治安监控体系建设工作情况的报告，连续两年组织市人大代表在市人代会上提出了《关于加强农村社会治安监控体系建设的议案》，连续三年组织代表视察了全区公安工作，开展了城区“两抢一盗”现象专题调研，针对工作中的薄弱环节，提出了加大基层投入、完善防控体系、规范执法行为等建议。政府及公安机关高度重视，强化措施，不断夯实公安基层基础，加大防控体系建设投入，持续开展严打整治行动，切实提高了群众安全感满意度。

加强司法监督，力促公平正义。常委会听取和审议了区人民政府法律援助工作情况和区人民法院民事审判、行政审判、刑事审判、人民陪审员工作情况以及区人民检察院刑事诉讼监督、反贪污贿赂、侦查监督工作情况的报告，要求政府进一步强化工作保障、健全工作机制，提升法律援助水平；要求法院进一步规范审判行为、加强审判监督管理，切实提高审判质量；要求检察院进一步创新监督方式，完善监督机制，加强自侦案件查处。政府及司法机关对常委会交办的审议意见进行了认真研究并整改落实，有力地促进了“一府两院”依法行政、公正司法。同时，常委会组织人民陪审员、人大代表旁听法院庭审500余人次，参与“两院”开放日及征求意见活动100余人次，进一步促进了公正司法。

加强信访督办，力促社会稳定。常委会进一步建立健全来信来访受理、交办、督办和反馈制度，注重跟踪问效。对重要信访案件，常委会领导亲自批示和协调，督促有关部门妥善处理，确保群众合理信访诉求得到满意解决。四年来，共受理人民群众来信来访1500余件（人）次，全部按照“转办到位、督办到位、回复到位”的要求，督促相关单位进行办理，促使一批信访问题得到妥善解决，有力地维护了社会和谐稳定。

四、紧抓重心，凝心聚力，代表工作迈上新台阶

激活主体、发挥作用是人大工作的永恒主题。四年来，常委会始终把发挥代表作用作为人大工作的第一任务，搭建平台，优化服务，致力促进代表作用充分有效发挥。

注重学习培训，提高履职能力。常委会采取以会代训、专题培训、座谈交流等多种形式，加强代表履职培训。四年来，共组织5批136人次赴全国人大培训基地集中学习，组织代表参加省、市各类培训班26人次，组织区乡（镇）人大代表集中培训462人次，切实提高代表履职能力；督促“一府两院”及时向代表通报全区经济社会发展情况，为代表知情知政、履行职责创造良好条件。

拓宽履职渠道，激发履职活力。研究出台了“双联”工作方案，认真落实常委会组成人员和“一府两院”及相关部门联系代表工作制度，共联系和走访代表2200余人次；组织代表参加社区网格化管理、农村公路建设管理等视察调研活动200余人次；邀请代表列席常委会会议和参加工作审议、执法检查等活动250余人次，推荐代表参加征求意见会、测评会、听证会等活动300余人次；创新代表闭会期间活动形式，出台人大代表工作室创建方案，伊塘镇、普利桥村、紫荆社区等代表工作室设施完善、制度健全、活动丰富，得到了上级人大的充分肯定和群众的一致好评；针对群众反响强烈的城区环境污染严重问题，组织代表深入一线、深入企业开展调查研究，形成专题调查报告，并组织驻区的省市人大代表连续两年分别向省、市人代会提出关停重度污染企业的议案建议，引起各级政府高度重视并得到采纳，中大特种水泥、湘江纸业等企业全面关停；针对城乡学校公用经费不平衡的问题，组织代表在省人代会上提出了《关于解决城区学校农村户口学生公用经费问题的建议》，上级部门高度重视，出台了相关政策文件，对义务教育阶段学校公用经费实行城乡同标准，每年为我区财政增加教育经费投入1300余万元；深入开展“建设品质活力冷水滩、人大代表当先行”活动，组织代表在项目建设、“三创一保”、民生保障等方面，建言献策、身体立行；积极探索完善代表履职考评、代表述职有效机制，增强代表履职动力，充分发挥代表主体作用。

强化建议督办，增强履职动力。进一步健全议案建议督办机制，实行主任会议研究督办、常委会领导牵头督办、相关办委对口督办、代表现场视察督办和满意度测评督办等制度，切实抓好“承办大户”“重点建议”“代表不满意件”的跟踪落实工作；坚持每年召开两次主任会议专题研究代表建议办理情况，两次听取政府议案建议办理情况的报告，连续四个月持续组织建议办理满意度测评，对办理不满意件由主任会议研究会审把关，开展优秀代表议案、建议评选表彰工作。四年来，共督办议案建议282件，邀请156人次代表参与16场建议办理现场视察活动，对15件办理不满意件在主任会议上一件一件过关，评选表彰优秀代表议案、建议56件，切实提高建议解决率和代表满意率。

加强督促指导，凝聚工作合力。认真落实常委会领导和机关办委联系基层人大工作制度，加强对乡镇（街道）人大开展代表小组活动、人大代表补选、召开人代会等工作的联系指导；坚持邀请基层人大负责人列席常委会会议、参加执法检查和工作审议等活动200余人次，分期分批组织基层人大干部外出学习培训24人次，不断提高基层人大工作水平；进一步完善了区乡（镇）人大工作联动互动机制，在视察调研、执法检查、联系选民等方面，实行省、市、区、镇（乡）四

级人大代表联动参与，加强上下联系沟通，较好地实现了全区人大工作的共同发展。

严格依法办事，推进换届选举。根据《宪法》《地方组织法》《选举法》的规定和省、市人大换届选举工作会议精神，在区委的领导下，从今年7月份开始，进行了区、乡（镇）两级人大换届选举工作。常委会提前调研，制定工作方案，健全工作机构，加强工作指导，严把关键环节，保证了换届选举工作依法有序进行。全区共依法选举产生区九届人大代表229名，新一届乡镇人大代表540名，代表结构进一步优化，综合素质明显提高。新一届人大代表产生后，常委会又组织人员分赴各乡镇，指导召开新一届乡镇人大第一次会议，确保乡镇换届选举工作圆满顺利完成。

五、紧跟核心，增强定力，自身建设树立新面貌

改进作风、提升能力是人大工作的履职基础。四年来，常委会始终把加强自身建设作为人大工作的第一要求，内强素质，改革创新，着力促进履职能力持续稳步提升。

注重理论武装，坚定政治方向。常委会坚持把深化学习和思想武装放在首位，加强党的最新理论成果、人大制度理论和法律法规的学习研究，深入学习党的十八大和十八届历次全会和习近平总书记系列重要讲话精神，进一步增强政治意识、大局意识、核心意识、看齐意识；坚持重大事项、重要工作事前向区委请示、事后向区委报告制度，牢牢把握正确政治方向，保证了区委重大决策部署在人大工作中的贯彻落实。

注重制度规范，提高工作水平。常委会不断探索工作方式方法，积极推进制度创新，修订完善了常委会工作规程、常委会议事规则、人事任免办法、预算审查监督办法等10余项工作制度，建立健全了公文处理、公务接待、公车管理等12项机关管理制度，进一步推动了常委会及其机关工作的规范化、制度化。

注重作风建设，树立良好形象。紧密结合常委会及机关实际，先后开展了群众路线、“三严三实”、“两学一做”等学习教育活动，精心制定方案，严格组织实施；创新学习方式，强化学习效果；广泛征求意见，深刻查摆问题；制定整改措施，扎实整改落实，有效解决了领导班子和党员干部“四风”“不严不实”等方面存在的突出问题；严格执行中央“八项规定”，认真落实党风廉政建设“两个责任”，全面履行“一岗双责”，树立了人大机关的良好形象。

注重宣传交流，扩大对外影响。切实加强人大制度和人大工作的宣传，先后在湖南人大网、永州人大、冷水滩新闻网等主流媒体上发表宣传信息报道100余篇，扩大了人大工作的社会知晓面和对外影响力。2013年区人大农工委被列为省人大农业委14个重点联系单位之一，参加联系会议3次，年年被省人大农业委推荐在联系会议上作典型发言；开创历史先河，今年成功承办省人大农业委重点联系单位现场座谈会，省人大农业委、省财政厅、省水利厅等负责同志和全省各市州人大农委主任委员以及14个重点联系单位人大分管农口副主任等参加会议，省人大常委会副主任陈君文出席会议并作重要讲话。会议精心组织、圆满成功，得到了省市领导的高度肯定，对进一步加强“三农”监督，促进农业农村工作再上新台阶发挥了积极作用。承办全市人大各类工作联系会议5次，组织参加全市人大各类工作联系会议25次，接待了湖北赤壁、广西钦州、湖南新化等外县市人大学习考察5批次，学习借鉴先进经验，推动我区人大工作不断改进。

各位代表！四年艰辛历程，四年欣喜回望，我们深切地感受到：区八届人大常委会过去四年所取得的成绩，离不开区委的正确领导，离不开

"一府两院"的密切配合，离不开各级人大代表的共同努力，离不开全区人民、社会各界和老同志的大力支持。在此，我谨代表区八届人大常委会，向所有关心、支持人大工作的同志们、朋友们，表示衷心的感谢和崇高的敬意！

各位代表！四年艰辛历程，四年欣喜回望，我们深刻地体会到：坚持党的领导是做好人大工作的根本保证。人大作为权力机关、监督机关、工作机关、代表机关，只有坚持和依靠党的领导，在思想上与区委一条心、目标上与区委一盘棋、工作上与区委一个调、落实上与区委一股劲，人大工作才能方向更明、作用更大；坚持服务大局是做好人大工作的第一要务。发展是党执政兴国的第一要务，只有在大局下定位、大局下谋划、大局下履职，思想上顾全大局、决策上顺应大局、工作上服务大局、行动上保证大局，人大工作才能有所作为、开拓创新；坚持以人为本是做好人大工作的本质要求。人大产生于人民、服务于人民，与人民群众有着天然的"血缘关系"。只有真诚倾听群众呼声，真实反映群众意愿，真情关心群众疾苦，真心解决群众困难，实现好、维护好、发展好广大人民群众的根本利益，人大工作才能反映民意、顺应民心；坚持改革创新是做好人大工作的不竭动力。创新是人大工作与时俱进的动力和源泉，只有以宪法和法律为依据，大胆地探索新思路、新办法，从而增强政治敏锐性、坚持问题导向性、突出意见建树性、提升实效可见性，人大工作才能继续前行、与时俱进。这些宝贵经验，我们一定要倍加珍惜，予以传承和创新发展。

各位代表！四年艰辛历程，四年欣喜回望，我们还清醒地认识到：区八届人大常委会的工作与区委的要求、代表的重托和人民的期望还有一定的差距，主要表现在：人大监督的刚性和实效仍需增强；决定重大事项需要深入探索；充分发挥代表作用的途径与方式有待拓展；常委会及机关的自身建设还需要进一步加强等。针对这些问题，需要新一届常委会高度重视，采取有效措施认真研究解决。

未来五年工作建议

今后五年是冷水滩全力打造品质活力首善区的攻坚时期，做好人大工作意义特殊，责任重大。新一届人大及其常委会要认真贯彻落实党的十八大和十八届历次全会以及习总书记系列重要讲话精神，牢固树立政治意识、大局意识、核心意识、看齐意识，在中共冷水滩区委的坚强领导下，围绕中心，服务大局，依法履职，发奋工作，努力开创我区人大工作新局面。为此，对今后工作提出如下建议：

一、把握新常态，在服务发展大局上谋求更大业绩

常委会要坚持把服务发展大局作为人大工作的中心任务，进一步强化大局观意识，围绕全区工作大局，定位人大工作、谋划人大工作、开展人大工作；在重大事项决定上，要充分体现区委意图，善于通过法定程序把党的主张变成国家意志和人民群众的自觉行动；在人事任免上，要严格任免程序，不断加强干部任后监督，努力实现党管干部与人大依法任免干部相统一；在监督权行使上，要着力在提高审议质量上有新突破、在丰富监督形式上有新内容、在督促审议意见落实上有新举措，努力做到议而有决、决而有效；要积极顺应"市强区兴民富"的发展大势，注重发挥代表优势，将"市区一体化"发展理念转化为全区共识共为。一个家庭有父母关爱、有父母鼎助、有父母守护，儿女们说："有父母真好"，婿媳们说："有公婆（岳父母）真好"。一个家庭如此，一个区域更应如此。全区上下务必倍加珍惜这得天独厚的市区共荣区域优势。

二、落实新举措，在推动法治建设上力求更大成效

常委会要坚持把推进法治建设作为人大工作的重要职责，进一步强化法制意识，创新执法检查方式，突出执法检查重点，注重跟踪问效，推进严格规范公正文明执法；要加强司法工作监督，听取司法部门有关专项工作报告，开展专题调研，继续组织人大代表旁听案件审理等，确保“两院”独立公正行使审判权、检察权，促进公正司法；要加强法制宣传，深入推进“七五”普法，着力增强法制宣传教育实效，深入弘扬法治精神；要加强人大信访工作，健全工作机制，加大督办力度，维护社会和谐稳定。

各位代表！对待犯错误的同志，我们党的政策是：惩前毖后、治病救人。对待犯罪，我们党的方针是：坦白从宽、抗拒从严。在依法惩治犯罪时，公检法绝不能将抓得多、捕得多、判得多作为检验执行力的标准，而应该将法律精神、法律原则贯彻始终，以事实为依据、以法律为准绳，正确把握罪与非罪，确保履行打击犯罪，保护人民的神圣使命。

三、顺应新期待，在促进民生改善上务求更大作为

常委会要坚持把维护群众利益作为人大工作的价值追求，进一步强化民生意识，主动深入基层、深入群众，问政于民、问需于民、问计于民，通过视察发现民生问题，通过调研剖析民生问题，通过审议研究民生问题，通过督办解决民生问题；要围绕就业创业、就医就学、综合治理、食品药品安全、生态环境改善等领域，把更多社会关注、百姓热盼的民生问题纳入人大议事日程，加强跟踪督办，推动民生问题优先解决、民生资金强力保障、民生工程加快实施、惠民政策全面落实。

四、立足新实践，在发挥代表作用上寻求更大突破

常委会要坚持把发挥代表作用作为人大工作的主要内容，进一步强化服务意识，完善工作制度，强化代表履职保障；要加强学习培训，创新培训方式，突出培训效果，切实提高代表履职意识和能力；要创新活动载体，丰富活动内容，综合运用专题调研、持证视察、接待走访选民等多种方式，支持和保障代表依法履行职务；要建立健全代表履职激励、约束及代表退出机制，完善代表履职登记制度，激发代表履职热情和动力；要强化议案建议督办，规范办理程序，创新督办形式，突出办理效果，积极回应代表和人民群众的关切。

五、树立新标杆，在加强自身建设上追求更大进步

常委会要坚持把加强自身建设作为人大工作的坚实保障，进一步强化责任意识，加强政治理论、法律法规和业务知识的学习，不断提高依法履职能力；要自觉坚持党的领导，始终把人大工作置于区委的领导之下，牢牢把握正确政治方向；要继续健全议事程序，完善工作机制，保证常委会会议和活动规范有序进行；要从严落实党风廉政建设“两个责任”，认真履行“一岗双责”，促进党风廉政建设深入开展；要全面贯彻落实中央“八项规定”，继续巩固和拓展群众路线教育、“三严三实”和“两学一做”专题教育成果，不断加强作风建设；要重视人大理论研究和宣传工作，加强联系指导，形成工作合力，不断提升全区人大工作整体水平。

各位代表！区八届人大常委会任期已依法提前届满，新一届人大常委会即将产生。阅尽人间更替事，总是后人超前人。我们坚信，新一届区人大及其常委会，将紧密地团结在以习近平同志为核心的党中央周围，在中共冷水滩区委的坚强领导下，一定能肩负起人民的重托，求真务实，锐意进取，奋发有为，扎实工作，圆满完成新的使命，为建设品质活力首善区作出新的更大贡献！

政府工作报告

（2016年11月26日在冷水滩区第九届人民代表大会第一次会议上）

冷水滩区人民政府代区长　桂砺锋

一、区八届人大会以来政府工作回顾

过去的四年，是全区广大干部群众幸福感最强、获得感最多的四年。面对宏观经济下行压力，我们在市委、市政府和区委的坚强领导下，在区人大、区政协的监督支持下，以建设品质活力中心城市为总抓手，圆满完成了既定目标任务。

——综合实力有了大提升。始终保持稳中趋好的发展态势，主要指标基本保持两位数增长，增速高于省市平均水平，综合实力稳居全市第一方阵。2016年全区GDP突破240亿元（预计数，下同），是2012年的1.5倍，年均增长10.3%。一、二、三产业年均增长8.1%、8.2%、12.9%。三次产业结构比由2012年的15.5 ∶ 41.4 ∶ 43.1调整到14.3 ∶ 38.3 ∶ 47.4。财政总收入突破14亿元，是2012年的1.5倍，年均增长20%，税收质量居全市第一、全省前20强。新增规模以上工业企业49家，其中产值过亿元企业32家。电子信息、生物医药、农产品加工、机械制造等优势产业初具规模。先后获得国家现代农业示范区、全国小型农田水利建设先进集体等省部级以上荣誉称号17项。高科园被列为全省循环经济试点园区，中小企业创业园被列为全省示范基地，永州国家农业科技园被列为全国现代农业示范基地和全省新型工业化特色产业示范基地。全面小康实现程度及经济快进县排位均进入全省二类县前10名。今天的冷水滩，大发展已成为主旋律。

——城乡面貌发生大改观。紫霞安置小区等19个安置小区启动建设，湘江东路等23条断头路全面打通，向荣路、警民路等85条背街小巷和三弯巷子、大三房、小三房等55个城中村整治全部完成，翠竹路、凤凰路等10条主干道完成综合提质，梅湾路、双洲路等7条主干道完成立面改造。成功创建国家卫生城市、国家森林城市。城区建成区面积由32平方公里扩展到36平方公里，人口由31.56万人增加到35.78万人，城镇化率由63%提高到66.3%，基本形成中等城市框架。全面开展交通三年大会战，累计投入16亿元。零陵机场开通长沙、昆明、深圳、北京、上海航线。湘桂高铁2013年开通运行，已直达广州、深圳。冷祁公路、二广高速等5条跨境干线建成通车。通乡通村公路完成510公里。全区公路总里程突破2000公里，区域性交通枢纽城市基本形成。整合涉农资金近20亿元，实施涉农项目500多个。水利项目实施走在全省、全市前列，完成大小水利工程2.1万处，资金投入进入全省前10位。以农村淘宝为重点的农村电子商务快速发展。全面推进了农村环境整治、美丽乡村建设。普利桥镇被评为全国重点镇、全省小城镇建设示范镇，伊塘、岚角山被评为全省卫生镇。今天的冷水滩，大变化已成为新亮点。

——重点项目取得大进展。大力实施项目

带动战略，完成土地报批10147亩，实施重点项目1084个，年均增长15%。共完成固定资产投资1004亿元，年均增长23.5%，项目实施数量和投资额居全市前列。城区完成城建投资400多亿元，实施项目186个，建成了城市绿岛、滨江豪园、远志新外滩等一批宜居小区，推进了中央新城、滨江1号、名扬愿景等一批综合体项目。完成工业项目投资80多亿元，实施项目61个，建成标准厂房69万平方米。恒伟医药、中小企业创业园、新辉开科技、万马轮毂相继竣工投产运营。奔腾彩印集团正筹备上市。城区完成基础设施投资200多亿元，实施项目123个，高标准推进了滨江新城路网、湘江风光带、永州大道等重大基础项目。黎马公路全面开工，冷东、上大公路纳入省“十三五”规划。完成社会民生项目投资100多亿元，实施项目98个，国有工矿棚户区改造、新型城镇化建设、医疗卫生教育等一批民生项目相继启动。累计争取上级资金96亿元，年均增长28.5%。今天的冷水滩，大建设已成为最强音。

——改革创新迈出大步伐。政府机构改革、财政体制改革、投融资机制改革、机关事业单位养老保险改革、农村综合改革等深入推进。推行工商登记前置审批，全面落实“三清单一目录”管理，实行“先照后证”“三证合一”“一照一码”，市场主体大幅增加。全面完成集体林地确权发证、农村土地承包经营权确权登记，农村产权制度改革走在全市前列。土地流转平台有序推进。财税金融改革取得实效，交通银行、华融湘江银行和长沙银行等3家股份制银行相继进驻，农村信用社成功改制为永州农村商业银行。整合两大融资平台，实行公司化运作，融资水平明显提升。启动第二轮国企改革，探索了国企改革新路子。政府机构改革稳妥推进，顺利完成乡镇行政区划调整。全面推进户籍改革。进一步理顺市区城建城管体制机制，实现了城管、环卫、园区管理职能下放、重心下移。大力发展开放型经济，实际利用外资4.1亿美元，到位内资77.3亿元。今天的冷水滩，大创新已成为新引领。

——民生事业持续大推进。全面实施教育、生态、就业“三项优先”战略。累计投入19.8亿元，新增城区学位2.5万个，新建翠竹园小学、竹塘小学、珍珠小学等39所合格学校，新改造郝皮桥小学、楚江圩小学、易家桥小学等47所薄弱学校。完成四中整体搬迁和移交，打造了一批名校名师。深化医药卫生体制综合改革，公立医院全部实施药品零差率销售，岚角山、普利桥等13所乡镇卫生院第一轮改扩建全部完成。市三医院成为全省第一家县级三级医院。计划生育连续3年被评为省先进。科技创新获科技部表彰，知识产权工作连续4年被评为省先进。完善了工伤保险、城镇居民医疗养老保险和被征地农民社会保险，全区养老保险参保人数达到30.5万人、基本医疗保险参保人数14.4万人，发放最低生活保障资金8847万元，惠及低收入人群3.9万人。发展民间养老机构5家，新建农村幸福园55个。投入3000万元建成了3所中心敬老院和1所区福利中心。湖塘、黄阳司、下河线等3个社区，梅湾、紫荆等12个社区分别创建为国家级、省级减灾示范社区。新建公租房9314套、城市棚户区改造8140户、工矿棚户区改造5898户、农村危房改造2460户。群众幸福指数不断提升，上榜中国幸福城市20强。今天的冷水滩，大民生已成为重头戏。

——政府职能实现大转变。深入开展创先争优活动。在全市率先启动社区网格化试点，社区网格化管理模式在全省推广。不断完善社会重大事项风险评估机制，获“全省社区治理和服务创新实验区”称号。疏导解决信访突出问题，各类信访明显下降。强化社会综合治理，城区治安监控设施进一步完善，新安装高清监控探头800多个；街面巡防机制更加健全，市区干部职工开展了常态化夜巡，公安机关每天安排40余台警车、200余名警力，实行武装化巡逻。在集镇人员密集场所、乡村主要路口安装监控探头166个，完成了农村治安监控体系一期建设。积极开展专项打击行动，刑事发案从2012年6089起下降到2500起。突出食品药品、道路交通、非煤矿山、消防等领域安全综合整治，全区安全生产能力进一步增强。全面加强民主法治建设，共办理区人大代表议案、建议和批评意见267件，区政协委员提案380件，办复率均为100%。创新绩效考核，切实加强政府执行力建设、作风建设、党风廉洁建设和行政效能建设。今天的冷水滩，大服务已成为新常态。

移民、供销、商业、史志、档案、老干、人事编制、民族宗教、外事侨务、食药监管、工商、质监、气象、水文等各项工作都取得新进步，工会、共青团、妇联、残联、科协、工商联、红十字会、计生协会等群团组织作用进一步发挥。

各位代表，即将过去的2016年，我们全力应对各种复杂局面，努力克服各种不利因素，尽力完成各项目标任务，实现了有速度、有质量、有效率的发展。一是重点指标实现稳定增长。全区地方生产总值完成240亿元，同比增长10.1%；区域工业总产值完成328亿元，同比增长16%；社会固定资产投资完成280亿元，同比增长18%；财政总收入完成14.26亿元，同比增长13%；社会消费品零售总额完成117亿元，同比增长12%；城乡居民人均可支配收入分别达到27012元、17476元，分别增长9.5%、9.8%。全年到位内资24亿元，实际利用外资9000万美元。新入统规模工业企业12家，新建标准厂房10万平方米。主要指标增幅高于省、市平均水平，地方生产总值、财政收入等部分指标提前完成既定目标任务。二是重点项目实现有效突破。始终坚持项目统揽。重点项目完成投资100亿元，实现税收9.24亿元。加快征地拆迁，全年完成土地征收4000余亩、房屋征收60多万平米。市里交办的湘江西岸棚户区改造、逸云路城中村改造、京华中学宿舍区旧城改造、湘江东路源味街等工程较好完成了目标任务。突出项目建设融资，全面开展政、银、企合作，帮助企业较好地解决了融资难题。三是重点工作实现全面推进。突出常规工作常态抓，重点工作重点抓，难点工作创新抓。城市创建上：强力推进“三创一保”，创建工作实现制度化、常态化，走在三区的前列。对原西区购地户、三多亭安置等多年没有解决的历史遗留问题，进行了认真梳理，正着力研究。融资工作上：两个平台已整合升级为市级平台公司，可融资到位30亿元以上。财源建设上：规范临时机构管理，强化重点财源项目考核。建立了财税工作联席会议制度，较好理顺了财税征管机制。

各位代表：

四年多来，我们战胜了一个又一个困难，取得了一项又一项突破，成绩来之不易，经验弥足珍贵。这些成绩的取得，是市委、市政府和区委科学谋划、统筹指挥的结果，是区人大和区政协有效监督、鼎力支持的结果，是全区人民加压奋进、团结拼搏的结果。在此，我代表区人民政府，向全区人民，向驻冷部队、武警官兵，向公安政法干警，向所有关心支持冷水滩发展的各界朋友和各界人士，表示崇高的敬意和衷心的感谢！

在加快发展的进程中，我们也清醒地看到，前进道路上还有很多矛盾和困难，工作中也有不少缺点和不足，主要表现在：经济基础比较薄弱，发展支撑能力不强；产业结构不优，转型发展压力较大；城乡居民持续增收乏力，财政收支矛盾突出；项目建设征地、拆迁等制约因素较多，安全生产、社会稳定和环境保护压力较大；有的职能部门行政效率和服务水平还需进一步提高，等等。对此，我们将始终坚持问题导向，切实加以解决，确保实现经济社会又好又快发展。

二、今后五年总体思路及发展愿景

未来五年，是实现“两个一百年”奋斗目标承前启后、继往开来的重要时期，国情、省情、市情都在发生深刻变化。

从国内形势看，未来五年，将是我们抢抓机遇的战略关键期。当前，我国经济正向形态更高级、分工更复杂、结构更合理的阶段推进，经济发展已进入新常态。今后五年，是我们全面建成小康社会，进而开启实现基本现代化新征程的关键时期，是推进供给侧结构性改革、推动发展动能转换、实现转型升级的关键时期。全区上下要立足冷水滩区情特点，把握战略方向，重塑经济空间，厚植发展优势。

从省内形势看，未来五年，将是我们开放崛起的加快发展期。省第十一次党代会明确提出建设富饶美丽幸福新湖南发展愿景，实施创新引领、开放崛起战略，突出“三个着力”“四大体系”“五大基地”新抓手。到未来五年，全省全面建成小康社会，人均地区生产总值力争达到10000美元以上，经济社会发展整体达到中等发达国家水平。在省党代会期间，省委提出，永州要力争在建设富饶美丽幸福新湖南的生动实践中走在前列，争取成为全省推进开放发展的开路先锋。永州要走在前列，成为开路先锋，冷水滩作为首府区，理所应当要自我加压，奋力走在全市发展前列。

从市内形势看，未来五年，将是我们顺应“市强区兴民富”发展大势的全面赶超期。在省财政直管县体制下，市区一体化已成为发展大势。“十三五”期间，市里规划的789个项目、1.2万亿投资，其中200多个项目、3500余亿元投资在中心城区；2017年市里两大投资公司计划在冷水滩中心城区实施重大项目45个，年度投资51亿元，其中，市城建投项目29个，年度投资35亿元；市经建投项目16个，年度投资16亿元。主要有投资1亿元的“一宫两馆三中心”、投资2.8亿元的滨江新城棚户区改造、投资3亿元的永州大道综合管廊、投资2亿元的湘江西岸棚户区改造、投资1亿元的永州铁路枢纽工程、投资2亿元的城区学位建设、投资1.5亿元的湘江东路下穿及拓宽项目等。这些重大项目的实施，将为我区经济社会发展注入强大动力，也是其他县区无可比拟的一体化优势。全区各级各部门务必要进一步强化市区一体化理念，在市委、市政府的坚强领导下，从高认识“县”与“区”的体制区别，从高认识“投资市里负责，税收市区共享”的体制优势，深入推动项目建设一体化、园区建设一体化、城市治理一体化、城乡发展一体化。对市委、市政府交办的各项工作任务，要严格按照时间节点，坚决落实到位。

按照区第八次党代会指导思想，今后五年政府工作总体思路是：高举中国特色社会主义伟大旗帜，全面贯彻党的十八大以来路线方针政策，落实“四个全面”战略布局，坚持“五大发展”理念引领，积极顺应“市强区兴民富”的发展大势，坚持以经济建设为中心，突出供给侧改革主线，突出产业园区建设，突出打造品质活力首善区，大力提升中心城区辐射力和带动力，在全市率先建成全面小康社会、率先基本实现现代化。

目标愿景是：着力“一个全面、两大突破、三大提升”：即，在全市率先全面建成小康社会，地区生产总值突破350亿元，财政总收入突破30亿元，产业发展指数、城镇化指数、民生幸福指数均实现大提升。

立足首善区总体定位，全面实施产业、城市、园区、交通、改革、法治、生态、健康、教育、精准扶贫等十个“三年行动计划”，努力实现“五大愿景”：

——加速形成产业集聚、业态成熟的首善区。产业优势不断放大。顶层设计产业规划，放大产业优势。电子信息产业：借助移动互联网、云计算、大数据、物联网等新一代信息技术，以达福鑫电子信息产业园为龙头，形成集研发、生产、销售于一体的产业体系。先进制造业：瞄准新能源汽车发展方向，依托现有配套产业项目，逐步推进传统制造业向先进制造业转型。生物医药业：做大现有生物医药企业，探索医药、康养结合路子。农产品精深加工业：加强标准化建设，鼓励龙头企业做大做强。现代服务业：大力发展电子商务、金融服务、研发设计、创业孵化、现代物流等生产性服务业和旅游休闲、文化体育、健康养老等生活性服务业。完善农村物流配送网络，推进物流革命。产业平台不断优化。做实产业集约发展园区载体，推进产城融合，实现园区与城市功能互通。以高科园为核心的产业平台，基础设施不断完善，管理体制和运行机制不断健全，赋予园区更大的自主权，成为产业集群发展的洼地，高科园争取与永州经济开发区一并创建国家级经济技术开发区。产业动能不断释放。建立创业创新基金、实体经济发展基金和风险基金。主动对接金融机构，加大资本市场融资力度，建立后备资源库，支持奔腾彩印、果秀等企业上市。

——加速形成城乡一体、品质活力的首善区。“三创一保”持续推进。严格对照创交模城市、创园林城市、创文明城市等创建测评体系标准，坚持标本兼治、分类施策，继续突出问题导向，找准解决的有效措施，针对重点区域、关键部位开展集中整治活动，力争每年一个大变化，确保2017年成功创建交通管理模范城市，2019年成功创建国家园林城市，2020年成功创建国家文明城市。城市群框架基本形成。按照市委市政府提出的“一江两岸、东扩西跨、南北联城、中部崛起”总体规划布局，启动“潇湘城市群”三年行动计划，市区一体推进“多规合一”。纵深拓展城市发展空间，拉开城市发展骨架，形成滨江新城、东部新城、高科园竞相发展的新格局。加快铁路、公路、航空和湘江航运等对外通道建设，形成大进大出的区域交通枢纽中心。通过3~5年努力，推出“潇湘城市群”靓丽名片。城市品位不断提升。把“以人民为中心”的理念贯穿于城市建设全过程，突出抓好城市扩容提质、建筑立面改造、教育医疗卫生硬件建设、文化体育设施建设、地下管网完善、24小时保洁、公共服务配套、亮化美化工程、棚户区改造和放开户籍等十个方面工作。重点实施好城市“互联网+”行动计划，建设“智慧城市”；加快河东城市综合体、永州大道地下综合管廊、城市快速公交等公共设施建设，建设宜居城市；配合市里全面推进“一江两岸”风光带建设，打造生态休闲城市。新型城镇化建设加快。全面实施新型城镇化战略，完成小城镇建设顶层规划设计，给予乡镇城镇化建设更大的自主权，探索新型城镇化建设新路子，打造一批新型城镇化示范点。统筹城乡基础设施布局，强化基础设施对接，推动水、电、路、讯、气等基础设施城乡联网。大力推进“三网融合”，打造“光网城市”、“无线城市”，建设“宽带农村”。让农村群众吃上安全水、用上稳压电、联上高速网。

——加速形成创新引领、开放崛起的首善区。重点改革全面突破。加快推进供给侧改革，全面落实“三去一降一补”五大重点任务。深化拓展行政管理体制改革，持续推进简政放权、放管结合，高效承接省、市下放权限事项，提高政府行政效能。全面推进商事登记制度改革，严格“五证合一”登记管理，更加注重事中事后监管。深化财政、金融体制改革。深入推进以“三权分置”为主导的农村产权制度改革。积极抓好区属国有企业改革，完成国企改制任务。开放合作全面深化。深入对接湘南国家级承接产业转移示范区建设战略，充分发挥“东盟桥头堡”区位优势，主动融入长三角、珠三角，积极参与基础产业开发、基础设施建设，推进更宽领域、更深层次、更高水平开放。加快建设开放通道，扩大对外经贸往来，以优良的环境、优质的服务、优秀的团队，吸引项目业主前来洽谈落户。创新引领全面形成。全面推行互联网思维，抢抓“互联网+”、物联网等新的业态机遇，拓展互联网与经济社会各领域融合的广度和深度。围绕农业转移人口市民化、城乡公共服务均等化，全面推进城乡网格化治理，积极探索在户籍管理、社会保障、农村土地流转等方面的新机制。创新社会治安综合治理，积极构建立体治安防控体系，建立健全110社会联动机制，实现与政府热线对接，努力提升治安防控能力和管理水平。创新安全生产责任监管机制，深入开展安全隐患排查治理和安全生产示范创建工作。

——加速形成生态文明、富饶美丽的首善区。生态优先战略深入实施。深入开展湘江保护和治理第二个行动计划，抓好天然林保护、生态林工程、水土保持工程，既要金山银山，又要绿水青山，绿水青山就是金山银山。充分利用丰厚的人文和生态自然资源，打造生态文化品牌。启动一批国家级、省级生态乡镇、生态村创建，巩固提升国家森林城市成果。依法打击非法开采矿产资源行为。抓好自然保护区、湿地、生态脆弱地区及交通沿线绿地等保护与管理。争取2018年成功创建四明山国家森林公园。“十三五”期间启动保方、协塘坪2座小一型水库建设。美丽乡村彰显特色。高标准完成村庄规划编制，构建种植业、养殖业协调发展的生态农业产业循环体系，有效控制农业面源污染，改善农村人居环境。加强村民建房管理，开展农村危房改造和“空心村”整治，规范新农村集中建房，建成一批整洁有序、经济活跃、生态优美、特色鲜明、乡风文明的美丽乡村，打造一批乡村旅游示范村。生态经济初具规模。从制度创新入手，规范引导企业和个人行为，大力发展一批生态农业、生态旅游、生态康养等产业，形成新的生态经济消费热点。建立健全环保产业发展服务体系，推进新兴环保产业持续健康发展。

——加速形成安居乐业、和谐幸福的首善区。脱贫攻坚全面完成。把扶贫攻坚作为重中之重，整合项目资金和金融力量，重点解决贫困村道路交通、饮水安全等问题。大力支持贫困村发展集体经济，着力实施以“一村一品”为特色的产业扶贫行动。切实用好用活用足小额扶贫贷款、医疗教育就业等扶贫政策，对贫困家庭精准施策，确保政策兜底到位、异地搬迁到位、引导扶持到位。2017年15个贫困村全部摘帽，2019年达到小康水平。惠民实事全面落实。全面实施教育、卫生供给侧三年行动计划，推动学前教育、义务教育、高中教育、职业教育均衡发展。深化教育改革，培育名师名校。力争新建成春江、传芳、富强等10所小学，马路街等2所九年制学校，永州市二十中，二十八中等3所初中，永州市二十四中（高中）和1所公办幼儿园，切实解决城区就学难问题。广泛开展全民健身运动，群众体育和竞技体育全面发展。建立覆盖城乡居民的基本医疗卫生体系和公共卫生服务体系。完成梅湾、曲河、杨家桥、珊瑚、工业园等5个社区卫生服务中心和1个妇幼保健中心项目建设。坚持计划生育政策“三个不变”，努力创建国家级优质服务示范县区。社会保障全面提升。实施全民参保计划，进一步完善养老、医疗、失业、工伤、生育、失地农民等社会保险制度，强化政策衔接，实现城乡居民社会养老保险全覆盖。加强城乡居民基本医疗保险资金管控，不断提高城乡居民基本医疗保险、城乡居民社会养老保险等参保率。深入推进就业优先战略，实施更加积极的就业政策，创造更多就业岗位。加快民政公共服务项目建设，推进芦洪江生态康养文化休闲中心、蔡市养老服务中心项目。加快乡镇殡仪集中场所建设，破解殡改执法难题。

三、2017年工作总体部署

2017年是新一届政府的开局之年、奠基之年。开局事关全局，奠基事关成败。高起点、高标准做好2017年政府各项工作，意义重大而深远。

主要预期目标是：经济发展速度高于省、市平均水平，GDP增长10%以上，工业总产值增长15%以上，固定资产投资增长20%以上，社会消费品零售总额增长12%以上，财政总收入增长15%以上，城乡居民人均可支配收入增长10%以上，精准扶贫和节能减排完成省市下达任务。

开局之年，突出抓好十件实事：1.完善园区配套，推进“十路二网一桥”建设；2.严格执行政策，完成12家国企改制任务；3.突出精准施策，完成10892人脱贫、15个贫困村摘帽；4.因地制宜，全面启动农村综合服务平台建设；5.加大农村基础设施投入，重点建设和改造8条公路；6.创新社会治理，有序推进农村网格化；7.多措并举，加快推进小城镇开发建设；8.坚持建管并重，完成棚改2000户以上，保障性住房分配入住3000户（套）以上；9.缓解就医难，启动三医院住院楼二期工程建设，全区新增病床1000张以上；10.缓解就学难，新增学位5000个以上。

围绕上述目标任务，集中在以下五个方面着力：

——坚持发展与转型并进，在优化产业布局、夯实产业基础上有新举措。

高起点规划产业。立足现有产业基础，成立产业规划专门班子，聘请知名智库和设计机构，对全区产业进行策划规划。规划好园区产业，完成园区北片区11平方公里详细性控规和产业规划，基本形成五大“园中园”产业格局；按照全域旅游的要求，规划好旅游产业，启动以潇湘生态旅游文化园、城区小游园为重点的旅游产业规划；规划好商贸流通产业，通过现代产业体系框架及产业布局设计，形成以高科园为核心，中心城镇多点发展的全区产业规划架构；完善城区房地产业配套，提升小区建设品质。

高标准推进产业。做大电子信息产业，突出达福鑫集团公司，加快新辉开科技永州、深圳两个制造基地融合。做大先进制造产业，依托长丰集团，加强与新能源电动汽车项目的合作与招商，促进制造企业全面提质。做大生物医药产业，支持恒伟医药产业血络通产品纳入国家基本药物目录，启动项目二期开发。帮助希尔制药、大自然制药等解决产能问题。做大农产品加工业，鼓励果秀、恒惠等企业技改扩能，提升品牌优势，实现龙头企业上市“零突破”。继续支持重庆啤酒永州分公司做强做大。做大现代物流业，配合市里全力推进永州航空物流、永州站物流中心、滨江新城物流配送中心项目建设。

高效益引进产业。坚持以大项目壮大产业、好项目提升产业的理念，严把产业发展标准和项目准入门槛。用好用足产业扶持、产业基金等政策，采取贷款贴息、风险补偿等方式，发挥财政支出乘数效应，引导金融和社会资本投入实体经济。打造中小企业创业孵化园、高科园小微企业创新创业孵化园，引进一批中小微企业，形成中小微企业大发展格局。依法开展闲置土地清理，盘活存量土地资源。组织职校和企业开展技能培训，切实解决好企业用工不足问题。加快房地产信息物流、资源融合等服务平台建设，完善产业招商配套，努力提升招商引资实效。

——坚持速度与效益并举，在发展区域经济、培育经济实体上有新成效。

大力培育园区经济。实施“百亿园区”建设工程。始终把高科园作为区域经济增长核心板块打造，进一步创新园区建设管理体制，拓展园区建设融资途径，增强园区自我造血功能。实施以完善道路设施为重点的配套工程，筹集资金10亿元以上，高标准建设九嶷大道、凤凰北路、谷源路、水汲江大道、湖塘路、淡岩路、盘王路、紫霞东路、春江北路、四丘田路、水汲江大桥等。加快九嶷大道快速公交（BRT）、快速公交首末站、陶源路排污管网建设，完善园区学校、医院、餐饮等配套设施。以凤凰工业园37家企业移交为契机，加大园区企业配套服务。2017年园区确保储备土地1000亩以上，落户重大项目10个以上，建成标准厂房10万平米以上，扩园面积2平方公里，园区总产值突破100亿元，综合考核位居全市前列。

大力实施项目经济。立足“十三五”规划的458个、投资2200亿元项目库，加强工作对接，高标准策划包装，严要求规划实施。2017年申报市考核的38个重大项目，年度计划投资80亿元，全区上下要按照管理台账，强化责任，确保项目进度。配合市里实施永州铁路枢纽工程、湘桂铁路新三线工程建设，完成衡永高速前期工作。一季度要完成农村综合服务平台、四明山国家级森林公园、潇湘国家级湿地公园等一批重大项目包装，启动党校、法院搬迁。继续加大跑项争资力度，确保到位资金突破26亿元。

大力发展农村经济。组织实施基础配套、品牌建设、主体培育、科技推广、改革创新五大示范行动，抓好现代生态农业产业化建设。坚守耕地红线，保障粮食安全，确保粮食播种面积稳定在87万亩以上。落实农村土地“三权分置”政策，出台土地流转工作具体意见，促进土地规范化流转，全年新增土地流转面积3万亩。大力培育新型农业经营主体，新增家庭农场130家以上、农民专业合作社30个以上。抓好现代农业产业平台和特色品牌建设，培育产值过亿元农产品加工企业2家、省级标准农产品加工园区1个，筹建好冷水滩区名优农产品展销中心和农产品交易电子商务信息平台，巩固国家级农产品出口示范区创建成果，争取入围国家农产品质量安全县（区）创建试点单位。推进农业标准化建设，加强农产品质量安全监管，主要农产品抽检合格率达98%以上。大力发展规模化、标准化养殖，推动畜牧业转型升级发展。持续推进交通建设大会战，黎马公路建成通车，S217线完成80%路基和桥梁工程，冷东公路完成征地拆迁，交付施工单位。冷杨公路开工建设，配合市里启动上大公路。建好、管好、护好、运营好农村道路，重点完成马坪至普利桥路段、新梁线楚江圩段、界牌至黄阳司路段等道路维修改造。整合涉农资金统筹推进一批水利项目，重点实施好“四水治理”、小农水、“五小”水利等项目，打通岭口水库与山口水库的贯通渠。完成保方、协塘坪2座小（1）型水库前期工作。

——坚持建设与管理并重，在统筹城乡发展、提升城市品位上有新变化。

深度推进城区扩容提质。全面抓好“三创一保”工作。围绕市委、市政府建设“潇湘城市群”战略部署，全力做好城区地下管网改造、永州大道提质改造、滨江新城、铁路枢纽工程等项目的征地拆迁工作。充分利用“两房两棚”“两供两治”政策，加快老城区改造提质，推进湘江西岸棚户区和城中村集中连片改造，实施宋家洲综合整治，完成活禽批发市场项目建设，全面实现河东河西共建共享发展的目标。配合市里高标准启动宋家洲安置小区、京华中学安置小区、逸云路城中村安置小区等7个小区建设。

抓好凤凰北路、水汲江大道、河东城市综合体、河西城市综合体等27个重点城建基础设施项目实施。全面完成西区路、潇湘大道、珊瑚路、梧桐路等四路“白改黑”工程。加快九嶷大道、凤凰路、翠竹路等提质改造和零陵路、双洲路立面改造。

有序推进城市精细化管理。推进规范化管理。进一步理顺中心城区城管职能，建立网格化、联动管理机制，落实职能部门监管与辖区属地管理责任。健全“市为主导、区为主体、街道为基础、社区为单元”的网络管理模式，注重发挥社区单位、社区居民的主体作用。推进精细化管理。修订完善城市精细化管理标准，规范小区管理、环卫作业、园林绿化等流程。推进市容环境美好示范路、示范街创建。依法有序、妥善解决城建征地拆迁难题。推进智能化管理。大力实施“互联网+城市管理”行动，加快市民服务平台、市民卡建设，依托“数字永州”地理空间框架，实现城市管理用数据说话、用数据决策、用数据管理。

统筹推进新型城镇化建设。因地制宜推进特色城镇和美丽乡村建设，按照统一规划、分步实施、示范引领要求，进一步明确中小城镇功能定位，改善城镇基础配套。按照国家标准，合理规划、建设、改造乡镇中心农贸市场和中心停车场，推进划行归市，形成城镇建设新气象。继续在项目、资金和土地开发上加大基础薄弱乡镇的扶持力度，支持更多乡镇进入国家级、省级新型城镇化试点和城乡一体化示范。启动一批美丽乡村示范村创建，做到地面净化、立面美化、庭院序化、干道亮化、村庄绿化。在二广高速沿线实施通道风貌工程。全面启动农村综合服务平台建设，坚持“整合资源、因地制宜、政府主导、平台主体”原则，出台具体实施意见，按照乡镇600~800平方米、建制村300~500平方米的标准，建设集“七室一厅一广场”于一体的农村综合服务平台。

——坚持保障与服务并行，在改善民本民生、增进人民福祉上有新作为。

提升社会保障水平。保障社会民生投入，确保民生支出与经济发展同步增长。做好高校毕业生、失业人员等重点群体就业再就业工作，新增城镇就业3000人以上。加大养老、医疗、工伤、生育、失业等保险扩面征缴力度。加强基本药物零差价销售管理，推行省内异地就医即时联网结算，规范医保报账。落实分级诊疗制度，探索城区医院托管乡镇卫生院路子。依托农村综合服务平台，加快贫困村和边远山区卫生室建设，稳步提高农村医疗服务水平。加快启动三医院住院楼二期工程建设。全区新增病床1000张以上。推进民生事业，健全社会救助、防灾救灾、养老服务体系，强化社会救助、福利保障能力，发挥社会救助托底作用。倡导健康养老方式，启动区医养中心项目。加快保障性住房建设与分配，完成城镇棚户区改造2000户以上，保障性住房分配入住3000户（套）以上，入住率90%以上，有效解决城镇低收入困难家庭住房困难。在精准扶贫上再发力，突出产业扶贫，加快易地扶贫搬迁，建设安置房2万平方米以上，安置扶贫对象824人。实现3505户10892人全部脱贫，15个贫困村全部摘帽。

推进各项社会事业。加强科技创新，实施好科技服务平台、生态循环农业示范工程等25个科技项目，加大高新技术企业、民营科技企业培育力度，巩固国家知识产权示范县品牌。优先发展教育事业，着力改善办学条件，抓好学前教育、薄改工程建设；推进义务教育均衡发展，完善城乡教师交流制度；改革德育模式，加强师德师风建设。广泛开展送文化下乡、全民健身等文体活动，进一步丰富群众文体生活；加强历史文化的发掘、保护和传承。配合市里加强文化市场监管，开展网吧、游戏厅违法经营等专项整治。不断完善公共卫生服务体系，强化医疗保险定点医疗机构管理，健全准入与退出机制。深化基层医改和公立医院改革，在市三医院实行法人治理机制。着力打造省级慢性非传染性疾病综合防控示范县区、省级儿童保健合格县区。努力做好环保事业，建立环境保护预警机制，加强环境保护区建设。严格总量考核和节能减排。

创新社会治理体系。积极推进以城乡网格化建设为重点的社会治理机制改革。全面推行“1+N”网格化治理模式，完成农村网格化建设，实现城乡网格化全覆盖。全面启动农村“天网工程”，严密防范和打击各类违法犯罪行为，确保“两抢一盗” 刑事案件大幅下降，切实维护社会稳定。全面推行网上信访，进一步规范信访秩序，严格落实涉法涉诉问题依法终结制度，依法打击违法信访行为。完善金融风险防范化解机制，优化金融生态环境，依法处置非法集资，创建省级金融安全示范区。全面落实“党政同责、一岗双责”安全生产责任制，深入开展“打非治违”，坚决遏制重特大安全事故发生。进一步落实食品药品安全监管责任，确保人民群众饮食用药安全。健全社会风险评估机制和应急管理体系，提高突发事件处置能力。抓好气象灾害监测预警，加强地质灾害治理。

——坚持职能与作风并转，在破解发展难题、强化要素保障上有新突破。

转职能树形象。健全区级、乡镇（街道）、村（社区）三级政务服务体系，规范街道、社区政务服务大厅软硬件建设标准。推进政务服务“一窗式”改革，打破以条为主的业务办理模式，推动综合服务窗口统一受理、一窗通办，打通服务“最后一公里”；在工程建设领域推行政府投资、社会投资工程项目业务一窗办理。探索各部门业务操作系统无缝衔接，逐步实现数据的互联互通和业务的协同办理。坚持下放事权，方便群众办事。进一步优化经济发展环境，尊重、培养、爱护、包容企业主，主动上门、真心诚意地为企业帮扶解困，以“母亲式”服务，支持企业发展。

转思路解难题。着力化解征地拆迁难题。圆满完成市里交办的征地拆迁工作，湘江西岸棚户区改造、京华中学宿舍区旧城改造、逸云路城中村改造等项目按要求完成目标任务。黎马公路、瑞柯机电、金属物流园、梧桐东路、珍珠商贸城等区级项目实行挂图作战，确保形象进度。着力化解用地难题。积极争取城乡建设用地增减挂钩试点。着力化解遗留问题。对珍珠南路二标、宋家洲综合治理、闲置土地清理、九嶷巷口、珊瑚公园、邓家组城中村改造、西区购地户、三多亭安置等遗留问题，正面应对，依法处理。

转方式扩投入。加大融资投入，将经建投、高科建两个平台公司打造成全区经济社会发展的强大引擎。规范公司管理，加快完善公司法人治理机制，提高公司政策对接、项目对接能力。做实公司资产，将高科园和农科园储备土地、财政现有国有资产等过户到两个公司，增强公司融资能力。做实公司项目，重点对高科园基础设施、农村综合服务平台、城区学位建设、农村环境综合治理、建制镇给排水管网、高标准农田改造等重大项目，请专业公司做好策划包装。加大与各银行的有效对接，加快落实已开工项目的融资请款。

四、建设依法高效廉洁政府

各位代表，信任就是责任，重托饱含期待。我们继续全面践行“三严三实”“两学一做”要求，牢固树立政治意识、大局意识、核心意识、看齐意识，切实增强辩证思维、系统思维、战略思维、底线思维能力，以奋发有为的精神状态、攻坚克难的拼搏意志抓好工作落实，全力打造依法高效、勤俭廉洁的政府新形象。

——把依法行政作为政府工作的第一遵循。以建设法治政府为目标，坚持区委统一领导，健全科学、民主、依法决策机制，严格执行公众参与、专家论证、风险评估、合法性审查、集体决策等制度，推进机构、职能、权限、程序、责任法定化，推进政府事权规范化、法律化。全面落实行政执法责任制，推行政府权力清单和自由裁量权基准制度，完善行政复议制度。深入开展“七五”普法，推行常态化学法制度。政府公职人员要善于运用法治思维和法治方式推进政府各项工作，做到法定职责必须为、法无授权不可为，确保有法必依、执法必严、违法必究，彰显社会公平、正义。

——把务实高效作为政府工作的第一要求。牢固树立“说了算、定了干”的执行理念，建立健全一把手抓落实机制，把责任、担当、执行作为基本准则，一门心思沉下身子抓落实。对市委、市政府交办的各项工作，特别是征地拆迁、项目建设、城市创建等，要站在“市强区兴民富”的高度，不推责任、不拖时间、不打折扣，坚决执行落实到位。执行区委决策要雷厉风行，决不走样；人大的决定决议，要自觉落实，主动作为；政协的意见建议，要认真采纳，切实改进。全面整治机关奢、懒、散、慢、庸、拖等不良作风和乱作为、不作为、慢作为的人和事。严格推行政府绩效管理，用绩效引领工作导向、评定工作实绩、检验工作成效，做到一切工作责任化、具体化和制度化。强化责任考核和行政问责，严格落实首问负责、按期办结、督查考核和责任倒查等制度，确保各项工作有序推进、各项指标争创一流。

——把勤俭廉洁作为政府工作的第一准则。按照一岗双责的要求抓好廉洁建设，严格遵守中央“八项规定”、省市系列相关规定，坚决纠正“四风”问题。坚持勤俭办一切事业，严格落实各项节约措施，坚决杜绝公款浪费。从约束公权力着手，严格人事、财政、工程建设等重点领域的管理，建立事前制约、事中监督、事后检查机制，强化审计结果运用，以科学的制度设计、规范的运行程序，控制腐败源头。突出加大惠农资金、扶贫资金等专项资金的监管力度，确保阳光操作、规范管理、安全运行，始终让公共权力在阳光下运行、在监督中执行。始终保持行政监察高压态势，严肃查处各类违纪违法案件，着力根治发生在群众身边的腐败问题。

各位代表，时代赋予重任，实干铸就辉煌。在新的征程中，我们要大力传承和发扬冷水滩历来改革领先、敢为人先、奋勇争先的人文精神，永记发展使命，永葆奋斗激情。让我们紧密团结在以习近平同志为核心的党中央周围，在上级党委、政府和区委的坚强领导下，不忘初心，继续前进，为率先基本实现现代化而努力奋斗！

中国人民政治协商会议
永州市冷水滩区第八届委员会常务委员会
工　作　报　告

（2016年11月25日在政协永州市冷水滩区第九届委员会第一次会议上）

冷水滩区政协主席　盘贵元

八届政协工作的回顾

2012年9月换届以来，八届政协认真贯彻落实中共中央关于加强社会主义协商民主建设的战略部署，按照省委、市委履行三项职能规定，在中共冷水滩区委的领导下，坚持团结和民主两大主题，主动适应新常态，忠实履职求作为，为促进我区经济社会跨越发展作出了积极贡献。

一、围绕中心，服务大局，规范开展政治协商

发挥人民政协作为协商民主的重要渠道作用，规范开展了广泛、多层的协商活动。

协商内容紧扣大事。紧贴区委、区政府发展战略和总体部署，精选协商议题，以年度工作要点的形式报区委批转。四年来，我们紧扣事关全局的深化改革、“十三五”规划、行政区划调整、名城联创、人事编制等内容开展协商，同时每半年协商一次全区经济社会发展和计划财政工作情况，参加区第八次党代会报告、政府工作报告征求意见座谈，提出可行性、合理化意见85条，促进了区委、区政府科学决策。

协商程序日趋严谨。区委、区政府高度重视支持政协协商民主工作，制订了大会发言制度、提案办理协商办法，明确了协商程序和组织保障，定期听取和督办协商意见。我们落实年度协商计划，细化协商前期准备和协商过程的步骤，加强协商意见的整理和报送，注重协商结果的反馈和运用，在知情、沟通、反馈等环节完善制度和工作机制，推动协商活动规范化。

协商形式力求多元。紧紧围绕全区中心工作，把区委、区政府的各项决策和工作部署作为政协工作的切入点，充分开展政治协商，形成全体会议、常委会议、主席会议多层次政治协商格局。其中四次全委会，确定62名委员重点就工业经济发展、中小企业融资、农村产权改革、城区学位建设等内容作了大会发言。同时运用远程平台，加强学习借鉴，努力使协商活动更加灵活有效。从2015年起实施专题议政性常委会议协商、提案办理协商、界别协商，落实了“月月协商”制度。组织界别委员重点协商了精准扶贫、社会保险征缴等工作，委员们坦诚建言，倾情献策，促进了相关工作。

协商意见转化求实。区委、区政府领导参加政协例会和协商活动，定期通报情况，听取委员意见。我们建立大会发言遴选机制，精心组织协商计划活动，积极创新协商方式，着力促进协商成果转化。四年间，召开常委会议协

商议政19次，主席会议48次，开展调研、视察协商活动49次，形成《关于我区投融资体制改革的若干建议》《关于加强美丽乡村的建议》《关于我区控违拆违工作的建议》《关于我区农村养老保障的调查与建议》等一批协商成果，许多建议已转化为区委、区政府推进科学发展、增进群众福祉的实际举措。

二、积极探索，创新载体，扎实推进民主监督

充分运用政协提案、社情民意反映、民主评议等多种有效途径，积极拓宽民主监督渠道，努力增强民主监督实效。

多形式督办政协提案。开展提案工作培训、政协常委协商办理提案，制定考评办法，健全奖惩机制，全委会上进行表彰，增强了委员提交提案和区直单位办理提案的积极性和主动性。通过政府领导领办、政协主席督办、专委会协办，加强现场办理和联合督查，加大提案督办力度，增强提案办理实效。诸多涉及生态文明和关注民本民生的提案，如“禁止在湘江电鱼、炸鱼、毒鱼”“架设凤凰路人行天桥”“设置移动捐赠屋”“规范城市交通秩序管理”等得到落实。

多层次组织专题视察。坚持“一听汇报、二看现场、三议难点”，先后16次组织委员对全区重点工程项目、城市建设管理、农业综合开发以及民生实事工程实施情况，分类开展了知情性、推进性、跟踪性视察，委员参与视察420人次。委员通过现场听汇报、实地观摩、互动交流方式，了解工程进展情况，针对视察发现的问题，积极向有关部门和责任单位提出了大量具体建议，做到了理性有度、合法依章。如我们跟踪视察水利基础设施建设以及后续管理工作，推动了实行专人管护和工作经费的落实。

多渠道搜集社情民意。开展“委员服务月”活动，引导委员深入体察民情、掌握民意。针对群众普遍关注的热点、焦点、难点问题，借助会议活动、调研视察、政协提案，利用“社情民意”渠道，及时反映群众的所思所求、所忧所愿，在协助党委、政府问政于民、问需于民、问计于民上说实话、出实招。四年来，收集反映社情民意信息226篇，省、市政协采用42篇，其他建议引起区委政府重视。其中“完善征地补偿机制”“加强电动摩托车管理”“保障性住房建设‘一高三低’亟需重视”等11篇转送省政协和市直部门调研落实，转化成促进工作的成果。

多方面跟踪民主评议。坚持“在参与中支持、支持中服务、服务中监督”的原则，完善评议办法，严格评议程序，对林业局、环卫局进行民主评议。邀请区纪委主要领导向区政协常委会议通报党风廉洁建设和反腐败情况；组织委员参加领导班子考核民意测评、区直机关年度绩效考评；委派28名委员担任部门行风评议员，以实地查看、座谈评议和跟踪问效方式，在助推法治冷水滩建设和部分单位作风改进上发挥了积极作用。与此同时，建立委员向界别小组述职制度，民主测评委员履职，同时向区委组织部、区委统战部以及委员所在单位通报委员参加会议和履职情况，并加强政协工作和履职活动宣传报道，自觉把政协工作置于社会监督之下。

三、深入调研，汇智聚力，主动有效参政议政

整合优势资源，做实重点调研，发挥调研在参政议政中的重要作用，进一步增强履职促发展实效。

围绕经济新常态下全区发展咨政进言。适应经济发展新常态，密切关注“十三五”时期经济社会发展的重大问题，在推进供给侧改革、实施创新创业、夯实园区平台、加快绿色发展等方面加强研究论证，积极履职建言。围绕广开投融资渠道、做强做大园区，实施购房补贴、

助推楼市“去库存”等重要课题深入协商议政，为推动经济持续健康发展提供智力支持。组织市、区部分政协委员联合调研棚户区改造、宋家洲开发建设，变“单打独斗”为“联合作战”，打出调研组合拳，广泛汇集智慧，提高成果质量，一些建议已得到采纳。

围绕助推民生持续改善积极献计出力。加强委室和界别小组、乡镇街道政协联工委联络，定期走访调研，重点围绕完善公共服务体系、创新社会治理、加强食品安全监管等事关群众生活的民生实事出主意、办实事。其中加快公立医院改革、建立全民基本医疗免费制度，健全工作机制、促进城乡网格化管理，突出计生管理改革、优化妇幼健康服务等建议，为推动改革成果共享发挥了积极作用。

围绕生态文明建设上下联动出谋划策。注重对接省、市政协调研活动，提前介入，做好服务。积极配合开展了“湘江保护与治理”“农村环境整治”“创建文明城市”“创园林城市”等调研，提出的“加大农村面源污染防治，强化水库投肥养鱼治理”“推动全民参与，健全创建长效机制”等建议被吸纳到报告中。同时，区委常委会研究了农村环境污染和水库投肥养鱼治理工作，实行党政一把手负责制，全面实施“三年行动计划”，完成清查清理，科学建档管理，有力地推进了湘江污染防治工作。

四、突出优势，务实作为，倾心倾力服务中心

牢固树立“区委、区政府的中心工作就是政协的中心工作”的意识，契合中心，发挥优势，凝聚力量，主动作为。

联系重点项目企业解难题。八届政协领导班子对区委分配的重点财源建设、征地拆迁、信访维稳等中心工作任务，勇挑重担，尽心尽力。所担任的河东城市综合体、珍珠商贸城安置小区、湘江风光带、湘江东路立体面改造、控违拆违等108个续建或新增的重点项目联系服务工作，实行挂图作战，努力把矛盾化解在一线，问题解决在一线，切实加快建设进度，完成协税护税任务。珍珠商贸城安置小区建设时间长、问题交织、矛盾突出，任务繁重，我们负重奋进，攻坚克难，狠抓落实。市第五次党代会与会人员视察时，给予了充分肯定。此外，我们还深入企业走访调研，了解经营状况和发展思路，协调解决发展中的难题，支持企业做大做强。

助力推进精准扶贫有举措。在“助力推进精准扶贫，全面建成小康社会”活动中，我们既献智，又出力。八届政协领导班子结合“一进二访”活动，制订扶贫计划，落实帮扶措施，助力发展产业。政协机关工作人员开展“一对一”帮扶，有效解决实际困难。采取“一名主席（副主席）+ 帮扶单位 + 政协委室 + 界别活动小组”模式，引导政协委员投身“三个一”扶贫行动，积极捐资助学、金融扶贫、帮助就业。据初步统计，委员结对帮扶139名贫困户，助学106名，帮助就业92人，协调落实扶贫资金150万元，累计捐款360万元。

委员岗位建功立业展风采。担任部门负责人的委员，忠诚履责，勇于担责，勤政务实，敬业奉献，在招商引资、服务发展、环境建设、城建城管等方面，尽心尽责，带头作为。广大经济战线上的委员，投身经济建设大潮，勇于创新，敢于创业，壮大特色产业，做强实体经济，在财源建设、创税增收等方面勇于实践有行动，体现成果有业绩。据不完全统计，政协委员创办或领办企业132家，安置农民工、下岗职工万余人，涌现出了以卜红、余文芳、杨德凤等委员为代表的纳税大户，积极为全区财源建设添砖加瓦。民进民革农工党、科技、医卫、农林界的委员，长年坚持开展“五下乡”活动，义诊讲座120余场次，就诊病人8100余人次，赠送药物价值20多万元。其他界别的委员也都

在各自岗位尽职尽责、争创新业绩，体现了高度的工作责任感。

五、严字当头，实字托底，不断加强自身建设

“打铁还需自身硬”。我们始终把自身建设摆在重要位置，从提升能力、改进作风和健全机制入手夯实队伍基础。

党派团体作用进一步发挥。推动各民主党派、工商联、人民团体和党外代表人士、非公经济人士深入开展“学系列讲话，学优良传统，助力品质活力永州”学习教育，实施“同心工程”，增强“四个自信”，增进政治共识。主动征求他们对政协工作的意见和建议，并积极吸纳和反馈。邀请他们参加政协组织的重点调研、视察活动110人次，安排大会发言8篇，党派团体作用得到充分发挥。

服务委员机制进一步健全。建立委员参加政协会议和履职活动、履职评价和监督管理服务制度，促进委员“懂政协、会协商、善议政”。推出特聘委员制度，优化政协“智库”，注重发挥他们在招商引资、共谋发展的独特作用。同时，严格量化委员考核，重视考核结果运用，评优表彰委员84名，有效调动了广大委员的履职主观能动性。

政协界别特色进一步彰显。发挥界别作为扩大社会各界有序政治参与的重要渠道，制定界别活动办法，建立界别召集人制度，完善主席会议成员联系界别制度，组织界别委员开展学习联谊、座谈研究、调研视察等活动，不断提升界别履职成效。

机关执行能力进一步增强。深入开展党的群众路线教育实践活动、“三严三实”专题教育、“两学一做”学习教育，采取集中学习、座谈研讨形式，深入学习贯彻党的十八大，十八届三中、四中、五中、六中全会精神和习近平总书记系列重要讲话精神，自觉增强“四种意识”，坚决维护党的领导核心。坚持区委的领导，认真落实全面从严治党主体责任，坚定不移推进党风廉洁建设。坚持问题导向，聚焦“四风”、落实整改。严格落实绩效考核，实行精细化管理，提升执行能力。认真抓好《永州名人》《农业文化遗产》《百年老字号》《永州文史》等文史资料的收集整理、上报工作。全面完成《湘声报》《文史博览》等征订工作，连续四年被评为《文史博览》宣传工作先进单位；先后在《湘声报》《永州政协》等省、市级媒体发表文章消息81篇，《以改革创新精神推进协商民主的思考》等4篇获省、市政协优秀论文奖。加强机关硬件设施建设和文明创建，在工间操、“红旗颂”合唱比赛中获奖。认真落实联系点软弱涣散组织整治，协助抓好安全生产、信访维稳，联系点经济社会发展有了新的成效；全力以赴抓好联系路段创卫和城中村改造，所联系社区的“三创一保”等工作有了新的进展。政协机关多次被评为绩效综合考核先进单位。

各位委员、各位同志，上述成绩，是在历届政协工作的良好基础上取得的。是中共冷水滩区委坚强领导的结果，是区政府、区人大大力支持、各部门单位密切配合的结果，是各民主党派、工商联、政协各参加单位及政协全体干部、广大政协委员团结奋斗的结果。在此，我代表八届区政协常委会，向长期以来关心、重视、支持政协工作的各位领导、各位同志、各位朋友表示衷心的感谢！向八届区政协委员表示崇高的敬意！

我们也清醒看到，面对新形势新任务，八届政协工作还存在薄弱环节。主要是，履行职能水平和实效还需要进一步提高；协商民主的广度和深度需要进一步拓展；民主监督的制度化、规范化、程序化需要进一步推进等，这些需要在今后的工作中加以改进。

八届政协工作的主要体会

回顾四年的工作实践，我们深切体会到：

——必须坚持党的领导，始终与区委、区政府同心同德、同向同行，政协工作才能有为。中国共产党是中国特色社会主义事业的领导核心。人民政协作为统一战线组织、多党合作和政治协商机构、发扬人民民主重要形式、参与国是和团结合作的重要平台，必须毫不动摇地坚持党的领导，坚决维护中央权威，坚持人民政协的性质定位，坚定正确的政治方向。八届政协坚决贯彻党的路线、方针和政策，认真落实区委重大决策部署。实践证明：只有坚持和依靠党的领导，协商才能有方、监督才能有力、参政才能有为，才能把区委的主张转化为全体委员的思想自觉和行动自觉，人民政协事业发展才能沿着正确的方向前进。

——必须坚持服务大局，始终议党政所谋、帮党政所干、呼群众所盼，政协工作才能有位。围绕中心、服务大局是政协工作的出发点和落脚点。八届政协紧紧围绕全区改革发展的大局确定工作思路，从区委、区政府提高首位度、打造首善区，建设品质活力中心城区上来把握大局，从人民群众的呼声和意愿中服务大局。实践证明，只有把政协工作融入到全区中心工作上来，为区委决策“补台”、为区政府行政“帮忙”、为市强区兴民富助力，才能充分发挥政协优势、体现政协特色，才能在助推发展中彰显政协价值、发挥政协作用。政协工作才能政治有地位、出力有舞台、履职有平台。

——必须坚持贴近民心，始终忠实履职为民、助推民生改善，政协工作才会有效。人民政协为人民。八届政协牢记为民宗旨，牢固树立群众观念，始终把维护和实现好人民群众根本利益作为一切工作的出发点和落脚点，把群众关注作为履职的主攻方向，坚持把服务民生作为履职之本，深入了解民情，服务民生改善。实践证明：人民政协只有坚持把群众利益放在第一位，把群众关切作为第一信号，把群众满意作为第一追求，深入体察民情、准确反映民意、倾心化解民忧，才能做到政为民所议、策为民所献、言为民所建、力为民所尽，政协工作才能取得实实在在的效果。

——必须坚持凝聚人心，始终广谋良策、广集民智，形成一条心，拧成一股劲，政协工作才会有力。人民政协肩负着团结各界、凝聚人心、共创大业的重要责任。八届政协充分发挥政协人才荟萃、位置超脱、渠道畅通的独特优势，广泛凝聚各党派团体和社会各界人士的智慧和力量，共谋发展、共襄富民、共创伟业。实践证明：人民政协只有牢牢把握团结和民主两大主题，坚持民主广开言路、协商凝聚共识，商以求同、协以成事，才有最广泛的统一战线，才有最广泛的民主，才能在促进发展、构建社会和谐、推进民主政治建设中发挥作用，凝聚正能量，形成强大合力。

——必须坚持不忘初心，始终讲好政协话、干好政协事、做好政协人，政协事业才能有成。政协是委员的“大家庭”，加强自身建设，是人民政协强基固本的重要举措。政协委员作为各界代表，是荣誉、更是责任。八届政协坚持发挥委员主体作用，把“讲好政协话、干好政协事、做好政协人”作为全体委员的必修课，增强委员履职的责任感和使命感。实践证明：人民政协只有坚持不忘初心，以进取之志、担当之气、成事之才，履职尽责，政协才能在履职中砥砺前行，才能在尽责中继续前进。

今后五年的工作建议

各位委员、各位同志，未来五年，是我区

在全市率先建成小康社会，率先基本实现现代化的关键时期。九届政协要高举中国特色社会主义伟大旗帜，深入学习贯彻习近平总书记系列重要讲话精神，按照“五位一体”总体布局和“四个全面”战略布局，贯彻落实五大发展理念，按照区第八次党代会的部署和要求，牢牢树立“市区一体化”的发展理念，认真履行政治协商、民主监督、参政议政三大职能，更好地协调关系、汇聚力量、建言献策、服务大局，不断开创我区政协工作新局面。为此，我们建议：

一、注重协商成效，充分发挥民主协商作用

坚持党的领导是协商民主必须坚持的原则之一，也是协商民主顺利开展并取得实效的重要前提。九届政协要更加坚定地维护以习近平同志为核心的党中央的权威，更加自觉地在思想上政治上行动上同以习近平同志为核心的党中央保持高度一致，更加扎实有效地发挥人民政协在协商民主中的重要渠道作用和专门协商机关的作用。坚持在区委的领导下，进一步解放思想、积极实践，努力探索民主协商建设的有效途径，积极推进协商民主广泛多层制度化发展，完善协商民主机制，增强规范性。要进一步规范协商议题的确定、协商形式的安排、协商成果的报送、协商建议的办理及协商成果的运用；进一步增加协商密度，适当增加议政性常委会议和专题协商会议的次数；进一步扩展协商渠道，积极研究和探讨专题协商、对口协商、界别协商、提案办理协商的有效方式方法；进一步提高协商能力，通过“委员培训班”“辅导讲座”“读书会”多种形式，促进政协委员和政协工作者加强学习，深入研究，能够科学有效地确定各类协商议题，力求参政参在点子上，议政议在关键处，提升协商的整体成效。要紧贴区委建成“四个中心”，打造品质活力首善区的总体定位，围绕改革开放创新、区域经济发展、统筹城乡一体化等重要内容，在运用政协例会协商的基础上，着力建设“智慧政协”，搭建微信议政、网络协商平台，多建务实之言，多谋求实之计，多献可行之策。

二、注重履职为民，不断增强民主监督合力

坚持把维护人民群众的根本利益作为工作出发点和落脚点，努力为民生福祉尽责出力。围绕建设富饶美丽幸福新冷水滩，深入研究经济社会发展出现的新情况、新问题，突出加强和改善民生，选择事关社会和谐稳定的重大民生问题，积极开展监督、视察，把政协的柔性监督与纪委的刚性监督有机结合，加强民主监督的拓展延伸，协助区委、区政府做好协调关系、化解矛盾、增进共识工作。

更加突出提案落实。在提高提案质量基础上，加强提案办理，改进督办方式，实行区委、政府、政协“三办”联合督办提案工作。进一步加大协商力度，强化协调配合，推动提案所提建议更好落实。

更加突出畅达民意。组织委员深入基层，深入群众，调查研究，掌握惠民政策落地情况，了解群众的真实愿望，感受群众的喜怒哀乐，反映群众的呼声要求。

更加突出为民造福。积极组织委员开展精准扶贫、科教扶贫、帮困济弱等社会公益活动，真心诚意帮助困难群众解决生产生活中的实际问题，努力使改革发展的成果惠及更多的市民百姓，不断增加人民群众在改革和发展中的获得感。

三、注重质量为先，着力提升参政议政水平

“没有调查，就没有发言权。”专题调研是政协参政议政的重要方法。九届政协要发挥政协组织整体优势，树立精品意识，做足调研文章，切实凝聚各党派团体和社会各界的智慧力量，汇聚干事创业的强大正能量。要积极对接省、市政协重大履职活动，密切乡镇街道政协联工委联系，加强上下联动协作，促进委员联络互动，

着力提升参政议政质量。要丰富和拓展各民主党派和无党派人士参政议政的内容与形式、广度与深度，联合开展重大课题研究、重要视察和监督工作，进一步加大支持他们通过政协渠道履行职能的力度。

四、注重队伍建设，全面提高履职尽责能力

深入开展“两学一做”学习教育，进一步强化政治意识、大局意识、核心意识、看齐意识，自觉向以习近平同志为核心的党中央看齐，坚定理想信念，坚定“四个自信”，提高政治把握能力、调查研究能力、联系群众能力、合作共事能力。

坚持党的组织生活制度，坚持批评和自我批评，坚决落实加强和规范党内政治生活、加强党内监督各项工作任务，充分发挥党在政协组织中的领导核心作用，切实担负起全面从严治党主体责任。坚持把严守政治纪律和政治规矩视为生命，放在首位，切实推进党风廉洁建设。

加快履职制度建设与创新，健全委员评价、退出机制，对委员履职情况实行动态统计和量化评估，用好“奖”与“惩”两个关键点，调动委员履职的积极性、主动性。坚持精细化管理，强化绩效综合考核，进一步增强机关干部执行力。

重视发挥专委会和各界别的基础作用，鼓励支持开展形式多样的活动，提高委员履职的活跃度与参与度。建立委员联络机构，充分发挥政协参加单位、专委会、界别、机关等联络服务委员的作用，更好发挥参谋助手、综合协调、服务保障作用，进一步提高政协工作科学化水平。

各位委员、各位同志，冷水滩发展的蓝图已经绘就，奋进的号角已经吹响。新的征程、新的愿景，人民政协责任重大、使命光荣。依托冷水滩历届政协工作奠定的坚实基础，承载着广大政协委员和各界人士的殷切期待，我们对新一届政协工作充满信心。让我们紧密团结在以习近平同志为核心的党中央周围，在区委的坚强领导下，同心同德、群策群力，共唱市强区兴民富一首歌、汇集民心民智民生正能量、营造团结协作干事大氛围，为我区在全市实现“两个率先”，打造品质活力首善区，建设富饶美丽幸福新冷水滩作出新的更大的贡献！

强化五个意识 提高人大机关工作水平

（在换届后区人大常委会机关全体干部职工会议上的讲话）

冷水滩区人大常委会主任 徐志华

（2016年12月）

随着区九届人大一次会议的胜利闭幕，新的工作接力棒落在了我们这一班人肩上。我们要主动顺应时代发展的新要求和人民群众的新期盼，倍加珍惜人民赋予的神圣职责，倍加珍惜来之不易的大好形势，进一步强化政治意识、学习意识、实干意识、纪律意识、团结意识，更加勤奋务实、敬业创新，持续推动人大工作再上新台阶。

1.强化政治意识。人大工作的政治方向，最根本的就是坚持党的领导、人民当家作主、依法治国的有机统一，其核心就是坚持党的领导，就是对党的绝对坚定忠诚。人大每一名党员干部，都要充分认识绝对忠诚的极端重要性，既要心中有坚守，更要行动见成效，始终如一地践行对党绝对坚定忠诚的要求。要坚定理想信念，把坚定理想信念作为安身立命的主心骨，作为修身立业的压舱石，坚持不懈地加强党性修养，坚定中国特色社会主义道路自信、理论自信、制度自信、文化自信，做到虔诚而执着、至信而深厚；要对标看齐，全体机关干部要自觉增强政治意识、大局意识、核心意识、看齐意识，向党中央看齐，向习近平总书记看齐，向党的理论和路线方针政策看齐，在思想上政治上行动上同以习近平同志为核心的党中央保持高度一致，坚决维护中央和省市区委的权威，坚决贯彻落实区委的各项决策部署；要始终与区委保持高度一致，人大开展的各项工作必须在党的领导之下进行，把贯彻区委决策作为根本任务，及时把党委的决策部署，通过法定程序，转变成全区人民的共同意志和自觉行动；要紧紧围绕区委工作的重点、政府工作的难点和群众关心的热点，紧紧围绕全区经济社会发展的大局问题，履行人大应尽的职责。

2.强化学习意识。注重学习、善于学习是一种品质，是一种追求，更应该是做好新形势下人大工作的一种自觉行动。作为人大机关的党员干部，大家必须坚持日常学习、终身学习，实现“学习的生活化”和“生活的学习化”。要紧跟时代发展和新形势任务的要求，认真学习党的路线、方针、政策，学习党的十八大和十八届中央历次全会以及习近平总书记系列重要讲话精神，深刻领会精神实质，准确把握核心要义，做到融会贯通、笃信笃行，提高政治思想素质；要紧密联系人大工作实际，深入学习《宪法》《代表法》《监督法》等法律法规知识，深化对人民代表大会制度和依法治国理论的理解，熟悉人大工作的议事规则、议事程序和人大工作的必备知识；要认真学习有关经济、科技、管理、哲学、历史、文化等基本知识，拓宽知识领域和工作视野，提高综合素质；要发扬理论联系实际的优良学风，紧密联系我区经济建设、政治建设、文化建设、社会建设和生态文明建设实际，联系人大工作实际，联系本人思想和工作实际，向书本学习，向实践学习，向基层学习，向群众学习，进一步提高自己的政治水平、思想水平和工作水平，以更好地适应新形势新任务的需要。

3. 强化实干意识。敢于担当是共产党员的鲜明品格和必备的素质，是习近平总书记提出的好干部的重要标准。人大工作具有涉及面广和政治性、法律性、程序性强的特点。我们每位同志都要树立起在其位、谋其政、履其职、尽其责的强烈担当意识，对待每一项工作，要主动作为、积极作为、创新作为，切实汇聚起人人敢于担当的强大正能量，推动人大工作生机勃发、出新出彩。真抓实干才能梦想成真。我们要从常委会工作全局出发，坚持"实"字为本、"干"字当头，进一步增强质量意识，提高工作效率，加大工作力度。对常委会的每一项重要决策部署，要层层分解责任，逐项落实到人。各项工作都要坚持高标准、严要求，完善奖惩措施，使人人有目标、有任务，个个有压力、有动力。各位领导干部要身体力行、率先垂范，带头落实好区委和人大常委会的各项决策部署，带动整个机关形成办实事、说实话、重实绩、求实效的良好风气。创新是一个民族进步的灵魂，是推动社会发展的不竭动力。我们要坚决克服求稳妥不思进取、图清闲不愿作为的思想倾向，在遵循法律法规和基本运行程序的前提下，积极探索人大工作的特点和规律，创新具体方法和措施，推动人大工作创新发展、与时俱进。

4. 强化纪律意识。俗话说"没有规矩，不成方圆""国有国法、家有家规"。严格的纪律是做好一切工作的保证。作为区四套班子领导机关之一，我们应该率先垂范，做守纪律的模范、守纪律的楷模，从而树立好人大干部的良好形象。机关每位同志都要进一步强化纪律意识，自觉按照制度规范的程序和标准办事，对任何事情、任何人都要按照制度规范去处理、去对待，绝不能因人而异，切实维护制度的严肃性、增强制度的实效性。要严格工作要求，认真执行按时上下班、请销假等有关规定，切实做到有令则行，有禁必止。要完善监督机制，加强对制度执行情况的考核监督，实行严格的责任追究，抓好制度落实，促进每一位工作人员都能认真细致地对待每一项工作，推动各项工作有序衔接、高效运转、按时完成。要时刻做到警钟长鸣，防微杜渐，带头践行党纪国法，严格落实中央八项规定，保持健康的生活情趣和高尚的精神追求，严守为政之德、社会公德、家庭美德，做到清正廉洁，耐得住寂寞，守得住清苦，抗得住诱惑，识得破陷阱，经得起考验。人大党组要全面落实从严治党主体责任，深化"两学一做"学习教育成果，持续改进工作作风，内强素质，外树形象，增强机关的凝聚力、战斗力、号召力，打造风清气正、心齐劲足的干事环境。

5. 强化团结意识。一个单位、一个机关，只有团结才能出向心力、凝集力，才能出成绩、出干部。维护团结，是对大家品格、能力、水平的全面检验，也是确保我们事业成功的重要前提。大家在一起合作共事，是组织的安排，是事业的需要，更是一种缘分。我们每位同志都要识大体、顾大局，守规矩、讲团结，时刻以工作为重、以事业为重、以大局为重，大事讲原则，小事讲风格，遇事多沟通，处事多商量，不利于团结的话坚决不说，不利于团结的事坚决不做，始终做到思想上同心、目标上同向、行动上同步。要诚心诚意听取他人的不同意见，善于包容他人的缺点和不足，相互理解，相互尊重，相互支持，分工不分家，补台不拆台，心朝一处想，劲往一处使，切实使机关全体人员思想统一、目标一致、言无杂音、行动同步，真正形成坦诚相待、团结友爱、密切协作的良好工作局面，发挥出人大机关整体合力。

同志们，新常态赋予新任务，新形势展现新作为。我相信，有区委的坚强领导和关心支持，只要我们团结一心、众志成城，鼓足干劲、共同努力，就一定能够在历届常委会打下的良好基础上，把本届人大各项工作做好，为我区加快建设品质活力首善区做出新的更大贡献！

适应新常态　实干新五年

冷水滩区政协主席　秦少义

新常态蕴含新机遇，新要求赋予新使命。作为区政协务必要深入贯彻落实市、区党代会精神，紧紧围绕市委提出的“深化拓展‘四个三’工作部署”，积极落实区委明确的“一个主题、两个率先、三个突出、四个中心、五个目标、六个制高点”的总体目标和思路，适应新常态，把握新要求，坚决维护核心、坚守为民宗旨、坚持自身建设，实干新五年，力争政协工作再上新台阶，力争政协事业再创新局面。

一、坚决维护核心，在党的坚强领导下实干新五年

坚持党的领导，是政协事业始终沿着正确方向前进的根本保证，也是政协开展工作必须遵循的一项根本原则。政协事业要有所为、有所成，就必须在任何时候、任何时刻都始终坚持党的领导，始终维护党的权威，牢固树立政治意识、大局意识、核心意识、看齐意识，在党的坚强领导下实干新五年，确保政协事业始终沿着正确方向大步前进。第一，坚决服从区委领导核心，服务全区工作大局。始终坚持思想上同心同德、目标上同心同向、行动上同心同行。紧紧围绕区委今后五年“一个主题、两个率先、三个突出、四个中心、五个目标、六个制高点”的工作重点，充分发挥政协组织代表性强、联系面广、包容性大的优势，团结全区各民主党派，团结全区无党派民主人士，团结全区各人民团体，团结全区各界爱国人士，扎实推进市区一体化进程，为加快建设品质活力首善之区出谋划策，目标一致实干新五年。第二，坚决强化政协党组在政协组织中的领导核心地位，服务全区中心工作。区政协党组作为区委领导下的党组织，要旗帜鲜明、毫不遮掩、大张旗鼓的巩固区政协党组对政协组织的领导地位、强化领导权威。坚决把区政协党组建设成为政治上靠得住、工作上顶得上、作风上过得硬，让区委放心、让委员信任的坚强领导班子。不讲条件、不打折扣、不搞变通的将区委的重大决策和工作部署，特别是十个“三年行动规划”等重点工作，落实到政协工作中去，强化执行实干新五年。第三，坚决发挥政协组织中共产党员的先锋模范作用，服务全区发展大势。今后五年，全区的发展大势是“市强区兴民富”，是“市区一体化”。政协委员中的共产党员和政协机关中的共产党员，是受党组织委派从事政协工作的，必须要牢牢把握这一发展大势，自觉践行“三严三实”要求，增强“四个意识”，带头弘扬党的统一战线和老一辈革命家的优良传统，善交朋友、广交朋友、深交朋友，以自己的模范行为，更好团结广大委员和各界人士为实现区委的总目标总任务，凝心聚力实干新五年。

二、坚守职责职能，在为民尽心尽力上实干新五年

政协的职责是政治协商、参政议政、民主监督。政协的职能，是协商为民、参政为民、监督为民。政协为民履职，委员为民履责。政协委员是一种荣誉，更是一份沉甸甸的社会责任，不仅要有“四面湖山归眼底”的胸襟眼界，更要有“万家忧乐到心头”的群众视角。参天大树只有向下扎根，才能向上生长，群众的不少事看似不大，但小窗口、大视角，小家庭、大影响，小舞台、大举动。政协必须坚持眼睛朝下看，脚步往下移，

以群众之愿为愿，以百姓之心为心，使政协工作更接地气、更通人气、更有底气。一要政治协商立真言。协商就是协调，协商就是协助，协商就是协作，协商就是协办。要着力将民本民生问题作为政治协商的重要议题，通过调研视察、反映社情民意、组织撰写和督办提案等方式，及时关注、发现、提出、反映、监督办理群众最关心、最直接、最现实的利益问题，切实做好专题协商、对口协商、界别协商、提案办理协商，使群众的真实呼声与诉求及时上达，推动问题得到妥善解决。二要参政议政献良策。要善于抓住全区经济社会发展过程中呈现出的热点、焦点、难点问题建言献策，认真调查研究制约全区加快发展的主要因素和破题之策，特别要认真研究推进思想大解放、改革大转变、发展大创新、环境大优化等大局方面的有效良策，多建睿智之言、多献务实之策，提高参政议政的针对性和实效性，成为区委高参。三要民主监督出实效。充分发挥提案的民主监督主渠道作用，进一步总结创新提案办理机制，通过理顺机制，联合办案；关口前移，协商办案；重心下移，评议办案等形式，采取重点提案专题协商、特殊提案“问案”协商、陈年提案跟踪协商等方式方法，避免提案办理“踢皮球”、提案落实“回娘家”的现象，推进政协民主监督由虚向实、由被动向主动、由柔性向刚性转变，推动监督提效。

三、坚持自身建设，在严肃纪律规矩下实干新五年

纪律规矩从来都是规范一个政党、一个组织、一个社会运行的行动指南和准则。对于一名成员，纪律规矩是高压线；对于一个组织，纪律规矩就是生命线。政协作为爱国统一战线的组织，作为协商民主的重要机构，我们在看到政治地位的同时，更要注重政治作为，严守政治规矩，遵守政协纪律，服从政协安排，切实推进政协工作制度化、规范化、程序化，努力打造一支政治坚定、纪律严明、作风优良、业务熟练的政协工作队伍。一要以学促建。学习是永恒的主题，更是政协的优良传统，是推进政协事业向前发展的强大动力。各位委员要把学习作为工作的第一需要，不断提高履职能力，做到懂政协、会协商、善议政，进一步把握提案、建言的全局性、可行性、操作性，汇聚社会正能量，唱响政协“好声音”。本届政协委员新任委员所占比例较大，希望各位继任委员发扬传、帮、带的精神，主动向新任委员传授履职经验，以促进新任委员早日进入角色。各位新委员要主动学习，善于作为，既要想干事、肯干事、敢干事，又要会干事、能干事、干成事。二要以管促建。精心总结历届政协工作的好经验、好做法，进一步完善委员管理考核评价制度以及为政协履职服务的会议、调研、视察、评议等各项工作制度，特别要建立健全对委员履职情况的约束激励机制。区政协九届委员会将对每一位政协委员参加调研、出席会议、提交提案等履职情况进行考核，列入每一位委员的履职档案，作为评先选优、委员继任、委员管理的重要依据。每一位委员每年至少要参加一次有价值的调研，提交一件有份量的提案，反映一条有质量的社情民意，为群众办一件有意义的实事，参加一项有影响的政协活动，推动政协每一项工作更加富有成效。三要以带促建。注重挖掘和培育委员队伍中的先进典型，充分发挥榜样激励作用。注重宣传推介全区各条战线上的模范人物、社会各界人士中领军人物，充分发挥标杆引领作用。注重收集、整理、出版本土知名人士的珍贵史料，充分发挥“存史、资政、团结、育人”的历史教育作用。积极启动政协委员风采录、调研文集、履职剪影等本土文史资料的编辑出版工作，积极参加省市政协举办的人民政协理论研究、调研报告评选、专委会座谈交流等活动，全面推动政协各项工作经常有序、合法高效、又快又好地开展。

大 事 记

1 月

6 日，市委经济工作会议在永州会堂召开，区委书记欧阳元初，区委副书记、区长唐满平参加会议。

9 日，中国共产党永州市冷水滩区第七届委员会第五次全体(扩大)会议在区委、区政府五楼阶梯会议室召开。会议通报了 2015 年区委常委会工作，安排部署了 2016 年各项工作，审议通过了《中共冷水滩区委关于制定冷水滩区国民经济和社会发展第十三个五年规划的建议》。

20 日，区委常委会“三严三实”专题民主生活会在区委九楼常委会议室召开。市委副书记、市长易佳良出席会议并讲话，市纪委副书记、监察局局长张国锋，市委组织部副部长周益志，市纪委纪检监察一室主任曾瑶平等到会指导。会议通报了 2015 年度冷水滩区委常委班子民主生活会整改落实情况。会上，区委书记欧阳元初代表区委常委班子作对照检查，就个人问题进行自我批评，并代表区委常委作表态发言，区委常委班子成员依次进行自我批评。

21 日，市委副书记、市长易佳良到蔡市镇三龙塘村开展精准扶贫工作调研，区委、区政府主要领导陪同。

27 日，区委学习中心组集中学习暨区委常委“三严三实”民主生活会情况通报会在区委、区政府三楼电视电话会议室召开。区委学习中心组成员，各乡镇、街道、工业园区、马坪农业开发区党（工）委书记，区直机关各单位主要负责人参加会议。市委统战部副部长、市工商联党组书记欧阳树生出席会议并就学习贯彻中央、省、市统战工作会议精神进行专题宣讲。区委书记欧阳元初主持会议并讲话，区委副书记蒋良铁通报了区委常委“三严三实”专题民主生活会情况，区委常委、组织部部长龙亮组织学习了《中国共产党地方委员会工作条例》。

2 月

1 日，冷水滩区春节期间环境整治安排会议在区委九楼常委会议室召开。

2 日，市纪委全会在永州会堂召开，区委副书记、区长唐满平参加会议。

23 日，区委书记欧阳元初在区委九楼常委会议室主持召开常委会研究经济工作会议有关事宜。

29 日，中共永州市冷水滩区第七届纪律检查委员会第六次全体会议在区委、区政府五楼阶梯会议室召开。会议认真学习贯彻落实十八届中央纪委六次全会、省纪委十届八次全会、市纪委四届九次全会精神，回顾总结 2015 年全区党风廉政建设和反腐败工作，安排部署 2016 年主要工作务。会议宣读了《中共永州市冷水滩区委办公室永州市冷水滩区人民政府办公室关于表彰 2015 年度党风廉政建设和作风建设工作先进单位的通报》，并现场为普利桥镇等 22 个“2015

年度党风廉政建设先进单位”，区农办等26个“2015年度作风建设先进单位”颁奖。各乡镇、街道、工业园区、马坪农业开发区、区直各单位党委(党组)书记向区委书记欧阳元初递交了落实党风廉政建设党委党组主体责任书。区委书记欧阳元初就全区廉政建设和反腐败工作作了讲话。

29日，全区乡镇领导班子换届动员大会在区委、区政府五楼阶梯会议室召开。区委书记欧阳元初就换届工作作了讲话。

3月

2日，区委副书记、区长唐满平参加市委、市政府第六次创交模工作调度会。

8日，市城乡规划委员会2016年第二次领导会议在市政府二楼一会议室召开。市委副书记、市长易佳良主持会议，区委副书记、区长唐满平参加会议。

16日上午，中共永州市冷水滩区委2016年经济工作会议在永州会堂举行。区委副书记、区长唐满平代表区委作经济工作报告，区委书记欧阳元初就抓好2016年的经济工作作了讲话，区委常委、区政府常务副区长张跃斌在会上宣读了表彰通报。会上对2015年度绩效评估考核、基层党建、人口与计生、安全生产、土地和房屋征收工作、推进新型工业化、重点财源建设项目、道德模范、先进种粮大户等工作先进单位和个人进行了表彰。

24日，全市美丽乡村暨农村精神文明建设推进会在江永县、宁远县召开，区委副书记、区长唐满平参加会议。

4月

6日，市委副书记、市长易佳良调研冷水滩区重点项目。

是日，市领导高建华、唐湘林、张常明、文绍涛等深入冷水滩区宋家洲综合整治现场及达福鑫电子信息产业园、恒伟药业、奔腾彩印二期等项目建设现场办公。

8日上午，市委书记陈文浩深入冷水滩区调研安置小区和湘江西岸棚户区改造工作。

12日，市委书记陈文浩调研幼师学院等项目选址。下午，在区委九楼常委会议室召开座谈会，区委、区政府主要负责人参加。

13日，副市长刘尤碧调研医疗改革工作，在区政府三楼一会议室听取区政府相关工作汇报。

14日，冷水滩区创建省级文明城区、创建国家园林城市工作动员会暨创建国家交通管理模范城市、民调工作推进会在区政府五楼阶梯会议室举行。会议对省级文明城区、国家园林城市、国家交通管理模范城市等创建工作及民调推进工作进行了安排部署。

20日上午，冷水滩区委中心组集中学习扩大会暨省委宣讲团《中国共产党廉洁自律准则》和《中国共产党纪律处分条例》专题辅导报告会在区政府五楼阶梯会议室举行。省委宣讲团成员、省社科院副院长周小毛，市委宣传部副部长王再兴应邀出席。周小毛围绕《中国共产党廉洁自律准则》和《中国共产党纪律处分条例》修订的历史背景、重大意义、主要内容等方面，进行了系统解读和讲解。

5月

3日，市委书记陈文浩到冷水滩区调研湘江东路综合提质改造工作。区委书记欧阳元初，区委常委、组织部部长龙亮陪同调研。

5日下午，永州市宋家洲综合整治工作动员大会在永州会堂召开。

6日，区委副书记、区长唐满平在伊塘镇茶花村召开茶花村美丽乡村建设现场办公会。

10日，冷水滩区召开“两学一做”学习教育工作会议。

会议对全区“两学一做”（学党章、学系列讲话，做合格党员）工作作了全面系统安排。

13 日，区委副书记、区长唐满平在区政府三楼一会议室主持召开区政府第三十三次常务会议。

17 日，全区换届考察工作动员会在区政府五楼阶梯会议室举行。会议对全区换届考察作了全面安排。

25 日，区委书记欧阳元初到蔡市镇邓家铺村陶家组就乡村旅游项目进行现场调研。

30 日，市委副书记、市长易佳良深入冷水滩区蔡市镇零东圩村调研“两学一做”、精准扶贫工作。

31 日，市委副书记、市长易佳良到马坪学校走访慰问，区委书记欧阳元初及其他相关人员陪同走访慰问。

31 日，区委书记欧阳元初，区委常委、区委办主任胡勇刚及其他相关人员到上岭桥镇东村调度扶贫工作。

6 月

1 日，宋家洲综合整治专项督查组到冷水滩区进行督查。

2 日，区委副书记、区长唐满平在区政府三楼一会议室主持召开第三十四次常务会议。

3 日下午，区委书记欧阳元初、区长唐满平调研湘江西岸棚户区改造工作。

24 日，市禁毒委公开销毁毒品活动仪式在冷水滩区滨江广场隆重举行。

27 日，食品安全事故应急演练调度会在市体育中心会议室召开。

是日下午，市委书记陈文浩到冷水滩区调研安置小区建设及企业项目建设。区委书记欧阳元初陪同调研。

29 日上午，湖南省国家示范性 III 级食品安全事故应急演练在冷水滩区举行。国家食药监总局应急司副司长巩建平，国家食药监总局高级研修学院副院长廖沈涵，湖南省政府副秘书长陈小春，湖南省食安办主任、省食药监局局长肖策群，市领导陈文浩、易佳良、张严、颜海林、刘尤碧、张建亮，区领导欧阳元初、唐满平、张跃斌、郑增敌、徐志华、秦少义、胡勇刚、龙亮、黄燕玲、蒋剑青、翁天宝等出席。广东、广西、福建、海南四省区药监局和香港、澳门特别行政区官员应邀观摩指导。

7 月

4 日下午，中共冷水滩区第七届委员会第六次全体会议在区政府五楼阶梯会议室召开。区委书记欧阳元初出席并讲话，区领导唐满平、蒋良铁、肖惠黎、盘贵元、张跃斌、郑增敌、徐志华、秦少义、胡勇刚、龙亮、陈建红等出席会议。全体区委委员以举手表决的方式通过了《关于召开中国共产党永州市冷水滩区第八次代表大会的决议（草案）》。全会决定，中国共产党永州市冷水滩区第八次代表大会拟定于 2016 年 7 月下旬召开。主要议程为：听取和审查中共冷水滩区第七届委员会工作报告，听取和审议中共冷水滩区纪律检查委员会工作报告，选举中共冷水滩区第八届委员会，选举中共冷水滩区纪律检查委员会，选举冷水滩区出席永州市第五次代表大会的代表。

6 日，冷水滩区领导干部大会在区政府五楼阶梯会议室召开。

是日，区领导欧阳元初、唐满平、蒋良铁、肖惠黎、张跃斌等陪同市委副书记、市长易佳良到宋家洲网箱养殖取缔现场调研，并参加宋家洲综合整治落实小组第二次会议。

8 日，区委副书记、区长唐满平在区政府三楼一会议主持召开火车站广场整治工作会议。

13 日上午，区委书记欧阳元初陪同市委书记陈文浩现场调研中心城区公交站台和街道指示牌建设，并参加市委五楼常委会议室的专题调研座谈会。

是日下午，区委书记欧阳元初主持召开安置小区和城建重点项目建设调度会。

27 日，冷水滩区委常委班子召开专题民主生活会，深入推进省委巡视组反馈意见整改落实工作。

29 日，全市创文明城市、交模城市、园林城市工作第三次调度会在市委十楼会议室举行，区领导欧阳元初、唐满平、郑增敌、秦少义、陈莉、龙亮等参加会议。

8 月

2 日，冷水滩区领导干部大会在区政府五楼阶梯会议室召开，传达省委、市委人事任免决定。会议宣布何冲龙为中共冷水滩区委书记，桂砺锋为中共冷水滩区委副书记、区长候选人。市委常委、组织部部长吴志雄出席并讲话，市委组织部副部长周益志出席。

4 日，省军区参谋长郭辑山率工作组深入冷水滩区人武部调研指导征兵工作。

8 日，区委副书记、区长候选人桂砺锋在区政府三楼一会议室主持召开融资工作会议。

9 日上午，区委书记何冲龙深入冷水滩区城区部分重点项目建设现场调度并召开座谈会。

9 日下午，省委基层党建办主任韩明镜率省委督查组一行到冷水滩区督查“两学一做”学习教育工作。

10 日上午，区委书记何冲龙在区委九楼会议室主持召开专题会议，研究信访及积案化解“千案攻坚”专项行动、维稳、安全生产工作。

16 日，区委副书记、区长候选人桂砺锋召开区、乡换届风气监督专项巡察动员大会。会后，调研活禽市场搬迁工作。

是日下午，永州市委巡察第一组巡察冷水滩区换届风气监督工作动员会在冷水滩区行政中心五楼阶梯会议室召开。会议对巡察工作进行全面动员和部署。市委巡察第一组组长周建宏就换届巡察工作发表讲话，区委书记何冲龙主持会议并作表态发言。区领导蒋良铁、肖惠黎、盘贵元、郑增敌、徐志华、秦少义、陈莉、胡勇刚、龙亮、陈建红等出席会议。区委委员，区纪委委员，区直部门主要负责人，纪检组长，各乡镇，街道办事处党政主要负责人，纪委书记，区巡察工作联络办相关人员等参加会议。

19 日，区委副书记、代区长桂砺锋调度“千案攻坚”信访交办案件（枫木塘水井污染）会议。

27 日上午，区委书记何冲龙在区委九楼常委会议室主持召开区委常委(扩大)会议，研究讨论冷水滩区第八次党代会报告，并就区委、区政府领导班子及候选人分工征求意见。

30 日，怀化市政府到永州考察学习湘纸搬迁工作经验并召开座谈会，区政府相关领导参加会议。

29 日—30 日，中共冷水滩区第八次代表大会在永州会堂召开，263 名代表参加了会议。区委书记何冲龙代表中共永州市冷水滩区第七届委员会作工作报告，区纪委书记彭峰代表中共永州市冷水滩区纪律检查委员会作工作报告。会议选举产生新一届区委委员、区纪委委员、区委候补委员和出席永州市第五届党代会代表。何冲龙、桂砺峰、施创太、徐志华、秦少义、彭峰、秦远林、陈建红、蔡富强、黄燕玲、艾祥柏、许金善、齐纲要、郑航、汤丽娟、蒋建辉、张文凤、朱昌锋、傅芳萍、胡华清、曾文亮、彭泽民、李伶春、艾可军、龙爱国、陈志刚、周长友、周四海、周芳武、周顺华、周健君、屈仁宝、胡国新、唐勋忠、章乐、曾华曦36人当选为区委委员，邓向明、叶栋贤、吕绍斌、刘阳荣、李梦醒、张敏、陈黎明、周武松、周顺华、周菊莲、徐斌、唐前、唐东升、唐伟龙、唐春涛、唐湘鹏、黄忠军、彭峰、雷建军 19 人当选为区纪委委员，莫继恒、王忠国、伍诗仁、李兴军、唐亚、王付荣 6 人当选为区委候补委员。

31 日，中共冷水滩区第八届委员会第一次全体会议在永州会堂召开。中共冷水滩区第八届委员会全体委员、候补委员出席会议，区纪委委员列席会议。会议选举产生新一届区委常委和区委书记、副书记。差额选举产生新一届区委常委，何冲龙、桂砺峰、施创太、彭峰、秦远林、陈建红、蔡富强、黄燕玲、艾祥柏、许金善、齐纲要当选为中共冷水滩区第八届委员会常务委员会委员。会议以无记名投票方式，从新当选的八届区委常委中等额选举产生中共冷水滩区第八届委员会书记、副书记，何冲龙当选为区委书记，桂砺锋、施创太当选为区委副书记。

31 日，中共冷水滩区第八届纪律检查委员会第一次全体会议在区纪委会议室召开。差额选举区纪委常委，等额选举书记、副书记，彭峰当选为纪委书记。

9 月

1 日，市人大常委会主任高建华在市人大后栋三楼会议室召开宋家洲综合整治工作会，区委、区政府相关领导参加会议。

3 日，市委常委、市委秘书长颜海林，市委常委、宣传部部长石艳萍一行到冷水滩区蔡市镇潇湘古镇老埠头调研国家历史文化名城申报工作。区领导施创太、黄燕玲、张文风参加调研。

6 日，区委副书记、代区长桂砺锋现场调度重点项目。

9 日，区委书记何冲龙在区政府五楼阶梯会议室主持召开全区教育工作者表彰大会。会议对 332 名优秀教师、125 名优秀班主任、20 名师德标兵、31 名最美乡村教师、10 名优秀校长、18 名高考工作突出贡献奖获得者和 1 名高考特别贡献奖获得者进行了表彰。

18 日，区委书记何冲龙在区委九楼常委会议室主持召开冷水滩区第八届委员会第二次全体会议，确定湖南省第十一次党代会代表候选人初步人员。会议就冷水滩区出席湖南省第十一次党代表大会代表候选人初步酝酿提名情况做说明。会议对冷水滩区 3 名初步推荐人员进行无记名投票表决，确定何冲龙、朱黛琳、肖建军为冷水滩区出席湖南省第十一次党代表大会代表候选人初步人员。

18 日，区委书记何冲龙调研谷源路、凤凰北路、水汲江大道及水汲江大桥等项目建设，区委副书记、代区长桂砺锋等领导参加调研。

19 日，市委常委、常务副市长唐湘林带队调研冷水滩区市容市貌环境秩序整治工作。

22 日，全市重大项目建设流动现场推进会到达冷水滩区。市委书记陈文浩，市领导张严、高建华、唐定、唐湘林、蒋善生、唐能武、杨永、吴志雄、王守海、刘尤碧、严兴德，区领导何冲龙、桂砺锋、施创太、蔡富强、艾祥柏、齐纲要以及各县区领导、市区直相关部门主要负责人参加了现场推进会。

27 日，区委副书记、代区长桂砺锋在凤凰社区二楼会议室召开市容市貌环境大整治活动帮扶单位会议。

29 日，区委书记何冲龙在区委九楼常委会议室召开区乡镇换届领导小组会议。区委副书记、代区长桂砺锋参加会议。

10 月

9 日，区委书记何冲龙，区委副书记、代区长桂砺锋一行前往冷水滩区高科园调研项目建设情况。区领导施创太、黄燕玲、齐纲要、张文风、朱昌锋参加调研。

10日，区委副书记、代区长桂砺锋在区政府三楼一会议室主持召开迎接市委、市政府督查组对1—9月有关工作落实情况督查会议。

11日，省委常委、省委统战部部长黄兰香到冷水滩区翠竹园社区调研同心社区创建工作。省委统战部副部长龙建湘参加调研。市委书记陈文浩，市领导石艳萍、唐能武，区领导何冲龙、桂砺锋、许金善、齐纲要等随同调研。

14日，区委书记何冲龙主持召开区委学习中心组扩大会议。邀请湖南省委党校、省行政学院哲学教研部副主任杨振闻教授作“积极培育和践行社会主义核心价值观”专题讲座。

是日，区委副书记、代区长桂砺锋在区政府三楼小会议室召开滨江新城重点项目及曲河安置小区征地拆迁工作推进会议。

19日下午，市委巡察第一组柏玉一行到冷水滩区开展换届风气监督第二轮专项巡察工作并召开见面汇报会。区委书记何冲龙作换届选举及换届风气监督工作落实情况汇报，区委副书记、代区长桂砺锋主持会议。

21日，区委副书记、代区长桂砺锋在区政府三楼一会议室主持召开区政府第三十七次常务会议。

是日，省委宣传部副部长杨金鸢带队到冷水滩区调研特色文化产业示范基地及文化产业工作。市委常委、宣传部部长，副市长刘尤碧，区委书记何冲龙，区委常委、宣传部部长黄燕玲陪同。

31日，区委书记何冲龙在区委九楼常委会议室召开区、乡换届风气监督专项巡视工作意见反馈会议。

11月

2日，区委副书记、代区长桂砺锋在区政府三楼一会议室召开区长办公会议。

是日，区委副书记、代区长桂砺锋在区政府三楼小会议室召开与省国开行融资对接会议。

3日，区委书记何冲龙深入城区部分社区调研“1+N”工作模式落实情况。

是日，全省社会治安综合治理工作视频会议在区政府三楼电视电话会议室召开。

是日，区委副书记、代区长桂砺锋现场调度闲置土地清查工作。

6~7日，冷水滩区召开区委务虚工作会，对今后五年全区经济社会发展进行务虚研讨。

7日，区委副书记、代区长桂砺锋在区政府三楼小会议室召开财经领导小组会议。

12日，区委书记何冲龙一行深入永州植物园调研冷水滩园建设情况。

14日，区委副书记、代区长桂砺锋到高科园部分工业项目现场办公。

15日，区委副书记、代区长桂砺锋在区政府三楼一会议室召开区政府第三十八次常务会议。

17日，区委副书记、代区长桂砺锋在区政府三楼一会议室主持召开打击和处置非法集资工作会议。

24日，城区网络“1+N”模式现场经验交流会议在区委九楼常委会议室召开，区委副书记、代区长桂砺锋参加会议。

是日，冷水滩区召开人大、政府、政协换届风气监督工作会议。

24~27日，政协冷水滩区第九届委员会第一次会议在冷水滩区召开。全区各族各界、各条战线194名政协委员参加会议。区委书记何冲龙在开幕式上作了讲话。会议听取冷水滩区人民政府代区长桂砺锋在九届人大一次会议上所作的政府工作报告，赞同区人民法院、区人民检察院工作报告及其他报告。审议和通过区政协主席盘贵元代表政协冷水滩区第八届常务委员会所作的工作报告和政协副主席唐英波所作的提案报告。选举产生新一届政协领导班子，秦少义当选为政协冷水滩区第九届委员会主席。政协委员还列席参加区第九届人民代表大会第一次会议开幕式。

25~29 日，冷水滩区第九届人民代表大会第一次会议在永州会堂召开。应出席代表 229 人，因事因病请假 3 人，缺席 3 人，实到 226 人，符合法定人数。会议听取和审查冷水滩区人民政府工作报告；审查和批准冷水滩区 2016 年国民经济和社会发展计划执行情况与 2017 年国民经济和社会发展计划草案报告，批准冷水滩区 2017 年国民经济和社会发展计划；审查和批准冷水滩区 2016 年财政预算执行情况与 2017 年财政预算草案的报告，批准冷水滩区 2017 年财政预算；听取和审查冷水滩区人大常委会工作报告；听取和审查冷水滩区人民法院工作报告；听取和审查冷水滩区人民检察院工作报告；听取人民政府关于区八届人大五次会议代表议案和建议、批评、意见办理情况的报告。选举产生冷水滩区第九届人民代表大会常务委员会主任、副主任、委员，区人民政府区长、副区长，区人民法院院长，区人民检察院检察长。徐志华当选为区人大常委会主任，桂励锋当选为区人民政府区长。

12 月

1 日，区委书记何冲龙在区委九楼常委会议室召开 2016 年市级考核项目指标落实情况推进会议。

7 日，区委副书记、区长桂砺锋在区政府三楼一会议室召开部分重点财源项目银企对接会议。

是日，市委常委、组织部部长吴志雄深入冷水滩区调研基层党建工作。区领导何冲龙、施创太、彭峰、秦远林陪同调研。

8 日，区委书记何冲龙主持召开冷水滩区 2016 年区委议军会议。

9 日，区委书记何冲龙主持召开精准扶贫工作推进会。

14 日上午，市委副书记、市长易佳良深入蔡市镇调研精准扶贫工作。市政府秘书长文绍涛，区委书记何冲龙，区委副书记、区长桂砺锋参加调研。

19 日，区委副书记、区长桂砺锋在区政府三楼一会议室召开市政府工作报告征求意见座谈会议。

是日下午，市委书记李晖深入冷水滩区调研。市委常委、市委秘书长唐能武参加调研。区领导何冲龙、桂砺锋、施创太、徐志华、秦少义、彭峰、秦远林、陈建红、蔡富强、黄燕玲、艾祥柏、许金善、齐纲要陪同调研或出席座谈会。

20 日上午，市委副书记、市长易佳良带领相关安全监管部门深入冷水滩区检查安全生产工作。市政府秘书长文绍涛，区领导何冲龙、桂砺锋、施创太、齐纲要、朱昌锋陪同检查。

是日，省校园安全检查验收组到冷水滩区检查校园安全工作。

21 日，市委宣讲团成员、市委宣传部副部长王再兴到冷水滩区作中共十八届六中全会精神及省第十一次党代会精神辅导报告宣讲。

22 日，副市长贺辉到冷水区检查教育领域安全生产工作。

是日，冷水滩区召开党政正职述责述廉民主测评会。市政协副主席、市监察局副局长彭爱华就述责述廉和民主测评工作进行讲话。区委书记何冲龙作述责述廉报告，区委副书记、区长桂砺锋主持会议。参会人员对述责述廉对象进行了现场测评。

26 日，冷水滩区召开中心城区全面禁止燃放烟花爆竹工作动员会。区委书记何冲龙出席会议并讲话，区委副书记、区长桂砺锋主持会议。会议就全区禁止燃放烟花爆竹工作进行动员部署。

冷水滩区概况

自然地理

【地理位置】冷水滩区地处湖南省西南部，永州市北部，湘江上游。地理坐标为北纬26°14′55″~26°49′18″，东经111°27′46″~111°48′34″。东临祁阳县，南及东南与零陵区接壤，西、西南及西北与东安县交界，北与衡阳市祁东县毗邻，东北与祁阳县相邻。是永州市委、市政府驻地。

【地形地貌】冷水滩区地处越城岭山脉，四明山下，零祁丘岗盆地北部。地势北、东、西三面高，中、南部较低平，整个地势近似背北朝南的“畚箕形”。地形以岗地、平原为主，山地、丘陵兼有。主要山脉是越城岭山脉。境内最高峰腾云岭位于杨村甸乡，海拔1044米，最低点哲洲滩位于上岭桥镇香花坝村，海拔80.3米。

【气候】冷水滩区属中亚热带季风气候。2016年，年日照时数1313.7小时，年平均气温18.5℃，年降水量1303.2毫米。

【水文】境内河道均属长江流域，流域面积21612平方千米。主要河道有一级河湘江，长76千米；三级河有芦洪江，长14.2千米。有一级支流13条，长213.4千米；二级支流11条，长107.4千米；三级支流2条，长15千米。小溪流58条，长188.3千米。双牌水库右干渠及6条支渠流入区境内。境内流域面积大于100平方千米的河流有5条，即湘江、石溪江、芦洪江、烟江、燕子河。境内最大的河流为湘江，从南至北，流经境内的蔡市、岚角山、仁湾、上岭桥、城区、高溪市、黄阳司，年平均径流总量206.5亿立方米，年平均流量654.2立方米/秒。

资　源

【矿藏】境内已探明地下矿藏主要有铜、钨、铅、锌、铁、锰、煤、砖瓦黏土、配料黏土、耐火黏土、建筑石材、硅石、配料砂岩、石灰岩、建筑砂石15种。基本或部分探明储量的矿产有煤、猛、耐火黏土、配料黏土、配料砂岩、建筑砂石等7种，其中大型矿床1个，中型矿床2个，小型矿床7个。其中煤储量88.4万吨，地质储量234.3万吨，现在在发掘的较大煤矿，位于上岭桥镇香花坝村，矿区面积6.5平方千米，地质储量67.3万吨，可采量67.3万吨，年产量1.4万吨。石灰岩储量3106万吨，地质储量4088万吨，已经开发的有新屋院石灰岩矿，位于黄阳司镇水口桥村，矿区面积2.5平方千米，地质储量365万吨，年产量40万吨。锰矿矿产地共有6处，主要分布在高溪市、珊瑚、上岭桥、蔡市等地，其中小型矿床2处，保有储量53.8万吨，矿点4处。铁矿矿产地共有4处，分布于普利桥、黄阳司、上岭桥等地，均为规模较小的褐铁矿或赤铁矿点。铁锰矿矿点分布在普利桥镇鲁头碑村。有色金属矿产共有3处，矿点位于杨村甸乡的保方村，分别为铜、钨和铅锌矿，均为低品位矿点，尚未开采。石灰岩分布广泛，远景储量大，截止2016年，仅在部分地段做过地质勘探工作。境内石灰岩矿质量好，厚度大，层位稳定，加之交通方便，能露天开采，是最具潜力的优势矿种。耐火黏土在上岭桥有3处、仁湾有2处，均为小型矿点，资源储量91万吨。

【土地资源】全区土地面积1217.13平方公里，2016年末，耕地面积48.66万亩，其中水田42.21万亩，水浇地0.015万亩，旱地6.4万亩。

【植物资源】境内有植物群85个，乔灌木48科、230属，668种，野生草木104种，藤木46种，林木主要有国家一级保护植物水杉等2种、二级保护植物金钱松等17种、三级保护植物桢楠等24种。

【动物资源】境内有野生脊椎动物3系39科73种，水生动物110种，其中珍稀鱼有中华鲟、竹鱼等。

【旅游资源】境内有国家AAA级旅游景区1个，省级以下风景名胜区1个，即潇湘平湖；有全国文物保护单位1处，省级文物保护单位5处，市级、区级文物保护单位80处。主要有：明嘉靖年间修建的文昌阁古建筑，舜帝南巡时休息过的全区最高峰腾云峰和城区内的焦山（马头岭）古遗址，南朝时期的三多亭古窑址，五代十国时修建的潇湘第一码头老埠头和潇湘第一镇，三国时期张飞井和将军岭，唐永贞年间柳宗元置于湘江西岸悬崖上的“飞来石砂帽”，宋乾德年间隐居士唐叟钓鱼处“唐叟钓矶”，怀素书堂，方志道诗碑，凤凰园诗碑，风光秀丽、水天一色的潇湘百里平湖风光带，树木参天、四季如春的巴洲滩，形如虎状仰头咆啸的虎岩公园，山峦起伏、林林茂密、以自然生态风光为主的潇湘公园，集健身、娱乐、休闲于一体的滨江公园，有中国共产党主要创始人和早期领导人之一的李达故居。

名优特产

【农产品】冷水滩区境内名优特产品众多，主要有：种植面积广、产量高的全区主要粮食作物品种水稻，冷水滩区是“全国产粮大县”；养殖规模大、出栏率高的全区主要牲畜品种生猪，冷水滩区是“全国生猪调出大县”；种植面积广、材质优、经济效益和生态益俱佳的国外松；外形美观、品质优良、畅销省内外市场的水果品种黑美人西瓜；种植规模大、产量高的全区主要林果品种柑橘，果秀集团生产的柑橘罐头产品出口额、创汇额居全国同行业之首。

【工业产品】由全国轻型越野汽车生产基地、国家轻型越野汽车定点生产厂家长丰集团制造的猎豹牌越野汽车；由潇湘啤酒厂生产，出口到越南，深受越南人民喜爱，被称为“毛泽东啤酒”的潇湘啤酒；由江南首家特种水泥厂冷水滩特种水泥厂生产的建材产品硫铅酸盐等特种水泥及水泥制品。

【特色菜肴】独具冷水滩地方特色的美味菜肴黄阳司竹鱼、潮水醋鱼、永州喝螺、盘龙鳝、零陵板鸭，等等。

建置沿革

【中华人民共和国成立前】远在旧石器时代，冷水滩这块古老的土地上就有人类繁衍生息和劳动，他们过着群体的定居或半定居生活。普利桥的大历山中有石棚（20世纪90年代被毁），为远古人类的祭祀遗址，标志着冷水滩在旧石器时代晚期就已出现人类活动。

公元前221年，冷水滩属传说中的荆州古地。

春秋战国时代，冷水滩属楚国南境。

公元前211年，秦始皇统一六国，实行郡县制，冷水滩属零陵县，归长沙郡管辖。

西汉初，改长沙郡为长沙国，冷水滩属长沙国。元朔五年（前124）建立泉陵侯国，冷水滩属泉陵侯国。元鼎六年（前111）置零陵郡，泉陵侯国属零陵郡，冷水滩随属之。西汉末王莽建立新朝，改零陵郡为九嶷郡，冷水滩属九嶷郡。

东汉，改泉陵侯国为泉陵县，隶属零陵郡，冷水滩属泉陵县。

三国时期，泉陵县先归蜀，后归吴，隶属零陵郡，冷水滩随属之。

西晋泰始元年（265），冷水滩属荆州零陵郡所辖之泉陵县。永嘉元年（307），冷水滩属湘州零陵郡所辖之泉陵县。东晋沿袭。

南北朝时期，冷水滩属南朝地域。刘宋时改零陵郡为零陵内史，齐、梁、陈时复称零陵郡，均下辖泉陵县，冷水滩属泉陵县。

隋，开皇九年（589），改零陵郡为永州总管府，改泉陵县为零陵县。大业三年（607）永州总管府复称零陵郡，冷水滩先后属永州总管府、零陵郡所辖之零陵县。

唐朝至中华人民共和国成立之前，冷水滩一直属零陵县所辖区域。

【中华人民共和国成立后】 1949年10月，中华人民共和国成立，组建永州专区。1950年5月，永州专区改称零陵专区，冷水滩属零陵专区零陵县所辖。1952年，衡阳、零陵、郴州3个专区合并，设立湘南行政公署，冷水滩属湘南行署零陵县所辖。1954年，撤销湘南行署，改设衡阳、郴州两个专区，冷水滩属衡阳专区零陵县所辖。

1960年2月19日，中共湖南省委批准设立冷水滩市，由零陵县管辖。

1962年7月，经国务院批准，冷滩市由衡阳专署管辖。

1962年10月，经国务院批准，撤销冷水滩市，其行政区域仍划归零陵县管辖。

1969年2月，经零陵地区革命委员会同意，建立零陵地区冷水滩镇（县级），为地区直属镇。1969年12月撤销，其行政区域仍回归零陵县。

1984年6月，经国务院批准，撤销零陵县，恢复冷水滩市。同年8月，经中共零陵地委批准，以原中共零陵县委、零陵县人民政府建制为基础，组建中共冷水滩市委、冷水滩市人民政府领导班子。同时，设立冷水滩市人民政府直属各部、办、委、科、局、区、乡镇、街道等办事机构，并配备领导班子，建立基层政权。

1995年11月，经国务院批准，撤销零陵地区，设立地级永州市，同时撤销冷水滩市，设立永州市冷水滩区，并于1996年3月18日正式挂牌。

1984—1987年，中共冷水滩市委、市人民政府驻地设零陵中路冷水滩市人民政府第一招待所。1988—2003年，中共冷水滩区委、区人民政府驻地设梅湾街道清桥路1号。2004年至今，中共冷水滩区委、区人民政府驻凤凰园梧桐路579号。电话区号0746，邮政编码425000。

行政区划

【城区】 2016年3月始，冷水滩区辖梅湾、菱角山、肖家园、杨家桥、凤凰、梧桐、岚角山、仁湾、珊瑚、曲河10个街道、34个社区、202个居民小组，另辖工业园区1个乡级经济区。

【农村】 花桥街、普利桥、牛角坝、高溪市、黄阳司、上岭桥、伊塘、蔡市8个镇及杨村甸1个乡，共186个村民委员会，9个乡镇居民委员会，3339个村民小组，另辖马坪农业开发区1个乡级经济区。

人口民族

【人口】 2016年年末，全区户籍总人口为19.8万户、55.99万人，其中男性28.91万人，女性27.08万人。出生率14.7‰，同比上升0.8个千分点；自然增长率9.8‰。年末常住总人口54.32万人，其中城镇人口36.48万人，农村人口17.84万人，城镇化率67.2%。

【民族】冷水滩区民族构成，以汉族为主，各少数民族散居于汉族之中。境内有瑶族、土族等29个少数民族。少数民族人口占总人口的0.32%。

经济社会发展

【概述】据初步核算，2016年，全区实现生产总值241.79亿元，同比增长9.3%。其中，第一产业增加值35.12亿元，增长3.4%；第二产业增加值89.28亿元，增长7.5%；第三产业增加值117.39亿元，增长12.8%。按常住人口计算，人均生产总值为45093元，增长9.0%。

三大产业结构比由2010年的15.4 ∶ 38.6 ∶ 46.0调整到2016年的14.5 ∶ 36.9 ∶ 48.6，其中第一产业下降0.9个百分点，第二产业下降1.7个百分点，第三产业上升2.6个百分点。第一、二、三产业对经济增长的贡献率分别为5.9%、36.3%和57.8%，分别拉动地区生产总值增长0.5、3.4和5.4个百分点。其中工业增加值对经济增长的贡献率为30.5%，生产性服务业增加值对经济增长的贡献率为42.5%；投资对地区生产总值增长的贡献率56.2%，消费对地区生产总值增长的贡献率43.6%，进出口对地区生产总值增长的贡献率0.2%。

规模以上服务业营业收入37.61亿元，同比增长13.1%；规模以上服务业营业利润总额0.53亿元，同比下降96.2%；规模以上服务业年末从业人员9081人，增长2.2%；非公有制经济实现增加值147.7亿元，同比增长9.8%，占GDP比重为61.1%，与2015年相比提高0.2个百分点；园区规模工业增加值57.6亿元，占规模工业增加值比重为95.1%。

全区财政总收入完成14.57亿元，同口径增长15.4%。公共财政收入9.68亿元，增长9.2%；上划中央税收3.58亿元，增长38.1%；上划省级税收1.31亿元，增长12.7%；一般预算支出29.12亿元，增长13.5%。

全面小康建设取得新进展，总体实现程度为94.2%，提高1.9个百分点。经济发展实现程度达92.5%，提升3.8个百分点；人民生活实现程度达94.5%，提升1.7个百分点；社会发展实现程度达100%，提升0.1个百分点；民主法治实现程度达85.9%，下降2.8个百分点；生态文明实现程度达99.1%，提升0.8个百分点。

全区重点民生实事项目进度顺利。新增农村公路建设91.47千米，完成普通公路安保设施建设21.85千米；城市棚户区改造4633套，农村危房改造855户；新增城镇就业人员5317人；农户直播卫星户户通9790户；帮助0~7岁残疾儿童实施抢救性20人，救治救助贫困重性精神病患者80人；建设社区矫正中心1个；新增养老服务床位268张；农村自来水普及率达70.44%；建设农村公办幼儿园2所；完成美丽乡村示范村建设1个。农村信息化工程行政村通宽带28个。

【农业】全区实现农林牧渔业总产值（现价）63.29亿元，增长3.5%；实现农林牧渔业增加值35.46亿元，增长3.5%。农作物总播种面积150.24万亩，增长1.2%，其中粮食作物播种面积85.12万亩，下降0.6%。粮食作物总产量38.89万吨，同比下降1.5%。其中谷物35.44万吨，下降1.5%；玉米25876吨，增长3.5%；大豆6431吨，下降2.8%；薯类4454吨，下降3.2%；棉花1014吨，增长4.0%；油料

11444 吨，增长 3.2%；油菜籽 7302 吨，增长 2.1%；烤烟 600 吨，增长 1.2%；水果 39.37 万吨，增长 17.2%；蔬菜 82.58 万吨，增长 5.5%。出栏生猪 101.25 万头，下降 0.7%；山羊存栏 4.05 万只，增长 65.9%；出栏家禽 1316.6 万羽，增长 7.0%；禽蛋 10104 吨，增长 6.9%；水产品产量 2.64 万吨，增长 4.7%。

全区共开工各类水利工程 6200 处，投入资金 1.73 亿元，劳动工日 25 万个，完成土石 36 万立方米；解决 2.23 万名农村人口饮水安全；完成全国中小河流重点县综合整治试点县 1 个项目区建设，1 段中小河流治理工程和 1 段四水治理项目建设，完成小（2）型水库除险加固 55 座；治理水土流失面积 6.6 平方千米，恢复和改善灌溉面积 4.3 万亩。

新农村建设力度不断加大。行政村客运（公交）班线通达率 99.5%；年末，农村饮水安全达标人口数 32. 39 万人；农业机械化不断推进，机械总动力达 69.71 万千瓦，其中柴油发动机动力 57.55 万千瓦，汽油发动机动力 0.21 万千瓦，电动机动力 11.94 万千瓦；整机 19159 台，总动力 8.04 万千瓦；联合收割机 707 台，总动力 1.753 万千瓦；农作物机械化率 62.5%。

【工业】2016 年，实现区域规模工业总产值 284.1 亿元，增长 15.3%，区域规模工业增加值 60.58 亿元，增长 7.7%；实现区属规模工业总产值 178.89 亿元，增长 6.8%，区属规模工业增加值 39.33 亿元，增长 6.2%。年内，新增规模工业企业 10 家，产值 3.84 亿元。高新技术产业完成产值 178.94 亿元，实现增加值 48.12 亿元，增长 7.9%。在规模工业中，按轻重工业分：轻工业产值 88.12 亿元，增长 2.9%；重工业产值 195.98 亿元，增长 21.8%。按经济类型分：国有企业 37.92 亿元，增长 16.2%；外商及港澳台投资企业 21.87 亿元，增长 28.7%；股份制企业产值 223.47 亿元，增长 13.7%；其他经济类型 0.84 亿元，增长 190.4%。按行业分：农副食品加工业 36.32 亿元，增长 27.2%；医药制造业 17.58 亿元，增长 13.7%；计算机信息业 26.06 亿元，增长 8.8%；专用设备制造业 17.7 亿元，下降 1.5%；汽车制造业 61.35 亿元，增长 73.0%；电力、热力生产和供应业 38.69 亿元，增长 15.4%。

全区工业产品产量有升有降，主导产品不断优化。汽车 5.8 万辆，增长 52.6%；大米加工 21 万吨，增长 5.5%；罐头 4 万吨，下降 29.8%；水泥 90.7 万吨，下降 5.6%；电力电缆 32.1 万千米，下降 5.6%；发电量 15.1 万千瓦小时，下降 1.9%；饲料 27.5 万吨，增长 28.5%；电子元件 5.1 亿件，增长 6.3%；服装 2447 万件，增长 2.9%。

全区规模以上工业企业产品产销售率达 100.3%。规模以上工业企业主营业务收入达 205. 65 亿元，增长 8.5%。实现利润总额 7.35 亿元，增长 52.7%。实现利税 12.98 亿元，增长 14.7%。规模以上工业亏损企业亏损额 0.43 亿元，同比减少 81.5%。

【建筑业】2016 年，区属建筑业完成产值 40.87 亿元，增长 17.5%；实现增加值 14. 87 亿元，增长 5.8%。具有建筑业资质等级的总承包和专业承包建筑业企业实现利润总额 3.96 亿元，税金总额 2.04 亿元。有建筑单位 25 个，其中投标承包工程 263 个，房屋竣工面积 103.12 万平方米，商品房完成施工面积 206.34 万平方米。

【固定资产投资】全区 500 万元以上项目完成投资 264.85 亿元，同比增长 17.3%。其中城镇投资完成 221.41 亿元，增长 19.7%；农村非农户完成投资 27.77 亿元，增长 13.8%；房地产开发完成 15.67 亿元，

同比增长 –4.8%。按经济类型分：国有投资 36.09 亿元，下降 3.3%；非国有投资 228.76 亿元，增长 21.4%，其中民间投资 218.76 亿元，增长 26.9 %。按产业分：第一产业投资完成 5.83 亿元，增长 139.2%；第二产业投资完成 158.16 亿元，增长 7.7%；第三产业完成投资 100.86 亿元，增长 31.8%，三大产业投资比重为 2.2 ∶ 59.7 ∶ 38.1。按投资方向分：工业投资 158.16 亿元，增长 19.5%，其中技改投资 147.7 亿元，增长 31.1%；基础设施投资 42.73 亿元，增长 468.2%；产业投资 120.06 亿元，占 2016 年全部完成投资额的 45.3%，其中高新技术产业投资 36.68 亿元，增长 6.7%；民生投资 27.96 亿元，增长 145.4%。

全区有房地产开发企业 34 家，完成房地产开发 15.67 亿元，同比下降 4.8%；施工房屋总面积 281.63 万平方米，同比下降 0.1%，其中住宅 228. 05 万平方米；竣工房屋面积 37.85 万平方米，同比增长 5.0%，其中住宅面积 33.53 万平方米；销售房屋面积 142.86 万平方米，同比 2015 年增加 21.75 万平方米，其中住宅面积 135.62 万平方米，实现销售额 54.6 亿元，其中住宅 50.83 亿元。全年商品房每平方米平均销售 3822 元，其中住宅商品房每平方米销售 3748 元。

全区实施投资 500 万元以上项目 433 个，完成投资额 264.85 亿元。其中投资 1000 万元以上的项目 416 个，过亿元项目 73 个，已竣工投产项目 171 个。重点工程项目 183 个，重点工程项目完成投资 158.92 亿元。

【商贸】2016 年，全区实现社会消费品零售总额 116.8 亿元，同比增长 11.8%。

按销售地区看，城市零售额 95.8 亿元，增长 11.9%；农村零售额 21.0 亿元，增长 11.7%。分消费形态看，商品零售额 107 亿元，增长 10.3%；餐饮收入额 9.8 亿元，增长 32.4%。按行业看，批发贸易额 10.9 亿元，增长 11. 2%；零售贸易额 104.3 亿元，同比增长 11.9%；其他行业 1.6 亿元，增长 14.3%。在限额以上批发和零售贸易额中，汽车类 16.2 亿元，增长 12.5%；服装、针、纺织品类 2.3 亿元，下降 28.2%；食品、饮料、烟酒类 4.2 亿元，下降 69.0%；书报杂志类 1.4 亿元，下降 7.0%；日用品类 0.9 亿元，下降 50%；石油及制品类 12.6 亿元，增长 38.0%；其他类 0.13 亿元，下降 65.0%。

全区有外贸进出口企业 27 家，进出口突破 2000 万元的企业 1 家。完成外贸出口 2915 万美元，进口 623 万美元。全年共引进内外资项目 61 个，其中外资项目 4 个，实际到位外资 9100 万美元，占目标任务的 101%；内资项目 57 个，实际到位内资 24.01 亿元。签约引进光伏电站、现代种植养殖产业化、新辉开整体搬迁、金盘世界城、永州大市场 5 个投资过亿元的项目。

【旅游】2016 年，全区城市公园 3 处，共接待游客 778.8 人次，增长 25.6%，旅游总收入 41.05 亿元，增长 27.5%。

【交通】全区货物周转量 32855.4 万吨千米，其中公路货物周转量 32205 万吨千米，水运货物周转量 639.1 万吨千米，铁路货物周转量 11.3 万吨千米，航空货物周转量 0.078 万吨千米。全区旅客周转量 48926.2 万人千米，其中公路旅客周转量 48636 万人千米，水运旅客周转量 35.7 万人千米，铁路客运周转量 248.7 万人千米，航空客运转量 5.78 万人千米。

【财政】2016 年，全区财政总收入完成 14.57 亿元，同口径增长 15.4%; 公共财政收入 9.68 亿元，增长 9.2%；上划中央税收 3.58 亿元，增长 38.1%；

上划省级税收1.31亿元，增长12.7%；一般预算支出29.12亿元，增长13.5%。

【金融】驻区各家银行机构2016年末存款余额406.66亿元，比年初增加77.55亿元。其中单位存款余额160.58亿元，比2015年初增加38.94亿元；城乡居民储蓄存款余额245.08亿元，比年初增加38.61亿元。贷款结构继续改善，年末，各项贷款余额235.4亿元，比年初增加16.53亿元。其中短期贷款余额43.92亿元，比年初减少14.22亿元；中长期贷款余额190.48亿元，比年初增加29.76亿元。贷款总额中，个人消费贷款67.48亿元，比年初增加18.41亿元。

【保险】2016年，全区全年保费收入5.22亿元，比上年增长17.2%。其中财产险收入2.13亿元，增长17.6%；寿险收入3.09亿元，同比增长15.3%。全年各类保险赔付额为2.48亿元，增长6.8%。

【教育】2016年，全区有普通小学88所（含村小56所），在校学生5.397万人；普通初中31所，在校学生2.412万人；普通高中2所，在校学生0.547万人；在校园幼儿2.41万人，增长13.4%。小学适龄儿童入学率为100%，毕业生升学率100%。普通初中适龄人口入学率为99.8%，初中毕业生升学率为95.1%。落实义务教育保障资金7224万元，发放国家助学金235.4万元。全区高考本科上线1415人（含四中）。

【科技】2016年，全区科技经费支出3070万元，比2015年增加422万元，增长12.9%。年末，认定为高新技术企业14家，新增国家级高新技术企业2家。全年申请专利683件，增长60.3%，授权专利199件，下降7.8%。全区实现高新技术产业产值178.94亿元，实现高新技术增加值48.12亿元，占GDP比重为19.9%。

【文化】2016年，全区共有公共图书馆1个、文化广场105个、乡镇文化站10个，村级农家书屋170个。全年免费送戏下乡70场，举办文化艺术培训8期，培训学员350人，组织开展老年合唱团免费培训150人次。年末，图书馆累计接待读者1.5万余人次，外借图书8000余册。

【卫生】2016年，全区有卫生机构643个（含村卫生室），其中医院22所，基层医疗卫生机构591个，专业公共卫生机构30个。卫生机构拥有床位总数5912张，比2015年增加32床，每千人拥有床位10.8张；卫生技术人员4866人，其中执业医师和执业助理医师1892人，注册护士2211人。

【体育】2016年，共开展群体活动82次，参与健身14.8万人次，参与率28%。新建健身路径39条，健身广场10个，俱乐部8个，篮球、羽毛球、乒乓球、户外活动等协会5家。31个村落实农民健身工程，普及率18%。全年获省级运动会金牌21枚、银牌7枚、铜牌12枚。全区公共文化体育设施面积117.1万平方米，人均拥有公共文化体育设施面积2.18平方米。

【人民生活和社会保障】2016年，全区城镇居民人均可支配收入27183元，增长10.2%。城镇居民人均消费支出14376元，其中食品烟酒5285元（食品4179元），衣着1051元，居住2310元，生活用品及服务696元，医疗保健889.9元，交通和通信1207元，教育文化娱乐服务2686元，其他商品和服务249元。农村居民人均可支配收入17337元，增长8.9%。农民人均生活消费支出9396元，其中食品烟酒支出3284元，衣着432元，居住

1604元，生活用品及服务776元、医疗保健689元，交通和通信793元，教育文化娱乐服务1747元，其他商品和服务69元。

全区社会保障程度不断增强，2016年新增就业人数5317人，安排下岗失业人员2425人。企业养老保险新增参保3935人，征缴基金14958万元，完成全年任务的103%；失业保险总参保2.1万人，征缴基金297万元，分别完成全年任务的100%、129%；工伤保险新增参保2600人，征缴1026万元，分别完成全年任务的147%、100%；生育保险新增参保678人，征缴基金115万元，占全年任务的104.5%。机关事业单位养老保险年末参保12108万人，征缴基金19183万元，分别完成全年任务的100%、108%。城乡居民养老保险参保缴费128900人，征缴基金1700万元。为54380名待遇领取人员发放养老金5220.45万元。城乡居民社会养老保险社会化发放率达100%。

【环境保护】2016年，全区城镇污水处理率达92.5%，农村生活污水处理率65%，空气质量达标率98.3%，地表水质达标率100%，农村垃圾集中处理率100%。全年人工造林面积1.3万亩，其中义务植树75万株。年末，有林地面积0.1万亩，封山育林面积1.5万亩，活立木蓄积总量116.53万立方米，森林覆盖率36.28%。单位国内生产总值能耗（2010年不变价）0.567吨标准煤/万元。

【安全生产】2016年，发生生产安全事故1起，死亡1人。亿元生产总值生产安全事故死亡人数为0.004人，工矿商贸10万名从业人员生产安全事故死亡人数为0.782人；生产经营性道路交通万车死亡率为零；煤炭百万吨死亡人数为零。

重点工程（项目）

【永州大市场】永州大市场位于冷水滩区九嶷大道与零陵北路交会处，用地面积363.68亩，总建筑面积约为63.11万平方米，其中商业及娱乐购物项目面积约为50.07万平方米，住宅及公寓楼面积13.03万平方米，总投资20亿元，计划建成集厂商办公、产品展示、仓储物流、产品批发、电商平台、办公娱乐六位功能于一体的大型综合性专业市场。永州大市场采用全球最新商业规划理念，全开放布局，双首层设计，上下三层机动车道，层层通车，铺铺临街。永州大市场经营范围包括房地产开发经营、娱乐设施、宾馆建设等。至2016年，已建成22栋高标准商铺，总面积13万平方米。项目建成后，将成为永州市颇具规模的多元化产业、多元化企业，计划引进商户2000家，安排就业8000人。

【冷黎公路开工】2016年12月26日，冷黎公路举行开工仪式。冷黎公路是省干线公路改造、市交通提速战役、区基础设施大会战“三位一体”的骨干项目，起点位于祁阳县黎家坪镇南侧的刘家院322国道平交，终点位于冷水滩区水汲江村大桥与224省道（S217省道）平交，途径祁阳县大村甸镇和冷水滩区黄阳司镇、高溪市镇、珊瑚街道和凤凰街道，全长36.71千米，其中冷水滩境内25千米。公路按二级公路标准设计，路基宽10米，路面宽8.5米，路面类型为混凝土路面。

【新辉开电子投产】新辉开电子项目（达福鑫电子信息产业园二期）占地100亩，总建筑面积24000平方米，建设周期为6个月。总投资2亿元，其中，固定资产投资1亿元。计划建成一个以电子玻璃为核心，涵盖盖板玻璃、触摸屏、显示器、背光源等生产一条龙的产业链。至2016年7月，新辉电子项目主要建筑工程全部建成，设备安装完毕，正式投入生产，预计生产值3亿元，年实现利税5000万元。

【竹塘小学建设】正在建设的冷水滩区竹塘小学校址在河东桐木井路与竹塘街交叉口的东南角，批准规划用地面积40.5亩。学校按36个教学班、1620名学生的办学规模设置，规划建筑总面积13828平方米，预算总投资4500万元，教学楼、科教楼及相关附属工程、运动场及相关附属设施、绿化、美化、亮化、校内道路等所有项目建设将于2017年7月底全部完工，计划2017年9月建成并招生开学。

【翠竹园小学建成开学】2016年，在中兴路以南、河东商贸街以北范围内建成冷水滩区翠竹园小学（原第九小学）。该项目建设用地面积35.64亩，总建筑面积为14000多平方米，总投资3300万元，办学规模为48个教学班，学生2160人。

【河西城市综合体（愿景国际广场）建设】河西城市综合体（愿景国际广场）项目占地面积92692.6平方米，总建筑面积约49万平方米，计划总投资15亿元。分五期开发，其中一期为7万平方米住宅，二期为10万平方米住宅，三期为14万平方米商业用房，四、五期为18万平方米住宅。住宅部分中的29万平方米将打造为永州市高尚、低碳、安全环保、人文居住小区；商业部分拟建设14万平方米的商业综合体，计划2017年年底开业，含世界500强正大集团旗下的卜蜂莲花购物超市、肯德基、屈臣士、MJ、马威、孩子王等一线服装、餐饮、电玩、儿童娱乐中心、五星巨幕影院及LOFT公寓式酒店等。截至2016年，项目已完成投资5.4亿元，开发面积30万平方米，缴纳税收3500万元，其中一期住宅工程已全面完工即将交楼，二期住宅工程形象进度已达20层，三期商业工程形象已经达二层（共三层），四期住宅工程正在进行基础施工。

【紫霞安置小区建设】紫霞安置小区是全区重点民生工程，该项目位于冷水滩紫霞路与万寿路交汇处，占地70.5亩，计划总投资2亿元，规划建筑共21栋，其中安置房19栋，社区医院和幼儿园等公用建筑2栋，规划建筑面积72932平方米，规划门面地232个。截至2016年，已完成投资1亿元，完成房屋封顶11栋。全部建成后将是永州市一流的安置小区，可安置拆迁户72户，安置人口483人。

【辰鑫佰乐福项目】辰鑫佰乐福新农贸商业广场项目由永州德诚置业有限公司开发，占地17057.9平方米，总建筑面积63000多平方米，其中标准化农贸市场面积1万多平方米。拟建成永州中心城区规模最大、配套最完善、最现代化的一个现代化新型农贸商业广场，是集新农贸超市、名优特农产品展示区、进口食品主题商城、有机农产品、绿色食品展示与加工生活馆、时令海鲜与加工坊、主题休闲型餐饮、商务办公集群、配套住宅及商业主题活动广场为一体的新农贸主题商业综合体。项目总投资为3亿元，至2016年已完成投资1.3亿元，其中土地费用9800万元，工程建设等其他费用1.55亿元，项目建设期利息3700万元，预备费用1000万元，主要为前期土地投入和土石方工程费用。项目规划申报、报建已经完成，主体工程正在建设。

【湖南万马轮毂项目建设】湖南万马轮毂有限公司成立于2014年4月，落户冷水滩区高科园内，项目总投资1亿元，占地面积60亩，一期用地27.8亩，二期用地32.2亩。

该公司是一家以生产汽车轮毂为主要产品的进出口企业，引进韩国先进设备，制造优良铝合金轮毂，产品安全性好，舒适度高，节省油耗，造型美观。主要经营汽车链、汽车保险杠、汽车减震器、汽车刹车片、汽车轮毂、摩托车轮毂、汽车底盘等汽车专用配件的研发、生产及销售；主品牌有奔驰、宝马、奥迪、大众、别克、福特、现代、马自达、丰田、本田、东风、长城等30多个品牌车配件，产品主要销往欧美市场。项目建成后，年可实现产值5.8亿元，上缴税收5000多万元，安排就业岗位300多人。2016年，月生产5万个轮毂，2017年预计可完成加工贸易进出口额1000万美元。

【诺方舟电子项目建设】2016年3月25日，诺方舟电子有限公司在冷水滩高科园举行开工仪式，该项目总投资1亿余元，建筑面积约4162.35平方米，主体工程四栋标准厂房、两栋公租房已全部完工，现已投产。公司的主要产品有光仪器仪表产品（如光功率计、光源、光纤快速接头等），查线器产品（如近距离探测器精明鼠、管道及墙壁线路探测器等），网络线缆长度测试仪（另附有寻线功能、PING测试功能等），查话机，GPS定位器，测亩仪，感应式测电笔，电信专用套装工具等。公司拥有自主品牌“精明鼠”，已成为行业的标准和代名词，销量稳居同行业第一，是一家集研发、生产和销售为一体的高科技企业。

【万商红商贸新城建设】湘南万商红商贸新城项目位于滨江新城核心区内、永州大道与李达大道交汇处，占地约610亩，总建筑面积40万平方米，总投资约16亿元。该项目业态涵盖基础建材、精品建材、装饰建材以及家具家居等，同时拥有会展中心、电子商务中心、物流中心、仓储中心、婚庆中心、餐饮娱乐中心、酒店、住宅八大现代化配套设施，着力打造中国第五代专业市场。2016年，该项目完成涉及4个村民小组、87户、242人、建筑面积28898平方米的户屋征收和拆除任务，青苗、附属设施及迁坟款全部发放到位。

【永州源味街正式开业】永州源味街北起宋家洲大桥，南至曲河大桥，长约2800米，总投资为50025.46万元，共6个街口，经营总面积约3.2万平方米，共334个门面，分为餐饮美食街区、商业文化街区和浪漫休闲街区，重点布局地方餐饮、地方文化、地方旅游、非物质文化遗产展示等业态，2016年6月9日举行开工仪式，8月28日正式开业。源味街餐饮美食区汇聚了全市各县区最知名、具特色的餐饮美食，如盘王十八酿、宁远血鸭、月岩部落、零陵古城韵味、国宴东安鸡、双牌牙山羊肉、新田富硒美食、祁阳黑凤凰、江永油茶等，让到永州的客人和游人们在这条街道就可以完美感受“舌尖上的永州”。

【瑞柯电子生产基地项目开工建设】该项目是冷水滩区重点招商引资项目，计划总投资2亿元，占地100亩，用5年时间分三期工程完成办公楼、研发大楼、生产车间、总装车间、储运库、十六条装配生产线等建设，是专业从事汽车轮胎充气机与无线电能监控产品研发、生产及销售的国家级高新技术企业。主导产品为电能监控系列产品、室内建筑无线开关、智能电表监视器、太阳能逆变器、太阳能控制系统和汽车工具系列产品等，产品远销欧美、日本、韩国等20多个国家和地区，2016年，瑞柯电子生产基地项目开工建设并与国内雪铁龙、广本、福特、大众等10余家车厂建立了合作伙伴关系。

【电子商务产业园建设】潇湘创客汇电子商务产业园位于冷

水滩区高科技工业园内（九嶷大道与湖塘东路交会处），距城市中心区约2千米，距高速公路互通约6千米，地理、交通位置十分优越。该项目是全区2016年电子商务工作的重点，项目占地约100亩，计划投资1.5亿元，计划引进各类电子商务企业100家。2016年，电子商务产业园各项目正在开工建设。

【永州金属物流园项目建设】 2016年4月18日，永州金属物流园项目开工仪式在冷水滩举行。该项目位于冷水滩区高科技工业园内（九嶷大道与紫霞东路交会处东南侧），占地面积123亩，由湖南久富置业有限公司计划投资4.5亿元建设。园区分为智能制造区、现代物流配送区、现货期货交易区和市场综合商业配套区。园区建成投产后，也将是湖南西南地区最大的钢材交易中心，年吞吐量将达800万吨，年实现收入30多亿元、税收8000万元以上，解决2000多人的就业。

【永州市公交调度中心（快速公交首末站）综合楼封顶】 永州市公交调度中心（快速公交首末站）是市、区两级重点项目，项目位于冷水滩区高科技工业园九嶷大道东侧，北邻二广高速，占地面积108亩，总投资4250万元，建设包括综合服务楼、检修车间、宿舍、食堂、加油站、收钞间、洗车间、门禁、生态车位、绿化、护坡等，总建筑面积为13048.63平方米，设有生态停车位340个。2016年，综合服务楼工程封顶，其他设施和项目正在施工建设。

【永州智能装备产业园建设】 冷水滩高科技工业园智能装备产业园规划面积810亩，核心区规划面积260亩，规划建设标准厂房面积12万平方米，公租房1186套。至2016年，已完成建筑面积达4.5万平方米，投资4000万元的智能装备产业园厂房及公租房续建工程正进行招投标。已与深圳旭日伟业多次互动洽谈，已达成建成智能手机终端制造产业园区意向。

文明创建工作

【创建国家交通管理模范城市】 2014年9月1日，冷水滩区创建国家交通管理模范城市活动正式启动。冷水滩区紧紧围绕建设品质活力永州的工作大局，以“文明交通、和谐交通、绿色交通”为主题，大力开展中心城区交通秩序大整治，不断加大交通基础设施建设力度，深入推进交通管理社会化、网格化，全方位开展交通安全宣传教育，城市交通管理逐步实现由乱到治，交通面貌日新月异，为进一步方便人民群众出行创造了一个平安、畅通、有序的道路交通环境。

成立由区委常委、政法委书记任组长，副区长、区公安分局局长任常务副组长及相关责任单位负责人为成员的创建国家交通管理模范城市工作领导小组。区委、区政府主要领导坚持每月调度一次创交模工作，分管各专业组的区级领导每月至少召开一次专业组会议。各职能部门认真履责，强化治理。公安、交警分段包干、责任到人，开展了“五车”整治、摩托车专项治理等一系列交通秩序整治活动；城管部门强化对各种违章占道行为的持续治理；交通部门开展了对客运交通的秩序管理，加大了对非法营运的打击力度。街道、社区积极履行主体责任，在宣传、劝导、静态交通管理、文明交通服务等方面强力推进。

广泛宣传，全城带动。按照宣传“五进”（进机关、进企业、进学校、进社区、进岗位）的要求，各街道、社区基本实现了“七个一”（每个社区有一处以上高标准宣传文化墙，每个单位、小区、散住居民区有一处宣传栏，每个楼道口有一块宣传牌，每个家庭有一份宣传资料，每个商铺有一块“门前三包”责任牌，中小学校所有班次每周有一节交通文明教育课，街道（社区）每季度组织一次交通安全知识讲座）。利用“元宵节灯谜会”“普利桥农耕文化节”“绿色出行自行车环城行”“交通安全日户外宣传”“小手牵大手、文明交通行”等活动，组织发放安全交通宣传资料，摆放安全交通知识展牌，寓教于乐。在中心城区14个主要红绿灯路口的开展文明劝导，聘请72个专职人员全天候上路开展文明劝导。

严管重罚，铁拳整治。狠抓非法飙车、违章停车和占道修车、洗车、卖车等违法违规行为，确保了中心城区道路交通安全、畅通、有序。重点整治期间，共查处各类交通违法违规行为41361起。在中心城区开展摩托车交通违法行为专项大整治，集中整治城区主干道摩托车辆交通乱象。共查处摩托车违法行为6797起，扣车945台（次），拖车956台（次）。成立专门机构，对火车站的交通秩序进行整治。加强火车站基础设施建设，优化设置了出租车专用车道，开展出租车隔离护栏的建设以及道路引导标示、标线的施划。首创停车收费试点，顺利完成对潇湘西路占道停车泊位收费服务管理试点工作。在社区背街小巷、小区、散住居民区内，在不影响交通的情况下，尽可能多地施划停车泊位，既缓解了停车难的问题，又可以规范停车秩序，为背街小巷静态交通管理打下了坚实基础。共铲除中心城区主、次干道不规范的3500余个停车泊位，主、次干道的通行能力得到加强。在中心城区背街小巷增划停车泊位2350个。

【创建省级文明城市】2016年3月，市委、市政府全面启动省级文明城市创建工作，明确提出了2020年创建全国文明城市的工作目标。4月，区委、区政府召开创建省文明城区动员大会，要求举全区之力，聚全民之智，开展全民创建大会战。

区委、区政府把文明城区创建作为全区各项工作的总抓手和主载体，全区各单位、各街道、社区均成立了由党委书记任组长的创建领导小组，实行“一把手抓一把手”，形成了横向到边、纵向到底的组织领导体系，区委书记担任创建省文明城区工作领导小组组长，区委对精神文明建设工作做到“两个纳入、三个同时”（将精神文明建设工作纳入区委、区政府重要议事日程，进行专题研究；将精神文明建设工作纳入区委、区政府绩效考核目标管理责任制，使精神文明建设工作与党建、经济建设等工作同时安排、同时检查、同时考核）。

着力从提高群众知晓率、参与率入手，利用新兴媒体和传统媒体的相结合，做到宣传全覆盖、无死角。在冷水滩区新闻网、政府网、红网手机报、“冷水滩发布”、永州都市频道《冷水滩新闻》栏目等媒体上开设专栏、专题、专页，及时宣传报道创建工作的动态和经验。制作了10万份创文明城市宣传手册、宣传挂图，下发到各街道、社区、小区和居民手中，张贴到单位院落、小区楼栋、学校、医院等公共场所。在城市主次干道、主要交通路口、公共广场等重点部位制作大型户外宣传广告。在城市重点区域和重点地段建筑围挡悬挂、张贴“讲文明、树新风”公益宣传图。在城市重点路段、重点时段和人口密集区，组织宣传车进行全天候宣传。主要交通路口和城区所有街道、路段安排文明劝导员开展文明劝导活动。按照20米以内要有文明创建的公益宣传、200米以内要有大型户外公益广告的要求，全区共制作大型公益广告80多块，悬挂、张贴公益广告牌1万多张、固定宣传牌

2000余块、文化墙3.5万多米、公交站点公益广告320张、墙体标语400余条、各类宣传专栏近1000个。

制定严格的目标管理考核责任制，把创建指标落实到具体责任单位和责任人，真正做到任务到人、责任到人、问责到人。下发《冷水滩区创建省文明城区工作考核奖惩办法》《冷水滩区创建省文明城区工作考核细则》，区创文办联合区委、区政府督查室，就精神文明建设工作进行专门督查督办，实行一月一督查，一月一考核，一月一奖惩。

开展净化社会文化环境专项整治行动，查处违法违规网吧26家；开展“社会主义核心价值观”“文明行为随手拍”“学雷锋志愿服务”“中国梦”“群众性精神文明创建”等系列活动助推创建。全年共建设“道德讲堂”120余个、建立学雷锋志愿服务工作站（岗）100多个，推荐4人被评为湖南身边好人；全区评选出“好婆媳、好邻里”16户、“最美家庭”9户；评选出星级文明户100多户。

【创建国家园林城市】2011年，永州市提出创建“国家园林城市”目标，这是市委、市政府加快“品质活力永州”建设、提高城市生态质量、改善城市人居环境的重大举措。区委、区政府将创建工作列入重要议事日程，成立了以区委书记为组长、区长为第一副组长、区委副书记为常务副组长、有关区级领导为副组长的创建国家园林城市工作领导小组。区委常务会、区政府常务会定期调度创建工作，区委书记、区长以及分管领导深入项目现场，为项目建设排扰解难，建设资金优先调拨。区里制定下发了《冷水滩区创建国家园林城市实施方案》《冷水滩区创建国家园林城市考核奖惩实施办法》《关于在全区开展园林式单位、园林式居住小区创建活动的通知》，为创国园工作提供了坚强的组织保障。

在创建工作宣传动员方面，冷水滩区先后召开了两次全区创建工作大会。通过电视、报刊、市区新闻网、手机报等大力宣传创国园工作，并在车站、高速公路入口等城市道路节点，通过户外广告、电子显示屏常态化宣传国家园林城市各项指标和常识，做到家喻户晓、人人皆知。全区群众对园林城市创建的知晓率、支持率和满意度达90%以上。

在基础设施建设方面，市下达给冷水滩区三年的主要建设任务是完成7个小游园、5条道路绿化带景观提质、3个广场提质改造，区细化分解到具体的部门和责任人，按计划逐年逐项目推进，并坚持半月一调度，一月一小结，一季一通报，年终考核兑现。至2016年，二中广场的提质改造、凤凰园城标花坛、春江南路绿化提质、银象北路、九嶷大道绿化提质、小游园和公园建设等基本完成。

在现有绿地养护方面，2016年，完成了珍珠、零陵、梧桐、翠竹、育才路等行道树的修枝，主干道行道树的杀虫任务全部完成，做好了市委大门口景观树的提质补种，完成了永州大道联城段绿化带的施肥、除杂草、整形修枝、杀虫、浇水保苗等。修复行道树树池3000个，紫霞路等街道绿化带补种小苗4000余平方米，在湘永路、双洲路、梅湾路、翠竹路配合创交模高空修枝5000余株。

附：名优特产品选介

猎豹汽车。猎豹汽车是猎豹牌轻型越野汽车SUV系列车型的总称，由湖南猎豹汽车股份有限公司制造。该公司隶属于长丰集团，总部设在长沙，拥有湖南永州、安徽滁州两大整车制造基地。永州基地位于永州市冷水滩区南部。该公司是全国最大轻型越野汽车制造基地、国家轻型越野汽车定点生产厂家，具备年产15万辆轻型越野汽车生产能力，覆盖政府公务用车、军队指挥用车、行业商务用车以及个人家庭用车等细分市场，拥有较高的知名度及良好的市场口碑。公司旗下SUV型包括“猎豹Q6”“猎豹黑金刚”“猎豹飞腾”等8个车型，采用国际先进制造技术，路面适应能力强。猎豹汽车还是参加越野赛的汽车品牌之一，曾多次荣获全国性汽车越野赛冠军。该车是冷水滩区工业发展的重要标志性产品。

国外松。原产于美国东南各州，名火炬松、湿地松。20世纪三四十年代引入中国，70年代起在全国进行规模化种植。因引进于国外，国人习惯称其为“国外松”。该树系常绿大乔木，能适应各种土壤气候环境，台地、岗地、低丘坡地、红壤沙壤均能生长，而且抗病害能力强，耐干旱瘠薄，生长快，成林期短，因而在冷水滩境内有大面积种植。国外松种植具有较高的经济效益和生态效益，树干可制成板料、方料，材质密度高，纤维长，是优质的建筑及家具用材；树干能分泌出树脂，称松脂，产脂高，是制造松节油的原料，可作外科用药；松脂还是工业助焊剂的重要原料。从生态效益看，国外松根系发达，树冠阔展，固土保水性强，能有效地防止水土流失。国外松是冷水滩区重要用材林和生态林品种。

黑美人西瓜。冷水滩境内盛产西瓜，农场、林场、农户田地均有大面积种植，其品种多样，以黑美人西瓜最为著名。仅伊塘镇内黑美人西瓜种植面积就达近1000公顷。近几年，该镇每年6月28日均举办“西瓜节”，开展以西瓜栽培、销售为主题的系列文化活动。黑美人西瓜外形微皱、卷曲，表皮靛青色，状如黑美人的头发，因此而得名。该西瓜品质优良，果肉红色，肉质清脆，鲜嫩多汁，糖精度高，瓜尖至瓜尾通体味道甘甜。果皮、果肉、果籽均可食用，含葡萄糖、果糖、膳食纤维、谷氨酸等多种营养成分，尤以维生素A含量高；还可制成西瓜霜，作药用，是上佳水果品种。黑美人西瓜畅销省内外市场，成为冷水滩区的品牌农产品。

黄阳司竹鱼。境内，湘江黄阳司段产一种外形如竹叶的鱼，名竹鱼，成鱼重约1公斤左右。用此鱼做成的菜名“黄阳司竹鱼”，快火烹调，煮两开便可，食此菜，肉似豆腐细腻爽口，味似鸡汤鲜美开胃，堪称珍肴。此鱼产于深水岩洞，生长缓慢，产量稀少，捕捉不易，因而更显珍贵。

永州嗍螺。冷水滩人爱吃嗍螺。将生螺剁去尾壳，大火炒熟，加生姜、大葱、蒜泥、辣椒、紫苏、酱油等佐料，倒入肉汤，加盖煮滚几分钟即可。食时用嘴衔住螺口，吸气嗍出螺肉，肉香而脆，汤鲜而辣。常吃可降血压，清火，益气补脾。

潮水醋鱼。潮水醋鱼也称鱼鲊，是冷水滩独具一格的菜肴，流行于原潮水乡一带。将生鱼肉去骨漂净，切成薄片，与炒香的黄豆粉和生姜、辣椒、大蒜等佐料与白醋混合搅拌而成，此菜兼具酸、辣、嫩、甜四味，且绝无腥味，营养丰富，开胃健身。

扣肉。选带皮新鲜猪肉，以五花肉为最好，洗净去骨，将红糖（或白糖、酱油）与料酒调汁涂于肉皮上，再用茶油走油（在烧开的茶油锅中炸），至肉呈暗红色、皮起皱时捞出，切成规格的片或块，皮朝下整齐地摆放在碗底，上面搁槟榔芋、腌菜叶等，或将槟榔芋片夹在肉片之间，置锅中大火蒸烂，出锅后倒扣于盘中即成。此菜色泽红亮，香嫩松软，肥而不腻，是农家摆大酒宴时必上的主菜，一般在第五道菜时上桌，上桌时放鞭炮，奏鼓乐，主人逐桌敬酒，酒宴形成高潮。

盘龙鳝。将中等大小的活鳝鱼洗净，用茶油爆煎，至皮肉微焦，躯干卷曲成圆圈，形似盘龙，然后放生姜、葱、蒜、辣椒等佐料煸炒，放少量水将鱼煮软即成。食时自鳝鱼颈部处咬破撕开，去掉内脏，连肉带骨一起食用。此菜具鲜、嫩、香、脆等味，营养丰富，城乡广泛流行。

零陵板鸭。自清朝末年起，冷水滩即流行食板鸭。先制成半成品，再烹食。制作时，选肥嫩的成鸭，宰后去毛，取出内脏，按每只鸭子一两半盐、一两米烧酒、半两酱油和适量五香粉混合拌匀，遍涂鸭体内外，放在缸内腌两天，使佐料汁浸进鸭肉，取出用竹片撑开鸭肉腹部，压平，置太阳下晒一二天，再挂在通风处晾吹二十天左右即成。烹饪时，将制做好的板鸭切块，加辣椒、生姜、大蒜等烧炒，也可油炸和汽蒸。此菜颜色金黄，肉酥、丝连、骨脆香、汤鲜，人们常以此菜佐酒。

中共永州市冷水滩区委员会

综　　述

【概况】2016年，中共永州市冷水滩区委总揽全局、协调各方，实现全区经济平稳增长、社会和谐稳定、民生不断改善、事业持续进步。主要体现在：坚持以全面小康为总揽，连续两年获全省全面小康“经济快进奖”。计划生育、社区教育、出口食品农产品安全、粮食生产、人民调解宣传、知识产权、财政、校车安全等工作荣获全国、全省先进称号。10项主要经济指标中，9项指标绝对值位居全市前三，4项指标增幅保持全市前三。市23项考核中，绩效考核获优良等次，排全市第四，新型工业化、新型城镇化、百亿园区、农业农村、人口与计划生育、社会管理综合治理、三项改革、六件惠民实事与重点民生实事、创建国家级出口农产品食品安全示范区、食品药品安全、精准扶贫小额信贷等12项工作获评先进，是全市获奖最多的县（区）之一。

【综合实力提升】2016年，主要经济指标增幅、总量、质量在全省20个小康达标县和46个二类县中排位前移。国内生产总值完成241.8亿元，增长9.3%，高于全市平均1.3个百分点。固定资产投资完成264.85亿元，增长17.3%，高于全市平均3.3个百分点。第二产业完成89.28亿元，增长7.5%，高于全市平均1.3个百分点。城镇居民人均可支配收入增长10.2%，高于全市平均0.7个百分点。农村居民人均可支配收入增长8.9%，高于全市平均0.4个百分点。财政总收入14.57亿元，超额完成年初预定目标，增长15.4%，高于全市平均1.1个百分点。

【城乡面貌改观】突出名城联创，推进“三创一保”（创国家文明城市、国家交通管理模范城市、国家园林城市，保国家卫生城市），相继启动湘江东路、双洲路等4条道路立面改造，潇湘大道、零陵北路等9条道路提质，中心城区品质活力更加释放，品位形象更加提升。整合各类资金，加大农村基础投入。投入7150万元，冷黎公路全线开工。投入2800万元，农村公路改造提质128公里。投入7200万元，启动蔡市镇邓家铺村等6个美丽乡村示范点建设。累计投入8000万元，推动各建制镇人居环境改善。启动了32个重点村的农村环境综合整治。

【项目建设推进】实施重点项目344个，完成规模投资260亿元，增长20%。23个市重点考核项目完成投资24.55亿元，实施数量和投资总额居全市第一。突出项目拆迁，全年完成土地征收4000亩、房屋征收60万平方米。到上级揽项目争取资金23亿元，两家平台公司（城市建设投资公司、高科园建设投资公司）对接资金85亿元，经省级金融机构贷审会通过的70亿元，到位36亿元。突出项目引进，承接产业转移项目57个，到位内资24.01亿元。签约引进光伏电站、现代种植养殖产业化、新辉开整体搬迁、金盘世纪城、永州大市场5个投资过亿元的项目。

【产业集群壮大】区域规模工业企业达162家，其中产值过亿元企业70家，完成规模工业总产值245亿元，增长15.2%；规模工业增加值55亿元，增长7.8%。产业集聚不断加快。电子信息、先进装备制造、生物医药、农产品精深加工四大产业完成产值190.2亿元，占全区规模工业总产值77.6%。园区实力不断增强。招商入园企业18家，竣工投产项目13个，企业实缴税金1亿元，完成规模工业总产值120亿元，跨入“百亿园区”。骨干企业不断做强。达福鑫集团、奔腾彩印集团得到国家有关部委正式批复，实际运作，开创了本土企业上市先河。产业服务不断提升。组织4次银企座谈会，为福鑫电子、中小企业创业园、万马轮毂等企业融资3亿多元。

【民生福祉增进】突出教育优先，城区新增学位3000个。公立医院全部实施药品零差率销售，市三医院成为全省第一家县级三级医院。五大保险覆盖面进一步扩大，基本医疗保险覆盖率达103.2%，养老保险参保人数达30.5万人。落实大病救助资金2500万元，争取省、市救助资金9000万元、优抚资金3500万元。强化社会综合治理，全面推行城区网格“1+N”治理模式，城区治安监控设施逐步完善，新安装高清监控探头800多个；街面巡防机制更加健全，市区干部职工开展常态化夜巡。深入推进农村网格化建设，在集镇人员密集场所、乡村主要路口安装监控探头166个，完成农村治安监控体系一期建设。积极开展专项打击行动，刑事案件发案率明显下降。突出食品药品、道路交通、非煤矿山、消防等领域综合整治，安全生产和环境保护能力进一步增强。加快精准扶贫，全年完成减贫人口5012人，完成率108%。蔡市镇三龙塘村成为省级脱贫攻坚示范村。提高收入水平，城镇居民人均可支配收入27183元，农村居民人均可支配收入17337元，均为全市最高。村、社区干部待遇进一步提升，村支部书记报酬标准提高到1750元/月，年报酬达2.1万元以上。

【党的建设加强】深入开展“两学一做”学习教育。区“两会”加强会风会纪的做法得到《湖南新闻联播》推介。立案查处各类违纪违规问题90件，清理清退村级财务集体资金69.02万元。投入1000万元，用于乡镇“五小”设施、村级组织活动场所等建设。圆满完成镇、村区划调整，减少116个村。31个贫困村试行村支书职业化，对21个软弱涣散村进行集中整顿。社区运转经费由20万元增加到60万元，社区惠民资金由10万元提高到15万元。全面实行“五比五看”选人用人评价机制，一批肯干事、能干事、干成事的干部得到提拔重用。

【2016 年中共冷水滩区委领导班子成员名单】

书　记　何冲龙
副书记、区长　桂砺锋
副书记　施创太
常务委员　彭　峰（女）
常务委员　秦远林
常务委员　陈建红
常务委员　蔡富强
常务委员　黄燕玲（女）
常务委员　艾祥柏
常务委员　许金善
常务委员　齐纲要

区委常委会会议

【第一次会议】2016 年 1 月 7 日上午，区委书记欧阳元初在区委九楼常委会议室主持召开区委常委会议，研究区委七届五次全体（扩大）会议筹备方案、区人大会议相关工作、区政府工作报告、区财政预算工作、“十三五”规划编制工作以及乡镇工作补贴和机关事业单位带薪休假工作、永州市中大特种水泥有限责任公司关停补偿工作。区委副书记、区长唐满平，区委副书记蒋良铁，区人大常委会主任肖惠黎，区政协主席盘贵元，区委常委张跃斌、郑增敢、徐志华、秦少义、陈莉、胡勇刚、龙亮、陈建红出席会议。区人大常委会副主席曾跃进，区政府副区长黄燕玲、蒋剑青、唐康丰、许金善等领导和区直相关部门的主要负责人分别列席了相关议题。

【第二次会议】2016 年 2 月 4 日下午，区委书记欧阳元初在区委九楼常委会议室主持召开区委常委（扩大）会议，研究乡镇区划调整改革合并建制村工作。区委副书记、区长唐满平，区委副书记蒋良铁，区政协主席盘贵元，区委常委张跃斌、郑增敢、徐志华、秦少义、陈莉、胡勇刚、龙亮出席会议。区人大常委会副主任孙纲要，区政府副区长黄燕玲、文声禄、蒋剑青、许金善和区政协副主席汤丽娟等区领导以及区直相关部门的主要负责人列席了会议。会议听取了区民政局《关于乡镇区划调整改革工作情况汇报》和区委组织部、区经管局等有关部门的情况汇报，审议了《关于切实做好建制村合并工作的指导意见（送审稿）》《中共冷水滩区委基层党建工作领导小组印发〈关于在并村改革工作中进一步加强党的基层组织建设的实施意见〉的通知（送审稿）》《中共冷水滩区委农村工作部冷水滩区财政局冷水滩区农村经营管理局关于全区区划调整改革集体“三资”清理处置和财务合并办法（送审稿）》。

【第三次会议】2016 年 2 月 25 日上午，区委书记欧阳元初在区委九楼常委会议室主持召开区委常委会议，传达贯彻全省市厅级主要领导干部学习贯彻中共十八届五中全会精神专题研讨班和党建专题培训班精神、全市乡镇领导班子换届工作会议精神、市纪委四届九次全会精神，研究全区乡镇换届工作、纪检监察工作，审议了《冷水滩区乡镇领导班子换届工作实施方案（讨论稿）》《2015 年度党风廉政建设和作风建设先进单位推荐名单》。区委副书记、区长唐满平，区委副书记蒋良铁，区人大常委会主任肖惠黎，区政协主席盘贵元，区委常委张跃斌、郑增敢、徐志华、秦少义、陈莉、胡勇刚、龙亮、陈建红出席会议。区政府副区长文声禄、蒋剑青、许金善，区政协副主席唐英波，区人民法院院长傅芳萍，区人民检察院检察长朱跃陆等领导和区直相关部门主要负责人分别列席了相关议题的会议。

【第四次会议】2016 年 3 月 11 日上午，区委书记欧阳元初在区委九楼常委会议室主持召开区委常委（扩大）会议，研究 2015 年全区各项考核、区委 2016 年经济工作会议方案和人口计生、社会治安综合治理、安全生产、农业农村和精准扶贫、土地和房屋征收工作。区委副书记、区长唐满平，区委副书记蒋良铁，区人大常委会主任肖惠黎，区委常委张跃斌、郑增啟、徐志华、胡勇刚、龙亮、陈建红出席会议。区政府副区长黄燕玲、文声禄、蒋剑青等区领导和区直相关部门的主要负责人列席了会议。

【第五次会议】2016年4月11日上午，区委书记欧阳元初在区委九楼常委会议室主持召开区委常委（扩大）会议，研究2016年重点财源建设项目和重点投资建设项目安排方案，创建省级文明城区、国家交通管理模范城市、国家园林城市工作，乡镇选举区党代表工作及推荐参评全国优秀共产党员、优秀党务工作者、先进基层党组织工作。区委副书记、区长唐满平，区委副书记蒋良铁，区人大常委会主任肖惠黎，区政协主席盘贵元，区委常委郑增啟、秦少义、陈莉、胡勇刚、龙亮等出席会议。区人大常委会副主任刘洪波、孙纲要，区政府副区长黄燕玲、蒋剑青，区政协副主席汤丽娟和区领导管文明、蒋德贵、刘继宏、陈锦和、王敦权等及区直相关部门的主要负责人分别列席了相关议题的会议。会议分别听取了区重点财源办关于2016年重点财源建设项目安排情况，区发改委关于2016年重点投资建设项目安排情况，区文明办关于创建省文明城区情况，区创交模办关于创建国家交通管理模范城市情况，区园林处关于创建国家园林城市工作情况，区委组织部关于乡镇选举区党代表和推荐参评全国优秀共产党员、优秀党务工作者及先进基层党组织情况的汇报。

【第六次会议】2016年5月6日下午，区委书记欧阳元初在区委九楼常委会议室主持召开区委常委（扩大）会议，研究“两学一做”学习教育工作、精准扶贫工作、美丽乡村建设工作，传达贯彻全市县、区领导班子换届工作会议精神。区委副书记、区长唐满平，区委副书记蒋良铁，区人大常委会主任肖惠黎，区政协主席盘贵元，区委常委张跃斌、郑增啟、徐志华、陈莉、龙亮出席会议。区政府副区长黄燕玲、蒋剑青和区领导熊善国、管文明、胡明星及区直相关部门主要负责人分别列席了相关议题的会议。会议分别听取了区委组织部关于全市“两学一做”学习教育工作会议精神及贯彻落实意见的汇报和关于全市县、区领导班子换届工作会议情况的汇报，区农业委关于全区精准扶贫工作情况和关于全区美丽乡村建设情况的汇报，审议了《关于在全区党员中开展“两学一做”学习教育实施方案（送审稿）》等文件。

【第七次会议】2016年5月23日晚，区委书记欧阳元初在区委九楼常委会议室主持召开区委常委会议，研究教师招聘和规范临时机构（重点项目）管理及清理领导干部兼职取酬工作，审议全区推荐庆祝中国共产党成立95周年市级优秀党员、优秀党务工作者、优秀乡镇（街道）党（工）委书记、先进基层党组织名单。区委副书记、区长唐满平，区委副书记蒋良铁，区人大常委会主任肖惠黎，区政协主席盘贵元，区委常委张跃斌、郑增啟、徐志华、秦少义、陈莉、胡勇刚、龙亮、陈建红等出席会议。区政府副区长黄燕玲，区政府副区长、冷水滩公安分局局长文声禄，区政府副区长蒋剑青、许金善，区领导蒋德贵等和区直相关部门的主要负责人分别列席了相关议题。会议分别听取了区教育局关于2016年冷水滩区教师补充计划，区财政局关于规范全区临时机构（重点项目）管理的意见和冷水滩区2016年临时机构目标管理考核实施方案（建议稿），区委组织部关于推荐全市优秀共产党员、优秀党务工作者、优秀乡镇（街道）党（工）委书记、先进基层党组织情况等汇报。

【第八次会议】2016 年 6 月 24 日，区委书记欧阳元初在区委九楼常委会议室主持召开区委常委会议，研究区委七届六次全会方案、基层党建工作、农村网格化建设工作、台湾高科技（永州）产业园项目有关工作、精准扶贫工作以及区行政事业单位医疗费铺底等工作。区委副书记、区长唐满平，区委副书记蒋良铁，区人大常委会主任肖惠黎，区政协主席盘贵元，区委常委张跃斌、郑增敢、徐志华、秦少义、陈莉、胡勇刚、龙亮等出席会议。区领导黄燕玲、文声禄、蒋剑青、许金善、宋友林、熊善国、吕芳富、胡明星、胡席等及区直相关部门的主要负责人分别列席相关议题。

【第九次会议】2016 年 7 月 14 日，区委书记欧阳元初在区委九楼常委会议室主持召开区委常委会议，集中学习习近平总书记“七一”重要讲话精神，研究贯彻落实党委（党组）意识形态工作责任制，区、乡（镇）两级人大换届选举工作，区政协换届工作和 2014 年退役士兵接收安置等工作。区委副书记、区长唐满平，区人大常委会主任肖惠黎，区政协主席盘贵元，区委常委张跃斌、郑增敢、徐志华、秦少义、陈莉、胡勇刚、龙亮、陈建红等出席会议。区人大常委会副主任曾跃进、区政府副区长蒋剑青、区政协副主席唐英波、区委党校校长曾文亮等区领导和区直相关部门的主要负责人分别列席相关议题的会议。会议首先集中学习了习近平总书记“七一”重要讲话，听取了区委宣传部《中央和省、市委关于意识形态工作的主要精神及贯彻落实意见的汇报》，区人大常委党组《关于冷水滩区乡（镇）两级人大换届选举有关工作的情况汇报》，区政协党组《关于政协永州市冷水滩区第九届委员会换届工作有关问题的汇报》，区民政局《关于 2014 年退役士兵接收及有关安置工作情况汇报》。

【第十次会议】2016 年 8 月 5 日下午，区委书记何冲龙在区委九楼常委会议室主持召开区委常委会议，传达贯彻县、乡换届有关纪律要求，研究区委换届（党代会）筹备工作。全市重大项目建设流动现场会准备工作。2016 年湖南（上海）投资贸易洽谈周准备工作以及当前相关工作等。区委副书记、区长候选人桂砺锋，区委副书记蒋良铁，区人大常委会主任肖惠黎，区政协主席盘贵元，区委常委张跃斌、郑增敢、徐志华、秦少义、陈莉、胡勇刚、龙亮、陈建红等出席会议。区政府副区长蒋剑青，区领导宋友林、周志成等及区直相关部门的主要负责人分别列席了相关议题的会议。会议首先传达学习贯彻了县、乡换届纪律要求，听取了有关领导和部门关于区委换届（党代会）筹备工作、全市重大项目建设流动现场会准备情况、2016 年湖南（上海）投资贸易洽谈周有关准备情况以及区委常委会组成人员 8 月—9 月需要交账的项目建设进展情况的汇报。

【第十一次会议】2016 年 8 月 12 日上午，区委书记何冲龙在区委九楼常委会议室主持召开区委常委会议，研究信访维稳工作、安全生产工作、创文明城市和创园林城市工作，第八届区委委员、候补委员和区纪委委员候选人初步人选、预备人选的酝酿提名推荐工作方案，区第九届人大代表和政协委员推荐提名、考察工作方案等工作。区委副书记、区长候选人桂砺锋，区委副书记蒋良铁，区委常委张跃斌、郑增敢、徐志华、秦少义、陈莉、胡勇刚、龙亮出席会议。区领导曾跃进、孙纲要、文声禄、许金善、唐英波、汤丽娟、吕芳富和相关区直单位的主要负责人分别列席了相关议题的会议。会议分别听取了区信访局、区维稳办关于信访、“千案攻坚”工作和维稳工作情况，区安监局关于全区安全生产工作情况，区创文办关于创建省文明城区工作情况，区创园办关于创建国家园林城市工作情况，区委组织部关于第八届区委委员、候补委员和区纪委委员候选人初步人选、预备人选的酝酿提名推荐工作方案，区第九届人大代表和政协委员推荐提名、考察工作方案的汇报。

【第十二次会议】2016 年 9 月 10 日上午，区委书记何冲龙在区委九楼常委会议室主持召开区委常委会会议，研究审议《区委常委会议事规则（送审稿）》《关于进一步加强和规范领导干部外出请示报告等 10 个事项的通知（送审稿）》，学习贯彻《中国共产党地方委员会工作条例》《党委会的工作方法》，传达贯彻全市全面建成小康社会推进工作调度会和市委“教育优先”工作专题会议精神，研究上半年党建工作督查整改工作、政法工作，研究审议《冷水滩区 2016 年临时机构目标管理考核实施方案（送审稿）》《冷水滩区乡村教师支持计划（2016—2020）实施细则（送审稿）》。区委副书记、代区长桂砺锋，区委副书记施创太，区人大常委会主任肖惠黎，区政协主席盘贵元，区人大常委会党组副书记、区第九届人大常委会主任候选人徐志华，区政协党组副书记、政协冷水滩区第九届主席候选人秦少义，区委常委彭峰、秦远林、陈建红、蔡富强、黄燕玲、艾祥柏、许金善、齐纲要出席会议。区领导汤丽娟、蒋建辉、朱昌锋、蒋德贵及区直相关部门的主要负责人分别列席相关议题的会议。会议听取了有关区领导及相关部门负责人的情况汇报。

【第十三次会议】2016 年 9 月 19 日下午，区委书记何冲龙在区委九楼常委会议室主持召开区委常委会会议，研究区人大代表选举相关工作。区委副书记、代区长桂砺锋，区委副书记施创太，区人大常委会主任肖惠黎，区人大常委会党组副书记（排第一）、区第九届人大常委会主任候选人徐志华，区政协党组副书记（排第一）、政协冷水滩区第九届主席候选人秦少义，区委常委彭峰、秦远林、陈建红、蔡富强、艾祥柏、齐纲要等出席会议。区直相关部门的主要负责人列席了会议。会议听取了区选举委员会《关于中止区乡（镇）人大换届选举工作并延迟换届选举日的情况汇报》。

【第十四次会议】2016 年 10 月 10 日上午，区委书记何冲龙在区委九楼常委会议室主持召开区委常委会会议，研究公务用车制度改革工作，听取公立医院改革工作汇报，审议《永州市冷水滩区公务用车制度改革总体方案（送审稿）》和《全区基层医疗服务体系建设的实施意见（送审稿）》等。区委副书记、代区长桂砺锋，区委副书记施创太，区人大常委会主任肖惠黎，区政协主席盘贵元，区人大常委会党组副书记、区第九届人大常委会主任候选人徐志华，区政协党组副书记、政协冷水滩区第九届主席候选人秦少义，区委常委彭峰、秦远林、陈建红、蔡富强、黄燕玲、艾祥柏、许金善、齐纲要出席会议。区领导汤丽娟、李向斌等及区直相关部门的主要负责人分别列席会议的相关议题。会议分别听取区发改委关于公务用车制度改革工作和区卫计委关于公立医院改革工作的情况汇报。

【第十五次会议】2016 年 10 月 23 日下午，区委书记何冲龙在区委九楼常委会议室主持召开区委常委会会议，研究审议全区 2016 年绩效评估及相关考核工作方案，传达贯彻全市美丽乡村、环境整治、乡村旅游、秋冬生产、农村人饮工程、河道治理工作推进会议和全市农村网格化建设现场推进会议精神，研究全区美丽乡村建设和农村网格化建设等工作。区委副书记、代区长桂砺锋，区人大常委会主任肖惠黎，区政协主席盘贵元，区政协党组副书记、政协冷水滩区第九届主席候选人秦少义，区委常委彭峰、秦远林、陈建红、蔡富强、黄燕玲、艾祥柏、许金善出席会议。区领导曾跃进、吴春华、蒋剑青、唐英波、龙国文、蒋建辉、张文风、朱昌锋、唐基和、汤丽、彭佩华、陈锦和等及区直相关部门的主要负责人分别列席了会议的相关议题。会议分别听取了有关部门关于全区2016年相关工作考核的情况汇报，传达了市农业农村工作推进会议和市农村网格化建设现场推进会议的精神，与会人员进行了认真研究讨论，就各项工作进行了安排部署。

【第十六次会议】2016年11月4日晚上，区委书记何冲龙在区委九楼常委会议室主持召开区委常委会会议，学习贯彻中共十八届六中全会精神，听取融资工作、保障性住房建设及分配有关情况汇报，研究审议九嶷大道和凤凰北路、谷源路、水汲江大道、水汲江大桥项目的招投标文件、合同文本、规划设计方案及《冷水滩区创建国家园林城市考核奖惩办法》等工作。区委副书记、代区长桂砺锋，区委副书记施创太，区人大常委会主任肖惠黎，区政协主席盘贵元，区人大常委会党组副书记、区人大常委会第九届主任候选人徐志华，区政协党组副书记、政协冷水滩区第九届主席候选人秦少义，区委常委彭峰、秦远林、陈建红、蔡富强、黄燕玲、艾祥柏、许金善、齐纲要出席会议。区领导郑航、汤丽娟、吴春华、蒋建辉、朱昌锋、卢飞勇等及区直相关部门的主要负责人分别列席会议的相关议题。会议听取了有关部门的情况汇报。

【第十七次会议】2016年11月12日上午，区委书记何冲龙在区委九楼常委会议室主持召开区委常委会会议，研究区人大和政协区九届一次会议召开的相关工作，审议关于召开区九届人大一次会议的决定、会议日程、会议列席人员名单、会议临时党委和临时党支部建议名单（草案），政协区九届一次会议的时间、会议议程、日程（草案），研究区建立公务员职务与职级并行制度工作等。区委副书记、代区长桂砺锋，区委副书记施创太，区人大常委会主任肖惠黎，区人大常委会党组副书记、区第九届人大常委会主任候选人徐志华，区政协党组副书记、政协冷水滩区第九届主席候选人秦少义，区委常委秦远林、陈建红、蔡富强、黄燕玲、艾祥柏、许金善、齐纲要出席会议。区领导曾跃进、唐英波、胡华清、蒋建辉、张文风等及区直相关部门的主要负责人分别列席会议的相关议题。会议分别听取了区人大办、区政协办关于“两会”筹备工作和区委组织部关于建立公务员职务与职级并行制度工作的情况汇报。与会人员进行认真研究讨论，就各项工作进行了安排部署。

【第十八次会议】2016年11月21日下午，区委书记何冲龙在区委九楼常委会议室主持召开区委常委会会议，传达省第十一次党代会精神，研究审议拟提交区“两会”审议的《区人大工作报告》《区政府工作报告》《区政协工作报告》《区人民法院工作报告》《区人民检察院工作报告》《发展计划工作报告》《财政工作报告》和区政协九届一次会议日程（草案），听取2015年度退役士兵接收及有关安置工作情况汇报等。区委副书记、代区长桂砺锋，区委副书记施创太，区人大常委会主任肖惠黎，区政协主席盘贵元，区人大常委会党组副书记、区第九届人大常委会主任候选人徐志华，区政协党组副书记、政协冷水滩区第九届主席候选人秦少义，区委常委彭峰、秦远林、蔡富强、黄燕玲、艾祥柏、许金善、齐纲要出席会议。区人大常委会副主任和区政府副区长、区政协副主席（及候选人）、区法院、区检察院及区直相关部门的主要负责人分别列席了会议的相关议题。会议认真传达贯彻了省第十一次党代会的精神，听取了相关部门起草区“两会”有关报告内容情况和区民政局关于2015年度退役士兵接收及有关安置工作情况汇报。与会人员进行认真研究讨论，就各项工作进行了安排部署。

【第十九次会议】2016年12月8日下午，区委书记何冲龙在区委九楼常委会议室主持召开区委常委会会议，研究老干和老科协、老年保健协会有关工作，听取2016年8月以来区委常委会会议和书记专题会议纪要落实情况的汇报。区委副书记、区政府区长桂砺锋，区人大常委会主任徐志华，区政协主席秦少义，区委常委彭峰、秦远林、陈建红、蔡富强、黄燕玲、许金善、齐纲要出席会议。区直相关部门的主要负责人分别列席相关议题的会议。会议认真传达了省、市有关老干工作会议精神和“创百”（创建健康百岁老人）工作文件精神，听取了区老科协、老年保健协会工作以及老干工作情况汇报和分析了2016年8月以来区委常委会会议和书记专题会议纪要落实情况的汇报。与会人员进行了认真研究讨论，就各项工作进行了安排部署。

【第二十次会议】2016年12月8日下午，区委书记何冲龙在区人武部作战室主持召开2016年区委议军会议，专题研究党管武装、国防和后备力量建设工作。区委副书记、区长桂砺锋，区人大常委会主任徐志华，区政协主席秦少义，区委常委彭峰、秦远林、陈建红、蔡富强、黄燕玲、许金善、齐纲要出席会议。区人武部副部长何景东及区人武部有关领导和区直相关部门的主要负责人参加了会议。会议首先传达学习了军队改革有关精神和省委、市委议军会议主要精神，听取了区人武部关于全区党管武装、国防和后备力量建设工作情况的汇报。与会人员进行了认真研究讨论，并就全区党管武装和加速推进国防后备力量建设工作进行了安排部署。

【第二十一次会议】2016年12月27日上午，区委书记何冲龙在区委九楼常委会议室主持召开区委常委会会议，研究城区学位建设（2017—2019年）、农村综合服务平台建设、区政府广场人防工程、市三医院法人治理结构试点、落实市委党风廉政建设责任制考核反馈意见整改等工作。区委副书记、区政府区长桂砺锋，区委副书记施创太，区人大常委会主任徐志华，区政协主席秦少义，区委常委彭峰、秦远林、蔡富强、黄燕玲、艾祥柏、许金善、齐纲要出席会议。区领导龙国文、汤丽娟、朱昌锋、蒋建辉、张文风、唐基和及区直相关部门的主要负责人分别列席相关议题的会议。会议分别听取了区纪委、区委组织部、区编委办、区教育局、区经建投等部门有关情况汇报，传达贯彻了全市农村综合服务平台建设工作会议的主要精神，研究部署了城区学位建设、农村综合服务平台建设、区政府广场人防工程、市三医院法人治理结构建设、落实党风廉政建设责任制整改等工作，研究审议了《永州市冷水滩区城区学位建设实施方案》《冷水滩区农村服务平台建设工作方案》《永州市第三人民医院法人治理结构建设试点工作实施方案》及落实市委党风廉政建设考核反馈意见整改方案等。

纪检监察工作

【概况】中共冷水滩区纪律检查委员会（以下简称区纪委）机关与冷水滩区监察局（以下简称区监察局）合署办公，一个机构，两块牌子，在区委、区政府和市纪委、市监察局的双重领导下进行工作，履行党的纪律检查和行政监察两项职能，对区委、区政府负责。区纪委、区监察局内设办公室、组织部、宣传部、党风廉政监督室等11个室部，共有编制42个，其中行政编制33个、事业编制7个、工勤编制2个。现有正式在岗在编干部职工38人，其中行政人员31人（副处1人、正科14人、副科12人、科员4人），事业人员3人，工勤人员4人。委局领导班子共有10人，其中书记1人、副书记3人、常委5人（兼职监察局副局长2人）、监察局专职党外副局长1人。

区委常委、区纪委书记徐志华（右三）到普利桥镇调研农村信访问题（区纪委 提供）

【两个责任落实】区委下发《冷水滩区2016年落实党风廉政建设和反腐败工作分工意见》，将党风廉政建设责任制目标任务分解到区级领导和责任部门，对工作任务进行细化分解和责任分工，形成“主要领导抓总、分管领导管线、牵头部门抓块、职能部门包项”齐抓共管的工作格局。全区上下建立和完善签字背书、责任报告、约谈函询、检查考核等责任传导制度，各级领导带头落实“一岗双责”（“一岗”，就是一名领导干部的职务所对应的岗位；“双责”，就是一名领导干部既要对所在岗位应当承担的具体业务工作负责，又要对所在岗位应当承担的党风廉政建设责任制负责）和“四个亲自”（重要工作亲自部署，重大问题亲自过问，重点环节亲自协调，重要案件亲自督办。领导班子其他成员根据工作分工，对职责范围内的党风廉政建设负主要领导责任）要求，带头遵守各项规定，形成了较为完善的责任体系，各单位层层落实党风廉政建设党委主体责任和纪委监督责任。贯彻省、市《党风廉政建设主体责任和监督责任追究办法》，坚持“一案三查”（指一查当事人的违纪违法责任，二查党委党组的主休责任，三查纪委纪检机构的监督责任，做到有错必究、有责必问），共追究主体责任落实不力38人次、监督责任落实不力11人次，给予5个单位党政负责人党政纪处分。

【廉政教育】注重廉政宣传教育，发放《中国共产党廉洁自律准则》《中国共产党纪律处分条例》《中国共产党问责条例》《关于新形势下党内政治生活的若干准则》《中国共产党党内监督条例》等党纪党规廉政书籍1.89万册，组织宣传教育活动72场次、廉政党课176堂次，观看教育警示片180场次，拍摄廉政视频短片3部，发送廉政提醒短信6500余条，1200人关注“三湘风纪”微信公众号，处置涉冷反腐舆情52条，发放各种通报25期，报送纪检监察信息110篇次。

八届纪委常委班子成员合影（区纪委 提供）

【作风建设与监督执纪问责】坚持把纪律建设放在管党治党最前沿，全面加强党员干部执行六大纪律的监督，认真贯彻落实“四必看”“四必谈”“四必训”“凡提必审”和“九个严禁”等换届工作要求，1人因年龄涂改而暂缓任用，取消7名“三类人员”乡镇班子人员的面试资格、6名区党代表初选人资格、32名区人大代表初选人资格，确保区、乡党委、人大、政府、政协换届风清气正。从严监督执纪，2016年，全区共查处岚角山街道巴洲村原支书共6人以虚假合同套取专项资金等腐败问题案件25件，“纠‘四风’（指形式主义、官僚主义、享乐主义、奢靡之风）、治陋习”案件57件（其中参涉赌11件、吸毒涉毒14件、酒驾10件、违规操办婚丧喜庆事宜1件、违规公款吃喝1件、渎职14件、其他6件），作风问责331人次。对“三创一保”（指创国家文明城市、国家交通管理模范城市、国家园林城市，保国家卫生城市）等重点工作落实不力的有关人员问责21人次；查纠安全生产、环境保护、教育卫生、工程建设、保障性住房、精准扶贫和事业单位人员招录等重大领域、重点环节的问题24个；对黄阳司镇、卫计委等5个单位党政“一把手”开展述责述廉述德评议；廉政审查727人次，否决不符合党风廉政建设要求的单位、个人25人（个）次；全区有62名科级干部向区纪委报告婚丧喜庆和因私出国境等重大事项。

冷水滩区委反腐败协调小组会（区纪委 提供）

【纪律审查】2016年度，区纪委机关受理群众来信来访电话举报136件（次），化解信访积案16件，按期办结中央、省、市纪委以及上级巡视组转交办件34件。开展函询、提醒谈话136人次，纠正苗头性问题96个。共立案查处各类案件92件（同比增长55%），给予党纪政纪处分92人，其中科级干部17人，移送司法机关6人，开除党籍8人、公职5人，收缴违纪金额510多万元，圆满完成市纪委交办的贪污案等大要案2件6人。全区检察机关立案查办职务犯罪案件12件18人，人民法院审结违法贿赂、渎职犯罪案件9件13人。

【机关自身建设】完成区纪委监察局内设机构调整，撤销案件检查室、廉政建设室、执法监察室、行政效能监察室、纠正部门和行业不正之风室等5个内设机构；新设立党风政风监督室（区政府纠正行业不之正之风办公室），第一纪检监察室、第二纪检监察室、第三纪检监察室、第四纪检监察室5个内设机构；重新组建2个内设机构，即撤销干部监督管理室，组建设立组织部，撤销宣传教育室，组建设立宣传部；取消1个内设机构加挂的牌子信访室取消举报中心牌子。调整后，区纪委、区监察局机关内设11个职能室部，依次为办公室、组织部、宣传部、党风政风监督室（区政府纠正行业不正之风办公室）、信访室、案件监督管理室、第一纪检监察室、第二纪检监察室、第三纪检监察室、第四纪检监察室、案件审理室。区纪委监察局机关增加编制16个，提拔、重用、交流机关纪检干部7人，原纪委书记担任区人大常委会主任，纪委副书记、监察局局长担任区人大常委会副主任，1名纪委副书记担任科局局长，提拔2名纪委常委担任纪委副书记、1名室主任担任纪律常委、1名副科级纪检员担任室主任。2016年度，区纪委、监察局机关先后获得“永州市文明单位”、冷水滩区社会管理综合治理先进单位等荣誉称号，冷水滩区年度综合考核一等奖，庆祝中国共产党成立95周年合唱大赛三等奖，1人被区委、区政府记三等功，8人受嘉奖。

冷水滩区委常委、纪委书记彭峰（中）到所联系的曲河办事处安排部署工作（区纪委提供）

区委办公室工作

【概况】2016年，区委办深入贯彻落实中共十八大及十八届四中、五中全会精神，紧密结合工作实际，围绕当好参谋助手、执行推手、协调里手、服务能手等目标，扎实推进“三服务”等工作，办公室工作质量和整体服务水平迈上新的台阶。区委办机关被评为全市文明单位。

【以文辅政】始终把以文辅政作为第一职责，把提笔能写作为第一要求，推出了一大批领导认可、实际管用的精品力作。全年共撰写各类综合文稿200余篇50余万字，出色完成区第八次党代会报告、区委经济工作报告、区委务虚工作会议书记讲话等重大材料的撰写任务；在《人民之友》、《县域经济参考》、省委《改革简报》《永州通讯》等省、市级报刊发表文稿20余篇。编辑出版6期《潇湘第一城》。先后就宋家洲综合治理、行政区划调整、精准扶贫、社区网格化治理等中心工作和热点问题，开展专题调研10余次。调研成果《宋家洲专题情况汇报》《关于拟将冷水滩区古塘社区、桃李坪村划归市经开区管辖可行性问题的调研报告》等进入市委、市政府决策视野，《城市拆迁“老大难”是这样化解的——中心城区安置小区和断头路工作情况回顾》得到区委主要领导的批示和好评。

【信息工作】严明紧急信息报送纪律和要求，坚持有喜报喜、有忧报忧，及时准确、全面优质，为领导提供高质量服务。全年共上报省、市信息1026条，省信息采用质量分数149分，市信息采用质量分数1141分，位居全市第一。

【督查督办】建立党委统一领导、党政齐抓共管、部门协调联动、一个“漏斗”向下的督查工作新机制，区纪委（监察局）、区委组织部、区委督查室、区政府督查室组建联合督查组，构筑起大督查格局。将督促与检查、督办与问责、检查与考核、考核与用人有机结合起来，形成一个完整链条，实现了“督”有权威、“查”有手段、“考”有依据。全年落实“两个责任”30余人次，下发督查通报27期，督查问责97人，免职8人。按照落实责任人、推动责任人、问责责任人的办法，实行挂图作战，进度倒逼；跟踪问效，考核倒逼。将市、区重要会议、重点项目征收工作进行责任分解，落实到具体责任人、责任单位。全年共落实市、区各类会议纪要58期，具体事项279个，下发交办函227期，督办函146期。已落实275项，正在落实4项；对86个重点项目、112户涉公拆迁户进行了逐个交办，已签约109户，完成率为97.3%。突出专项查办，推动快办快结。围绕领导批示和“书记信箱”狠抓专项查办。全年共接处市、区各级领导批示件216件，其中市委领导批示件55件、区委领导批示件161件，对124件批示件进行了专项查办，办结率为100%；共转办“书记信箱”来信62封，其中基础设施类10封、城建城管类15封、涉法涉诉类10封、民生民意类14封、其他类13封，来信办结率100%。

【统筹调度】牢固树立“值班工作无小事”的责任意识和“随时可能出事”的忧患意识，严格实行24小时值班制和节假日区委领导和办公室负责人带班制度，对接听的每个电话、收发的每个文件都做到迅速反应、细心对待、详细纪录、果断处置。切实加强沟通协调，保证了上级、同级、下级的协调有序畅通。机要保密安全快捷。坚持以优质、安全、高效为目标，实行24小时值班制度。区保密局（机要办）3位同志在持续十余年没有调整、未进新人的情况下，夜以继日、日复一日地坚守岗位。全年共收发密码电报181份936页、内部传真电报358份2148页，办理电报200余份，承接省、市专网电话会议78场4000余人次，无一出现差错。

【办文办会】办文程序严谨规范，公文审核细致入微，对每一份文件都做到严、细、实、精，质量不达标决不出手。共制发各类文件108份，办理各级来文来电1600余份。严格规范抓党内规范性文件审核报备以及集中清理工作，共完成党内规范性文件审核报备12件，共清理1983—2013年党内规范性文件230件。按照“会前制方案、会中搞服务、会后抓落实”的要求，共承办区委常委（扩大）会、办公会、全区性会议60余次，共形成会议纪要30余份，高质量完成了各项会务服务。

【服务工作】紧紧围绕“三服务”职能，在服务领导上有新作为，在服务基层上有新成效，在服务群众上有新突破。严格落实中央和省、市、区有关接待规定，有效防止了大吃大喝、摆阔气、讲排场等奢靡之风的发生。进一步规范安全保卫、清扫保洁、公务用车管理，确保了机关安全有序运转。区委办干部在为领导提供周到细致、优质高效的政务和事务性服务的同时，坚持认真对待部门和乡镇（街道）的职工和各类来信来访的群众。办公室一律实行开门办公，对每一名来办事的职工、来上访的群众，都做到了“一张笑脸相迎、一把椅子让座、一杯清茶解渴，一句问候暖心”，赢得了广大干部群众的肯定，树立了区委办公室良好的窗口形象。围绕打造成一支“招之能来、来之能战、战之能胜”的办公室干部队伍，通过走出去、请进来、上下挂职等办法，办公室干部逐步成长为“提笔能写、开口能讲、遇事能办、与人能处、对己能严”的素质全面且胜人一筹的人，成长为“既能进得来、又能出得去”的入则协调各方、出则独挡一面的人。年内，先后有5名干部提拔重用，其中两名年轻干部下到乡镇、街道任正职。在政策框架内，制定出台了《冷水滩区委办公室目标管理责任制考核办法》等，对包括借调干部职工在内的所有人一视同仁，奖优罚劣、奖勤罚懒，有力激发了干部干事创业、优质服务的激情。

组织工作

【概况】冷水滩区辖9个乡镇（含伊塘镇）、10个街道及工业园区、马坪农业开发区，有171个村、11个农村社区、21个城市社区。全区共有党组织949个，党员22433人。冷水滩区委组织部现有编制32人(其中行政编19人,参公编制8人，事业编制4人，机关工人编1人)，在编人员15人。内设机构有办公室、干部室、党建室、干部教育监督室、公务员管理室、党员教育中心、调研室、两新办、干部档案室。

【“两学一做”学习教育】以学促做，知行合一，“两学一做”学习教育成效显著。一是精心组织实施。组织全区党员广泛开展抄写党章、大学习、大讨论、撰写心得体会、开展电视知识竞赛、“红旗颂”合唱比赛、支部主题党日等系列活动。二是强化宣传引导。大力营造浓厚的“两学一做”学习教育氛围，在市、区新闻媒体刊播新闻报道69篇（条），微信公众号推送学习教育信息58条，在中央、省、市各级组工刊物刊登信息4篇。在《党建研究》2016年第8期发表调研文章《湖南省永州市冷水滩区加强离退休干部党员学习教育管理》。三是强化检查督导。制定下发党委、党组书记开展“两学一做”学习教育、抓好党建工作的8项职责、8项任务清单，并派出3个督导组，抽调18名党务骨干，开展4次全面督查，下发通报4期。四是强化带头示范。区委书记带头深入挂点乡镇讲党课，四大家班子其他成员和各级党员领导干部也纷纷到挂点基层党组织开展讲党课活动。

【基层组织建设】从严治党抓主责。区委常委会共13次研究党建工作，区委书记何冲龙8月2日到任以来，5次主持常委会研究基层党建，到基层调研18次，解决基层党建困难和问题36个。出台《党建工作责任追究办法（试行）》，约谈乡镇、街道党委书记3人次、组织委员7人次，区直部门相关负责人2人次。开展全区党务骨干党建业务专题培训3轮，与240多名基层党组织书记面对面交流思想，提升基层党务骨干政策理论水平和业务工作能力。出台《关于在并村改革工作中进一步加强党组织建设的实施意见》，全区农村合并为171个村、11个农村社区，减少116个村，接受189名村干部辞去职务，培养党员致富带头人221名为村后备干部。

【基层基础保障】社区运转保障经费由原来20万元增加到60万元，社区惠民资金由原来10万元提高到15万元。村运转经费按并村前的287个村数不变，按每村9.3万元拨付，其中村级服务群众专项经费为1万元。村支部书记报酬标准提高到1750元/月，年报酬为2.1万元。村第一书记的工作经费由区财政和后盾单位分别拨付5000元，每年为1万元。在乡镇、街道全面建立党建工作站，做到专职专岗。按照“六有”要求，建立党员档案室20个，区委组织部统一配发党员档案专柜42组、档案袋10800个，印制下发《党员身份鉴定书》，对农村党员档案遗失的，重新建立档案。

【基层党建工作】实行“党建+”引领工程，促进基层党建工作上台阶、有特色。一是突出“党建+小区管理”。出台《关于进一步加强中心城区小区党建工作和网格化管理的实施意见》，全区共创建10个示范小区党组织，区财政对每个示范小区党建阵地建设给予3万元经费补助，其他小区给予1万元的经费补助。帝王广场、华源府第、恒森电力花园等小区党组织已具有一定的代表性。二是突出“党建+网格”。全区除继续完善已建立的300个城市网格外，还建立了674个农村网格，成立了113个网格支部、364个楼栋党小组，通过实施网格化管理，有效调动了干部群众参与社会公共事务管理的积极性。三是突出“党建＋精准扶贫”。出台了《农村党组织书记职业化管理试点工作方案》和《管理暂行办法（试行）》，在31个贫困村试行村支书职业化。从区直机关选派第一书记49人，对贫困村和软弱涣散村（社区）指导开展精准脱贫工作，整顿软弱涣散问题。第一书记帮助村解决实际问题106个，后盾单位投入帮扶项目79个、资金1300万元。四是突出“党建＋执行力”。结合“两学一做”学习教育，在征地拆迁、安置小区建设、供给侧改革、精准扶贫、“三创一保”（指创国家文明城市、国家交模城市、国家园林城市，保国家卫生城市）、惩治腐败、换届工作等七个方面对党员干部进行“扫描”“检修”，强化领导班子和干部队伍建设全面完成市交给的湘江东路源味街建设、逸云路城中村改造、双洲路改造等重点项目。

【组织关系排查】对全区889个支部、22433名党员进行全方位的排查，共排查出失去联系党员249人。经查找，共有182人党员被纳入有效管理，处置不合格党员6人。排查清理党代表和党员违纪违法情况：2011年以来，全区共有8人党员受到刑事责任追究，给予党纪处分8人次，同时给予组织处理2人次；12名党员涉及“黄赌毒”行政处罚，给予党纪处分12人次，组织处理3人次。无党代表和党员违纪违法未给予相应处理的情况。排查基层党组织换届情况：全区有6个党支部未按期进行换届的问题均已整改到位。开展党费排查工作：889个党支部中9763名党员按规定补缴2008—2015年度党费5.915万元。

【班子换届选举】扎实做好换届选举，确保风清气正。加强党委的领导把关作用，通过“早”谋划部署、“重”宣传教育、“抓”换届纪律、“严”把关等一系列措施，区、乡（镇）班子换届圆满完成，全面实现组织意图，确保了换届风清气正，达到了选优配强目的，全区没有发现违反换届纪律现象。协商推荐产生区党代表263人、市党代表23人，选举产生区人大代表229人、市人大代表43人。选举产生区政协委员203人、市政协委员20人。

【干部人事制度改革】聚集突出问题治理，采取到龄退休消化、交流任职消化、机构改革消化等方式，扎实推进超配干部的消化工作。2014年9月至2016年10月底，已消化科级干部233人，其中正科级领导职数8名，副科级领导职数46人，非领导职数179名。

规范管理制度建设，强化日常监督。严格按照《党政领导干部选拔任用工作实施细则》的要求，完成了全区43名处级领导干部、22名处级后备干部、14名考察对象的个人有关事项报告工作。在乡镇党委换届中，共审核干部档案138份，听取纪检监察机关有关廉政情况80人次。在档案审核过程中，1人因年龄涂改而暂缓任用，在选拔“三类人员”（指除乡镇教育、卫生系统以外的乡镇事业编制人员，优秀村干部，大学生村官）进乡镇班子中，严格资格审查，对7名不符合条件的干部取消面试资格，对1名考察对象被举报违法生育、违规参与招投标的信访件进行了立案调查。对80名提拔重用的干部进行了公示。委托区审计局，对进行机构改革单位的10名党政正职进行任期经济责任审计。

【干部队伍执行力建设】强化干部教育培训，提高执政能力。制定出台《2016年干部教育培训办班计划》，选派21名领导干部参加市委党校的培训，1名乡镇党委书记参加省委党校乡镇党委书记进修班；选派

18名乡镇、街道党(工)委书记、3名扶贫工作队队长参加全市"执行力+"基层党建网格化专题培训；选派5名村支部书记参加全市"执行力+美丽乡村"专题培训。

【规范干部档案管理】一是按要求完成了干部人事档案专项审核工作。收集材料6852份，审核2196名在职干部档案。二是协助完成了全区处级领导的档案专项审核工作，做好处级领导专审信息的反馈、材料的收集和整理等工作。三是为全区机构改革、乡镇、区委换届做好服务工作，完成任前干部档案审核200多人次。四是完成了干部人事档案管理系统单机版数据向网络版数据的迁移工作。启用了新的干部人事通用系统，结合档案专项审核工作，对全区在职干部2196人的档案进行了信息化录入。

【组工团队建设】提升素质，锤炼队伍，组工团队建设得到全面加强。面对经济发展新常态、从严治党新常态、改进作风新常态，在全区组织系统开展"践行'两学一做'，打造'执行组工'"活动。加大对各单位综合考核的党建考核权重，细化对乡镇、街道组织部部长（委员）和区直单位政工室主任的考核细则。进一步加大组工干部轮训力度，组织开展业务研讨、技能培训和岗位练兵等活动。完善机关管理、部务公开等相关制度，规范机关运行秩序，认真落实中央"八项规定"、省委"九项规定"和市委"十项规定"，以法治思维促成执行自觉。组织组工干部积极参加"七一"气排球等文体比赛，激发队伍活力。充分利用"冷水滩组工"微信平台，加大组织工作政策解读和舆论引导力度，重点加强在网络平台为党员群众解决实事的功能，组工队伍形象进一步提升。

宣传思想工作

【概况】2016年，宣传思想工作围绕中心，服务大局，扎实抓好理论武装、意识形态、舆论引导、新闻外宣、重大宣传等工作，为"十三五"开好局、起好步，加快建设品质活力中心城区，率先在全市全面建成小康社会，提供有力的思想保证、精神力量、道德滋养和文化条件。

【理论宣传工作】一是深化中国特色社会主义和中国梦的宣传教育，开展中共十八届五中、六中全会精神进基层，习近平总书记系列重要讲话精神，省第十一次党代会精神，市第五次党代会精神及区第八次党代会精神等集中宣讲和百姓微宣讲活动，由区委党校理论骨干组成的宣讲团，深入到各乡镇、街道巡回宣讲76场。各乡镇、街道也抽专人组成理论宣讲小分队，进村入户宣讲，并发放学习宣传资料1万多份。二是坚持推进学习型党组织建设，在党员干部中开展"学讲话用讲话"微心得征稿活动。三是财政出资17.6万元，购买《习近平总书记系列重要讲话精神读本（2016年版）》11000册，

10月20日，红网董事长舒斌（左侧二）一行到冷水滩区调研（区委宣传部 提供）

赠送给广大党员干部，推动理论读物的学习宣传和使用。

【中心组学习】一是将深入学习习近平总书记系列重要讲话精神作为区委中心组理论学习的主题和主线，结合“学系列讲话、学党规党章，做合格党员”学习教育，区委中心组全年集中学习12次22天，参学率达98%以上。聘请省、市专家分别就贯彻落实《中国共产党统一战线工作条例(试行)》、《中国共产党廉洁自律准则》和《中国共产党纪律处分条例》、中共十八届六中全会精神及省第十一次党代会精神、积极培育和践行社会主义核心价值观等内容分别作专题辅导报告，并将参学人员扩大到乡镇、街道、工业园区、马坪农业开发区党（工）委书记及镇长（乡长、主任）、宣统委员（部长），区直各单位党政主要负责人等。二是落实中心组学习制度，全年对全区各乡镇、街道和区直单位的党委(党组)中心组理论学习情况进行了一次督导，推动全区党委（党组）中心组学习的规范管理。

【理论研讨工作】一是全年完成重点调研课题1项，向市里推报调研成果——《当前基层意识形态工作面临的突出困难存在的薄弱环节及对策》。二是开展“两学一做”理论研讨征文活动，向市委宣传部报送参评作品10篇。三是2016年11月6—7日，组织召开区委学习中心组专题学习研讨暨区委务虚工作会议，区委、区人大、区政府、区政协班子成员，其他在职区级领导（含享受副处级待遇、党组成员），区委、区政府部分工作部门主要负责人，各乡镇、街道、工业园区、马坪农业开发区党政主要负责人，区委宣传部、区委政研室、区政府经研室相关人员参加会议，整理、编辑了《区委学习中心组专题学习研讨暨区委务虚工作会议发言材料汇编》，收集研讨文章109篇。

10月10日，区委常委会 开展“两学一做”学习教育“讲品德、有品行”专题研讨（区委宣传部 提供）

【意识形态工作】一是加强组织领导，压实主体责任。成立区委意识形态工作领导小组及冷水滩区网络安全和信息化领导小组，由区委书记任意识形态工作领导小组组长，区委副书记、区委常委宣传部部长任副组长，其他区委常委为领导小组成员，区委常委宣传部部长兼任办公室主任。区委常委会全年两次召开专题会议研究意识形态工作，印发《冷水滩区贯彻落实省、市党委(党组)意识形态工作责任制实施意见》《冷水滩区2016年度党委（党组）意识形态工作责任制考评细则》《中共永州市冷水滩区委意识形态联席会议制度（试行）》《2016年度冷水滩区党委（党组）意识形态工作责任制考评办法》等一系列文件。将意识形态工作纳入全区党建工作责任制，全区纪检监察工作监督检查考核，全区领导班子、领导干部目标管理责任制等目标考核管理。建立领导干部联系知识分子制度，区委班子成员分别与1名知识分子代表结对交朋友，每位区委领导与所联系的知识分子全年开展谈心活动2次。全区各级党委（党组）领导班子认真履行意识形态的主体责任，党委（党组）书记认真履行第一责任人职责，重要工作主要领导亲自部署，重要问题亲自过问，重大事件亲自处置。意识形态工作分析研判机制建立，意识形态领域情况分析研判小组成立，组织机构和负责人明确。二是加强干部培训，不断提升干部思想政治素养。全年选送党政领导干部参加国家和省、市培训200多人次，其中国家级39人次。三是抓舆论引导，凝聚发展正能量。通过做大做强正面宣传，加强意识形态阵地管理，大力开展社会主义核心价值观宣传，强化网络监管，加强文化场所和学校意识形态工作等措施，全区意识形态的主流积极健康向上。三是抓机制建设，确保责任落实。加强队伍机制建设。建立健全和选优配强宣传思想文化部门领导班子和干部队伍，区委常委会研究通过，所有乡镇和街道都要配备专职宣传干事。加强党员领导干部意识形态工作的教育培训。先后举办两期全区宣统部长意识形态工作专题培训班。建立督查考核机制。意识形态工作纳入绩效评估和干部执行力考核中并作为重要内容，制定并实施《2016年度冷水滩区党委（党组）意识形态工作责任制考评办法》。

9月14日，冷水滩区举办文明礼仪知识讲座（区委宣传部 提供）

【舆论引导工作】积极应对和稳妥做好关系民生的社会热点问题和突发公共事件的正确舆论引导，认真做好中心城区土地和房屋征收、棚户区改造的引导宣传。积极稳妥做好村支“两委”换届、宋家洲整治等工作的宣传。认真做好价格、税收、教育、医药卫生等改革举措的宣传解读，扎实做好城镇就业、食品药品、精准扶贫、房地产价格变化、社会保障等社会热点问题的引导，提高群众知晓率。进一步健全和落实突发公共事件新闻报道应急和快速反应机制，完善应对预案，细化工作措施，按照及时准确、公开透明的要求第一时间发布权威信息，及时疏导群众情绪，维护社会稳定。

【新闻宣传】坚持“团结、稳定、鼓劲、正面”的宣传方针，建立健全新闻工作通气会制度、新闻稿件“三审”制度、新闻从业人员管理制度、新闻发言人制度、主题新闻策划会等制度。建立冷水滩通讯员QQ群，及时提供新闻亮点和新闻素材，新闻信息量和稿件质量得到提升。组织协调湖南省“先富带后富”先进典型采访团等6批新闻采访团到冷水滩区对园区建设、国字号创城工作、新型工业化、承接产业转移、农业产业化、乡村旅游等进行集中宣传报道。全年召开新闻发布会2场。先后邀请、接待、协调中央及省、市主流媒体30余人次到冷水滩区采访报道，全年在新华网、人民网、中国新闻网等央媒推出冷水滩报道24篇（条）；在《湖南日报》、湖南卫视、湖南红网等省媒发稿403篇，市级媒体上稿1889篇。在永州电视台《冷水滩新闻》栏目编发新闻142期。改版冷水滩新闻网，丰富本地新闻宣传栏目，在冷水滩新闻网、冷水滩手机报、永州电视台《冷水滩新闻》栏目及微博“冷水滩发布”等区属新闻媒体分别开辟了“两学一做”“聚焦两会”“宋家洲专项整治”“电子商务”“三创一保”“与文明同行”“文明创建随手拍”“活力首善区 文明冷水滩——贯彻落实党代会精神访谈”等系列专栏。冷水滩手机报、冷水滩新闻网栏目全年刊发各类新闻稿件16000余条。加强网络管理，坚持责任管网、依法管网、技术管网，加强网上内容建设，加强网上舆情应急管控，加强网评员队伍建设，使网络空间成为激发正能量的坚强阵地。完善网络舆情监看值班制，建立冷水滩网评员QQ群，坚持24小时在线值班。开展网络环境整治，及时清理网上有害类政治言论，配合公安部门打击恶意炒作的网络写手及网络大V。

【重大宣传活动】一是突出主题主线宣传。以创建国家文明城市、国家交通管理模范城市、国家园林城市，保持国家卫生城市荣誉称号等“国字号”创城保城宣传活动为抓手，开展以社会主义核心价值观为核心的社会大宣传活动，全年投放10余块（条）大型公益广告牌、长幅墙体标语，上百块公交站点广告、“道德讲堂”标牌和“微心愿”宣传墙，上千块（条）宣传栏、固定宣传牌和横幅，上万张精美文化墙贴画、社会主义核心价值观和学雷锋志愿服务公益广告牌，数10万张（个）宣传单、LED显示屏滚动播放宣传文明劝导及宣传车宣传，促进城市文明程度和市民素质提升。二是有序开展各类重点活动。在元旦、春节期间，组织开展文化、科技、卫生“三下乡”，“庆元旦・迎新春”气排球大赛，挂灯笼贴春联，迎新春书画摄影展，灯谜竞猜，灯笼设计制作大赛，百部优秀影片进乡村展播，音乐会等活动。清明节期间，组织开展缅怀革命先烈、网上祭先烈活动。“六一”“七一”期间，举办国学经典歌咏诵读大赛、“创文明城区”知识抢答赛、“我的中国梦”演讲赛、“红旗颂”大型群众合唱比赛。10月，举办纪念红军长征胜利80周年书画展。3月—10月，组织2016年“欢乐潇湘城・文明冷水滩”全区群众文艺会演。在2016年“欢乐潇湘”全省群众文艺会演决赛中，冷水滩区选送的古典舞《醉了，山茶花》获一等奖，花桥街镇艺术团被评为优秀文艺团队，区委宣传部副部长唐吉兵和区文化馆馆长刘翠玲被评为组织工作先进个人。冷水滩区组队参加全市庆祝中国共产党成立95周年“红旗颂”大型群众合唱比赛并获三等奖。

6月26日，举行庆祝中国共产党成立95周年“红旗颂”大型群众合唱比赛（区委宣传部 提供）

统战工作

【概况】冷水滩区委统战部是党委组成部门，部机关现有办公室6间、会议室1间，工作人员10人。包括区委常委、统战部部长1人，副部长2人，正科干部2人，副主任科员1人，职工4人。系统下属单位3个，即区工商联、区台办、区侨联。其工作职责主要为：组织贯彻执行党中央关于统一战线的方针政策和省、市统战部的指示精神；负责联系民主党派和无党派人士；负责本区党外人士的政治安排；开展以祖国统一为重点的海外统战工作；负责贯彻执行党和国家关于民族宗教工作的方针、政策，联系少数民族和宗教界代表人物；负责联系海内外工商界社团和代表人士；调查研究党外知识分子的情况；指导国有企业、学校和科研单位的统战工作；负责开展海内外统一战线的宣传工作；指导乡镇和区直各部门的统战工作。2016年4月18日，区委依照市委规格成立了区委统战工作领导小组，加强对全区统战工作的领导和指导。

【党外代表人士队伍建设】2016年，全区有党外副科以上干部84人，具有中高职称以上党外知识分子206人，新的社会阶层代表人士112人，非公经济代表人士120人。有四大民主党派，即中国国民党革命委员会（简称民革）、中国民主同盟（简称民盟）、中国民主促进会（简称民进）、中国农工民主党（简称农工党），现有10个支部，其中民盟有6个支部，农工党有2个支部，民革和民进各有1个支部，共有民主党派党员141人。为进一步加强党外代表人士队伍建设，2016年3月9日，区编办批准成立冷水滩区统战工作信息中心，并增加事业编制5人，归口区委统战部管理。区委统战部突出教育引导，聚力“十三五”发展。组织全区党外代表人士深入开展“两学一助”活动，2016年7月以来，全区党外干部、民主党派和非公经济代表人士共计200余人参加了该项学习教育活动，集中学习贯彻习近平总书记系列讲话2次，开办党外代表人士集中培训班1期，开展社会调研5次。同时积极引导统战人士参与“精准扶贫”，全区统一战线共有76人与贫困户结成帮扶对子，全区参与精准扶贫的非公经济企业达12家，提供项目帮扶15个，资金帮扶800余万元。

【巩固多党合作制度】2016年，先后制定下发了《冷水滩区委关于加强党同党外人士合作共事的意见》《冷水滩区党外代表人士队伍建设“五个一百党外人才”实施方案》及《冷水滩区委常委与党外代表人士交朋友制度》三个文件。在区工商联，市、区人大代表，市、区政协委员的推荐上，坚持标准、严格程序、认真考察，对非公人士候选人进行了综合评价，确保党外代表人士队伍质量。

【服务非公经济发展】突出“两个健康”（非公有制经济健康发展、非公有制经济人士健康成长），做好非公有制经济领域统战工作。区委、区政府制定了《2016年冷水滩区服务非公企业二十条措施》，区委专门配备了一名区非公经济组织党工委书记（区委统战部副部长兼）抓党建，区财政每年预算安排10万元以上办公经费和活动经费。截至2016年，全区非公企业建立党组织230个，发展党员1577人，非公经济组织党的工作100%覆盖。在非公人士中深入开展理想信念教育实践活动和“两学一做”活动。积极开展“访民企、办实事、解难题、强信心”活动。对辖区内30家非公企业进行了实地走访调研，详细了解企业困难，帮助企业解决实际困难。

【“同心社区”创建】充分发挥统一战线人才荟萃、智力密集、联系广泛优势，助力品质活力冷水滩建设，积极开展“同心社区”创建活动，截至2016年，全区成功创建3个市级“同心社区”示范点，分别是杨家桥街道狮子口社区，梅湾街道梅湾路社区、翠竹园社区。2016年10月11日，省委常委、统战部部长黄兰香到永州调研时参观了翠竹园社区的“同心社区”创建工作，明确提出要以活动为载体，增添统战元素，形成特点鲜明、广大统一战线成员广泛参与的创建点。截至2016年，区委正在争取把翠竹园社区创建成为省级“同心社区”示范点。

对台工作

【概况】2016年，冷水滩区现有台资企业6家，注册资金3369万美元，年产值34768万美元，创利税3112万美元；全区有大陆配偶342对，回乡定居且居住在冷水滩区的台胞2人。全区对台、涉台事物的职能部门——中共冷水滩区委台湾工作办公室、冷水滩区人民政府台湾事务办公室（两块牌子，一套人马），属正科级行政单位，人员编制3人。

【对台宣传教育】冷水滩区对台宣传工作的重点是宣传党对台方针政策和冷水滩区经济社会发展成就，争取台湾民心，揭露民进党台独嘴脸，坚决维护国家主权和领土完整，旗帜鲜明地反对台独，为完成祖国统一大业做贡献。2016年，以《两岸关系》和《台湾工作通讯》作为全区对台宣传的平台，全区各机关、学校、台资企业共征订《两岸关系》131份、《台湾工作通讯》4份。建立微信群。组织台胞、台商、台属和陆配新娘参加，截至2016年，该群参与人员132人。发挥台胞、台商及陆配新娘以及台湾媒体的作用，将宣传资料400多份传入台湾岛内，做到“入岛、入眼、入耳、入心”；深入台胞、台商、台资企业中调研，加强全区对台宣传队伍建设，强化入岛宣传，利用报刊、电视、网络宣传冷水滩区，提高冷水滩区在台湾岛内的知名度。2016年，区台办向区委办、市台办报送信息17条，报送新闻稿件5篇，被国台办主办的《两岸关系》《台湾工作通讯》采用2篇，《湖南对台工作》杂志采用1篇，《永州日报》采用1篇，区台办被国务院台办新闻局评为“对台宣传工作先进单位”。

【招商、安商、稳商】组织参加第十一届“湘台经贸交流会”和“永州市（东莞）对台招商项目推介会”，签订协议一个。2016年，全区引进台资企业（项目）1家，投资1300万元，湖南弘电电子、湖南元创精密科技等台资企业追加投资1600余万元。开展“台资企业服务年”活动，每家台资企业明确一位区级领导、一个责任单位、一套服务班子，切实解决台资企业融资难、拆迁难、用工难的问题。组织企业生产、企业法律、企业文化服务小组3个，邀请税务工作者、律师、文化名人开展讲座2次。2016年，全区有区级领导23人（次）深入台资企业调研，解决企业问题13个，有力地促进了台资企业的健康发展。湖南元创精密科技有限公司2016年销售收入突破2亿元，完成税收1980多万元，在全区经济工作会议上获“冷水滩区优秀企业奖”和“先进基层党组织”称号。

【维护台胞合法权益】市人大、区人大、区台办联合组织对《中华人民共和国台湾同胞投资保护法》贯彻落实情况检查，切实维护台湾同胞的合法权益。2016年，解决了冷水滩畜牧养殖有限公司董事长刘文卿和台商蒋德清就公司经营场地出租后的经济纠纷在区人民法院判决后执行难的问题，解决了台胞陈定娥投资2000万元购买金水湾商铺办理产权问题。

【联络、交流、交往】加强联络，特别是对台上层人士的联络最直接有效的方法是争取台湾民心，促进冷台交流交往健康发展。2016年，全区接待台胞173人（次），通过信函与在台人员联系86人（次），利用春节、中秋节走访慰问台胞45人（次），组织湖南长丰沙发有限公司3名技术人员赴台进行技术交流1次，组织赴台观光、旅游54人（次）。

【对台工作大事】2016年5月18日和9月23日，区委常委扩大会议上两次听取对台工作情况汇报，调整充实了全区对台工作领导小组成员，制定出台《2016年至2020年冷水滩区五年对台工作规划》。区委、区政府主要领导在2016年春节和中秋节前夕，两次组织召开台胞台属代表座谈会，参会台胞台属代表46人（次）。10月19—22日，区委副书记施创太带领区台办、区商粮局等4个单位赴东莞参加“永州市（东莞）对台招商项目推介会”，签约项目1个。11月19日，永州市台湾同胞投资企业协会成立两周年纪念大会在冷水滩创发城戴斯酒店举行，区委书记何冲龙，区委常委、区委办主任齐纲要到会祝贺。会上，市台协会长、湖南元创精密科技有限公司总经理余瑞宏代表市台协捐款2万元，资助冷水滩区留守贫困学生就学。

机关党建工作

【概况】2016年8月，中共冷水滩区直属机关委员会更名为中共冷水滩区直属机关工作委员会。区直属机关工委下辖58个正科级区直单位、113个副科级区直单位的7个党总支、164个党支部，共3306名党员。2016年，区直属机关工委以落实区委“基层党建全面提升年”为契机，认真贯彻落实《中国共产党党和国家机关基层组织工作条例》，党的各项建设走在了全市机关党建的前列。2016年，冷水滩区机关党建工作被市直属机关工委评为全市先进县区，列全市各县区第三名。

【组织建设】区直机关严格按照机关基层党组织的设置原则，规范党组织设置。全年新设立党总支3个，新成立党支部16个，撤销党支部5个。区直机关各党支部（总支）均按期进行了换届选举，并及时进行改（补）选工作，因故延期换届的党支部按程序进行了报告。全年应期届满的79个党支部按程序进行了换届选举，17个党支部进行了支部书记（委员）的改（补）选。2016年开始，区直机关基层党支部全面推进“五化”建设，在支部建设标准化、组织生活正常化、管理服务精细化、工作制度体系化、阵地建设规范化为主要内容的“五化”建设上全面起步。年底通过考核验收，35个党支部的“五化”创建工作达标。

【思想建设】机关党员的学习教育活动正常开展。各基层党

2016年10月28日，冷水滩区举行区直机关党支部书记集中学习培训班（直属机关党委 提供）

组织年初均制订学习计划，年中进行学习小结，年终进行学习总结。严格执行“三会一课”等基本组织制度，区直属机关工委对各支部年中有检查，年终有考核。各党支部组织党员开展经常性谈心活动，沟通思想，相互启发教育。全年机关各基层党组织开展形式多样的主题党日等教育实践活动286次，举办各类学习培训班43期、辅导讲座19场、知识竞赛18次、演讲比赛9次。5月起，在全体机关党员中开展“两学一做”学习教育，各党支部通过开展围绕专题学习讨论、创新方式讲党课、立足岗位做贡献等措施，使广大机关党员在思想上、行动上、组织上与党中央保持高度一致。

【发展党员】严把党员“入口关”，严格按照新的“十六字”方针高质量发展新党员。认真落实对入党积极分子和发展对象进行集中培训的要求，5月，在区委党校开办入党积极分子集中培训班和入党发展对象集中培训班，118名入党积极分子和106名入党发展对象参加了集中培训。在发展党员工作中，对每一位发展对象进行认真地培养和考察，严格执行“四制”，即培训制、票决制、公示制、责任制，确保新党员发展质量。全年发展新党员23人，审批预备党员转正21人。

【党建研究】认真做好机关党建调查研究工作，给区委决策基层党建工作当好参谋。2016年，为区委常委会讨论研究区直机关党建工作组织开展调查研究2次，撰写调研材料3篇。广泛动员机关党组织和党员干部积极参与省、市开展的党建理论研讨与实践征文活动。2016年，区直机关共向省、市组织的征文活动投稿21篇。在区直机关开展2次机关党建征文竞赛，收到文章67篇。

【党员管理】机关党员按要求参加组织生活。区直机关各党支部较好坚持了“三会一课”，年中、年终的组织生活会“一会四评”和年终的民主评议党员“一会五评”等制度。党员领导干部主动按要求参加所在单位党支部的“双重组织生活会”，主动到联系点上党课，绝大部分党员领导干部全年讲党课不少于2次。严格按程序处置不合格党员，严肃违纪党员的纪律处分。全年处分违纪党员7人，其中党内警告处分2人，党内严重警告3人，开除党籍2人。严格党员党组织关系接转。2016年，共接转组织关系225人，全部按要求开出了回执单。

机构编制工作

【概况】2016年，冷水滩区机构编制系统按照“精简、统一、效能”原则，着力服务发展、保障民生、深化改革、强化管理、锤炼队伍，各项工作取得新的进步。被区委、区政府授予全区绩效评估先进单位称号。

【服务发展】2016年，冷水滩区统筹全区机构编制力量和资源，开展中心城区中小学教师编制配置、社区网格化建设、行政审批制度改革等重大课题调研，着眼理顺机制体制、优化力量配置、构建服务体系，提出意见建议，当好参谋助手。着眼破解发展难题，按照“尊重历史、正视现实，维护稳定、促进发展，同类性质、同一标准，严格政策、规范管理”原则上报，明确区扶贫办等部门的内设机构、领导职数和人员编制。围绕区委、区政府重点工作，调剂挖潜，为区直单位调剂行政编制11人，事业编制145人。坚持以政策法规为准绳，有序开展登记管理工作。全区408个事业单位中，事业单位登记管理系统内录入395个，因机构改革或单位3年以上未进行登记等原因已冻结单位125个，已注销的事业单位

22个，2015年度系统登记数为270个，2015年度报告登记合格的事业单位255个，登记设立事业单位4个，变更登记81个。年度报告登记工作结束后，对各事业单位年度报告登记资料造册归档，高质高效地完成了冷水滩区2015年度事业单位法人年度报告登记工作。

【深化改革】2016年，冷水滩区承接省、市政府下放的行政许可事项9项，取消行政许可事项38项，调整行政许可事项1项。通过清理，区政府工作部门及具有行政权力的单位共27个，合计保留行政权力1279项。根据永州市出台的《政府工作部门行政职权动态管理办法》的要求，明确相关职能部门的职责、动态调整的时限要求、行政许可事项管理措施和考核评估制度，建立健全行政权力动态管理机制。按事项、名称、时限、公示、监管“五统一”标准集中力量、集中清理、集中规范行政许可事项。经清理，冷水滩区共保留行政许可事项121项。综合考虑乡镇发展现状和需求，将全区所有乡镇、街道统一纳入分类测算范围，按照“科学规划，因地制宜，理顺关系，转变职能，促进发展”原则划分乡镇类别，明确一类乡镇2个、街道1个，二类乡镇8个、街道5个，三类街道3个。突出党建引领、社会共治，推动形成社区架构网格化、保障机制优质化、服务事项清单化、群众办事便捷化、管理运行信息化的网格、社区、街道三级服务体系，着力打造网格化管理、信息化支撑、全程化服务的社会治理新模式，出台《冷水滩区城市社区岗位编制管理暂行办法》，规范社区编制管理，强化社区组织建设。按照“以点带面、强力示范、逐步推进”的原则，结合公立医院改革，经上报批准永州市第三人民医院为改革试点单位，并经审核通过《永州市第三人民医院法人治理结构建设试点实施方案》，指导组建董事会、理事会、监事会，确立治理结构组织架构，构建政事分开、管办分离的事业单位治理体系。

进一步深化行政体制改革。按照“转变职能、理顺关系、优化结构、提高效能”的要求，认真落实省、市推进行政管理体制改革的有关文件精神，理顺各部门的职责关系，解决了部门之间职能交叉、权责脱节、协调能力不强、办事效率不高等问题。对上岭桥、岚角山等并改的单位进行了“三定”（定单位职责、定内设机构、定人员编制）。对安监局、煤炭局等合并单位进行了人员整合。对屠宰办、酒管办进行了整体划转。一些改革单位的职能进一步理顺和规范。

【保障民生】落实教育优先战略，结合全区中小学校分布的实际情况和中心城区中小学生就读情况，向上级争取到新增200个中小学教职工编制，按照“全面统筹、动态管理”的原则，分别落实到各所学校。落实就业优先战略，结合岗位紧缺情况，及时对各事业单位余编超编情况进行审核，并按程序申报公务员招录、事业单位招聘、各类政策性安置等用编计划170余人。落实生态优先战略，争取省、市支持，增设永州市四明山国家森林公园，加强对自然保护区的建设与管理。为进一步加强农村饮水安全工程的水质检测，提高农村饮用水安全保障能力，设立永州市冷水滩区农村饮水安全水质检测中心，负责全区农村饮水安全水质检测工作。

【从严管理】严守“红线”，加强和创新机构编制管理。2016年，根据上级编办关于“行政编制只减不增，事业编制按照2012年底年报数为基数实行总量控制”的要求，通过深化改革、内部挖潜、跨部门调剂等途径，优化编制资源配置。

机关事务工作

【概况】永州市冷水滩区机关事务服务中心为冷水滩区政府所属正科级公益一类事业单位，内设9个职能股室，分别为办公室、保卫股、水电股、环卫股、公务用车服务管理中心、锦苑小区管理办、河东生活区管理办、重点项目办、固定资产管理办。核定全额拨款事业编制59人，其中主任1人，副主任3人。

2016年，区机关事务服务中心以开展“两学一做”专题教育为载体，深入贯彻实施《机关事务管理条例》，紧紧围绕中心工作，以“为您服务，让您满意”为工作目标，坚持管理科学化、保障法制化、服务社会化的方向，进一步健全制度、开拓创新，各项工作实现新跨越。

【“两学一做”主题教育活动】2016年，根据区委关于开展“两学一做”专题教育的总体部署，积极参加学习，并结合机关事务的实际工作，将“两学一做”教育活动融合到日常工作中。单位4名党员领导干部共记笔记4本，近8余万字。同时，结合实际，注重边学边改，按照“让领导满意、让机关部门满意、让干部职工满意”的目标，重点围绕“三公”经费管理、办公用房清理、后勤保障服务等方面，找准、找深、找实存在的薄弱环节，查找问题13条，做到边查边改。立行立改。

【机关后勤服务管理】一是通过强化责任来提升服务水平。对保洁工作提出严格的要求，明确规定办公区要达到无烟蒂、无痰迹、无杂物、无纸屑、无蜘蛛网的保洁要求。为更好地使市民车辆有地方停放，在2015年的基础上，重新统筹规划停车位700余个。进一步加强对行政中心的车辆停放进行规范管理，每天出动工作人员配合交警对行政中心车辆进行停放管理，全年共出动人员近900余人次，对不按规定停放车辆进行处罚。二是安保维稳严管重防，安全有序。坚持每天24小时值班制度和每天6次电子巡查制度。对外来人员，进出坚持登记管理，一年来配合有关部门引导上访人员300余人次，处理聚众闹事、拉横幅、堵大门电梯等违法上访人次80余次。保卫人员出动120余人次，对广场不按规定唱歌、玩乐人员进行劝说。加大安保设施硬件改造投入，及时更新了行政办公中心的消防器材，做好防火、防盗等工作，全年实现了零刑事治安案件、零安全责任事故、零火灾事故的责任目标。根据区委、区政府的指示精神，对行政中心的安保工作进行社会化招标，通过一年来的运行，由永州市人和保安服务公司负责的行政中心安保工作有了很大提升。还对安保公司的保安人员进行不定期业务、技能培训，安保人员的安保水平和素质不断提高。三是坚持每天对大楼水电巡视检查制度。做到“小修不过点，大修不过天”，使各种设备时刻处于良好的运行状态。一年来，先后排除各类设备故障120余次，更换各种配件1000余件，维修行政中心大厅吊顶近300平方米，更换行政中心大楼地砖200余块，修复公共区域损坏设施50余处，维修行政中心周围道路100余处，保养绿化近15000平方米，确保了大楼设备的正常运行和安全无事故，同时也方便了广大市民的休闲出行。四是坚持绿化保洁服务重细节。积极参与“创建国家卫生城市”“创建国家园林城市”“创建全国文明城市”等活动，全年共出动人员900余人次参加文明劝导和重点路段创卫工作，参加社区夜间巡逻300余人次，分段包干的路段在全年组织的几十次检查评比中，得到了上级考评组的一致好评。通过公开招标方式，引进永州市劲松物业公司及永州市云湖实业有限公司，实行高标准、社会化的物业管理。责任股室每天对行政中心的环境卫生打扫进行严格的督促检查，确保层层有人打扫，时时有人维护，整个行政中心大楼、周围环境及生活小区都得到了很好维护，连续几年被上级部门评为卫生达标先进单位。五是坚持会议服务标准化。就“会前准备、会中服务、会场卫生、音控服务、总体质量”等方面广泛征求意见建议，制定改进措施，对会场的老旧设施设备进行维修处理和更新，全年共保障、承接会议211场次，参会人员近3.2万余人次。

【开展“绿色发展，低碳创新”主题活动】节约办公经费：在第24个全国节能宣传周和全国低碳日（2016年6月8—14日），开展“绿色发展，低碳创新”的主题活动，在行政中心大楼公共区域电梯、公共走廊、卫生间等处张贴节水、节电宣传标语，共计发放宣传资料1000余张，倡导绿色办公和绿色出行，促使干部职工自觉养成节约能源的良好习惯。

【节约用公用品】充分利用网上办公系统，文件起草、修改发放尽量在电子媒介上进行，降低纸质文件印发和使用传真的频率。规范办公用品的配备、采购和领用，严格配备标准，尽量选择环保、质优、价廉、能耗小的办公设备。严格控制文件的发放范围，准确核定印发份数，实行双面印刷。文件能传阅的尽量不复印，减少重复清印次数。

【节约用水、用电、用油】节约用电：一是合理设置办公室空调温度，夏季室内空调温度设置不低于26℃；做到冬季无人不开空调、禁止开窗使用空调，提倡每天少开一小时，下班一律关闭电源。二是办公室、会议室等场所尽量采用自然光，尽可能少开灯或不开灯，将原25瓦和40瓦高耗能灯泡逐步更换为3瓦和5瓦的LED节能灯，节电率达80%。坚持人走灯灭，杜绝“长明灯”。三是计算机、打印机、复印机等，尽可能即用即开，用完后及时关闭电源，杜绝长时间待机现象。四是楼梯、走廊、卫生间等公共区域照明使用节能型灯具，根据需要尽量少开照明灯。五是优先采购节能效果明显、性能比较成熟的节能(包括节水)产品，及时淘汰国家明令禁止使用的高能耗设备和产品。严格控制新增用电设备。节约用水：一是加强用水设备维护管理，自觉检查、处理供水故障，杜绝跑、冒、漏、滴和长流水现象。二是控制各个阀门、龙头的出水流量，在满足基本使用要求的基础上，切实减少耗水量。节约公务用车油耗：一是严格执行上级规定，控制车辆编制和配备标准。优先选购国产、小排量、经济环保、手档变速的车辆。二是合理安排出车任务和行驶路线，提倡合乘车辆，减少单车出驶台次，提高使用效率；路程较近时不使用车辆。三是严格执行公务用车节假日封存停驶制度，严禁公车私用。四是坚持规范行驶、按时保养，减少车辆部件非正常损耗，努力降低车辆油耗和维修费用支出。

【公共机构能耗统计工作】系统收集整理全区近110个单位的公共机构能源消耗情况，形成《2016年度冷水滩区公共机构能源资源消耗统计分析报告》，实现全区公共机构人均能耗下降4%，单位建筑面积能耗下降3%目标。积极利用省节能技改平台，2016年，向省节能处申报节能技改项目，争取技改资金10万元，用于行政中心大楼节能的改造，并在行政中心安装了2盏高22米的高杆灯，淘汰了落后产品，行政中心亮化工程达到了节能要求。

【精准扶贫工作】上岭桥东村

扶贫工作是区委书记的示范点，冷水滩区机关事务服务中心作为主要后盾帮扶单位，年初安排1名干部为蹲点驻村，通过与驻村工作队及镇、村领导的共同努力，扶贫工作取得了初步成效。单位为联系的21户60人扶贫对象，制定了“一户一策”的帮扶措施，共拿出帮扶资金3万元，为他们提供“造血”功能，解决实际困难，完成了2户危房异地改建，改水改厕11户，截至2016年，已有11户37人脱贫。积极统筹协调各方资源，形成工作合力，引导骄阳水泥、中大公司老板出资20万元加入帮扶队伍，配合和协助其他后盾帮扶单位，为村支“两委”整修了活动室，完成了3条近300米的道路硬化，2.6千米的入户道路硬化，一座小（2）型水库和两个骨干山塘防渗漏工程，完成55户危房改造和3组25户自来水入户等帮扶工作。为贫困户确定的养殖扶持、就业推介、生活保障、危房改建、医疗救助等措施逐一得到落实。

【办公用房管理】持之以恒开展办公用房清理及后续工作。冷水滩区行政中心原实际使用面积14267.2平方米。现有55个单位、1772人在该楼办公，其中处级干部53人、科级干部558人，实际人均办公面积为8.05平方米。通过整改，已腾退调整面积1116.5平方米，整改后实际办公用房面积为13150.7平方米。按照1999年规定的办公用房标准计算，核定办公用房面积应为12656平方米，超标面积为494.7平方米，超标4%。在2014年新标准下发后，区行政中心各单位办公用房面积远低于标准，本着遵循实事求是、量力而行的原则，没有借机新（扩）建、租（借）办公用房。冷水滩区人民法院现有职工101人，办公用房及功能性用房面积5703平方米，根据人民法庭建设标准，属于基层人工法院审判法庭功能性用房建筑面积指示表二类指标（7320~8220平方米），还未达到标准。冷水滩区人民检察院现有职工95人，办公用房面积859平方米，腾退调整公办用房面积240平方米，按照1999年标准，应有办公用房672平方米，面积超标187平方米，超标27%。在2014年新标准发布后，面积已不超标。各乡镇、街道及未在行政中心办公的的区直机关单位共有职工2729人，其中处级干部3人、科级干部860人，现有办公用房面积为17475平方米。按照1999年规定的办公用房标准计算，核定办公用房面积应为18972平方米，经清理整改后，各单位均没有出现超标情况。

同时，强化督查，落实整改措施。一是清理办公用房。清理离退休后占用办公用房1间，清退占用办公用房2间，清理办公用房3间，面积122.1平方米。二是调整处级领导办公用房。将办公用房超标的处级干部，调换到办公面积较少（20.3平方米或19.34平方米）的办公室，共腾换45名处级干部办公用房，腾退办公用房55间，面积1116.5平方米。三是分隔超标准办公用房。区人民法院和区人民检察院将处级干部原来的大面积办公室进行了分隔，共腾出办公室6间，面积126.4平方米。四是增员联合办公。科级干部和一般干部办公用房超标的，按照办公用房标准，根据办公室的面积大小，进行重新组员，调整办公用房。共调整办公用房136间。

【公务用车管理】按照《永州市冷水滩区公务用车制度改革实施方案》安排部署，2016年12月30日，冷水滩区完成了涉改车辆的封停工作，共有82个单位参加，封存车辆155辆。其间，区机关事务服务中心就组建公务用车管理服务中心的人员编制、管理制度等情况拟定了相关的文件上报给领导和部门；就组建公务用车管理使用平台运行等工作进行了前期调查，并对公车使用审批、维修管理等环节制定了相关制度。

【河东生活区改造】冷水滩区政府河东生活区改造项目自2008年启动以来，累计投资额近4亿多元，完成建筑面积达20万平方米，项目完成后能提供1200多套商业住房，其中安置户占房378套，5万余平方米。按照2016年度工程计划，截至2016年年底，已完成A1、A2栋楼主体建筑封顶；完成A3、A4栋楼外墙落架、室内水电及消防管线的安装；完成A5、A8栋楼所有室内外工程量，达到交房标准。截止2016年，该项目已完成安置户领房200户，入住100多户，实现上缴税收达1200余万元，该项目累计上缴各类税费近1亿元。

史志工作

【概况】1983年5月，成立中共零陵县委党史资料征集办公室。1984年6月，更名为中共冷水滩市委党史资料征集办公室。2002年5月，与地方志办公室合并，更名为永州市冷水滩区党史与地方志征集编纂办公室，为事业单位，编制5人，部门主要工作职责是：研究、宣传中共冷水滩历史事件、历史人物，组织编修《冷水滩区志》《冷水滩年鉴》，指导部门志、专业志及其他志书的编写。2007年8月，区委、区政府决定成立《中国共产党冷水滩历史》编辑委员会及区党史联络组两个议事协调机构，与区史志办合署办公。2011年，经有关部门批准为参照公务员法管理的事业单位。2016年年底，有在职干部3人，其中主任1人，副主任2人。另聘请党史正本编辑人员及党史联络员14人。

【党史征研】2016年，冷水滩区编写完成《中国共产党冷水滩区历史（1978—2006年）》评议稿；《中国共产党冷水滩历史（1921—1978）》（2013年出版）被省委党史研究室评为党史著作类特别奖。2015年，区史志办与区民政局组织开展申报革命老根据地工作，共整理申报资料10万余字。2016年1月，冷水滩区被湖南省人民政府认定为革命老根据地。全年完成上级业务部门布置的《潮涌潇湘》《潇湘潮》《图说长征》等组稿供稿。

【地方志编纂】2015年，湖南省地方志编纂委员会决定在全省全面启动《湖南乡镇简志》的编修工作。根据省、市要求，冷水滩区从2015年6月起，启动《湖南省乡镇简志·冷水滩卷》编修工作，至2016年年底，完成《湖南省乡镇简志·冷水滩卷》的初稿。根据《中共永州市委办公室永州市人民政府办公室关于印发〈永州市志〉编修实施方案的通知》，冷水滩区自2016年5月起组织编修《永州市志·冷水滩区概况》，至2016年年底，已基本完成编修任务。全年与永州市邮政公司合作，共完成3部名村志初稿。

【《冷水滩往事》第三册出版】2016年4月，冷水滩区出版党史回忆录文集《冷水滩往事》第三册，该书18万字。

【史志宣传教育】赠阅图书。2016年，冷水滩区史志办向区直单位和社会公众赠送了一批《中国共产党冷水滩历史（1921—1978）》和《冷水滩往事》。开展红军长征胜利纪念活动。2016年是红军长征胜利80周年，3月15日，中国人民解放军总政治部和中央电视台第10频道联合录制的纪念长征胜利80周年纪录片《大会师》摄制组到冷水滩区岚角山街道略江口红六军团转兵遗址处进行采访拍摄，冷水滩区史志办会同有关部门做好接待工作。《大会师》于10月在中央电视台播出。2016年6月“略江口红六军团转兵遗址”纪念碑建成。将红军长征途经冷水滩区情况编辑成《红军长征在湖南之冷水滩篇》上报湖南省党史研究室。全年发行《湘潮》杂志500余份。

档案工作

【概况】冷水滩区档案局(馆)前身为零陵县档案局(馆)和冷水滩市档案局(馆),成立于1958年11月15日。1984年6月,撤销零陵县,恢复冷水滩市后更名为冷水滩市档案馆。1995年12月,冷水滩市新设冷水滩区,更名冷水滩区档案馆。1997年5月,《永州市冷水滩区区直党政机构改革方案的实施意见》将档案局(局馆合一)由行政改为事业单位,单位原级别不变,赋予一定的行政职能。主要职能:对全区档案事业实行统筹规划、宏观管理;集中统一管理区直单位的重要档案和有关资料,依照档案法规接收、征集、整理、保管区直单位的重要档案和有关资料;组织全区性的档案宣传活动,收集、整理和编发有关档案内刊资料;会同有关部门组织开展档案工作外事活动和对外交流;组织档案科学技术与理论研究;参与有关部门对档案科研成果进行评审、认定;提出并呈报区本级档案馆向社会开放档案的办法和控制范围,以及负责档案及其复制件出境,向各级国家档案馆以外的任何单位和个人出卖、转让、赠送的档案,外国组织和个人利用国家档案馆档案的审核工作;指导全区档案信息资源开发利用和服务工作,推进档案信息网络建设;承办区委、区人民政府交办的其他事项。内设办公室、法制教育股、管理利用股、业务指导股4个职能股室,有干部职工11人,其中在职8人,退休3人。

“6·9”国际档案日宣传活动(区档案局 提供)

2016年,冷水滩区档案局紧紧围绕“为党管档、为国守史、为民服务”宗旨,全力推进档案资源体系、安全体系、利用体系和档案行政管理体系建设,全区的档案事业发展取得新的进步。区档案局继续被评为2016年度全省档案宣传工作先进集体。

【档案行政管理建设】区委、区政府高度重视档案工作,档案工作环境不断优化。一是档案工作考核参照《2016年度冷水滩区绩效评估实施办法》,专门下发冷办〔2016〕65号文件。二是出台档案工作实施意见。制定下发《关于加强和改进新形势下档案工作实施意见》。该意见对冷水滩区新形势下档案工作做出具体部署,明确提出了档案工作多年来存在的问题及解决措施,对档案工作责任、档案馆建设、档案信息化建设、档案资源开发利用、档案事业保障等提出了具体要求。

【档案资源开发利用建设】继续抓好各类档案移交,接受区委办、区政府办文书档案3652件,现馆藏档案总量103656卷(件),资料15603册。及时为全区经济建设和人民群众提供档案服务,通过开展节假日预约查询、函查、电话查询等服务，共接待查阅利用者3567人次，调阅档案16423卷（件），为各部门和群众修史编志、落实政策、核实工龄、解决民生问题提供了大量翔实的第一手资料，解决了一些问题，增强了社会档案意识，扩大了档案工作的知名度，也赢得了群众对档案部门的赞誉。

【档案基础业务建设】按照档案工作规范化管理的要求，积极开展档案业务指导上门服务活动，先后深入区国税局、区水利局、区民政局等7个单位开展业务指导，收集整理档案156863卷（件），其中区水利局、区国税局晋升省特级，区发改委、区教育局、区卫计委、区民政局晋升省一级，区珊瑚街道办事处晋升省二级。认真贯彻落实省农委、省档案局联合下发的《湖南省农村土地承包经营权确权登记颁证档案管理办法》文件精神，主动抓好农村土地确权档案管理工作，局工作人员经常深入到乡镇指导土地确权档案管理。

【档案法制宣传建设】2016年，围绕“档案与民生”这个主题，组织开展“6·9国际档案日”宣传活动。活动现场，展出各类展板31块，发放档案宣传资料1200余份，接待市民参观展览1500余人次，接受档案咨询30余人次。组织400多人参加国家档案局举办的档案法律法规知识有奖竞赛活动。通过以上活动的开展，展现了档案工作“存凭、留史、资政、育人”的特殊价值，档案工作“记录历史、传承文明、服务社会、造福人民”的重要作用。

信访工作

【概况】冷水滩区信访局全称为中共冷水滩区委、冷水滩区人民政府信访局，位于冷水滩区法院办公楼北楼（一、三、四层），是负责全区信访工作的综合协调机构，正科级单位。现有干部职工31人，其中在职27人，退休4人。主要工作职责为：受理、交办、转送信访人提出的信访事项；承办上级和本级人民政府交由处理的信访事项；协调处理重要信访事项；督促检查信访事项的处理；研究、分析信访情况，开展调查研究，及时向本级人民政府提出完善政策和改进工作的建议；对本级人民政府其他工作部门和下级人民政府信访工作机构的信访工作进行指导。2016年，冷水滩区努力加强信访基础建设，加大领导干部接访力度，坚持依法治访，严格信访责任，努力排查化解信访突出问题，为全区经济和社会发展提供了有力保障。

【基础建设】2016年4月，根据区委、区政府安排，区信访局搬迁至区法院北门办公区域，新建了符合上级要求的接访大厅，对接访领导、信访接待中心各个办公室的工作职责、信访注意事项、工作流程等方面进行公示，极大地方便了群众反映诉求。全区所有的乡镇、办事处及相关区直重点信访单位的政务外网联通工作于2016年9月全部开通到位，信访事项全部按时录入进了信访信息系统，达到了上级提出的系统全覆盖、信息全录入、数据全交换的要求。2016年5月，区信访局牵头组织全区各乡镇、街道、工业园区、马坪开发区开展了网上信访宣传月活动，采取发放网上信访口袋书和宣传单、张贴宣传画和标语横幅等形式，共发放网上信访口袋书、宣传单5000余份，张贴标语横幅105条，大大增强了群众网上信访的意识。

【领导接访】2016年，参与公开接访的区领导85人次，接待个访172批487人次，集访118批830人次。另有39人次区级领导重点约谈各类重点信访人员48批516人次。

【排查化解】2016年，全区共排查交办了189个信访突出问题，共明确了42名包案区级领导、67名责任领导、498名责任人。共受理办理上级交办（转办）信访件232件，全部按时办结。根据省、市安排部署，经区信访工作联席会议研究并报区委、区政府主要领导同意，区联席办制定了《2016年信访积案化解“千案攻坚”行动工作方案》，要求各包案区领导和相关责任单位因案施策，化解上级交办的信访积案。由于工作得力，上级交办全区的15件信访积案已全部办结，并全部按时录入信访信息系统。

【依法治访】认真贯彻落实湘政法〔2014〕14号文件等上级颁布的依法治访的相关文件，积极借鉴辽宁、浙江等地“轻刑快判”的做法，严格规范信访秩序。2016年，区依法处置专项工作组对近年来多次进京非正常上访的欧某某等5人采取“轻刑快判”的做法，进行了刑事拘留。另对进京非正常上访挂号的陈某某等37人次进行了治安拘留，有力规范了全区的信访秩序。

【严格责任】2016年，区联席办配合区“两办”、区纪委等部门，先后五次开展信访工作专项督查，印发督查通报，督促相关信访责任单位落实工作措施和相关专项活动要求，有力推动了全区信访工作的顺利开展。同时，共对18人次责任单位负责人及24名直接责任人进行了责任追究。

老干部工作

【概况】2016年，冷水滩区委老干部工作紧紧围绕区委、区政府中心工作，以“两学一做”学习教育为契机，以“让党和政府放心、让老干部满意”为目标，以尽心尽力服务老干部为中心，以落实老干部“两个待遇”、健全完善“三个机制”为重点，认真学习贯彻落实中办发〔2016〕3号和湘办发〔2016〕21号文件精神，深入推进为党的事业增添正能量活动，认真研究解决新形势下老干部工作的新情况新问题，努力提高老干部工作科学化水平，切实做到政治上尊重、思想上关心、生活上照顾、精神上关怀老干部，各项工作取得明显成效。全区离退休人员4324人，其中离休干部13人，处级干部76人。全区离休干部的“两项待遇”（政治待遇、生活待遇）和“三个机制”（离休费保障机制、医疗费保障机制、财政支持机制）得到进一步提高和落实，企业离休干部离休费总额与机关事业单位离休干部达到基本平衡。离休干部医疗保障机制进一步完善，医疗费实报实销。

【落实老干部政治待遇】加强思想政治建设，认真落实离退休干部阅读文件、听报告、参加重要会议和重大活动，向离

2016年冷水滩区离退休干部重阳节座谈会（区老干局 提供）

退休干部通报情况，组织离退休干部就近就地参观学习，走访慰问离退休干部等制度，使离退休干部及时了解中共路线方针政策、国际国内形势以及本地本部门的重要情况。组织离退休干部学习党的十八大，十八届三中、四中、五中、六中全会精神，习近平总书记系列重要讲话精神和全国、全省离退休干部“双先”表彰大会精神，邀请离退休老干部列席参加区党代会、经济工作会、人大和政协会议，围绕改革开放和现代化建设中的重大问题及离退休干部共同关心的热点问题，做好解疑释惑工作。

落实工作通报制度。2月10日，举行“2016年冷水滩区离退休干部迎新春工作情况通报会”，区委书记欧阳元初向老干部通报全区经济社会发展情况及2016年工作规划；10月9日，在南华大酒店举行2016年冷水滩区离退休干部代表重阳节座谈会，区委书记何冲龙等区委常委会组成人员参加了座谈，并向离退休干部通报全区上半年社会经济发展情况。

组织开展活动。6月，区老干局和区老年书画协会组织书画家到各乡镇为农民书画爱好者上辅导课并现场指导创作；10月，区老干局和老年书画协会联合举办了“纪念红军长征胜利80周年书画展”，

区老干局组织社会主义核心价值观宣讲（区老干局 提供）

受到群众的好评。同时成立了以5名老干部为骨干的离退休网宣队伍，组织引导他们在红网爱晚坛、永州新闻网等主流媒体上发贴，传递正能量，2016年，仅红网爱晚论坛冷水滩区老干部发表的贴子被版主推荐的有100余篇。

【落实老干部生活待遇】 积极认真抓好离休干部“三个机制”落实，及时为老干部解决好医疗保障和生活保障问题。离休干部的离休费、生活津补贴、绩效奖按时按准标发放。2016年10月，组织全区离休干部和退休处级干部进行了健康检查。

【做好老干部服务工作】 持续开展“陪聊日”服务制，每月组织工作人员深入老干部家里，与老干部亲切交谈，主要内容是送学上门，同时了解老干部身体、生活、精神、家庭等情况，对老干部提出的困难和问题，工作人员能当场解决的要当场解决，不能当场解决的及时向分管领导汇报，及时解决。按照“用心于事、用情于人”的要求，在走访慰问工作中做到“四到”，即心到、耳到、口到、腿到；做到“四多”，即多与老干部交心，多为老干部办好事、办实事，多同有关部门联系协调工作，多向上级汇报情况；做到“五心”，即工作上细心、接待上热心、政策解释上耐心、关心老干部处处留心、给老干部办事尽心；做到“五必访”，重大节日必访、患病住院必访、生活困难必访、来信来访必访、告别仪式必访，把组织的关怀和温暖送到老干

区老年书法协会开展送春联下乡活动（区老干局 提供）

部的心坎上。2016年，老干部局共走访慰问老干部182人次，慰问老干部家属42人次。

【关心下一代工作】2016年，区关心下一代工作委员会不断创新工作思路，全面加强基层关工组织建设，扎实推进全区关心下一代工作健康、有效和平衡发展，取得了显著成效。一是突出工作重点，创“五好关工组织”活动有新成效。二是关工委基层组织全覆盖，接受市基层关工组织交叉检查有新亮点。三是利用重大节日，积极配合开展各项教育活动；发动社会力量，开展关爱帮扶活动。四是注重学习调研，区关工委自身建设有新进步。2016年4月，区关工委组织“五老”到各中小学开展社会主义核心价值观宣讲，共宣讲50余次。同时，做好了全区贫困孤儿的摸底工作，全年向全区110余名贫困孤儿发放“孤儿助学金”8万余元，形成孤儿救助的长效机制。

党校工作

【概况】2016年，冷水滩区委党校全面贯彻落实中共十八大，十八届三中、四中、五中、六中全会及习近平总书记系列重要讲话精神，认真学习全国、省、市党校工作会议精神，以《中国共产党党校工作条例》为指针，解放思想，开拓创新，加大干部培训轮训力度，教学科研工作、行政后勤工作、各项中心工作等都取得了较好的成绩。

【教学工作】突出教学的中心地位，坚持正面地传播党的声音、宣传党的理论、维护党的形象，与党中央在政治上、思想上、行动上保持高度一致。

在教学内容上，一是开设研读原著的课程，以求准确把握马克思主义的理论精髓。通过经典原著学习，真正把马克思主义立场、观点、方法悟到心、学到手，使贴心“真经”成为贴身真本领，使铁一般信仰、铁一般信念、铁一般纪律、铁一般担当成为必备素质。二是专注最新成果，以求跟上时代步伐。把“中国梦”以及习近平总书记系列重要讲话精神作为党校教育的重中之重，着力在学习“四个全面”“五大发展理念”“六个建设”的新理念、新观点、新判断方面下工夫，真正做到学而信、学而用、学而行。三是坚持问题导向，弘扬求是学风。课程设置重在强化实事求是、理论联系实际的马克思主义学风，直面问题，反对教条，杜绝空谈，务求实效。结合永州市和冷水滩区的实际，教学中力争多讲“本地话”，始终把“区委想的就是党校讲的，党校教的就是学员要的”作为办学的准则，根据学员需求，深化教学改革，及时调整、完善教学内容。

在教学方法上，不断改进和完善讲授式教学法，探索和实践案例式、研讨式教学法，初步形成了有本校特色的教学方法，注重运用现代化的教学手段，所有专职教师和兼职教师都运用多媒体教学。在教学内容更新上，针对全区经济社会发展的需要和干部培训需求，通过调研，及时更换新的专题，确保每年更新的专题占到 80% 以上。在教学管理上，实行课题招标、教学观摩、教学评奖等制度；完善备课评课制度，全面实行集体备课、新课试讲、新教师试讲、课前调研、课后分析总结等制度；规范教学评估制度，由教师和学员对教学进行评估，全年在对主体班教学进行的测评中，优秀率达到了 90% 以上。

在理论武装上，充分发挥党校的阵地作用和智库作用，在区委的安排部署下，选派经验丰富的骨干教师组成区委宣讲团，开展集体备课，创新教学方式，深入到全区各乡镇、街道和区直单位集中宣讲中共十八届五中、六中全会精神及习近平总书记治国理政思想。

在教师选聘上，坚持“请进来”，外请有关专家、学者给学员上课。

【干部培训】区委干部教育领导小组制定了《2016 年冷水滩区干部教育培训规划》，明确了主体班的中心地位，要求各级各部门的各类培训、轮训，都要纳入党校这个主渠道，使党校成为全区党员干部教育的培训中心和主阵地。党校全面落实区干教领导小组制定的干部教育计划，干部培训工作坚持高标准、严要求，全年共举办主体班 1 期、各类短训班 5 期，包括农村发展对象培训班、组工干部培训班、新进事业单位人员培训班、纪检监察干部培训班、入党积极分子培训班，共培训学员 551 人。

加强对学员的管理，建立班主任跟班学习制度、考勤制度、请销假制度、考试制度、社会调研制度、学员培训后向学员所在单位反馈制度，促进参训学员在党校学习能学有所获，学有所得，真正提高干部教育的质量。在各种班次的教学中，除了宣讲党的路线、方针、政策和传授各种技能知识外，还注重把党性教育贯穿教学和学员管理的全过程，要求学员撰写党性分析材料，不断解剖自己，既锤炼了党性，又培养了学员理论联系实际的良好学风。通过对学员的严格管理、严格要求、严格考核，培养了学员的好学风、好作风、好文风，同时，也得到了学员对干部教育工作的好评和有关领导的充分肯定。

【理论研究】进一步修订《冷水滩区委党校科研工作管理制度》，明确了科研工作的指导思想、目标要求、工作措施和经费保障等重要内容。修订后的科研管理制度对科研成果的范围、奖励级别、奖励额度等进行了调整，进一步加大了奖惩力度。严格实行科研目标管理责任制，对每位教师的科研任务进行“三个一”要求的量化评估，要求每位专职教师每年至少公开发表一篇文章，每年至少参与一项区级以上课题的调研，每年至少向区、市以上有关单位撰写一篇科研信息。教师的科研完成情况与年度考核、职称评定和聘任等挂钩，明确规定未完成者取消当年评优评先和职称申报资格，连续两年未完成科研任务的教师，年终评定为基本称职。以此激励和鞭策广大教师勤思考、勤动笔，多出科研成果，最大限度地调动教师从事科研工作的积极性。

教学出题目，科研做文章。针对年度教学重点，每位教师确立了自己的科研主攻方向，围绕理论基础、世界眼光、战略思维、党性修养等方面确定科研基本专题。区委党校校长曾文亮撰写的论文《把权力关进制度的笼子是建设法治政府的关键》《规范和约束公权力是依法治官的关键》《不忘忧患意识，切实提高党员干部防患能力》在全省、全市党校行政学院系统理论研讨会都获奖。其他 4 名教师撰写的论文均在全省、全市党校系统理论研讨会上获奖。全校参加全省、全市党校行政学院系统理论研讨会，获省二等奖1篇、市二等奖2篇、市三等奖3篇。申报省委党校课题2项，立项成功1项。

坚持科研为教学服务，为党委政府的决策服务的方针，组织教师围绕党委政府重大决策部署、地方重大现实问题进行对策性研究，组织有关教师会同部分区政协委员对全区落实全面二孩政策情况进行了专题调研，完成了调研课题“关于完善我区全面两孩政策配套措施的建议”，此课题作为政协提案，在政协冷水滩区九届一次会议上作为大会发言材料，得到区委书记何冲龙的高度评价。撰写的理论文章《加强和改进网络思想政治工作的思考》入选国家行政学院出版社结集出版的《地方领导干部理论学习论文集》。

【师资队伍建设】区委党校现有教职工23人，其中教师10人，占43.5%。在学历结构上，所有教师都是大学本科及以上学历；职称结构上，高级职称3人，中级职称4人，占教师人数的70%。在专业结构上，涉及政治、经济、法律、中文等专业，能基本满足干部培训的需要。同时加大教师外派学习力度，全年共选送6名教师参加省、市委党校培训。

【基础设施建设】区委高度重视党校工作，将党校工作列入重要议事日程，听取党校工作汇报，为党校解决实实在在的困难。自2002年起，教学业务、科学研究、图书资料、教员进修调研、业务指导等经费列入了财政预算。自2008年起，区干部教育领导小组决定，每年从干部教育经费中拨付十万元给党校,作为党校的工作经费。2016年，投入6万余元，用于购置图书资料和添置教学电脑、投影仪、打印机。全校已接入100M光纤信号源，每名在职在岗的职工都配备了电脑用于教学和办公，教学和办公基本上实现了电子化、现代化。

冷水滩区人民代表大会

冷水滩区九届人大常委会组成人员合影

概　　述

【概况】2016年，区人大常委会全面贯彻中共十八大和十八届三中、四中、五中、六中全会精神，深入贯彻习近平总书记系列重要讲话精神和治国理政新理念新思想新战略，围绕"四个全面"战略布局，树立和贯彻"五大发展理念"，紧扣全区工作大局，凝聚全区人民共识，履行宪法和法律赋予的职权，全年共举行常委会会议9次、主任会议15次，召集区人民代表大会2次，听取和审议"一府两院"专项工作报告15项，作出决议、决定12项，对2个部门开展工作审议，对3部法律法规开展执法检查，交办审议整改意见68项，任免国家机关工作人员54人次，任免人民陪审员10人次，为加快建设品质活力首善区作出贡献。

【冷水滩区人大常委会主任、副主任名单】

主　任　徐志华

副主任　胡柏艳（女）

孙纲要

唐英波

蒋剑青

龙国文

代表会议

【区人大八届五次会议】2016年1月16—19日，冷水滩区第八届人民代表大会第五次会议在冷水滩召开。会议应出席代表222人，实到代表212人，邀请列席人员424人，共举行主席团会议4次、预备会议1次、代表中的中共党员会议1次、全体会议4次。会议听取和审查区人大常委会、区人民政府、区人民法院和区人民检察院工作报告；审查和批准冷水滩区国民经济和社会发展计划第十三个五年规划纲要；审查和批准冷水滩区2015年国民经济和社会发展计划执行情况与2016年国民经济和社会发展计划草案的报告，批准冷水滩区2016年国民经济和社会发展计划；审查和批准冷水滩区2015年财政预算执行情况与2016年财政预算草案的报告，批准冷水滩区2016年财政预算；补选傅芳萍为区人民法院院长，唐盛嫣为区八届人大常委会委员；表决通过《关于打好创建国家交通管理模范城市决胜战的议案》，共收到代表提出的建议和批评、意见43件。大会共收到代表联名提出的议案44件，表决通过将《关于加强生态环境建设，创建国家园林城市的议案》作为议案立案，其他议案转为建议、批评、意见，收到代表提出的建议和批评、意见70件。

【区第九届人民代表大会第一次会议】2016年11月25—29日，冷水滩区第九届人民代表大会第一次会议在冷水滩召开。会议应出席代表229人，实到代表226人，邀请列席人员425人，共举行主席团会议5次、预备会议1次、代表中的中共党员会议1次、全体会议4次。会议听取和审查《冷水滩区人大常委会工作报告》《冷水滩区政府工作报告》《冷水滩区人民法院工作报告》《冷水滩区人民检察院工作报告》；审查和批准《冷水滩区2016年国民经济和社会发展计划执行情况与2017年国民经济和社会发展计划草案的报告》，批准《冷水滩区2017年国民经济和社会发展计划》；审查和批准《冷水滩区2016年财政预算执行情况与2017年财政预算草案的报告》，批准《冷水滩区2017年财政预算》；选举徐志华为区九届人大常委会主任，胡柏艳、孙纲要、唐英波、蒋剑青、龙国文为区九届人大常委会副主任，彭泽民、唐春涛等29人为区九届人大常委会委员；选举桂砺锋为区人民政府区长，蔡富强、郑航、汤丽娟、吴春华、蒋建辉、张文风、朱昌锋为区人民政府副区长；选举傅芳萍为区人民法院院长；选举胡华清为区人民检察院检察长，报请永州市人大常委会批准；审议通过了关于设立区人民代表大会法制委员会和财政委员会的决定及其组成人员，选举产生分配至冷水滩区的43名市五届人大代表。大会共收到代表联名提出的议案44件，表决通过将《关于加强生态环境建设，创建国家园林城市的议案》作为议案立案，其他议案转为建议、批评、意见，收到代表提出的建议和批评、意见70件。

区人大常委会会议

【区八届人大常委会第二十九次会议】2016年1月8日，区八届人大常委会第二十九次会议在区政府三楼二会议室举行。会议听取和审议冷水滩区2016年财政预算编制情况的报告；听取和审议冷水滩区八届人大五次会议代表资格审查报告、会议议程（草案）、会议日程（草案）、主席团成员和秘书长名单（草案）、常务主席名单（草案）、主席团执行主席分组名单（草案）、副秘书长名单（草案）、主席台就座人员名单（草案）、列席人员名单（草案）和《冷水滩区人大常委会工作报告（审议稿）》；听取和审议《区人大常委会关于全区农村环境污染治理工作的视察报告》。

【区八届人大常委会第三十次会议】1月25日，区八届人大常委会第三十次会议在区政府三楼二会议室举行。会议表决通过《永州市冷水滩区人民政府关于将冷水滩区高科技工业园建设投资有限责任公司融资还款纳入财政预算的议案》。

【区八届人大常委会第三十一次会议】3月11日，区八届人大常委会第三十一次会议在区人大五楼常委会会议室举行。会议对2015年“一府两院”有关国家机关工作人员履职承诺完成情况进行测评，审议通过了《2016年冷水滩区人大常委会工作要点》，审议通过《冷水滩区人大常委会2016年工作审议实施方案》，审议通过《关于重新确定各乡镇人民代表大会代表名额的决定》，依法表决通过免去伍玉生区人民政府副区长职务，任命欧日雄为区人大常委会农业与农村工作委员会主任，任命唐盛嫣为区人大常委会城乡建设与环境资源保护工作委员会主任，任命阳时华为区人大常委会农业与农村工作委员会副主任。

【区八届人大常委会第三十二次会议】5月20日，区八届人大常委会第三十二次会议在区政府三楼二会议室举行。会议表决接受郑明红辞去区八届人大常委会委员职务，表决免去管新平等12人的区人民政府工作部门主任、局长职务，表决任命廖永健等12人为区人民政府工作部门主任、局长，表决免去高纯銮等7人的区人民法院庭长、副庭长职务，表决任命罗青青等11人为区人民法院庭长、副庭长，审议通过《冷水难区人大常委会关于开展〈食品安全法〉和〈湖南省食品生产加工小作坊和食品摊贩管理条例〉执法检查方案》，听取和审议区人民政府关于农业综合开发工作情况、控违拆违工作情况、新农合运行情况的报告和区人民法院关于行政审判工作情况的报告。

【区八届人大常委会第三十三次会议】7月27日，区八届人大常委会第三十三次会议在区人大五楼会议室举行。会议审议通过区人民政府《关于提请审议将冷水滩高科园棚改紫霞安置小区及其配套设施项目补贴资金纳入财政预算的议案》，表决通过任命蒋丽、唐潇、唐健为区人民检察院检察员，表决通过了区选举委员会组成人员和乡镇选举委员会组成人员职务，听取和审议了区人民政府关于全区2016年上半年国民经济和社会发展计划执行情况、全区2016年上半年财政预算执行情况的报告，审查和批准全区2015年度财政决算草案的报告，听取和审议2015年度全区财政预算执行情况和其他财政收支情况的审计工作报告，审议通过了《冷水滩区区、乡两级人民代表大会换届选举工作的实施方案》。

【区八届人大常委会第三十四次会议】2016年8月26日，区八届人大常委会第三十四次会议在区人大五楼常委会会议室举行。会议表决接受唐满平辞去冷水滩区人民政府区长职务，张跃斌辞去冷水滩区人民政府副区长职务和朱跃陆辞去冷水滩区人民检察院检察长、检察委员会委员职务；表决通过《胡柏艳等同志辞去选举委员会职务的决定》；表决通过任命桂砺锋为冷水滩区人民政府副区长、代理区长，蔡富强为冷水滩区人民政府副区长，胡华清为冷水滩区人民检察院检察员、检察委员会委员、副检察长、代理检察长。

【区八届人大常委会第三十五次会议】2016年9月22日，区八届人大常委会第三十五次会议在区人大五楼常委会会议室举行。会议补选赵七秀、赵国平为市四届人大代表，表决通过免去赵国平区人大常委会办公室主任职务、曲军区人民法院副院长职务，听取和审议区人民政府关于农村义务教育阶段学校建设管理工作情况、农民建房管理工作情况、法律援助工作情况的报告，听取区人民政府关于区八届人大五次会议议案和建议、批评、意见办理情况的报告，听取区选举委员会关于调整换届选举日的情况说明。

【区八届人大常委会第三十六次会议】11月15日，区八届人大常委会第三十六次会议在区人大五楼常委会会议室举行。会议听取和审议冷水滩区2016年财政预算调整方案草案的报告，听取和审议区人民检察院关于侦查监督工作情况的报告，审议通过《关于召开永州市冷水滩区九届人民代表大会第一次会议的决定》，听取和审议了区九届人大一次会议代表资格审查报告、会议议程（草案）、会议日程（草案）、各类名单（草案）、冷水滩区人大常委会工作报告（审议稿）。

【区八届人大常委会第三十七次会议】2016年11月28日，区八届人大常委会第三十七次会议在南华大酒店贵宾会议室举行。会议表决通过免去彭泽民区人力资源和社会保障局局长职务。

决策与监督

【依法决定重大事项】区人大常委会紧紧围绕区委的重大决策部署、关系人民群众切身利益的重大事项、关系社会进步的重大举措等，加强调查研究，提出建设性意见和建议，适时依法作出相应的决议决定 12 项，有力地推动了区委重大决策部署的落实。

【工作监督】区人大常委会主动适应发展新常态，积极服务全区改革发展大局，紧紧围绕区委重大决策部署和人民群众关注的热点难点问题，精选监督议题，创新监督方式，注重监督实效。加强经济工作监督，紧紧围绕改革发展大局，以促进经济健康运行为重点，先后听取和审议区人民政府《关于 2016 年上半年国民经济和社会发展计划执行情况》《2016 年上半年预算执行情况》和《2015 年度财政决算草案的报告》《2015 年度财政预算执行和其他财政收支情况的审计报告》《2016 年预算调整方案草案的报告》，批准 2015 年财政决算和 2016 年预算调整方案；加强农业农村工作监督，先后听取和审议了区人民政府《关于农业综合开发、农业产业化经营情况的工作报告》；加强民生实事监督，先后听取和审议区人民政府《关于农村义务教育阶段学校管理、新农合运行情况、农民建房管理、控违拆违工作情况的报告》；加强司法监督，先后听取和审议区人民政府《关于法律援助工作情况报告》和区人民法院《关于行政审判工作情况的报告》、区人民检察院《关于侦查监督工作情况的报告》。为提升监督实效，区人大常委会先后组织 15 个专题调研组深入 102 个单位（部门），召开座谈会 46 次，走访群众 500 余人次，发放征求意见表 1200 余份，发现并指出工作中存在的不足和问题 125 个，收集各类意见建议 82 条，归纳整理提出审议意见 52 条，交区“一府两院”及相关部门研究，并督促相关办委跟踪整改落实。“一府两院”及相关部门高度重视，专题研究，制定整改措施，落实整改责任，扎实整改落实，提出的建议和交办的审议意见均得到采纳和有效落实，有力地促进了区“一府两院”依法行政、公正司法。

【法律监督】协同上级人大联动开展《中华人民共和国食品安全法》《中华人民共和国水污染防治法》2 部法律法规执法检查，先后组成 6 个执法检查组，抽调 35 名人大代表，深入 52 个单位，采取听汇报、查资料、看现场等形式，全面了解法律法规贯彻实施的基本情况和存在的问题，并提出审议意见、建议 16 条，交相关部门整改落实，有力地保障了法律法规在全区的正确实施。同时，对政府报送的 17 份规范性文件进行了备案审查，进一步有效地推动了法治政府建设。

人事任免与日常工作

【人事任免】区人大常委会坚持党管干部和人大依法任免相结合原则，任前调查公示、任前法律考试、供职发言、投票表决、颁发任命书等程序，落实宪法宣誓制度，全年共依法任免国家机关工作人员 54 人次，任免人民陪审员 10 人次。同时，对政府工作部门主任、局长和“两院”副职实行履职测评，坚持平时督查、年中抽查、年终检查，适时掌握承诺对象践诺情况，并对其践诺情况分别在其单位干部职工会和区人大常委会上实行二次满意度测评，有力地促进有关国家机关工作人员依法履职。

【工作审议】常委会以相关法律法规贯彻执行和依法行政为重点，对区人民政府环卫、城管两个部门开展工作审议，围绕被审议单位职能职责，面向社会、深入基层，共征求意见、建议68条，梳理形成工作审议交办意见12条，跟踪整改落实并实行整改满意度测评，促进政府部门改进工作、依法行政。

【代表工作】全年组织两批次37名人大代表赴全国人大培训基地集中培训，组织代表参加省、市人大业务培训班8人次，切实提高代表履职能力；认真落实“双联”（人大常委会联系人大代表、人大代表联系选民）和区“一府两院”及相关部门联系代表工作制度，全年共联系和走访代表352人次；邀请代表列席常委会会议和参加工作审议、执法检查、视察调研、旁听法院庭审等活动153人次，推荐代表参加征求意见会、测评会、听证会等活动56人次，切实发挥代表主体作用；召开2次主任会议专题研究代表建议办理情况，邀请代表83人次参与6场建议办理现场视察活动，听取8个重点建议承办单位的办理情况汇报，对所有议案建议办理情况连续4个月持续开展满意度测评，切实提高代表建议办理的面商率、办结率和解决率；按照县、乡人大换届选举工作要求，依法抓好选区划分、选民登记、候选人提名、投票选举等换届工作重点环节，有序推进区、乡（镇）人大代表换届选举工作，共依法选举产生新一届区人大代表229人、乡镇人大代表540人，代表结构进一步优化。

【自身建设】2016年，区人大常委会以开展“两学一做”学习教育为契机，开展集中学习6次、专题研讨4次，组织党员干部学习党章党规和习近平总书记系列重要讲话精神，深入查摆剖析问题，坚持知行合一，引导党员干部增强政治意识、大局意识、核心意识和看齐意识，做到政治、守纪、品德、履责“四个合格”；修订完善“三会一课”、主题党日、警示教育、民主评议等各项制度，建立健全党员干部接受理想信念教育、政治理论教育和廉政纪律教育的长效机制；全面落实党风廉政建设“两个责任”，严格遵守中央“八项规定”和廉洁从政各项规定，推进党风廉政建设和反腐败工作；开展“双联”及机关办委联系人大代表、精准扶贫等活动，深入基层、深入群众，开展调查研究，收集社情民意，机关作风明显改善。

冷水滩区人民政府

冷水滩区人民政府区长、副区长合影

综　　述

【概况】2016年是“十三五”开局之年，也是全面建成小康冷水滩区和全面建设品质活力中心城区的关键一年。在市委、市政府和区委的坚强领导下，在区人大、区政协的监督支持下，全区上下认真贯彻“四个全面”战略布局，围绕“五大发展理念”工作目标，以建设品质活力中心城区为总抓手，创新引领，开放崛起，精准执行，争先创优，2016年连续两年获全省全面小康“经济快进奖”。计划生育、社区教育、出口食品农产品安全、粮食生产、人民调解宣传、知识产权、财政工作、校车安全等荣获全国、全省先进。10项主要经济指标中，9项指标绝对值位居全市前三，4项指标增幅保持全市前三。市23项考核中，绩效考核获优良等次，排全市第四，新型工业化、新型城镇化、百亿园区、农业农村、人口与计划生育、社会管理综合治理、三项改革、六件惠民实事与重点民生实事、创建国家级出口农产品食品安全示范区、食品药品安全、精准扶贫小额信贷等12项工作获得先进，是全市获奖最多的县区之一。

【综合实力持续提升】主要经济指标增幅高于全市平均水平，在全省20个小康达标县和46个二类县中排位位次前移，绝大多数居于前三方阵。地方生产总值完成241.8亿元，增长9.3%，高于全市平均1.3个百分点；固定资产投资完成264.85亿元，增长17.3%，高于全市平均3.3个百分点；第二产业完成89.28亿元，增长7.5%，高于全市平均1.3个百分点；城镇居民人均可支配收入增长10.2%，高于全市平均0.7个百分点；农村居民人均可支配收入增长8.9%，高于全市平均0.4个百分点；财政总收入14.57亿元，超额完成年初预定目标，增长15.4%，高于全市平均1.1个百分点。全面小康实现程度及经济快进县排位均进入全省二类县前10名。

【产业集群日益壮大】区域规模工业企业达162家，其中产值过亿元企业70家，完成规模工业总产值245亿元，增长15.2%；规模工业增加值55亿元，增长7.8%。产业集聚不断加快。电子信息、先进装备制造、生物医药、农产品精深加工四大产业完成产值190.2亿元，占全区规模工业总产值77.6%。园区建成区面积15.2平方千米，“四纵六横”路网全部成型，凤凰北路至永州北互通正在加紧施工，永州北大门即将全面贯通。水、电、通信、公交等配套全力跟进，截至2016年，正在规划10平方千米建设范围内马坪大型物流园。招商入园企业18家，竣工投产项目13个，企业实缴税金1亿元，完成规模工业总产值120亿元，跨入“百亿园区”。骨干企业不断做强。达福鑫集团、奔腾彩印集团得到国家有关部委正式批复，实际运作，开创了本土企业上市先河。产业服务不断提升。组织4次银企座谈会，为达福鑫电子、中小企业创业园、万马轮毂等企业融资3亿多元。区两大平台公司与国家农发行、国开行等金融机构融资20亿元。完成工业用地1200亩、综合用地800亩的报批。

【农业农村稳步发展】全区共完成粮食播种面积86.79万亩，比2015年增加1.19万亩；总产量37.87万吨，比2015年增加0.61万吨，增产1.7%。完成水果扩园1000亩、低改5000亩，发展西瓜种植15.3万亩，新增白茶基地1000亩。全区新增种粮大户230户，新增流转耕地面积2万亩。完成171个村农村土地确权登记，登记合同面积数317405.81亩，实测面积414647.71亩，地块数量605128块，成立区农村产权交易中心推动土地流转。创建省级农民专业合作示范社1个；伊塘镇被评为湖南省美丽乡镇，茶花村被评为2016年“湖南省美丽乡村建设示范村”；全年农村垃圾无害化处理行政村171个，垃圾集中处理率100%。以创建全国农产品质量安全县为契机，逐步构建起从区到乡镇并延伸到基地村组的农产品质量安全体系，建成了7个农业标准化示范基地，面积30万亩；新认证“三品一标”（无公害农产品、绿色食品、有机农产品、农产品地理标志）产品6个。农产品质量安全监管和标准化建设工作任务已基本完成。紧紧抓住项目包装、衔接、申报、服务、实施、监管等重点环节，争取了高标准农田建设、集中育秧、重金属污染耕地应急性修复、农村一二三产业融合发展等农业项目33个，项目资金1.3亿元，进一步夯实全区农业基础设施，提升农业生产的整体水平。

【开放引进迈出新步伐】2016年新批外资项目4个，占年任务100%。到位外资9100万美元，占年任务101%。承接产业转移57个，加工贸易进出口额2388万美元。外派劳务人数621人，对外承包工程和对外劳务合作完成营业额1117.8万美元，占全年任务的106.1%。对外投资中方合同投资1亿美元，占年任务163%。全区55家村淘服务站点全部正式开业，覆盖全区14个乡镇、街道，全年营业额1240万元；新发展电商企业12家，其中省认定电商企业11家。积极参加“沪洽周”、第十一届“东博会”等重点节会招商活动，共签约项目4个。积极与市直40个招商小分队对接，签约引进光伏电站、现代种植养殖产业化、新辉开整体搬迁、金盘世纪城、永州大市场5个投资过亿元的项目。全面开展以商招商，引进富鑫精密五金加工等项目。

【城乡面貌全面改观】2016年，冷水滩中心城区绿地率33.88%，绿化覆盖率37.62%，人均公共绿化面积9.11平方米。城镇化增长率4.66%。全区共查处违章建筑781处，拆除违法建筑313220平方米，占全年任务的120.47%。全区55万人统一登记为居民户口，为企业员工2965人、省内外6946人解决了落户问题。突出名城联创，推进“三创一保”（创建国家交通管理模范城、创建省级文明城市、创建国家园林城市、保国家卫生城市），2016年，永州中心城区实施道路提质和立面改造32条，其中冷水滩区负责征地拆迁的有27条，计划征地2000余亩，房屋征收30万平方米。河东片9条道路：永州大道城区段提质改造房屋征收拆迁在规定时间内全部完成，绿化亮化全部配套到位，慢行道正全速推进；湘江东路立面改造涉及门面31个、拆迁户25户，在2016年6月底全部拆除到位，完成改造总投资8000余万元。湘永路、翠竹路、育才路、逸云路等道路“白改黑”和立面改造保质保量完成。河西片18条道路：潇湘大道、西区路、珊瑚路改造已完成大部分主体工程；梧桐路涉及76户16300平方米拆迁，大部分房屋拆迁，完成道路硬化和标识标线；零陵路综合提质改造完成了大部分工作量；九嶷大道、春江路、传芳路、银象路、紫霞路提质改造已全面启动。整合涉农项目资金，加大农村基础投入，筹措落实建设资金7199.2万元。推进32个行政村水、电、路、房等基础设施建设。提质改造农村公路91.479千米，新建普通公路安保设施21.853千米，帮助9790户农户实施直播卫星户户通工程。全年农网改造实际投资金额共完成1539.81万元，启动新型城镇化电动汽车充电设施建设规划工作。确定伊塘镇孟公山村，蔡市镇零东圩村，高溪市镇普口村，岚角山街道油榨头村，高桥头村等10个村作为全区农村社区建设试点。申报创建品质活力示范乡镇2个，分别是伊塘镇和普利桥镇。国家交通管理模范城市、国家文明城市、国家园林城市等名城创建按照时间节点有序推进。

【项目建设加速推进】实施重点项目344个，完成规模投资260亿元，增长20%。列入市“2016年重大项目投资计划”考核的23个重点项目，年度计划投资24.55亿元，超额完成投资任务，项目实施数量和投资总额居全市第一。全年完成土地征收4000余亩、房屋征收60余万平方米。湘江西岸棚户区改造、逸云路城中村改造、京华中学宿舍区旧城改造、湘江东路源味街等工程较好完成了目标任务。冷水滩区高科技工业园累计完成投入30亿元，落户项目46个，实现产值近10亿元，实现税收6000多万元，安排劳动力就业2500余人。突出项目建设融资，全面开展政、银、企合作，帮助企业较好地解决了融资难题。跑项争资到位资金23亿元，两家平台公司对接资金85亿元，经省级金融机构贷审会通过70亿元，到位36亿元。

【民生福祉持续增进】2016年，全区承办省、市政府重点民生实事考核12项指标任务、18项细化指标，已全部完成，其中超额完成的有10项，切实将各项实事办成群众“满意工程”和“示范工程”。突出教育优先，城区新增学位3000个。公立医院全部实施药品零差率销售，市三医院成为全省第一家县级三级医院。计划生育被评为全市唯一、全省25个之一的“全国优质服务示范县区”。五大保险覆盖面进一步扩大，基本医疗保险覆盖率达103.2%，养老保险参保人数达30.5万人。落实大病救助资金2500万元，争取省、市救助资金9000万元、优抚资金3500万元。强化社会综合治理，全面推行城区网格“1+N”治理模式，城区治安监控设施逐步完善，新安装高清监控探头800多个。深入推进农村网格化建设，在集镇人员密集场所、乡村主要路口安装监控探头166个，完成农村治安监控体系一期建设。积极开展专项打击行动，刑事发案率明显下降。加快精准扶贫，全年完成减贫人口5012人，完成率108%。蔡市镇三龙塘村成为省级脱贫攻坚示范村。提高收入水平，城镇居民人均可支配收入27183元，农村居民人均可支配收入17337元，均为全市最高。村、社区干部待遇进一步提升，村支部书记报酬标准提高到1750元/月，年报酬达2.1万元以上。群众幸福指数不断提升，上榜中国幸福城市20强。

【政务环境不断优化】大力推动网上政务服务，除涉密项目外，做到了网上对接、同步运行、电子监察三个100%到位。现有网上行政审批事项264项，网上电子监察系统受理各类办理事项8201件，办结率100%。完成区直单位、乡镇街道和185个村接入电子政务外网工作，区、镇、村三级电子政务外网100%覆盖。进驻区政务服务中心的窗口单位18个，审批服务事项97项，基本实行一站式审批的运行模式。发文取消行政审批事项38项，承接市级下发8项，调整1项，将区本级行政审批项目精简至137项。严格执行“五证合一”“先照后证”“一照一码”制度，先照后证的企业264家、个体工商户1890户，已发放2779个“三证合一”营业执照。20个执法单位和部门在对企业执法检查前，均按程序到区优化办履行了备案手续。对园区工业企业和园区外重点工业企业实行财政“一站式”打捆收费，对骨干工业企业的收费标准和收费项目严格按照有关规定执行。建立重点项目区级领导和区直单位联系制度，每季度对全区392个重点投资项目和412个重点财源项目完成情况建立台账，帮助解决实际问题210个。不折不扣落实国家小微企业、再就业税收优惠等结构性减免税政策，减免各类税金1000余万元。在全区范围内开展征地拆迁“百日大攻坚”活动，查处“三强”案件66起、“三堵”案件57起，依法打击“三堵”违法人员183人，刑事拘留51人。

【2016年区政府领导班子成员名单】

区委副书记、区长　桂砺锋

区委常委、常务副区长　蔡富强

副区长、区公安分局局长　郑　航

副区长　汤丽娟（女）

吴春华

蒋建辉

张文风

朱昌锋

彭　勇（挂职）

区政府重要会议

【区政府第三十一次常务会议】2016年2月25日，区长唐满平在区政府三楼一会议室主持召开区政府第三十一次常务会议。会议组织学习《中国共产党廉洁自律准则》和《中国共产党纪律处分条例》，听取2015年度绩效评估考核情况汇报，研究《冷水滩区“十三五”时期易地扶贫搬迁实施方案》《关于加大清收信用社不良贷款工作力度的十项措施》。

【区政府第三十二次常务会议】2016年3月17日，区长唐满平在区政府三楼一会议室主持召开区政府第三十二次常务会议。会议传达省、市国土资源工作、公安工作，全市闲置土地清理处置、禁毒、城乡建设和管理工作会议精神，听取建制村合并、水库建设、消防工作情况汇报，研究《关于2016年发展粮食生产的意见》。

【区政府第三十三次常务会议】2016年5月13日，区长唐满平在区政府三楼一会议室主持召开区政府第三十三次常务会议。会议传达国家、省、市计划生育工作电视电话会议、全市民政工作会议精神，听取重点生态功能区县域生态环境质量考核、商务和粮食、“三无”船舶整治、卫生计生、气象工作情况汇报，研究《永州市冷水滩区政府购买棚改服务管理暂行办法》、被征地农民养老保险和浯溪电站水淹区被征地农民养老保险、建立吉首大学非直属附属医院、教师招聘、精准扶贫社会保障兜底脱贫对象联合认定等事项。

【区政府第三十四次常务会议】2016年6月2日，区长唐满平在区政府三楼一会议室主持召开区政府第三十四次常务会议。会议听取国家示范性食品安全事故Ⅲ级应急演练有关情况汇报，审议岚角山街道部分建制村改社区工作，研究台湾高科技（永州）产业园有关事项。

【区政府第三十五次常务会议】2016年8月15日，区委副书记、区长候选人桂砺锋在区政府三楼一会议室主持召开区政府第三十五次常务会议。会议听取曲河街道村改社区、“三实”信息采集、法治冷水滩、生态公益林区划界定情况汇报，研究乡村教师支持计划（2016—2020年）、婚姻登记创AAA、乡镇网络报灾平台建设、福利中心建设、精准扶贫卫生计生支持计划、公立医院改革、乡镇（街道）卫生计生机构改革、挂图作战和精准扶贫档案管理有关事项。

【区政府第三十六次常务会议】2016年9月23日，区委副书记、代区长桂砺锋在区政府三楼一会议室主持召开区政府第三十六次常务会议。会议组织学习市委办、市政府办《关于进一步加强国有建设用地供应监管工作实施意见》，听取活禽市场搬迁、公务用车制度改革、农村综合服务平台建设、2016年度绩效评估、社会保障兜底脱贫对象认定和总工会工作情况汇报，审议《2016年冷水滩区优化经济环境和机关效能建设工作考核办法》《冷水滩区电子商务工作目标管理考核实施细则》《永州市冷水滩区政府购买服务操作规程（试行）》《冷水滩区城市公立医院综合改革试点实施方案》《关于加强基层医疗卫生服务体系建设的实施意见》《永州市冷水滩区公务用车制度改革总体方案》及唐某所犯错误处理意见，研究公立医院改革工作。

【区政府第三十七次常务会议】2016年10月21日，区委副书记、代区长桂砺锋在区政府三楼一会议室主持召开区政府第三十七次常务会议。会议组织学习《中国共产党问责条例》，听取安全生产、特种设备安全监管和迎接市政府质量考核、保障性住房建设及分配、农村饮水建设项目、消防工作、禁毒工作、三年交通大建设工作、公路养护、校车道路安全、打击和处置非法集资情况汇报，审议《冷水滩区落实〈水污染防治行动计划〉（2016—2020年）》、《冷水滩区水污染和大气污染治理实施方案（2016—2020年）》、《冷水滩区2016—2020年农村改厕工作实施方案（讨论稿）》、《冷水滩区创建国家园林城市考核奖惩办法》、保障性安居工程配套基础设施项目施工招标方案、德源路污水处理泵站扩容压力管工程和湖塘路廉租房设备用房及配套附属设施招标方案，研究潇湘省级湿地公园项目申报相关工作。

【区政府第三十八次常务会议】2016年11月15日，区委副书记、代区长桂砺锋在区政府三楼一会议室主持召开区政府第三十八次常务会议。会议组织学习《中华人民共和国行政强制法》《最高人民法院关于办理申请人民法院强制执行国有土地上房屋征收补偿决定案件若干问题的规定》，听取食品药品安全工作考核，“村村响”工程、全民健身服务中心、文化艺术中心建设、2015年度退役士兵接收及有关安置工作情况汇报，审议《政府工作报告（征求意见稿）》《关于冷水滩区2016年财政预算执行情况和2017年财政预算草案的报告》《2016年度国民经济和社会发展预案执行情况和2017年工作打算（征求意见稿）》《冷水滩区保障性住房分配工作实施意见》《2016年度冷水滩区推进新型城镇化考核办法》《冷水滩区商贸统计工作管理办法》，研究原台湾高科技（永州）产业园项目用项结算有关事项。

【区长办公会议】2016年1月9日上午，区长唐满平在区政府三楼小会议室主持召开区长办公会议，专题研究全区2016年企业债券发行工作。区政府副区长，区政府办、区监察局、区财政局、区经建投公司和高科建公司主要负责人参加会议。会议在充分听取区财政局、区高科建公司前期工作情况汇报的基础上，通过深入讨论研究，形成了一致意见。

2016年3月11日，区长唐满平在区委九楼常委会议室主持召开会议，专题研究区高科建公司融资和发债提供抵押物相关问题。区政府副区长及有关单位负责人参加会议。

2016年4月5日下午，区长唐满平在区政府三楼一会议室主持召开区长办公会议，专题研究潇湘园生态休闲中心项目遗留问题处理、农科园体制调整有关工作。区委常委、区委办主任胡勇刚，区政府副区长参加了会议，区政府办、区财政局、区人社局、区民政局、区卫计委、区住建局、区国土资源分局、区规划分局负责人列席会议。会议通过讨论研究，形成一致意见。

2016年9月1日上午，区委副书记、代区长桂砺锋在区政府三楼一会议室主持召开区长办公会议，专题研究安置小区建设有关问题。区政府副区长候选人参加会议，区政府办、区政府督查室、区住建局、国土资源分局、区城建办、区征收办和相关街道办事处及有关安置小区建设指挥部负责人列席会议。会议在听取相关情况汇报的基础上，就有关问题进行讨论研究。

2016年10月30日下午，区委副书记、代区长桂砺锋在永州市冷水滩区经济建设投资公司会议室主持召开区长办公会，专题研究冷水滩区国有工矿棚户区改造二期项目融资问题。区委常委、常务副区长蔡富强，副区长候选人、政府办主任张文风出席会议，区监察局、区财政局、区审计局、区住建局、区国土资源分局、区发改委、区环保局、区政府采购办、区经建投公司等单位的负责人参加会议。会议就有关项目融资问题进行研究，并形成一致意见。

2016年10月31日上午区委副书记、代区长桂砺锋在永州市冷水滩区经济建设投资公司会议室主持召开区长办公会，专题研究湖塘路安置小区项目融资问题。区委常委、常务副区长蔡富强，副区长候选人、政府办主任张文风出席会议，区监察局、区财政局、区审计局、区住建局、区国土资源分局、区发改委、区环保局、区政府采购办、区经建投公司等单位的负责人参加了会议。会议就有关项目融资问题进行了认真研究，并形成了一致意见。

2016年10月31日下午，区委副书记、代区长桂砺锋在永州市冷水滩区经济建设投资公司会议室主持召开区长办公会，专题研究书香华庭安置小区项目融资问题。区委常委、常务副区长蔡富强，副区长候选人、政府办主任张文风出席会议，区监察局、区财政局、区审计局、区住建局、区国土资源分局、区发改委、区环保局、区政府采购办、区经建投公司等单位的负责人参加了会议。会议就有关项目融资问题进行研究，并形成一致意见。

2016年11月2日，区委副书记、代区长桂砺锋在永州市冷水滩区经济建设投资公司（以下简称区经建投公司）会议室主持召开区长办公会，专题研究农村综合服务平台建设项目融资问题。区委常委、常务副区长蔡富强，副区长候选人、政府办主任张文风出席会议，区监察局、区财政局、区审计局、区住建局、区国土资源分局、区发改委、区环保局、区经建投公司等单位负责人参加会议。

2016年重要决策

【《永州市冷水滩区困难残疾人生活补贴和重度残疾人护理补贴发放实施细则（试行）》出台】2016年7月，为解决残疾人特殊生活困难和长期照护困难，改善其生活质量，保障其生存发展权益，根据《湖南省人民政府关于全面建立困难残疾人生活补贴和重度残疾人护理补贴制度的实施意见》等文件精神，冷水滩区出台《永州市冷水滩区困难残疾人生活补贴和重度残疾人护理补贴发放实施细则（试行）》（以下简称《实施细则》）。《实施细则》明确：困难残疾人生活补贴最低标准为每人每月50元，重度残疾人护理补贴最低标准为每人每月50元。根据上级财政“两项补贴”资金安排和全区经济社会发展、财政状况和物价变动等因素，原则上补贴标准每两年调整一次。按自愿申请、逐级审核、补贴发放、定期复核程序办理。

【《冷水滩区保障性住房分配工作实施意见》出台】2016年12月，为加快已建成保障性住房的分配进度，确保分配工作公平、公正、公开，根据《湖南省公共租赁住房分配和运营管理办法》等文件精神，出台《冷水滩区保障性住房分配工作实施意见》（以下简称《实施意见》）。《实施意见》明确：分配房源范围为2011年以来由冷水滩区申报建设的公租房。具体包括：政府与企业合建的公租房、平台公司建设的原廉租房、乡镇政府及教育卫生系统建设的公租房。具体的公租房项目分配，依据相关规定制定具体分配方案，包括房源位置、意向登记时限和地点等内容。房源分配信息在冷水滩区政府网、《永州日报》、区住建局网站等媒介渠道公布。还明确了分配对象的申请条件，审核程序，入住、使用与退出，租金标准及收取管理，产权管理及小区物业管理等相关内容。

【《冷水滩区水污染和大气污染治理实施方案》（2016年—2020年）出台】2016年12月，为扎实推进生态文明建设，有效保持并改善全区良好的水和大气环境质量，保障人民群众的环境权益，促进经济社会全面协调可持续发展，建设生态文明示范区，根据《关于印发水污染防治行动计划的通知》等文件精神，冷水滩区出台《冷水滩区水污染和大气污染治理实施方案（2016—2020年）》（以下简称《实施方案》）。《实施方案》明确：加强工业废水、城镇生活污水、城市黑臭水体、农业农村水污染治理，加强船舶污染控制、地下水污染防治和对良好水体的保护，保障饮用水水源安全；加强工业废气、燃烧废气、扬尘污染、饮食业油烟和机动车尾气治理。到2020年，工业企业废水实现稳定达标排放，中心城区生活污水处理率达95%以上。水环境质量总体趋向更好，小河小溪水质明显改善，大中型水库水质保持良好，饮用水安全保障水平持续提升，城镇集中式饮用水源水质达标率达100%，农村集中式饮用水源水质达标率达95%，境内湘江干流及主要支流水质保持或优于Ⅲ类标准，湘江干流出境水质达到Ⅲ类标准，其他水体无黑臭现象。到2020年，工业企业废气实现稳定达标排放，二氧化硫、二氧化氮、可吸入颗粒物、细颗粒物年均浓度相比2015年有所下降，其中，可吸入颗粒物、细颗粒物年均浓度指标比2015年下降5%以上。全区环境空气质量保持良好并总体有所改善，辖区内重污染天气明显减少，中心城区环境空气质量排位全省前列，环境空气优良率大于85%，自然保护区和其他需要特殊保护区域达到《环境空气质量标准》（GB 3095—2012）一级标准，其他区域达到二级标准。

区政府办公室工作

【概况】冷水滩区政府办设17个内设机构：文秘室、应急管理办公室、经济研究室、政务联络室、督查室、政工室、金融办、法制办公室、民族宗教事务办公室、财经室、农经室、社会发展室、工交室、商贸室、城建室、社会管理室、区优化经济发展环境办公室。机关党组织、纪检（监察）机构和群团组织按有关规定和章程设置。机关核定行政编制33人，其中：主任1人，副主任7人，纪检组长1人，区优化经济发展环境办公室主任（副科级）1人。2016年，冷水滩区政府办深入贯彻落实中共十八大精神，按照市政府办的工作部署，围绕区委、区政府的中心工作，充分发挥参谋助手、组织协调、政务服务、督促检查和后勤保障等职能，较好地完成了文秘、信息、督查、为民办实事好事和民族宗教工作任务，保证和促进了区政府各项工作高效运行。2016年获评全区年终绩效考核优秀等次。

【文秘工作】牢固树立公文精品意识，进一步完善材料起草、审校、审批签发、复印装订、签章、发文及存档等程序。2016年，共制发、处理各类文件738个，登记处理各类文件近1100件，处理会议通知500余个、传真电报400余份，所办理文稿均达到较高水平。认真做好会务的统筹协调，特别是对区政府全体成员会议、常务会议等一些高规格会议，坚持做好会议决策前的各项准备工作，提前对需要审议的议题进行认真审核，从源头上确保会议的高效性。会后在第一时间将会议议定事项进行细化分解，并抓好督促落实。2016年，共组织全区性大型会议20余次、政府常务会议22次、区长办公会议30余次，组织重点工程、项目等领导调度和视察活动50余次，保证区领导决策的贯彻落实。

【信息工作】立足对上、对下两个服务重点，加强信息工作规范化建设，努力挖掘深层次信息，坚持每日至少上报2条信息。2016年，共向市上报信息近600余条，其中被采用100余条。围绕全区中心工作和热点、难点问题，加大专题调研力度，先后组织撰写推进新型工业化、社会网格化治理、加强与创新社会管理、精准扶贫等方面的理论文章6篇。

【督查工作】围绕执行力建设，狠抓决策落实。2016年，共接收市委常委会议纪要28期，其中涉及冷水滩区的12期60个事项；接收市委常委办公会议纪要16期，其中涉及冷水滩区的7期100个事项，均按照市委要求进行了交办、督查，共开展督查27次，下发督办函76份，上报落实专报8期，所有事项落实到位。围绕中心工作，狠抓促进落实。重点抓好2016年市委经济工作会议和《政府工作报告》确定的32个重大工作事项、65项具体工作任务的督查督办，逐一分解到30个区直责任单位和各个乡镇、街道，明确具体牵头区级领导、责任单位和具体责任人，目标任务全部落实。围绕绩效考核，狠抓督查落实。对28个单项考核方案进行汇总，根据考核有关要求，对考核细则、奖励比例和金额进行初审，建立健全台账。其中，对信访维稳、计划生育、为民办实事等20余项中心工作开展督查20余次，下发督查通报11期，有力促进各项重大决策和部署的贯彻落实。共办理区人大代表议案1件、建议65件，区政协委员提案78件，办复率100%，确保区委、区政府重大决策和重要工作部署的落实。

【为民办实事办好事】市定“六件惠民实事”成效明显。加快推进保障性住房和棚户区建设，2016年，城市棚户区改造安置住房开工建设4633户，基本建成2130套，较好地解决企业职工和基层专业人才的住房困难。深入开展城市小区整治，指导成立小区业主委员会22个，在中心城区103个物业小区成立16个小区业主委员会，名门世家小区成功创建为全市中心城区示范小区。大力整治农村环境污染，整合涉农项目资金，筹措落实建设资金7199.2万元。重点启动伊塘镇茶花村、蔡市镇邓家铺村、高溪市镇普口村、上岭桥镇仁山村等6个美丽乡村建设，大力推进32个行政村水、电、路、房等基础设施建设。开展放心食用油和米粉整治，对全区餐饮服务单位进行全面调查摸底，出动执法人员1700余人次，对4家食用油加工企业、2家米粉生产企业、50家家庭式榨油坊、1321家餐饮服务单位进行了检查。冷水滩区是全市唯一没有米粉加工小作坊的县区。全区全年未发生一起因食用油、米粉引起的食品安全事故。加快推进“五小水利”工程建设，全年完成水利投资2640万元。完成小塘坝工程512处，小渠道工程96处、136千米，小泵站工程5处。开展社会安全整治活动，全年未发生死亡及财产损失5000万元（含）以上的火灾事故；及时稳妥应对各类突发事件，处置因非正常死亡引发的群体性事件52起，成功化解群体性游行事件2起。年内，共开展5次农村治安突出问题专项整治行动，有效整治突出问题，确保安全稳定。在区司法局新址建成冷水滩社区矫正中心。超额完成市下达的专项整治行动的各项任务指标。圆满完成省、市重点民生实事考核12项指标任务、18项细化指标，其中超额完成的有10项。全区共帮助城镇5317人实现就业，提质改造农村公路91.479千米，新建普通公路安保设施21.853千米，帮助9790户农户实施直播卫星户户通工程，新增养老服务床位268张，对20名贫困残疾儿童进行抢救性康复，对80名贫困重性精神疾病患者进行救治救助等。建设社区矫正中心1个，农村自来水建设普及率达70.44%，建设农村公办幼儿园2所，完成美丽乡村示范村建设1个，农村信息化工程行政村通宽带28个，解决一大批人民群众关心的就业、就医、就学、出行以及社会保障、老有所养等热点、难点问题，人民群众普遍得到了实惠。

【民族宗教工作】冷水滩区是永州市外来少数民族经商最多、流动最为频繁的县区之一，现有苗族、维吾尔族、藏族、土家族等29个少数民族，共有常住少数民族4000余人，流动及暂住少数民族3000余人。有经登记批准开放的宗教活动场所6处，分别是文昌阁、潇湘禅寺、绿溪寺、寿福寺、高水庵、普照禅寺，常住宗教教职人员26人，信教徒3万余人。近年来，冷水滩区高度重视民族宗教工作，大力宣传党的民族宗教政策，维护少数民族和宗教团体的合法权益，为全区的社会稳定、民族团结做出了积极的贡献。抓宣传教育，将民族宗教政策法规列入区委中心组学习，以民族团结进步宣传月活动为载体，深入村寨、社区、校园、企业、宗教场所等基层一线广泛宣传《城市民族工作条例》、《散居少数民族工作自治条例》等党的民族宗教政策，印发各类宣传资料2000余份。组织各族群众与区内的回族、维吾尔族、东乡族群众共度传统佳节——古尔邦节，既有利于民族政策宣传，又有利于密切各民族间的关系。抓主题创建，深入开展民族团结进步示范社区创建工作，支持又一村社区、活龙井社区申报创建民族团结示范社区。开展“和谐寺观教堂”创建活动，开展整顿活动6次，排查宗教活动场所存在的安全隐患10个，安排专项整改经费。抓政策落实，扎实做好高考招生享受民族优惠政策考生审核工作，审核享受民族优惠政策的少数民族考生40人。抓好民族成分更改工作，办理民族成分更正6份。落实宗教教职人员社会保障政策，将全区所有宗教教职人员的社保、医保补助列入财政预算给予保障。抓依法管理，增强城市少数民族服务管理力度，解决城市少数民族群众生活就业、经商服务、法律援助、小孩上学等困难和问题。执行宗教活动场所设立审批登记制度，对宗教活动场所举办大型宗教活动、邀请外籍宗教教职人员进行临时宗教活动或讲经传道、接受国（境）外捐款等，依法进行审批和监督。召开全区宗教工作联席会议，安排部署打击非法违法宗教活动，净化宗教活动环境。抓矛盾调纠，依法依规处理涉及少数民族矛盾纠纷，共排查调处各类矛盾纠纷和不稳定因素20余起，积极稳妥化解有关少数民族居民门面租赁（转让）、占道摆摊纠纷等矛盾。抓队伍建设，加强宗教团体组织建设，帮助各宗教团体建立健全指导场所工作的制度体系。引导宗教界人士投身社会公益事业，宗教界累计为赈灾救灾、助学助残、扶贫帮困等公益、慈善事业捐款近3万元。努力提高民族宗教界人士政治地位，发挥他们参政议政的作用，推荐文昌阁释慈真担任市政协委员，绿溪寺释来缘、潇湘禅寺释静发担任区政协委员。

政府法治工作

【概况】2016年，冷水滩区政府法制办审核把关政府文件共143件，动态管理“三个清单”1066项，公布保留清单项目1279项，受理行政复议申请20件，代理区政府出庭应诉46件，组织律师团对重大合同提出法律意见110条，对10个单位的行政处罚案卷进行了重点抽查。

【审核、备案规范性文件】2016年，区政府法制办按照依法行政的总体要求，执行制定、公布政府规范性文件合法性的审查制度。全年共出具相关法律意见书85份，审核把关政府文件83件，其中审核把关规范性文件23件。共提出审核意见和建议30条。审核把关非规范性文件60件，共提出审核意见和建议50条。区政府报送市政规范性文件备案共22件。

【做好“三个清单”动态管理】全面完成“三个清单”（即权力清单、责任清单、负面清单）动态管理工作。全区26个单位的责任清单1056项，其中主要工作职责433项，与相关部门有职责分工或交叉职能208项，事中事后监管235项，公共服务事项180项。区本级有27个单位纳入权力清单范围；权力类别达10项，包括行政许可、行政处罚、行政强制、行政征收、行政给付、行政确认、行政奖励、行政检查、行政裁决和其他行政权力；公布保留行政职权，共计保留清单项目1279项，其中行政许可121项、行政处罚740项、行政强制105项、行政征收21项、行政给付13项、行政确认31项、行政奖励15项、行政检查99项、行政监督9项、行政裁决4项、其他行政权力121项，部门共性行政权力11项，审核转报类55项。

【依法办理行政复议】2016年，区政府法制机构共收到复议申请23件。其中受理20件，不予受理3件。受理后，撤回申请2件，其中维持10件，撤销4件，调解4件。

【代理政府出庭应诉】2016年，受区政府委托，区政府法制办代理区政府出庭应诉46件，其中行政应诉44件，民事应诉2件，均胜诉；配合指导相关部门代区政府出面答辩行政复议案件10件；参加区政府常务会议20次，参加区政府领导组织的办公会、协调会30次；审核与区政府签订的经济合同27份。

【法律顾问工作】2016年，区政府法律顾问团由原来3人增至6人，由法律顾问团参与的重大行政决策30件，对重大合同提出法律意见110条，充分发挥法律顾问团在重大行政决策、推进依法行政中的积极作用，进一步防范行政决策法律风险，提高政府依法决策水平。2016年，法律顾问参与代理行政诉讼案42件。

【执法监督】组织开展重要领域执法行为监管。对全区行政执法案卷进行集中评查评选、重点单位评查及案卷抽查。其中重点抽查区公路局、食药监局、卫生监督所、林业局等10家单位的行政处罚案卷，评查完毕后，每份案卷都附有案卷评查记录表，并与相关单位进行交流，督促存在问题的单位整改，不断提高执法水平。组织行政执法资格考试。2016年是全省第五轮行政执法人员执法资格考试和资格认定年，召集全区具有行政执法职能的单位主要领导传达了上级文件精神，要求各部门各单位加强领导，精心组织单位人员参加全省执法资格考试。全区共1375人报名参加考试，实际合格人数936人，合格率达74%，圆满达到了市政府对各县区行政执法资格考试合格率达70%的要求。组织依法行政考核。结合依法行政推进进程，11月出台《冷水滩区2016年度依法行政考核方案》，细化依法行政考核指标体系，严格对各单位进行考评考核，同时将依法行政纳入全区综合目标考核，有力地促进了依法行政工作的深入开展。

政务服务与公开

【概况】冷水滩区政务服务中心于2002年10月9日启动运行，是为进一步优化全区经济和社会发展软环境，加快政府职能转变，切实改进工作作风，努力提高办事效率，促进廉政建设而设立的办事机构。负责对纳入政务中心办公的单位进行管理、协调和监督，并指导督促全区政务公开、政务信息公开工作。

区政务服务中心设立常驻办事窗口的有民政局、农机局、教育局、消防大队、安监局、食药监局、人社局、林业局、卫计委、文体新旅局、国土分局、发改委、畜牧水产局、交通局、环卫局、科经信委、水利局、农业委、公路局、住建局、园林处、环保局22个单位。共有100余项行政审批事项在区政务服务中心集中受理。

冷水滩区政务服务中心将对外服务功能的区属部门集中在一起，按照“窗口化办公、一站式审批、一条龙服务”的超市形式，根据政务公开的原则为法人和群众到政府机关办事提供便捷的场所，为政府部门实施具体行政行为提供透明的环境，为政府领导协调部门的行政活动提供高效的机制。

冷水滩区政务服务中心实行“窗口受理、内部运作、统一收费、限时办结”的运作方式。进入中心的行政审批事项，统一由设在中心的窗口受理，各单位均不再直接受理。对受理的多环节行政审批事项，由中心内部进行协调，对外实行一个环节办结制。对进入中心的行政审批项目收费，均按物价部门核定的标准，由中心统一收取。对进入中心的行政审批事项，要求按照承诺时限及时办结。

【规范行政审批行为】全区有行政审批权的职能部门按照“应进尽进”的要求，行政审批项目基本进驻到政务大厅集中受理审批。2016年，全区具有行政审批的22个单位进驻政务服务中心集中审批，同比2015年增加进驻单位8个，窗口工作人员30余人，进驻事项80余项，办结率100%，无违规违纪现象发生，初步形成“进一个门办所有事、大厅之外无审批”的目标。优化行政审批流程，在《湖南省优化经济发展环境十条禁止性规定》要求提速1/3的基础上，按照市要求对重点执法部门办结期限再缩短1/3以上，一般事项审批做到即日办结，复查事项审批不超过7个工作日，特别复查事项的审批期限不超过15个工作日。修订完善《冷水滩区政务服务中心窗口人员考勤制度》《工作人员服务规范》《办事群众投诉处理制度》等，以制度管人管事，工作程序公开透明，业务服务规范有序，为中心依法行政工作奠定良好基础。

【夯实基层政务服务基础】全区各乡镇、街道（含工业园区、马坪农业开发区）政务大厅按区委、区政府要求建成投入运行，各村（社区）便民服务中心建设工作按照市下达目标任务全面完成，基本做到“三固定、四统一”，即人员固定、联系电话固定、地点固定，统一标牌、统一设备、统一制度、统一公示栏。区政务服务中心定期对基层政务平台进行督查考核，从场地建设、部门进驻及授权、工作作风情况进行督查，重点对政务工作人员是否到岗到位、挂牌上岗和工作推诿等方面进行督查；督查中发现的问题，及时与乡镇、街道进行沟通，提出建设性意见，推进基层政务工作高效运转。配合农村综合服务平台建设同步推进，5月，组织召开农村综合服务平台（城乡网格化）信息系统业务培训会，共有22个试点村（居）、10个乡镇、相关街道、区直单位的180余人参加专题业务培训。

【规范政务信息公开】按照《关于认真做好〈中华人民共和国政府信息公开条例〉实施工作的通知》《冷水滩区政府信息公开责任追究办法（试行）》和《冷水滩政府信息公开保密审核制度（试行）》等文件精神要求，结合省、市的最新要求和人民群众所需，以规范政府行政行为为核心，以为民、便民为宗旨，突出抓好政府信息公开的质量，规范政府信息公开的内容。坚持把群众最关心、与群众关系最密切的民生事项作为政府信息公开的重点，确保政府信息生成后及时公开。区政务公开领导小组要求各责任单位下发的各类文件，在保密性和规范性审核、印发后随即上网公布。建立政府信息公开基础台账，出台政府信息公开规范性和保密性的审核发布制度。要求各单位严格按照区政府信息公开工作部署，结合本单位的工作实际，制定出本单位的政府信息公开保密和审核制度。

【政务服务监督】区政务服务中心每月将群众投诉、迟到早退、缺岗缺勤等违反工作纪律的窗口工作人员名单报送至区纪委，严格按照相关规定进行通报和处理。各窗口单位工作人员以及区政府决定进入区政务中心集中办理的政务服务事项，仍在原单位办理或“两头”办理的工作人员纳入中心岗位责任制考核。对不及时重新编制《政务服务项目办事指南》，不按要求压缩时限、优化程序等违反“两集中、两到位”（一个行政机关的审批事项向一个处室集中，行政审批处室向行政审批服务中心集中；保障进驻行政审批服务中心的审批事项到位、审批权限到位）改革要求的，由区政府督查室、区优化办、区政务中心不定期督查，提出督查建议，严肃追责。

电子政务管理

【概况】区电子政务管理办公室于2002年6月成立，原名为区经济信息中心，2015年更名为区电子政务管理办公室，属正科级事业单位（公益一类事业单位），主管部门系区政府办公室。中心内设信息化管理办公室。在职编制人数11人，其中主任1人，副主任4人。主要工作职责：贯彻执行国家有关信息化和信息产业的法律法规、编制全区信息化发展总体规划；依法对全区经济信息市场进行管理和协调；组织规划建设政府信息化办公平台，协调促进行业、部门、面向社会服务网的互联互通和信息资源共享。

2016年，按照区委、区政府进一步加大政府门户网站建设和保障力度、提高网上政务服务水平的总要求，推进电子监察系统、电子政务外网、“互联网＋监督”、信息化、智慧永州等平台建设，全面完成市绩效评估以及承担省定指标优化发展环境与企业减负、网格化管理等项工作任务。

【电子政务外网建设】2016年，按照省信息产业厅《湖南省电子政务外网平台技术规范》《湖南省电子政务外网平台应用规范》文件要求，完成区电子政务外网平台建设，实现电信200兆宽带接入，配备消防报警、新风系统及不间断供电系统（UPS）、屏蔽机柜、核心防火墙及交换机，入侵检测、漏洞扫描等软硬件设备。通过电信组网覆盖连接全区各个乡镇（街道）及区直部门，并与市政府电子政务外网互联互通，全面完成区党政机关互联网出口统一工作。

【政府网站建设和运维】推进政府网站群集约化建设。根据上级文件要求，结合全区实际情况和电子政务规划，谋划区政府网站改版升级。围绕“政务公开、网上办事、政民互动”三大功能定位，初步设置“魅力潇湘、信息公开、政府服务、政民互动”四大板块，100多个子栏目。以“整合、重构、创新、便捷”为导向，参照中央、省、市政府网站以及部分全国优秀网站等新型设计理念，重构网站，突出“三新、三多”，即界面新、风格多，内容新、资源多，专题新，方式多。多措并举，确定网站内容更新及时准确。督查和调度报送部门信息，安排专人进行网站信息报送督促检查，采取奖励、考评、同步推送、自采等措施，建立信息员联络制度，拓展信息来源，每天收（采）集信息100多条，审核更新信息40多条，加快了网站内容更新。加强培训，确保网站运维质量。区政府每年召开信息（网站）工作会，邀请相关人员对信息员进行写作、摄影、网站维护等专业培训，提高网站的运维水平；组织乡镇部门网站维护人员参加网站运维培训。

【政务公开和政民互动】根据全省政府信息公开工作要求，不断完善区政府信息公开网目录，将信息公开网和政府网站进行整合，基本实现政府网站群、政府信息公开网、信息发布统一。加大信息公开力度，健全政府信息公开常态机制。明确信息公开责任、范围，畅通公开渠道，完善公开监督和保障机制。扩大信息公开的范围，公开政府重点工作和公众关注的热点问题、政策法规的解读，注重发布机构领导、政府文件、人事招考、招标采购、统计数据、重点工程领域项目等内容，突出便民为民服务原则，把社会、公众关心的热点难点问题及时上网公布。2016年，全区各单位主动公开信息2万条，依申请公开1万条，回复2000条，回复率100%。强化信息公开督查及调度。全年共受理“部门信箱”和“百姓畅言”350条，区政府网站“部门信箱”和“咨询建议”810条，区长信箱50条，着力提高“网上问政”的回复率。

【保障政务信息安全】2016年，中心机房增加网络入侵防御系统、入口防火墙、防篡改防火墙、上网行为设备、网络存储等设备，堵信息安全事故源头，力争实现信息安全“进不来，看不到，改不掉，跑不了，赖不掉”的目标。制定《冷水滩区互联网网络安全应急预案》《冷水滩区政府网站安全暂行管理办法》《冷水滩区政府信息发布保密审查暂行办法》和《冷水滩区政府信息公开责任追究办法》等安全规定，进一步明确电子政务外网、内网接入办法、范围、安全责任义务等。安排人员每日对网站进行安全监测，记录《网站信息安全监测登记表》，发现问题及时通知相关单位，及时解决，防止事态扩大。

政协冷水滩区委员会

政协冷水滩区委员会主席、副主席合影

概　　述

【概况】政协永州市冷水滩区委员会办事机构设“一室四委”，即办公室，提案联络委员会、学习文史宣教卫体委员会、经济科技人口资源环境委员会、民族宗教法制群团三胞联谊委员会。区政协机关核定行政编制18人，工勤编制2人。2016年，区政协全面贯彻中共十八大和十八届三中、四中、五中、六中全会精神，深入贯彻习近平总书记系列重要讲话精神和治国理政新理念新思想新战略，全年开展政协全体会议协商2次，专题议政性常委会议协商4次，专题视察协商4次，界别协商4次，提案办理协商6次，听取和协商专项工作报告14项，提交协商意见建议21篇。民主评议区林业局、区环卫局，督促整改问题24个。严格落实换届纪律，协商通过重大人事事项，圆满完成政协换届。区政协机关获得全区绩效评估优秀单位和意识形态工作、人口与计划生育工作先进后盾单位等5项区级荣誉称号。

【2016年区政协主席、副主席名单】

区政协主席
党组书记　秦少义

区政协党组副书记
副主席　刘洪波

区政协副主席（兼）
区检察院副检察长　熊　健

区政协副主席　翁天宝

区政协党组成员
副主席　唐基和

区政协副主席（兼）
区工商联主席　汤丽（女）

重要会议

【区政协八届四次会议】2016年1月15—18日，区政协八届四次会议在冷水滩举行。会议认真学习讨论了区委书记欧阳元初讲话，审议批准了区政协主席盘贵元代表政协永州市冷水滩区第八届委员会常务委员会所作的工作报告和区政协副主席唐英波所作的提案工作报告。会议听取和审议了区人民政府工作报告、区人民法院工作报告、区人民检察院工作报告以及区“十三五”规划。委员们围绕冷水滩区经济建设、政治建设、文化建设、社会建设和生态文明建设中的重要问题，积极议政建言。

【区政协九届一次会议】2016年11月24—27日，区政协九届一次会议在冷水滩举行。区委书记何冲龙在开幕式上讲话，

11 月 25 日，区政协九届一次会议开幕（区政协 提供）

对区政协过去四年的工作给予充分肯定，对政协今后五年的工作提出了很好的建议。区委书记何冲龙对《关于完善冷水滩区全面两孩政策配套措施的建议》《对冷水滩区精准扶贫的建议》《破解难题扫除障碍全方位推进冷水滩农民工市民化》3 篇委员发言第一时间进行批示。会议听取区人民政府区长桂砺锋在九届人大一次会议上所作的政府工作报告，赞同区人民法院工作报告、区人民检察院工作报告以及其他报告。审议通过了政协永州市冷水滩区第八届委员会主席盘贵元代表政协永州市冷水滩区第八届常务委员会所作的工作报告和区政协八届委员会副主席唐英波所作的提案工作报告。会议选举产生了以秦少义为主席的第九届区政协领导班子。

协商监督

【月月协商】2016 年，区政协按照全国政协关于举行双周协商座谈会的要求，主动向区委汇报，与区政府沟通，制定《2016 年政协协商工作计划》，明确协商议题、协商形式、协商人员、协商成果报送和协商意见处理反馈办法。区委以 7 号文件转发，对年度协商工作进行整体安排，建立了以专题议政性常委会议协商为主的“月月协商”制度。区政协围绕区第八次党代会报告、半年全区经济社会发展和计划财政工作情况，以及行政区划调整、新型农村合作医疗等内容召开 12 场协商座谈会，累计提出协商意见 126 条。区政府及相关部门积极采纳和落实协商建议，推动相关工作取得成效。

【其他协商】2016 年，区政协常委会坚持听取区政府关于政协提案办理情况通报，并通过政府领导领办、政协主席督办、政协专委会协办，加强现场办理和区委办、区政府办联合督查，加大提案督办力度，审查立案的 36 件提案得到办复、落实。

【视察监督】2016 年，区政协先后 4 次组织委员专题视察了乡村旅游、控违拆违、重点项目、农业开发等工作。委员们从乡村旅游发展规划、控违拆违长效机制、重点项目建设监管、农业开发效益评估等方面畅所欲言、咨政献策，并督促整改，推进工作，扩大了民主监督的影响力。

【民主评议】2016 年，区政协组织委员对区林业局、环卫局进行民主评议。委员们在评议过程中，总结被评议部门的成绩和经验，指出存在的问题和不足，提出整改意见，促进机关效能建设和作风转变。坚持参加区公安局、检察院、法院、信访等部门单位的“公众开放日”和民主测评会，围绕贯彻实施法律法规、落实党风廉政责任制和人才队伍建设开展多种形式的监督活动，做到在参与中监督、在监督中支持。

【议政建言】2016年，区政协着眼大事要事，精心选择议题，扎实调研，汇集民智，凝聚共识，有序参政议政，助推科学发展。按照“专、精、深、实”的要求和“党政所需、群众所盼、政协所能”的原则加强调查研究。针对宏观经济“新常态”，区政协就农业供给侧结构性改革、优化民营经济发展环境、控违拆违长效机制建设以及有关具体政策进行深入调研思考，提出一些建设性的意见。组织部分市、区政协委员联合调研宋家洲开发建设，形成专题报告，列入市政协四届五次会议大会发言，为市、区党政决策提供了有益参考。区政协注重对接省、市政协调研活动，发挥界别小组作用，整合乡镇街道政协联工委力量，着重就“全面两孩政策配套”等10个课题，提交《关于完善冷水滩区全面两孩政策配套措施的建议》等报告，被省政协评为优秀调研报告。建立委员联系社区工作制度，完善反映社情民意的机制，推动委员围绕“加强电动摩托车管理”“创建文明城市”“创建园林城市”等方面，报送社情民意信息39篇，其中市政协采用13篇，区政协采纳22篇。

联系点工作和文化建设

【联系点工作】2016年，区政协领导班子成员所联系的珍珠商贸城安置小区等26个重点工程项目建设和负责“创国卫”专业组、渣土管理、控违拆违、锰矿整治等工作，主动攻坚克难，及时完成任务。联系的全市规模最大、可安置拆迁户最多的珍珠商贸城安置小区，坚持精选人员，加强工作力量，推行跟踪服务，按照“统一规划、统一设计、统一招标（议标）、统一建设、统一管理”模式落实集中安置建设，安置345户、768人，启动建设安置房19栋，其中入住5栋，主体工程完工3栋，在建11栋。组织政协机关干部深入开展“一进二访”活动，进村入户结对帮扶，多渠道、多途径为联系点黄阳司镇同乐滩村筹集资金14.3万元，推动产业发展，推进精准扶贫。

【文化建设】2016年，区政协机关被评为“文史博览”宣传工作先进单位，在《湘声报》《永州政协》等省、市级媒体发表文章消息16篇，《以五大发展理念指导做好新形势下提案工作》获省政协优秀论文奖，在全区“红旗颂”合唱、工间操比赛中获二、三等奖。

2016年11月26日，区委副书记、区长桂砺锋，区委常委、常务副区长蔡富强等领导深入委员学习小组面对面听取委员建议（区政协 提供）

区政协主席秦少义（左二）调研冷水滩区现代农业科技园永州联池生物科技公司厂房建设（屈胜 摄）

民主党派 社会团体

中国国民党革命委员会永州市冷水滩区支部

【概况】中国国民党革命委员会永州市冷水滩区支部（以下简称民革冷水滩区支部）共有党员15人，其中教育界8人，占党员总数的53%；政府机关4人，占27%；医疗卫生系统1人，占7%；私人企业2人，占13%。女党员10人，占67%，党员平均年龄41岁。党员中有2名市政协委员、1名区人大代表、5名区政协委员，担任行风监督员2人，担任市党风廉政监督员1人。2016年，举行支部会议、学习会、座谈会等4次，共50人次参加；民革党员参加各级各类培训班10余人次。组织了祭拜抗日名将唐生智、王甲本活动和“两学一助”学习教育活动。向民革市委、区委统战部报送信息10篇。2016年11月19日，民革冷水滩区支部召开了换届选举大会，选举产生了第三届委员会领导班子。

【参政议政】2016年，民革冷水滩区支部人大代表、政协委员共提交提案意见建议15件，民革党员陶晓琳参加了市政协组织的“关于中心城区体育设施建设”的调研，陈军的《关于美丽乡村建设》的建议被相关部门采用。

【社会服务】2016年，冷水滩辖区内共有8名原国民党抗战老兵，根据民革永州市委关于开展救助原国民党抗战老兵的有关精神，民革冷水滩区支部在春节、端午节、中秋节期间，对抗战老兵走访慰问，共发放慰问金、慰问物品折价1万余元。

中国民主同盟永州市冷水滩区支部

【概况】2016年，冷水滩区民主同盟共有6个支部，分别是市直民盟三支部、冷水滩区京华中学支部、永州市二中支部、永州市六中支部、永州市八中支部、永州市三医院支部。6个支部共计有盟员89人，主要分布在教育系统、医疗卫生系统及政府部门。每个支部设有主委1人、支部委员2人。盟员中有省政协委员1人、市人大代表1人、市政协委员4人，区政协委员6人。担任市区各类监督员4人，人民陪审员3人。

2016年，冷水滩区的6个民盟支部均完成了换届工作，进一步配齐配强了支部领导班子。注重从以教科文卫为主的重点界别吸引高学历、高层次的优秀人才入盟，2016年发展新盟员6人。所有支部参加了由区委统战部组织开展的党外代表人士“两学一助”学习教育活动，引导盟员把专业优势与实际工作相结合，为助力品质活力冷水滩贡献力量。

【参政议政】冷水滩区民主同盟广泛开展调查研究，深入了解社会热点问题，探讨解决问题的方法。2016年，上交各类提案、建议56件，形成调研文章18篇，部分优秀意见建议及调研成果得到了市、区主要领导的高度重视。

【社会服务】冷水滩区民主同盟积极参与“精准扶贫”工

作，每个支部均对口联系了乡镇，与贫困户结成一对一的帮扶对子，根据自身特点开展了一系列扶贫帮困活动：城区学校的民盟支部与乡镇学校开展“一帮一”送教下乡活动；市三医院民盟支部送医送药下乡，开展义诊活动；市直民盟三支部开展送科技、送技术下乡活动等。组织盟员参与各类公益事业，全年累计捐款捐物3万元。

中国民主促进会永州市冷水滩区支部

【概况】中国民主促进会永州市冷水滩区支部（以下简称民进冷水滩区支部）2016年共有会员11人，会员分布在6个部门：教育界3人，占会员总数的28%；政府机关4人，占36%；医疗卫生系统1人，占9%；中介组织1人，占9%；企业界2人，占18%。其中女会员6人，占55%，会员平均年龄40岁。会员中有1名市人大代表、2名区政协委员，担任行风监督员2人。2016年，民进冷水滩区支部组织集中学习5次，共49人次参加，民进会员参加各级各类培训活动10余人次。2016年3月6日，民进冷水滩区支部召开换届选举大会，选举产生了第二届委员会领导班子。

【参政议政】2016年，民进冷水滩区支部人大代表、政协委员共提交提案意见建议3件，民进会员谢文斌的《关于解决部分农村学校办学经费困难的建议》被采纳，解决了部分农村学校办学经费困难问题。民进冷水滩区支部组织会员对县区现代农业园进行了调研，并完成《推进县区现代农业园发展的调研报告》1篇。

【社会服务】民进冷水滩区支部注重发挥会员的主观能动性，结合自身的特点，开展丰富的社会服务活动。会员刘金华作为医务专家主动参与到农村“送医送药”活动，经常到贫困乡村为村民进行身体检查，宣传和普及健康医疗常识。会员谢文斌积极参加义务献血，到2016年年底，累计献血7次，共计献血量达2000多毫升。

中国农工民主党永州市冷水滩区支部

【概况】中国农工民主党永州市冷水滩区支部（以下简称农工党冷水滩区支部）共有2个支部、30名党员，其中医药卫生界21人，占85.7%；政府机关4人，占14.3%；学校2人，占12.5%；私人企业3人，占18.5%。党员平均年龄44岁。党员中有市人大代表1人、市政协委员1人、区政协委员6人、区人大代表1人、行风监督员3人。市党风廉政监督员1人。2016年共举行各类会议、学习会、座谈会等7次共120人次参加，参加各级各类培训班3场50余人次，参加“两学一助”学习教育活动70余人次。2016年2月，农工党冷水滩区支部发展新党员1人。

【参政议政】2016年，农工党冷水滩区支部人大代表、政协委员递交提案建议案10件，党员文德顺撰写《关于中心城区公共医疗用地的建议》《关于中心城区规划并新建渣土消纳场的建议》两篇。

【社会服务】2016年，农工党冷水滩区支部共开展送医送药诊疗服务活动4次、送科技下乡活动2次、法律援助服务3次、创国卫宣传2次。分别在江华县界牌乡，冷水滩区上岭桥镇、杨村乡参加“精准扶贫、送医下乡”大型义诊活动。为当地群众发放基药200余盒、健康资料200余份，并进行问诊，测量血压、血糖，健康咨询等服务，为贫困户多次送去大米、面条、冬衣、食用油等生活物资，扶贫群众2000余人。

永州市冷水滩区工商业联合会

【概况】2016年，永州市冷水滩区工商业联合会（以下简称区工商联）共有人员10名（其中干部6人，工人2人，退休干部2人），党组书记由区委统战部分管经济工作的副部长兼任，是财政全额拨款单位。4月26日，召开区工商联（总商会）第六次会员代表大会，选举产生了63名第六届执行委员会委员、31名常务委员、5名副主席（其中专职1人，兼职4人）、5名副会长（其中专职1人，兼职4人）。

【完善服务职能】区工商联2016年6月创办总商会微信公众平台及工商联微信群，宣传党委、政府的各项政策，帮助会员更好地从政策中把握商机，推进结构调整、产业升级，不断提升企业的竞争力；7月28日，区工商联首届企业创新管理高峰论坛开讲，区工商联执委以上会员单位负责人、直属商（协）会主要领导和区非公企业管理者120余人参加论坛；7月，区工商联班子成员深入各会员企业调研，帮助企业开展多形式、多层次的银企合作，促进非公有制经济发展。

【参政议政】区工商联确定“关于中心城区公交智能化建设的调研”为2016年的重点调研课题，7月，委员们分组到永州市交通运输局，一、二公交公司以及一些相关职能单位了解情况，11月形成文字材料，做为政协冷水滩区第九届大会发言材料。

【精准扶贫】2016年，工商联按照省“万企帮万村”精准扶贫行动实施方案的要求，结合冷水滩区精准扶贫行动的实际情况，引导区工商联会员企业确定长期帮扶关系，签署《结对帮扶协议书》，确保工商联全部会员企业参与“万企帮万村”精准扶贫行动。2016年12月25日晚，“2016湖南永州‘兄弟杯’全国钓鱼精英大奖赛暨永州市钓鱼协会第四季关爱空巢老人”捐款酒会在华丰华天酒店三楼举行，共计收到各类捐款（物资）12余万元，结对帮扶杨家桥街道办事处120户空巢老人；永州市联智商贸有限公司资助贫困学生10人；非公经济人士参加精准扶贫工作，区工商联常委单位冷水滩区食品经营协会积极对接上岭桥镇，区工商联捐助上岭桥镇竹山村1万元用于修建山塘水库。

【组织建设】2016年，区工商联坚持“质量第一，有序发展”的原则，拓展基层商会组织覆盖面。2月，冷水滩区岚角山商会正式成立。5月，永州市冷水滩区食品协会成立。12月，黄阳司镇商会成立。截至2016年12月31日，区工商联乡镇商会共有9个（其中2个取得独立法人资格），街道商会3个，行业商（协）会4个。

【党组织建设】区工商联在全区非公有制经济组织党组织建设中，拓展和丰富非公企业党建工作内涵，加大非公企业党组织的组建力度。至2016年12月31日，全区非公经济组织建立党组织214个，16家会员企业建立了党组织，共有党员1372人，建立党支部活动阵地100个，80%的党组织建立了党员活动阵地室。组织工作实现100%全覆盖。

冷水滩区总工会

【概况】冷水滩区总工会是中国共产党领导的职工自愿结合的工人阶级群团组织，成立于1984年1月。内设办公室、组宣部、生产部、财务部等职能部室。区总工会机关编制11人，实有干部职工6人，退休人员6人。

2016年，冷水滩区总工会认真落实工会负责的帮扶工作，突出维护帮扶职能，开展宣传贯彻《中华人民共和国劳动法》，提高广大工会干部和职工的法律意识，依法维护自己的权益，工会代表职工与企业行政部门通过协商签订集体合同和女职工集体合同，保护职工的合法权益。积极开展送温暖活动，建立全区困难职工电子档案，组织开展项目化帮扶，“春送就业，夏送清凉，金秋助学，冬送温暖，大病救助”等系列活动帮扶职工。通过宣传栏、简报等载体，广泛宣传劳模的先进事迹，大力弘扬劳模精神，激励和动员全区职工以先进模范人物为榜样，进一步焕发劳动热情，在全社会进一步树立尊重劳模、关爱劳模的良好风尚，充分发挥劳模在经济、政治、文化、社会建设中的示范、导向和激励作用。全区国有、集体及控股企业、事业单位职代会和厂务公开民主管理制度建制率达100%，规模以上已建工会的非公企业厂务公开和职代会建制率达75%以上。

【帮贫扶困】2016年，冷水滩区总工会推进困难职工帮扶、职工法律援助、农民工维权、劳动争议调解“四位”一体的困难职工平台建设，辖区内规模以上企业50%以上已建立维权帮扶站（点），帮扶中心规范化建设达标率80%以上。建立健全困难职工档案，并实行动态管理，做到困难职工底数、家庭情况、致困原因和帮扶需求“四清”。开展“送温暖”活动，筹集慰问金25万元，慰问职工300人；为7名大病特困职工送去每人1万元的慰问金。关爱女职工身心健康，落实女职工特殊疾病保险2358份；开展“金秋助学”活动，为18名困难职工子女解决上学难问题；坚持工会信访接待制度，全年共接待来信来访群众10余人次；建立健全法律援助网络，加强与法院、司法局、劳动和社会保障局等部门协作维权，为农民工提供法律援助3件；参与劳动仲裁5起，帮助追讨农民工工资15万余元。

【组宣工作】2016年，冷水滩区总工会以“服务大局、服务基层、服务职工”为中心，与各乡镇（街道）工会联合会签订了《建会责任状》，各级工会强化宣传，依法建会，全区新建工会60家，发展会员5000余人，开展建家达标、升级、创优活动。还制定了工会建家标准和考核细则，指导基层工会建家工作。冷水滩区地税局和湖南熙可食品有限公司工会被全国总工会评为全国模范“职工之家”；永州市第三人民医院内五科被全国总工会评选为全国模范“职工小家”；高溪市镇工会联合会被评为永州市“六好乡镇工会”。开展《中华人民共和国工会法》以下简称《工会法》）集中宣传月活动，“五一”前夕举办了丰富多彩的文体活动。丰富职工的业余文化生活，增强工会组织的凝聚力，扩大工会组织的社会影响力，广大干部职工在参与活动的过程中受到了教育和熏陶。

【职工素质提升工程】2016年，冷水滩区总工会开展“百万职工大练兵、万人技能大提升”职业技能竞赛和“千对名师带高徒”“百名首席技师”命名活动，成立了职工素质提升工程领导小组，制定职工素质提升五年规划，推荐职工科技创新评奖参评项目；把“党建带动工建，工建服务党建”活动作为开展创先争优活动的重要载体，不断丰富内涵、引向深入，促进创先争优活动形成竟相争创、互相赶超的良好氛围。开展职业道德建设，深化“创建学习型组织，争做知识型职工”活动，全面提升职工素质；做好“三湘读书月”进企业活动，深入推进“职工书屋”建设，发挥“职工书屋”在提升职工素质方面的作用。女职工委员会深入开展第七轮“芙蓉杯”

竞赛，组织举办女职工素质教育流动课堂3堂（次）。

深入开展全民健身月活动，各基层工会结合“三八”“五一”“七一”“十一”等节假日，开展丰富多彩、健康向上的文体活动，陶冶了职工情操，丰富了职工的业余文化生活。4月底，联合区文体局举办了“建设品质活力冷水滩第五届气排球比赛”。大力宣传《中华人民共和国职业病防治法》《工会法》《中华人民共和国劳动合同法》等法律、法规和政策，增强了广大职工的法律意识和法律观念。活动期间，共发放各种宣传资料2000余份，悬挂横幅、标语200余条，各基层工会开展各种文体活动98场次，提供现场咨询300余人次。

【基层工会组织建设】2016年，冷水滩区总工会坚持“党建带工建，工建促党建”，落实“双措并举、二次覆盖”方针，制定下发《关于开展“广普查、深组建、全覆盖”三年计划行动方案》，全年共新建工会组织60家，发展会员2700余人，辖区内外商投资企业工会组建率达90%以上，私营企业工会组建率达85%以上。根据“建家就是建企业，建家就是建队伍”的工作思路，抓好“模范职工之家”“模范职工小家”评选推荐申报工作，增强基层工会活力。高溪市镇工会申报为市“六好乡镇(街道)工会”。出台职业化工会主席招聘实施方案，公开招聘了1名区域性联合工会专职主席。

【禁毒宣传教育】2016年，冷水滩区总工会在各基层工会会员及其家属中开展“不让毒品进单位”“不许毒品进我家”的禁毒宣传教育，“看好自己的人，管好自己的门”，坚决杜绝吸毒、贩毒的事件在单位或住宅区发生，发现有吸毒、贩毒的情况及时向单位或有关部门汇报。2016年3月，组织开展禁毒宣传月活动。3月15日，分管领导和工作人员到人流密集的农贸市场门口开展禁毒宣传，给过往群众发放禁毒宣传单。4月22日，到帮扶的灯塘村和杨村甸村开展禁毒宣传工作，在永州六中和梅湾小学校内粘贴各种禁毒漫画和悬挂宣传板报。还给每所学校留下300份宣传资料发给学生，让小学生把宣传资料带回家，向家长转述他们在学校学到的禁毒知识。

【劳动竞赛和保护】2016年，冷水滩区总工会围绕全面建设小康社会的目标，开展以“推进富民强市、争当五一先锋”为主要内容的竞赛活动。活动期间，共发放节能减排宣传资料3000多份、宣传画100多张，全区100余个企事业机关单位4000余名职工参加“节能减排”活动，提合理化建议200余项（条）。围绕“安全生产月”活动，印发了1000多份安全生产宣传资料，组织工会干部走上街头向社会广泛宣传劳动保护政策、法律法规和安全生产知识。同时，会同区安监局等单位在全区范围内开展安全生产大检查4次，检查企业30余家。

【农民工就业援助】2016年，冷水滩区总工会组织实施农民工就业创业援助“双百双十万工程”，全年共举办农民工培训4期，培训农民工400余人，80%以上的培训对象均获得初级以上技能证书，70%的培训对象实现了就业再就业。会同劳动部门对建筑等重点行业开展农民工工资支付情况专项检查2次，为农民工追回工资100余万元。组织乡镇（街道）工会开展农民工问题的专项调研。强化源头参与力度。不断完善与政府联席会议制度和劳动关系三方协商机制，推动党政主导、各方支持、工会运作、职工参与的社会化维权机制的进一步深化。坚持每年召开1次以上政府联席会议，研究解决工会工作中遇到的实际困难；每年召开2次以上劳动关系三方协商会议。此外，还制定下发了《关于在全区企业建立劳动争议调解组织有关事项的通知》，要求规模以上企业、30人以上的非公企业必须成立劳动争议调解委员会。截至2016年12月31日，规模以上企业、30%以上非公企业已建立了劳动争议调解组织。扎实开展工资集体协商攻坚年活动，指导督促基层工会广泛开展“百日要约行动”。督促用人单位与职工签订劳动合同，会同区劳动和社会保障局对企业履约情况开展监督检查，扩大平等协商和集体合同的覆盖面，生产经营正常的国有、集体及控股企业和企业化管理的事业单位建制率达100%，已建工会组织、职工100人以上的非公企业和民办非企业建制率为别为65%和72%，女职工专项集体合同签订率达85%，续签率达90%以上。

共青团冷水滩区委员会

【概况】2016年，共青团冷水滩区委员会紧紧围绕全区工作大局，努力把握当代青年运动的特点和共青团的工作走势，积极探索新的运行机制，扎实推进各项工作，为全区经济和社会发展建设做出了积极的贡献。

【精准扶贫】2016年7月，冷水滩团区委组织4支青年扶贫宣讲队，深入全区所有的扶贫村开展扶贫政策宣讲以及社会扶贫网的推广注册。青年志愿者扶贫宣讲队通过唱红歌、有奖问答等形式进行扶贫政策宣讲。区三医院的志愿者为老百姓进行了测量血压等医疗义诊，在讲解社会扶贫网的注册流程后，与村民进行了有奖问答。

【爱心走访】2016年4月16日下午，冷水滩团区委与永爱义工协会的爱心志愿者一行6人，深入到黄阳司镇同乐滩村、坪湖塘村和杨村甸乡堆子头村走访慰问贫困青少年家庭。志愿者们在困难青少年家中，详细了解他们的学习与生活情况，并为他们送去了爱心物资和慰问金。

【关爱留守儿童】2016年6月1日，冷水滩团区委、冷水滩区人民检察院青工委和永爱义工协会组织了十多名志愿者到黄阳司镇郝皮桥小学为留守儿童庆祝“六一”节日并送去爱心和关怀。活动在“郝皮桥小学庆‘六一’儿童节暨关爱留守儿童文艺演出”中拉开帷幕，冷水滩团区委为孩子们捐赠了学习用品和体育用品；冷水滩区人民检察院青工委主任唐潇为孩子们讲了一堂关于“维护青少年合法权益、增强自我保护意识”的法制教育课。

冷水滩区妇女联合会

【概况】2016年，冷水滩区妇女联合会(以下简称区妇联)共有在职在编人员4人，均为科级干部。社区妇联39个，妇女联谊会1个，乡镇妇联9个，街道妇联10个。村妇委会147个。

【庆“三八”健康建功业工间操比赛】2016年3月8日，区妇联、区体育局在永州市体育局蓝球场共同举办庆“三八”健康建功业工间操比赛。区直单位、乡镇、街道共24支参赛队伍602人参加比赛。区教育局队与区委办队获得一等奖，区司法局等4个队获得二等奖，区食药局等6个队获得三等奖。

【孕产包发放】2016年5月6日上午，区妇联在区妇幼保健院举行“关爱贫困母亲幸福分娩”孕产包发放仪式，将孕产包发放到在区妇幼保健院分娩的孕产妇手中，还深入高溪市等乡镇为农村的贫困孕产妇免费赠送“幸福分娩”孕产包。

【举办幼儿文艺比赛】2016年5月26日上午，冷水滩区人民政府妇女儿童工作委员会联合区妇联、区教育局在永州市八中青少年活动中心举办庆“六一”“文明小天使欢乐儿童节”幼儿文艺比赛。全区12个幼儿园的17个节目参赛。阳光幼儿园的参赛节目《一双小小手》获得一等奖。

【举办育婴师培训班】2016年7月4日，区妇联和区就业局在冷水滩区就业服务大厅二楼举办冷水滩区第一期育婴师培训班，聘请湖南省妇幼保健院馨月培训中心主任、高级育婴师敬晓青等多名育婴专家分别进行授课，授课内容包括母婴喂养技巧、婴儿抚触、新生儿护理等知识。50名下岗失业及农村留守妇女参加培训。

【基层组织建设】2016年10月19日，区妇联召开冷水滩区基层妇联组织改革动员会，各乡镇专职副书记，街道组织部部长，乡镇（街道）妇联主席40余人参加会议。改革旨在破解基层妇联基础薄弱、工作力量不足的问题，吸纳社会各界优秀女性以专职、兼职和挂职的形式到妇联组织来，增强妇女组织的影响力、组织力和带动力。2016年12月31日前完成了乡镇（街道）妇联换届，每个乡镇（街道）妇联选出主席1人、副主席3人、执委25人。

冷水滩区科学技术协会

【概况】冷水滩区科学技术协会内部机构设置为“一室两部”（办公室，普及部、学会部），现有编制人员8人，其中行政7人，工勤人员1人。有区直学（协）会14个，共有会员1786人，有乡镇科协9个、街道科协9个。

2016年，冷水滩区科学技术协会坚持创新、协调、绿色、开放、共享的发展理念，坚持走“大联合、大协作、大科普”的工作方式，科技下乡，科普宣传，基层科普行动计划的申报，区委、区政府安排部署的重要工作以及科协自身建设等工作，取得了一定成绩。先后获2016年度湖南省全国科普日活动优秀组织单位、2016年度冷水滩区年终绩效考核良好单位称号。

【科普宣传】2016年2月1日，由冷水滩区委宣传部、科协、文明办、农办等21个单位共同组织参与的“三下乡”活动在花桥街镇拉开帷幕。区科协系统的科技人员、医疗系统的医务人员、文化系统的文艺工作者、书法协会的会员等共110余人参加了本次活动，向群众送发了内容丰富的各类科普宣传资料1万余份，如《科学养猪实用技术》《常见鱼病防治实用技术》《市民健康教育读本》《中华人民共和国妇女权益保障法》《中华人民共和国未成年人保护法》《农民工维权手册》等，免费发放日常生活用品、药品和计生药具2000件（套）。

2016年5月19日上午，冷水滩区科技活动周活动在黄阳司镇启动，活动由区科协和区经信委主办，由区委宣传部、农委、卫计委、畜牧水产局、林业局、农机局6个单位协办，以“创业引领·共赏发展”为主题。本次活动共展出展板30块，发放各种科普图书、实用技术小册子、科普宣传资料38种1万余册（份），科技咨询140余人次，有3000多名市民参与。

2016年9月17日，冷水滩区全国科普日活动在永州市植物园举办。永州市委常委、宣传部部长石艳萍，永州市人民政府副市长刘优碧等领导出席活动。湖南科技学院、市科协、市老年科协、永州市植物园、市林学会、市烟草学会、市药学会、区科协、区经信委、区教育局、区林学会、伊塘镇中学12个单位的科普工作者和志愿者以及新闻媒体500余人参加了活动启动仪式。科普日活动围绕“创新放飞梦想，科技引领未来”主题，大力普及宣传“创新、协调、绿色、开放、共享”的发展理念；围绕创新驱动发展战略，大力宣传“大众创业、万众创新”的重要意义，激发创新创造创业的活力。除组织重点节日的各种宣传活动外，冷水滩区科协还向机关、企业、基层进行了宣传普及科普知识，推广“科普湖南”二维码，壮大科普志愿者队伍等工作，全年科普志愿者队伍达1350人，提升和扩大了科普知识在全区的受益面。

【基层科普行动计划申报】2016年，冷水滩区科协积极组织申报“基层科普行动计划”项目，由区科协推荐的冷水滩区杨家桥街道伍家院社区获得了由全国科协、财政部授予的“全国科普示范社区”荣誉称号，冷水滩区竹山桥镇八角塘村潘兰建获得了由省科协、省财政厅授予的“湖南省科普带头人”称号。

【青少年科技创新大赛】2016年，冷水滩区科协与区教育局联合举办了第十六届冷水滩区青少年科技创新大赛，共收到各类参赛作品156项，评出优秀科技创新项目15项、优秀科技实践活动28项、优秀少儿科幻画32项、优秀科技教师5人、优秀组织单位3个。向省、市推荐优秀作品24项，其中获得湖南省青少年科技创新大赛一等奖2项、永州市一等奖3项、永州市二等奖8项。

冷水滩区归侨侨眷联合会

【概况】冷水滩区外事侨务办与区归侨侨眷联合会合署办公，是一个机构两块牌子的群团机构，现有干部、职工4人，其中主席1人、副主席1人、主任科员1人、职工1人。全区现有华侨、华人、港澳同胞共511人，其中香港146人，澳门6人，侨居国外359人。亚洲129人、欧洲22人、非洲5人、美洲190人、南美洲4人、大洋洲9人。全区共有归侨8人，侨务对象3970人。

【参政议政】2016年，冷水滩区侨联及侨务对象中共有政协委员3人，其中市政协常委1人、区政协常委、委员各1人，省人大代表1人。2016年度提议案3条，被采用2条。

【华侨捐赠】永州市侨联原主席、马来西亚归侨，自2009年以来，每年每学期为蔡市学校10名贫困女学生每人捐赠现金150元及部分学习用品。

【侨眷维权】2016年8月，协助市侨联协调处理奥地利华人蒋洪松创办的潇湘源休闲农庄与当地村民的矛盾纠纷，并为蒋洪松创办的奥都混凝土公司争取到了“省重点侨资企业”授牌。

【海外联谊】冷水滩区侨联2016年中秋节、春节期间，通过电子邮件、贺卡、电话方式向海外华侨、华人传第温情与问候；接待日本、奥地利回乡探亲、访友、兴业的侨务对象4人次。

【引侨引智】2016年，冷水滩区侨联吸引了五位海外客商回乡考察、投资兴业。侨眷邹卫东2016年3月投资3000万元创办伊塘镇茶花村江楠湘休闲农庄，为注册江楠湘文化旅游有限公司打下了基础。

冷水滩区残疾人联合会

【概况】2016年，冷水滩区残疾人联合会为各项康复救助工程制定实施方案，设立目标责任状，建立目标考核制度，各基层残联工作人员和各级专职委员深入残疾人家庭，做残疾人和家属的思想工作，动员他们参加康复训练。全年专项列资5万元用于残疾人社区康复示范点建设，示范点建设标准高，工作制度完善，场所设施和康复器材配备，人员配置等均高于中国残联下发的残疾人社区康复站建设的标准。

在康复经费方面，采取政府补贴一些、家庭出一些、康复机构免一些的办法，全年完成65例助医行动，发放辅助器具340例。

【残疾人就业扶持】2016年，冷水滩区残疾人联合会开展“残疾人就业援助月专项活动”，组织招聘单位和有需求的残疾人参加市人社局和市残联举办的招聘会，为企业找务工人员，为残疾人找工作岗位。全年举办培训班3期，累计培训187人，其中实用技术培训110人，职业技能培训75人，盲人按摩培训2人。对全区盲人按摩机构和盲人按摩从业人员进行了详细的调查，掌握了全区盲人按摩机构的人员数量、结构、经营面积、经营规模、基本经营状况等情况，全区共有盲人按摩理疗店8家，其中省级挂牌4家，从业人员60人；具有初级资格39人，中级资格12人，高级资格13人。积极推进盲人按摩师职称认定工作，先后有15名残疾人参加初级和中级盲人按摩师培训和职称评审。在扶持残疾人自谋职业和自主创业工作中，按照政策先后对52名残疾人给予资金扶持个体创业，帮助残疾人解决创业困难。

【残疾人文体活动】2016年“爱耳日”和“全国助残日”活动期间，共发放宣传资料1200份，悬挂横幅21幅，在市、区各级新闻媒体进行宣传报道。全年组织5户残疾人家庭开展了“五个一活动”（看一场电影、读一本书、游一次园、参观一次展览、开展一次文体活动）。

冷水滩区文学艺术界联合会

【概况】2016年，冷水滩区文学艺术界联合会（以下简称区文联）设主席1人、副主席1人。现有团体会员6个，分别为作家协会、潇湘诗社、书法家协会、摄影家协会、舞蹈家协会、怀素书画学会。

【文学艺术创作】2016年，冷水滩区文联及所属协会编印了内部资料性出版物《艺盟》《藏真》《诗导刊》各一册。作家及业余作者在省、市报刊发表文学作品230余篇（首），摄影、书法、美术等艺术家在省、市及以上展出作品490余件。主办各类艺术展览3次、专题讲座5场次。2月25日，邀请《书法报·书画天地》执行主编兰干武等人到冷水滩区，与部分书画家座谈并指导书画创作。

法　治

综　述

【概况】2016年，冷水滩区政法工作以“社会治安明显好转，社会管理规范有序，群众满意度显著提高”为目标，严厉打击各类刑事犯罪和经济犯罪，狠抓社会治安综合治理，全面提升政法工作能力和水平，2016年度综治民调成绩排名全省第66位，突破历史纪录，先后获区级绩效评估工作、综治工作、人口计划生育、党风廉政建设、党委（党组）意识形态工作、信访工作、六件惠民实事和重点民生实事、优化经济发展环境和机关效能建设、安全生产、食品药品安全、创文明城区先进单位称号，获市级国安工作、创省文明城区先进单位称号，获省级铁路护路先进单位称号。

【维护社会稳定】2016年，冷水滩区维稳办严格落实维护稳定的各项责任制度，对重大不稳定因素进行风险评估和交办督办，靠前指导调度群体性事件处置。全年共进行6次不稳定因素大排查，对排查出来的158个矛盾隐患实行了“五个一”台账式管理，即一个问题，一名领导，一个班子，一套方案，一抓到底。组建了一支200人的维稳情报信息员队伍和30人的网评队伍，成立了一支以公安民警为主、治安巡逻队员和民兵应急分队为辅的400人左右的应急力量，全年共提前化解处理问题134个。对11个项目进行了社会稳定风险评估，并备案存档。直接参与处置因非正常死亡事故52起（其中交通事故18起，医患纠纷10起，其他非正常死亡事故24起）。参与处理1个影响较大的非法吸收公众存款案的专案组，接待群众5000余人次，登记债权8.2亿余元。2016年度县区维稳工作考评成绩进入了全市前三名，被评为全市维稳工作先进县区。

【政法队伍建设】2016年，冷水滩区政法系统以建立一支“政治坚定、业务精通、作风优良、执法公正”的高素质政法队伍为目标，按照“内强素质，外树形象”的指导思想，从教育培训抓起，把理想信念教育摆在首位，全面提高政法队伍整体素质，确保政法队伍对党绝对忠诚可靠；从纪律作风管起，树强政法队伍职业道德。开展“纠‘四风’，治陋习”“雁过拔毛”式专项整治行动，不办人情案、关系案、金钱案。2016年，冷水滩区政法系统没有出现违纪案件。开展“开门评警”和“排忧解难服务月”大走访活动，转变政法干部工作作风。改善了窗口单位的工作服务态度，提高了执法办事效率。

【社会治安整治】2016年，冷水滩区政法系统始终保持严打整治高压态势，加强对违法犯罪的打击力度，向黑恶势力亮剑，提高群众安全感，先后在全区范围内开展了“打击盗骗毒”“亮剑”和“飓风行动”等一系列专项打击行动，有效缩减了各类刑事发案。全年刑事发案2118起，较上年度的3520起同比下降35.54%，共破各类刑事案件662起，刑事拘留各类犯罪嫌疑人787人，行政拘留1674人，批捕、直诉843人，网上追回逃犯127人，全部刑事案件破案率达31.25%，人均批捕、直诉数增幅排名全市第一。全年现行命案发6例破6例，实现全破目标。共打掉侵财犯罪团伙35个、技术开锁入室盗窃团伙4个、砸车窗玻璃盗窃车内财物团伙3个，破获侵财犯罪案件171起，刑拘256人。共刑拘毒品犯罪嫌疑人62人，缴获各类毒品1132克，行政拘留吸毒人员867人，强制隔离戒毒283人。共收缴枪支39支、子弹1700发，登记在册精神病人314人。持续依法治堵，共刑拘“三堵三强”（堵门、堵路、堵桥、强揽工程、强行装卸、强行阻工）违法犯罪人员96人，行政拘留190人。严打经济犯罪，共侦破经济犯罪案件13起，刑拘47人。在农村、学校、医院落实“一村一警”“一校一警”“一院一警”工作，警力下沉，全区176个行政村均派驻1名驻村民警，共调处治安纠纷3284起。开展青少年重点群体的管理及学校周边的服务管理，开展铁路安全联防、公路水路安全联防，确保交通运输安全，组织处理一起铁路沿线非正常死亡事件。

【平安建设】2016年，冷水滩区政法系统以防促管，防抓结合，不断完善巩固防控体系。城区、各乡镇、村、学校均组建了巡逻队，由各乡镇（街道）党委、政府和派出所不定期组织巡逻；机关事业单位干部职工常态化参与社区夜间巡逻，推进设卡盘查、夜巡查缉常态化进行；推行小区治安星级评比活动；完善城区治安监控体系，在乡镇的集镇和主要路口安装了电子探头，形成了群防群治、合力协作、多层次全方位的格局，区综治办印发了平安创建知识宣传资料14万余份，各乡镇、街道、区直单位建立了平安创建宣传栏，开展平安家庭、平安社区、平安校园、平安医院、平安乡镇等多种形式的平安创建活动，各乡镇、街道平安家庭表彰率达50%以上，区直单位干部职工平安家庭表彰率达80%以上。完善“三调联动”工作体系和多元化纠纷解决机制，发挥“三级平台”作用，形成“三调联动”的调解合力。重视源头防范和应急处置，推进实施社会稳定风险评估，对重大决策、重大项目、重大活动风险稳定评估落实情况逐一登记造册。加强应急处突队伍建设，整合各部门力量，形成党政主导、分类管理、分级负责、属地为主、部门配合的联合指挥体系。2016年，共处置非正常死亡事故52起，处置化解涉疆涉藏事件2起、群体性游行事件2起，接待“非法吸收公众存款案”群众5000余人。组建了一支200人的维稳情报信息员队伍和30人的网评队伍，区国安办以情报信息为先导，及时搜集研判“内幕性、预警性、行动性”情报信息，搜集报送600余条，提前化解处理问题134个。

【网格化管理】2016年，冷水滩区政法系统按照“党支部+网格”的组织模式，在社区300个单元网格中建立网格党支部113个和党小组187个，实现社区党建强辐射、全覆盖；在村一级设立“一委两会两站”的组织结构，特别是对25个组织涣散村，从区直单位下派优秀干部担任第一村支部书记，避免了党员管理服务出现“真空”，2016年，在农村架设党小组295个。实行党员联系贫困户制度，推行贫困村村支书专职化，完成了“光网进村”拉通任务。

公　安

【概况】永州市公安局冷水滩分局成立于1996年6月，前身为冷水滩市公安局。2003年12月，永州市公安局凤凰园分局并入永州市公安局冷水滩分局。2016年内设机构34个，机关科室4个，直属大队11个，下设派出所19个，共有民警412人。

【维稳安保】2016年，冷水滩公安分局树立风险防控意识，加强风险研判和评估预警，强化源头防范和应对处置，全力维护社会稳定。坚持情报导警，建立健全日研判、周会商情报研判机制，为党委、政府科学决策和预防、化解各类群体性事件提供科学依据。2016年共搜集内幕性、预警性情报信息301条，落地查证互联网有害信息41条，其中查处网络谣言2条，行政拘留2人；排查化解矛盾纠纷，落实矛盾联调机制，各派出所协同各乡镇，街道党委、政府及相关部门开展矛盾纠纷大排查、大化解活动，全年共调处治安纠纷3284起，依法打击处理违法犯罪人员286人，其中刑事拘留96人、行政拘留190人。受理信访事项117件，办结86件，依法打击处理违法信访人员59人，其中刑事拘留5人、行政拘留54人；按照“只能有经验，不能有教训”的标准，在全国、省、市“两会”及春节、国庆节、杭州G20峰会、市党代会、中共十八届六中全会等敏感期做好维稳安保工作，实现了重要敏感节点涉法涉诉赴省进京访零挂号目标。

【严打整治】2016年，冷水滩公安分局以亮剑行动和“飓风”行动为抓手，坚持主力攻坚主业、专业对付职业、警情主导警务，向犯罪分子主动亮剑，全力侦查破案，追赃挽损。全年共破获各类刑事案件1167起，刑事拘留1031人，批捕、移送起诉1644人，行政拘留2000人，强制戒毒321人，刑事案件破案率达35.25%，人均批捕、直诉数增幅排名全市第一。

【基础防控】2016年，冷水滩公安分局推进常态化设卡盘查、夜巡查缉工作和网格化动态巡防处警工作，平均每晚出动警车13台、摩托车10台、警力60人。以推行“一村一警”和信息采集工作为抓手，做实社区警务，实现人口、行业、场所管理更加规范，全年共采集“三实”信息1205002条，质量抽查合格率81.26%。全区176个行政村均派驻1名驻村民警，开展扶贫帮困，了解社情民意，促进和谐警民关系建设。开展缉枪治爆、校园安保、消防安全检查、肇事肇祸精神病人排查管控等行动，共收缴枪支39支、子弹1700发，消防检查单位1025家，发现火灾隐患2090处，下发责令整改通知书657份，督促整改火灾隐患2179处，登记在册精神病人共314人。完成农村治安监控体系点166个。刑事发案总量从2012年的6089起下降到2016年的2627起，降幅56.86%。2016年发案数比2015年下降35.1%。

【便民惠民】简化优化群众办事程序，让群众少跑腿、不跑腿和少跑马路、多走网路，为群众办事提供“一站式”“保姆式”贴心服务。办证中心民警推出预约办证、上门办证、送证上门等服务举措，2016年，为不便群众提供上门服务179次。

【队伍建设】严格落实党风廉政建设党委主体责任和纪委监督责任，把党风廉政建设纳入党委议事日程，与业务工作同部署、同检查、同督导、同落实、同考核、同奖惩，在公安内网主页开设工作专栏，以零容忍态度开展“雁过拔毛”式腐败问题和“纠‘四风’、治陋习”专项整治工作。坚持民警自查、交叉互查与纪委督查相结合，全局民警职工均签订承诺书，上交自查报告。派出督察组严格暗访督察，对存在的问题提出整改意见和建议，2016年，下发督察通报4期。组织对全年的群众信访投诉举报件进行清理，对涉及“两个专项整治”内容的信访举报件予以重点查办，共受理涉警信访举报件17件，办结12件。明确领导责任和报告责任，在办案程序中专门设置“人员甄别”环节，把日常查处与集中清查相结合，全年共向上级纪委部门提供线索并查处涉赌涉毒党员干部19人；按照“仗怎么打，兵就怎么练”的原则，以案例教学、岗位训练为重点，开展警务实战大练兵，重点加强单兵作战技能、协同作战战术、警务指挥、岗位业务技能等专项训练，实现了“能破案、善实战、会处置、少伤亡”目标。

【查处交通违法行为】2016年，冷水滩交警大队紧紧围绕“降事故，保安全、保畅通”这一中心，深入推进“创交模”工作，确保了辖区道路交通安全、畅通、有序。全年辖区共查处交通违法行为94562起，其中违章停车39746起，不按规定车道行驶19245起，逆向行驶4765起，闯红灯2820起，超速16156起，锁车5835台。

【交通管理严打整治】自2016年8月26日起，冷水滩交警大队在辖区内开展了为期3个月的道路交通秩序集中整治“飓风”行动，共查获酒后驾驶24起，醉酒驾驶19起，刑事拘留19人；以“零容忍”的态度严查酒后驾驶，全力遏制酒后驾驶引发的道路交通事故，将查处酒后驾驶纳入日常管理，每月开展查处酒驾统一行动4次以上，全年共查处酒后驾驶219起，醉酒驾驶56起，涉牌涉证562起；每晚在冷水滩湘江东路、梅湾路安排巡逻小组，上半年每晚在河东城区柳子广场、冷祁路口设置两个执勤卡点，最大限度消除交通违法行为安全隐患；11月18—31日，在河东中心城区各路段进行秩序大整治，重点打击交通违法行为。共查处驾驶非法改、拼装机动车上路行驶10起，违规停放车辆1239台，拖车224起，抄牌2960起，涉牌涉证129起。

【交通社会化管理】2016年，冷水滩交警大队组织民警进入社区、企业、学校等地，先后组织开展交通安全宣传教育活动50余场次，出动宣传车400余台次，发放各类宣传资料6万余份，发送提示短信5万条，举办驾驶员培训班50余期，组织媒体记者随警宣传报道30余次，受教育群众达6万余人次。通过发放宣传资料、张贴警示标语、设置交通警示牌等形式，大力开展群众喜闻乐见、生动活泼、图文并茂的宣传活动，普及交通法律法规知识，有效提升了辖区群众道路交通安全意识和文明交通素养。

检 察

【概况】冷水滩区人民检察院坐落于冷水滩区河东翠竹路169号，占地面积24亩，濒临潇湘平湖，背靠潇湘公园，全院现有在编干警76人，内设17个科、室、局、队。2016年，配合公安机关严厉打击刑事犯罪，克服案多人少的困难，在确保执法质量的同时突出办案效率，“快、准、稳、狠”地打击严重刑事犯罪，全年共办理各类提请批准逮捕案件377件482人，办理各类移送审查起诉案件513件701人；经审查，批准逮捕各类刑事犯罪嫌疑人269人，提起公诉598人。

落实宽严相济刑事政策，对轻微犯罪依法从宽处理；在办案过程中，严格区分罪与非罪、重罪与轻罪的界限，把握宽严尺度，正确行使不起诉决定权，做到当宽则宽、当严则严；同时加强青少年维权改革探索工作，探索实施“对未成年人犯罪案件专人审查”制度，对符合刑事司法政策的未成年人案件依法从轻处理，以达到教育、感化、挽救的目的。全年对社会危害性不大、没有羁押必要且达成刑事和解的轻微犯罪案件，作出无逮捕必要不捕决定213人，相对不起诉144人。

【预防职务犯罪】2016年，冷水滩区人民检察院按照永州市人民检察院关于开展“‘除虫护花’永州行动”的统一部署，加大查办和预防职务犯罪工作力度，集中力量查办职务犯罪大要案，办案数量保持了相对稳定，全年自侦部门共立案12件17人（另以事立案1件，其中20万元以上大案5件5人，副处级干部要案1件1人），侦查终结14件18人，移送审查起诉14件18人（已起诉至法院4件4人），为国家挽回经济损失500多万元。

强化职务犯罪预防工作。全年，职务犯罪预防部门发出检察建议书3份（向湖南省煤田地质局第三勘探队发出检察建议，分析案发原因，提出整改对策和建议），开展法治宣传1次、警示教育3次，职务犯罪分析2件，受理行贿犯罪档案查询1085件，涉及单位1081个11286人。

【法律监督】2016年，冷水滩区人民检察院积极开展常态化信访接待工作，全年共处理群众来信32件，接待群众来访186人次；受理不服检察机关处理决定申诉案件2件，受理不服法院判决裁定申诉案件2件，均已办结；受理民事监督案件9件，立案监督案件3件（结案3件），初核案件3件（结案3件），刑事赔偿案件1件（结案1件）；此外，在省人民检察院刊物发表信息材料3篇；克服“积累少、传承少、底子薄”的不足，积极开展民行检察工作。全年共受理结果监督案件5件，审判程序违法监督案件8件，执行监督案件4件，督促履职案件51件；审结结果监督案件7件，审判程序违法监督案件7件（均发出检察建议），督促履职案件51件（均发出检察建议，39件已采纳），执行监督案件4件（发出检察建议，已采纳），公益诉讼案件1件。

依法严厉打击涉林刑事犯罪，全年共受理市人民检察院交办提请批准逮捕案件1件1人，批准逮捕1件1人；受理市检察院交办审查起诉案件4件8人，提起公诉2件2人。此外，联合区公安、林业等部门开展清理整治非法占用林地专项行动，打击森林失火犯罪，强化行政执法履职专项法律监督，加强生态环境保护工作，共监督立案2件，发出检察建议19份。

【队伍建设】2016年，冷水滩区检察院强化班子队伍建设，把思想政治建设摆在首位，坚持党对检察工作的绝对领导，确保检察工作始终保持正确的政治方向；完善作风行为规范和作风纪律处罚办法，采取定期巡查和不定期抽查相结合，严查“禁酒令”落实、上下班纪律和公车管理情况，全年开展明察暗访活动15次、办公纪律巡查22次，对违纪违规人员按规定严肃处理。开展干部任前廉政预防工作，对拟任命的1名中层正职6名中层副职、以及2名调整到重要岗位的中层正职进行任前廉政谈话，打好“廉洁自律预防针”。

着眼以科学技术为支撑，推动和引领检察工作，全面推行案件全程网上办理，着眼提升队伍专业化、职业化水平，开展业务培训和岗位练兵。3月，邀请湖南省人民检察院研究室副主任、法学博士魏建文到院授课，主讲“检察理论调研工作方法”，促进全院干警调研能力与写作水平的提升。

法　院

【概况】2016年，冷水滩区人民法院以国家颁布的法律、法规为准绳，履行审判职责，全年共受理各类案件9018件，办结7177件，结案率79.59%，审限内结案率99.47%，收、结案数比2015年度分别上升34.82%和33.95%。

【刑事审判】2016年，共受理各类刑事案件825件，审结768件，判处犯罪分子968人，结案率93.01%。依法严厉打击黑社会性质组织犯罪、杀人、强奸、抢劫、故意伤害等严重危害社会治安、严重影响人民群众安全感的犯罪行为，共审结上述案件140件，判处犯罪分子189人。及时审理被告人黄某某等6人抢劫、强奸、故意伤害、敲诈勒索、开设赌场案，依法从重从快分别判处6被告人有期徒刑13年、6年、4年不等。依法严惩黄、赌、毒犯罪，共审结案件137件，判处犯罪分子173人。依法严惩集资诈骗、非法吸收公众存款、传销等涉众型侵财性犯罪，维护正常经济金融秩序，依法判处涉及金额2635.55万元、被害人达39人的非法吸收公众存款案，对该案主犯邓某判处有期徒刑5年，并处罚金10万元。

【民事审判】2016年，冷水滩区人民法院在审理民事案件中，始终坚持“注重调解”和便于人民群众参加诉讼、便于人民法院及时审理案件（简称“二便”）原则。全年，共受理民商事案件5044件，审结4121件，结案率81.70%；注重保护妇女、儿童、老年人和残疾人合法权益，审结婚姻家庭、劳动争议、人身损害等涉民生案件1100件；关注房产政策及市场变化，及时审结房地产权属纠纷案件379件，妥善处理了罗某等14人诉永州市某房地产开发有限公司商品房销售合同系列案；关注民生需求，审结民间借贷、损害赔偿、物业纠纷等案件1441件，公正审理金某、钱某等94人诉某投资有限公司民间借贷纠纷案；优化辖区投融资环境，审结涉银行金融借款合同纠纷案件202件，涉案金额1.9亿元，及时审理中国农业银行股份有限公司永州冷水滩支行诉刘某、汪某等120余人金融借款合同纠纷案。配合政府化解金融风险，服务社会经济发展大局。

【行政案件审理】2016年，冷水滩区人民法院共受理行政诉讼案件176件，审结145件，结案率为82.39%。依法审查行政机关具体行政行为的合法性，办结行政非诉审查和非诉执行案件209件，其中受理计生非诉执行案件156件，收缴社会抚养费120余万元，保障计生国策实施到位，支持和监督行政机关依法行政。顺应改革需求（响应司法改革设计要求），实行集中管辖，受理外县区案件23件。及时适应人民群众对监督政府依法行政的诉求，预防和减少涉行政诉讼信访；判决撤销行政机关行政行为及确认行政行为违法、无效案件34件，打消“民告官”疑虑，消除人民群众对公正司法的合理怀疑；加大行政案件协调力度，妥善解决行政争议，经协调后以撤诉方式结案35件。充分发挥司法对行政机关的监督和支持作用，积极搭建司法与行政的良性互动平台。

【案件执行】2016年，冷水滩区人民法院围绕群众高度关注的“执行难”问题，开展执行攻坚活动。全年共受理各类执行案件2835件，结案2010件，执行到位标的款9000万元，执行结案率70.90%。运用网上“点对点”司法查控系统，全年共查询被执行人银行存款信息14688条、车辆信息802条，查封车辆45辆；集中开展执行“清场行动”5次，出动警力110人次，有效维护了申请执行人的合法权益；强化执行威慑机制，全年共拘留“老赖”48人，其中16人在被拘留后履行了法律文书确定的义务；建立失信被执行人名单制度，全年发布失信人名单1200余人次，限制其贷款、出行、置业、消费等各方面的生存空间，迫使10余名失信被执行人履行了义务；完善与公安机关的执行联动机制，移送公安机关拒不执行人民法院判决、裁定罪案件60件；创新执行工作机制，按照全国清理执行积案工作整体部署，以被执行人有履行能力的民事案件、涉执行信访案件为重点，定期举行执行工作调度会，采取院长挂帅主抓、定期开会调度、代表委员参与等方式，执结了人大督办的唐某与朱某民间借贷案、信访案件、雷某与朱某民间借贷案、市委政法委信访督办的王某与冷水滩区工业园管委会建设工程合同纠纷案等一批大案、难案、要案，最大限度地减少涉执上访，减少社会对立面。

【审判监督管理】2016年，冷水滩区人民法院自觉接受人大、政协监督。主动加强与代表、委员的沟通联络，全年向人大常委会寄送法院工作简报51期，邀请代表、委员旁听庭审、见证执行5场次，办理代表、委员建议11件；加大人民陪审员管理力度，组织人民陪审员参加上级法院业务培训两次，邀请人民陪审员参审案件2464件，参审率达97.89%。

深化“审判长负责制”改革，建立严格的错案责任追究制，并对审判长实行员额动态管理，全年审限内结案率上升0.83%，服判息诉率上升2.42%，上诉率下降2.42%，发改率下降1.5%，信访量下降14.5%，一线办案法官人均结案数达184件，结案最高的法官审结案件247件，名列全省第三名。

【司法救助】2016年，冷水滩区人民法院加大司法救助力度，全年为102名经济确有困难的当事人依法减、免、缓诉讼费68万元。针对案件执行中发现的被执行人确无履行能力而造成申请执行人生活困难和刑事案件中因被告人没有赔偿能力，致使被害人或其赡养、扶养的直系亲属生活遭受严重困难等情况，启动执行救助机制，全年发放司法救助金10万余元，彰显司法关怀，促进了矛盾化解。

【司法宣传】2016年，冷水滩区人民法院积极推进“互联网+”战略，打造法院官方微信、微博等新媒体平台，全年推送微信文章160篇，更新微博176次，与政府微信公众号“冷水滩发布”联手发布工作信息10期。实时更新法院工作动态，打造司法便民新媒介，选择了5起具有法制宣传教育意义的案件进行庭审图文直播，提升司法公信力；全方位多层次地推动法治宣传，召开新闻发布会3场，在永州市电视台播出专题节目4期，冷水滩区人民法院制作的微电影《爱·回家》，荣获全市法院系统一等奖、全省法院系统微电影大赛三等奖，并在中国法院网进行展播，先后共有50余万人次观看。在光明网、新浪网等网站发表稿件214篇，在《人民法院报》《法制周报》等省级以上报刊发表信息材料56篇，在市级以上刊物发表调研论文17篇。

【队伍建设】2016年，冷水滩区人民法院深化学习型法院创建活动，不断加大业务学习和岗位培训，组织干警参加各种业务知识培训18次，广泛开展岗位练兵、案件质量评查等活动，努力打造专家型、精英型法官队伍；重视干部梯队建设，在区人大的支持下，11名青年法官被任命为审判员、庭长、副庭长，业务骨干队伍逐步形成；保持争优创先活力，院办公室获得2016年“湖南省巾帼文明岗”荣誉称号，法警李辰晨在全省法警技能比武大赛中获得实弹射击第三名；成功申报省高级人民法院重点调研课题，并通过省高院验收合格。

司法行政

【概况】冷水滩区司法局是区

政府组成部门，内设办公室、政工室、纪检监察室、宣教股、公律股、司法鉴定股、法规股、基层股、社区矫正中心、法律援助中心，下设20个司法所，主要涵盖法制宣传教育、人民调解、社区矫正、安置帮教、法律援助、公证律师管理、指导司法鉴定等职能。2016年，“社会管理综合治理、人口与计划生育、信访、六件惠民实事和重点民生实事、依法行政”5项工作突出，获得区级先进单位称号；法律援助中心获区政法综治基层先进单位称号。

【法制宣传】2016年，冷水滩区司法局在农村传统“赶社日”、“3·8”妇女节、“3·15”、清明节，组织开展形式多样的法制宣传月活动。共发放《居民普法读本》《法制宣传漫画》《法律明白人实用案例》《微言说法海报》等宣传资料15万册，宣传围裙5000件，现场解答来询群众2万余人次。利用报刊、电视、“悦学法”和“微言说法”网络平台，广泛宣传《中华人民共和国反家庭暴力法》《中华人民共和国未成年人保护法》等40余部法律法规。9月底，投入30余万元，在区政府广场建成了法治文化广场。2016年，冷水滩区司法局被评为全省“六五”普法依法治理先进集体；区法治冷水滩建设领导小组办公室获全市“六五”普法依法治理工作先进办公室称号；区司法局邓玲、石华生、刘艳君三人分别获全省“六五”普法依法治理工作先进个人和全市“六五”普法依法治理工作先进个人及先进工作者称号。2月25日，冷水滩区召开第八次法治宣传教育工作会议，会议总结了全区“六五”普法工作，表彰“六五”普法先进集体20个、先进个人30人。

【人民调解】2016年，冷水滩区建立各级人民调解组织293个，有人民调解员1251人。调整乡镇（街道）、村（社区）人民调解委员会287个，对人民调解员全部进行了培训。全年调解矛盾、纠纷1234件，调解成功1231件，调解成功率为99%。

【社区矫正】2016年，冷水滩区司法局受委托进行社区矫正对象调查评估272件，其中建议不适用社区矫正33件，慎用社区矫正39件，经矫正办公室审核不合格、退回补充证据5件。截至2016年12月31日，累计接收社区服刑人员1335人，解除矫正954人；有在册社区服刑人员381人，其中管制7人，缓刑352人，假释15人，暂予监外执行7人；针对55名刑满释放人员开展了安帮专项活动。服刑人员网上衔接率保持在100%，核实率保持在99%。2016年，未出现脱管漏管和重新犯罪的现象。

【公正服务和法律援助】2016年，冷水滩区司法局公证服务秉承“维护公证，恪守诚信”的原则，全年办理各类国内民事、经济类案件469件，免费解答法律咨询850余人次；办理法律援助案件207件，其中刑事法律援助案件57件，民事法律援助案件150件，代写法律文书19件，出具法律援助意见5份，解答法律咨询201人次。

军事　公安消防

冷水滩区人民武装部

【概况】2016年，冷水滩区人武部深入贯彻中共十八大以来的历次重要会议、全军政治工作会议、中央军委改革工作会议和习近平主席重要讲话精神，认真组织开展学习教育活动，加强部队思想政治建设；严格进行民兵整组，推行网上兵役登记，坚持廉洁征兵，实施基层武装部正规化建设，打牢国防后备力量根基；修订、完善战备方案，组织官兵开展军事要素和社会要素作业训练，提高专武干部和民兵作战能力；坚持党委集体理财制度，规范经费开支，增强后勤保障能力；积极参与抢险救灾、脱贫攻坚，支持地方工作，圆满完成了年度各项工作任务。

10月19日15时30分，省军区司令员黄跃进带工作组到冷水滩区人武部检查指导工作（区人武部 提供）

【思想政治建设】坚持用习近平主席系列讲话精神统一思想行动，执行上级命令指示，把握人武部党委班子和干部队伍建设方向。筹划全年度工作。1月，省军区、军分区党委全会召开后，部党委第一时间召开党委会和干部大会传达学习上级党委全会精神，并将会议摘要呈送区委、区政府。1月20日下午，部党委向区委常委会议汇报了省军区、军分区党委全会精神。1月21日，召开全区民兵预备役工作会议，传达学习上级党委会议精神。通过不断深化学习上级党委全会精神，统一思想，理顺工作思路，凝聚发展共识，明确抓建方向和目标，制订全年工作计划，统筹部署全年党委中心组带机关理论学习、主题教育、专题教育和经常性思想教育。抓好政治理论学习。深入贯彻中央军委扩大会议、古田全军政工会议精神，以军委国防动员部、南部战区、省军区、军分区党委扩大会议精神为指导，原文学习上级首长讲话，紧跟中央军委和战区、军委国防动员部的思路步伐，采取党委中心组学习、理论授课、专题调研和个人自学等形式，抓好政治理论学习。3月28日，开展党委中心组带机关第一专题理论学习，重点组织学习习近平主席“强军兴军篇”“国防动员篇”最新讲话，抓住人民武装的“根”和“魂”，区人武部政委王高桥代表人武部在会上作了发言，人武部每人撰写了2篇不少于2000字的心得体会。参加“改革强军”主题教育活动和“两学一做”专题教育学习，把开展好上述两项教育作为人武部凝魂聚气、正本清源、革除积弊、激发动力的具体举措。组织干部和应急队员参观李达故居，观看《大国崛起》等优秀影片。通过一系列活动，使人武部党委机关形成向心力、凝聚力、战斗力，努力建设铁一般信仰、铁一般信念、铁一般纪律、铁一般担当的“四铁”人武部机关。抓好经常性思想教育和形势政策教育。利用早交班和党团活动时间，开展经常性思想教育，解决干部立身做人、履职尽责问题；紧跟军内外热点问题开展形势政策教育，开展经常性法治宣传教育。落实经常性谈心制度，每月部领导找干部谈心，营造团结和谐的内部关系。开展“学党章党规、学系列讲话，做合格党员”活动、组织“新体制、新职能、新使命”大讨论、“坚定改革强军意志、投身改革强军实践”等各项教育活动。3月30日，组织学习中央《关于郭伯雄严重违纪违法案件通报》，开展批判性教育和“回头看”，自觉从思想上、组织上、制度上肃清郭案流毒影响。开展“讲奉献，正确对待改革”教育，教育干部以感恩之心对待组织，以平常之心对待名利，以进取之心对待事业，正确认识当前改革，正确对待个人进退去留。

【推进军事斗争准备】遵循新形势下强军目标和军事战略方针，坚持战斗力为唯一根本标准和实战化导向，以军事训练为基础，落实确保战斗力的提升。按照《中国人民解放军战备工作条例》要求，落实日常战备、节日战备要求。抓好作战值班系统综合整治。2月，参加军分区军事业务集训，与上级战备方案进行对接，修订完善大规模作战方案和国防动员方案；根据防卫作战任务，完善指挥所编组方案，区人武部部长陈建红带领军事科及相关街道、乡镇武装部3次对上级明确的重点目标逐一进行现场勘察和数据采集。3月，完成基层各类战备方案的对接，狠抓军事训练，围绕能打仗、支援并保障打胜仗这个核心，深入贯彻落实省军区和军分区决策部署，突出战斗力生成根本标准，扭住能力建设，贯彻实战实用性训练，研究和探索新形势下军民深度融合发展的新路子。贯彻《战备工作条例》，对全区担负的三类防卫目标进行现地勘察和研究，修订完善大规模作战方案、处置突发事件行动方案及国防动员各类方案预案，并与省、市两级进行了对接。落实元旦、春节战备值班、区域执勤和考勤制度，保持良好战备状态。组织干部在职训练，开展驻地军事要素和社会要素研究作业，重点围绕驻地遂行作战和非战争军事行动，以及驻地经济社会发展可能产生的影响进行研究作业。全年分4期完成366人（应急队伍175人、支援队伍144人、储备队伍47人）民兵训练任务；4月，与区水利局联合组织冲锋舟水上训练，培训40名一级操舟手；全年组织两期基层专武干部培训，新任专职武装干部的业务素质明显提高，完成辖区学生军训6300人次；上、下半年各组织应急民兵分队连、排进行2次野外拉练，基层武装部部长参加，突出野战条件下“走、打、吃、住、藏”机动作战能力，锻炼民兵的意志，提高专武干部组织指挥能力。11月底，区人武部代表永州市参加省军区组织的年终军事训练与战备工作考核，成绩优。

【加强队伍建设】按照武装头脑、指导实践、推动工作的要求，采取专题辅导、个人自学、集中交流等方法，干部职工理论素养不断提高。扎实开展“改革强军”主题教育活动和“两学一做”专题教育学习。集中辅导授课20余次，组织学习交流发言12次，参观见学2次。通过这些活动，强化了党员干部的军魂意识、使命意识、责任意识。紧贴形势任务，着力抓形势战备、抗灾救灾、法规法纪等教育，抓好民兵预备役政治教育。全年共下发教育提纲9课，结合民兵整组、征兵、训练等，开展政治教育。抓作风建设，扎实开展“学党章党规、学系列讲话，做合格党员”专题教育，改进党委班子和党员干部的作风。通过学习民主集中制专题辅导、落实《党委议事规则》，党委班子的科学决策、民主决策、依法决策水平不断提高。组织召开以“聚焦新职能新使命，着力强化四个意识，大力弘扬严实精神”为主题的党委民主生活会，通过征求意见建议、民主批评帮带、领导集中讲评、完善制度规定等方法，增强领导班子的凝聚力、战斗力。加强干部队伍建设，通过在职训练和经常性思想教育，激发干部勤奋学习、爱岗敬业的紧迫感和自觉性。贯彻中央军委干部转业工作指示，推荐1名干部转业，确保思想稳定。抓防范，通过教育动员、个人自查、谈心交流、走访调查等形式，全面了解和掌握人员思想状况，组织开展核心涉密岗位和其他重要岗位人员的政治考核活动，打牢安全发展的基础。落实军地平安建设工作，组织民兵参与维护社会稳定，确保春节、“两会”、国庆期间驻地稳定。按照“靠政策稳人，靠劝导留人，靠解难感人，靠责任管人，靠措施控人”工作思路，耐心细致地做好来信来访工作，协助地方做好军队退役人员思想稳定工作，全区无非法聚集和无一人进京上访。

【服务地方建设】2016年，冷水滩区人武部参加杨村甸堆子头村扶贫工作，与贫困户“结对”实行精准扶贫，该村脱贫17户70人。组织发动民兵投身创“国卫”和“交模”活动，参加抢险救灾。排查化解矛盾纠纷20余起，处理6起军人军属涉军维权来函来访，提供法律咨询服务10多人次。春节、“八·一”等节假日，走访慰问生活困难退役人员50多人次。每月通报一次新闻报道统计情况汇总等措施，鼓励干部、职工和广大民兵预备役人员积极撰写稿件，宣传干部、职工和民兵预备役人员在工作中涌现出来的新人、新事、新风尚。全年人武部在省级以上媒体发稿30篇，其中中央级报刊（台）用稿4篇，省级报刊（台）用稿26篇。

【国防后备力量根基建设】扎实做好民兵整组。贯彻“平战结合、军民结合、寓兵于民”

11月13日，冷水滩区桥头市场、杨家桥街道发生内涝，民兵常驻应急分队（区人武部 提供）

方针，按照上级民兵整组工作会议精神，成立以区长唐满平为组长的民兵组织整顿领导小组。1月22日，召开全区民兵整组工作会，动员部署整组工作，划分责任与任务。整组展开后，先后组织2次民兵预备役工作业务培训，规范整组工作的程序和方法，印发46份整组工作细则，统一规范“两卡、三表、四案、七本、九册”。整组期间，各乡镇完成辖区国防动员有关资源信息数据库建设，完成转业退伍军人和地方军事专业对口人员服预备役登记统计工作。开展网上兵役登记，准确掌握适龄青年数量和分布的情况，为兵员征集打下坚实基础。7月2日，召开全区征兵领导小组会议和征兵工作会议，部署全区征兵工作，成立以常务副区长张跃斌为组长的征兵领导小组，下设征兵办公室。征兵期间，在全区范围内广泛开展征兵的政策法规教育和弘扬革命英雄主义为主题的宣传教育活动。与区党政机关联合行文，下发《冷水滩区征兵工作规定》，编发《征兵工作简报》。投入经费4万元，通过微信、短信、LED屏、公交车载电视、报纸、宣传车等方式广泛宣传发动。每个乡镇都悬挂10条横幅、80条标语，发放5000份征兵宣传彩页。深入各高中发放1万份《征兵工作问答》宣传单，展出36幅展板；在两所高校开展“入伍预征宣传动员周”活动。贯彻省军区、军分区廉洁征兵规定，通过宣讲征兵政策法规、公布监察举报电话、设置举报信箱邮箱、聘请地方廉洁征兵监督员等措施，把廉洁征兵与“三严三实”教育整顿活动同步推进，贯穿始终。

加强乡镇基层武装部、村民兵营，以及退伍军人之家和民兵应急分队建设。各乡镇（办事处）认真贯彻落实基层武装部正规化建设实施方案，配套完善办公室、资料室、值班室、战备器材库存“三室一库”硬件设施，民兵应急排按标准分步配齐应急专业力量和装备器材，构建完成常态化、专业化、规范化应急力量体系，做到随时能成建制地遂行护林防火、维稳防暴、抢险救灾等应急任务，形成“一队多用、一专多能”的应急专业体系。在军分区和区委、区政府的领导下，重新组建民兵常驻应急分队，进一步研究探索保障机制，完善配套装备器材，确保队伍能拉得出、用得上、起作用。

【从严治军】贯彻强军之基战略思想，紧抓“细”“严”“强”三个字管控部队，不断夯实安全发展基础，细致开展安全教育。部领导亲自主抓，按照一级对一级负责的要求，逐个开展谈心活动，切实掌握部队人员的思想和工作状态。安全教育以干部为重点，涵盖职工、民兵应急分队队员，具体到人、到事，确保时间、内容、效果的落实。抓隐患排查。对照省军区安全工作“六条标准”要求，在每个节假日前组织安全隐患大排查，对营区安全管理，办公秩序、车辆安全管理、人员管理、枪弹管理和涉密管理

3月19日，军分区检查组对冷水滩区民兵整组工作进行检查（区人武部 提供）

等方面逐项排查，对查出的安全问题逐一进行整改。强化责任，抓好制度落实。建立健全仓库登计统计制度、出入营区登记制度、车辆管理制度等各项制度。按照保密管理规定，对涉密岗位人员、营区施工人员进行严格的政治考核；加强干部“两外三圈”（外出、外勤、生活圈、交往圈、娱乐圈）的教育监管，严格落实对外交往和网上交友纪律规定。

12月9日，召开冷水滩区委常委议军会，人武部党委成员参加（区人武部 提供）

【坚持党管武装】区委始终坚持党管武装、国防和军队建设方针，将武装建设、国防建设、军事建设、军事斗争准备建设与全区经济建设协调统筹安排。不断提高各级党政领导“党管武装”的责任感和紧迫感。落实党委议军、拥军、军事日活动，绩效考议等制度，推动党管武装工作的长效化机制化。召开区委常委议军拥军协调会，研究解决区武装部基础建设，基层武装部军事建设，区民兵应急分队建设等，把武装建设、军事建设放到区委重要工作日程上来。做到国防建设事业有问必答、有求必应、有事必到，尽力帮助排忧解难，一年来，分别完成了区武装公寓楼、大门、饭堂等基础设施建设。人武部充分发挥地方党委、政府“军事机关”的桥梁纽带作用，积极协助地方做好维稳工作。在“两会”“7·5”等敏感时间点，值班首长、值班员、值班分队24小时保持在位，应急分队全天轮班上街巡逻值勤，有效震慑了违法犯罪分子，有力维护了社会稳定。全年，人武部参加地方抢险救灾和处突维稳15次，出动应急分队2000余人次；参加“政府接访日”，接访群众70多人次，排查化解矛盾纠纷30余起，处理11起军人军属涉军维权来函来访，提供法律咨询服务20多人次。元旦、春节、“八·一”等节日期间，走访慰问生活困难退役人员60多人次，全区军政军民关系融洽和谐。

【增强后勤保障能力】坚持党委集体理财制度，按照财务管理规定办事，科学配置财力资源，使经费保障向军事训练和国防建设倾斜，一般业务性、行政性开支比2015年下降70%。全面推行公务卡结算，落实定点采购制度，有效堵塞财务管理漏洞。推进营院基础设施建设。2016年，在军分区首长的指导和区委、区政府的帮助下，先后完成干部公寓楼、球场、食堂、军营文化墙和大门建设，完成车棚、器材库、办公楼改造、营院绿化亮化美化、道路“白改黑”工程及应急分队连部建设等营院建设项目。

冷水滩区公安消防大队

【概况】2016年，区公安消防大队有现役官兵42人，其中干部8人，文员6人，现役战士23人，合同制战士5人。全年，大队共接警出动641起，扑救火灾322起，抢险救援和社会救助319起，出动车辆818辆次，出动警力5710人次，抢救被困人员 60 人，疏散被困人员 313 人，抢救财产价值 5648.7 万元。实现了火灾形势和部队管理两个稳定的目标，为创建“平安和谐冷水滩”做出了积极贡献。

【加强思想政治建设】按照“五型”党委班子建设的要求，全面规范和落实党委的工作、学习、生活制度，健全党委议事规则、决策程序，提升党委决策科学化、民主化、制度化水平。大队领导班子成员坚持把团结共事、和谐共处、通力合作作为一项政治纪律和应尽的责任，在团结中合作，在合作中干事，在干事中增进团结。狠抓作风建设，开展“两学一做“ “践行强军目标，争做新一代革命军人” “潇湘铁军党旗红”等专题教育，令行禁止，廉洁自律。领导班子成员带头遵守党纪国法和部队的规章制度，执行上级的命令指示，起到先锋示范作用。

【基础设施建设】2016 年，大队以施行《湖南省地方消防经费管理办法》为契机，推动地方财政落实“基本支出按标准保障、项目支出实行专项保障”的年度消防业务经费预算和政府专职消防队经费预算，加强与财政等职能部门的沟通协调，完善消防经费保障机制，后勤保障能力提升。争取地方党委、政府对消防工作的重视与支持，从严从紧管控经费支出。大队按照中央改进作风、厉行节约的总要求，严格落实公安部消防局《关于厉行节约反对浪费严格经费管理的意见》，牢固树立“过紧日子”思想，围绕部队中心工作花钱办事，从严控制公务活动规模，从严执行公务支出标准，从严压缩行政消耗性经费支出，加大“三公”经费管控力度。规范公务接待管理，精打细算、勤俭办事，把有限经费用在刀刃上，提高经费使用效益。开展部队基础设施建设。全年按照部队正规化建设标准，对大队办公楼外墙、大中队办公室、大中队宿舍、车库等场所进行改造，更换办公桌椅、班宿舍空调、办公电脑等官兵工作及生活用品，改善了官兵工作生活条件，营造了拴心留人的环境。大队开源节流，部队后勤保障能力进一步提升。

5 月 15 日，区人武部、区消防大队组织开展消防训练集锦（区人武部 提供）

【创新管理模式】大队坚持从严治警，严格执行部队条令条例，从严落实各项安全措施。抓好队伍正规化建设，确保部队高度安全稳定。同时，加强人员管控，针对现役战士外聘人员（合同制消防员、消防文员）的不同特点，建立健全相应的管理制度，创新管理模式，增进团结协作精神，提高全队战斗力，发挥他们的积极作用。

2016 年 1 月，开展“条令条例学习月”活动，逐级、逐岗明确安全职责，量化任务分工，兑现奖惩问责，形成了时时、处处、事事讲安全的氛围。全年，部队未发生任何违法案件和重大安全事故，确保

5月15日，区人武部、区消防大队组织开展消防训练（区人武部 提供）

部队的高度安全稳定。3月，大队开展“六熟悉”（熟悉责任区的交通道路、水源情况，重点单位的分类、数量及分布情况，主要灾害事故处置对策及基本程序，重点单位建筑物使用及重点部位情况，重点单位内部消防设施情况、重点单位的消防灭火救援任务分工情况）工作，优化执勤工作，加强消防水源调查与管理，完成“三标图”和《“六熟悉”手册》修订任务。按照实战需要，以成建制普通中队比武竞赛活动为契机，有针对性的开展业务技能和体能训练，练兵训练与业务理论学习有机结合，大队官兵熟练掌握应知应会的基本理论、基本知识、基本技能，政治、业务、体能素质和队伍整体战斗力显著提高。熟悉单位100家次；完成辖区大型人员密集场所、易燃易爆单位、石油化工企业等重点单位预案的修订80份，开展重点单位的灭火救援演练76次。

【火灾防控工作】坚持依法治理、系统治理、综合治理和源头治理，提升社会防控火灾能力，坚决预防和遏制较大以上火灾事故，维护消防安全形势持续稳定。2016年，区政府多次召开消防工作专题会议，层层签订《消防工作目标责任状》，全面落实消防安全责任。开展全区性夏季消防安全检查、和相关行业、系统的消防安全检查。区政府常务会议多次专题研究消防工作，明确任务、落实责任、细化分工。区委、区政府、区公安分局主要领导多次率队开展消防工作检查，多次组织相关职能部门召开消防工作专题会议，推动消防安全责任制的落实。强化排查整治，消除各类火灾隐患。针对季节变化及元旦、春节、“两会”“五一”等和重大节庆及会议活动，安排部署消防安全专项保卫行动，全面排查整治火灾隐患，整改消防安全重大隐患。全年共检查社会单位1306家，发现火灾隐患1416处，督促整改隐患1413处，临时查封30处，责令“三停”单位13家，拘留2人。全年未发生死亡及财产损失5000万元（含）以上火灾事故。加强执法规范化建设，提升消防服务水平。按照上级要求，区消防大队对行政审批合法性、执法真实性以及整治“体外循环”等重点内容进行自查自纠，整改执法过程中存在的问题。注重群众满意度调查工作，健全消防形象监督员工作制度，拓展外部监督渠道。强化法制员和消防监督执法人员培训，提高消防监督执法人员素质。开展消防行政审批窗口“提质创优”工程，执行行政审批“三项制度”“四项工作机制”，落实《全省公安机关深化改革推进便民利民服务30项举措》，推动消防窗口建设争先创优。

【消防宣传教育】开展消防宣传培训，努力提高全民消防安全意识。区消防大队联合宣传媒体、教育、文化等部门，深入街道、社区及各学校、企业、机关事业单位普及消防常识，多形式、多渠道开展消防宣传教育；制作大批群众喜闻乐见的消防宣传品，广泛向社会发放，在社区、街道、公众聚集场所和消防安全重点单位张贴消防安全宣传标语、图画。组织开展农村消防宣传服务站建设、微信公众号建设、消防微博服务等工作，通过手机推送，电视展播，悬挂户外广告牌，横幅，发放宣传资料，摆放宣传展牌，出动流动宣传车等形式，普及消防法律法规、消防安全常识知识，共发放宣传资料2万余份，发送宣传短信、微信、微博1万余条。开展“消防站开放日”活动，组织机关、团体、学校、企事业单位参观，体验消防实战演练；组织开展乡镇长、村支“两委”负责人培训，送消防知识下乡。开放消防站，接待参观干部群众800余人次。

农 业

综 述

【概况】2016年，全区农业按照区域化布局、标准化生产、规模化经营、市场化运作的农业产业化发展思路，以新农村示范村建设为核心，以农业园区化、规模化、产业化为突破口，发展优势产业，构建优势产区，创建优势产品，大力发展特色农业、生态农业、科技农业、安全农业、项目农业、休闲都市农业，积极推进全区农业产业化进程，实现了农村经济持续、快速、健康发展和社会全面进步。先后获得"全国粮食生产先进县""国家现代农业示范区""全省粮食生产标兵县""全省集中育秧先进县""全省农产品质量监管先进县""全省农药监管先进县""全市目标管理考核一等奖"等荣誉称号，区农业委荣获"全市先进基层党组织""全区目标管理考核一等奖""全省十佳农业局""全省农产品质量安全例行监测先进单位"等国家级、省、市、区荣誉称号70余项。已连续八年荣获全国、全省粮食生产标兵县称号。

区农业部门开展农资市场检查（区农业委 提供）

冷水滩区农业委员会现有公务员24人、参公人员65人、事业编制人员18人、工人120人，在职职工共有227人；退休88人。内设办公室（外经外事股）、农村经营管理股（综合调研室）、农产品质量安全监督股（市场与经济信息股）、法规股（行政审批股）、发展计划和财务审计股（区农业资源区划办公室）、新农村建设股（县域经济发展股）、科技教育股、政工股、粮油股（经作股、种子管理股）、农业产业化指导股（农产品加工）、农村可再生能源股、纪检监察室、农机管理股、工会。下属二级机构有：农业综合执法大队（参公事业单位）、农药监管站、种子管理站、农环站、农技推广中心、土肥站、耕地保护站、植保站、项目办、种子服务站、推广站、农产品检验检测中心、农广校、乡镇农技站（黄阳司镇农技站、伊塘镇农技站、上岭桥镇农技站），乡镇企业科技服务站。

【粮食和经济作物生产】2016

年，冷水滩区农业经济日趋优化。一是粮食产业稳步发展。全区共完成粮食播种面积86.79万亩，比上年增加1.19万亩；总产达37.87万吨，比上年增加0.61万吨，增产1.7%。在全市粮食生产考核中排名第三，被评为省粮食生产先进县。二是抓供给侧改革，加快经济作物产业发展。全年完成水果扩园1000亩、低改5000亩，发展西瓜种植15.3万亩，总产量22万吨；新增白茶基地1000亩。三是培育壮大新型农业经营主体，培育农业发展新动力。2016年，全区承包30亩以上耕地种粮大户已达2632户，比上年增加230户，流转耕地面积20.3万亩，比上年增加2万亩；全区家庭农场户数已发展到138户，比上年增加32户；全年农产品加工业完成总产值54.72亿元，比上年增加6.64亿元，增长13.8%；全区33家休闲农业全年完成营业收入6841万元，接待游客114922人次，较上年分别增长3.2%、3.1%。

省领导（左二）考察果秀柑桔标准化生产示范基地（区农业委 提供）

【美丽乡村建设】2016年，冷水滩区美丽乡村建设有序推进，农村环境不断改善。全区美丽乡村建设由“以点带面”向“点、线、面”全面推进转变，出台了美丽乡村建设“1+15”系列文件，标准更高、投入增加、力度更大。全区通过整合“一事一议”（对村级公益事业建设实行“一事一议”财政奖补政策筹集资金）、“五小”（小水窖、小水池、小塘坝、小泵站、小水渠）水利建设、农村公路建设、农村危房改造、农村环境综合整治等项目资金，筹措落实美丽乡村建设资金7199.2万元。重点启动了伊塘镇茶花村、蔡市镇邓家铺村、牛角坝镇牛角圩村、高溪市镇普口村、上岭桥镇仁山村、普利桥镇小水村6个美丽乡村建设。推进32个行政村水、电、路、房等基础设施建设，全面实施农村环境整治。茶花村荣获湖南省美丽乡村示范村称号，零东圩村荣获永州市美丽乡村示范村称号。

【标准化生产】2016年，冷水滩区农产品质量安全水平持续提升。全区以创建全国农产品质量安全县为契机，完成了全区乡镇农产品质量安全监管机构的建设，逐步构建起从区到乡镇并延伸到基地村组的农产品质量安全体系；全区建成了以牛角坝镇为核心的2万亩优质稻，以伊塘镇为核心的2000亩油茶、2300亩柑橘和普利桥蔬菜基地，马坪农业开发区生猪标准化养殖基地，珊瑚街道的蛋鸡标准化养殖场，仁湾镇的淡水鱼标准化养殖场7个农业标准化示范基地，总面积30万亩；新认证“三品一标”产品（无公害产品、绿色食品、有机农产品、有机农产品地理标志）6个；坚持监测与整治并举，市、区两级共抽检样品8112批次，合格率达到99.5%。成功创建为国家级出口食品农产品质量安全示范区。

农业产业融合发展

【概况】冷水滩区地处湖南省西南部，湘江上游，毗邻两广，地理条件优越，农业产业发达，是全国商品粮生产基地县（区）、优质稻标准化生产示范区，也是“冷水滩国家现代农业示范区”和“永州国家农业科技园区”两个国家级现代农业示范园区。自2015年起，全区实施农村一、二、三产业融合试点项目，围绕专业大户和家庭农场融合基础型、农民合作社融合发展型、龙头企业融合引导示范型、休闲农业股份合作型等多种模式，基本实现了“四个融合”。

【农业综合产业园区示范融合】将农业产业与功能充分结合起来，突出主导产业发展，大力打造融合农业生产、生活、生态于一体的综合性农业产业示范园区。如永州国家农业科技园区，核心区已落户企业36家，其中农产品加工企业9家，累计投入10亿余元，逐步建成农产品加工、优质稻种植、蔬菜种植、水产养殖、苗木花卉和农业科技创新六大类现代农业综合示范园区，成为全区现代农业快速发展的重要引擎。

【农业产业链延伸型融合】处于农业产业链上不同环节的农业经营主体积极向上下游延伸产业链条，将农业生产与农产品加工、销售连接起来，实现三次产业的融合发展。主要有两种形式：一是种养业经营主体向农产品加工或流通领域延伸。如黄阳司镇“优质稻＋中华鳖共生”模式、伊塘镇优质稻生态农业园模式等，通过稻田养鱼和稻田养鸭，消耗种植业废弃物，为种植业生产提供有机质肥源，实现种养循环，成为农业循环经济的新亮点。二是农产品加工企业开展全产业链经营。如湖南金三和粮油公司、宏泽生物有机肥厂、湖南回家乡农业开发有限公司和喜农种植专业合作社等，推行“公司＋基地＋合作社＋农户”的模式，为合作农户“统一供应良种、统一机械化育插秧、统一病虫害防治、统一运用新技术、统一标准化生产、统一标准收购、统一品牌销售”，形成了废弃物收集—有机肥生产—反哺良田—优质农产品生产的可持续发展的生态农业产业链，第一和第二产业实现了互相补充、有机结合，良性发展，带动周边4万余亩优质稻种植，成为冷水滩区一、二、三产业融合的引领者。

【农业与观光休闲业融合】以特色农业产业为基础，以新农村建设为载体，以农民为经营和受益主体，深度开发农业的多种功能，将农业生产与乡村民居村落、农耕乡土文化、乡村度假酒店、养生休闲山庄等紧密结合，实现“产区变景区、田园变公园、产品变礼品”，促进一、三产业的融合发展。观光农业型有永州万喜登农业园、昱恒农业等，其中，万喜登农业园建成了总面积达8000亩的休闲度假村，集垂钓休闲、商务接待、果蔬采摘、花卉苗木、科普展示、特种水产繁殖养殖于一体，吸引众多游客前往观光游览。特色村镇型有伊塘镇的茶花村，每到节假日，到茶花村山地自行车竞训基地、市植物园休闲采摘和运动的游客络绎不绝，每天最多可达3万余人次，每天自驾游小车辆达600余台，参加山地自行车竞训达1000余辆。2016年，全村共有13户村民开展农家乐经营，发展果蔬采摘，人均年收入达2.68万元，远高于周边务农村组。

【“互联网＋”形态的一、二产业与三产业融合】创新流通模式，构筑农产品电子商务平台。如湖南果秀食品有限公司是一家集食品研发、加工分装、零售服务于一体的专业品牌连锁运营公司，过去，公司的产品销售都是通过销售门店销售，2015年开始，公司与阿里巴巴实现对接，年网上销售接近1亿元。利用物联网技术，打造智慧农业发展平台。如回家乡农业科技有限公司在冷水滩区发展生态种养业，为提高其产品质量的可信度，公司与甲骨文合作利用物联网技术，将产品生产的各环节每个节点的生产信息进行无遗漏的采集并上传，实现了农产品“从农田到餐桌”的动态溯源，无论是生产者、监管者还是消费者，都能随时随地通过手机和IP上网，进行查询和检索。生产经营业态和模式不断创新，农产品电子商务快速发展，一批农业生产和农产品加工企业正在致力于通过“互联网+”来打造线上、线下相结合的农产品现代流通体系，发展现代农业服务业，实现一、二、三产业的融合发展。

【农业项目工作】2016年，冷水滩区紧紧抓住项目包装、衔接、申报、服务、实施、监管等重点环节，争取了高标准农田建设，集中育秧，重金属污染耕地应急性修复，农村一、二、三产业融合发展等农业项目33个，项目资金达1.3亿元。

【农业法规学习宣传】2016年，冷水滩区加强农业法律法规学习宣传贯彻，提高农资队伍整体法律素质。一是对辖区的100多名农资经营人员进行岗位培训，进一步学习新《中华人民共和国种子法》《中华人民共和国农产品质量安全法》《农药管理条例》等涉农法律法规。二是结合“3·15”活动，利用电视、报纸、信息等媒体加大农业法律法规的宣传。在城区步步高超市、农村各镇赶圩日设立农资科技咨询台，及时接待农民咨询，提供技术指导，告知农民识别未审定种子、假农药、双标肥料等新型违规违法行为，现场发放宣传资料1000多份，接待群众咨询300余人（次）。三是印发《农资生产、经营承诺书》《全面禁止销售和使用五种高毒农药宣传挂图》《给农民朋友的一封信》等宣传资料3000余份，张贴到各农资经营门店醒目位置，规范企业生产经营行为，引导农民正确购买和安全使用农药，警示农民不要购买未审品种及散装种子，并要求各种子生产经营企业（门店）强化质量意识，切实提高售后技术服务，积极主动调处种子质量纠纷，确保农业生产和农产品质量安全，确保社会稳定。四是在《法制周报》等新闻媒体上对冷水滩区的农资市场监管动态、打假工作等进行了多次（篇）报道。

【行业监管和农业执法】2016年，冷水滩区通过质量抽检和标签监管，加大农资打假的查处力度。制定了农资市场巡查工作记载制度，在农业生产的重要时节，种子监管站、农药监管站、执法大队人员不间断地对农工商种子市场、409地质队旁农资大市场和乡镇农资企业（门店）进行巡查，详细记载巡查的产品企业、品种、数量、价格等基本信息，严禁违规农资上柜销售。共抽样检测种子、农药、肥料样品46个，发现涉嫌违规农资案线索5起，已立案查结5起。共出动执法人员300余人次，立案查处种子、农药案件5起，结案5起，结案率100%；查获违规农资330余公斤，货值1.32万余元，罚款3.2万余元，为农民挽回直接经济损失11万余元。

养殖业

【概况】2016年，冷水滩区通过转方式调结构，推进养殖业现代化，养殖业整体实力持续壮大，生产方式加快转变，结构布局不断优化，发展基础不断夯实。全区出栏生猪106.98万头、牛1.02万头、羊2.61万头，出笼家禽1316.6万羽，水产养殖水面8.32万亩，水产品产量2.688万吨，全区无重大动物疫情和畜禽水产品质量安全、渔业安全生产事故发生，确保了全国生猪调出大县地位。荣获全省“养殖业目标管理先进县区”、全市“重大动物疫病防控工作先进县区”和全市“动物免疫工作先进县区”等荣誉称号。

【畜牧水产业转型升级】2016年，全区坚持以“创新、协调、绿色、开放、共享”新理念引领养殖业新发展，以转变养殖业发展方式、推动农业供给侧改革为主线，加快畜牧业落后产能淘汰，促进畜牧业转型升级。大力推广温氏养殖模式，引导5户农户与温氏签订了合作协议；加快推进标准化示范场创建，全年创建省部级标准化示范场1个、市级标准化示范场10个；永州市职业技术学院实习农场成功创建为市级标准化养殖示范基地。全区现有标准化示范场44个，其中国家级4个、省部级4个、市级36个。同时，引导建成了珊瑚非生猪养殖项目示范园，该园区以养殖蛋鸡为主，共有蛋鸡场4个，存笼蛋鸡近8万只。加快草食动物发展步伐，重点支持草畜平衡的规模养殖企业、能繁母牛饲养大户，扩大能繁母牛群体，积极推广肉牛冷配技术，促进草食动物发展优势产区的形成，全区新增存栏50头以上的规模养牛户5户、存栏300头以上的规模养羊户2户，人工种草1200亩。其中永州市金牛湾农业开发有限公司投资500万元，修建标准化牛舍4368平方米、仓库218平方米，种植牧草500余亩，存栏黄牛200余头。严格实施湘江保护和治理第二个三年行动计划，扶持4个规模养殖场实施粪污治理项目；结合生猪调出大县奖励项目奖实施，制定《养殖废弃物综合利用指导与服务方案》，推广干清粪、雨污分流、干湿分离、沼气配套、种养平衡清洁养殖技术。截至2016年年底，全区湘江流域范围内207家规模养殖场全部完成粪污防治设施改造任务。发展休闲渔业和稻田综合种养模式，建成珊瑚四丘田、万喜登农业园省级休闲渔业示范基地，岚角山梁木铺村湘丰源生态养殖合作社、黄阳司红辉生态农场分别建成330亩和120亩的“稻—鱼—虾”综合种养示范基地。

【渔业与渔政执法】2016年，冷水滩区继续在全区129座中型水库，小（1）型、小（2）型水库禁止投肥养鱼。6月6日，在三多亭码头开展人工增殖放流活动，共投放青、草、鲢、鳙四大家鱼鱼苗300万尾；参与宋家洲片网箱养殖取缔活动，共拆除网箱14万余平方米，拆除管理房2座，整治各类渔船100余艘；创新执法方式，实行领导带头、全员渔政的常态化巡查护渔制度，对宋家洲等重点河段开展常态化、全天候渔政巡查执法行动，采取“水陆结合”“交叉执法”“大小并进”和“定点蹲守”等执法方式，开展渔政执法检查9次，不定期检查渔船364艘次，查处电鱼案件3起，案件移送公安机关1起。

【项目建设】2016年，冷水滩区以“深洽会”“沪洽会”等为招商平台，引进了永州庭丰农业有限公司、湖南省宏泽生物科技发展有限公司等一批生产规模大、投资超亿元的现代化种养加工企业。永州庭丰农业有限公司占地面积704亩，总投资约1亿元，分两期建设：一期由GSI谷瑞全全负责的3600头母猪生产线，于2016年9月完工并投入使用，并作为本土养殖业龙头企业率先与温氏公司对接成功，承接温氏猪苗供应；第二期预计2018年开工建设。项目建成投产后，年销售仔猪20万~25万头，年产值2亿元以上。湖南省宏泽生物科技发展有限公司占地60亩，计划投资1亿元，建成发酵车间22500平方米、生产辅助车间4500平方米、工作用房1000平方米和年生产能力达15万吨有机肥的生产基地。

【动物疫病防控】2016年，全区春秋集中免疫及日常补免等工作有序开展，动物疫情稳定，没有发生区域性重大动物疫病疫情。全年，共免疫高致病性禽流感723.67万羽、生猪高致病性蓝耳病51.82万头、生猪口蹄疫54.65万头、猪瘟54.63万头、牛口蹄疫4.82万头、羊口蹄疫6.47万只、羊小反刍兽疫6.47万只，免疫抗体水平达到农业部标准，在全市组织的免疫抗体检测评估中，冷水滩区的动物免疫抗体合格率位列全市前列。同时，积极开展动物疫病监测和流调工作，监测养殖场84个，采集病原学样本1100个、组织样本208个、牛（羊）布鲁氏菌病血清学样品380例、鸡（鸭）H7N9血清学样品628例，检测结果全部为阴性。在蔡市镇和牛角坝镇开展兽医社会化服务体系建设试点工作，得到省畜牧水产局充分肯定。

【肉品质量安全】2016年，冷水滩区组织开展以确保畜禽水产品质量安全为主要内容的畜禽水产品质量安全监管、畜禽水产品质量安全专项整治工作，开展饲料和饲料添加剂及兽药行政执法专项检查，对全区3家饲料生产企业、40余户饲料经营户、38户兽药经营户和194个规模养殖场全面进行了监督检查，责令养殖场完善质量安全台账67起，责令整改过期饲料案1起；全力开展产地检疫、屠宰检疫，实行生猪检疫与生猪“瘦肉精”检测同步进行，共抽检生猪尿液7864份；在畜禽水产品质量安全风险排查中对3个养殖场、2个定点屠宰场，3个农贸市场和1家畜禽产品经营企业进行抽样检测，共抽样539份，其中水产品样品15份、猪肉样品250份、牛羊肉样品24份、禽肉样品125份。经检测，猪肝、猪肉、牛肉和羊肉检测磺胺类药物残留，禽肉和禽蛋检测氟喹诺酮类药物残留，水产品检测孔雀石绿、氟喹诺酮、氯霉素、磺胺类药物残留，结果均为阴性。6月，畜禽屠宰管理职能从区商务局移交至冷水滩区畜牧水产局后，扎实开展生猪屠宰“扫雷”行动，检查屠商846户、农贸市场23个、屠宰场2家、屠宰点9个，打击私屠滥宰窝点1个。

林 业

【概况】冷水滩区林业局位于永州市冷水滩区湘江东路1175号，2016年有在职干部职工199人（其中干部71人，工人128人），退休人员40人，内设办公室、计划财务股、政工股、资源林政法规股、造林股（加挂“区退耕还林办公室”“区油茶产业办公室”牌子）、野生动植物保护股，下辖永州市森林公安局冷水滩区分局、区林业综合执法大队、区林业产权管理与资产评估中心、绿化办、种苗站、科技站、区森林病虫害防治检疫站、区野生动植物保护管理站、区林业信息中心、黄阳司林业工作中心站、岚角山林业工作中心站、普利桥林业工作中心站、曲河林业工作中心站、区林业科学研究所、区森林资源保护站共15个二级机构。

冷水滩区是全市唯一的非重点林区，全区共有土地总面积167.43万亩，其中林业用地74.78万亩，用材树种以国外松、杉树、桉树、楠竹为主，经济林以油茶、柑橘为主，全区建有各类林场219个，总面积近7万亩，其中集体林场87个，个体林场124个，联办林场8个。自2002年实施退耕还林工程以来，全区累计完成退耕还林19.45万亩（其中退耕还林7.9万亩，荒山配套造林9.9万亩，退耕还林封山育林1.65万亩）；区划生态公益林面积207691.16亩（其中国家级生态公益林110446

亩，省级公益林44599亩，市级公益林22870.5亩，区级公益林29775.66亩）；森林覆盖率38.47%，森林总蓄积量116.6403万立方米。

【造林绿化】2016年，全区共完成植树造林1.3万亩，其中重点工程造林0.55万亩，通道绿化造林0.12万亩，面上造林0.63万亩，义务植树137万株。

【林业种苗】2016年，全区共育有各类常规苗木面积170亩，共出苗约300万株，确保了造林的需求。定点从永大高科调油茶苗21万株，通过政府采购调用各类绿化大苗25.16万株。

【生态公益林管护】截至2016年年底，全区共区划生态公益林207691.16亩，其中国家级生态公益林110446亩，省级公益林44599亩，市级公益林22870.5亩，区级公益林29775.66亩。共聘请专职护林员134人，签订了管护协议，落实了管护责任。省级以上公益林补偿资金通过“一卡通”直接发放到农户，市、区级生态公益林补偿资金计划从2017年开始发放到户。

【森林病虫害防治】2016年，全区分两个阶段开展林业有害生物普查工作，全面完成了普查任务。经普查，2016年，全区发生林业有害生物面积2.18万亩，其中松毛虫发生面积1.43万亩，成灾面积为零；萧氏松茎象发生面积为0.15万亩，成灾面积0.01万亩；黄脊竹蝗发生面积0.08万亩，成灾面积为零；松材线虫发生面积为零；其他林业有害生物发生面积为0.52万亩，成灾面积为零，林业有害生物成灾率远低于控制指标。全年，开展了9次有害生物预测预报，测报准确率90%；指导群众运用白僵菌和赤眼蜂开展生物防治，无公害防治率达100%。

【森林公安】永州市森林公安局冷水滩分局（又称永州市公安局冷水滩分局森林大队）内设办公室、刑侦治安股、法制股3个股室。2016年，有森林公安政法专项编制10人，2016年，实有正式在编民警5人，协勤人员4人。2016年，共接警111起，处警111起；侦破各类森林案件19起，其中刑事案件6起，林业行政案件13起；打击处理违法人员22人次，其中提请逮捕5人，直接起诉3人；调处山林权属纠纷22起，为国家挽回直接经济损失1200万元。

【天然林保护】2016年，冷水滩区根据湖南省林业厅文件精神，全区组织林业技术人员对林地进行了摸底调查，经调查统计，全区共有天然林面积19.23万亩，其中国有0.53万亩，集体18.7万亩，调查结果已上报省林业厅，争取列入全省天然林保护项目。

【野生动物保护】2016年，冷水滩区开展了以“依法保护鸟类，建设美丽中国”为主题的“爱鸟周”和“世界湿地日”等宣传活动，开展了“清网行动”，重点打击非法打鸟、毒鸟、诱捕鸟类、非法狩猎其他野生动物的行为，共收缴、放生“三有”（有益、有经济价值、有科研价值）保护动物821只，未发生非法猎捕野生动物重大案件。

【森林防火】在2016年森林防火周期内，区委、区政府、区森林防火指挥部及各乡镇、街道在森林防火宣传、隐患排查、队伍建设、值班备勤、应急处置等方面做了大量的工作。2016年，全区共发生一般森林火情21起，一般森林火灾2起，过火面积5.4公顷，受害面积0.6公顷，2起火灾均受到查处。

【油茶产业】2016年，全区有油茶林面积23.5万亩，2016

年，完成油茶新造1000亩，低改10000亩。辖区内基地面积较大的企业有永州伊园科技有限公司、湖南天沃科技有限公司、永州市永丰农林开发公司，油茶深加工企业主要有湖南林之神林韵油茶科技发展有限公司、大自然集团公司等。2016年11月11日—13日，全国油茶产业现场会在永州市召开，主会场设在冷水滩区。

水　利

【防汛抗灾】2016年，冷水滩区发生3次强降雨过程，平均降雨量1292.6毫米，较历年同期均值1302毫米偏少9.4毫米，湘江冷水滩段超警戒水位2次。全区坚持“防大汛、抗大旱、抢大险”的指导方针，全力推进防汛抗灾工作，实现了防汛抗灾“三个确保”，即确保在遭遇设计内暴雨洪水中不垮一库一坝、在山洪灾害中不发生群死群伤、在遭遇较大干旱时不危及群众饮水安全的总体目标。

【水利项目建设】2016年全区水利建设投资2.38亿元，全年完工1.78亿元，共完成大小水利工程6200处，恢复、改善灌溉面积2666公顷。其中小农水重点县项目、里湾小流域水土保持项目完成96%，59座小（2）型水库除险加固项目全部完工。重点民生实事农村饮水安全项目计划总投资491.1万元，其中区级财政400万元，群众自筹91.1万元。兴建冷水滩区杨村甸乡胡家桥村、花桥街镇金山岭村、上岭桥镇枫木塘村、伊塘镇茶花村、蔡市镇伍家岭村、灯牙塘村、黄阳司镇八亩丘村、高溪市镇欧家村、普利桥镇企塘冲村9个村农村集中供水工程，新增农村饮水安全9822人，2016年年底，农村自来水普及率达70.97%，重点民生实事（农村自来水普及率达70.44%）及全面建成小康社会工作完成考核目标。小型农田水利重点区建设项目涉及4个乡镇33个村，其中小农水专项资金项目建设涉及蔡市镇大园山村、九牛岭村、伍家岭村、虾塘村、桐子山村、邓家铺村，岚角山镇高桥头村、五口井村、武塘村、寅已塘村，上岭桥镇八宝岭村、茯塘村、卫东村，竹山桥镇竹山桥村、楼子房村、大塘村、大里村、长冲村、龙门市村、山门口村共4个乡（镇）20个村，耕地面积2133公顷，农村人口2.58万人，计划实施小农水建设面积1740公顷，规划建设的具体建设内容为：清淤扩容整治骨干山塘25座，改造河坝5座、灌排机埠3处；改造灌排渠道32条38.59千米；新建高效节水（喷灌）示范片173公顷。工程总投资4692.36万元，其中中央财政小型农田水利重点县专项资金项目2292.36万元，整合其他部门资金2400万元，其中中央财政1400万元，省级财政320万元，地方配套200万元，群众自筹372.36万元。建设资金主要来源为国家和省下达的小型农田水利建设专项资金，共1720万元，其次为地方财政配套及村民投劳折资。该工程于2016年10月正式开工。

【水利改革】2016年，冷水滩区开展取消、下放和调整行政审批事项的落实和衔接工作，15项行政审批精简至11项。落实最严格水资源管理制度，区政府制定《冷水滩区最严格水资源管理制度实施办法》，发至全区执行。湘江保护纳入2016年永州市绩效评估指标体系，列入省级水行政执法责任制试点县（区）。

【水利管理】2016年，冷水滩区坚持水利工程“质量第一”原则，严格执行“四制”管理（项目法人制、招标制、工程监理制、合同管理制），开展水利工程建设领域专项治理，落实水利工程质量管理终生负责制。全面推进湘江保护，基本完成9个涉水项目的水资源论证。加大水库污染治理力度，全区小（2）型及以上水库污染治理基本完成。开展全区水利行业安全生产“六打六治”（即在水利勘测设计、水利工程建设与运行、农村水电、河道采砂、危险化学品，以及其他重大安全隐患6个方面打击治理违法违规行为）专项活动，对排查出来的问题基本整改到位。

【所获荣誉】2016年，冷水滩区水利档案管理工作被评定为湖南省档案管理工作省特级，全区水利建设工作获得湖南省“芙蓉杯”水利建设管理先进单位称号。区水利局党组副书记、副局长周瑾被湖南省政府记一等功（公务员）。

农　机

【概况】2016年，区农机局有在职干部职工98人（其中干部42人，工人56人），现有局领导班子成员7人。局机关内设4个股（室），下设3个事业单位：农机安全监理站、农机管理服务中心站、农机技术推广中心。区农机局主要负责本区域内农业机械化技术推广、管理与服务，计划项目并组织实施。

【农业机械化生产】截至2016年年底，全区农业机械装备总量12.27万台（套），总动力70.52万千瓦。全区从事水稻机械化作业服务的现代农机合作社达50家，全区水稻机械化育插秧技术推广工作连续5年被评为全省先进。

【农机购置补贴】冷水滩区严格按照农机购置补贴政策要求实施，落实国家农机购置补贴惠农政策，引导农民购买和使用先进适用的农机具，保障全区发展粮食生产购置先进适用农机具所需补贴资金，近5年来完成农机购置补贴资金3000万元以上，推广新技术新机具1万多台（套）。

【农机安全监理】冷水滩区农机安全生产始终贯彻“安全第一、预防为主、综合治理”的方针，以创建全省“平安农机示范乡镇”和“平安农机合作社”为抓手，严把农机年检年审关、换证关、上牌入户关、考试关，切实抓好全区农机安全生产监理工作。开展“为民服务创先争优”示范窗口建设和“平安农机”示范乡镇建设工作，保障了农机生产的财产和人民生命的安全。

【农机科技培训推广】2016年，冷水滩区根据农机新机具新技术推广要求，强化新型职业农机手培育，抓好农机新型职业农民培育工程，尤其是抓好农机操作手的实用技能培训，全年培训新技术、新机具操作机手2000余人。

农村能源工作

【概况】冷水滩区农村能源办主要工作职责是研究拟订全区能源发展规划和年度计划，拟订有关农村能源建设技术标准，指导农村能源开发利用和农村节能工作，协调有关部门抓好国家级农村能源综合建设试点工作，指导、协调全区沼气生态农业建设。2016年，冷水滩区农村能源办积极开展农村能源工作宣传培训，大力推动农村沼气工程建设和沼气综合利用，促进了农业增资和农民增收。

永州市志成畜牧有限公司大型沼气发电项目（区农村能源办 提供）

永州市通化养殖开发有限公司大型沼气发电项目（区农村能源办 提供）

【宣传培训】2016 年，为全面落实省、市下达给全区的农村能源建设任务，全区广泛宣传发动，积极筹措资金，强化技术培训，提供全方位服务，取得了较好的效果，全年共发放沼气安全使用常识、农村能源技术宣传资料 1000 余份；举办农村能源技术培训 4 批次，培训技术员 36 人次。

【沼气工程建设】截至 2016 年，冷水滩区通化养殖场、志成畜牧公司、天丰畜牧公司、永州佳和公司 4 处大型沼气发电项目已全部建成投产发电；建成联户和养殖小区沼气工程 20 个，供气 200 户；争取大型沼气发电项目 1 个、示范工程项目 1 个，共投资 170 万元；申报 2017 年大型沼气发电项目 4 个，做好可行性研究申报工作。同时大力推广"猪—沼—果"生态农业模式技术，全面开展沼气综合利用，改善了农民的居住环境，提高了生产和生活质量，有力地促进了农业增效和农民增收。

农村经营管理

【概况】2016 年，冷水滩区在农村经营管理上主要开展了 4 项工作：一是在全区范围内开展了农村土地确权登记数据信息第三次核查纠错工作；二是加大了农户户籍资料的收集力度；三是通过招标程序，确定了牵头技术公司并开展了技术标准统一工作；四是完成了正射影像坐标转换工作。

【农村土地承包经营权确权登记颁证】全区需开展土地确权的 9 个乡镇、6 个涉农街道、1 个农业开发区、1 个工业园区共 171 个村，3247 个村民小组，81620 户。至 2016 年年底，已完成土地确权登记合同面积数 317405.81 亩，实测面积 414647.71 亩，地块数量 605128 块。

【农村土地流转原则】2016 年，冷水滩区在农村土地流转工作严格坚持五条原则：一是坚持"依法、自愿、有偿"的原则，充分尊重农户在农村土地使用权流转中的意愿，严格按照法定程序操作，充分体现有偿使用原则，不搞强迫命令等违反农民意愿的硬性流转。二是坚持"三个不得"的原则，农村土地流转不得改变土地集体所有性质、不得改变土地农业生产用途、不得损害农民土地承包权益。三是坚持"稳制、分权、放活"原则，在稳定和完善农村基本经营制度、保持现有农村土地承包关系稳定并长久不变的前提下，加速农村土地流转，实行农村土地所有权、承包权和经营权分离。坚持集体所有权，稳定农户承包权，放活经营使用权。四是坚持"因地制宜、因势利导"原则，坚持一切从客观实际出发，积极稳妥地开展工作，实行分类指导，逐步推进。五是坚持"规范流转、规模经营"原则，按照"合理布局、形成规模、彰显特色"的思路，紧紧围绕产业发展，坚持走多种联合、合作方式流转以及相对集中、连片开发经营之路，加强对农村土地流转的管理、指导和服务，规范农村土地流转行为，及时调处农村土地流转纠纷。

【搭建土地流转平台】2016 年，冷水滩区建设完成区农村土地流转中心。区委、区政府调剂区行政中心办公大楼 200 平方米的大厅，投资160万元，建设区农村土地流转中心和区农村土地承包仲裁委员会。各乡镇都成立农村土地流转中心。

【规范土地流转合同】2016年，冷水滩区采取两项措施，规范土地流转合同：一是制定规范的农村土地流转程序，并严格按照程序操作，土地流转双方必须签订书面合同文本。对没有签订流转合同的，要求签订规范流转合同；手续不完备、合同条款不齐全的，要求补全；对显失公正的，通过双方协商，修订合同；流转补偿不到位的，按合同落实到位。二是规范农村土地流转备案、登记和档案管理，做到“一户一页、一组一卷、一村一档、一乡一柜”。

【村级财务清理】2016年10月27日，全区对村（居）“两委”财务清理工作进行了专门研究。10月28日，区委组织部等五个部门进行会商，联合制定全区《关于开展村居财务清查和村居组织成员任期经济责任审计工作的通知》。全区组成210个清查小组，参加清查的工作人员共1074人，含村务监督委员会成员和群众代表965人。清查工作自10月31日正式开始，12月底全部完成。共对全区171个行政村，9个农村居委会，23个城区街道、社区居委会的财务进行了清查审计。财务清查审计的范围为：2013—2016年农村村级财务，2015—2016年社区居委会财务。审计人员对象为本届村居党组织、村居委会成员，以及参与经济活动的其他组织成员，涉及财务问题的往届村居组织成员。清查审计的具体内容为：财经纪律执行情况，包括村居各项收支、各项财产、债权债务等；村居经济活动，包括村居各项收支、各项财产、债权债务等；财务公开制度的落实情况；群众关注的焦点问题。村居经济活动决策的内容及程序：重点清查村级资源的发包内容和程序是否存在以权谋私现象；村居集体资源、资产、资金的管理使用情况，重点清查上级划拨或接受社会捐赠的资金物资的管理、农村低保制度落实、宅基地分配等，是否存在违规现象；村居党组织廉洁自律和村居委员会成员任职承诺兑现情况。全区共清理金额43504.77万元，发现违规违纪村71个，违规违纪金额105.26万元，已整改到位资金105.26万元，涉及69人，给予违纪人员党纪处分8人。

【惠农补贴资金发放】2016年，全区对惠农补贴资金发放工作严格执行基础数据采集程序，确保基础数据真实、准确、完整。坚持做到“五到位，六不准”，即政策宣传到户、资金分配到户、清册编制到户、张榜公示到户、通知发放到户、补贴兑现到户；不准擅自改动补贴的标准和数额，不准截留、挪用挤占补贴资金，不准街道、乡镇或村组干部代领补贴资金，不准以补贴资金抵扣任何税费，不准拖延兑付时间，不准以任何理由增加农民负担。对各项惠农补贴实行“一卡通”发放，确保各项惠农补贴资金发放到位。2015年度全区共发放各项惠农补贴20386.28万元，其中耕地地力保护补贴4202.8万元，粮食适度规模经营492.58万元，家庭农场138.7万元，扶持大规模种粮85万元，退耕还林补贴977.11万元、森林生态公益林补贴312.12万元，造林补贴60万元，中幼林抚育补贴100万元，农机购置补贴904.95万元，农机合作社扶持资金135万元，畜牧良种补贴资金140万元，动物防疫员劳务补贴24.56万元，规模化养殖场病死猪无害化处理82.9万元，农民专业合作组织80万元，大中型水库移民后期扶持资金172.42万元，城乡居民养老保险6896万元，农村低保2715.58万元，农村五保265.34万元，救灾资金173.12万元，城乡医疗救助1300.64

万元，残疾人补贴177.93万元，棉花目标价格补贴82.34万元，油菜籽收购补贴75万元，家庭经济困难幼儿园补助150.7万元，农村学生家庭经济困难寄宿生生活补贴167.5万元，普高助学金143.8万元，中职助学金98.3万元，农村孕免补助71.1万元，农村部分计划生育奖励扶助82.1万元，计划生育家庭特别扶助78.7万元。2016年，共发放到位惠农补贴资金18695.3万元。

【从严执行涉农收费政策】2016年，冷水滩区继续严禁向农民违规收费、乱收费、乱罚款、乱摊派，由区减负办牵头，各涉农收费责任单位配合，扎实开展各项涉农收费专项治理工作。开展教育收费专项整治，在春、秋季学期开学初，对全区64所学校及公办幼儿园进行全面检查，明确学校校长是教育收费专项治理的第一责任人，并向学生家长发放《致家长一封信》7万份，公开教育收费项目标准。全区农村义务教育没有向学生违规收取补课费、校服费、试卷费、教育基金，没有强制学生购买教辅资料、学习期刊、学生保险等问题。开展农民建房收费专项整治，对农民建房手续实行“阳光审批”，杜绝违规现象发生；对农民利用集体土地新建、改建、扩建、翻建的住房，没有收取任何费用。开展农民办理身份户口证明、婚姻登记证明、生育证明等收费专项整治，区公安、民政、计生等部门公开收费标准，提供便民服务，没有发生超标准收费现象。严禁向村级组织和农民合作社收费，没有发生向村级组织和农民合作社乱收费、乱摊派问题。

移民开发

【概况】永州市冷水滩区移民开发局为区人民政府参照公务员管理的正科级事业单位。主要职责是：贯彻执行党和国家的移民政策；负责新建水利水电工程的移民安置规划的初审；制定移民开发的中长期规划；组织实施移民安置、后期扶持开发工作；组织移民进行技能培训工作。内设4个股室，编制27人，现有在职干部职工23人，退休人员3人，其中局党组2人。

冷水滩区移民主要分布在四大库区，即岭口水库库区、潇湘电站库区、浯溪电站库区、太洲电站库区，共涉及全区7个乡镇、3个街道、63个村、298个村民小组，共有移民10953人，其中国家重点工程三峡水库移民310人。

【移民区基础设施建设】2016年，全区总计投入基础设施资金1100万元，主要用于库区和移民安置区的道路交通、水利设施建设，改善移民的生产生活条件。共投资550万元维修公路38条42.5千米，涉及32个村近3万名移民受益，移民村通村公路硬化率达100%，其中配合四明山旅游开发，建设岭口水库公路3.4千米，投入230万元；建设新田前村三峡移民出行公路0.8公里，投入27万元；硬化黄阳司镇车站村公路0.6公里，投入21万元。投入近210万元，维修山塘26处。其中上岭桥石江桥山塘维修投资19万元，可解决近100亩水田抗旱问题；七里坪村山塘维修2处，投资26万元，可保障150亩的水田灌溉。投资200万元，开展美丽家园建设，大力改善移民居住环境，开展移民村环境整治，高溪市镇排山塘村环境整治投入20万元，歧山头村环境整治投入12万元。共计投资50万元，保障人畜饮水安全，打井30处，受益达1000人。

【移民产业开发】2016年，全区产业开发共投资350万元。其中水面立体养殖、围堤养鱼5处150亩，维修山塘水库20个。黄阳司车站村的围堤特色养殖业投入13万元，养殖桂鱼等特色鱼种，年产值30万元。发展特色种植业，钱家洲村种植脆枣200亩，投入15万元；千世头村种植大棚蔬菜150亩，年产值30万元。

【移民培训】冷水滩区移民开发局2016年与远航驾驶学校联合办学，培训B类和C类驾驶员20人，均取得资格证；与远大科技学校联合办学，开展会计培训15人，均全部毕业；选派高职称教师下农村实践教学，聘请科技学院教授开展以良种辣椒种植等为主的实地农业实用技术培训4期，培训移民160人。

【移民项目资金管理】2016年，冷水滩区对后期扶持资金、移民安置资金以及其他移民资金实行计划管理，做到没有计划不安排项目，没有项目不拨付资金。资金安排和项目的申报、工程的验收做到“局（移民局）上网、村上墙”，确保移民资金接受社会监督。

【库区和移民安置区信访维稳】2016年7月，三峡移民准备到省移民局上访。冷水滩区移民局组织人员下到村组，宣传政策，劝阻上访。第二天，200多人集访市移民局。区移民局及时到场，向上访移民出示三建委传真文件，认真宣传解释上级移民政策，缓解上访移民情绪，做好劝返工作。

扶贫工作

【概况】冷水滩区是全省面上扶贫县（区），全区建档立卡贫困村33个（并村后为31个）、贫困户8612户、贫困人口26173人，其中2014年实现脱贫1211户3554人，2015年实现脱贫1324户4287人。2016年，冷水滩区始终将脱贫攻坚工作贯穿全区经济社会发展全局，紧紧围绕全面建成小康社会这一奋斗目标，抢抓机遇，全面发动，科学规划，精准发力，不断推动全区精准扶贫工作迈上新台阶，切实做到了扶真贫、解真困。年内，帮助93户贫困户挪了穷窝，296户贫困户实施了危房改造，2916户贫困户享受到小额贷款分红，1371户4348人贫困人口实现了脱贫。

【坚持高位推动，精准发力】冷水滩区委、区政府把精准扶贫工作定位为“一把手工程”，坚持领导挂帅推动、创建示范推动、常态调度推动，切实落实领导责任制，层层抓好脱贫政策落地见效。建立健全了“1+X”部门方案体系，即全区1个总体方案加23个行业方案；派驻了31个驻村帮扶工作队，并对全区所有干部职工实施“54321”结对帮扶机制，即每名正处级干部帮扶5户，副处级干部帮扶4户，正科级干部帮扶3户，副科级干部帮扶2户，一般干部帮扶1户；实现全区8612户贫困户结对帮扶全覆盖，不留空档。将精准扶贫工作列入年度绩效考核和干部执行力考核的重要内容，组织区、乡镇、村层层签订减贫责任书和脱贫攻坚责任书，区委督查室、区政府督

区委书记何冲龙（中）调研扶贫工作（区扶贫办 提供）

查室每月一督查，区扶贫办每周一调度，扶贫工作队每日一例会。

【注重顶层设计，精心实施】制定出台《冷水滩区贫困村集体经济发展指导意见》《冷水滩区社会保障兜底脱贫实施方案》《2016年度精准扶贫工作方案》3个全区精准扶贫纲领性文件，成立了基础设施建设、社会基本公共服务、增收项目建设、金融扶贫、易地扶贫搬迁、社会救助和保障兜底6个专项扶贫工作组，每个专业组分别由一名区级领导任组长，确定了一个牵头单位，其他相关部门参与；乡镇、街道、村分别制定了精准扶贫工作实施方案，编制了全区31个贫困村三年脱贫规划、年度方案以及8612户贫困户脱贫计划，制定了精准脱贫的时间表、路线图，算好了时间账，细化了工作量。

区委书记何冲龙（中）走访慰问上岭桥镇东村易地搬迁贫困户李付国，了解他家生产生活现状，帮助解决实际困难（区扶贫办 提供）

强化分类施策，精确帮扶。根据致贫原因和发展需求，分类施策，从资金、技术、项目等方面对贫困村、贫困户给予支持。通过发展特色产业、医疗救助、教育扶贫、兜底扶贫、金融扶贫、易地扶贫搬迁和危房改造等措施，对贫困户逐一开展"问疹把脉"，逐一开出"诊治良方"。在31个贫困村新建优质稻基地11.4万亩和黑美人西瓜、白茶、油茶和药材基地6万亩，通过"合作社＋贫困户""企业＋农户"模式，实现贫困户年人均纯收入同步增加到3668元，增长9.3%。依托财政预算资金2000万元和金融产业扶贫资金，因地制宜，对每个贫困村培育1个以上的扶贫主导产业，主要通过种植油茶、槐米、水果、药材，养殖牛、羊、土猪、蛋鸡，成立建筑劳务公司和塑胶花厂，发展乡村旅游业、电商产业、建设光伏发电站等项目，发展壮大村集体经济，提高贫困户经济收入。

【加大投入力度，改善民生】2016年，冷水滩区有效整合水利、交通、"一事一议"等各类涉农资金1.07亿元和后盾单位支持，修建通村通组公路35.9公里，提质改造53.1公里，31个贫困村实现100%路面硬化、"村村响、户户通"建设全覆盖，建贫困村卫生室10个，建村级综合文化服务中心11家，农网改造升级9个村，建通信基站10个，完成水库除险加固7座，整治骨干山塘30个，维修改造灌溉渠道22.6公里，河段治理4.3公里，兴建6个贫困村集中供水工程。全额资助全区建档立卡贫困人口参加新农合医疗保险，贫困户因一般疾病住院的，可以提高10%的报账比例；因重大疾病住院的，降低大病保险报销起付线50%。为5288名贫困学生发放347.5万元助学金和生活补贴，全区建档立卡贫困学生助学覆盖率达100%，切实改善了因学致贫的问题。对全区无劳动力、患重病的贫困人口"应兜尽兜"，经过反复核查，确定928户2325人为兜底贫困户，给予每人每年2855元的兜底保障救助款，以后每年根据生活水平再提标。

【产业扶贫项目】2016年，冷水滩区坚持一村一业、一村一策，拓宽村级集体经济发展路子，重点以兴建光伏电站和发展优质稻、西瓜、白茶、油茶、药材等农业特色产业为主。

邓家铺村光伏发电站：蔡

冷水滩区普利桥镇5000亩的白茶基地（区扶贫办 提供）

市镇邓家铺村于2016年11月起开始投建，总投入97万元，计划建成100千瓦光伏发电站。该电站占地面积1860平方米，建成投产后，每年可为村集体增加收入14万元，真正实现由“输血式扶贫”向“造血式扶贫”的转变。

三龙塘建筑劳务服务有限公司：2015年11月，村集体全额投资20万元成立蔡市镇三龙塘建筑劳务服务有限公司，至2016年底，已累计完成300万元工程量，实现利润30万元（村集体收入），每年可安排30人就业，实现劳务收入100万元。

零东圩村黄栀子种植基地：蔡市镇零东圩村120亩中药材黄栀子种植基地，每年可帮助贫困户实现劳务收入5万元，村集体可增收5万元以上。

蔡市镇三龙塘建筑劳务服务有限公司承建的永州大道围墙（区扶贫办 提供）

青蒿种植：冷水滩区因地制宜，把青蒿种植作为一个扶贫的主导产业，投入100多万元引导资金，在普利桥、花桥街、黄阳司等镇按照“公司+基地+农户”模式，通过引进新品种、新技术，共种植青蒿近2万亩，覆盖辖区农户2000多户、6000多人，其中贫困户300多户、贫困人口1000余人。星辰公司与农民签订保价收购合同，免费赠送给农户种子和专用复合肥料，对建档立卡的贫困户适当提高收购价格，每亩纯收入在1200元以上。

【文化旅游园建设】蔡市镇邓家铺村是省级贫困村，区委、区政府立足于该村特色，于2016年10月启动潇湘文化旅游园建设，促使该村稳定脱贫“摘帽”，一期工程投入1800万，陶家组基础设施建设全面完成，游客接待中心、栈道、怀素草书馆、潇湘工艺馆等已现雏形。

【易地扶贫搬迁】冷水滩区易地扶贫搬迁总任务为1150人，主要采取集中安置、分散安置和自购房等方式，2016年完成326人搬迁任务，2017年计划完成余下的824人搬迁任务。在实施过程中，重点打造了普利桥镇集中安置小区，采用统规统建方式，建成3栋多层（五层）门面宿舍楼，安置80户建档立卡贫困户。

上岭桥镇易地扶贫搬迁分散安置贫困户新家（区扶贫办 提供）

【村级服务公共平台建设】2016年，新建11个贫困村村级公共服务平台，改造10个贫困村村级服务公共平台，配齐现代化办公设备和先进的网格化管理设施，完善了办公室、会议室、党员活动室、医务室、老年活动室、便民服务中心等社会公共服务设施。

筹资80万元新建的蔡市镇零东圩村村委会办公大楼及配套设施（区扶贫办提供）

工　业

综　述

【概况】2016年，原冷水滩区经济和信息化委员会与原冷水滩区科技局合并成立永州市冷水滩区科技和经济信息化委员会（以下简称区科经信委），承担全区工业发展和科技工作任务。区科经信战线广大干部职工克服工业经济下行压力，坚持调结构、转方式，强服务，努力做好“三去一降一补”（即去产能、去库存、去杠杆，降成本，补短板）工作，加快供给侧结构性改革，推动全区工业转型升级和提质增效，培育并壮大了先进装备制造、电子信息、生物医药、农副产品精深加工四大主导产业。全年新增规模工业企业13家，区属规模工业企业总数达97家（其中产值过亿元企业48家）；完成规模工业总产值141亿元，同比增长8%；增加值完成32亿元，同比增长7.5%；工业技改投资完成113亿元，增长12%；工业用电量33000万千瓦时，增长6%；规模工业企业实现主营业务收入140亿元，增长10%，实现利税25.4亿元，增长12%。全区有高新技术企业16家，在全市年度推新考核中获三等奖。

【生产调度】冷水滩区内区域规模工业经济运行分两块调度：一是由冷水滩区科经信委调度冷水滩区属工业企业，二是由永州市经开区经发局调度经开区工业企业。为有利于统筹对冷水滩区和经开区辖区内相关工业企业服务，规范对冷水滩区、经开区的考核和两地工业发展，永州市委常委会议纪要〔2016〕第27期决定对中心城区部分企业服务归口进行调整，其中经开区内划入冷水滩区的规模工业企业有湘器公司等37家，冷水滩区划出的有九嶷骄阳水泥等2家，调度、统计、考核等工作也做了相应调整。2016年，冷水滩区在生产调度方面着重抓区属规模工业和重点骨干企业的监控和资源的优化配置，建立预测预警机制。区科经信委针对工业经济运行中的热点、难点、焦点问题进行调研和预测，及时向区委、区政府提出意见和建议。8月，就农副产品加工发展缓慢等问题进行调研，并建议加大政策支持力度和企业服务力度，提高农产品收储积极性，实现产销两旺，为冷水滩区实现全面小康社会目标做出积极贡献。

【现代装备制造】冷水滩境内现代装备制造主要有汽车及零配件、农业机械、水利发电设备等。境内长丰汽车的快速发展带动了汽车及零配件生产企业的产销增长，与长丰配套的汽配企业主要有长丰汽车沙发、长丰汽车零配件、长丰空调、长怡电子、元创科技等企业，2016年，汽车及零配件生产企业完成工业总产值79.3亿元。区内的恒远水力发电设备有限公司是水力发电设备的代表企业，2016年完成产值8500万元，60%的产品出口。区内的鑫东森机械主要生产凿岩机等设备，其自主研发的二氧化碳致裂器是全省首台（套）设备支持项目，填补了省内空白，产品在湖南省占同类产品

95%的市场份额，在广西、贵州等省、自治区和东南亚地区也受欢迎，产品产销两旺，市场供不应求。

【电子信息】2016年，冷水滩境内有电子信息类生产企业12家，主要生产电子元器件，以手机盖板、触摸屏、汽车电子等为主。全年实现主营业务收入32亿元，实缴税金2000余万元。达福鑫电子产业园是电子信息产业的代表，有达福鑫显示、新辉开电子、福鑫光学电子等企业入驻。台湾高科技（永州）产业园因投资方——瑞华公司不能履约而中止建设，遗留问题正在移交处理。三杰电子有限公司、矩辉光电有限公司停产，新辉开电子有限公司生产总部陆续迁入达福鑫电子产业园，成为电子信息产业新的增长极。

【农产品加工】2016年，冷水滩区有农产品加工规模企业26家，主要加工稻谷、小麦、果蔬等，产品有大米、面灰、面条、啤酒、茶油、饲料等，共有湖南省农业产业化龙头企业13家，在湖南乃至全国比较有名的有熙可罐头、重庆啤酒、舜皇山土猪等品牌，全年完成工业总产值42.6亿元。

【建材工业】永州市九嶷骄阳水泥有限公司2016年在境内的产销水泥约80万吨，销售收入2.1亿元，其中散装水泥32万吨，实缴税金2000余万元。永州中大特种水泥有限公司位于珍珠路的生产基地转移到东安县普华水泥厂。2016年，冷水滩境内有商品混凝土搅拌站15家，年产能240万吨，实际生产销售72万吨；有墙材企业23家，年产标砖3亿块，行业完成产值9.8亿元。建材工业因环保和产能严重过剩，是2016年供给侧改革和落后产能退出的重点领域，相关工作正在部署实施。

【工矿企业棚户区改造】冷水滩区12家区属国有企业因第一轮国有企业改制时条件限制，资产变现困难等原因，实行先破产后安置，职工安置一直延续到2016年，成为改革遗留问题。为妥善做好职工住房安置，玻璃厂、陶瓷厂、内衣厂、煤炭公司4家企业充分利用国家棚户区改造政策，经企业申请，政府批准，利用企业自有的80余亩国有划拨土地，就地实施工矿企业棚户区改造，上半年完成了工程招投标工作，分别建设100平方米/套的棚改房276套、324套、224套、140套，中标金额分别为4200万元、5300万元、3430万元、1860万元，10月陆续动工建设；零陵水泥厂二期240套、羽绒厂360套棚改工程也进入项目报批报建程序；原市属企业冷水滩纺织厂和零陵轻机厂棚改房项目由原企业留守人员组织实施。区发改委申报的零陵煤矿、黄阳司冶炼厂、卫星水泥厂等企业近6000套棚改房项目（一期）完成了工程招标。

【能源工业】2016年，冷水滩区的供电企业为湖南省电力公司永州电业局，全年完成主营收入37.4亿元，增长18%；水电生产企业有2家，资源较往年减少，完成产值1.25亿元，同比下降7%。其中永州市冷水滩顺和水电有限公司完成主营收入3654万元，永州盛湘电力开发有限公司完成主营收入8992万元。冷水滩境内供气企业为永州新奥燃气有限公司，2016年完成主营收入5744万元，增长61%。境内的永州市自来水公司和北控污水净化有限公司分别完成4975万元和5125万元，分别增长7.25%和6.6%，行业全年完成主营收入41亿元，增长8%，实缴税金近1亿元。

企业选介

【达福鑫电子信息产业园】达福鑫电子信息产业园是永州

市、冷水滩区两级政府2009年11月引进的一个承接沿海产业转移的重大项目，被列入省重点支持的项目。该项目由永州市达福鑫投资有限责任公司投资兴建，规划用地1200亩，总投资20亿元以上。至2016年，已完成投入12亿元，其中，基础设施投入7亿元，项目建设投入5亿元。现已开发400亩，建成4栋标准厂房3万平方米、1298套公租房6万平米、一栋办公楼5000平方米并全部交付使用。园区的路、通信、水、电等配套设施已建好。现代电子信息产业园所需的软、硬件设施都已具备，共落户6家电子产业企业，拥有员工1200余人。

在抓紧基础设施建设的同时，永州市达福鑫投资有限责任公司近年引进了6家规模电子企业，即永州市达福鑫投资有限责任公司、永州市达福鑫显示技术有限责任公司、永州市福星电子科技有限公司、永州市新辉开科技有限责任公司、湖南省新辉开光学电子有限公司、永州市耀恒鑫电子科技有限公司，这些企业为富士康、华为、步步高、格力、三星、创维和美国GOpoclijllco、伟创力等知名企业的相关产品的产业链配套，产品主要有：ITO导电玻璃，盖板玻璃，背光源， 集成电路芯片，TN、STN、HTN、LCD强化ITO导电玻璃和LCD、COG电子模组等。这些企业的加盟为培育永州电子信息产业奠定了良好的基础，示范引领作用明显。近年来，公司荣获“湖南省创卫计划企业”、全区“加速推进新型工业化优秀企业”等称号。

园区内新辉开科技有限公司是上市公司，有永州、深圳两个制造基地。永州基地有玻璃盖板、LCD、TP、LCM、背光元等生产线；深圳基地拥有南北两个厂区，有一流的小型液晶显示器自动生产线及COB、TBA、SMT、PCBA、COG、TFT、触摸屏等液晶显示器模块装配线，技术力量雄厚。两个基地的年产量（销售）为8亿元，85%的市场在欧美。公司正在规划将深圳制造基地的南北两个厂转至永州，整体形成一个以深圳为研发、销售、经营龙头，永州为生产基地的营销格局。

2016年，园区新增了集成电路芯片生产线；深圳公司的部分项目已经开始向永州转移；新建面积达12600平方米的标准厂房已经投入使用，园区完成工业总产值16亿元。

【湖南奔腾文化创意股份有限公司】湖南奔腾文化创意股份有限公司成立于1998年9月，前身为湖南永州奔腾彩印有限公司，2016年完成股份制改造。公司位于永州市冷水滩高科技产业园内，占地面积238亩，建筑面积9万多平方米，拥有立体弹跳书生产线、创意包装生产线、产品研发中心等，固定资产3.5亿元，2016年完成工业总产值6.1亿元。

公司属于国家大力扶持的文化产业，是国家印刷复制示范企业、国家文化产品出口重点企业、国家AAA级信用企业、高新技术企业、国家少数民族特需商品定点生产企业、湖南省文化产业龙头企业、2016年湖南省民营企业文化旅游业10强企业。

公司属于文化创意业，主要业务是文化产品的设计、制作、销售，产品主要分为创意图书类产品、包装装潢类产品、出版物类产品。公司产品远销美国、英国、意大利等20多个国家和地区，每年出口创汇1000多万美元，已成为湖南省文化出口创汇的重点企业。

【湖南恒惠集团】湖南恒惠集团成立于1998年12月，总部位于湖南省永州市冷水滩区林荫路.截至2016年，集团下设湖南恒惠饲料有限公司、湖南恒惠食品有限公司、湖南恒惠农牧有限公司、湖南恒惠商贸连锁有限公司、永州高新职业技术学校，是集种植—饲料—

种猪养殖—生猪屠宰分割—肉制品深加工—冷储冷藏—农产品冷链物流—商贸连锁—职业技术教育产业为一体的湖南省农业产业化龙头企业。先后荣获“湖南省著名商标”“出口食用动物（猪）饲用饲料定点生产企业”“永州市优秀企业”等称号，是湖南省农发行AA级信用等级企业、湖南省农业产业化十佳诚信企业、湖南省农业产业化副会长单位、湖南省饲料工业协会副会长单位、湖南省肉类协会副会长单位。

恒惠集团先后投资1.038亿元，从发达国家引进先进技术设备1000多套（台），形成了以屠宰和肉制品加工业为主，养殖业、屠宰业、肉制品加工业、物流配送、商贸连锁等主业突出、行业配套的产业群。现有资产1.8亿元，销售收入1998年建厂初期为300多万元，2005年突破1亿元，2016年达6.861亿元。

2016年，恒惠集团有高级技术职称技术人员4人，中级职称20多人，拥有博士、硕士组成的研发队伍，与中国农业大学、华中农业大学、湖南农业大学建立了广泛的科技交流，聘请了一批高水平的学术顾问团队。公司围绕消费转型和产业升级，进行中式产品的改造、西式产品的引进、屠宰行业的精深加工，制做出了10多种冷鲜肉、30多种肉制品产品。恒惠“腊丁肠”和“舜皇山土猪肉”（中国地理标志产品）荣获第四届工业博览会金奖。

【湖南都成国际食品有限公司】湖南都成国际食品有限公司建于1997年，位于湖南省永州市经济开发区凤凰园向荣工业村内，占地面积为12万平方米，建筑面积6万平方米，绿化面积2万平方米。公司注册资金7200万元，总资产2.5亿元，是以加工蔬菜、水果等农产品出口罐头为主的民营大型企业。企业高峰期用工人数为2000多人，其中管理层150余人，大专以上学历人数108人，中级以上职称者68人。至2016年，公司是湖南省农业产业化龙头企业、湖南省农产品加工龙头企业、国家农产品加工示范企业、湖南省食品加工五强企业，拥有生产各类蔬菜水果及果浆果粒罐头5万吨的能力，主要产品有糖水蜜桔罐头、糖水黄桃罐头、糖水菠萝罐头、糖水枇杷罐头、冬笋罐头、甜玉米罐头、甜酸藠头罐头、黄瓜罐头、果肉果冻、果浆果肉饮料等十多个罐头品种、八十多个规格，产品全部销往日本、美国、欧盟、东南亚等发达国家和地区。2016年，公司投资3000万元实施2000万套马口铁空罐生产线升级改造、6000吨玻璃瓶橘子罐头生产线升级改造等项目，当年投产后产品优化、能耗下降，不仅提升了企业经济效益，也带动了基地农民脱贫解困。全年生产各类罐头1万多吨，实现产值24900万元，出口创汇2500万美元，实现利税2000多万元人民币。

至2016年，企业先后通过中国质量认证中心的ISO9001及HACCP质量安全体系认证、美国FDA认证、欧盟IFS认证、英国BRC认证、海关—商贸反恐怖联盟（C-TPAT），是湖南最大的果蔬类罐头生产商和出口商。

【湖南重庆啤酒国人有限责任公司永州分公司】湖南重庆啤酒国人有限责任公司永州分公司位于永州大道1号，厂区占地128亩。前身为湖南国人啤酒有限公司，2004年，重庆啤酒集团全资收购原冷水滩潇湘啤酒有限公司，成立湖南重庆啤酒国人有限责任公司永州分公司。2011年，加入嘉士伯啤酒集团，凭借“嘉士伯啤酒”的技术优势、品牌优势、管理优势和上市公司的资源优势，通过内抓管理，外拓市场，已树立良好的企业形象，建立了较好的市场基础。为满足市场需求，公司于2008年投资1.2

亿元新建一条年产10万吨的现代化啤酒生产线，2010年建成投产。公司现有员工320人，其中专业技术人员110多人，有国家级啤酒品酒师1人。公司主要生产“重庆啤酒”系列30多个品种，并受权销售国际品牌“嘉士伯啤酒”和“乐堡啤酒”，产品主要销往永州、邵阳、娄底、怀化、衡阳、郴州、广西、广东、云南等地。2016年，生产啤酒1万多吨，完成产值4亿元，上缴税收700多万元。

公司以“重德诚信、团结奉献、争创一流”为企业理念，嘉士伯啤酒酿造专家、技术总监伊恩常年进行技术指导，“重庆啤酒”是“湖南省名牌产品”、中国食品工业协会“知名信誉品牌”，“重庆”商标是湖南省著名商标，“重庆冰爽”等品种代表湖南省酒类品牌首次通过了国家绿色食品认证，公司连续十年被评为“省级重合同守信用企业”“湖南省消费者信得过单位”。

【湖南林之神林韵油茶科技发展有限公司】湖南林之神林韵油茶科技发展有限公司位于永州市冷水滩区东零桥村，占地50多亩，成立于2010年4月，注册资金1000万元，现有资产总额5085.63万元。公司自成立以来，一直致力于油茶产业的发展，现已打造成集油茶种植、油茶籽油加工、油茶副产品开发、油茶科研咨询于一体的油茶全产业链经营企业，是全国放心粮油示范企业、湖南省农业产业化龙头企业、湖南省高新技术企业、湖南省卓越品牌企业、湖南省食品安全声誉监测示范单位，拥有5项发明专利，其“油茶籽油压榨工艺关键技术与装备研发”技术科研成果被鉴定为“国内同行领先水平”。

公司主要产品“林之神”系列纯茶油通过中国、美国、日本和欧盟国家有机食品认证、中国绿色食品认证、清真食品认证。

总投资2416.59万元的年产5000吨茶籽油质量安全保障能力提质改造项目于2016年7月启动，预计2018年6月建设完工。

2016年，公司有员工89人，其中硕士研究生学历6人，本科学历12人，专科学历25人，拥有以国家知名油茶专家陈永忠博士为首的科学家技术团队。2016年，公司完成工业总产值2.14亿元，实现利税512万元。

【永州盛湘电力开发有限公司】永州盛湘电力开发有限公司的前身是1993年成立的湖南潇湘综合开发有限公司，2008年9月，由原公司分立注册而成，主要经营潇湘水电站水力发电等业务。该公司由香港集盛国际有限公司与永州市冷水滩宋家洲综合开发总公司共同投资经营。潇湘水电站于1993年8月动工兴建，为湘江干流上一座低水头水电站，为流域规划中湘江干流上游的第二个梯级水电站，平均水位水头7.21米。水电站设计四台灯泡贯流式机组，装机总容量52兆瓦（4台×13兆瓦），年设计发电量2.15亿千瓦时，电站静态投资5亿元，动态投资约6亿元。水电站通过双回路110千伏输电线路（约5千米）并入220千伏曲河变电站，由国家电力公司全额收购电站的发电量。自发电以来，已累计向国家上缴税收约1.5亿元，其中2016年完成产值9000万元，上缴税收1500万元。该电站水库为国家大(2)型水库，总库容为1.82亿立方米，正常蓄水位库容0.85亿立方米，调节库容0.14亿立方米，调节能力为日调节。该水电站属三等工程，其主要建筑物溢流坝、厂房、船闸按3级建筑物和50年一遇洪水设计，按500年一遇洪水校核。公司获得过永州市冷水滩区2012年度、2013年度、2014年度推进新型工业化优秀企业和2013年度、2014年度先进纳税企业等荣誉称号。

【永州市冷水滩区中小企业公共服务平台】永州市冷水滩区中小企业公共服务平台位于冷水滩区高科技工业园，采取政府提供土地，区经济建设投资公司投资建设，区政府委托区中小企业服务中心（区财政全额拨款的事业单位）管理，实行公司化运作。该平台创业园区内拥有8栋四层标准厂房约6.3万平方米、公租房3栋400多套，固定资产原值2亿元。平台内设创业投资服务部、信息咨询发布部、融资服务部、就业及培训服务部、产品及企业推介中心、法律咨询部、财务部、办公室等机构。现有员工36人，其中具有大中专以上文化程度19人，高、中级技术职称人员5人。该平台主要为中小企业提供创业扶持、融资服务、技术支持、信息咨询、市场开拓、企业及产品推介和人才培训等多方面、多层次的社会化服务体系，推动中小企业开展科技创新、技术改造和产品开发工作，促进中小企业推行全面质量管理及质量标准，组织中小企业开展国内外经济技术合作与交流，促进国内外先进技术的推广应用，帮助中小企业拓展国内外市场。

平台已为中小企业创业园引进信柏科技、瑞珂机电、宇洁活性炭等30多家高科技企业入园，成为中心城区创业孵化基地。至2016年，主要开展为创业园提供用工、用电、物业、安保、卫生和代办手续等服务性业务。2016年，为企业招引、培训员工3000多人，与永州市达福鑫显示技术有限责任公司、湖南省瑞柯电子科技有限公司、永州市新远化肥有限公司、湖南恒伟药业股份有限公司等企业签订了长期服务合同。

冷水滩高科技工业园

【概况】冷水滩高科技工业园位于永州市中心城区的北部，总规划面积46平方公里，东至湘江，南至永州大道，西至217省道，北至马坪物流园。是全市“一区三园”（冷水滩城区的永州市经济技术开发区，凤凰工业园，长丰工业园，冷水滩高科技工业园）重要组成部分，也是永州市工业建设的重要平台和建设国家级承接产业转移示范区的主阵地。园区以打造国家级承接产业转移示范区为总揽，以建设国家级经济开发区为目标，按照“工业新城、绿色新区、产城融合”功能定位，突出产业集群、项目集聚、用地集约、资源集中，加快培育经济发展带动区、城市综合功能区、对外开放先导区、现代产业集聚区、开放崛起示范区五大功能。加快打造湘江西路风光带、水汲江生物康养小镇和休闲走廊、唐家岭森林公园三大核心景观，尽早实现园区景区化、管理智能化、招商专业化、产业集群化、服务精细化、创建品牌化。

【基础设施】截至2016年，园区内已构筑起高速公路、高铁、水路、航空四位一体的快出快进立体交通网络。湘桂铁路、洛湛铁路、衡昆高速、二广高速、322国道、207国道及省道217线贯穿全境。永州民航机场已开通直达深圳、昆明、上海、海口、厦门等航线。境内湘江北可抵长江，南下经灵渠可达珠江水系。园区距长沙黄花机场340千米，距桂林国际机场200千米。园区建成区已达21平方千米，累计完成投入50亿元，其中项目建设投入30亿元，基础设施投入20亿元，累计实现税收5亿多元。“四纵六横”主干路网基本建成，绿化、亮化、美化及排水、排污、燃气、公交等配套全面跟进，供电网主线路架设完成20千米，一座220千伏变电站已建成投入使用；园区燃气管道已全部埋设完毕，均符合供气条件；安置小区、廉（公）租房、污水处理厂等配套设施相继启动建设。

【项目建设】园区始终坚持项目向园区集中、产业向园区集聚、资源向园区集约，按照“产业政策、投资强度、财税贡献、建设周期、成长性能”五大要件，有针对性地引进一批产业链条长、关联度高、科技含量高、附加值大的重大战略项目，先后引进达福鑫电子、新辉开电子、弘电电子、恒伟生物医药产业园、钰丹药业、希尔药业、潇湘源玻璃钢、万马轮毂、融鑫物流、邦联医药物流、永州金属物流园、中高压电线电缆、湖南熙可、湖南恒惠等重大项目 84 个，电子信息、生物医药、先进装备制造、农产品精深加工和现代物流五大主导产业格局基本形成。2016 年，园区完成规模工业总产值 127 亿元，完成规模工业增加值增长率 22%，园区工业集中度达 96.5%，新增标准厂房 13.4 万平方米，土地储备面积 1200 亩，基础设施投入 3.29 亿元，新增扩园面积 1 平方千米，新增入统企业 14 家 。

交　通

交通基础设施

【概况】冷水滩区交通运输局是冷水滩区人民政府所属正科级交通行政管理部门。内设办公室、政工股、交通战备股(挂交通战备办公室牌)、安全监管股(挂法规宣传股牌)、基本建设股、运输综合股(挂港航管理股牌)、财务审计股(加挂计划统计股牌)、农村公路股8个股(室),另有划归交通局归口管理的区公路局、区地方海事局、区道路运输管理所、区交通建设质量安全监督管理站4个公益性事业单位。全局共有在职人员156人,离退休人员154人,局机关核定行政编制为8人,其中局长1人,副局长3人,纪检组长1人,总经济师1人,其他2人。

【公路建设】新建黎马公路,冷水滩境内长25千米。2016年,完成总投资7150万元,超年计划(7000万元)150万元;征地拆迁已全部完成,所有标段已全线开工,完成路基工程81%,所有桥梁下部构造除跨二广高速公路桥因设计变更没有完成外,其他已全部完成。新建冷东公路(237省道东安县井头圩镇至冷水滩区珊瑚街道),冷水滩区和永州市经开区境内长6公里。2016年,由冷水滩区负责的辖区内的征地工作已全部完成,房屋拆迁工作已完成50%,其他各项工作正有序开展。改建217省道马坪—永州大桥段公路工程,经优化设计和规划调整,已完成施工招标等前期工作,待规划确定后,即可开展具体施工。新建上大公路(冷水滩至祁阳大忠桥),冷水滩区境内的前期工作已全部完成,该项目由市政府组织实施,市交建投负责项目建设,冷水滩区负责做好相关配合工作。

【湘江千吨级航道改造】湘江千吨级航道改造及港口码头建设前期工作已完成60%。按照永州港规划,湘江千吨级航道改造及港口码头建设需新建通用码头2个、杂货码头2个,另在黄阳司、高溪市、蔡市分设3个作业区,境区内航道全部改造成千吨级航运通道,项目总投资2.8亿元,截至2016年12月底,14个分项工程工可报告已完成8个,其余工可报告正在办理中。

【交通重点民生项目】2016年,市局下达农村公路提质改造任务88公里,年度实际完成128公里,占任务的145%,总投资2761.6万元。境内普通公路安全保障工程建设全年完成73千米,比年计划超59.2千米,总投资1100万元。危桥改造年度计划15座,渡口码头改造年度计划3座,农村客运招呼站年度建设计划15个,标准化渡船改造13座,均已全部完成。

【"十三五"交通规划编制】为编制出规划宏伟又切实可行的"十三五"交通发展规划,冷水滩区组织专门班子,逐镇逐村采集基础数据,广泛征求基层单位的意见和建议,理清了思路,明确了主攻方向和目标任务,正在按照"跨境公路实现大畅通、通乡公路实现大提升、通村公路实现大循环、水运功能实现大提高”的总目标，进行详细具体的项目规划编制。

运　输

【道路客货运输】2016年，冷水滩区共有道路运输经营户2745家，从业人员10687人。客运市场：2016年，境内有客运经营户129户（其中个体120户，企业9家），从业人员1213人，载客车辆461辆，客位10862座。全年完成公路客运量391.1万人，客运周转量39122.3万人1千米。其中农村客运有营运载客汽车241辆、客位4111座，运营农村班线68条，日均发班车499班次。全区14个乡镇（开发区、工业园区）、293个行政村，除黄阳司镇同乐滩村未通客车外，其余均有客车通行，通达率99.7％。货运市场：2016年，境内有各类货运经营户2450户，吨位17955吨，较上年分别增长25.73%和21.1%；全年完成货运量455.7万吨，货运周转量31039.7万吨/千米。

【城市客运】市内公共交通：2016年，冷水滩区市内公交线路21条，比上年增加4条，总里程26千米，投入运营的公交车363辆，比上年增加28辆，全年完成客运量6951万人。出租车客运：2016年，冷水滩境内有永州新兰天出租汽车有限公司、永州市永成出租汽车有限公司、永州市三维出租汽车有限公司3家出租车公司，从业人员925人（其中驾驶员617人），出租车440台，出租车万人拥有量7.86台。

【水上交通运输】2016年，冷水滩区完成水上运输货物吞吐量83.7776万吨，水上客运量67.704万人。为确保水上运输安全有序，突出抓以下五方面的工作：一是加强春运、汛期、清明节等重要时段的安全生产大检查；二是全面开展水上交通安全“打非治违”专项整治活动，即打击非法营运、治理违规生产行为，全年共出动执法船艇200艘次，出动执法车辆300台次，出动执法人员2100人次，开展安全宣传20余次，查处各类违法行为156起，刑事拘留2人，训诫5人，罚款5万元，关闭临时造船点8个，办理船舶证书47艘，拆解报废无船名牌、无船籍港、无船舶证书的“三无”运砂船32艘，拆除非法加油船5艘，拆解违规采砂船8艘，培训二、三类船员75人；三是继续开展安全生产“监管执法年”活动；四是大力开展防治船舶污染水域环境专项整治行动；五是组建4家水上客运公司，使客运船舶实行公司化管理。

创建国家交通管理模范城市

【交通管理宣传教育】冷水滩区创建国家交通管理模范城市工作（以下简称“创交模”）于2014年9月启动，2016年是第三个阶段即达标验收阶段。冷水滩区紧紧围绕“建设品质活力永州”的工作大局，以“文明交通、和谐交通、绿色交通”为主题，大力开展中心城区交通管理社会化、网格化和交通安全宣传教育，全年印发《市民文明交通宣传手册》及《永州创建国家交通管理模范城市50问》等宣传资料10多万份，散发到群众手中；交警部门每天出动4台宣传车上路宣传；利用3个移动通信平台，发送“创交模”宣传短信16万多条；各社区网格员登门入户发放各类宣传资料12万余份；中心城区600多处临街店铺的LED显示屏，每天滚动播放“创交模”宣传标语；树立大型户外宣传牌53块，书写墙体标语226条、文化墙贴1200多张；在交通主次干道护栏上设置永久性标语516块；主要路段的公交站点投放“创交模”公益广告450张；

冷水滩新闻媒体宣传平台刊发各类“创交模”新闻报道216条，在市以上媒体发送报道97条，在省红网刊发46条。另外，区财政还投入100多万元聘请72名专职人员，在中心城区8个重要红绿灯路口开展常规化劝导。通过以上活动，使“创交模”工作逐步深入人心，收到了很好的宣传效果。

【整顿交通秩序】2016年，冷水滩区精心组织，周密部署，在“创交模”活动中，下大力气狠抓“五车”整治(非法飙车，违章停车，占道修车、洗车、卖车)，共查处各类交通违法违规行为41361起；违法停车抄牌19575起；锁违规停放车辆5363台，拖车1213起；处理出租汽车在道路上停车待客987起；公交车在站点以外路段停车上、下客1107起；劝导、整治占道洗车、修车、卖车行为4117次；其他出店经营、摆摊设点占道行为87522次；刑事拘留8人；查处摩托车违法行为6797起，扣车945台次，拖车956台次；查处摩托车非法安装晴雨伞489起，摩托车驾驶人不戴安全帽159起，摩托车非法飙车65起，摩托车无牌无证、无保险上路行驶278起，摩托车违法停车817起。对重点区域、重点部位的整顿成立专门班子，加大整顿力度，如对永州火车站交通秩序进行整治，实行广场功能分区，对违停行为及时劝离与处罚，打击非法营运及出租车强行拉客行为，同时投入380多万元，加强火车站基础设施建设，优化设置了出租车专用车道，拓展出租车隔离护栏及道路引导标线，使火车站交通秩序得到明显改观；在潇湘西路首创占道停车泊位收费服务管理试点工作，使潇湘西路周边的交通秩序得到明显改善。同时将城市网格化管理纳入“创交模”范围，建立考核机制。

【加强基础设施建设】2016年，中心城区“创交模”五大基础设施建设项目全面铺开，即春江路、凤凰北路慢行车道建设按照“创交模”时间节点完成了设计、图审及预算，并已启动工程招标程序；九嶷大道道路施工图已完成图审及预算，目前正抓紧房屋拆迁扫尾；由冷水滩区承建的10个港湾式公交车停靠点已纳入凤凰北路、春江路、九嶷大道慢行改造计划同步实施。中心城区站场建设以及梧桐路、银象路等各路段人行道改造的拆迁工作，至2016年12月底，快速公交站土地征收、清表已全部完成，拆迁户共4户房屋1600平方米，征收协议已全部签订；梧桐路征收房屋94户，已完成房屋评估94户，其中51户已签订征收补偿协议。城区内主次干道路面破损、坑洼积水修补860平方米，修复人行道25处，疏通下水道580米。投入资金20万元、人力1000余人次、车辆180台次对影响行人正常通行、遮拦交通标牌和交通信号灯的行道树枝进行了全面整修。铲除中心城区主次干道不规范的停车泊位3500余个，同时投入28万元增划规范停车泊位2350个，使城区泊位总数达26312个（含小区停车泊位），让车辆“停得进”“停得顺”。上述基础设施项目建设完成后，将有力促进“创交模”再上新台阶。

公路管理

【概况】冷水滩区公路局成立于1985年，属正科级事业单位，内设办公室、政工股、纪检监察室、生产股、安全法制股、路政股、治超大队、财务股，下辖3个公路站和一个渡口管理所。2016年，有干部职工290人，管理国道、省道、县道公路总里程153.121千米。

历年来，冷水滩区公路局坚持建、养、管并重，深化党的建设、执行力建设、行业文明建设“三个建设”，适应新常态，开创新局面，先后获“全区绩效考核二等奖”“全区创国卫主次干道一等奖”和“优化经济环境和机关行政效能先进单位”“依法行政、社会管理综合治理工作先进单位”“全区作风建设先进单位”“全区文明建设先进单位”等荣誉称号。

【公路养护和路段大修】2016年，在322国道及217省道共完成水泥混凝土路面局部破板修复950平方米，断角处治1360平方米，裂缝处治5800米，整段机械清灌缝6千米，人工补灌9.645千米，板底灌注5000平方米。共完成沥青路面挖补400平方米，面层修补600平方米，裂缝处治2000米。

【公路工程】2016年9月10日，由冷水滩区公路局承建的322国道K124+300~K126+000、K127+000~K128+000段大修工程正式进场开工，项目共投资560.45万元，路段长2.7千米。12月1日完工。

【路政管理】2016年，共清除路障143处，拆除公路用地内的非公路标志、广告横幅34个，发出整改通知书30余份，清除摆摊设点2处，清除路面砂石遗漏3处，拆除垃圾池2处，立案查处违法案件6件，结案6件，办理行政许可4件，路政案件的查处率、结案率均达100%。2016年，公路宣传月活动在322国道、S217省道干线公路悬挂横幅110条，书写附墙宣传标语3条，制作宣传牌26块；在全区国、省、县道公路沿线镇张贴、发放路政管理法律法规宣传册5000余册，张贴通告100余张。

【扶贫工作】2016年，对花桥镇秀井头村、黄阳司镇社塘村等共投入帮扶资金10余万元，建立结对帮扶对象100余户。

城乡规划建设 环境保护

新型城镇化建设

【概况】冷水滩区住房和城乡建设局内设办公室、业务室、法规室3个机构。归口管理区建筑设计院（经营类事业单位）和4个公益类事业单位：区乡镇规划办公室、区建筑工程管理办公室、区保障性住房服务中心、区大桥管理所。

【规划编制管理】乡镇规划编制：在2015年完成牛角坝、花桥街、普利桥镇等7个乡镇的总体规划编制的基础上，2016年，完成了高溪市镇的总体规划编制工作及排水专项规划。村庄规划编制：全区撤镇并村后共有171个行政村，计划分两年完成全部村庄规划编制工作，由区住建局统一分乡镇招标。2016年，全区完成80个行政村规划编制，区政府第三十三次常务会议对美丽乡村规划编制工作进行了部署安排，全区2016年规划编制经费共需667万元，区财政负担90%的编制经费，乡镇负担10%。规划管理：1—6月，全区审核发放冷水滩区异地扶贫搬迁普利桥镇安置小区项目等“建设用地规划许可证”4份，规划用地面积29000平方米。审核发放湖南禾广生物科技有限公司仓库项目等“建设工程规划许可证”2份，总建筑面积1.3万平方米。审核发放“乡村建设规划许可证”61份。审核发放伊塘镇派出所项目等《建设项目选址意见书》2份，选址面积1.3万平方米。高科园的规划管理审批权下放区里后，加强了审核管理。

【特色小镇建设】至2016年，全区完成了9个特色小镇的总体规划，启动蔡市、上岭桥镇等4个乡镇控制性详细规划编制，完成了80个村庄规划设计，还完成乡镇意见征求以及6个美丽乡村示范点规划设计，完成剩余78个行政村的村庄规划设计招投标，完成60个行政村的1∶2000的地形图测绘，委托专业机构完成“通道风貌工程”村民建房设计方案5套。特色小镇的周边基础设施配套项目经所在乡镇申报，优先列入城建计划。城区范围内由市级全额投资建设，乡镇范围项目按区政府确定的政策，每年给予补助资金。

在永州市总体规划框架内，高标准编制了水汲江生物制药康养小镇、蔡市影视文创2个特色小镇的总体规划。重点推进了蔡市镇邓家铺村民居改造项目。

【美丽乡村建设】2016年，冷水滩区美丽乡村建设共布点18个行政村，其中蔡市镇红卫村、零东圩村，高溪市镇普口村，上岭桥镇仁山村、团结村，牛角坝镇牛角圩村6个行政村作为美丽乡村示范点予以建设推进，由区住建局统一分段招标，选定符合资质要求的规划编制单位，各乡镇负责配合做好相关规划编制的摸底调查工作，区财政将规划编制经费纳入财政预算。

【传统村落保护】将美丽乡村建设与传统古村落保护结合

起来进行，区委制定了美丽乡村“1+X”文件，即《冷水滩区村庄规划和住房建设指导意见》《冷水滩传统村落、历史文化名村保护发展指导意见》《冷水滩乡村风貌建设和整治指导意见》，全区开展了制定村庄规划编制计划、推进美丽乡村整治布点、指导乡镇实施改造、加强农村危房改造过程中的空心房清理整治等项工作。

住房保障

【保障性住房建设】2016年，冷水滩区坚持以项目建设为抓手，加强品质监管和安全管理，促进保障性住房建设提质增效，保障性住房项目建设在全省领先。实行项目联点责任制，每个项目明确专人全程跟踪服务，及时把握项目难点；充分发挥统筹协调作用，做好分配管理工作，及时解决项目推进过程中的具体问题。按照“宜居”要求，精心设计小区内的道路交通、小区绿化、购物休闲、健身娱乐、物业管理等配套设施，认真落实国家有关住房建设强制性标准，强化保障性安居工程建设全程监管，及时开展在建房项目安全生产检查，组织实施安全生产专项整治活动。

【棚户区改造】2016年，全区城市棚户区规划改造4633套（户）。截至6月底，开工建设2900余套，9月已全部开工建设。年底，谢家院子棚改836户（综合整治）已完成，双洲路片棚改综合整治完成80%工程量；经委系统下属企业棚改项目内衣厂、煤炭公司及陶瓷厂等报建手续和工程招标工作全部完成；零陵水泥厂二期、羽绒制品厂正在办理规划报建手续；市轻化建材总公司、金属公司棚改，轻机六分厂、永达建材市场棚改项目正在办理规划报建手续。

【农村危房改建】2016年，冷水滩区致力完善农村危房改建“市—县—乡镇”的组织领导体系和责任体系，建立政府带动、农民主导、市场运作、社会参与的资金多元投入机制，坚持科学规划，坚持“一户一宅，建新拆旧”的要求，对危改户新建房屋后，原危旧房予以拆除，控制空心房产生；对空置的旧校舍、旧厂房、旧村部等，由镇、村集中改造建设“五保之家”，改善五保户等群体的住房；对无改造价值的予以拆除。按照冷水滩区异地扶贫搬迁方案要求，对进行了异地安置的贫困对象，其原有住房进行拆除，宅基地由区政府组织复垦，并依规处置。结合集镇建设、新农村建设、农村人居环境整治等，加快农村危房改造步伐，早日实现广大农民的美好家园梦。全区2016年改造完成农村危房1000处。

住房公积金管理

【概况】永州市住房公积金管理中心隶属于永州市人民政府，是不以营利为目的的具有独立法人资格的自收自支的事业单位。永州市住房公积金管理中心冷水滩区管理部是永州市住房公积金管理中心的派出机构，负责冷水滩区住房公积金缴存、提取、个贷等工作，现有在岗工作人员10人。

【住房公积金归集和提取】截至2016年12月31日，冷水滩区共归集住房公积金1.58亿元，完成年度计划的143.6%，同比增长79.5%，归集余额为3.99亿元；全区建立住房公积金制度的单位299个，职工账户人数15689人，其中2016年开户单位20个、开户职工1339人。2016年，全区住房公积金各类提取合计0.6亿元，同比增长27.65%。

【住房公积金扩面】2016年，冷水滩区住房公积金管理部门将住房公积金扩面作为年度工作重点来抓，积极推进非公经济、民营企业公积金扩面工作。充分利用多种宣传渠道，加强《住房公积金管理条例》、住房公积金制度以及相关政策的宣传力度，提高全社会对住房公积金的认知率和支持率。深入街道、社区，开展政策业务宣传日活动，走访民办学校、民办医院、非公企业等机构和个体工商户，宣传住房公积金的相关政策和制度。加强《关于进一步推进住房公积金扩面工作的实施意见》的宣传力度，召开住房公积金扩面座谈会。通过努力，扩面工作取得了新进展，2016年，全区新增开户单位20个、开户人数1339人。

【住房公积金个贷发放】2016年，冷水滩区始终坚持把改善民生作为贷款发放的主要目的，积极塑造住房公积金惠民安居的社会形象。加大个贷力度，执行积极稳妥的个人住房贷款政策，推行调整首付款比例、提高贷款额度、延长贷款期限、首套房可取可贷等新政策；加强贷款管理，完善贷款管理制度，建立借款人个人信用报告制度，实行个人信用一票否决，对个贷分类实行动态责任管理，做到“三真实，两到位，一及时”，有效防止假按揭，降低个贷逾期率，提高个贷质量；创新服务方式，改善服务质量，简化办事程序，缩短贷款业务办理时间，竭力为贷款人提供便捷的服务，使广大缴存人员快乐购房、快乐贷款。2016年，全区共发放个人住房贷款1.83亿元，同比增长68%，完成年计划的102%，发放个贷户数575户。历年累计向5652户家庭发放个人住房公积金贷款8.41亿元，个贷余额5.37亿元。发放“公转商”贴息贷款70笔，金额2153万元。

【住房公积金服务】2016年，冷水滩区优化服务政策，通过发放《永州市住房公积金管理中心贷款指南》，达到优化业务流程、提高服务标准、缩短办理时限的目的；坚持实行“一站式”服务，将缴存、提取、贷款等全部集中在服务大厅，方便缴存职工办理各项业务；规范档案管理，安排工作人员参加市公积金中心档案管理培训，落实专门的档案管理岗位、人员，全面规范管理部档案管理工作；拓展服务领域，采取上门服务的方式，主动走上街头，到房地产商开发的楼盘宣传住房公积金贷款政策，提供咨询服务。全年支持“愿景国际”“中央新城”“书香名邸”等区内重点房地产项目建设，既帮助了干部职工轻松入住住宅小区，又繁荣了房地产市场，推动了地方经济发展。推进“阳光工程”建设，及时公布最新出台的公积金业务流程、办理时限、公告报告以及其他政策规定。

【住房公积金业务创新】2016年，冷水滩区积极推进“公转商”贷款工作的开展，为缓解住房公积金资金紧张，化解住房公积金资金流动性矛盾，特委托商业银行放贷，公积金进行贴息，满足职工购房贷款需求，方便广大缴存职工享受公积金惠民政策。同时不断加快“公转商”贷款贴息工作的步伐，认真做好贷款贴息管理办法的落实和每个环节的工作。完善和落实公积金异地贷款业务实施，优化异地贷款业务服务流程，更好的发挥住房保障职能。

城市美化建设

【城中村改造和建筑垃圾处理】2016年，全区正在实施的38个中心城区城中村改造和4个建筑垃圾处理场建设项目中，白竹塘森林公园建设项目已完成，伏塘森林公园、百花塘森林公园和仁湾镇龙江桥村项目正在建设中。2016年，全区正在实施公厕达标建设共计56座，垃圾中转站达标建设共计32座，其中翠竹园社区旁的黑色水体得到有效整治，万喜登项目后面的污水管道问题已安排专门人员进行整改。

【文卫建设】2016 年，全区完成 7 所义务教育合格学校建设任务中永州市四中新校舍建设，菱角山实验小学和长丰小学扩建主体工程进展顺利。全面启动城乡社区卫生服务网络建设，4 个乡镇卫生院和 5 个村级卫生室改扩建全面完成，3 个乡镇卫生院公转房和 2 个社区卫生服务中心建设正顺利推进中。同时大力推进文化名区建设，新建 4 个乡镇综合文化站和 24 个农家书屋，建设全国文化信息资源共享工程基层服务站点 184 个。

【背街小巷改造】2016 年，冷水滩城区背街小巷改造取得了明显的社会效应。全区 42 条背街小巷改造已完成 35 个改造项目，剩余 7 个改造项目正在计划中，预计投入资金 260 万元。全区累计完成新建和改建混凝土路面 32.3 万平方米、新建和改建人行道面积 8.7 万平方米、新建和改建排污管沟 5.3 万米，绿化面积 2 万平方米。

园林绿化

【概况】根据市委、市人民政府《关于进一步调整和完善中心城区建设和管理体制的意见》和市机构编制委员会办公室《关于设立永州市冷水滩区园林处的批复》，永州市冷水滩区园林处于 2013 年 11 月 13 日挂牌成立。

永州市冷水滩区园林处为全额拨款的正科级事业机构，下辖永州市冷水滩区第一公共绿化管理所（原永州市梅湾公共绿化管理所）、永州市冷水滩区第二公共绿化管理所（原永州市凤凰园公共绿化管理所）、永州大道景观绿化管理所和冷水滩区园林执法监察大队。冷水滩区园林处内设办公室、政工室（纪检监察）、财务室、园林绿化管理室、园林绿化建设室。园林处的主要职责是：养护管理中心城区和永州大道（联城段）乔木 13 万株、公共绿地近 100 万平方米（含公共绿地清扫面积 5.5 万平方米）；承担中心城区及城乡接合部道路绿化和小游园规划、建设和管理任务；负责管辖范围内的园林执法监察工作；履行市、区机构编制委员会办公室规定的其他职责；完成区人民政府和市园林局交办的其他工作。

【创建国家园林城市工作】2016 年 4 月 13 日，成立冷水滩区创建国家园林城市工作领导小组，领导小组下设办公室，办公地点设在冷水滩区园林处。8 月，冷水滩区创建国家园林城市领导小组按照《国家园林城市标准》，强化城市绿地建设指标的建设力度，积极开展各项工作，按时按质上报园林式小区（单位）申报材料 21 份。

【绿化建设】提质改造：2016 年，冷水滩区园林处对二中广场、凤凰园城标花坛、春江南路绿化进行全面提质改造，共栽植彩叶乔木及热带风景树 1451 株，补植绿篱 3500 株，栽植彩叶灌木 5000 株，栽植各类时令花卉 4200 平方米。对翠竹路、育才路、建设路、湘江东路等树盘树池进行修补，共修复行道树树池 3048 个。靓化、美化：2016 年，按照“见缝插绿”的思路，在城区道路节点、广场、十字路口等处，摆放花箱，设置花架、花盆、花槽，布置植物雕塑造型等立体绿化 2474 组，摆放鲜花 60 万盆。补植补种：2016 年，对二中广场、凤凰园城标花坛进行花灌木补植；对潇湘大道、陶源西路、春江南路、零陵路、梧桐路、梅湾路等路段的行道树进行补植。共补植樟树、高杆红叶石楠、天竺桂等乔木 3481 株，补植红叶石楠、红檵木、四季桂球、金叶女贞、鸢尾等灌木和地被花卉 9431.8 平方米。对紫霞路、嘉隆大酒店门前等街道绿化带补种小苗5000平方米。

【养护管理】2016年，冷水滩区园林处按照《永州市城市园林绿地养护管理标准》，认真做好全区34.79万平方米园林绿化养护工作，确保绿化成果得到全面巩固。整形修剪：组织城区6个养护站，对湘永路、双洲路、梅湾路、翠竹路高空修枝5074株；修剪清桥路、湘江东路、中兴路、凤凰路、珍珠北路、珍珠路、传芳路、九嶷大道等主次干道行道树9427株。病虫害防治：组织各养护站对清桥路、双洲路、湘江东路、中兴路、凤凰路、珍珠北路、珍珠路、传芳路、九嶷大道等主次干道行道树进行病虫害防治，共计用药2吨多，做到对蚜虫、蚧壳虫等病虫害的有效防治。树木越冬管护：根据气候特点，适时开展绿地浇灌“封冻水”；对道路绿地内的乔木进行全面涂白，防寒防虫。

【环境整治】2016年，冷水滩区以创建国家园林城市和全省文明城市指数测评为契机，结合国卫管理工作对重点路段的绿化问题进行全面排查、分类疏理和突击整治。绿化带清理：采用“地毯式”清理的办法，对全城区道路绿地内的干枯树木、悬挂在行道树上的塑料袋等杂物，绿化带内的杂草、杂株、园林绿化垃圾、生活垃圾、建筑垃圾进行全面清理，共清理干枯死树512株，清运各类垃圾及杂物548车、1221吨。植物叶面清洗：安排3辆水车对汽车北站、柳子广场、湘江东路等公共绿化带乔灌木进行全面清洗，共清洗15次，清洗面积84502平方米。植物整形杀虫：完成永州大道联城段绿化带的施肥、除杂草、整形修枝、杀虫、浇水保苗等，共投入人力1745人次，车辆540台次，资金100余万元。

【执法管理】2016年，园林执法监察大队按照《城市绿化条例》要求，做好临时占用城市绿地和城市树木砍伐（迁移）的审批工作。全年共受理开设路口占用城市绿地等审批项目15件，已办理15件，办结率100%。依法查处破坏城市花草树木及绿化设施、擅自占用城市园林绿地的违法案件21起，结案21起，结案率100%。全面制止街道乱占乱挂现象418起，挽回经济损失50万元。

【网格化管理】2016年8月，根据绿化养护管理范围，结合

园林处工作人员进行补种前作业（区园林处 提供）

园林补植补种后成果图（区园林处 提供）

二中广场绿化提质改造后成果图（区园林处 提供）

网格化管理工作，制定《冷水滩区园林绿化网格管理实施方案》和《冷水滩区园林处网格化管理“1+N”模式考核实施细则》，成立8个养护站，加强日常养护精细化管理。养护站成立以来，共处理上级及城管数字平台交办事件145次。

【园林安全生产】2016年，冷水滩区园林处全面落实园林安全管护责任，强化巡查巡护，对容易发生火情的路段，安排专人进行巡查，并对绿化带进行喷水。针对园林植物及绿化设施、车辆等机械设备，易燃易爆物品，危险化学品安全隐患方面进行12次拉网式排查，督导进行整改、跟踪、落实，将各类事故消灭在萌芽状态。在春节、清明节、中元节、寒衣节等重点节日期间，进行了7次安全检查，检查覆盖率100%，全年无安全生产责任事故。

【党建工作】2016年，冷水滩区园林处党总支把党的思想建设放在首位，深入学习党章党规以及习近平总书记系列重要讲话精神。组织学习专题党课4次，开展“四讲四有”专题研讨8次，组织收看专题电影、纪录片3次，开展集中学习12次，安排自学12次，开展其他各项学习活动10次。园林处党总支按要求时限报送各种党建材料，无漏报、瞒报现象；认真落实民主集中制原则，在重大事项决策方面充分发扬民主作风；严格党费收缴管理工作，按规定、按标准准时收缴党费，党费账簿健全，年内，向党员公布二次党费收缴情况（上半年6月25日，下半年12月5日）；严格对党员组织关系转接的情况进行摸底排查，查是否规范完整地填写党组织关系介绍信，是否按要求对党组织关系介绍信进行编号管理并存档等，确保信息真实、准确。

【获奖情况】2016年，冷水滩区园林处获“冷水滩区庆祝建党九十五周年‘红旗颂’大合唱二等奖”和“创建国家园林城市先进单位”“全区干部作风建设先进单位”“创省文明城区先进单位”“全面建成小康社会推进工作先进单位”“全区‘六五’普法依法治理先进单位”等荣誉称号。

环境保护

【概况】冷水滩区环境保护局前身是1979年11月成立的零陵县环境保护办公室。2002年4月，列入冷水滩区人民政府组成局，环保局局机关内设办公室、环境管理股、法制规划股、环境生态股，下设冷水滩区环境监测站和冷水滩区环境监察大队两个事业单位，现有人员76人。

2016年，全区审批建设项目96个，否决审批建设项目6个，否决小造纸、小化工、小冶炼等“十五小”项目2个。完成减排项目15个，淘汰落后造纸产能10.4万吨，累计削减化学需氧量1593吨、氨氮130吨、二氧化硫0.106万吨、二氧化碳185吨，全区污水处理率从80%提高到85%。组织实施湘江污染防治第二个“三年行动计划”、大气污染防治行动计划等，完成治污项目12个，冷水滩区空气质量优良率保持在95%以上，地表水功能区达标率100%，饮用水水源水质达标率100%，全部监测断面均达到或优于Ⅲ类标准，整体环境质量稳居全市前列。整治污染隐患，取缔关闭非法企业6家，停止建设6家，限期整改13家。创建省级生态乡镇2个。

【环境保护宣传】2016年，冷水滩区积极开展环保宣传活动，发放环保宣传册3000余份，制作大型户外环保宣传广告牌3处。5月10日，组织60名环保志愿者沿湘江骑行，配合湖南省开展“绿色卫士湘江漂流大型环保宣传活动”，

“6·5”世界环境日宣传（区环保局 提供）

并正式启动永州市“6·5”世界环境日宣传月活动。6月28日，组织开展永州市环境保护大型摄影艺术展。

【大气污染防治】2016年，冷水滩区制定淘汰燃煤小锅炉实施方案，扩大高污染燃料禁燃区范围，完成75%以上的高污染燃料锅炉的淘汰，淘汰（煤改气）燃煤小锅炉61台、160蒸吨，淘汰永州湘江纸业有限责任公司锅炉247蒸吨。关停冷水滩城区永州大道两旁的全部5家砖厂、新火车站片区全部6家砖厂。淘汰“黄标车”和老旧车辆1047辆。城区大中型酒店全部安装油烟净化装置，小型酒店30%以上安装油烟净化装置。完成加油站、储油库和油罐车的油气回收治理。

【水体污染防治】2016年，冷水滩区政府制定《冷水滩区湘江污染防治第二个“三年行动计划”实施方案》，推进城乡供水一体化进程，基本解决饮用水不安全的问题；督促钢铁、水泥企业适时开展清洁生产审核，落实清洁生产中高费技术改造方案，污水处理厂脱水污泥无害化处置率达100%；督促存栏2000头以上生猪和存栏10万只以上家禽养殖场完成污染治理；依法取缔了不符合国家产业政策的小型造纸、制革、印染、染料、炼焦、炼硫、炼砷、炼油、电镀、农药等严重污染水环境的生产项目。

【固体废物污染防治】2016年，冷水滩区完成对各固废单位的备案登记工作，并启动全区固废危废规范化管理工作。完成永州市第三人民医院、达福鑫、奔腾文化创意、弘电电子、社区卫生服务中心、乡镇中心卫生院固体废弃物工作的常规检查与督导；同时督促各危废产生单位将全年危废转移联单等资料进行备案。

【环境监测】2016年，冷水滩区政府制定《冷水滩区2016年度重点生态功能区县域生态环境质量考核工作方案》；完成湘江水质黄阳司断面监测及冷水滩区小康社会数据，其中常规监测31次，信访监测20次；委托第三方完成湘江流域生态补偿考核断面（老埠头、黄阳司、毛竹滴水村）水质监测工作。同时积极开展实验室质量内审，建立和完善质量保证体系，组织11人参加持证上岗考试，考证项目59项。

【环境执法】2016年，冷水滩区以《中华人民共和国环境保护法》为标准，深入开展环境保护大检查，检查企业1025家，处理环境信访案件318件，限期整改企业13家，作出行政处罚决定3起，实施查封、扣押3起，关停取缔企业6家。

【农村环保工作】2016年，冷水滩区上报30个民生实事暨农村环境整治重点任务村名单，投入1217万元进行农村环境综合整治。由长沙奥邦环保实业有限公司完成小水、仁山等6个村农村生活污水处理、饮用水源保护、畜禽粪污治理三项工程的实施，由湖南大麓环保工程公司完成灯塘、星火等26个村环境综合整治项目。

环境卫生

【概况】2016年，冷水滩区环卫局拥有各类环卫作业车辆（船）87台，管理公厕85座（不包含社会公厕）、垃圾中转站35座、垃圾桶2215个、果皮箱2653个，承担冷水滩城区主次街道、背街小巷、城中村、广场、小游园、永州大道、铁路沿线、湘江水域等公共区域共811.95万平方米的清扫保洁任务，道路机械化清扫冲洗率达52%。全年共清运生活垃圾约10.9万吨，清运率100%，无害化处理率95%。

【更新设施设备】2016年，冷水滩区投资1100余万元，新建二类公厕3座，提质改造垃圾站2座，添置垃圾转运车6台、洒水车4台、清扫车1台，购置环保垃圾桶1100个、可卸式金属垃圾桶10个，安装广告式果皮箱1000个。环卫机械化作业水平不断提升，环卫基础设施分布更加合理，垃圾收集转运体系进一步充实。

【推行网格化、精细化管理】2016年，为巩固和提升创国卫成果，建立健全环卫长效管理机制，冷水滩区积极推行网格化、精细化管理。按照“1+N”网格化管理要求，对清扫保洁、垃圾清运、洒水清洗、公厕管理等环卫日常生产管理常态化、巡查经常化，及时发现和解决网格区域内的问题，做到“人在网格中行，事在网格中办”，问题在一线发现，整改在一线落实，制度在一线完善，成果在一线巩固。

【严格清扫保洁作业制度】2016年，冷水滩区强化人工清扫保洁力度，对责任区实行定员定岗定责，主次街道要求16小时保洁，部分主要街道保洁到晚上12时，火车站广场实行24小时保洁，背街小巷达12小时保洁，卫生质量达到“六无六净”，“六无”即无果皮纸屑、无烟蒂籽壳、无人畜粪便、无积水污泥、无砖石瓦块、无杂草堆物，“六净”即路面、边角、护栏、绿化带、树圈、垃圾容器干净。将河道水域、城中村、高速公路连接线、永州大道、火车站广场、小游园的卫生纳入日常管理，有效地消除了城区的卫生盲点和死角。环卫直管的公厕和垃圾站实行专人管理，果皮箱每

环卫清扫车进行机械清扫（滩奇／摄）

火车站广场公厕（滩奇／摄影）

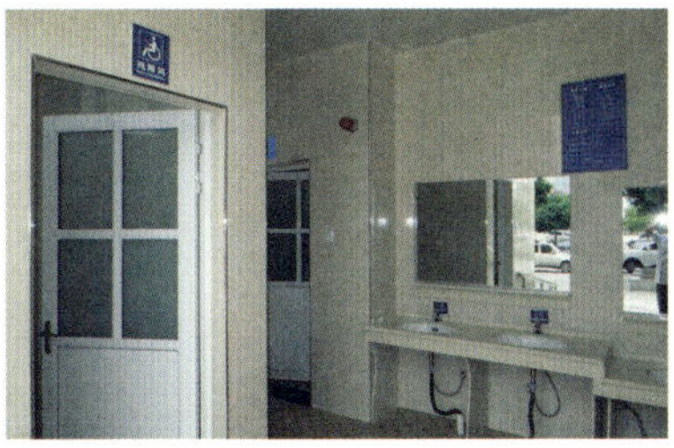

潇湘公园公厕（滩奇／摄）

天擦洗清洵，车辆每天清洗，确保环卫设施干净整洁，正常运转。

【强化机械化清扫清洗和垃圾清运力度】对城区37条主次街道坚持做到一天一普扫、三普洒，对育才路、湘永路、清桥路、梧桐路、凤凰路、零陵路、湘江东路、逸云路、翠竹路、紫霞路、车站路、西区路、潇湘大道13条重要道路一天机械化清扫两次以上、冲洒水4次以上，对人行道和非机动车道做到轮回清洗和见脏即洗，使路面见本色，同时将机械化洒水清洗作业延伸至广场、背街小巷和城中村。强化城区250多个垃圾点和35个垃圾站的垃圾收集和清运力度，特别加强了城中村和城乡接合部的垃圾收集清运力度和巡查力度，确保垃圾日产日清。

【严抓渣土管理】2016年，冷水滩区对城区渣土管理实行领导联系片区工作责任制，每两名队员负责1个工地，机动中队24小时巡逻，每天晚上渣土领导小组成员轮流带班对城区渣土运输情况进行巡查，发现问题现场处置，并随时抽查渣土管理人员到岗到位情况，严格按制度奖勤罚懒。

【严抓考核落实】2016年，冷水滩区严格执行市、区、局、站四级考核机制，区环卫局考核小组坚持每天分3个组对城区各个片区的卫生进行全方位质量考核，并利用数字城管、网格化管理平台，发现问题现场整改或限时整改，每天汇总，每月月底结合考核情况召开总结表彰大会，会上对当月的工作情况进行及时总结，评选出每月优秀股室、优秀班组和先进个人，并进行适当奖励，形成“一日一巡查，一周一点评，一月一评比，一季一小结，一年一总结”的考核模式。

【完成环境卫生应急保障任务】2016，冷水滩区环保局完成省、市、区观摩、会议、活动卫生保障任务共30余次；处理数字化城管案件152件和网上、电话投诉共21件，结案率和回复率100%。

【关爱环卫工人】保障环卫工人待遇：环卫工人工资每月按时足额发放；每月至少享有四天公休假；法定假日上班享有加班费；为环卫工人购买了养老、医疗、工伤等社会保险，解决后顾之忧；在夏天高温季节，为每名一线环卫工人发放防暑药品和3个月高温津贴；在每个垃圾中转站配置饮水机供环卫工人饮水解渴；年底，组织工会对困难职工进行慰问。

“国卫”管理

【概况】2016年，冷水滩区调整了冷水滩区国家卫生城市管理工作领导小组，区委书记、区长任顾问，区委副书记任组长，领导小组下设办公室和七个专业组。区国卫办下设两个工作组：综合组和督查考评组。综合组下设五个小组：综合管理组、值班协调组、资料组、财务后勤组、督办交办组；督查考评组下设三个小组：第一组负责对街道、社区、主次道路（河西片、凤凰片）、城中村和城乡结合部、农贸市场等的督查考评，第二组负责对主要职能部门、渣土管理、主次道路（河东片）等的督查考评，第三组负责业务指导以及督查考核协调工作，同时负责暗访工作。

2016年，冷水滩城区纳入国卫管理工作的区域范围是：街道10个（含工业园区），城郊镇2个，社区20个，主要职能部门16个，专业组7个，主次道路73条，背街小巷241条，城区学校32所，城区幼儿园125所，城区医院（含诊所）114所，城区公厕88座，环卫专用车辆88辆，垃圾收集站35个，机械化清扫清洗道路面积2822781平方米，餐饮服务店1028家，大中型餐馆67家，大型超市、商场67个，制售分离食品加工小作坊16家，小副食店1731个，KTV歌厅13个，其他公共场所经营单位4个，体育场馆2个，旅馆（店）95个，城区生活饮用水单位18个，二次供水单位18个，沐足浴经营单位48个，美容美发经营单位530个，网吧经营单位65个，城区书店6个，城区独立院落单位147个，城区有物业管理小区71个，城区无物业管理小区104个，城区散居居民区145个，城中村30个，城乡接合部46个，城区农贸市场13个，城区窗口单位4个，城区工业企业28家，城区建筑工地27个，城区停车场47个，机关企事业单位内部停车场83个。

【强化“门前三包”】2016年，冷水滩区中心城区国卫工作以“门前三包”为着力点，抓实长效管理，巩固国卫成果。全区20个社区共签订“门前三包”责任状11168户，并一一建立了台账。同时通过反复调研、协商，明确了街道、社区业主和城管、环卫、市场管理、食药监管、卫生计生监管执法、园林等“门前三包”职能部门各自的职责；各职能部门依据自己的职责，摸清各自领域存在的问题，并着手进行整改；各社区完善对单位（个人）门店管理的日常巡查制度、月评比制度；区国卫办完善了对街道、社区和有关职能部门的考评奖惩制度。从8月起，各社区对单位（个人）门店进行了评比，共评出整洁4166户，较整洁4429户、不整洁598户。在全市第二、三两个季度“门前三包”的考评中，曲河街道和梅湾街道分别获街道第一名，逸云社区和梅湾社区分别获社区第一名和第二名。

【整治市容环境、市容秩序】自9月下旬起，全区开展市容环境大整治“攻坚月”活动。城管部门联合各街道、社区及相关部门组织开展市容秩序集中整治行动10次，开展夜宵摊担问题专项整治行动8次，开展校园周边市容秩序集中整治6次；共劝导、整治出店经营、流动摊担、夜宵摊担占道经营问题3.2万起，对占道洗车、修车、卖车现象进行劝导、口头警告，并责令限期整改，共劝导、整治违规占道洗车、修车、卖车行为1万余起。联合街道办事处，取缔黄泥井旁蔬菜夜市和湘江西路、凤凰家园等10余处马路市场，拆除凤凰路、双洲路、湘江西路、百业街等40余个违规搭建的商业棚子，面积约1500平方米。开展户外广告专项整治。共雇请专业拆广告人员400人次，所花费用20余万元，共清理拆除违章广告牌、不规范破旧布幅2万余处，临街立面（楼面及窗台）市容明显改观。

【开展环卫作业集中整治】2016年，环卫部门制作发放宣传资料10万份，制作横幅、标语300余幅，共制止乱丢乱倒垃圾行为4600余起；进一步充实清扫保洁作业人员，延长作业时间，主次街道严格实行两班倒16小时保洁，背街小巷实行12小时保洁，部分主要干道保洁时间延长到晚上12时，火车站广场实行24小时全天候保洁。环卫作业进一步精细化，卫生要达到环卫部门制定的“六无六净”要求，做好中午和傍晚交接班，做到保洁不断档。全年共收缴违法小广告4000公斤，共清理卫生死角220余处近5万立方米垃圾，清除各类建筑垃圾3.6万立方米。进一步强化机械化洒水清洗作业，城区30多条主次街道坚持做到一天两普扫、三普洒；购置清洗车、垃圾转运车11辆，添置果皮箱和垃圾桶410个，处罚各类违规行为720人次，罚款6800元。街道的整体保洁水平有较大提升。

【街道绿化管理】2016年，冷

水滩区园林部门配合市容秩序大整治，积极做好园林绿化工作，建成区绿地率达36.89%，绿化覆盖率达40.63%，人均公共绿地达11.40平方米；按照区创卫办对中心城区“无裸露黄土”的要求，对重点地段进行了集中整治，在潇湘大道、陶源路、珊瑚路等重点路段种植各类乔木200余株，小苗10万余株。至2016年10月，共完成小苗补植2万平方米，花坛石维修安装1万余米，街道摆花10万余盆，完成总投资240万元，每日坚持在路面巡查，公正执法，全年度共处置执法事件20余起，接受受理群众投诉3起，及时派人员给予了处理，处理率达100%。全面制止街道乱占乱挂现象500余起，挽回经济损失15万余元。

【食品经营许可整治】2016年，冷水滩区食药监管部门共受理食品经营许可4072家，准予许可3462家，不予许可273家，下发责令整改通知书1263份，对475家食品经营单位进行了提质改造，查处无证经营案件37起。立案查处各类食品案件401起，结案29起。

【渣土源头管理】2016年，冷水滩区渣土管理部门加强渣土源头治理，确保做到“六不开工”，即审批手续不全不开工、围档不合要求不开工、出入口硬化不达标不开工、清洗设施工具不达标不开工、保洁人员不到位不开工、不签订《卫生责任状》不开工；加强渣土运输管控，每个工地安排2名渣土队员蹲守，要求渣土、沙石运输车辆必须实行密闭化运输，严防途中撒漏滴；组织公安、交警、交通、公路、治超办等部门进行联合执法，每月2次以上，严查超载超限运输行为，其中下半年共组织联合执法行动24次，查处超载车辆50余台。全年共清理城区野渣土120余起、3.6万立方米，处置渣土违法行为110余起。

【深化“1＋N”治理模式】2016年，冷水滩区不断深化“1+N”网格管理模式，建立国卫工作长效机制。一是分类构建，完善机制。将1个社区“网”分为若干个“格”，全区20个社区按单位型、小区型、普通型共分类构建了300个网格。二是选配了网格长，由社区主要领导兼任。三是明确了“N”的构成，充实“N”队伍，主要由专职网格管理员、职能部门责任人、网格内相关服务人员构成，并确定了各“N”的具体职责。四是建立网格管理制度，各网格运转逐步走上正规，初步形成了“人在网格中，事在网格办”的网格治理模式。如区城管局制定了《冷水滩区城管局开展网格化管理“1+N”工作模式运行实施方案》等，认真落实网格化管理“1+N”工作模式，定人、定岗、定路段、定责任；区园林处设立8个工作站，融合到各社区网格中，积极履行网格化管理“1+N”工作职能，对中心城区街道和永州大道（联城段）13万株乔木、近100万平方米的公共绿地进行生产养护；伍家院社区等推进“网格化管理组团式服务”工作机制，使有关国卫问题在网格内得到有效解决。

【农贸市场管理】2016年，冷水滩区对农贸市场的卫生秩序进行了集中整治，强化规范管理，努力形成动态性常态化长效机制，市场环境、秩序显著改善。市场管理部门制订了详细的整治方案，对17个农贸市场149处整治要点和市区交办的问题59处、共计208处进行认真整治。已全面整改到位153处，基本整改到位的20处。此外，全区共投入资金130多万元，检修消防设施26处，添置消防设备33件，添置垃圾桶31个，购买一次性垃圾袋8000多个，维修摊位37处、地面1000平方米、公厕1座，增加临时协管人员100多人、清扫保洁人员10多人。区食药监管部门按照职能移交整改。建立农残检测室，培训农残检测人员，对全区17家农贸市场三防设施不健全、生产加工环境不合格、卫生不达标等突出问题进行整治，检查820家，对不符合国家卫生标准的32户经营户下达责令整改通知书。区住建和环卫等部门对农贸市场的下水道堵塞和环卫设施进行整治，筹集20余万元资金对工业村市场的下水道和地面凸凹不平进行了改造。区环卫部门对网民反映强烈的黄泥井市场的环卫设施进行了改造。

【严格督办交办】2016年，冷水滩区国卫管理坚持问题导向，把问题整改列为重中之重。1—12月，市交办的74个交办函全部整改到位；区国卫办下发的96个交办函，全部整改到位；市手机通报11期共交办的33个问题已整改到位；接到市民投诉电话42例，整改39例；接待群众来访16人次，反映问题8个，全部整改到位；市国卫办转交群众投诉10例，全部整改到位；网络投诉6例，全部整改到位；区数字城管指挥中心转交自身不能处理的问题58个，区国卫办交办解决58个。

商业贸易

商务

【概况】2015年12月，冷水滩区人民政府办公室下发《关于印发〈永州市冷水滩区商务和粮食局主要职责内设机构人员编制规定〉的通知》，设立永州市冷水滩区商务和粮食局。经过3个多月筹备，2016年4月，区商务局和粮食局合署办公，冷水滩区商务和粮食局成立。

【市场建设】2016年，冷水滩区建成车站新村市场，投资金额300万元。筹备和在建市场4个：活禽交易市场、朱家山市场、富源市场、普利桥镇农贸市场。

【招商引资】2016年，冷水滩区批准外商投资项目4个，占年计划的100%；到位资金9100万美元，占年计划的107%；承接产业转移项目57个，到位内资24.01亿元人民币。其中，“沪洽会”签约项目3个，即光伏电站投资8亿元，新辉开整体搬迁项目3000万美元，现代化种植养殖产业园投资1.2亿元；全年签约开工重大项目2个：投资15亿元的城市综合体金盘世界城，投资10亿元的永州大市场。

【对外贸易】2016年，冷水滩区完成外贸进出口额6300万美元，比上年增长24%，其中进出口额突破2000万美元的企业1家，1000万~2000万美元的企业1家，全区有外贸出口企业27家。同时，成功申报为国家级出口食品农产品质量安全示范区。

【对外经济合作】2016年，冷水滩区外派劳务人数621人，对外承包工程和对外劳务合作完成营业额1117.8万美元，占年计划的106%，对外投资中中方投资额1亿美元，占年计划的163%。

【成品油市场管理】2016年，冷水滩区商务局协助配合市商务局在冷水滩区范围内油库、加油站的规划与建设、安全宣传和执法检查，全年派出60人次，在全区范围执法检查14次，查处3家非法加油点，全区成品油使用安全。

【电子商务】至2016年，全区电子商务55家村淘网点全部正式营业，其中电商精准扶贫网点8家，实现销售额1330万元；新增电商企业8家，向湖南省申报认定电商企业11家；纳入全省电商监测统计企业30家；组织电商人员培训3000余人次；电商产业园的筹备已制定出初步规划方案。

【园区建设】2016年8月，冷水滩区政府出台《关于促进加工贸易创新发展的实施意见》，园区累计完成投入30亿元，其中基础设施投入9亿元，项目建设投入21亿元，落户项目46个，投产项目10个，实现产值近10亿元，实现税收6000多万元，安排劳动力就业2500余人，建成区面积达15.2平方公里。园区“四纵六横”路网全部成型，共拉通路基13.4千米，硬化路面9.63千米。

园区内水、电、通信、公交等配套全力跟进，投入1000万元完成过江管道建设，供水管道埋设16千米，供水面积13平方千米；供电网主线路架设完成14千米，主干道路已全线供电，220千伏变电站投入使用。

【粮油流通】2016年8—10月冷水滩区启动早稻最低收购价收购政策，共收购粮食11000吨。10月底至12月，启动中晚稻最低收购价收购，共收购粮食5570吨；丰穗公司投入仓库改造资金320万元，用于梁木铺仓库建设和老库改造升级，公司新增省级储备粮3000吨。全年全区实现粮油工业产值32.8亿元。

供销社

【概况】2016年，冷水滩区供销系统销售总额5.17亿元，其中农资销售额1.45亿元，化肥总销售5.6万吨，消费品零售额14.1万元，社办工业产品销售额完成1.46亿元，冷水滩惠农贸易责任公司完成1亿元，日杂果品业完成0.46亿元。全区有再生资源回收(站)点77个，完成回收额0.4亿元。果蔬种植完成0.3亿元。

【专业合作社建设】2016年，在扩大伊塘食用菌专业合作社规模的基础上，新建3个专业合作社，即冷水滩惠民果蔬农民专业合作社、冷水滩玖捌养殖专业合作社、冷水滩青山种养专业合作社；发展1个农民合作示范社，即冷水滩区喜农杂交水稻种植专业合作社。为农村的发展、农业的升温、农民的增收做出了一定的贡献。2016年，建成标杆基层社1个，即永州市宏丰现代农业服务专业合作社。

【“新网工程”建设】2016年，冷水滩区积极开展农资对接直销服务，把“新网工程”建设与美丽乡村建设紧密结合起来，以农资连锁配送企业或经营实力较强的基层社为龙头，以村级综合服务社为依托，把专业生产大户所需的化肥、农药、农膜等农业生产资料，按照保本微利的原则，采取“联采直供”的方式，为农民提供质量最优、价格最廉、效率最高的一站式服务。

【为农民解决卖难问题】2016年，冷水滩区供销社组织全区农产品种养大户、农业产业化龙头企业、专业合作社等参加全国供销总社在郑州举办的名优农产品展销会暨产销对接洽谈会和永州市组织的农博会，在洽谈会和农博会上展出和推销了一批本地农产品。

【为农民提供技术培训】2016年，为使农民尽快掌握食用菌种植技术，提高产品质量和产量，冷水滩区供销社组织伊塘镇东风村部分种植大户前往广西取经学习，增强了农户的种植信心，提高了农户的种植技术水平。

【培育经营性龙头企业】2016年，冷水滩区内成立聚丰生态农业发展有限公司，带领农民大力发展农产品种植、销售、储存和深加工，发展农产品储藏运输、物流配送或深加工业，较好地解决了农产品储存、保鲜、运输、加工等问题。从上级部门争取到农业系统资金500余万元，土地托管资金280万元，土地托管面积20000余亩，其中育秧12000亩，农机服务面积9000多亩。

【基层合作组织建设】2016年，冷水滩区强势推进基层合作组织村级服务社建设。经过努力，恢复重建了冷水难区普利桥镇盐目桥惠农服务中心等7个基层供销社；建成了1个标杆基层社，即永州市宏丰现代农业服务专业合作社；新建9个村级综合服务社、1个农资商品配送中心、2家庄稼医院。

【“网上供销社”】为更好地落实永州市委、市政府的决策部署，加快“网上供销社”建设，搞活农村市场流通，提升服务三农水平，2016年，冷水滩区供销社成立了“网上供销社”建设领导小组，实行专人专项分工负责，多方筹措资金10万元，新建村级服务点22个，入网品种150种，网上销售额1300万元，超额完成了上级分配的任务。

【信访维稳及扶贫帮困】冷水滩区供销社曾是全区信访重点单位。供销社企业改制后，1700多名干部、职工置换了身份，全部资产进行了处置。为解决上访问题，区供销社采取两条措施：一是采取分片包干、责任到人的办法，即将供销社机关干部和企业留守人员分成4个组，供销社领导班子成员为组长，其他人员为组员，每组包干2~3家企业，对每家企业的重点上访人员确定专人负责稳控；二是重点做好“两节”“两会”和国家重大活动期间的信访稳定和安全生产工作，在国家举行重大活动期间，安排专人到火车站、汽车站劝访，并制定了责任制。由于全体人员的努力，2016年，除伤残军人外，其余企业职工违规上访案件大幅度下降，未出现集访、越级上访现象。区供销社成立扶贫工作队，对冷水滩区杨村甸乡沙子坳村的建档立卡贫困户进行结对帮扶，2016年脱贫15户，共计62人。

商业行业事务管理

【概况】冷水滩区商业行业事务管理办公室，于1997年与冷水滩区商业局实行局办两块牌子、一套人员，为区人民政府直属事业单位。内设办公室、人事股、财务统计股、纪检监察室、安全保卫股、信访接待室等6个股室，共有在职人员16人。主要职责是协助政府做好行业性地方法规、行政规章和管理措施的起草工作，经授权监督执行；组织制定、考核本行业管理规范和目标管理办法；处理本系统破产改制后的遗留问题。

【破产改制】自1992年起，冷水滩区商业系统开始引进企业破产、改制机制。2003年年底，全系统基本完成破产、改制工作，其中破产企业5家，改制企业4家。因各种原因的影响，尚有5处资产未能及时处置，导致一系列遗留问题无法解决。因此，企业改制破产后，冷水滩区商业行业事务管理办公室的主要工作之一就是处理遗留问题，维护社会稳定。至2016年年底，未处置的5处资产已处置4处，只有1处因受城市整体规划影响而尚未处置，破产改制后的遗留问题大部分得到了解决。

【信访维稳】商业改革政策性强、牵涉面广，加之冷水滩区商业企业点多面广、人员多，改制后各企业都不同程度地存在一些遗留问题，下岗职工上访现象不断涌现，全系统比较稳定的集体上访队伍有9个，常年上访人员120多人，区政府挂牌的信访隐患12个，预控预防人员350多人，维稳任务十分艰巨。为了确保平安、冷水滩区商业行业事务管理办公室对上访对象采取“三包”到人的办法，即把上访对象分配给每名工作人员，分工负责，实行“包”及时掌握上访动向、“包”为上访人员排忧解难、“包”劝访接访，把矛盾化解在萌芽阶段。2016年，共接待来信来访250余人次，劝访320人次，无一人赴省、进京上访挂号。区商业行管办被评为冷水滩区维护社会稳定工作先进单位。

【排忧解难】企业改制后，有很多下岗职工生活和住房比较困难。冷水滩区商业行业事务管理办公室逐个进行摸底排查，找出最需要帮助的对象进行帮扶。至2016年年底，共协助95人解决了低保问题，协助2人申请到了廉租房。

【计划生育】2016年，区商业行业事务管理办公室无违反计划生育现象，对计划生育联系点乡镇、村给予5000元的计划生育资助。

【廉政建设】2016年，区商业行业事务管理办公室严控“三公”消费，全年无违法违纪现象。在创建平安家庭活动中，所联系的家庭有17户被评为平安家庭，占90%。

【重点财源建设】冷水滩区商业行业事务管理办公室有联系点项目3个，至2016年年底，累计税收入库3000余万元，超额完成了税收任务。

物资行业事务管理

【概况】冷水滩区物资行业事务管理办公室前身是冷水滩区物资局，属正科级事业单位。2002年4月，冷水滩区进行区直机关机构改革，原区物资局更名为冷水滩区物资行业事务管理办公室，编制数10人。2015年10月区直机关机构改革方案中，区物资行业事务管理办公室撤销，另设留守人员。2016年，有在职在岗人员6人。主要工作职责是：负责本单位国有资产的管理；负责本单位退休人员的管理，落实退休人员的政治生活待遇；承办区委、区政府交办的事项。

【破产改制】原冷水滩区物资行业事务管理办公室下设冷水滩区金属、机电、轻化、电镀、河东贸易、凤凰园物资公司、黄阳司物资站、民爆公司8个公司级的经营单位。因各物资公司严重资不抵债，除民爆公司外，其他7家公司于2007年5月9日以区物资公司的名义被区人民法院依法宣告破产。民爆公司的民爆经营权根据区政府常务会议精神，从2008年1月起承包给永州市平安民爆器材专营有限责任公司，承包期限为20年。

区物资系统原有职工181人，其中在职在岗人员6人，下岗职工105人，退休人员70人。2007年物资公司破产后，由于严重资不抵债，实施的“两个置换”（置换国有企业产权、置换国有企业职工身份）需财政兜底，所以改革改制工作一直搁置，公司资产也一直没有处置。

财政 税务 银行

财　　政

【概况】2016年，永州市冷水滩区财政局有干部职工221人，内设机构14个，归口管理的事业单位13个，下辖20个财政所，负责组织全区财政收支、落实财税政策、财政监督、管理行政事业单位国有资产和政府性债务等工作。

2016年，区财政局克服经济下行等不利因素的影响，始终把稳增长、调结构、惠民生作为财政工作主线，贯彻落实省、市财政部门和区委、区政府的工作要求，圆满完成了各项工作任务，荣获全省财政工作先进集体、全省财政系统信息宣传工作先进单位、永州市“文明标兵单位”、冷水滩区目标管理综合考核先进单位等称号。

【财政收入】2016年，面对经济下行压力加大、政策性减收因素等困难，冷水滩区财政部门切实履行组织收入职责，全力支持税务依法征管，加大协税护税力度，协调做好“营改增”等税制改革工作，实现了收入总量和质量同步提升。全年全区完成公共财政预算总收入14.57亿元，同口径比上年增长15.4%。其中地方公共财政预算收入9.68亿元，比上年增长9.2%；上划中央收入3.58亿元，同比增长38.1%；上划省级收入1.31亿元，同比增长12.7%。非税收入完成23229万元(预算内)，同比增长8.7%；税收占收入比重为84.05%，为全市各县区第一。

【财政支出】2016年，全区财政努力调整优化支出结构，严格预算约束，严控“三公经费”等一般性支出，促进财政支出向民生民本领域倾斜。全年公共财政预算总支出29.12亿元，比上年增长13.5%，其中民生民本支出20.98亿元，占公共财政预算总支出的72.1%。

【预算管理】2016年，冷水滩区坚持积极构建全口径预算管理体系，全面完整编制政府性基金预算，逐步建立起包含公共财政预算、政府性基金预算、社会保险基金预算三大预算有机衔接的政府预算体系。加大各类资金统筹安排使用力度，既包括财政预算内拨款收支，又包括财政专户核拨的资金和部门其他收支，既包括当年财力安排的支出，又包括上年结余、结转资金以及中央、省、市财政提前下达转移支付资金。加快透明预算制度建设，全年除涉密单位外，全区所有单位的部门预决算和“三公经费”预决算均按要求全部公开。

【财源培植】2016年，冷水滩区以项目建设为抓手，促进经济快速发展，培植新增后续财源。年初，全区各级、各部门制订计划，完善措施，包装好项目，加大跑项目的力度，争取更多项目进入国家和省的“笼子”，争取中央、省、市更多项目资金投入。同时，进一步加强项目管理，对全区重点项目坚持一切以项目建设为中心的原则，按照“谁管理谁负责，谁负责谁解决”的原则，做到领导调度到位、目标责任到位、协调分工到位，确保项目建设有较大进展；继续推进加快高科技工业园建设，重点抓好园区水、电、路、通信等基础设施建设，确保项目“引得进、留得住”。全区重点财源建设项目共实现税收 8.52 亿元，为全区财政收入的快速增长奠定了坚实的基础。

【非税收入管理改革】2016 年，冷水滩区全面规范非税收入管理，创新非税收入管理体制，通过编制收入预算，推进网络征管，加大对国有资产（资源）、水利建设基金等征收力度，严格票据管理；加大非税收入稽查力度，非税收入保持合理增长，全年共完成非税收入 28424 万元（全口径），比上年增长 16.6%。

【财政监督检查】2016 年，区财政部门围绕省、市专项部署，突出区域监管重点，强化专项检查措施，开展了全区惠民资金核查、“雁过拔毛”整治专项检查、“三公经费”专项检查、临时机构财务检查等检查工作，财政监督工作取得了较好的成效。全年共检查行政事单位及其下属单位 178 个，查处违纪金额 2634 万元，收缴入库金额 284.62 万元。

【政府采购监管】2016 年，冷水滩区拓展采购范围及领域，逐步扩大采购规模，采购领域向乡镇政府和农村中小学及乡镇卫生院、社区延伸。完善操作规程，确保政府采购公开、公平、公正。积极推行协议供货制度，发挥集中采购优势，促进各项政府采购业务全面发展，进一步提高采购效率。2016 年，完成政府采购 325 宗，实现采购预算 19656 万元，实际采购合同金额 18125 万元，节约资金 1531 万元，节约率 7.79%。同时认真做好采购供应商的质疑、投诉事项的回复和调查处理工作，2016 年，共处理供应商质疑、投诉案件 7 件。

国家税务

【概况】2016 年，永州市冷水滩区国家税务局有干部职工 223 人，其中在职干部职工 174 人，提前离岗人员 2 人，离退休人员 47 人；在职人员中，公务员及干部 150 人，事业干部 2 人，职工 22 人；中共党员 121 人；男性 98 人，女性 76 人；具有研究生学历 4 人，大学本科学历 139 人，专科及以下学历 31 人；注册会计师 1 人，税务师 9 人，律师 2 人，会计师 3 人。全局人员平均年龄 45.1 岁。有办公室、财务管理科、政策法规科、征收管理科、收入核算科、人事教育科、纳税服务科、机关党委办、信息中心、监察室、税源管理一科、税源管理二科、税源管理三科 13 个内设机构，下设 2 个税务分局：城区税务分局、仁湾税务分局。

冷水滩区国税局的主要职责是负责所辖区内税源调查测算、税收计划分解、税收收入入库；负责税务登记、增值税一般纳税人认定管理、纳税评估、发票管理、减免抵缓退税审核（审批）；负责辖区内企业和个体税收管理；负责对辖区内纳税企业的日常检查以及一般性的行政处罚；负责金税工程系统的管理工作；负责区内 13 个乡镇、7 个街道办事处及永州市经济开发区共 10279 户纳税人国税征管任务。至 2016 年，征收的主要税种为：增值税、消费税、企业所得税、外商投资企业和外国企业所得税等。2016 年度，被市局评为“2016 年度绩效管理先进单位”，被区委、区政府授予“党风廉政建设责任制考核先进单位”“绩效管理先进单位”“推进新型工业化工作先进单位”称号，被永州经开区授予“综治信访维稳工作先进单位”“协税护税先进单位”称号；并获评省局“模范职工之家”、市级“文明标兵单位”和市级“巾帼文明示范岗”。

【税收收入】2016年，冷水滩区克服年初开局减收和上半年低幅增长的不利局面，认真落实省局出台的组织收入工作“30条”举措，大力挖潜堵漏，紧紧围绕加强收入管理、深化税收分析等重点，明确职责分工，强化收入任务考核。采取推广增值税发票管理新系统、实施风险应对、纳税评估、严打虚开骗税等措施，全力提升收入质量。全年区内共组织各项税收收入19.1亿元，同比增收5.36亿元，增长39.04%，增长额排全市第一；剔除“营改增”因素，同比增收2.61亿元，增长19.02%。其中冷水滩区级国税收入完成4.69亿元，同比增收1.85亿元，增长64.95%；永州经开区国税收入完成5171万元，同比增收2025万元，增长64.37%。

【“营改增”】2016年，冷水滩区全面推开“营改增”工作试点，组织开展“营改增”“开好票”“报好税”和“税收分析”3场战役。一是以“绩效管理+指标调整”为切入点，对接市局“营改增”专项考核指标，及时调整和修正完善本级绩效考核指标，将“营改增”工作推进及后续管理纳入绩效管理专项考评。二是以“绩效管理+贯彻落实”为着力点，通过执行力平台派发工单、传递纸质督办单和会议督办等形式，加大营改增试点工作推进和后续管理落实力度，并按月通报进度、讲评绩效。三是以“绩效管理+结果应用”为落脚点，将“营改增”试点工作推进情况和后续管理成效作为个人绩效评价的衡量标准之一，将考评结果与个人绩效奖挂钩，并作为年度评先选优的重要依据，促进“营改增”工作绩效提升。同时，按照上级局的统一部署，开展“营改增”发票清查，采取“系统核查+实地检查”的方式，围绕纳税人发票开具情况、税务机关代开发票情况等6个方面的问题，对辖区内1980户新系统纳税人进行了检查，共发现问题纳税人22户。

【风险排查】将开展“查风险、堵漏洞、促增收”专项行动纳入税源管理部门及相关业务科室的绩效管理，按排查风险户数、补缴税款入库等质量指标，确定相应分值考核。要求按照省、市局发布的税负风险预警企业名单，通过比较行业实际税负与同类企业之间税负，比对企业年度、季度申报数据，剖析税负升降的深层次原因，寻找涉税风险问题。从法规、征管部门抽调业务骨干组建风险排查督导团队，采取交叉检查、案件复查等形式，提升风险排查质效。截至2016年11月，共组织开展风险排查86户，辅导企业自查补缴税款入库1216.8万元，加收滞纳金35.59万元。查获5起涉嫌虚开增值税发票案，总结经验做法上报市局，得到了市局充分肯定和表扬，并批示在全市推介。同时，成功办结全市系统首例反避税案，查增企业所得税165万元。

【国税地税合作】2016年，冷水滩区国税局积极与地税对接，完善纳税人系统信息。通过双方协商，在区国税局、地税局互设4个联合窗口，互派8名税务人员，“实行一人一机双系统”，实现了国、地税“一窗式”通办。同时，制定《冷水滩区国家税务局、冷水滩区地方税务局联合税收征管实施方案》，实行联合管户，选择“营改增”试点房地产企业和一条个体工商户较为集中的商业街进行联合管户试点，联合实施事前、事中、事后税源质量管理，共同防范涉税风险。实行联合汇缴，建立信息共享平台，联合开展企业所得税汇算清缴，选择3家典型企业作为试点，共同审核企业所得税申报数据，提升汇缴质效。实行联合纳税评估，建立评估稽查合作机制，联合开展税收检查评估和区域税收专项整治，协同开展涉税案件审理、税收保全和税款执行。进一步建立和完善深化国、地税合作联席会议制度，由政府牵头每月定期召开一次联席会议，互通重点税源情报、交流第三方涉税信息、汇报收入任务完成质量及进度，交流组织收入、纳税评估、重点行业征管、纳税服务合作经验，协调解决深化国、地税合作事项实施过程中的难点、焦点、痛点问题。将国、地税合作事项列入政府督查的主要内容，强化合作项目的跟踪落实检查，确保拓展深化合作成果。

【便民服务】2016年，区国税系统推行“四个提速”，改进便民办税服务方式方法，助力小微企业发展。一是提速税收优惠政策宣传，利用“互联网+”，创建小微企业微信群和税企QQ群，及时推送最新税收政策和热点问题，全年分批举办税收政策专场培训4期。二是提速税企交流沟通渠道，采取上门走访、发放调查问卷等方式，加强与小微企业纳税人的沟通交流，及时听取和快速改进便民服务措施建议7条。三是提速涉税风险应对处置，抽调业务骨干组建6支风险应对团队，用1个月时间上门辅导小微企业开展风险排查，补缴增值税入库367万元。四是提速税收优惠政策落实，对符合享受小微企业所得税优惠条件办理备案手续的实行随到随办，100%落实。截至11月，共为273家小微企业减免所得税250万元。

【党建工作】2016年，区国税系统以党建工作为抓手，扎实开展“两学一做”和增强“三员”身份（党员、公务员、税务专管员）意识教育，以党建促税收。一是强化理论学习，将理想信念内化于心、外化于行。在机关院内制作“三学两创一做”、“三员”身份意识等宣传牌和展板，召开支部大会、专题会，重温入党誓词，印发学习手册，每位党员、干部认真学习“三员”身份意识教育实施方案，并撰写出6000字以上学习笔记，强化责任意识、大局意识、身份意识。二是充分发挥党支部的战斗堡垒作用和党员完成急、难、险、重任务的先锋模范作用。为确保“营改增”业务“接得住”，组建“党员先锋突击队”，举行宣誓仪式，采取有效措施强力攻坚，在规定的时间节点采集、核实、录入营改增纳税人1770户，5月1日平稳实现新旧税制转换，6月顺利申报。截至11月，“营改增”纳税人已发展到1937户，实现税款突破1.8亿元。三是坚持学做结合，解决群众反映和关注的热点、难点问题。将“两学一做”和“三员”身份教育工作相结合落到实处，区局筹措经费对院内干部宿舍所有的供水管道等设施进行了更新改造，改善了干部生活条件。积极协调政府相关部门，争取投入300余万元，对机关院内绿化、亮化及道路等重新进行了规划和改造，并设置了150余个停车位，改善了办公办税环境和停车难问题。

【队伍建设】2016年，区国税系统坚持倾情带队、从严管理，打造一支政治素质高、业务能力强、作风建设优、服务态度好的国税干部队伍。一是是强化考核，严明奖惩。让作风纪律严起来，将党风廉政纪律的责任扛起来。抓住关键岗位、少数人员的作风问题，特别关注重要节假日等廉政风险节点，签署廉政保证书，提前给干部职工打廉政“预防针”。开展专项整治教育和考核兑现，始终保持作风建设“永远在路上”的精神状态。区国税局印发作风纪律考核通报4期，累计追究经济责任70人次，扣发绩效考核费12100余元，其中中层正职7人，一般党员干部20人次。二是注重队伍业务素质提升。紧密结合“两学一做”、“营改增”试点等税收工作实际，精心部署，分类进行培训和实战操练，积极备战“业务大比武”，提升全局干部的综合素质。通过考试选拔和组织推荐，挑选业务精英参赛，在全市国税系统开展的“岗位大练兵业务大比武”竞赛中，冷水滩区国税局以总平均分排名第三的好成绩荣获“优胜单位”二等奖。

地方税务

【概况】冷水滩区地方税务局组建于1994年9月，2016年共有干部职工191人，其中在职人员165人、退休人员26人，在职干部平均年龄44.5岁。单位内设办公室、税政法规科、征管和科技发展科、收入规划核算科、财务管理科、人事教育科、监察审计室、税源管理科8个科室，下设稽查局、办税服务中心、信息中心3个直属机构和5个税务分局。担负着冷水滩区9个乡镇、8个街道、两个开发区的地方税收征管工作。负责征收的地方税有：企业所得税、个人所得税、资源税、印花税、城市维护建设税、房产税、城镇土地使用税、土地增值税、耕地占用税、契税、车船税、烟叶税。负责征收和代征的费用、基金种类有：教育费附加和地方教育附加、残疾人就业保障金、社会保险费、水利建设基金、工会经费。先后荣获“全国精神文明建设工作先进单位”“全国税务系统先进集体”“全国模范职工之家”“全国税务系统信息化建设先进单位”“全省地税系统三基建设先进单位”等省部以上称号。

2016年，区地税局紧紧围绕“三个地税”目标愿景（责任地税、阳光地税、幸福地税），深化“一调两转”（调预期，转观念、转作风），在“收好税、带好队”两条工作主线上下功夫，认真开展“两学一做”学习教育活动，积极推进“营改增”，狠抓“两个专项”整治（“雁过拔毛”式腐败问题整治，“纠‘四风’”、“治陋习”专项整治），不断夯实征管基础，全面推进征管转型，大刀阔斧地进行人事调整，积极参与文明创建，不断加强队伍建设，大力提升纳税服务水平，实现了“十三五”时期税收事业发展的良好开局，各项税收工作取得了新成绩。

【税收收入】2016年，面对实体经济下行压力大、“营改增”全面落地、房地产行业不景气和国家结构性减税等诸多不利因素影响，区地税局干部职工上下一心，狠抓依法征税、严厉打击涉税违法行为，坚守坚决不收“过头税”这条红线，想方设法落实好每一项税收优惠政策，克服重重困难，圆满完成了全年税收收入任务。共组织税收收入100480万元，剔除“营改增”因素同比增收4466万元，增长5.6%。区级收入完成5.445亿元，增长18.2%；经开区完成1.41亿元，增长40%。

4月6日，区地税局在办税服务厅开展纳税服务活动（文松意/摄）

7月1日，区地税局全体党员在滨江广场举行向党旗宣誓仪式（文松意/摄）

【“营改增”】2016年，区地税局作为全市“营改增”工作的重点部门，以房地产行业为主攻方向和重点，以清查营业税为主、企业所得税为辅，集中人员、集中精力、集中时间，明确项目和目标，大力开展“营改增”工作，成效显著。“营改增”上线前共清理欠税2756万元，清理异常数据2万余条；共移交“营改增”纯管户1000余户；开展“营改增”纳税人培训4次，共培训2000余人；清理销毁发票3.2万余份；1—4月，清理入库营业税1亿余元，确认欠税4000余万元。

【国税、地税合作】2016年，全区多次召开国税、地税合作座谈会，立足冷水滩区纳税服务和税收征管实际，按照先易后难、循序渐进的原则，探索创新合作方式方法，整合征管资源，优化纳税服务，共创优质税收环境，在国税、地税共同努力下，2016年，实现了互派工作人员，纳税人“进一家门，办完两家事”的目标。

【作风建设】2016年，区地税局构建起局党组集体主动担责、党组书记表率履责、党组成员积极尽责的工作格局；严格干部管理，严查工作纪律和“三公”经费开支。区地税局纪检组共开展了24次明察暗访，对查处的上下班工作纪律、着装纪律等方面存在的问题进行了12次书面通报，通报57人次。对“三公”经费开支中公务接待和公务用车问题进行了严查，对近两年公务用车油卡使用情况进行了专项检查和整改；区地税局“雁过拔毛”式腐败问题和“纠‘四风’、治陋习”专项整治工作领导小组突出整治了两个方面9项34个重点问题，并逐项明确了整改责任单位和整改措施。2016年，区地税局被冷水滩区委、区政府评为全区干部作风建设先进单位。

【征管基础工作】2016年，区地税局把“两册一档”工作作为征管质量的重点工作来抓。“两册一档”（税收征管清册、税款征收清册，征管档案资料）工作领导小组指导协调各税源管理部门全面核实征管户数、澄清底子，加强纳税户信息采集，并严格按照《全国税收征管规范》的档案资料要求进行归档。同时，合理调配人员，组成3个检查组，开展全局税源管理部门“两册一档”落实情况的检查，检查组对上报的“征管清册”与“金税三期”逐户比对，对发现的问题，督促税源管理部门限期整改，并入户实地检查，从根源上摸清征管底子，夯实好征管基础。

【执行力建设】2016年，区地税局开展了人事调整和“六定”推行工作，执行力建设有了新提升。进行了全局范围内的人事调整，共有10人走上了中层正、副职领导人岗位；在机关科室之间、机关与基层之间实施“自由组合、双向选择”，实现了中层正职80%

以上、中层副职 60% 以上、一般人员 50% 以上岗位轮换，充分调动了干部职工的工作积极性；深入开展“定工作岗位、定工作职责、定工作任务、定工作标准、定考核系数、定工作人员”的“六定”工作，确保全局干部职工人人身上有责任，个个肩上有担子，较好地解决了“干与不干、干多干少、干好干坏”一个样的不良顽疾。

【“两学一做”学习教育活动】 2016 年，区地税局立足实际，紧密结合“强征管、优服务”，扎实开展“两学一做”学习教育活动。采取大会学习、专题研讨、支部书记上党课、党纪条规知识竞赛、廉政“微讲堂”等方式，开展“四讲四有”专题学习教育，把“两学一做”作为提升税收征管质量、优化税收服务的平台，要求每名党员干部通过“学、做”来修正言行、规范服务、勤奋工作。区地税局党组重视党组中心组学习，全年共组织了 4 次、8 天理论学习，重点学习了习近平总书记系列讲话精神等七大专题。

【争先创优工作】 2016 年，区地税局开展了省级文明标兵单位创建和市“青年文明号”创建活动，将文明创建工作摆上议事日程，做到与税收工作同部署、同推进，在制度上有要求，在投入上有保障。区地税局获得全省地税系统“三基”建设先进单位、全省地税系统廉政微视频竞赛三等奖、全市小区集中整治工作先进单位等荣誉称号，区地税局办税服务中心成功创建为永州市“青年文明号”。区地税局多名干部先后获得市级及省、市地税系统“青年岗位能手”“稽查能手”“行政管理岗位能手”“征管能手”等荣誉称号。

10 月 10 日，在区地税局机关会议室召开国地税深度合作座谈会（文松意 / 摄）

银 行

【中国工商银行股份有限公司永州冷水滩支行】 中国工商银行股份有限公司永州冷水滩支行成立于 1984 年，当时办公地点在冷水滩区河西解放路。1996 年，工行冷水滩支行整体搬迁至新址冷水滩区河东湘江东路营业，办公面积为 2503.68 平方米，营业厅网点面积为 486 平方米。工商银行实行扁平化改革后，冷水滩支行对内设机构进行了整合，内设机构为三部一室，即营业部、业务营销部、大零售业务部和综合办公室。2016 年，工行冷水滩支行有在职职工 35 人、内退员工 12 人、退休人员 45 人，在职共产党员 12 人，大专以上文化的员工占 92%，取得经济师、会计师职称 12 人，助理经济师 8 人，取得 AFP 金融理财师资格 4 人、CFP 国际金融理财师资格 1 人、CTP 国际财资管理师资格 1 人。

2016 年，工行冷水滩支行各项存款余额近 20 亿元，各项贷款余额 32 亿元，其存、贷款新增额在冷水滩各国有商业银行中，分别排第一和第二名。近年来，通过全行员工们辛勤劳动和艰苦努力，支行获得了如下一系列荣誉称号：总行优质服务先进单位、省政府银行业金融服务竞赛先进单位、省银行业文明规范服务示范单位、中国银行业五星级网点、省分行先进单位、省分行青年文明号、省分行反洗钱先进集体、市分行优秀党（总）支部、市分行先进单位、市分行内控案防先进集体。

【永州农村商业银行股份有限公司】永州农村商业银行股份有限公司注册资本6亿元，办公地点为永州市冷水滩区湘永路。全行下辖83个营业网点，在职员工825人。截至2016年12月末，各项存款余额132.42亿元，各项贷款余额83.82亿元，实现各项收入8.99亿元，实现经营利润4.23亿元，上缴各项税收1.42亿元。

2016年9月26日，经中国银监会批准，由原永州潇湘农村商业银行、冷水滩区农村信用合作联社和零陵区农村信用合作联社新设合并组建的永州农村商业银行股份有限公司正式挂牌开业。标志着经过改革，走过半个多世纪的农村信用社从此成为历史，永州农村商业银行正式走上永州地方金融的舞台，成为永州市民自己的银行和助力永州地方经济发展的主力军。

综合经济管理

发展和改革

【概况】冷水滩区发展和改革委员会是区政府组成部门，负责综合研究拟订全区经济和社会发展规划，进行宏观调控，总量平衡，指导总体经济体制改革的综合部门。共有10个内设机构：办公室、法规股、固定资产投资股、农村经济股、财政金融贸易外经股、社会发展股、工业基础产业和高新技术股、价格调控股、商品及服务价格管理股、收费管理股。区发展和改革委员会机关行政编制15人，其中主任1人，副主任3人，纪检组长1人，总经济师1人。区发展和改革委员会归口管理区价格监督检查局和3个公益一类事业单位：区重大项目前期工作办公室（全额拨款事业编6人）、区节能监察中心（全额拨款事业编5人）、区价格认证与信息监测中心（全额拨款事业编16人）。

【经济调控与体制改革】2016年，冷水滩区推进供给侧结构性改革，落实“三去一降一补”五大重点任务，淘汰一批小冶炼厂、小养殖场，其中产量较大的企业有东兴矿业、振兴冶炼、黄阳司骄阳冶炼、鑫海冶炼、兴达冶炼、威华冶炼、湘盛冶炼、宏业冶炼等有限责任公司。完成10余家国企改制任务。拓展行政管理体制改革，推进简政放权、放管结合，承接省、市下放权限事项，提高政府行政效能。推进商事登记制度改革，推行“五证合一”登记管理，履行事中事后监管职责。推进以“三权分置”为主导的农村产权制度改革，促进土地经营权有序流转，开放盘活农村资源资产，农村产权制度改革走在全市前列。

【扩大有效投资】2016年，冷水滩区优化投资结构，提升经济发展质量和效益，投资对GDP增长的贡献率达56.2%。农业投入资金1.73亿元，开工各类水利工程6200处，完成全国中小河流重点县综合整治试点县1个项目区、1段中小河流治理工程和1段四水治理项目建设，除险加固小（2）型水库55座，治理水土流失面积6.6平方公里，恢复和改善灌溉面积4.3万亩，解决2.23万农村人口饮水安全。工业完成投资158.16亿元，增长19.5%，其中技改投资147.7亿元，增长31.1%。规模以上工业企业主营业务收入205.65亿元，增长8.5%；实现利润总额7.35亿元，增长52.7%，实现利税12.98亿元，增长14.7%。第三产业完成投资100.86亿元，增长31.8%。规模以上服务企业营业收入37.61亿元，增长13.1%；规模以上服务企业营业利润总额0.53亿元，下降96.2%。

【重点项目建设】2016年，全区投资1000万元及以上的项目416个，过亿元项目73个，已竣工投产项目171个。重点工程项目183个，完成投资158.92亿元。列入市“2016年重大项目投资计划”考核的重大项目23个，完成投资24.71亿元，超过年度计划任务0.16

亿元。突出发展电子信息、生物医药、装备制造、农产品加工等支柱产业。其中，电子信息产业发展了达福鑫电子信息产业园、新辉开电子、诺方舟电子等一批规模企业，完成产值27.90亿元，增长7.7%；装备制造产业壮大了万马轮毂、湘器、瑞柯机电、汽车配件（液压中心）等一批规模企业，完成产值61.94亿元，增长64.9%；生物医药产业培育了恒伟医药产业园等一批规模企业，完成产值10.34亿元，增长11.42%；农产品加工产业扶持了果秀、宇秀、和广生物、联池生物、湘君面业等一批规模企业，完成产值28.2亿元，增长0.8%。新辉开电子、恒伟医药产业园、万马轮毂、信柏陶瓷、宇洁活性炭等项目已完成厂房建设，投入生产；湘器异地搬迁、诺方舟电子、永州金属物流园、辰鑫佰乐福、永州综合大市场等项目完成阶段性建设任务；“三路一桥”、河东城市综合体、河西城市综合体、中心城区安置小区、国有工矿棚户区改造二期工程等城建项目完成预期目标；宋家洲综合整治全部取缔网箱养鱼，拆迁工作全面展开。

【深化改革开放】全面落实政府权力清单，清理公共服务目录，完成“三清单一目录”的制定，实现“两集中两到位”改革、“一站式”服务和“一口受理”，让群众办事更方便。落实“一窗受理、并联办理、依责监管、全程监察”程序，完成投资项目在线审批监管平台建设，累计在线审批、核准、备案项目83个，其中政府审批类项目31个，企业核准类项目3个，企业备案类项目49个。全区党政机关公务用车制度改革初步完成，开展全区公务用车调查摸底，制定公务用车制度改革总体方案和多个专项实施方案，进行节支率测算，编印政策汇编和操作指南，所有方案和数据原则通过永州市公车改革办审议。

【推进节能降耗】采取政府推动、部门联动、企业行动、公众参与的节能降耗工作新格局，按照节能政策法规，组织专家对高耗能项目进行节能评审12个，完成企业备案所需固定资产投资项目进行节能登记表56个，实现市政府下达的节能降耗任务，单位GDP能耗下降3%，单位规模工业增加值能耗降低指标计划目标降低率4.5%。

物价管理

【概况】区物价局主要职责是贯彻执行国家和省、市、区制定的价格政策；组织全区工农产品成本调查和依法对国家管理商品、收费价格的成本审核；分析、预测、监控市场行情和价格、收费动态，为区政府宏观决策提供依据，提出相应的对策和建议；指导价格认证和价格评估工作；承办区委、区政府交办的其他事项。机构内设2个职能股室：办公室（加挂综合调控股、价格调节基金征管办公室牌子）、价格管理股（加挂收费管理股牌子）。人员编制9人，其中局长1人，副局长2人，纪检组长由一名副局长兼任。下设区价格监督检查局、区价格认证中心。其中区价格监督检查局（加挂冷水滩区成本调查队牌子）为股级行政机构，省定行政专项编制数8人，价格成本调查行政编制1人，事业编制9人。区价格认证中心为全额拨款股级事业单位，定编14人。

2016年5月，根据冷发〔2015〕4号、5号和冷政办发〔2015〕53号文件精神，区委撤销区物价局党组，将原在区发展和改革委员会加挂牌子独立运作的区物价局的职责划入区发展和改革委员会，原区物价局除班子成员以外的科级干部所任职务自行免除，不再任命，自动转入区发展和改革委员会，保留原职级待遇。

【价格管理】2016年，冷水滩区围绕“清费、治乱、减负”目标，规范价格管理和收费行为，保持价格水平基本稳定。对全区行政、事业收费单位上一年度的收费项目、收费标准等情况，依照有关规定实行收费情况报告和评估制度，从源头规范收费单位收费行为。针对部分学校以往年度在购买教辅资料、学生校服、学生保险，以及学生在校就餐等方面出现的问题，监督把关，派出人员深入到各学校检查各项收费，制止超标准收费行为。贯彻落实国家、省、市关于医疗服务收费和药品价格政策，开展冷水滩区城市公立医院综合改革，实行药品零差率销售。加强公路春运票价监管，遏制乱收费、乱涨价等不良行为发生，共检查车辆1560多台次，查处涨价车辆8台，清退多收价款520余元，处以罚款3600元，保证了春运票价稳定。

【价格监测】建立健全价格监测预警制度，对粮、油、肉、蛋、菜等商品价格进行抽查监测，掌握与群众生活密切相关的商品价格情况。做到粮油食品类20多个品种每天一报，主要农产品、猪肉、食品等居民生活必需品实行定期监测分析和走势预测。加强与涉农骨干企业和农产品销售大户的沟通联系，准确掌握市场和价格变动情况，做到常规情况定期报，动态情况及时报，突发情况紧急报，及时有效制止哄价上涨等不良行为。

【价格专项检查】2016年，冷水滩区按照“事实清楚、证据确凿、定性准确、处理适当、程序合法、手续完备”24字方针，监督检查，优化发展环境。重点监控粮油、肉禽蛋菜、药品、液化气等与群众生活密切相关的商品和服务价格。定期对57所学校开展教育收费专项检查，查处违价案件2起，违款金额20万余元，责令退还交费者11万余元，收缴财政9万元。对8个单位涉企价费政策执行情况开展专项检查。同时，受理群众举报，严肃查处其他价格违法行为。

【价格认证】建立价格认证办理程序、结论审核、档案管理、工作人员守则等规章制度，设立涉案商品价格信息点，全年受理涉案物价格鉴证586宗，评估金额336.2万元，其中民事鉴证案件5宗，评估金额34.1万元；刑事案件581宗，评估金额达302.1万元。连续8年实现鉴证案件复核率为零。

审计管理

【概况】冷水滩区审计局成立于1984年，为区政府组成部门，内设办公室、法制审理股、财政金融审计股、审计执行股、行政事业与社会保障审计股、经济责任审计室和固定资产投资审计室，下辖一个副科级全额拨款事业单位（区审计基层工作室）和一个正股级全额拨款事业单位（区政府固定资产投资审计中心）。现有在职干部职工39人，根据“三定”方案，区审计局设有局长1人、副局长4人、纪检组长1人。2016年，区审计局再次被湖南省文明委评为“湖南省文明单位”。

2016年，冷水滩区把审计工作融入到全区经济社会发展大局中，围绕区委、区政府部署的中心工作确定审计项目，履行审计监督职责，在稳增长、调结构、强保障、抓改革、惠民生、促和谐等方面，发挥审计“免疫系统”功能，为推动全区在新起点上实现跨越式发展的总目标提供坚实的保障。

【预算执行审计】2016年，冷水滩区按照上级审计机关对重大政府性资金实施全覆盖审计的要求，扩大财政审计监督范围，继续加强对二级预算单

区审计局组织职工开展“万步有约”健行活动（区审计局 提供）

位的延伸审计，对关系经济社会发展大局、人民群众切身利益的重大事项进行重点关注，对税务治理、土地出让金征收、非税收入、政府出借资金、城建工程支出等事项进行审计调查，注重从体制、机制和制度层面揭示问题，从宏观的角度分析产生的原因并提出细化预算编制、加强财政专项资金管理、健全政府债务管理机制等方面的建议，进一步提高财政工作水平。审计表明，2015年度全区各级财政预算执行情况良好，较好地完成了区人大批准的年度预决算任务，财经纪律、依法治税和税收征管不断加强，部门预算、国库集中支付、政府采购、集中管理非税收入等制度进一步健全，财政依法聚财理财的水平进一步提高。2016年7月27日，区八届人大常委会召开第三十三次会议，专题听取审议财政预算执行审计工作报告，对区财政“同级审”工作给予充分的肯定。

【经济责任审计】2016年，冷水滩区贯彻执行中办、国办下发的《党政主要领导干部和国有企业领导人员经济责任审计的规定》，加大任中审计比重，继续深化经济责任绩效审计，对领导干部统筹本区域经济社会发展的情况、重大经济决策情况、环境保护和国有土地使用情况、廉洁自律情况等予以重点关注。全年共对区发改委、区科技局、区经信委、区体育局、区物资办、竹山桥镇、上岭桥镇、区煤炭局、区乡镇企业管理局、区司法局等单位的主要领导实行任期经济责任审计，对审计中发现的问题提出切实可行的审计建议并督促整改，为促进领导干部增强执行财经法规的意识，提高领导干部能力水平，发挥了积极作用。

【固定资产投资审计】2016年，注重抓好政府投资项目的审计监督，围绕工程招投标、合同签订、工程造价的真实性以及财务管理、建设项目资金管理和使用等情况进行跟踪审计，实行政府投资项目审计的全覆

为洪灾募捐（区审计局 提供）

盖，对弄虚作假、高估冒算的行为作出相应处理处罚，有效维护工程市场秩序，遏制高估冒算行为，提高政府投资管理的综合效益。截至2016年11月底，共完成17个政府投资工程项目的结算审计，送审工程总造价4100万元，审定金额3775万元，审计核减工程款325万元。

【民本民生项目审计】2016年，冷水滩区以保障和改善民生为目标，以涉及民生利益的资金分配、拨付、使用、管理和效益为重点进行审计，推进公共资源配置更多地向民生领域倾斜，促进和谐社会建设。组织实施中央和省级财政森林生态效益补偿基金审计调查和农村饮水安全工程专项资金审计调查。加强其他涉民专项资金审计，先后完成永州农科园、台湾产业园、巩固退耕还林成果基本口粮田建设项目的审计。配合上级审计机关开展全国性医保资金审计和保障性安居工程跟踪审计，努力为保障和改善民生、维护社会和谐稳定发挥审计的职能作用。

统计管理

【概述】冷水滩区统计局主管全区范围内统计和国民经济核算工作，主要职责是对全区范围内经济和社会发展情况进行统计调查、统计分析，提供统计资料和统计咨询，实行统计监督。局机关现有编制24人，其中行政编8人、事业编16人。机关内设办公室和业务股两个股室，下辖社会经济调查队和计算站。

2016年，区统计局在全市统计系统年度业务评比中连续第三年被评为先进单位，并先后荣获全区绩效评估先进单位、文明标兵单位、新型工业化先进单位、先进帮扶后盾单位、先进驻村工作队、电子商务先进单位、作风建设先进单位、优化经济发展环境先进单位、重点民生实事先进单位、创省文明城区先进单位等10余项称号。

【基层统计工作】2016年，冷水滩区根据省、市统计局关于县区（乡镇）统计基层基础建设要求，抓好基层统计站建设，全区19个乡镇（街道）均建立标准化统计站，充实配强统计站人员，明确分管领导和专业统计人员职责，配齐硬件设施，实现机构、经费、人员、办公条件“四落实”。建立健全统计规章制度，做好乡镇（街道）、企业和部门统计“三个规范”的宣传和贯彻落实，筑牢统计根基，全区基层统计能力不断提升。

【统计报表工作】2016年，冷水滩区以“明确任务、周密部署、加强指导、严格把控”为要求，全面完成联网直报一套表制度，继续抓好各专业年定报统计工作，完成各项报表指标审核验收及汇总工作。全区共有299家“四上”企业（规模以上工业企业、资质等级以上建筑业企业、限额以上批零住餐企业、限额以上服务业企业）纳入国家一套表统计，其中规模以上工业142家、资质内建筑业25家、房地产开发业36家、限额以上批发零售和住宿餐饮业64家、规模以上服务业32家，年定报直报率及审核验收率均达到100%。劳动力调查、人口抽样、限额以下工业调查、限额以下商贸等抽样调查工作有序开展。

【统计信息化】2016年，冷水滩区统计信息化基础建设，以完善内部硬件配置，开展基层统计调查单位计算机技术培训和技术指导，做好局域网内部安全和保密工作为目标。国家统计专线网由原来的2兆光纤升级到10兆，保障全区联网直报工作进行和视频会议召开的需要。完成各项定期报表的数据处理和普查工作的数据处理，为统计服务提供有力的技术平台。把统计信息化建设摆在突出位置，确保在统计信息化建设上人员、资金、设备、运作四个到位。为专业统计报表数据处理提供技术支持，定期做好网络设备和单机的维护，保障各专业统计工作数据处理能力，提高工作效率，做到上报市统计局的数据文件无毒上传。要求各专业将专业数据资料和各项调查数据定期进行整理备份，确保全局统计数据资料的完整与安全。

【统计执法】2016年，冷水滩区运用执法检查、统计开放日及法制宣传日等契机，宣传统计法律法规，营造法制统计的良好氛围。抽取20余家调查单位作为统计执法对象，通过执法活动，促进调查对象增强依法统计意识，确保宏观调控和科学决策所需统计数据真实可靠。

【第三次全国农业普查工作】按照永州市农普办召开的全市第三次全国农业普查工作推进会会议精神，提前精心准备，周密安排部署，认真抓好落实，及时掌握摸底情况。全区农业普查涉及19个乡镇（街道）、208个普查区、83800余户调查对象。对乡镇农业普查机构、人员、经费的落实做了详细准备，就PDA设备数量的精准测算，对可能遇到的各种困难进行了充分的预估。普查聚焦农业现代化、农村新面貌、农民生活新方式等方面，全面准确反映全区“三农”发展新情况，为制定“三农”政策、保障国家粮食安全、全面建成小康社会等提供科学依据。

【全面建成小康社会统计监测工作】2016年，永州市冷水滩区全面小康社会实现程度为94.2%，比上年提升1.9个百分点，连续两年荣获全省全面小康经济发展快进县称号。根据2016年度全面建成小康社会统计监测及考评结果，冷水滩区是全市唯一一个全面小康基本达标县（区）。经济发展类指标实现程度为92.5%，比上年提高3.8个百分点。人民生活类指标实现程度为94.5%，比上年提高1.7个百分点。社会发展类指标实现程度为100%，比上年提高0.1个百分点。民主法治类指标实现程度为85.9%，比上年降低2.8个百分点。生态文明方面情况明显好转，实现程度为99.1%，比上年提升0.8个百分点。

【统计服务】2016年，区统计局组织各项统计调查，组织开展全区第三次全国农业普查，提高统计数据质量，开展统计调研分析，发挥统计职能，增强创新意识，全区统计工作取得新成绩。主要统计产品有：编印《冷水滩区年度主要经济指标一览卡》《冷水滩区统计年鉴》《冷水滩区国民经济和社会发展统计公报》，撰写统计分析及调研材料，编发统计信息20期，撰写统计分析12篇、统计调研报告2篇，为区委、区政府和社会各界及时提供信息服务。

国家统计调查

【概况】国家统计局冷水滩调查队是根据国家直属调查体制改革方案（国办发〔2005〕14号、中央编办复字〔2005〕149号）和湖南地区国家统计局县级调查队组建方案（国统字〔2007〕72号），在撤销原冷水滩区农村社会经济调查队的同时，于2007年6月设立，属国家统计局的派出机构，为参照公务员管理模式的正科级事业单位，既是政府统计调查机构，也是统计执法机构。冷水滩调查队内设办公室、业务股、监测与专项调查股3个股室，定编8人。主要工作职责是：完成国家统计局布置的统计调查任务，接受地方政府交办的有关调查任务；完成上级调查队交办的各项调查任务，协助地方统计局完成重大国情国力普查任务；组织指导地方调查队的业务工作；负责查处调查队在统计调查工作中发生的统计违法行为，完成国家统计局和总队交办的其他事项。2016年，围绕“提高统计能力、提高统计数据质量、提高政府统计公信力”目标，团结协作，锐意进取，做好统计调查工作，建设现代化服务型统计，为政府决策和社会需求提供服务，不断增强国家调查影响力。全年上报和提供重要信息和资料60余篇，向社会提供无偿服务50余人次。作为后盾单位，协助完成了贫困村（堰塘村）脱贫和创建平安社区（通化街社区）任务。2016年度，被评为区绩效评估优秀单位和全面小康建设先进单位，继续保持市级文明单位荣誉称号。

【调查管理与统计监测】2016年，按照国家统计局的部署，冷水滩调查队落实并开展国家统计局和冷水滩区委、区政府交办的城乡住户、全面小康等多项统计调查和监测。主要有第三次全国农业普查对地调查、居民收支调查、价格调查、农产量调查、规模以下服务调查监测、畜禽及生猪大县、粮食大县调查、劳动力调查、小微企业和个体经营户跟踪调查等常规调查和监测。在完成上述多项调查监测的同时，冷水滩区调查队按照国家调查制度要求，在冷水滩城乡共设立10个监测点，其中城区和乡镇各5个；并深入6个乡镇12个村，开展实地调查监测，取得大量第一手资料。在调查监测中，不断探索行之有效的数据评估办法，规范评估的内容和指标，提升数据审核和评估环节的工作效率。建立专业台账，及时、准确、全面登记台账数据资料；坚持直接调查，规范化操作，确保调查获取真实的第一手资料；严格把好原始资料和汇总报表的审查关，确保各种专业报表数据准确、资料完整，不出现逻辑性、再生性差错。做好数据评估工作，做到“数出有源、数出有据”，每一专业调查数据都要通过评估、比对确保不出现趋势性差错。提高评估监测的质量和可靠性，切实维护国家调查的公信力。

工商行政管理

【概况】2016年，永州市工商行政管理局冷水滩分局有干部职工205人，在职人员142人，其中在岗中共党员141人。局机关内设12个股室、2个直属事业单位、1个挂靠机构，下设8个工商所，其中4个城区工商所分别为凤凰园工商所、菱角山工商所、杨家桥工商所、梅湾工商所，2个城郊工商所为岚角山工商所、上岭桥工商所，2个农村工商所为黄阳司工商所、普利桥工商所。全年共办理行政处罚案件1086件，核发行政处罚告知文书1021件，核发行政处罚决定书1018件（其中吊销执照781个），案件核审率达100%。被区委、区政府评为“依法行政工作先进单位”。

【直销监督管理】规范直销，组织开展企业、店铺调查，了解全区无限极、完美、玫林凯、安利4家直销转型企业在冷水滩区开设网点的数量、经营状况、发展动向，向网点宣传《禁止传销条例》《直销管理条例》等工商法律法规，要求网点遵纪守法、诚信经营、服务优先、杜绝传销。

【反不正当竞争执法】开展打击“虚假宣传”不正当竞争行为专项整治，全年重点查处了江西、山东、河北等地一些驻冷水滩区企业生产的陶瓷产品进行的虚假宣传及伪造产地等不正当竞争行为，查处不正当竞争案件31件，罚没款150万元。积极开展烟草市场专项整治，清理取缔违规经营卷烟户127户。

【打击制售假冒伪劣行为】加强部门间沟通协作，以驰名商标、著名商标、涉外商标、地理标志等为重点，主要查处食品、服装、日用品、农资、建筑材料、电子产品、汽车配件等行业侵权假冒易发多发区域的制售假冒伪劣、商标侵权等违法行为，防止假冒伪劣商品流入市场。全年共查处销售假冒伪劣商品案件65件，处罚没款80万元。

【商标管理】2016年，全区发展和培育著名商标申报数14个，现全区累计新认定省著名商标15件、驰名商标3件，商标注册申请325件，已注册商标228件，现共有有效注册商标1570件。立案查处假冒商标侵权23件，其中涉外案件18件，涉嫌侵犯驰名商标1件，罚没款64.4万元。

【开展认定无传销乡镇（街道）、社区工作】打击传销，实现区政府确定的2015年年底后基本无传销的目标，继续开展认定“无传销乡镇（街道）、社区”工作，认定工作实行动态管理。全区共认定无传销乡镇10个、无传销街道10个、无传销社区25个。

【消费维权宣传】运用报纸、网站、微信等新闻主流媒体积极开展消费维权宣传，与永州电视台合作开辟《12315维权进行时》栏目，发布消费教育、消费警示18篇，报道消费维权典型案例56例。开展“3·15”国际消费者权益日、消费咨询、消费教育等宣传活动；现场组织千人签名活动，发放宣传资料3000余份，接受咨询2000余人次，销毁假冒伪劣商品20多种，价值5万余元。制定《关于开展12315消费维权公益宣传工作实施方案》，在城区的主要街道（路口、人行道、绿化带）、学校、社区、农贸市场、景区、火车站、汽车站、飞机场、住宅小区（单位）、农村乡镇等人群集中的醒目位置进行宣传。共设置“12315”公益宣传牌240块，夯实“12315”消费维权基层网络。

【创新消费维权机制】全年共受理投诉举报案件713件，其中投诉639件、举报74件，消费争议金额314万余元，通过调解，为消费者挽回经济损失159.91万元。在调处消费纠纷过程中发现经营者涉嫌违法行为，及时启动“12315”诉转案机制，通过消费投诉，筛查案源线索16条，办理包括格式合同侵犯消费者权益、制售假冒伪劣商品、强制消费等诉转案案件共16件，处罚没款4万余元。开展消费维权服务站工作，建立消费维权服务站43个，主要分布在商场、超市、市场、企业、火车站和学校这六大场所内，消费维权服务站全年共受理消费者投诉511件，双方和解率达95.57%。

【网络商品交易及服务监管】结合“湖南省网络经营主体数据库”和“永州市网络商品交易系统”建库工作，经过核实、采集、更新、维护辖区内网络经营者相关信息，共建立网络经营主体1512户。清查利用互联网侵犯涉外商标、驰名商标和著名商标专用权的违法行为、2016红盾网剑专项行动、网络农资打假，发现涉嫌侵权的违法行为及时查处。全年发放宣传资料221份，检查网站279家，检查经营户142户次，共处理网络交易消费举报纠纷11起，责令整改网站23个，发出责令整改书12份，查处违法案件8件，罚没金额12.85万元。

【农资市场监管】开展2016红盾网剑及网络农资打假专项行动，发现涉嫌侵权的违法行为及时查处。监督农资经营者执行“两账两票”、“一卡一书”、索证索票制度。与农资监管责任人员签订了《农资市场监管工作目标责任书》，制定《农资预警通知书》，对经营户在经营中制度不完善的，要求各经营户在限期内完成整改，确保农资市场监管到位。全年共出动检查人员197人次，检查相关经营单位272户次，发放农资维权、农资商品识假辩假材料500多份，共立案查处农资案件6件，罚没1.46万元。

【合同监管】依照《中华人民共和国合同法》《合同违法行为监督处理办法》《中华人民共和国产品质量法》《中华人民共和国消费者权益保护法》等有关法律法规规定，结合合同格式条款备案工作，以供水、供电、银行、劳务中介、大型商业经营单位等重点行业、重点领域的合同格式条款内容为整治重点，并查处利用合同补充条款设定不平等格式条款侵害消费者权益违法行为。全年立案查处利用格式条款侵害消费者合法权益21件，罚没金额12.32万元，比2015年同期增加31%。查办假冒商品案件7件，比2015年同期增加16%；查办网络案件6件，比2015年同期增长40%，向省工商局推荐12家企业参加2015年—2016年“守合同重信用”企业公示活动。

【企业年检与清理整顿】2016年，全区年检内资企业1426户，互联网申报年检企业占96.16%；个体工商户年检21285户，年检率98.93%。其中互联网申报年检1956户，纸质年报19329户。全年清理长期停业未经营企业，共清理吊销781户。配合区金融办清理整顿辖区内29家涉嫌非法集资企业，其中对11家涉嫌违反工商法规的企业进行立案查处，移交相关部门处理18家。办理动产抵押登记35件，为企业融资1.25亿元。

【市场主体注册登记】全年新设立市场主体6812户，增长34.06%，其中内资企业988家，增长93.72%；个体工商户5723户，增长28.69%；农民专业合作社101个，减少18.54%。截至年底，全区累计实有各类市场主体34810户，增长4.9%，其中内资企业2859家，个体工商户31546户，农民专业合作社405个。注册资本规模达亿元以上的企业共计4家。建立全区无证无照经营行为清理联席会议制度，明确政府领导、属地负责、部门联合、共同清理的工作格局。细化15个部门的工作职责，开展无照经营全面摸底排查，完善无照经营主体台账。共查处无照经营户103户。

【广告监督管理】2016年，全区有广告行业经营单位90余家，同比增长6%；有广告公司52家，同比增长3%，广告从业人员1100余人，增长7%，全年广告经营额超过2000万元，同比增长8.5%。根据区委、区政府综合治理工作要求，建立虚假违法广告专项整治联席会议制度，组织开展联合整治，全局共出动执法人员627人次，共监测广告2.8万次，检查广告经营单位及印刷企业和其他经营主体836户次。通过整治，纠正发布违法广告56次，立案查处广告违法案件7件，处罚没款117500元，案件涉及房地产、烟草、教育、医疗、广告等领域。

【建立健全企业信息共享、联合惩戒机制】出台《关于“先照后证”改革后加强事中事后监管的实施意见》《冷水滩区企业失信行为联合惩戒实施意见》，将失信企业信息导入网站，进行公示。与税务、银行开户、其他行业资质审批、政府采购、工程招投标、国有土地出让、授予荣誉称号单位等部门进行信息共享。对失信企业依法予以限制或者禁入，使其一处失信、处处受限。

市场管理

【概况】冷水滩区市场管理局现有人员编制18人，其中行政干部编制10人，行政工勤编制2人，事业编制6人，另借调2人。内设机构有办公室、政工股、财务室、纪检组、巡查组。2016年，冷水滩区市场管理局履行综合协调与督促检查职能，落实市、区农贸市场管理办法，以迎国家卫生城市复审为契机，整治中心城区农贸市场环境卫生，创新农贸市场管理工作长效机制，实现农贸市场管理工作良性化运转。

【农贸市场开发建设】2016年，冷水滩中心城区共有各类市场20个，其中已改造好的市场10个，临时市场6个，便民市场4个，其中扩容市场1个，扩建市场1个。5月，针对工业村市场容量过小、马路市场占道经营现象严重的状况，市场管理局牵头组织对工业村市场进行了扩容，扩容面积约3000平方米；为解决长冲社区一带居民买菜难的问题，12月，位于传芳路的长冲临时市场正式对外营业，面积4500平米。开展督查调研黄泥井活禽区的经营管理工作，对黄泥井活禽区蔬菜批发区的搬迁改造进行跟踪督查。

【农贸市场综合整治】2016年，市场管理局组织市场运转日常巡查与考核，坚持每日在全区20个市场进行拉网式检查，每日督查，每日一报，每月考核，每季奖惩兑现。共发检查通报269份，每月考核皆列前三名的予以奖励，不合格的进行处罚。将农贸市场的综合整治工作按照创国家卫生城市的标准和要求，重新确定责任领导、牵头单位和责任单位，实行包干负责。全局18名在职干部职工（含男59岁1人，女52岁1人）除留1人在办公室值班外，全部分工包干到各社区农贸市场。

将农贸市场的综合整治纳入网格化管理。做到"两活""四清"，"两活"即农贸市场管理工作人员对所负责市场的工作对象和工作资源准确掌握，成为本市场的"活档案、活地图"；"四青"，每名农贸市场管理工作人员都要对所负责农贸市场的情况掌握清楚，做到市场情况清、人员类别清、区域设施清、隐患矛盾清。

【农贸市场竞赛评选】推进最佳农贸市场、最佳市场管理人员和诚信市场评选活动。组织银象市场、凤凰中心市场、宏平市场、三多亭市场、黄泥井市场、银珠市场、春江市场、工业村市场、梅湾市场、建都市场10个农贸市场参加全市最佳农贸市场、最佳市场管理人员的竞赛评选，组织宏平市场、银象市场、黄泥井市场、三多亭市场、凤凰中心市场5个市场参加全区诚信市场竞赛评选。还选派30多名基层市场管理骨干参加全市农贸市场管理培训。

质量技术监督

【概况】永州市质量技术监督局冷水滩分局于2016年3月16日挂牌成立，是市质量技术监督局直属的正科级分局，受委托在冷水滩区和市经开区行使质量技术监督职责。内设4个机构，分别为办公室、质量监督法规股、标准计量与认证股、特种设备安全监察股，有参照公务员管理事业编制10人，在岗人员11人，其中局长1人，副局长3人，纪检员1人。2016年，全局出动监管人员320余人次，出动执法人员210余人次，下发责令改正通知书68份，立案查处21家违法企业，查封设备9台。

【特种设备监管】2016年，将特种设备监管工作经费纳入区财政预算，给予10万元专项经费。开展"打非治违"和"监管执法年"活动，先后办理中山市金博游艺设备有限公司交付未经监督检验游乐设施、医院系统使用未经定期检验或检验不合格压力容器和电梯、新奥燃气工程有限公司交付未经监督检验压力管道等各类案件。根据市质监局的日常监督检查计划表，组织对区内50家使用特种设备的单位日常监督检查，及时记录发现的问题，按规定建立安全隐患台账。先后开展住宅小区电梯安全、工贸行业特种设备、涉氨企业、气瓶、天然气管道、游乐设施等专项整治活动；检查发现有25段天然气管道没有取得安装监督检验报告就完成了交接手续并投入了使用，北斗苑小区、城市荣域小区住户投诉反映的无保养机构、无物业管理、无维修基金的“三无”电梯，对上述问题及时组织执法人员进行重点整治。

【开展“质监利剑”行动】 2016年，根据冷水滩区实际，组织开展日常消费品、农资产品、建材产品、民生计量、烟花爆竹危险化学品、絮用纤维制品6类产品的“质监利剑”专项行动。全年共出动监管人员270余人次，检查企业50余家，下发责令改正通知书17份，立案查处16家违法企业。组织开展假冒伪劣、侵犯知识产权的农资产品“双打”专项检查行动。“双打”重点是据群众反映较多的复混化肥，检查产品的定量包装、有效含量、标识标注等，打击总养分和有效成分含量不足，掺杂，掺假，以假充真，以次充好，无生产许可证生产，伪造或冒用他人的厂名、厂址，出厂产品未经过检验合格等各种违法行为。农药和农机产品主要检查有无生产许可证或3C认证。全年共检查销售企业5家，抽取化肥样品25个。按照安检机构实施属地监管原则，将4家车检机构列入日常监管范围，对照《安检机构监督检查记录表》，要求逐项逐条进行检查，发现问题，要求限期整改。同时约谈安检机构负责人，落实安检机构的主体责任，规范其检测行为。

【推进质量诚信体系建设】 2016年，开展“消费品质量安全进社区、进校园、进乡镇、进机关、进企业”的消费者教育活动，普及消费品质量安全知识，将质量诚信体系建设纳入“创建诚信计量示范单位”“百城万店无假货”等创优争先活动中，结合“3·15”消费者权益保护日、“5·20”世界计量日、“质量月”等重大活动开展诚信自我承诺，践行诚信行为、诚信倡议等各类诚信活动。启动安全生产月系列宣传活动，质监部门出动宣传人员142人次，发放宣传资料1万余份。利用电视、报纸、网络等新闻媒体宣传质量安全工作，在《永州日报》、省局门户网站、市局门户网站及其他刊物共发表信息15篇。

【质监队伍建设质监服务工作】 质监局冷水滩分局以政府质量考核为契机，建立完善大质量工作体系。区政府常务会多次研究质量工作，将质量工作纳入财政预算，给予保障。调整、充实由区长任组长、分管副区长任副组长的区质量和标准工作领导小组。召开协调会，完成自查工作，11月23日，市政府考核组实地进行考核，考核评价良好。质监局冷水滩分局把服务企业、服务群众和服务地方经济发展作为质监工作的出发点和落脚点，开展质量奖的申报，骄阳水泥、新远复合化肥、湘器、鑫海混凝土等公司被评为质量强市示范企业。通过“12365”、网络等平台，了解利益诉求，解决群众关心的质量问题，全年办理市局“12365”交办的投诉举报30余起，办结率100%。在精准扶贫工作中，9月17日，质监局冷水滩分局班子成员深入普利桥宽公村的10户贫困户开展“两进一访”，了解贫困户基本情况，建立扶贫台账，帮助解决了一些经济上的实际困难。质监局冷水滩分局参加文明劝导活动12人次，参加社区巡逻35人次。

安全生产监督管理

【概况】2016年，全区安全生产监督系统坚守“红线意识”，突出“党政同责、一岗双责”理念，紧紧围绕安全生产“监管执法年”活动主线，以安全生产网格化和示范创建为引领，突出安全生产隐患排查治理、专项整治、“打非治违”、风险管控等重点，全面完成安全生产各项工作目标，确保全区安全生产在全市保类进位。1—12月，全区发生各类安全事故7起，死亡7人，无一起较大及以上安全生产责任事故，全区安全生产保持持续稳定好转的良好势头。区直交通、住建、国土、科信、质监、商粮、交警、消防等区安全生产委员会（以下简称安委会）成员单位各司其职，密切配合，在“打非治违”及“风险管控”“应急救援”“宣传教育”“监管执法年”等多项活动中，整治力度强，成效明显，各项考核在全市排名进位，除第一季度外，第二、三、四季度在全市县（区）排名分别为第三名、第四名、第二名。在2016年全市绩效评估等23项工作考核结果中，梅湾街道、黄阳司镇分别被评为全市安全生产“十佳街道”和“先进单位”，曲河街道、肖家园街道成功创建市级安全生产示范街道，为全区进入省、市先进行列打下坚强基础。

【强化安全生产责任】2016年，区政府重新修订出台了《冷水滩区安全生产工作奖惩实施方案》，区委、区政府主要领导及分管领导带头执行领导干部带队检查安全生产工作制度，多次深入到乡镇（街道）和重点行业领域检查指导。落实“黄牌警告”“一票否决”以及表彰奖励等制度。凡在省、市检查督查中发现问题被通报批评的要启动问责程序，进行约谈、“黄牌警告”；半年考核排名倒数第一、二名且得分70分以下的单位，一律进行“黄牌警告”；年终考核得分在70分以下或连续2次考核排名倒数第一、二名且在全市安全生产年终考核中被评选为“十差乡镇”的，实行“一票否决”。2016年，区委书记、区长多次主持召开安全生产专题会议，研究安全生产工作，先后3次召集乡镇、街道党委书记、区直单位和区属重点企业主要负责人进行集体约谈，安全隐患亲自交办，层层传导压力。对因工作不力的3个单位进行了小范围约谈，推动各责任单位主体责任的落实。

【安全生产宣传培训】2016年，区安委办公室利用宣传专栏、电视、网络等新闻媒体，开展安全生产宣传教育。主办安全生产风险管控、企业主体责任、监管执法年活动等专题培训，培训人员1650余人次；组织辖区内企业负责人、安全管理人员共500余人次参加全市各类安全培训；投入宣传经费20余万元，开展全国第15个“安全生产月”系列宣教活动，并成功承办永州市2016年《中华人民共和国职业病防治法》宣传周活动启动仪式，营造安全生产宣传氛围，提升公民安全意识。利用各类传媒和宣传舆论阵地，开展全民安全常识、中小学生安全认知、企业职工应知应会、党政领导干部政策形势教育，不断提升全民安全素质。以“安全生产月”等活动为载体，通过多种形式和途径，推动安全生产法律法规和安全知识进企业、进社区、进农村、进学校、进家庭。加快建设一批安全文化主题街道和警示教育基地，增强安全宣传教育实效性。

【全力推进“打非治违”】2016年，区安委办公室牵头组织公安、工商、交通、安监、国土、城管等职能部门，集中开展6次以烟花爆竹、危险化学品、非煤矿山、工商贸、交通、城市燃气等六大行业安全生产领域为重点的“打非治违”联合行动，打击取缔各类非法违法行为1300余起。冷水滩区是省安全生产委员会“安全生产监管执法年”水上交通重点督办的县区之一，区委、区政府高度重视，组建专门班子，按照预期要求全部完成32艘“三无”船舶的拆解报废工作。在10月组织的专门“打非治违”再推进行动中，取缔烟花爆竹、危化品等非法违法经营单位135家，收缴各类非法违法产品货值220万余元，严肃处理违法违规行为62起。全年安全生产行政执法立案45起，行政处罚50余万元，彻底改变冷水滩区安全生产行政执法连续四年零处罚的状况，全区安全生产领域存在的非法违法行为得到全面遏制。

【强化重点整治】全区各级各部门累计投入各类隐患整改资金2000余万元，治理各类安全隐患1200余处，市安全生产委员会交办的上岭桥变电站线路等3个安全隐患和G20峰会期间交办的安全生产问题全部按期整改到位。对3个重点非法开采区和5个采石场开展8次专项检查，打击取缔非法开采12处，依法拘留3人。烟花爆竹和危化品领域，根据2016年12月20日全市中心城区全面禁止燃放烟花爆竹会议精神，对城区符合规划布点要求和达到安全条件的36家烟花爆竹零售点全部重新布点，通过关闭、转移、搬迁等工作措施，全区烟花爆竹零售点由186家减少到53家（全部布点在乡镇），确保城区无烟花爆竹零售点。全年下发整改指令书150份，整改隐患140处，收缴非法甲醇12吨，行政拘留48人，有效遏制住危化品领域经营的非法违法行为。投入整改资金100余万元，对18处交通隐患进行了集中整改。全年开展3次消防安全大排查，出动600余人次，检查单位726家次，督促整改安全隐患980处，督促停工整改单位8家。立案查处9家建筑公司存在的16起违法违规施工行为，及时消除安全隐患。城市燃气市场，取缔非法加气站36家，收缴非法气瓶400余个，城区燃气经营市场得到有效整治。

【整改安全生产隐患】研究制定危险化药品企业、非煤矿山、道路交通等重点领域隐患排查治理标准，推动企业制定隐患排查清单，明确排查事项、重点部位、排查频次和整改责任及要求，做到行业有标准、企业有清单、车间有图表、岗位有卡片，企业照单排查，部门对单监管。坚持“隐患就是事故”的理念，落实重大隐患政府挂牌督办制度，凡重大隐患隐瞒不报以及逾期不整改或整改不到位的，公开曝光，从严查处。推行企业安全状况自行评估和政府备案抽检制度，督促企业落实安全生产法定职责和义务。运用大数据、“互联网+”理念和技术，加快构建全区安全生产监测预警信息平台，提升安全隐患预警监测管控水平。在治理易燃易爆物品、道路交通、建筑施工、涉爆粉尘、消防、危险化学品等重点领域隐患，落实安全防范措施的同时，强调治理高危粉尘、高毒物品等职业病危害源头，降低病源隐患发生率，推动职业病危害严重企业转型升级或淘汰退出。

【创新监管执法机制】借鉴安全生产网格化管理试点工作的成功经验，以点带面，将安全生产工作目标纳入社区综治网格化管理平台，在全市率先建立起安全生产“网格化管理”工作的数字化平台，通过网络终端实时掌握全区各类企业安全生产动态，提高安全监管工作效能。启用安全生产行政执法电子化系统，切实规范执法行为，避免执人情法、暗箱操作、自由裁量权执行不当的问题，提高案件办理的公信度。创新考核体系，将村

（社区）安全生产工作纳入全区考核体系，确保安全生产最基层、最末端有人管，实现监管区域全覆盖。严打严治，落实查封、扣押、停电、停水、停止火工品供应、吊销执照、关闭取缔等执法措施，依法打击各类非法违法违规行为。真打真治，凡非法违法生产而引发事故的单位，一律实行挂牌督办，从重从快处理到位。坚持边打边建，依法落实“四个一律”，推动惩治一批典型违法行为、通报一批黑名单、关闭取缔一批非法违法企业，解决“违法成本低、守法成本高”的问题。加大财政安全生产投入，2016 年，财政安排共 65 万元经费，保障安全生产监察执法、监管监察装备、安全奖励、安全宣传教育等工作经费。实施企业全员安全培训工程，确保企业全员参训、持证上岗。明确企业主体责任，贯彻落实省、市《关于进一步加强生产经营单位安全生产主体责任落实情况监管与考评细则的通知》等文件精神，考核问责，推进企业主体责任的落实，对考核评分在 60 分以下的企业亮“黄牌”，按照安全生产追责要求，依法依规予以暂时停产整改或关闭。开展应急救援能力建设，将应急救援能力建设纳入“十三五”规划。规划要求各有关单位和企业以每年开展应急救援教育培训和实战演练为依托，未雨绸缪，提升基层企事业单位应急反应和自救能力。

【开展省级示范创建活动】推进安全生产示范乡镇、示范社区、示范工地、示范企业和平安校园、平安农机、平安交通、平安小区、安全质量标准化工地等创建工作。要求各乡镇、各行业都要重点培育 1~3 个安全生产社区、安全生产标杆企业，以点带面，提升各基层单位安全生产管理水平。2016 年，成功创建市级安全生产示范乡镇、街道各 1 个，省级安全文化示范企业 2 家，区级安全生产示范社区 10 个，省级“平安校园”1 所，市级“平安校园”5 所，省级、市级平安渡站各 1 个，市级示范建筑工地 3 个。

食品药品监督管理

【概况】冷水滩区食品药品监督管理局于 2012 年 1 月组建，位于凤凰路招商大厦三楼，是冷水滩区人民政府食品药品监管主管部门，2016 年年初完成食品监管体制改革，局机关内设办公室、综合协调股、食品监管股、政策法规股、药械化监管股、规划财务股，下设稽查大队、快检中心两个二级机构以及 8 个基层监管所，承担全区餐饮食品、流通食品、药品、保健食品和医疗器械经营单位的监管职责。2016 年，全区纳入监管的食品生产企业 34 家，食品经营单位 3779 家，餐饮服务单位 2327 家，企事业单位、学校、幼儿园食堂共 200 家；有药品经营单位 255 家，二级以上医疗机构 6 家，卫生服务中心 22 个，其他医疗机构 300 家，保健食品、化妆品经营单位 346 家。全年共受理投诉举报案 308 起，调解食品药品消费纠纷 210 起，查办食品药品违法案件 403 起。

【行政许可】2016 年 1 月，冷水滩区正式启动新版食品经营许可证的核发工作，新版食品经营许可证将原食品流通许可证、餐饮业许可证、餐饮服务公共场所卫生许可证“三证合一”。全年共受理食品经营许可 4072 家，经核查验证，准予许可 3462 家，不予许可 273 家，下发责令整改通知书 1263 份，对 475 家食品经营单位进行提质改造，查处无证经营案件 37 起。

【食品安全监管】2016 年，冷水滩区围绕巩固和提升国家卫生城市创建成果，将国卫管理与日常监管、专项整治相结合。全年共开展学校食堂及周边食品、饮用水、中秋月饼市场、食品安全打假治劣、农贸市场等10余次专项整治，出动执法人员8200余人次，检查各类食品经营单位3500余家，下达责令整改通知书800余家，立案查处80余起，有效地打击了食品生产经营违法行为，净化了全区食品生产经营市场。

【餐饮行业监管】以创建“健康餐厅”“文明餐桌”行动为契机，通过与城区1100多家餐饮单位签订《冷水滩区文明餐桌行动承诺书》，引导餐饮单位“做良心饭，挣文明钱”。组织开展各大节日及大中型会议、中高考和旅游文化节重点时段的监管，对餐饮单位食品原辅料、食品加工过程、餐具消毒等重点环节实行全程监管。

【药品保健食品化妆品和医疗器械监督管理】2016年，推行药品、保健食品、化妆品和医疗器械的全方位的监管。严查药品、保健食品的虚假广告宣传，违法标识，非法添加等问题；组织开展对原料药、中药饮片和中药提取物、多组分生化药的生产经营，非法回收药品网络，美容行业销售化妆品、医疗器械等多项整治行动。全年共出动执法检查人员1500余人次、车辆500余台次，立案46起，其中药品案件16起，医疗器械案件30起。经过整治，全区建立健全药械监管档案，对辖区内所有药品、医疗器械经营单位监管达100%全覆盖。受永州市食药监局委托，全年共办理二类医疗器械（零售）备案26家，二类医疗器械（零售）备案变更13家。

【药品不良反应监测】2016年，全区共报告药品不良反应531例，任务完成率为152%；报告医疗器械不良事件122例，任务完成率为111%。

国有资产管理

【概况】冷水滩区财政局国有资产管理办公室主要工作职能是贯彻落实国家行政事业单位资产管理法律法规，依法对全区行政事业单位经营性国有资产实施管理和监督，建立完善的行政事业单位资产信息系统；同时负责全区国有企业资产的监督管理，汇总编制区级国有资产经营报告和全区政府公共资产公告，为政府决策提供精准的国有资产信息。

【国有企业改革】2016年11月9日，区长桂砺锋主持召开企业改制协调会，确定一年内全面完成16家企业改制的目标，区企改办已制定出具体工作方案上报区政府。方案规定：对改制企业职工一次性安置费标准分三个层次，分别采用三个补偿标准；向改革的企业派驻强有力的改制工作指导组，每家国有企业确定1名区级领导联系挂帅，有一个专门班子具体抓，由企业留守班子组织实施；组织全区12家关闭破产的国有企业申报职工养老保险欠费挂账。11月14日，省人社厅批复同意全区12家关闭破产的国有企业单位部分欠缴养老保险费和预留离退休人员养老保险基金合计10394.5万元挂账。

【国有产权管理】全面修改完善国有资产管理的政策文件，构筑全区国有资产管理体系框架，规范国资监管工作。组织开展全区行政事业单位资产清查工作，将全区财务独立核算的行政事业单位172家纳入资产清查工作范围，督促、指导单位及时将资产信息录入资产动态管理信息系统和资产清查报表编报工作。全区纳入资产清查报表汇总的172家行政事业单位固定资产账面数7.88亿元，清查数8.42亿元。

【国有企业维稳】健全维稳工作体系，把综治维稳任务分解到各企业，形成齐抓共管的局面；实行台账管理畅通信访渠道。按照接访、处访、回访的跟踪管理模式，大力畅通信访渠道。全年区政府安排近200万元企业改制专项维稳工作经费，明确原企业主管部门和已改制企业的返聘人员是原企业服务和维稳的直接责任人，做好相关矛盾排查和不稳定因素的处置。

国土资源管理

【概况】2016年，永州市国土资源局冷水滩分局按照“保增长、守红线、惠民生”目标任务要求，坚持“创新、协调、绿色、开放、共享”五大发展理念，申报保障项目用地，推进中心城区扩容和配套提质；开展执法检查，清查闲置土地，纠正土地违法行为，保护农用耕地，守住宝贵的国土资源。全局上下树立“讲规矩、有纪律”的大局意识，以求真务实的工作作风，深入推进党组织建设、队伍建设，推进惩治和预防腐败体系建设，切实解决人民群众反映强烈的突出问题，廉洁从政，落实党风廉政建设责任制，提高依法行政、执法为民的自觉性。2016年，被评为全区绩效评估“优秀单位”，年度代表建议、委员提案办理“优秀单位”，全区普法依法治理“先进单位”，信访工作“先进单位”。

局班子成员研究工作（区国土资源分局 提供）

【保障发展】2016年，全区从省国土资源厅获准农用地转用土地征收批文10个，批回土地面积80.9283公顷，保障了各项建设用地。全区完成50万支高尔夫球杆头、180支汽车万马轮毂、联邦医药物流、永州市2015年第二批次、永州市三房安置小区、冷水滩区传芳小学、永州人防疏散基地进出通道、永州市2016年第四批次、永州市公交首末站、永州市2016年第五批次、永州市2016年第六批次、冷水滩区易地扶贫搬迁普利桥镇安置小区、永州金融物流用地等项目的资料组织和上报，并协助完成湖南神华永州电厂新建工程项目用地的报批工作。

【保护耕地】坚持“在开发中保护，在保护中开发”的方针，按照土地利用总体规划，实施土地用途管制，对基本农田、耕地实施特殊保护。2015年以前，省政府和市政府下达给冷水滩区的耕地保有量和基本农田保有量面积分别为424770亩、358005亩，任务已100%完成。2016年，省政府基本农田保护面积指标分解预方案下达面积为382350.0亩，经区基本农田补充规划后，2016年，省国土资源厅确认全区基本农田保护面积为382683.64亩，已达到保护面积要求。

【执法监察】2016年，冷水滩区按照国家和省、市局的要求，组织执法监察大队国土资源中心所开展动态巡查700余次，出动执法人员3000余人次，共计发现土地违法行为为58起，涉及土地面积44.07亩，下达《责令停止违法行为通知书》58份，向相关地方政府报告发现的违法行为58起，均得到有效查处制止。全区依法拆除存量违法建筑21.37万平方米。

6·25土地日宣传（区国土资源分局 提供）

2016年度，国土资源部下发区土地变更遥感监测图斑531个（含经开区），涉及土地总面积3390.33亩，耕地面积1111.05亩。经调查核实，确定违法图斑11个，涉及土地总面积165亩，其中耕地面积41.4亩，已全部立案查处到位，整改到位8宗，面积151.4亩，履职及查处到位率100%，整改到位率53.35%。共计没收建（构）筑物1.2万平方米，拆除建（构）筑物2.54万平方米，复耕土地面积32.6亩，处罚没款103.52万元。全年共计开展矿产动态巡查300余次，出动执法人员1500余人次，联合安监、环保、林业等部门开展联合执法行动3次。

【闲置土地清理】2016年，按照市土地清理处置领导小组办公室下达的闲置土地清理处置任务要求，全区需清理处置闲置土地共21宗，面积1529.49亩。通过前期努力，2016年以前，完成闲置土地清理处置任务12宗，面积1319.29亩；2016年度，加大后续处置工作力度，剩余9宗闲置土地实行“一宗闲置土地，一名牵头领导，一个牵头单位，一个专门班子”的措施，处置闲置土地面积210.2亩。经调查核实，其中不属于闲置土地且已报市批而未供和闲置土地由清理处置领导小组作销号处理的有3宗，面积148.16亩。基本完成闲置土地清理处置任务，宗数占比100%，面积占比100%。2016年度，还主动增加后续6宗闲置土地的清理处置任务，面积88.91亩，已全部清理处置完毕。

【廉政建设】2016年，冷水滩区国土资源分局制定《永州市国土资源局冷水滩分局2016年党风廉政建设和反腐败工作实施意见》《永州市国土资源局冷水滩分局“雁过拔毛”式腐败问题专项整治工作方案》《永州市国土资源局冷水滩分局深入开展“纠‘四风’治陋习”专项整治方案》，明确工作内容、责任领导、责任单位和完成时限，传导压实党风廉政建设“两个责任”和“一岗双责”，形成“一级抓一级、层层抓落实”的工作机制。组织签订2016年党风廉政建设责任书，局党组书记与党组成员，党组成员与分管股室、局属单位及挂点基层国土所负责人层层签订责任书，党风廉政建设责任全部落实到位。

科技　教育

科　　技

【概况】2016年4月，因冷水滩区政府机构改革，冷水滩区科学技术局与冷水滩区经济信息化委员会合并为冷水滩区科技和经济信息化委员会，为区政府工作部门。内设办公室、综合法规股、经济运行监测股、能源运行股、高新技术产业股、交通运输协调股、中小企业服务股、电子信息产业和信息化推进股、工业技术改造办公室、科技成果与技术市场股、知识产权股。2016年，全区共取得各类科技成果2项，获市级以上科技进步奖3项。全区高新技术企业14家，申请专利683件，专利授权199件，冷水滩区被省知识产权局认定为"2016年湖南省知识产权建设强县"。全区共有30家企业与高校院所建立了技术合作关系，16家规模企业建立了自己的技术研发中心等技术机构。全区全社会科技投入逐年增加，科技进步对经济的贡献率由52%上升到54%。

【科技计划项目】2016年，全年组织申报国家、省级科技项目21项，其中"湖南恒伟药业银杏种植及深加工关键技术创新型产业集群培育"和"湖南果秀食品珍稀食用菌精准型工厂化栽培技术研究与示范"等7个项目已立项。结合产业发展，从新能源、新材料、企业创新、县域经济支撑、知识产权等方面有针对性地选择了"电容式智能触摸屏项目""天然辛香料生产与应用""木质柱状活性炭生产"等17个发展前景好、专利申报好、有创新的企业作为区本级产学研结合及技术创新专项并给予一定的资金扶持。

【知识产权】2016年，申请专利683件，授权199件，其中发明专利申请157件，每万人有效发明拥有量达3.4件。加强知识产权宣传，在"4·26"世界知识产权日开展宣传和咨询活动，发放《中华人民共和国专利法》知识摘录资料2000余份。开展知识产权执法检查，在城区超市、商店等处查处假冒专利21件、专利侵权纠纷案件3件，全部结案。

【防震减灾】2016年，规范修订《冷水滩区地震应急预案》。开展"5·12"世界地震日宣传活动，发放地震相关宣传手册和资料1000余份，与梅湾社区联合举办了社区防震减灾培训。

【科技特派员】2016年，全区派出科技特派员19人，实施科技开发项目10项；引进各类新品种10个，推广各类新技术12项，带动投入资金3000万元；举办培训班，组织科技培训2次，培训农民1000多人。

【科技服务】开展"世界知识产权日、科技活动周、防震减灾宣传日"活动，分别于4月26日、5月12日、5月14日，组织相关单位和学会举行科技、知识产权、防震减灾宣传活动，免费发放宣传资料6000余份。深入乡镇场开展农村实用技术培训，免费发放农业科技资料，参训人员达1000多人次。

教　　育

【概况】2016年，全区有中小学校132所，其中公办学校122所（教师进修学校1所、综合职业中专1所、普高2所、初级中学11所、九年一贯制学校11所、完全小学31所、村小65所），民办学校10所（职高1所，义务教育学校9所）。共有在校学生83770人，其中小学生54106人，初中生24381人，高中生5284人；教职员工4972人，其中公办学校教职工3851人，民办学校教职工1121人。

【城区学位建设】2016年，冷水滩区落实《中心城区学位建设三年行动计划》，翠竹园小学、珊瑚学校、十六中新建教学楼秋季投入使用；竹塘小学教学楼封顶，珍珠小学、白竹亭小学、春江小学、梅湾小学等其他建设项目正在开展中。

【公办幼儿园建设】2016年，冷水滩区坚持学前教育的公益性和普惠性，按照“政府主导、社会参与、公民办并举”的发展思路，制定实施《冷水滩区中心城区中小学幼儿园布局专项规划》和《冷水滩区学前教育三年行动计划》，科学合理布局幼儿园，形成了“以公办机关为示范、以乡镇中心为骨干、以社会力量为主体”的学前教育格局，全区共有合格民办幼儿园189所、公办幼儿园8所。

【人事制度改革】2016年，冷水滩区从“211”“985”高校中引进全日制毕业生（本科及以上学历）12人，招考甄选教师141人，安置免费师范生16人。开展骨干教师、心理健康等国家级及省、市、区级培训，培训教师1000余人次；进行新招聘教师和免费师范生的“新任教师岗前培训”。在全市“三名工程”推进会上，冷水滩区做优秀典型发言，马坪学校、京华中学、梅湾小学被评为“永州名校”，舜德小学邓春艳等3人参加市级“名校长”评选，冷水滩区的市级学科带头人、市级骨干教师人数在全市名列前茅。

区教育局开展预防溺水活动（区教育局 提供）

区教育局开展关注儿童活动（区教育局 提供）

【教育教学】2016年，冷水滩区大力推进素质教育并取得新的成果，教育教学质量有了明显提高。冷水滩区小学六年级质量检测、初中毕业学业考试成绩连年位居全市第一，高中学业水平考试合格率在全市名列前茅。学生参加国家、省、

冷水滩区举行第十四届城区小学艺术节文艺会演（区教育局 提供）

市各项大赛，频频获奖。高考二本上线率稳居全市第一，第二中学本科上线人数较2015年增长87.5%，超过4所省示范性高中，名列全市示范性高中第二。全市中考第一、二名分别为第十中学和京华中学的学生；总分1000分以上的学生，冷水滩区有463人，占全市的30%以上；900分以上的，冷水滩区有2285人，占全市的24%；被永州四中、永州一中录取的人数又一次刷新纪录，永州四中招录冷水滩区学生分数线比其他县区平均高50分。

【校园安全】2016年，冷水滩区学校安保机构健全，人员齐整，设施完备，制度健全，经费到位，安全教育常态化，教育系统安全责任零事故。各学校设安保机构，常年配备内部保卫人员150余人，安装电子监控系统，配备一定的安保器材。学校为有序放学实行错时及路队放学制度，每年开展两次以上的学校及周边环境集中整治行动，有效净化了学校周边治安环境。各职能部门派员在校门口设立护学岗，指挥交通，保护学生安全。2016年，全区有校车211辆，全年投入1792.5万元用于校车道路改造、安装标识标牌、购车补贴、乘车补贴，减免农村贫困生41人的乘车费，共计21270元。2016年，冷水滩区被评为“湖南省校车安全管理先进区”。京华中学、三多亭小学、舜德小学成功创建为省级“安全文明校园”，普利桥中学、滨江小学等17所学校成功创建为市级“安全文明校园”，长丰小学、京华中学、梅湾小学等33所学校成功创建为市级“文明交通示范校”，长丰小学、京华中学等13所学校成功创建为市级“依法治校示范校”。

【各类教育协调发展】一是学前教育基本普及。全区城乡现有幼儿园197所，其中公办幼儿园8所，民办幼儿园189所，在园幼儿共计34000余人。学前一年教育入园率达99.6%，学前三年教育入园率达79.4%。二是高中教育普及化。现有普通高中2所、完全中学1所、职业高中2所（其中公办1所、民办1所）。2016年高中阶段在校生9919人（其中普高在校生5284人、职高在校生4635人），高中阶段入学率为95.1%。三是职业教育全面发展。根据区政府《冷水滩区职业教育攻坚计划》，截至2016年，已投入3635万元，分步骤对辖区内综合职业中专进行建设。2016年，普职分流接近5∶5，政府统筹职业教育资源达75%。为进一步加强职业教育服务全区经济的能力，将通过招聘和培养，确保“双师型”（即既有专业技术资格证又有文化教师资格证）教师达90%；计划再征地200亩扩建综合职业中专，使其达到6000人的办学规模。

【惠民政策落实】落实“两免一补”等惠民政策，2016年，外来务工随迁子女入学率100%，适龄儿童（含超生儿童）入学率100%，“三残”儿童入学率88.6%。各阶段贫困子女就学资助覆盖率达100%，特困家庭学生扶贫助学覆盖率和职业学历教育扶贫补助应补尽补覆盖率均达100%。全年共发放各项助学金计853.28万元，惠及9558名学生及幼儿，其中1600人获学前教育阶段家庭经济困难幼儿入园补助，2508人获义务教育阶段贫困寄宿生生活补贴，762人获普通高中国家助学金，72人免学费，570人获中职学校国家助学金，4046名中职学校学生免学费。贫困学子先后接受社会各界义工组织、爱心人士捐资助学金、助学物资35多万元，惠及学生近60人次，其中20人为长期资助，每人每月接受助学金约500元。

学校选介

【永州市第二中学】永州市第二中学是永州市示范性高中，其前身是冷水滩完小附中。20世纪70年代，学校更名为零陵县第二中学。1984年6月，国务院批准撤销零陵县，设立冷水滩市，零陵县第二中学更名为冷水滩市第二中学。1995年11月，国务院批准撤销零陵地区，设立地级永州市，1996年冷水滩市第二中学更名为永州市第二中学，1997年通过评估验收成为市重点中学。2001年，成为永州市示范性高中。1984—2003年，宋学义担任校长。二中的学生由原来的1000多人增加到2600多人，教工从原来的90余人增加到200多人。2003年，冷水滩区教育体制改革，学校积极筹措资金，改善办学条件。学校投入500万元，兴建高标准、多功能的科教楼，学校投资200多万元，建成了一个10兆光纤接入、100兆到桌面、1000兆主干的校园网，改造升级建成了5个计算机教室、1个多媒体网络教室、2个多媒体教室、1个电子阅览室、1个电子备课室、1个电教资源库、1个电教仪器室、宽带教学系统、学校办公系统、拥有近500万册图书的电子图书馆、拥有51个信息点的监控系统。2008年，投入2600多万元，新建3000多平方米的女生公寓；改造、新建400米标准塑胶田径运动场，达到国家II类标准；对旧教学楼进行改造；对教学区内的地面进行硬化、美化、绿化、净化；对校园环境进行彻底整治；二次升级数字化教育教学管理设备。校容校貌发生巨大变化。学校布局合理，教学区、运动区、生活区自成一体。教学设施完善，拥有现代化教学楼、科教楼、实验楼、图书馆、阅览室、体艺馆；建有标准化的田径场和球类活动场地；生活设施齐全，校园文化氛围浓厚，环境优美宜人。2016年，学校有55个高中教学班，学生近3600人；有教职员工351人，其中在职教职员工280人，专任教师235人。学校占地95亩，建筑面积7.1万余平方米。

【滨江小学】冷水滩区滨江小学位于湘江河畔，滨江广场旁。2016年，学校有48个教学班，学生3012人，教职员工161人；有4栋教学楼、4栋教工宿舍；语音室、电脑室、多功能电教室、计算机网络教室、网络控制中心、现代化实验室、仪器室、

滨江小学开展交通安全进校园活动（区教育局 提供）

滨江小学创卫活动（区教育局 提供）

音乐室、美术室、象棋室、乒乓球训练室、舞蹈教室、图书馆、阅览室等健全；建立了宽带网络，构建了以教学网为主体的现代教学信息平台，是一所育人环境优美、师资力量雄厚、办学条件优越、教育教学质量高、社会声誉好的现代教育窗口学校。学校自1988年建校以来，先后被授予“全国群众体育先进集体”“全国少先队红旗大队”“全国少先队雏鹰大队”等荣誉称号；被评定为“湖南省现代教育技术实验学校”“湖南省绿色学校”“湖南省园林式学校”“湖南省教育科研实验学校”“湖南省红领巾示范学校”“全国象棋教学示范基地”“湖南省先进工会组织”“湖南省双文明建设先进单位”“湖南省艺术教育先进单位”“永州市课改示范学校”“全国体育工作示范学校”“全国青少年校园足球特色学校”“永州名校”等。

【马坪学校】冷水滩区马坪学校创办于1992年秋，是一所农村九年一贯制学校，占地面积约43亩。2016年，有学生791人，教学班18个，其中留守儿童323人。在职在岗教职员工57人，其中中学高级职称2人，中级职称21人，研究生1人。拥有两栋教学楼、一栋科教楼、一栋宿舍楼、一座三用礼堂，校舍总面积8149.64平方米；一个200米塑胶跑道的运动场，面积为8241.9平方米。学校功能室齐全，教学设备总值104.1338万元，图书19871册。2004年以来，学校开始课堂教学改革的研究探索。创建了“马坪阳光生态”课堂教学模式。2010年，初三毕业会考成绩排全区第4名，全市400多所学校中名列第19名，课改前是200多名。2010年12月，《科教新报》以《逼出来的课改》为题，全面报道马坪学校课改经验。2011年1月，学校被评为永州市新课改示范学校，全市推广学习。2011年12月13日，湖南省义务教育阶段省级课改样板校建设现场会在永州召开，湖南省教育厅副厅长葛建中对马坪学校的课改进行了充分肯定和高度评价。2012年6月，《自主发现式教学模式》获第三届湖南省基础教育教学成果奖特等奖；2013年，《湖南教育》元月刊以《马坪，乡村课改的传奇》为题，深度报道学校课改。2013年10月，湖南省第六届中小学校长年会在永州召开，马坪学校是会议现场学校，省内外800余名中小学校长和专家学者汇聚马坪学校观摩指导。2015年以来，全校师生共写了300多万字的读书笔记、心得、感悟、教育教学日志、随笔，先后有200余人次在市、区各类比赛中获奖。教师在省级以上刊物发表论文6篇，获国家、省、市级奖励160篇，先后有36名教师被评为区级优秀教师、区级课改优秀教师，有4名市级骨干教师、2名市级学科带头人；2人被遴选为湖南省“未来教育家”培养对象，有32人次在省、市、区级上课改市范课、作课改专题发言。1人为省级教师培训专家库人员，3人为市级教师培训讲师。中学4个学科、小学3个学科的教师承担全省教师培训任务。有46名优秀教师引进到城区学校，极大地推动了城区学校的课堂教学改革。学校还得到家长的认可和社会的好评。过去，马坪学校仅有300多人学生，现在已有700多人，其中约200名来自城区，出现了城区学生向农村学校倒流的现象。2011年12月，湖南省基础教育课程改革样板校建设现场研讨会在学校召开。2012年2月，永州市冷水滩区教育局下发了《关于全面推广马坪经验深化课堂教学改革的指导意见》。2012年，学校创建的“阳光生态”课堂教学模式荣获湖南省第三届基础教育成果奖特等奖。2013年10月17日，750多名中小学校长参加的湖南省中小学校长年会在马坪学校召开。2013年，学校被定为省级教师培训基地校，是湖南一师、衡阳师范学院、邵阳师范学院影子培训基地和实习基地。2014年，学校创建的“马坪阳光生态”课堂荣获基础教育国家级教学成果奖二等奖。2014年，学校荣获全国教育系统“先进集体”称号。2014年—2015年，学校成功承办了5期国培班。2015年9月，学校被评定为“湖南省课改示范校”。2016年3月，学校被评为首届“永州名校”。

【舜德小学】冷水滩区舜德小学于2008年筹建，2011年9月建成招生。学校占地面积30亩，建筑面积14000平方米。现有教学楼两栋、科教楼一栋、体艺馆一栋、200米全塑胶综合运动场一座；安装校园网络、广播、安防系统，实现了班班通；功能室配备齐全。2016年，有教师99人，其中本科学历65人，中高职称教师4人，一级教师38人，学生2400人。2015年9月，按照区教育局的布署，托管永州市第十四中学，成立了舜德小学分校。学校以“责任”为校训，倡导“授人以渔，创新发展”的教育理念，以“培养能够在未来社会生存与发展的人”为办学理念。其特色为阳光德育、阳光课堂、阳光活动。仅阳光活动一项学校就一直坚持开展一系列体艺课程，每周四下午两节课开展科技制作、美术、书法、合唱、舞蹈、乒乓球等18项兴趣小组活动，打造独具特色的科学、电脑制作活动，成绩显著，学生作品获得省级以上奖励80余项。教师陈章书获得“全国优秀特色教师”称号。

舜德小学校训“责任”标志（区教育局 提供）

学校先后获得“冷水滩区课堂教学改革示范校”“冷水滩文明单位”“永州市课堂教学改革示范校”“永州市科技创新先进单位”“永州市语言文字规范化示范校”“湖南省教育科学研究基地”“湖南省首批中国戏曲经典原创动画进校园活动试点学校”“湖南省书香校园”“湖南省青少年科技教育先进集体”“湖南省安全文明校园”“第一批国家级教育信息化试点单位”等多项称号。

文化 体育

文 化

【概况】2016年4月，冷水滩区体育局与文化新闻出版旅游局合并为冷水滩区文化体育新闻出版旅游局，下辖有文化馆、图书馆、文物所、祁剧工作室、全民健身中心。

【专家考察调研】2016年，邀请湖南省文化创意产业办专家组、湖南科技学院专家组、博雅方略咨询集团、湖南大学生态旅游规划中心、中国策划研究院湖南分院到冷水滩区进行文化、体育、旅游产业发展调研和座谈。与会专家提出意见和建议，为全区的文化、体育、旅游发展指明方向。

【设施建设】2016年，冷水滩区开展街道文化站和社区文化活动中心的“扩容提质”工作。为梧桐、梅湾2个街道文化站和10个社区文化中心配备电脑、书籍、电子阅览室、乐器、书桌等文化设施设备，共计投入资金85万余元。为工业园区及5个社区配备电脑、书籍、电子阅览室、乐器、书桌等文化设施设备。对全区农家书屋建设与管理进行“回头看”检查验收工作，完成农家书屋补充书籍的接收相关工作，全区171个行政村均已全部接收到位。为15个村级文化活动配置音响设施。对区图书馆进行维修改造和设备更新。截至2016年年底，全区建成乡镇级农民健身工程1个，占8.3%；村级136个，占48%。社区城市健身广场1个；社区体育设施配套达标11个，占32%。城区2000人以上健身广场7个，5000人以上的健身广场3个。还建有众多的门球场、气排球场、羽毛球场、游泳池等体育设施。为部分行政村、社区配齐并安装篮球架52套、健身路径44套。完成邓家铺、茶花2个试点村的基础设施建设，新建和改建旅游公路13.5千米、停车场5000平方米，新建旅游厕所8座、五星级农家乐1家。

局领导班子成员在一起研究工作（区文体新旅局 提供）

【文化旅游节庆活动】2016年，冷水滩区成功组织“旅游促进发展、旅游促进扶贫、旅游促进和平”“5·19”中国旅游日宣传活动”。活动期间，为市民发放最新的永州旅游地图

800余份。举办元宵灯谜会、“欢乐潇湘”美术、书法、摄影展、“欢乐潇湘城、幸福跳起来”全民广场舞大赛、走进“四明山”采风活动、“普利桥镇第五届农耕文化节”和“黄阳司镇第二届端午民俗文化节”等文艺活动。“黄阳司扎故事”成功入选省级非物质文化遗产保护名录。

【艺术创作】 2016年，冷水滩区刘翠玲编导的舞蹈《大家一起来跳舞》在共青团中央少先队事业发展中心主办的“红领巾万里行”展演活动中获金奖。在湖南省第五届艺术节中，新编剧本并排演的现代小型祁剧《选支书》获省艺术节小戏类三等奖，雷真演唱的《放歌潇湘》获民通组演唱铜奖。在省艺术节美术、书法、摄影比赛中，冷水滩区获“齐白石”奖1件、优秀作品2件、入展作品2件。在湖南省“欢乐潇湘”群众美术、书法、摄影比赛中，冷水滩区获得一等奖1名、二等奖2名、三等奖4名。在永州市“欢乐潇湘·和美永州”群众美术、书法、摄影比赛中，冷水滩区获得一等奖12名、二等奖14名、三等奖24名。在“欢乐潇湘·和美永州”永州市电视全民广场舞大赛中，冷水滩区威风锣鼓队群舞获三等奖。永州市老干部“纪念抗日战争胜利暨反法西斯战争胜利八十周年美术、书法展”中，冷水滩区1人获银奖，4人获书法优秀奖。

【文化惠民服务】 2016年，组织区祁剧工作室开展送戏进村（社区）80场。区文化馆开展广场舞、书法、戏曲等文化培训活动，全年免费培训约3.8万人次。6—7月，举办“湖南省第二届原创广场舞教练员培训班”，培训500人次。区图书馆送图书到基层1000册，组织基层文化培训服务指导400余人次。同时开展“三湘读书月”系列活动、“图书馆服务宣传周活动”、“我的书屋我的梦”农村少年儿童征文活动。组织各类知识讲座和读者座谈会5次，让更多的人了解图书馆，走进图书馆。

【为民办实事】 2016年，冷水滩区文化体育新闻出版旅游局配合市文体广新局完成“村村响、户户通”相关工作，“户户通”全部进行安装；配合市文体广新局做好市民中心和文化艺术中心的筹建相关准备工作。

【图书扶贫】 2016年，永州市新华书店与永州市教育局联合开展“捐赠百万教辅·资助百名学子”助学公益活动，连续第二年向全市11个县区的贫困学子免费赠送价值100万元的教辅资料，惠及337所义务教育阶段学校的3860名学生。并倡议员工组成爱心志愿者队伍，自愿结对精准资助全市115名贫困学子完成学业。

【全民阅读】 2016年，永州市新华书店于每周末在永州图书城举办的“蒲公英悦读”系列活动，大力促进少年儿童阅读，通过开设“故事讲堂”，精选儿童故事、国学故事，由营业员组织引导孩子阅读，通过推出“朗读者计划”，采用传统朗读、亲子共读、情景话剧等形式，为少年儿童搭建自我展示、感悟分享、阅读互动的平台。同时，成功举办了2016首届湖南省青少年国学大赛永州赛区复赛，覆盖永州全市初二年级学生7万余人。

【线上平台】 2016年，永州市新华书店推出“永州e书”微信公众平台服务功能体系、图书零售“线上下单、同城配送”的特色服务，充分满足本地读者“所见即所得”与对图书的紧急和特殊需求，并实行线上教材零售，全市集中备货，统一调配，既解决了学生因教材遗失或异地转学导致无书可用的难题，又能满足家长提前购书帮助孩子预习新学期课程的使用需求。截至年底，“永州e书”关注人数突破2万人，并被评为“全国书业2016年度最受欢迎公众号”。

【文化馆】冷水滩区文化馆位于冷水滩区河西新华街17号，始建于1953年10月，独立馆舍建筑面积1712.17平方米，室外活动场地800平方米。2016年，冷水滩区文化馆设立对外免费开放服务有声乐、器乐、戏曲、舞蹈、书法、美术、摄影、非遗挖掘整理等项目。策划组织普利桥第五届“二·八赶社”大型农耕文化节活动。组织编排“全国食品演练”电视现场直播大型活动。文化馆的文化志愿者组织“温馨夕阳献爱心”走进牛角坝石溪敬老院，开展文化志愿服务活动。书法、美术送文化下乡到黄阳司、花桥镇等。

【获奖情况】刘翠玲编导的古典舞《醉了，山茶花》在湖南省委宣传部、省文化厅、省总工会主办的2016年“欢乐潇湘”大型群众文艺会演中获得金奖，同时获得先进个人组织奖。在永州市委、市政府主办的“欢乐潇湘”会演中，《醉了，山茶花》获金奖，王湘等表演的交响乐《红旗颂》《万泉河水》获银奖，顾群英、王健、周念军表演的相声《说学逗唱》获铜奖。冷水滩区舞韵队表演的《过山瑶歌》在湖南省“欢乐潇湘—群舞飞扬”全民广场舞比赛中获季军，在市委、市政府主办的广场舞比赛中获金奖。文化馆报送的原创歌曲《女书情》入选国家艺术基金项目。选送的民间舞蹈《秀色》参加永州市少儿音乐舞蹈大赛获银奖。申报成功的“黄阳司扎故事”入选省级非物质文化遗产保护名录。

【祁剧工作室】冷水滩祁剧工作室位于冷水滩区新华街99号，始建于1952年，隶属于冷水滩区文体新旅局。2016年，有职工51人，其中在职人员28人，退休人员23人。2016年，冷水滩祁剧工作室参加湖南省第五界艺术节祁剧、小品大赛获三等奖；参加市组织的小戏、小品比赛，获一等奖。重阳节期间，冷水滩区祁剧团在祁阳祁剧发源地竹山村参加湖南省首届祁剧会演，深受专家及同行肯定。精准扶贫，送戏下乡演出46次；自编、自导、自演一台综合性节目，在全区巡回演出19场。全年编排的节目有《反邪教》《反腐倡廉》《留守儿童》《二孩风波》，恢复《杨七郎打擂》《大闹严府》《马刚带镖》《五鼠闹东京》《隋唐传》《薛刚反唐》等大型传统剧目。

“戏曲惠民”文艺巡演（一）（区文体新旅局 提供）

“戏曲惠民”文艺巡演（二）（区文体新旅局 提供）

“精准扶贫”文艺巡演（区文体新旅局 提供）

【图书馆】冷水滩区图书馆成立于1984年9月，位于梅湾路536号，占地面积3.46亩，馆舍大楼建于1993年10月，建筑面积2537平方米，1998年7月1日投入使用，属于国家三级图书馆。2016年办理读者证891个，新购图书1013册，电子文献藏量521种，订阅报纸杂志107余种。全年接待读者43814人次，提供咨询479人次，图书、期刊、电子

少儿阅览室（区文体新旅局提供）

文献流通59347册次。2016年，冷水滩区图书馆深入乡镇、街道、社区电子阅览室和农家书屋开展业务辅导84次，举办2016年农家书屋管理员培训班，培训62人次，辅导加工图书4700余册。2016年5月—7月，冷水滩区图书馆按照文化共享工程省级分中心要求，举办“文化共享惠泽三湘”读书活动，组织参加湖南省“我的书屋我的梦”农村少年儿童阅读实践征文活动和“书香永州”永州市少年儿童“纪念中国共产党建党95周年暨红军长征胜利80周年读书征文活动”，选送征文87篇，获得二等奖2个、三等奖5个。2016年4月，冷水滩区文化信息资源共享工程公共电子阅览室正式启用，图书馆现场辅导并安装乡镇、街道、社区公共电子阅览室33个，其中乡镇级10个、街道级8个、社区级15个，全区终端总数35个，初步形成覆盖全区的共享工程网络。2016年9月，冷水滩区图书馆投资84万元的馆舍大楼一、二层室内装修改造工程开工，新增服务面积1200多平方米，新增电子文献借阅休闲大厅、展览大厅、综合阅览室、少儿借阅室、地方文献借阅室5个重点服务窗口。

体　育

【业余体校】冷水滩区业余体校成立于1985年7月，2016年有教职员工7人，机构体制为全额拨款事业单位，以培养和输送优秀体育后备人才为目标，设有水球、体操、摔跤、柔道等项目。2016年8月，区体校参加亚洲青年水球竞标赛，伍小茜获得第二名；参加全国水球锦标赛，获得男子青年组水球第三名，男子少年组水球第三名，女子水球第三名。2016年7月，参加全国高水平后备人才基地赛，阳春燕获得举重三枚金牌；2016年9月全国基地赛，何文卓获得举重第一名。在全省游泳、举重、摔跤等各项比赛中分别获得冠军。

【群众体育活动】2016年，冷水滩区在节假日期间举行工间操、羽毛球、乒乓球、门球、广播体操、太极拳（剑）等各类群众性体育活动和比赛。8月8日，组织大型群众健身广场表演及宣传活动。广场健身、群体协会蓬勃发展，河东滨江公园沿线、河西区政府广场、新火车站广场群众健身成为新风尚，普利桥、牛角坝、黄阳司、岚角山、花桥等乡镇群众广场健身活动也广泛开展。

【全民健身服务中心】2016年4月，冷水滩区全民健身服务中心成立。有在编在岗干部职工23人，机构体制为全额拨款事业单位。主要职能：承办各类体育赛事，组织各项群众性体育活动，组织社会体育指导员的培训工作，协助抓好体育彩票发行工作等。

卫　生

综　述

【概况】2016年，冷水滩区投入资金4075万元，新建11栋医疗综合大楼，9所乡镇卫生院及67个村卫生室实现了标准化建设，新改扩建业务用房22040万平方米。全区拥有执业（助理）医师363人，每千人口执业（助理）医师0.7人；注册护士814人，每千人口注册护士1.6人。全区卫生系统有副高以上职称121人、中级职称432人，医疗卫生队伍整体素质较“十一五”末大幅提升。全区有3所区级公立医院，区卫计委下设区直医疗卫生机构5个（市第三人民医院、市皮肤病医院、区疾病预防控制中心、区妇幼保健计划生育服务中心、区综合监督执法局），有镇中心卫生院4所，镇卫生院8所，社区卫生服务中心9个、村卫生室271个。全区开设病床5912张，其中区直医疗机构病床1230张，镇（乡）卫生院病床772张，社区卫生服务中心病床258张。2016年年底，全区平均人口期望寿命75.3岁，每千人口（接户籍人口计算）拥有床位11.12张、卫技人员2088人，全区医疗卫生总收入15.9亿元，其中区直医疗卫生机构总收入14.6亿元。

【医药卫生体制改革】一是医疗保障水平稳步提高。2016年，全区新农合参合人数达30.61万人，参合率达99%，共补偿参合患者15.46万人次，补偿医药费16253万元。新农合住院支付方式由单一的按服务项目收费转变为按床日、按病种和按服务项目收费，在乡镇卫生院和区级公立医院推行“10+100”模式（参加新农合农民在乡镇卫生院看病门诊每人每次自付10元，住院每人每次付100元起付费，新农合按100%比例报销费用），患者受益度明显提高，统筹区域内医疗机构住院实际补偿率达72%。二是医疗服务体系建设不断加强。“十二五”期间，争取中央、省卫生建设项目21个，坚持把取消药品加成、调整医疗服务价格、创新补偿机制作为公立医院综合改革的突破口，认真落实各项综合措拖，平均每月让利患者近320万元（市第三人民医院），门诊和住院次均药品费用分别下降16%、2%（市第三人民医院）。加强医院内部管理、优化服务流程，提高服务质量；实行住院总费用包干制，优化医院收入结构；实行区级医院检查结果互认，减少重复检查，降低医疗服务成本，减轻患者医疗负担。

【公共卫生服务提质增效】一是疾病防控能力加强。进一步强化人感染禽流感H7N9亚型、结核病、艾滋病、手足口病等重点传染病防控，全区传染病疫情保持平稳态势。2016年，共及时有效处置大小疫情11起，继续保持全区无甲类传染病报告。全区共救治救助贫困重性精神病患者80人，改扩建精神卫生服务机构1家，超额完成省定一重点民生实事项目。推广普及巡回接种与定点接种相结合的模式，免疫规划疫苗接种率达95%以上，乡以上预防接种门诊扫码接种覆盖率达100%。二是妇幼保健水平显著提高。全区产妇住院分娩率达99.0%，新法接生率达100%，5岁以下儿童死亡率降至4.64‰；继续推行农村孕产妇住院分娩基本医疗全免费工作，补助农村产妇3285人，补助金额990450元。开展农村妇女“两癌”普查，完成宫颈癌检查5000人、乳腺癌检查5000人。落实出生缺陷综合防控工作措施，开展新生儿疾病筛查6646人，筛查率96.43%，较2015年提高了8个百分点。三是基本公共卫生服务逐步均等化。建立农村居民健康档案50.84万人份，规范管理高血压患者1.91万人、糖尿病患者0.65万人、重性精神疾病患者2204人，完成65岁以上老年人健康体检4.46万人。

【提升医疗卫生服务能力】 一是强化医疗质量安全管理。各医疗机构以开展“医疗质量管理年”“创建群众满意乡镇卫生院”等活动为载体，促进医务人员“三基”知识牢固掌握、病历文书内涵提升、诊疗方案科学合理、诊疗技术规范精湛，不断提高医疗服务质量。市第三人民医院精细化管理办公室每月定期或不定期对临床业务科室进行督查抽查，查阅在架病历200余份，查出医疗缺陷180项，并根据缺陷性质对相应的主任医生进行约谈，通过约谈沟通，临床住院医生医疗缺陷较以前明显减少。伊塘镇卫生院大力开展“三好一满意”活动，加强医护人员医德教育，努力提高医疗服务质量，被国家卫计委评为“群众满意的乡镇卫生院”。二是加强人才队伍建设。全年培训乡村医生312人次，为基层医疗卫生机构培养合格的全科医生2名。三是加强医德医风考核。建立卫生系统行风工作考核评价体系，量化细化考评指标，强化考评结果运用，实行“一票否决”。推行医务人员医德考评制度，促使医务人员牢固树立以病人为中心的服务理念。加强卫生系统惩治和预防腐败体系建设，大力规范药品器械集中采购，全区基层医疗卫生机构基药使用率达100%，村卫生室80.36%，公立医疗机构45.76%，减轻患者经济负担近3000万元。

【各项工作稳步推进】 一是全力推进“国家卫生城市”管理（以下简称“国卫管理”）工作。充分发挥“国卫管理”主力军作用，邀请市爱卫办对各专业组创国卫工作进行技术指导；每月定期召开专业组成员单位调度会。大力开展爱国卫生月宣传活动，组织区直医疗卫生单位开展17次大型义诊咨询活动，接受居民咨询、义诊3000多人次。印制发放《健康教育知识手册》《中国公民健康素养66条》共计11万册。制作发放各类健康教育宣传光碟200余张。举办健康教育与传染病防控培训班4期，培训基层专业人员300人次。检查公共场所单位740家，立案7家，检查供水单位26家，下达限期整改意见书共99份。二是抓好无偿献血工作。认真贯彻《中华人民共和国献血法》，加大宣传力度，落实工作责任，将献血指标完成情况纳入年度绩效考核重要内容，确保目标到单位，责任到个人。2016年，全区共完成无偿献血1650人次，采血量50万毫升，超额完成全年目标任务。加强对全区医疗机构临床用血监督管理，特别是基层医疗机构供血服务和用血管理，开展临床合理用血病例评价工作，确保血液供应安全有效。三是大力发展中医药事业。开展基层中医药服务能力提升工程，截至2016年，12个卫生院、社区卫生服务中心都建有中医馆，100%的乡镇卫生院和60%的村卫生室能提供中医药服务。

卫生监督

【概况】冷水滩区卫生计生综合监督执法局是根据永州市冷水滩区人民政府办公室《关于印发〈永州市冷水滩区卫生计生综合监督执法局主要职责内设机构和人员编制规定〉的通知》文件精神，由冷水滩区卫生监督所和冷水滩区计划生育行政执法局合并组建，为区卫生和计划生育委员会所属副科级公益一类事业单位，承担原区卫生监督所和区计划生育行政执法局职能。截至2016年年底，共有职工45人，其中在职在编人员37人（男19人，女18人；本科6人，大专27人，中专4人），聘请1人，病休1人，退休6人；内设六科一室，即办公室、公共场所卫生监督科、医疗执业与传染病防治监督科、计划生育执法监督科、受理审核发证和卫生信息科、卫生监督稽查与卫生法制宣教科和计财科。2016年6月，办公地点由河西原区卫生局迁往河东原区计划生育委员办公楼；业务楼项目建设完成招标工作。

【传染病防治监督】2016年，共检查疾病预防控制机构、医疗机构186家，其中疾病预防控制机构1家、社区卫生服务中心9家、乡镇（中心）卫生院13家、个体诊所163家，出动卫生监督员275人次，执法车辆65台次；全区共有预防接种点23个，其中区疾控中心1个、社区卫生服务中心9个、乡镇卫生院13所。接种的疫苗由区疾控中心到市疾控中心统一配送到各预防接种点并记录。传染病疫情报告均采用网络直报形式，执行首诊负责制，使用门诊日志、疫情报告登记本和统一的传染病报告卡，传染病报告卡齐全。2016年，各乡镇卫生院和社区卫生服务中心设置了肠道病门诊和发热门诊；医疗废物处置费用纳入了财政预算，统一由政府拨付；包括其他医疗机构和个体诊所的医疗废物实行集中处置。区疾病预防控制中心的病原微生物实验室规范设置生物危险标识和生物安全实验室级别标志，未发生病原微生物被盗、被抢、丢失、泄露的情况。全年没有发生重大实验室生物安全事故和因防控措施不力导致的甲、乙类传染病暴发流行。

9月14日，国卫管理会议（区卫计委　提供）

【医疗机构监督】2016年，重点对医疗机构许可校验和执业人员执业注册情况、执业资质、执业范围等情况进行拉网式监督检查，严肃查处违法违规行为，监督检查覆盖率达100%，共检查乡镇卫生院12所、社区卫生服务中心9家和个体诊所159家；出动执法人员570余人次，出动执法车辆95台次，查处违法违规医疗机构7家，立案查处8起，已结案6起，罚款10880元。在日常监督的同时，组织开展专项检查工作。经过历年来的打击非法行医行动，城区药店坐堂行医行为得到有效遏制，2016年，仅查处1起药店非法行医案。2016年，整治行动的重点放在农村偏远地区、集贸市场，主要打击游医、假医，共对6起非法行医依法进行了取缔。截至2016年底，已结案4起，移交公安机关1起，没收违法所得4628元，罚款19300元。

【公共场所卫生监督】2016年，城区共有公共场所单位740家，其中美容美发514家，住宿90家，沐足浴34家，网吧65家，歌舞厅13家，窗口单位2家，影剧院3家，商场15家，游泳场所3家，其他经营单位1家。全年共审核、发放公共场所卫生许可证265份；量化632家，其中A级单位3家，B级单位412家，C级单位217家，公共场所的量化分级率100%；一户一档，建档率100%。

【水质卫生监督监测】2016年，全区共有25家供水单位，监督率100%，有完善的卫生管理机构，从业人员持有健康证、卫生知识培训合格证等，有完整的卫生管理制度与卫生档案、各部门的岗位责任制度与技术操作规程等。其中两家水厂有完善的实验室设备，水质检验能达到国家标准。

【学校卫生监督】2016年，对全区64所中小学校进行卫生监督，其中城区中学9所、民办9年制10所、城区小学16所、农村中学5所、农村小学24所。主要开展以下工作：一是加强传染病防治工作。各学校均建立传染病管理组织，主要领导人是防控工作责任人，配有专（兼）职传染病疫情报告人，并将传染病防治工作纳入学校年度工作计划。二是加强饮用水卫生。城区中小学均使用自来水，农村中小学均为自建设施集中式供水。城区李达中学为学生配备了桶装纯净水，其他学校的学生饮用水基本上是自带水。三是加强教学环境、生活设施卫生。全区大多数教学楼教室人均面积符合卫生要求，课桌椅、黑板符合卫生要求，教室照明、教室采光、教室微小气候检测均符合卫生要求，学生宿舍能按要求分配入住，厕所符合规范。

11月3日，冷水滩区卫计系统召开医疗卫生行业专项整治启动会（区卫计委 提供）

【放射卫生监督】2016年，全区共有从事放射诊断业务的医疗机构13家，按照《放射性同位素与射线装置安全和防护条例》及其配套规章的要求，对全区职业健康检查机构、放射诊断机构进行监督检查；重点对放射诊断机构X射线机防护、从业人员个人健康监护进行监督检查；协助市疾控中心对全区放射诊疗机构开展放射防护监测。

农村合作医疗

【概况】冷水滩区农村合作医疗管理委员会办公室成立于2007年1月，现单位位于冷水滩河东梅湾路357号，编制31人。2016年，实有在岗人员20人，其中干部13人，工人7人。2016年。冷水滩区农村合作医疗管理委员会办公室内设综合办公室、财务室、补偿监审室、信息管理室4个股室。

区农合办工作人员认真学习领会上级文件精神（区卫计委 提供）

【民生保障、基金运行与管理】 2016年，采取与乡镇、医院服务平台联动的方式，开展新农合宣传咨询活动，共发放宣传资料3万份，现场解答群众提出的各类问题200多个。合作医疗的资金来源实行“五级筹资、统一管理”（即中央、省、市、区财政和农民个人五级筹资，设立合作医疗基金专用账户，由区新型农村合作医疗管理委员会委托区财政局监督管理）。其中个人缴费120元／人，各级财政配套420元／人，人均540元。全区共筹资筹集16527.24万元，其中中央配套7346.54万元，省级配套1156.89万元，市级配套2589.81万元，区级配套1763万余元，门诊3.7万人次，补偿金额172.8万元；特殊病门诊0.76万人次，补偿21万元。2016年，区农合共补偿15.46万人次，实补金额16253万元。其中普通住院68014人次，实补金额12771.8万元；普通门诊3.7万人次，补偿金额72.8万元；特殊病门诊0.76万人次，补偿金额409.6万元。为参合群众购买农合大病保险支出765.25万元。患者待遇方面：2016年，全区参合30.61万人，参合率99%。新农合最高支付限额和报账比例得到提升，新农合统筹资金最高支付限额15万元。乡镇卫生院采取“10+100”补偿模式，住院起付线100元，补偿比例100%；区级医院住院补偿比例起付线400元，补偿比例均为73%，另外双向转诊患者在此基础上提高2%的补偿水平。实行农村孕产妇住院分娩基本医疗费用全免。全年五保户住院2653人次，全免金额358.6万元；孕产妇住院2705人次，全免金额339.8万元。纳入新农合重大疾病管理的重大疾病从最初的儿童白血病、儿童先心病、0~6岁农村聋儿人工耳蜗植入、妇女“两癌”（乳腺癌、宫颈癌）、终末期肾病、耐药结核病、重性精神病等重大疾病，扩大到将肺癌、胃癌等疾病纳入重大疾病救治保障范围，享受新农合重大疾病待遇的病种达32种，政策补偿比例提高到70~80%(全省重大疾病救治医院补偿比例按病种统一)。2016年起，新农合大病保险从新农合基金提取资金，参合群众不另交费；参合群众当年度住院在享受正常的新农合补偿后，全年累计新农合保内自负费用达到大病保险起付线后即可享受大病保险补偿。全年大病保险补偿1566人次，实际补偿金额360万元。

【稽查监管】 一是积极开展稽查，切实维护农合患者权益。按照“突出重点、主动出击、预防为主、查防结合”的思路，围绕损害患者利益重点工作开展稽查。（一）实行电脑在线审核；（二）是加强稽查力度，通过对定点医疗机构不定期稽查包括病历稽查。二是依法处理医疗违规行为，及时化解医患矛盾。建立和完善稽查工作体制和机制，逐步改进方式方法，规范工作程序，提高办事效率。对稽查中发现的不规范用药、不规范检查、不规范治疗等违规情况，按照《湖南省新型农村合作医疗违规行为处理暂性规定》的有关规定和《定点医疗机构服务管理协议》，给予相应的处理和纠改，共拒付违规资金140余万元。通过监管，取得了保护群众利益、保护基金安全和规范医疗机构服务的成效。

3月17日，冷水滩区在伍家院社区开展第一次慢性病社区诊断调查（唐天波／摄）

疾病防控

【概述】冷水滩区疾病预防控制中心是承担全区疾病预防控制工作的公益一类事业单位，核定编制91人（含健康教育所、农村饮用水水检中心）。2016年，有在编在岗人员82人、卫生专业技术人员52人，其中主任医师2人，副高职称8人，中级专业技术人员21人。办公用房面积4655平方米，实验室用房面积1200多平方米，拥有万级实验室、原子吸收分光光度计、气相色谱仪等高精密仪器70多台（件），固定资产500多万元。设办公室、急传应急办、免疫规划、职业危害因素与卫生监测、学校卫生和寄地慢非、性病艾滋病防治、结核病控制、健康教育、检验、财务、后勤、质量管理12个科室。2016年，冷水滩区传染病疫情平稳，无甲类传染病报告，无突发公共卫生事件报告。完成重点防控传染病监测任务，获得“湖南省‘十二五’重点传染病监测先进单位”称号。加强卫生应急能力建设，2016年，投入64.3万元，添置原子吸收仪、安全生产柜等大型仪器设备4台（件），先后取得湖南省病原学微生物实验室备案凭证、检验检测资质认证书；应急机动队参加国家级应急演练和市级演练各1次，实行24小时值班制，规范处置传染病疫情、食物中毒事件16起。继2015年艾滋病诊疗转向定点医院后，2016年，结核病诊疗也由冷水滩区疾病预防控制中心转向定点医院，获得“实施《湖南省结核病防治工作规划（2011—2015）》先进集体”称号。对艾滋病各类高危人群56285人进行监测，落实国家“四免一关怀”政策，对辖区内艾滋病患者及HIV感染者随访1000多人次。免疫规划相关疫苗适龄儿童接种率继续维持在90%以上，继续保持无脊髓灰质炎状态。完成预防接种信息化管理系统建设，一、二类疫苗实施100%扫码接种。慢性病防控工作取得重大进展，成功创建为湖南省慢性病综合防控示范区。重性精神疾病患者信息化管理各项指标均超过规范要求，共救助80名强制医疗、肇事肇祸、流浪关锁并贫困的重性精神病患者。对36所中小学校入学新生进行了健康体检，共体检16210人。开展居民碘盐监测，碘盐合格率98.33%。监测乡镇集中式供水工程、学校生活饮用水59份，合格率74.6%，较

2015年（40.32%）大幅提高；监测农村分散式生活饮用水33个；监测二次供水单位生活饮用水20个。食品安全风险监测共采集蔬菜2批次40份、食用油2批次20份、米粉1批次20份，共计80份样品。开展食源性疾病病例监测工作，共处置4起食源性疾病暴发事件，无疑似食源性异常病例、异常健康事件报告。全年广谱性卫生宣传共出卫生宣传栏10期，印发《卫生墙报》5期10万份，发放卫生宣传资料8万份；开展大型街头卫生宣传咨询活动17次，深入社区开展健康巡讲12次。在省、市、区报刊、疾控工作通讯和网站上发表工作报道60余篇，获得“2016年度湖南省疾控系统健康教育新闻宣传工作先进单位”和“先进个人”称号。开展控烟履约，创建无烟政府机关、无烟学校、无烟单位活动，推进公共场所控制吸烟工作。截至2016年年底，冷水滩区无烟单位共98家，其中卫生计生系统无烟单位33家，其他单位65家。

【传染病疫情概况及监测】2016年，冷水滩区传染病疫情平稳，全年共报告法定传染病发病2893例，死亡4例，年发病率546.68/10万，病死率1.38‰，其中乙类传染病发病12种1151例，死亡4例；丙类传染病发病5种1742例。无甲类传染病报告，无突发公共卫生事件报告，无传染性非典型肺炎、人感染禽流感H7N9亚型、中东呼吸综合征、登革热、寨卡等重点防控传染病报告，未报告手足口病死亡病例。完成霍乱、人感染禽流感H7N9亚型、流感、伤寒与副伤寒、手足口病、流行性出血热、狂犬病等重点防控传染病各项监测工作任务。2016年3月，湖南省疾病预防控制中心授予冷水滩区“湖南省‘十二五’重点传染病监测先进单位”称号。

【卫生应急】2016年，冷水滩区疾控中心组建4支应急机动队，全年集中培训2次，自行演练1次，指导市中医院演练1次，参加湖南省首次国家示范性Ⅲ级食品安全事故应急演练（在冷水滩区举行）1次、市级演练1次。应急机动队实行24小时值班制，共出动19次95人次，规范处置聚集性传染病疫情11起（手足口病7起，学校流感3起，学校腮腺炎1起）、食物中毒事件4起，协助东安县疾控中心处置突发公共卫生事件1起。

【结核病控制】2016年2月29日，完成结核病诊疗由冷水滩区疾控中心转向永州市第三人民医院（定点医院），初步建立起定点医院、疾控、基层医疗卫生单位分工合作、各负其责的新的结核病控制体系。2016年，永州市第三人民医院和冷水滩区疾病预防控制中心共接诊肺结核病人和可疑症状者1394例，发现活动性肺结核病人436例，其中初治涂阳92例，复治17例，涂阴309。免费摄片1154例，免费初诊病人查痰1227人次，共计标本3681份。各综合医院（含外报本）报告家住地址为冷水滩区的结核病人共计309例，报告率100%。其中重报28例，追踪率100%；到位274例，到位率97.5%。2016年12月，湖南省结核病防治所授予冷水滩区疾控中心“实施《湖南省结核病防治工作规划（2011—2015）》先进集体”称号。

【艾滋病防控】2016年，冷水滩区共监测艾滋病各类高危人群56285人，检出HIV抗体初筛阳性56例，确诊阳性46例。实施艾滋病自愿咨询检测526人，检出HIV抗体初筛阳性1例，确诊阳性1例；定期对由公安和司法部门监管的人员进行常规HIV抗体检测，发现HIV抗体初筛阳性3例，确诊1例。同时，加大高危干预的工作力度和质量，落实国家“四免一关怀”政策，严格按照随访要求，对辖区内艾滋病患者及 HIV 感染者随访 1000 多人次。

【疟疾防控】2016 年，对 413 名“三热病人”(临床诊断疟疾、疑似疟疾、不明发热病人) 进行了疟疾血涂片检查，检出阳性病例 1 例。在 4 月 26 日第 9 个“全国疟疾日”，永州市疾控中心与冷水滩区疾控中心在冷水滩区伊塘镇卫生院开展输入性疟疾防控应急演练，演练共设置了个案调查、血片制作染色镜检、服药、健康教育四个现场和环节，以提高输入性疟疾病例早发现、早诊断、早治疗处置能力。同日，还举办了疟疾防治知识宣传活动。

【免疫规划】至 2016 年，全区完成预防接种信息化管理系统建设，一、二类疫苗实施 100% 扫码接种；以二价脊髓灰质炎疫苗（bOPV）全部替代三价脊髓灰质炎疫苗（tOPV），完成脊髓灰质炎疫苗转换。冷水滩区卫生计生委对全区 23 家预防接种单位、9 家产科预防接种点开展预防接种规范管理专项整治，经逐一督导考核，均达到规范标准，予以重新审核认定，发放“湖南省预防接种单位合格证”；对全区 291 名预防接种人员进行专项培训，考核合格后发放“预防接种人员资格证”，实行全员持证上岗。8 月 1 日，冷水滩区疾病预防控制中心撤销预防接种门诊部，除保留狂犬疫苗接种工作以外，不再承担一类和其他二类疫苗的接种工作，有关工作全部移交社区卫生服务中心。冷水滩区疾控中心组获得永州市卫生和计划生育委员会永州市免疫规划知识竞赛第一名，并选派 2 名代表参加永州市队，获湖南省免疫规划知识竞赛三等奖。90% 以上。完成脊髓灰质炎疫苗查漏补种，对辖区内 2 月龄至 6 岁散居及辍学儿童进行拉网式摸底调查，共调查 37786 人，其中常住儿童应种 2595 人，补种 1949 人，补种率 75.1%；流动儿童应种 608 人，补种 465 人，补种率 76.5%。对 53 所小学和 205 所幼儿园开展预防接种证查验，查验率覆盖率 100%，应查验儿童共 21468 人、实际查验 21042 人、

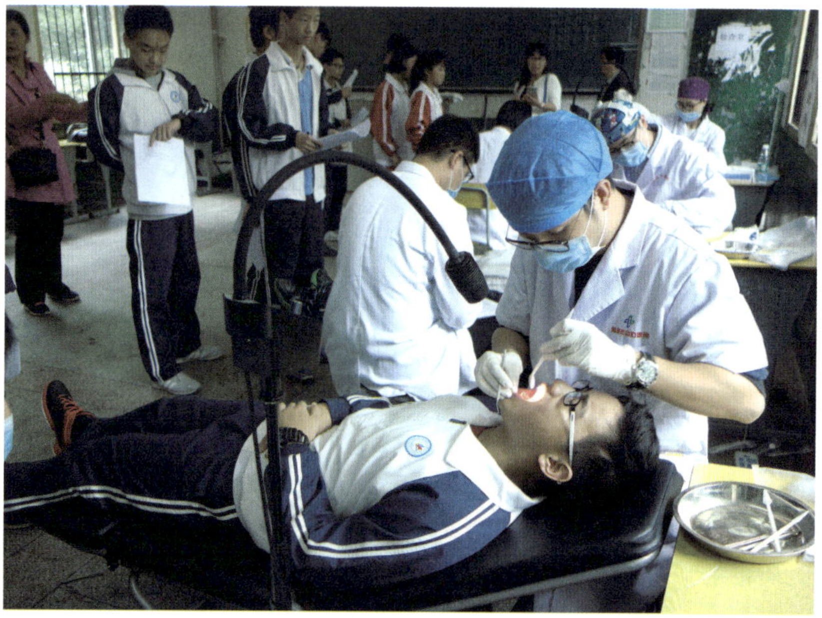

10 月 21 日，湖南省第一次口腔流行病学冷水滩区调查在李达中学进行（唐天波 / 摄）

2016 年，冷水滩区适龄儿童免疫接种率继续维持在 90% 以上，继续保持无脊髓灰质炎状态。10 月 14 日—28 日，对 12 个乡镇、9 个街道开展接种率调查，共调查 26 个行政村、16 个居委会 421 名 2~6 岁儿童，调查显示，适龄儿童免疫规划相关疫苗针次免疫接种率均达

查验儿童率 98.0%；应补种人数 5122 人，实际补种 4952 人，补种率 96.6%，疫苗补种后接种率均达 95% 以上。2016 年，全区网络直报和调查处置 40 例疑似预防接种异常反应，年内未发生预防接种差错事故和重大预防接种异常反应，安全注射率达 100%。全年共规范

处置疾病监测系统报告的25例疑似麻疹病例，其中实验室确诊麻疹9例（街道8例，乡镇1例），其他均为排除麻疹和风疹的其他出疹性疾病；完成3例AFP（急性弛缓性麻痹）病例监测报告。

【创建省级慢性病综合防控示范区】2016年12月，湖南省评审专家组对冷水滩区创建工作进行评审，认为冷水滩区创建工作特色亮点突出，实现了真正意义上的政府主导，健康教育优势突出，组织保障到位，经费保障充足，政策保障有力，队伍保障和监测工作到位；健康教育和健康促进厚积广发，开展了形式多样、内容丰富的宣传活动，各类宣传和促进活动频次多、质量高、效果好，各项指标均远超工作要求的标准；全民健康生活方式行动成效卓著；慢性病高危人群发现工作得到重视，初步建立了患者自我管理体系，有效开展了基本公共卫生服务均等化服务，达到省级慢性病综合防控示范区标准。随后，湖南省卫生和计划生育委员会下文确认冷水滩区为“湖南省慢性病综合防控示范区”。

在创建省级综合防控示范区工作中，冷水滩区疾控中心于2016年1月—6月在全区范围内开展了首次慢性病社区诊断专题调查工作，并于8月完成了社区诊断报告。调查显示，冷水滩区成人慢性病患病以高血压、糖尿病、心脑血管疾病为主，主要危险因素为：年龄增长、超重、肥胖、中心性肥胖、吸烟、过量饮酒、高盐高油饮食、缺乏锻炼等。至2016年，冷水滩区慢性病防控重点人群是65岁以上老年人，超重、肥胖者，中心性肥胖者，高血压、糖尿病患者以及慢性病高危人群。

【湖南省第一次口腔健康流行病学调查】2016年10月17日—22日，湖南省卫生和计划生育委员会组织的湖南省第一次口腔健康流行病学调查，完成冷水滩区现场调查工作。调查组由湖南省牙防办副主任、省人民医院主任医师王月辉带队，调查组随机抽取冷水滩区幼儿园、学校、社区各3个，共调查3~5岁儿童、12~15岁学生和3个年龄段的社区居民共1400多人。

【重性精神病防控】2016年，冷水滩区重性精神疾病患者网络年报告率4.62‰，管理率94.08%，患者规范管理率82.06%，患者、在管患者服药率90.98%，患者规律服药率84.09%，各项指标均超过规范要求。2016年，全区共救助80名强制医疗、肇事肇祸、流浪关锁并贫困的重性精神病患者，任务完成率100%，全区未发生重性精神病患者肇事肇祸重大有影响的案件。

【学生健康体检】2016年10月—12月，对36所中小学校入学新生进行健康体检，共体检16208人，其中男生9037人，女生7171人。体检结果显示：冷水滩区中小学生生长发育

12月14日，冷水滩区创建省级慢性病综合防控示范区评审会在嘉隆大酒店举办（王霈/摄）

良好，上等身高率73.05%，上等体重率74.84%，未发现营养不良学生；肥胖率2.61%（423/16210）；视力低下率46.61%（7556/16210），其中女生视力低下率（50.92%）高于男生（43.20%），高中生视力低下率（75.72%）高于初中生（56.21%），初中生高于小学生（29.26%）；龋齿患病率24.61%，女生（26.08%）高于男生（23.43%）；可疑沙眼患病率2.87%，高血压患病率0.32%。

【碘盐监测】2016年，在全区随机抽取5个乡镇（街道）、20个村（社区）、300户村（居）民进行碘盐监测，共采集300份居民盐样。经检测，碘盐覆盖率100%，碘盐合格率98.33%，合格碘盐食用率98.33%，冷水滩区居民仍保持着较高水平的合格碘盐食用率。

【生活饮用水和食品安全风险监测】2016年，冷水滩区疾病预防控制中心抽取10个乡镇的13个集中式供水工程作为监测点，另外选择4所学校开展末梢水监测，共计59份水样。经检测，所有样品理化指标和毒理学指标均合格，部分水样微生物超标，合格率为74.6%，较2015年（40.32%）大幅提高。对农村部分分散式供水进行监测，共采集水样33份，所检理化指标均合格，但所有水样微生物指标均超过国家卫生标准。还对辖区内二次供水单位进行监测，共检测二次供水19个、直饮水1个，检测项目结果均符合国家卫生标准。

根据湖南省和永州市下达的年度食品安全风险监测任务，共采集蔬菜2批次40份、食用油2批次20份、米粉1批次20份，共计80份样品。经检测，除2份蔬菜样品镉超标外，其余样品所检项目全部合格，总合格率97.5%。开展食源性疾病病例监测工作，共处置4起食源性疾病暴发事件，无疑似食源性异常病例和异常健康事件报告。

【健康宣传教育】2016年，全区开展普及性卫生宣传，共出卫生宣传栏10期，印发《卫生墙报》5期，计10万份，下发省、市、区各种卫生宣传资料计8万份；开展大型街头卫生宣传咨询活动17次，共展出卫生科普展板50多块，发放宣传资料2万多份，开展健康咨询3000多人次；深入曲河、梅湾街道、市委党校及各居民社区开展健康巡讲12次。在省、市、区报刊、疾控工作通讯和网站上发表工作报道60余篇，湖南省疾病预防控制中心授予冷水滩区“2016年度湖南省疾控系统健康教育新闻宣传工作先进单位”，同时授予1名工作人员“先进个人”。在全区开展控烟履约，创建无烟政府机关、无烟学校、无烟单位活动，推进公共场所控制吸烟工作，2016年，全区共检查验收确认20个单位为“冷水滩区无烟单位”。截至2016年年底，冷水滩区无烟单位共98家，其中卫生计生系统无烟单位33家，其他单位65家。

妇幼保健

【概况】冷水滩区妇幼保健计划生育服务中心于2015年12月由区计划生育技术药具服务站与区妇幼保健院合并而成，是区卫生和计划生育委员会所属副科级公益一类事业单位。2016年，以创建儿童保健合格县区为契机，提高儿童保健服务水平，狠抓孕产妇系统管理，落实妇幼健康公共卫生项目，全区孕产妇系统管理率93.53%，住院分娩率99.0%，5岁以下儿童死亡率4.64‰，婴儿死亡率4.13‰，孕产妇死亡率0，免费婚前医学检查率87.6%。出生缺陷发生率5.08‰，无新生儿破伤风的发生。冷水滩区成功创建为湖南省儿童保健服务合格县（市）

省卫生厅一行验收儿童保健服务合格区创建工作（区妇幼保健中心 提供）

区，永州市卫计委授予区妇幼保健计划生育服务中心为“妇幼健康工作先进单位”。

【出生缺陷控制】冷水滩区成立了以分管副区长为组长的领导小组和专项技术指导小组，制定了《冷水滩区出生缺陷防控工作方案》《冷水滩区免费产前筛查工作方案》等文件，2016年，继续在全区开展免费婚检，待孕妇女孕前3个月和孕早期3个月免费增补叶酸，产前筛查和新生儿听力筛查、新生儿疾病筛查工作。全年叶酸增补7985人，增补率96.14%，叶酸发放依从率88.08%。产前筛查5263例，筛查率84.40%；地中海贫血筛查5041人，筛查率45.34%。对6015例新生儿进行疾病筛查，新生儿疾病筛查率95.55%。听力筛查5624例，听力筛查率89.34%。婚前健康检查7716人，婚前健康检查率87.60%。出生缺陷32例，出生缺陷发生率5.08‰。开展艾滋病、梅毒、乙肝母婴阻断工作。将预防艾滋病、梅毒、乙肝母婴传播项目工作纳入妇幼健康常规工作，重点提高孕期检测率。全区艾滋病、梅毒检测11022人，检测率179.75%（含流动人口）；乙肝检测11029人，检测率179.86%（含流动人口）。

【农村妇女“两癌”筛查】2016年，开展农村妇女“两癌”免费筛查。出台了《冷水滩区妇女“两癌”筛查实施方案》，规范检查流程，提高检查人员的技术水平和服务质量，确立专人对疑似病例和阳性病例进行追踪管理。全年“两癌”筛查4384人，查出生殖道感染1158例、宫颈病变255例、可疑宫颈癌16例，需进一步检查确诊；查出乳腺疾病265例、乳腺病变98例，确诊乳腺癌1例。

【控制孕产妇死亡】2016年，全区继续开展孕产妇系统管理，对所有孕产妇建卡管理，重点开展高危孕产妇的筛选与管理，成立了以区卫计委领导为组长的高危抢救领导小组和高危抢救专家技术小组，完善危急重孕产妇抢救绿色通道，区妇幼保健计划生育服务中心开设产前门诊，严把高危筛查、管理关，严禁截留高危，加强对计划外生育、流动人口、家庭贫困以及高危孕产妇等重点人群管理，对评分10分的均进行面访，15分以上的进行两次以上面访，对严重高危的孕产妇实行区、乡（区妇幼保健计划生育服务中心和乡镇卫生院）共管，采用面访加电话随访的方式进行，明确专人负责，动员到孕产妇急救中心住院分娩。全区孕产妇管理建卡6200人，孕产妇系统管理5888人，系统管理率93.53%；早孕建卡5639人，早孕建卡率90.65%；住院分娩率99.0%，剖宫产率34.11%。2016年，筛查高危孕产妇1781人，高危筛查率28.56%；高危管理1781例，管理率100%；高危住院分娩率100%。提高产科急救能力建设，加强乡镇、社区高危管理和快速转运及抢救工作，提高急救电话的知晓率，确保高危孕产妇绿色通道畅通，跟踪、协调转诊，采取各种有效措施实行分级住院分娩，严禁截留高危，使危急孕产妇、儿童得到及时抢救，全年无孕产妇死亡。

【控制5岁以下儿童死亡】2016年，加强托幼机构管理，对全部托幼机构儿童进行健康检查，对儿童生长发育情况进行评价和监测。加强高危儿管理，对高危儿（体弱儿）进行专案管理，开展高危儿转诊服务，分析原因并及时进行干预。全年每季度常规开展一次新生儿死亡评审，实行儿科医师进产房，降低新生儿死亡率。继续开展创建儿童保健服务合格县区工作，提高儿童保健服务功能，全区儿童保健门诊规范化建设取得了阶段性成效，儿童营养性缺铁性贫血、维生素D缺乏性佝偻病、儿童营养不良等影响儿童健康的常见性疾病的发病率逐步下降，儿童体格发育趋势良好。全区有0~6岁儿童43007人，保健管理36855人，保健管理率85.70%，其中3岁以下儿童19776人，系统管理17246人，系统管理率87.21%。全年5岁以下儿童死亡44例，死亡率6.99‰；婴儿死亡26例，死亡率4.13‰。

【妇幼健康教育宣传】2016年，制定健康教育工作方案，加强母婴保健知识宣传力度，利用国际母乳喂养宣传周活动、“三八”节、科技下乡活动、出生缺陷宣传周活动及孕妇学校、婚检、卫生网页、手机报等开展母乳喂养、叶酸增补、出生缺陷防控、妇女和儿童保健知识的宣传。发放宣传资料3.2份，创办宣传栏36个，出刊传栏内容182期（包括乡镇、社区）。

2016年开展医疗业务知识培训会议（区妇幼儿保健中心 提供）

【医疗业务培训】2016年，区保健和计生服务中心建立起医务科和护理部，使医疗护理工作质量、医院感染管理控制等工作制度化。加强病历质量控制，增强无菌观念。加强医疗业务工作培训，由科室负责人和医疗骨干人员讲课，对医疗、护理、检验及药品使用等人员进行培训4次，开展医疗业务知识讲座7次，派出进修52人次。全年收治妇科、产科、儿科门诊病人22602人次，妇产科住院和孕产妇分娩共365人次。

【计划生育技术服务】2016年，开展适龄妇女优生优育知识讲座4次，开展计划生育政策宣传，全面落实二孩生育政策，加强优生优育检测工作，完成优生优育检查7258人。

公共卫生

【概况】冷水滩区爱卫办是冷水滩区爱国卫生运动委员会的办事机构，负责统筹协调、组织实施全区爱国卫生各项工作。主要抓国家卫生城市建设和全区各乡镇、村及各单位卫生效果检查评比表彰和建设卫生先进单位活动；组织领导全区爱卫组织管理及病媒生物防控工作；开展农村改厕和全民健康教育普及卫生科学知识活动；统筹协调有关部门制定全区重大疫情的应急措施和对策，并检查落实情况。区爱卫办位于区政府行政大楼南楼一楼，2016年，有办公用房5间，编制挂靠区政府办，有行政编制5人、事业编制7人。

【纪念爱国卫生运动64周年活动】2016年，为营造爱国卫生64周年活动氛围。制定下发《湖南省永州市冷水滩区爱国卫生运动64周年纪念活动方案》，在《永州日报》开辟“纪念爱国卫生运动64周年”专题栏目，从3月起，每周一期，刊载改善环境、预防疾病、健康生活方式小知识，爱国卫生工作法律法规和政策措施等内容，共刊登30期。利用相关节日开展爱国卫生专题宣传。先后组织开展爱国卫生月、世界卫生日、全球洗手日等多项专题宣传活动，通过报纸、广播等形式，广泛开展宣传活动，全区共悬挂横幅258余条，制作版画80余块，印发宣传资料5万余份。精心组织各种实践活动。开展健康教育“六进”活动，宣传普及以春夏季传染病预防为重点的卫生知识。全区共举办健康知识教育讲座10余场，健康教育专栏210期，向群众解答咨询，散发宣传单，宣传手足口病和病媒生物传播疾病等重点传染病的防治知识和健康生活方式，受教育人数达15万人次。表彰全区爱国卫生先进。与区人力资源和社会保障局联合下文，对20家全区爱国卫生工作先进单位和20名先进个人进行表彰。

【城乡环境整治】印发《冷水滩区2016年城乡环境卫生整洁行动实施方案》。2016年4月18日，召开全区城乡环境卫生治理工作会议，对全区城乡环境卫生治理工作进行了安排部署。开展城乡环境卫生治理集中整治活动。下发《关于开展城乡环境卫生集中整治活动的通知》，组织全区在2月中旬至3月上旬、4月、6月、12月开展城乡环境卫生集中整治活动。全区共清理垃圾5万余吨、乱堆乱放14950处、乱搭乱建1160处，硬化道路7万平方米，美化墙壁63500平方米，疏通沟渠3475平方米。开展城市精品管理路创建活动。下发《关于开展创建城市精品管理路工作实施方案》，成立创建精品管理路工作区领导小组，调整爱国卫生检查员队伍到区精品管理路分段执勤。共清理精品路沿途居民区乱倒垃圾302处1160余吨，投资91760元增补更换垃圾容器1083个，并逐楼逐院落实了保洁制度。督导全区加油站环境卫生工作。分三批对全区加油站环境卫生治理工作进行督导和考核验收，全年累计治理达标87个。开展农村垃圾分类工作。在杨村甸乡召开了农村垃圾分类工作现场会，进行典型示范。全年编印下发《农村垃圾分类基础知识手册》1000册、《冷水滩区农村垃圾分类场工作基本要求及流程图》20张，共新建垃圾分类场108个。强化基础设施建设工作。区及各乡镇加大资金投入，加快路、桥等基础设施建设和公厕、垃圾中转站等环卫设施建设。

【卫生创建】开展卫生乡镇创建工作。积极指导各乡镇，下大气力治理农村环境脏、乱、差等问题，深入开展创建活动，并因地制宜，健全管理制度，巩固创建成果。岚角山街道通过了省爱卫办考核验收和届满复查。花桥街镇、上岭桥镇、黄阳司镇、普利桥镇、高溪市镇创建成为市级卫生乡镇。开展卫生先进单位创建工作。通过严格标准、逐项整改、实行动态管理等措施，不断提高卫生先进单位创建质量，增加社会卫生细胞，起到示范带动作用。2016年，全区新创建省级卫生单位10个、省级卫生村16个，届满重新命名4个；全区新创建市级卫生单位7个、卫生村12个、卫生居民小区2个。开展创建无烟单位活动。印发《关于开展创建无烟单位活动的通知》，制定《无烟单位标准》，将控烟活动纳入健康教育和卫生单位创建工作计划。经过验收，命名梧桐街道办事处等42个单位为“冷水滩区无烟单位”。

【农村改厕】积极实施农村改厕工作。2016年，争取市补助改厕项目补助资金50万元、区财政300万元，完成改厕项目6000户。通过深入宣传、督导检查、鼓励新建住房户改厕等措施，新改厕所0.8万户，全区改厕总数达2.1万户，农村卫生厕所普及率达76.16%，比2015年提高5.99个百分点。

【病媒生物防控】2016年，以爱国卫生月为契机，以卫生创建为载体，重点开展以整治“四害”（老鼠、蟑螂、苍蝇、蚊子）孳生、栖息环境为主要内容的治理活动，共投资2万多元编印病媒生物防治知识宣传板报30多期，印发宣传资料1.5万余份，举办培训班5期，完善防鼠设施700多处，增设、维修毒饵投放点1196个，组织夏季蚊、蝇消杀用药气雾杀虫剂100余箱，残杀威悬浮剂30箱。

永州市第三人民医院（冷水滩区人民医院）

【概况】永州市第三人民医院2016年1月—12月，完成门诊50万人次，比2015年增加8万人次，增长19%；出院4.5万人次，较2015年同期增加7000人次，增长17%；住院病人手术9030人次，增加1921人次，增长30.5%；业务收入增加近6000万元，全年完成3.78亿元，其中药品收入占医疗收入的36.5%，下降2.3%。全院呈现出内外科齐头并进、协调发展，收入增加、结构优化的可喜局面。医院被评为“全国百姓放心示范医院”“湖南省助理全科医生规范化培训基地”“全市审计工作先进单位”。

【医院管理】深入开展“三级医院创建验收、进一步改善医疗服务”两项重点业务工作，公立医院改革、法人治理工作试点和新绩效改革工作平稳顺利推进，“两学一做”、精准扶贫工作扎实开展。2016年10月1日起，按照全市的统一部署，启动了药品零差率销售。坚持以病人为中心的宗旨，优化服务流程。投资1000余万元，对医院信息系统进行升级改造。在门诊开通诊疗服务“一卡通”的基础上，在CT、核磁、B超、出院结算、小儿门诊等安装排队叫号系统，减轻了患者看病排队的负担。全面推行预约诊疗，已开通电话预约、短信预约、微信预约、现场预约、自助缴费、自助挂号等服务模式。在门诊大厅设立“病人服务中心”，为病人提供预约挂号、咨询、门诊疑难会诊、投诉管理、便民服务等项目。积极开展志愿服务，全院职工踊跃申请，共有723人加入了永州市义工协会。医院成立了义工活动领导小组，制定了工作方案，对每一位义工进行了岗前培训和考核，统一了着装。每天组织开展院内志愿医疗服务，为急门诊患者提供咨询、导诊、分诊、预约、排队、解释、护送、取药、陪同检查、取送检查检验报告单、费用查询等服务。

【新技术开展】2016年，新开展神经传导速度测定及四肢多普勒血流图检查、甲状腺细针穿刺细胞学检查、CT肺动脉及冠状动脉造影（CTA）检查。检验科检出一例布鲁菌病人，送上级医院进一步确诊为牛布鲁菌，经联合用药，病人在短时间内转危为安。

新开展齿状突骨折电透下复位螺钉固定术、颅脑动脉瘤栓塞术、经鼻蝶入路垂体瘤切除术、动静脉瘤及动脉瘤栓塞术、腹腔镜下精索静脉结扎术、腹腔镜下保留肾单位肿瘤切除术、腹腔镜下腹膜后囊肿切除术、腹腔镜下肾肿瘤剜除术、全腹腔镜下直肠癌手术、胸腰椎骨折电透下微创置椎弓根钉复位固定术、上胸椎（T4T5）骨折脱位伴不完全瘫行后路胸椎管减压椎弓根钉复位固定术、T5—T9 脊髓内室管膜切除术、椎弓根钉内固定术、胸椎管狭窄黄韧带骨化行后路椎管减压椎弓根钉内固定术、胸椎管、腰椎管多发性神经纤维瘤病行后路 L2—5 全椎板切除 + 椎管减压 + 显微镜下椎管内多发肿瘤摘除术 + 椎弓根钉固定术、肩关节镜手术、输尿管软镜手术、介入支架植入辅助动脉瘤栓塞术、靶向肿瘤内乳酸阴离子和氢离子的动脉插管化疗栓塞术、盆腔重建术、喉癌水平半喉切除术、急性脑梗死动脉溶栓术、选择性断流术等 20 多项新技术

新生儿科采用“换血术”，成功救治一名日龄 8 天的重度黄疸新生儿。产科、ICU、心内科、手术室等多科联手，成功抢救一名重度胎盘早剥并发 DIC、纤维蛋白原为 0 的孕妇。

【项目建设】新住院大楼经过多年建设，于 2016 年 1 月 9 日顺利投入使用，医院住院床位由原来 716 张增加到 1085 张，增加了骨科二病区、中医肛肠科病区、医疗美容科、儿科二病区、心血管内科二病区、神经内科二病区、精神卫生科 7 个业务科室。新的住院部布局合理，宽敞明亮，各种生活设施齐全，极大地改善了患者的住院环境。同时添置了新的“大 C 臂”、80 排螺旋 CT、1.5T 核磁、电子超声胃镜等先进医疗设备，从硬件上达到了现代化医院管理要求，有效保障医疗质量及安全，使医院整体医疗服务水平迈上新的台阶。

【人才培养】2016 年，医院通过公开招聘，选拔优秀人才 98 人，其中硕士研究生 5 人，本科生 32 人，专科生 61 人。对每名新进人员进行半个月的岗前培训。开展了国内外知名专家到院培训、分层专题培训、专科专项培训、上岗前培训等多种形式的培训。院领导班子成员和职能科室负责人编写培训教材，对全院参加工作三年以内的工作人员进行涵盖医院文化、医德、法律法规、专业规范、医患沟通、医保管理、医患关系、流程管理等内容的再回炉式全面培训。特别是对低年资医护人员专门进行急救知识技能的强化培训考核，要求人人过关，成绩记入个人档案。2016 年度组织医护操作技术培训共 1456 人次，开展医护理论考试 12 次，邀请院外专家教授开展学术讲座 8 次，组织院内资深专业技术人员授课 36 次，派出 27 人次到湘雅医院等三级医院进修深造。

【医德医风】2016 年，医院扎实开展“两学一做”、“纠‘四风’，治陋习”和“雁过拔毛”式腐败专项整治活动。组织全院党员干部及医务人员学习《事业单位工作人员处分暂行规定》《卫生行业“九不准”》《关于党和国家工作人员操办婚丧喜庆事宜的暂行规定》。进一步完善廉政风险防控制度和体系，先后制定了《医院对收受回扣、红包等行为的处理公告》《违反卫计委“九不准”规定的处理制度》。成立专门的满意度调查办公室，每月开展满意度调查，对满意度达不到 90% 的给予经济处罚，并由纪检对科室负责人进行约谈。

【公益服务】2016 年，按照区委、区政府的总体部署和“一进二访”工作要求，积极开展精准扶贫活动。医院成立

了专门的临时机构扶贫办，并向蔡市镇登雅塘村派驻了扶贫工作队。院领导和扶贫办工作队员多次进村入户调查摸底，将536户精准扶贫任务分解到每位院领导和各科室，做到户户都有责任人。积极开展“义诊”“义捐”“义献”活动，全年共组织专家和青年志愿者服务队开展义诊20余次，发放药品数万元；积极参加“和美永州·好人好梦”大型公益捐款和“每日一捐”助学捐款及为困难职工捐款活动，共计捐款20多万元。全年组织义务献血2次，共计205人次，补偿献血款73150元，超额完成红十字会分配的180人计划。

人力资源和社会保障

就业服务

【实施就业优先战略】2016年，落实各项就业政策，强化就业服务，推动实现更高质量、更加稳定的就业。一是落实促进就业政策。在贯彻落实国家、省、市就业政策的同时，对创新创业型企业的标准厂房建设给予补贴和贷款支持。二是积极开展就业援助。就业服务机构与企业签订招用就业困难人员就业协议，有3家企业在同等岗位、相同条件下优先录用就业困难人员，为上述企业发放社保补贴85.2万元。三是广泛组织招聘活动。举办“春风行动”专场招聘会6场，组织入场企业460家，提供各类就业岗位近12500个，发放各类资料8万余份，组织入场人数2.9万人，签订就业协议或达成就业意向6136人。至年底，冷水滩区实现城镇新增就业5317人，占全年计划5200人的102%；城镇下岗失业人员实现就业再就业2425人，占全年计划2400人的101%，其中就业困难对象再就业890人，占全年计划800人的111%；城镇登记失业率控制在4.4 %；新增农村劳动力转移就业5000人，占全年计划4000人的125%；全区城镇“零就业”家庭动态援助率100%，达到了“零就业”家庭就业援助动态清零的目标。

【服务企业用工】2016年春节前后，区就业服务局和基层劳动保障服务机构对区内企业用工情况进行了调查分析。“春风行动”期间，共举办大型综合招聘会1场，农民工专场招聘会3场，大学毕业生和妇女专场招聘会各1场，组织入场2.9万人，提供就业岗位12500个，提供免费服务2200人次，帮助各类求职人员实现了就地就近就业，基本满足了企业用工需求。继续对为企业推荐员工并签订劳动合同的乡镇、街道给予相应的奖励。在企业用工淡季，针对一些企业急需用工的情况，召开服务企业用工会议，分配招工任务，落实过硬措施，保证企业用工需要，让淡季用工不再淡。会同有关部门，组织电商培训和员工技能培训，培训电商学员525人，为达福鑫、宏电电子、名臣制衣、奔腾印务等企业进行员工技能提升培训726人，为待业妇女开展1期育婴师培训，为养蜂协会举办1期蜜蜂养殖培训。

【创业带动就业】2016年，依托公共就业服务机构建立创业指导中心，为创业人员提供创业咨询和服务。全年面向全社会征集创业项目100多个，成立了创业服务专家指导团，对创业项目开发、评估、发布、跟踪等提供“一条龙”服务。在高科园内设立创新创业园，为创业人员搭建创业平台。积极引导伊塘镇和梅湾路社区创建创业型乡镇和创业型社区。进一步完善了舜德摩尔步步高超市创业孵化基地和梅湾路创业一条街建设，对有创业项目、创业愿望和创业能力的创业者推荐进入创业孵化基地和创业一条街，为其提供场地支持，并协调落实税费减免、小额信贷等优惠政策。配合市人社局，加大河东源味街规划及资金投入，打造省级创新基地。结合农村居民进城落户、扶贫开发等工作，推进创业人员向集镇居住和创业。全年共培训创业人员2500人，共发放创业担保贷款3650万元，新增市场主体4130个，新增创业人员2100人，创业带动就业8300人。冷水滩区的时兴眼镜店第六分店参加湖南省创新创业“双百工程”评比，被省评选为湖南省创新创业带动就业先进个人。

【基层平台建设】2016年，以构建服务平台为保障，配合全区示范社区建设，进一步加大劳动保障基层平台建设力度，全区54个乡镇、街道、社区共54个基层服务平台中，75%以上达到规范化要求。加快区、乡镇（街道）、村（社区）三级劳动保障平台网络建设，促进城乡一体化劳动力市场的形成，实现了全区范围内用工信息共享。在全区295个行政村继续各聘请1名劳动保障协理员，由现有村干部兼任，补贴标准为每人每年1000元。村劳动保障协理员协助乡镇劳动保障服务站开展辖区内农村就业、社会保障等工作，有效地促进了基层就业和社会保障工作的开展。

【职业技能培训】2016年，依托区就业培训中心及各类培训机构的场地和师资力量，合理调整设置培训专业和培训课程，加强培训管理，努力提高培训质量。全年开展职业技能培训4201人，完成年度任务的105%，其中创业培训525人，完成年度任务的105%。职业技能鉴定630人，技能鉴定取证525人，均超额完成了年度任务。

公务员队伍和人才建设

【概况】做好全区机关事业单位工作人员年度考核工作。2016年度，全区参加考核12422人，通过把关审验，被确定为优秀等次1083人，其中记三等功35人；被确定为基本称职（基本合格）、不称职（不合格）、不定等人员92人；公务员（含参管）身份人员按要求填写了公务员年度考核登记表，其他人员填写了机关事业单位工作人员年度考核登记表；年度考核优秀人员均按规定颁发了证书和奖金。认真做好公务员职务职级并行工作。在摸清全区公务员遗留问题和全区公务员单位职数和队伍现状基础上，于11月开展公务员职务与职级并行工作，共审核通过符合晋升条件的公务员375人。做好2016年公务员统计数据采集、汇总、上报及分析工作，完成了冷水滩区行政单位统计工作任务。做好公务员管理日常业务工作。根据省、市公务员主管部门的要求，切实做好公务员管理有关工作的调研、座谈、汇报，撰写调研材料3篇。根据市委组织部和市人社局《关于开展全市公务员登记（含参照公务员管理人员登记）情况专项检查的实施方案》的要求，对2011年以来全区进行公务员登记的743人进行了摸底造册，主要查在学历上、经历上、登记上、初入单位手续上是否存在不符合文件精神和要求的情况，并将自查情况和整改措施向市专项检查工作领导小组进行了汇报。

【绩效评估】2016年，本着既力争全面、客观、科学评估各单位落实完成区委、区政府重要安排部署情况，又力争有效促进各单位完成市下达到区的绩效评估目标任务，科学设置评估指标，严格落实平时评估工作，扎实开展年底评估工作，做好市对区绩效评估工作。一是出台《2016年冷水滩区绩效评估实施办法》，将区委、区政府60项重点工作、市下达的八大类65项绩效评估指标任务分解落实到相关责任单位，并督促其按时、保质、足量完成；二是对目标完成情况进行全程跟踪，为年度的评估工作打下了坚实的基础；三是公平公正地开展年底评估工作，确保绩效评估工作的制度性与严肃性；四是按时报送市对区绩效评估工作目标完成情况，认真做好市对区绩效评估集中考核的相关工作。

【军转安置】计划分配军转干部安置原则为随户籍关系安置，对参加抗震救灾、抗洪抢险、抗击雨雪冰冻灾害的军转干部给予从优安置，对立功受奖的照顾安置。军转干部随调配偶的安置参照其本人职务等级和从事的职业尽量考虑对口安置。2016 年，上级下达全市安置的军转干部共 39 人（其中计划安置 19 人，自主择业 20 人），随调配偶 5 人。需冷水滩区安置的营职以上 2 人、营级以下转业干部 1 人，副团级随调家属 1 人，冷水滩区管理的自主择业军转干部共 59 人，其中 2016 年安置的 9 名自主择业军转干部，医保单位缴费部分需由冷水滩区财政解决，将于 2017 年省级财政拨付其个人缴费部分后予以落实。

【人才建设】一是切实做好事业单位招聘工作。根据冷水滩区实际需要，公开招聘“211”“985”师范类优秀大学毕业生 12 人，从区外公开选调 15 人优秀教师到冷水滩区中小学任教。二是严格“三支一扶”招募。按照规定的程序和要求，招募 7 人“三支一扶”人员到冷水滩区乡镇工作。完成了“三支一扶”人员期满转正安置工作。三是做好职称评审工作。认真做好企事业单位职称评审工作，10 月底正式启动中小学教师职称制度改革。全区申报高级职称 29 人、中级 4 人，其中卫生系列高级 27 人。

【制度改革】一是深化公务员职务与职级并行。深化和完善公务员制度改革，推行了冷水滩区公务员职务与职级并行工作。二是扎实做好工资工作。加强对机关事业单位工资审核，组织工资管理人员培训，利用工资 QQ 群及时发布相关信息。三是完善机关事业单位养老保险改革。认真协调解决机关事业单位养老保险制度改革的后续工作和遗留问题。四是做好公务员法管理的单位、参照公务员法管理的机关（单位）和公益一类、公益二类事业单位的参保工作。四是整合城镇居民医疗保险和新型农村合作医疗制度。从 8 月开始，启动城乡居民基本医疗保险工作。

【劳动关系】一是认真组织劳动专项执法行动。通过专项检查、日常巡查、举报专查等途径，及时发现并严厉打击各种欠薪行为。组织开展了“农民工工资支付”“人力资源市场清理整顿”“招用童工”“用人单位遵守劳动保障法律法规”4 次专项检查行动。积极与区公安、法院、工商等有关部门对接，严厉打击违反劳动保障法律法规的行为，形成执法合力，增强了执法震摄力。全年共受理以拖欠工资为主的劳动侵权举报、投诉案件 58 件，结案 55 件，中止案件 3 件，结案率 95%，为劳动者追回被拖欠工资 430 余万元，清退押金 0.5 万元；依法检查用人单位 397 家，涉及劳动者 6570 人；结合社会网格化管理新要求，推进“两网化”建设，配备兼职劳动保障监察员 32 人，使劳动保障监察触角延伸到基层。二是加强劳动人事争议仲裁。坚持“先调解，后仲裁，调裁结合，以调为主”的理念，加大对拖欠农民工工资、工伤、集体争议和涉及贫困户的劳动争议案件的处理力度，不断提高调解成功率和仲裁结案率。全年共受理劳动人事争议案件 73 件，结案 72 件（1 件因申请工伤认定行政复议而中止审理），结案率 98.6%，其中调解结案 38 件，调解结案率52.8%，外出处理应急性突发事件2件，涉及标的额达200多万元。注重加强劳动争议调解体系建设，发挥基层调解组织第一道防线的作用，指导建立了乡镇、街道劳动争议调解中心，配备50名调解员，按照“五统一、六上墙”要求，依法、规范、有序开展劳动争议调解工作。三是会同有关部门做好工资集体协商工作，全区已建工会组织的企业工资集体协商建制率达89%。四是严格劳务派遣许可，加大劳务派遣市场监测，规范了劳务派遣用工。五是加强劳动合同备案管理，提高劳动合同签订率和劳动合同质量。

保险制度

【企业养老保险】一是突出工作重点，进一步加大征缴扩面力度。2016年年初，根据省、市关于做好园区企业养老保险缴费费率过渡试点工作的要求，成立了专门的工作班子，社会劳动保险站工作人员深入企业开展宣传，发放资料，共走访园区企业及私营企业50多家，发放宣传资料7000余份。实行岗位责任制管理，将全年扩面征缴任务进行分解，责任到人，严格考核。二是推广人脸识别，全面实施领取养老金资格网上认证工作。冷水滩区实行“人脸识别”网上认证，对各乡镇、街道劳动保障服务站 长及各社区专干进行了为期1天的培训，明确了责任，提高了业务技能。以网络认证为主，其他方式结合的办法，提高了养老金领取资格认证率，方便了退休人员。三是加强内部管理，进一步规范业务流程。建立健全企业养老保险业务流程，严格参保、接转、退休审核、待遇支付、领待资格认证、退休待遇恢复等各项管理，建立健全了互相监督制约的内部防控机制。四是转变作风，不断提高服务质量。将“两学一做”学习教育与业务学习相结合，定期举办业务知识讲座，请领导和业务骨干讲授业务知识，解读最新政策，开展讨论，互相学习，共同提高；定期组织工作人员开展股室间自学，相互介绍各自业务内容、工作流程，加强沟通，取长补短，做到业务精通、一专多能；鼓励工作人员利用业余时间进行自学，全面学习掌握计算机操作、软件使用、财务会计等多方面知识，打牢做好本职工作的坚实基础。全年企业养老保险征缴基金14800万元，完成年度任务的102%。全区参保31534人，其中新增参保3445人，完成年度任务的287%。全区离退休10462人，发放养老金21598万元。10150余名离退休人员进行了网上资格认证，实地稽核178家单位，稽核18721人。查出冒领养老金56人，追缴冒领养老金33万元。9月底，完成园区企业养老保险费率过渡试点资料审核工作，10月初向市申报。

【机关养老保险】一是养老保险改革。根据省文件精神及要求，机关事业单位养老保险站积极组织工作人员核实每名参保人员历年的缴费基数、缴费金额，纠正参保单位征缴基数的错误，不多报、不少报、不漏报。自机关事业单位养老保险制度改革以来，对基金征缴模式进行了更改，分别提供了银行代扣代缴和单位自缴两种征缴方式，由单位自行选择。至12月，已有173个参保单位、10223人选择银行代扣代缴方式，其余采取单位自缴方式缴纳养老保险费。自信息测试系统下发以来，积极组织工作人员对新系统进行学习，并整理操作流程中遇到的问题，收集意见和建议，积极向上级反馈。要求工作人员熟练新系统内各个模块的操作特点和规程，做到尽快进入角色，提高经办业务效能。二是待遇稽核。与区民政部门沟通衔接，离退休职工一旦病故后，家属先到区人社局领取表格，到机关事业单位养保站签字盖章停发工资后，才能领取相应的抚恤金，从根源上避免了冒领养老金的情况发生。对全区参保单位离退休职工生存状况进行一次全面实地调查，查处冒领养老金16人，查处金额122156元。三是待遇支付情况。按照离退休人员养老金按时足额发放和社会化发放率100%的要求，对养老金发放做到每月支出计划、资金划拨、发放时间“三到位”，各个环节实行定职、定责、定时的工作机制，保障了离退休人员的养老金按时足额发放。四是业务财务档案管理。做到业务档案和资料按照编目、编号规范整理，案卷存放入室。进一步明确了档案人员的工作职责、任务以及归档范围和整理标准，使档案接收、积累、收集、整理做到有章可循，按章办事，没有出现档案损毁和丢失现象。2016年，全区参加机关养老保险单位212个，在职参保12108人，离退休4513人。基金总收入18558万元，其中养老保险征缴收入18470万元，完成全年计划17700万元的104%，养老保险费支出14871万元，累计结余3839万元。

【医疗保险与生育保险】一是加强扩面征收，增强基金保障能力。加大参保宣传力度，尤其是对非从业人员、在校学生参加城镇居民医疗保险的宣传力度，增强了广大群众对医疗保险政策的了解和参保意识。二是完善定点协议，加强“两定”机构管理。修订完善定点医疗服务协议条款，对定点医疗机构的服务行为、服务质量作了严格要求，制定了公开、透明的考核指标，加强住院费用的控制，同时定期对《服务协议》执行情况进行督促检查，发现问题，及时督促整改。三是严控费用指标，确保基金合理使用。与各定点医疗机构签订协议时，费用结算约定了住院人次、人次费用标准等，对超过部分在结算时予以扣除，同时在总额控制的前提下，对各民营医院的住院人次、人次费用标准进行了一定的压缩和控制。四是强化医疗监管，严肃查处违规行为。制定了医保工作例会制度，各定点民营医院院长和医保科科长每月定期参加例会，加强对定点医疗机构的管理；组建稽核工作小组，由医保中心负责人带队，安排专业人员，通过数据分析、网络监管、现场查看等方式进行检查，对发现的问题按规定给予相应的处理。全区城镇职工基本医疗保险参保644家（其中改制企业87家），参保职工29515人，征缴基金7385万元，完成年度任务的161.6%，基金支出5231万元。城镇居民基本医疗保险参保缴费104774人，征缴基金4721万元，基金支出7711.22万元。职工生育保险参保登记34153人，参保缴费人数21429人，征缴基金112万元，完成年度任务的101.8%。全年城镇职工参保人员享受待遇30213人次，医疗费用支出7979.09万元，医保基金支付4356.55万元；住院6222人次，费用支出5419.89万元，医保基金支付3614.8万元，医保报销比例达66.7%，政策范围内报销比例达88.38%。城镇居民基本医疗保险待遇支出6483.82万元，大病医疗保险支出362.43万元。2016年，统筹基金收入共计3155万元，大病收入288万元，统筹基金支付3113万元，大病支出375万元。

【城乡居民养老保险】一是采取多种方式，营造舆论氛围。坚持“多渠道、广角度、深层次、全覆盖”的原则，2016年，累计发放宣传资料4万余份，其中《城乡居民养老保险参保缴费告示》1500份，悬挂横幅标语100多条，营造了良好的宣传声势。对少数群众认识不到位、参保有疑虑等实际问题，进村入户解疑释惑，帮助群众算清早参保、多受益的“经济账”，让应参保群众手中拿到宣传品、眼中看到宣传册、耳中听到宣传声，参保缴费积极性明显高涨。二是定时进行调度，工作奖罚分明。以巩固参保率、提高续保率为重点，从4月开始，每月召开由各乡镇、街道劳动保障服务站站长参加的调度会，了解参保缴费进度，提出问题，找出解决问题的办法。开展“周计划，月讲评，季考核”活动，营造积极的工作氛围。建立城乡居民QQ群，每周五对各乡镇、街道的参保缴费情况进行通报。通过共同努力，于11月底圆满完成了全年任务。三是有序开展业务，按时足额发放养老保险。从登记、征缴、发放、档案管理等多个环节，规范养老保险的经办流程，做到手续办理到户、凭证发放到手，确保业务流程标准化。每月10日开始做好发放准备，保证25日之前将养老金发放到位。加强与农村信用社的联系与合作，让农村待领人员就地领取养老金。冷水滩区城乡居民参保21.3万人，全年征缴基金1523万元，领取养老金54380人，发放养老金5220.45万元。

【工伤保险】一是继续扩大工伤保险覆盖面。2016年初，派专人到相关部门获取冷水滩区正在生产、经营的企业名单和企业人数，并建立应参保单位台账。对尚未参保的企业进行宣传发动，积极推进工伤保险参保。全年新增各类参保单位42家，新增参保1986人。实施“同舟计划”，稳步推进建筑行业参保工作。对全区建筑企业在建和未建项目进行摸底统计，掌握了全区已审批建筑企业名单。印制专门的宣传资料，订制建筑工地安全帽以及《建筑行业参加工伤保险手册》，发放到各建筑工地，提高了“同舟计划”的知晓度。二是进一步抓好工伤保险宣传。深入宣传《中华人民共和国社会保险法》和《工伤保险条例》，除印制宣传资料、宣传物品外，还走上街头，深入企业，发放宣传资料，讲解政策。3月12日，在区政府广场设立宣传咨询台，现场接受政策咨询，发放宣传资料。6月6日，为配合重点园区企业达福鑫公司做好社保工作，工伤保险工作人员进入该公司，面对面为公司领导和员工讲课，得到了好评，促进了工伤保险扩面征缴工作。三是全面推进工伤医疗费医院联网结算工作。对参保单位大力宣传联网结算，发放联网结算工作流程图。尽管医院的工伤系统已安装到位，但部分医院仍达不到联网直接结算的要求。针对这一情况，多次请创智软件工程师亲自到医院指导、培训，加快联网结算工作的顺利进行。截至2016年，冷水滩区已有46名工伤职工的工伤医疗费实行了医院联网直接结算。四是积极推行“全员参与式”工伤预防持续改善项目。8月25日，全市召开“全员参与式工伤预防持续改善项目”启动会，此项目由广东工伤康复中心负责实施。冷水滩区根据市要求和参保单位的实际情况，筛选出湖南重庆啤酒永州分公司参与此项目。工伤保险站配合广东工伤康复中心，积极推进此项目的实施，为下年度打下了较好基础。五是落实工伤保险费率下调及费率浮动政策。2016年年初，对已参保单位上一年度的收支情况进行汇总、分析，拟定费率浮动单位名单，对照工伤新八大类，确定单位基准费率。9月，统一启用工伤八大类的新行业基准费率，90%以上的单位费率下调，个别企业如建筑行业费率有所上调，同时对需浮动费率的20家单位进行了费率浮动。六是进一步规范业务经办工作。对参保登记、人员异动、待遇支付、工伤医疗等程序进行了规范、简化，提高了办理效率。“小额工伤”支付效率进一步提高，业务经办档案管理进一步规范和加强。2016年，全区工伤保险基金收入1026万元，完成年度任务580万元的177%，接受各类事故报案243起，享受工伤待遇255人，全年工伤住院83人次，工伤门诊113人次（其中小额工伤68人），因工死亡5人。工伤保险待遇支出564万元，其中一次性工亡待遇支出308万元，占总支出的55%。工伤三项费用支出45万元，占可使用额度112万元的40%。

【失业保险】2016年，冷水滩区失业保险参保21002人，占全年任务的100%，实际缴费6782人，征缴基金133万元，占全年任务的56%。领取失业保险待遇765人，发放失业保险金73.48万元。

【新农合】一是新农合最高支付限额和报账比例逐步提升。2016年，新农合统筹资金最高支付限额15万元，乡镇卫生院采取“10+100”补偿模式，住院起付线100元，补偿比例100%；区级医院住院起付线400元，补偿比例73%，另外双向转诊患者在此基础上提高2%的补偿水平。二是五保户住院和孕产妇分娩基本医疗费用实施全免政策。实行农村五保对象在区、乡镇新农合定点医疗机构住院基本医疗费用全免，农村孕产妇住院分娩基本医疗费用全免。2016年，五保户住院2653人次，全免金额358.6万元；孕产妇分娩住院2705人，全免金额339.8万元。三是重大疾病保障水平进一步提高。冷水滩区纳入新农合管理的重大疾病从最初的儿童白血病、儿童先心病、0~6岁农村聋儿人工耳蜗植入、妇女“两癌”、终末期肾病、耐药结核病、重性精神病等重大疾病，扩大到将肺癌、胃癌等疾病纳入重大疾病救治保障范围，政策补偿比例提高到70%~80%(全省重大疾病救治医院补偿比例按病种统一)。2016年，重大疾病住院1135人次，补偿金额694.7万元。四是大病保险稳步实施。从新农合基金提取资金，参与市级新农合大病保险（参合群众不另交费，当年度住院在享受正常的新农合补偿后，全年累计新农合保内自负费用达到大病保险起付线后即可享受大病保险补偿）。2016年，大病保险补偿1566人次，补偿金额360万元。个人缴费120元/人，各级财政配套420元/人，人均540元，共筹资16527.24万元，其中个人3673.27万元，中央、省、市、区级配套12853.97万元。全年农合补偿154564人次，补偿支出16253万元，其中住院68014人次，补偿金额12771.8万元，普通门诊37524人次，补偿金额172.8万元，特殊门诊7610人次，补偿金额409.6万元。

【城居医保与新农合整合】根据国务院、省政府、市政府《关于整合城乡居民基本医疗保险制度的实施意见（方案）》的要求，冷水滩区从2016年8月1日起，正式启动整合城镇居民基本医疗保险和新型农村合作医疗制度，建立覆盖范围、筹资政策、保障待遇、医保目录、定点管理、基金管理“六统一”的城乡居民基本医疗保险制度，由区人社部门承担城乡居民基本医疗保险行政管理职能。

【基金监管】2016年，根据《社会保险经办规程》的规定，冷水滩区社会保险经办机构严格按照“一事双岗双审”要求，配备工作人员，实行经办、复核、审核互相分离。结合实际情况，制定了《基金内部控制制度》《基金财务管理工作制度》《稽核工作制度》《基金预警制度》《数据库安全管理制度》《系统管理员与网络管理员岗位责任制》《会计档案管理制度》等各项制度，加强对基金预算、收缴、支付、管理等各项业务环节的监督控制，全区五项社会保险覆盖人群逐年扩大，社保基金征缴数额持续增加，抗压力、抗风险能力有了增强，社保基金运行良好，确保了社保基金的安全完整。

【社会保障卡】2016年，全区总人口约50万人（其中包含凤凰园经济开发区约7.5万人）。截至年底，冷水滩区共采集社保卡数据约38万人，其中农村居民采集约21万人，城镇职工采集2.8万人，城镇居民采集约14万人。冷水滩区社会保障卡具备医保卡功能、金融功能、城乡居民养老保险待遇领取功能3个方面的功能，并逐步拓展启用其他功能。1.电子凭证功能。将社会保障卡作为持卡人办理就业登记、失业登记、参保登记、工伤认定、职业培训、技能鉴定等人力资源和社会保障业务，享受各项就业扶持政策和就业服务、社保服务、人才服务的主要电子身份证。2.自助查询功能。通过社会保障卡在自助服务一体机或其他服务渠道连接后台系统，方便持卡人查询个人的人力资源和社会保障权益信息及办理相关业务。3.就医结算功能。通过社会保障卡实现本地和跨地的医疗保险、工伤保险、生育保险医疗费用即时结算，支持挂号、诊疗、妊娠登记、住院登记、购药等就医过程的信息服务，实现就医一卡通。4.缴费和待遇领取功能。通过社会保障卡的银行账户实现各类缴费和待遇领取。包括个人各项社会保险缴费、人事人才考试缴费，各项社会保险定期待遇和一次性待遇领取、报销费用领取、就业扶持政策补贴资金领取发放、农民工工资领取等。5.金融支付功能。通过社会保障卡的银行账户办理存取款、转账、代收代付等业务。推动全区财政、民政、计生、扶贫、教育和农牧等惠民资金直补和小额农贷等金融功能应用服务。

人社机关建设和亮点工作

【机关建设】一是坚持理论学习。通过制定和落实学习计划，不断提高理论水平，增强执行党和国家各项方针政策的自觉性。加强作风和能力建设，进一步提高科学决策、驾驭全局和贯彻执行的能力。二是强化党务政务公开。通过公开栏、宣传栏、简报、会议等方式，及时公开党务、政务信息，做到热点、重点事项及时公开，进一步让社会各界了解人社工作，接受群众监督。三是加强内部管理。以“两学一做”学习教育和创文明单位、创“优质服务窗口”活动为引领，进一步完善各项制度，抓好制度落实。坚持不定期明查暗访、定期督促检查等制度及规定，用制度管人管事，有效提高了工作效率、工作质量和群众满意度。四是重视信访接待调处工作。全年接待群众来访1100余人次，受理来信190件，现场接访劝访32次，网上信访63件，书面答复信访105件。

【亮点工作】一是积极搭建创业平台。帮助和支持伊塘镇、梅湾路社区创建创业型乡镇和创业型社区，完善了舜德摩尔步步高超市创业孵化基地，加强河东源味街建设，为创业人员提供场地，协调落实税费减免、小额信贷等优惠政策。二是加大引才聚才力度。冷水滩区创新人才引进、培养办法，实施引进人才的家属就业和医

区人社局开展咨询活动（区人社局 提供）

区人社局工作人员到普利桥镇落刀塘村扶贫走访（区人社局 提供）

保、社保关系转接服务工作。如从“211”“985”师范类大学毕业生引进教师12人，从区外引进骨干教师15人，各方面反映良好。三是推进基层服务平台标准化建设。近两年投入300多万元资金，用于基层平台建设，全区乡镇基层平台10个，已建示范点8个，街道基层平台10个，已建示范点8个，社区基层平台22个，已建示范点22个。加快“金保工程”信息化建设，健全了区、乡镇（街道）、村（社区）三级劳动保障网络，在全区范围内实现了用工信息互通共享。四是依托就业创业政策推进精准扶贫。组织用人单位到乡镇举办专场招聘会，为贫困村富余劳动力求职务工搭建平台；放宽创业担保贷款条件，对贫困的创业者提供贷款贴息；对贫困村未就业的高校毕业生，安排见习岗位，每人每月补助1130元；引导有创业愿望的贫困村劳动者和返乡农民工参加免费创业培训，给予创业指导和帮助，依靠创业增加收入，实现脱贫致富。五是创新人才流动新模式。制定了冷水滩区经建投、城建投两大公司人员招聘、管理、考核及薪酬等方案，在全区行政事业单位中筛选优秀人员到公司工作，激活了人才交流活力，保证了公司招聘人员质量，促进了公司提质增效、健康发展。

民政 人口计生

民　　政

【概况】2016年，冷水滩区民政系统开展“两学一做”学习教育以及“雁过拔毛”式腐败问题和“纠‘四风’、治陋习”专项整治活动，完成福利中心大楼装饰工程、婚姻登记机构性质变更、兜底脱贫对象认定、残疾人两项补贴审批发放、重点民生实事268张养老床位、10个农村社区建设试点、100名退伍士兵安置、并乡合村、成立区慈善总会、民政综合服务平台、行业协会商会与行政机关脱钩11件大事，化解了婚姻档案纠纷、福利大楼遗留问题、局机关办公秩序、民政资金清查清理以及岚角山敬老山庄幸福园“送老人回家”五大难题。

【救灾救助】2016年4月17日、8月1日、8月26日，3次受高空低槽和地面冷空气共同影响，冷水滩区骤降暴雨，共造成5.51万人受灾，全区倒塌房屋5户10间，损坏房屋746户1109间，造成直接经济损失2986万余元。灾情发生后，区委、区政府主要领导深入普利桥、杨村甸等乡镇，指导强降雨防范工作，其他区级领导分别深入所联系的乡镇，深入隐患区域现场指导群众积极开展生产自救，妥善安排好受灾困难群众的基本生活，维护了社会和谐稳定。

【社会福利】2016年，出台了《关于在全区开展农村留守儿童留守妇女留守老人摸底排查工作实施方案》，组织各乡镇、街道扎实开展调查摸底工作，全区共排查出农村留守儿童2750人、留守老人3395人、留守妇女2463人。出台《冷水滩区困难残疾人生活补贴和重度残疾人护理补贴发放实施细则（试行）》，多次组织召开工作会议和业务培训，严格按照政策要求和规定程序审核申报资料。2016年，全区共核定符合条件的困难残疾人5278人，其中享受困难残疾人生活补贴4713人，每月发放补贴金23.6万元；重度残疾人护理补贴4425人，每月发放22.1万元，全年共计发放补贴金548.3万元。

冷水滩区召开全区民政工作暨民政系统“雁过拔毛”式腐败问题专项整治工作会议（区民政局 提供）

【五保户供养】冷水滩区民政系统根据省、市统一安排部署，在8月2日召开特困人员精准认定工作会议，制定方案，明确区、镇（街道）村（居）三级责任，组织联合认定调查组，逐户逐人进行更新认定和动态管理，共清退179人，死亡12人。在清查的同时，还建立健全了全区特困人员档案，实行“一户一档、一村（居）一盒”。

义工走进福利院（区民政局 提供）

【城乡居民最低生活保障】冷水滩区自2016年4月1日起执行新的城乡低保指导标准，农村低保指导标准由165元/月提高到220元/月，城市低保指导标准由350元/月提高到420元/月。农村五保从2016年1月1日起将供养标准由2900元/年提高到3200元/年。全年发放农村低保救助资金2952万元、城市低保救助资金4430万元、五保供养金578万元、城乡医疗救助资金1017万元。2016年，冷水滩区共对农村低保户13955户21951人及建档立卡8350户25634人进行了入户调查，联合认定兜底脱贫对象928户、2325人，占全区农村人口总数的0.78%，并全部纳入建档立卡贫困户。

【福利机构建设】一是福利中心建设。冷水滩区福利大楼于2006年开工兴建，由于多方面的原因，历时十年一直没有启用。2016年，冷水滩区民政系统创新大楼功能划分，将养老、康复、婚姻登记、社会组织孵化等公共服务事项有机结合，得到上级部门的支持，至年底，各功能区建设已基本完工，4~7层的养老服务中心在年底正式投入使用，新增养老床位100张。二是农村敬老院建设。2016年，蔡市中心敬老院（三期）项目投入建设资金400万元，新增50个养老床位；黄阳司镇中心敬老院项目投入建设资金220万元。三是城乡养老服务示范点建设。白竹亭社区小型养老机构新增养老床位25张，总投资180万元。凤凰社区日间照料中心、又一村社区日间照料中心、翠竹园社区日间照料中心、长冲社区日间照料中心4个社区日间照料中心和普利桥镇吊楼村、伊塘镇姚家村、梅湾街道翠竹园社区、凤凰街道凤凰社区4个省级养老服务示范点均按省、市的要求和标准建成，并全部投入使用。

【基层政权和社区建设】冷水滩区民政系统按照省、市要求，精心组织，周密安排，在省、市率先完成并乡合村工作任务，合并并减少乡镇1个，析置街道2个，合并减少116个村，现有村数为171个，比省、市下达任务指标减少1个村，无矛盾纠纷和上访问题发生。冷水滩区积极推进“分类议事”工作法，分类规范民主决策事项和工作流程，指导和督促乡镇（街道）深入开展村务公开民主管理，强化村（居）务监督委员会监督作用，全面推进基层民主，完善基层群众自

对重点优抚对象免费送医送药下乡（区民政局 提供）

治。全区32个城乡社区居委会依法自治达标率为100%，农村村委会依法自治达标率为96.3%。

2016年，冷水滩区采取与农村网格化有机结合等途径，在上岭桥镇东村等10个农村社区进行试点。通过努力，建设了农村社区公共服务设施，加强了村级组织建设，完善了相关服务功能。同年8月，市、区一次性通过公益创投与10家社会组织签订购买服务协议，总金额达98万元，其中直接为全区社区居民服务的有6家社会组织，服务金额达43.8万元。

【优抚工作】2016年，共下拨各类优抚资金2450万元，其中发放优抚对象生活补助资金1660万元，重点优抚对象医疗保障补助120万元，双拥、军休、安置等补助资金670万元；做好伤残资料的上报审批工作，上报伤残资料13份，其中新增9人，提高伤残等级4人，做到了资料齐全真实、无省市退回现象。为在乡老复员军人免费送医送药，金额近15万元；联合永州市优抚医院完成9名重点优抚对象短期疗养；资助13名在乡重点优抚对象进行住房维修，补助资金12万元。在春节、“八一”期间，对驻冷水滩区部队、现役军人空巢家庭及在乡三级伤残军人、军队退休干部、企业下岗伤残军人等各类重点优抚对象进行走访慰问，发放慰问金30万元。

【退伍安置】2016年度，全区共安置2014年退役符合安置条件的退役士兵46人、2015年退役符合安置条件的退役士兵54人，共接收退役士兵253人，发放退役士兵自主择业补助金171人90万元。委托市职业技术学院对35名退役士兵进行技能培训，考试合格率达100%，全部颁发了结业证书。全年共扶持10名退役士兵发展生产、勤劳致富，扶持资金40万元；建设退役军人之家8个，其中乡镇3个、村级5个，投入建设资金60万元。

【社会组织建设】2016年，冷水滩区在区福利中心二楼大厅建设了高标准的社会组织孵化基地，面积450平方米，内部功能齐全，设施配置完备。6月1日，冷水滩区社会组织党工委组织区个私协党委、永州市黄岗博才学校党支部等30余人召开全区社会组织“两学一做”学习教育工作会议，安排部署全区社会组织“两学一做”学习教育工作。6月16日，冷水滩区组织召开社会组织“两学一做”学习教育座谈会，区委常委、组织部部长、统战部部长龙亮与参会的社会组织代表就开展“两学一做”的经验做法进行了探讨与交流。各社会组织均按照有关要求，扎实开展“两学一做”学习教育活动。

【民间组织登记管理】2016年，冷水滩区民政系统按照国务院有关两个《条例》规定，积极与教育部门协调，集中精力做好了幼儿园的年度检查。对登记在册的251家民办非企业单位和社会团体下发了年检通知，共有246家民办非企业单位和社会团体参检，参检率98%，合格率95%。参检率和合格率较往年有很大提升。冷水滩区民政系统与区委组织部、区工商联等部门联合出台了《关于推进行业协会商会与行政机关脱钩的实施方案》，成立联合工作组，召开了动员会议，扎实推进行业协会商会与行政机关脱钩工作。冷水滩区粮食行业协会等3家协会完成脱钩。

【老龄工作】2016年，冷水滩区对现有的基本养老服务对象、百岁老人、90~99周岁老年人等对象进行动态管理，核定基本养老服务对象2561人，发放基本养老服务补贴61.464万元；核定90~99周岁高龄老人766人，发放高龄补贴资金91.9万元；核定百岁老人18人，发放长寿金7.84万元。为了确保老年人“老有所乐，老有所享，老有所依”，2016年，全区各街道、社区、乡镇、村相继成立了223个基层老年协会，为老年人的精神生活和物质生活提高提供了组织保障。在省、市老龄办的关心支持下，冷水滩区在舜德摩尔财富中心1811室建成全区第一家“公建民营”居家养老服务信息平台，设置了6个呼叫中心、1个独立机房、1个档案室，配备了空调、电脑等基本设施，建立健全了各项规章制度，搜集录入凤凰、又一村、湖塘、翠竹园等社区60岁以上老年人基本信息1万余条。该信息平台由区老龄办和又一村社区授权委托永州和美家政养老服务中心运营，6月正式运行，已有300余家为老服务商加盟签约，为老年人提供服务781人次。冷水滩区民政系统按照市、区网格办的要求，及时下放公共服务，在城乡各社区设立了网络代办点，全区65周岁老人在家门口就能办理老年证，全年共办证3500余本。

【婚姻登记工作】2016年，区委、区政府批准将婚姻登记处升格为全额拨款事业单位，解决编制10人；投入200余万元，在区福利中心二楼建造婚姻登记大厅。全年共办理结婚登记4517对，离婚登记1880对，补领结婚证1506对，补领离婚证134本，出具婚姻记录证明4412人次，合格率均达100%。

【地名管理】冷水滩区于2016年3月4日挂网，4月14日投标，7月1日与外包单位签订合同。多次组织召开了地名普查工作推进会和业务培训会，搜集条目近万余条，地名普查外包业务全面铺开。积极主动与东安县协商，联合开展边界联检，共检查界线181公里、界桩4个，圆满完成了联检任务；组织全区各乡镇、街道开

“5·12”防灾减灾活动日宣传活动（区民政局 提供）

展平安边界创建活动，2016年，全区边界基本上和平稳定，无重大纠纷隐患问题发生。

【殡葬管理】2016年，冷水滩区共火化遗体804具，处理无名死尸38具，审核火化证117人，查处违规治丧16起。

【社会事务】2016年，冷水滩区对城乡孤儿重新洗牌，重点清查不符合政策要求、超龄的孤儿。经排查，共清退超龄孤儿23人、不符合孤儿条件儿童2人，全年共发放孤儿基本生活费220.6万元。2016年，对流浪乞讨人员实施临时救济600余人次，接送流浪孩子回家5人次，护送流浪乞讨精神病人返乡10人次，送往芝山医院安置流浪乞讨精神病人26人次，救助医疗费用60余万元。

【慈善事业】2016年11月，冷水滩区成立慈善总会，积极组织开展慈善活动，建成标准慈善超市1家，发放慈善金叶卡90张，资助贫困学子10人，发放资金8.4万元。联合深圳威斯特尔电器公司开展捐赠惠民活动，受捐净水器价值66万元。全年共募集善款18.5万元，发放资金7.6万元，救助困难群众369人次。

人口计生

【概况】2016年是冷水滩区实施人口计生“十二五”规划的收官之年。全区围绕“提高人口素质，改善人口结构”中心，突出夯实基层基础和提高统计质量两大重点，着力攻克违法生育控制、社会抚养费征收和流动人口管理三大难点，切实强化督导检查、协调配合、专项活动、教育培训四项保障措施，人口计生工作稳步发展，人口数量得到有效控制，低生育水平继续稳定。2016年，全区共出生人口7344人，人口出生率为13.76，人口自然增长率为6.6%，符合政策生育率为95.69%，出生性别比为110。荣获“全国计划生育优质服务先进区”称号。被省市评为打击“两非”先进单位；区计生协会被省、市评为“计生协会工作先进单位”；区人口计生委被中国人口报社评为“新闻宣传工作先进单位”；区卫计委被评为“湖南省计划生育依法行政示范单位”；高溪市镇被评为“2016年全省计划生育基层群众自治省级示范镇”。

【领导重视】一是落实领导责任。坚持计划生育工作各级党政“一把手”亲自抓、负总责制度，区委、区政府召开专题会议，研究解决工作中的实际困难与问题。2016年3月11日，区委常委会议专题研究人口计生工作。会议重申人口计生工作是“底线工作”，区委书记何冲龙强调“六不”（目标不动摇，红旗不能丢，纪律不松弛，追责不让步，政策不打折，服务不松劲）指导思想，坚定了“保国优、省先进、市模范”目标的决心和“一票否决”不动摇的态度。7月2日，区政府常务会议同意将区计生协会列入区财政一级预算单位。9月5日，区委常委会议专题研究计生协会工作，明确计生协会职能、机构、编制等事项。区委、区政府将计生工作与经济工作同安排、同部署。6月2日，全区经济工作半年形势分析会议表扬上半年来计生工作做得好的单位，并由排名第一的镇党委书记上台作经验介绍，对排名最后的镇，由镇长上台作表态发言。在日常工作中，分管计生工作的副书记、副区长坚持下乡专题调研，坚持定期听取计生工作汇报，并及时调度。二是落实单位责任。区委、区政府将人口计生（含计生协会）工作纳入“千分制”考核内容，加大考核权重，所占比例达5%。全面推行区、镇、村三级干部层级管理动态考核，以“网格责任，量化指标，动态考核”为指针，“人人身上有指标，个个肩上有任务”，真正形成责任到位、动态管理、重心下移、奖惩明确的人口计生工作新机制。该制度的实施，使全体干部由被动开展计生工作转为主动抓好计生工作。三是落实督查责任。区人口计生领导小组督查组督促 2015 年度被“黄牌警示”的 3 个村所在乡镇，按要求和程序对村支书和村计生专干进行处理。

【强化依法行政】畅通计生信访渠道，变上访为下访，注重源头管理。2016 年，信访件均得到有效调处，全区无一例因计划生育违法行政导致的越级上访事件发生。区人民法院与区社会抚养费征收管理局组建“计生非诉案件执行庭”，立案 67 起，社会抚养费征收 729341 元，到位率达 31%。全区查处 5 例“两非”典型案件。培训计生法制员和专业人员 400 多人次，提高专技人员的理论水平和操作能力，在“全市技能监督竞赛”中获得集体第二名。

【利益导向和优质服务】计生综治单位的计生家庭优先优惠政策暖人心。区教育局对农村困难独生子女和两女户子女在义务教育期间，提标 20%（提标 100 元或 125 元 / 人）安排生活补助，2016 年，共发放金额 21.1 万元；区移民局对特困两女户家庭的慰问金比一般家庭多 200 元；区民政局为 907 个独生子女家庭、85 个两女户家庭优先解决城乡低保救助，为 8 个计生困难家庭户解决大病救助金 1.73 万元；区工商联在引导非公有制企业创造就业岗位时，优先安置 10 名计生家庭人员就业。严格兑现奖励持助金。2016 年度独生子女保健费按每人每月 120 元的标准打卡发放 1597 人；农村奖扶和特扶按新增标准打卡兑现，其中农村奖扶对象 1081 人，特扶对象 204 人（失独家庭对象 132 人，伤残家庭对象 72 人），合计金额 206.95 万元。深入开展“生育关怀”行动。全区共走访困难计生家庭 652 户，送去生育关怀慰问金 42 万元，组织实施计生“三结合”（计划生育工作与发展社会主义市场经济相结合，与群众勤劳致富奔小康相结合，与建设文明幸福家庭相结合）项目 1 个，累计投入项目资金 15 万元，帮扶计生对象 20 户。全区 336 人享受了独生子女中考加 10 分的优惠政策。扎实推进免费孕前优生健康检查项目，为 3600 名符合政策怀孕夫妇免费检测，为 3.2 万名育龄群众免费技术服务，为 10 户失独家庭免费提供“爱心助孕”服务。

【全员人口信息化建设】高度重视人口计生信息系统和平台建设工作。2016 年，全区共建成了“搭建全区人口计生综合信息”一个平台，做好“全区育龄妇女信息和全员人口信息”两个系统，提升区、镇、村三级网络水平的总体框架体系，区、镇计生服务机构“数字化工作平台”实现了让数据“多走路”，让群众“少跑路”。以集中培训、岗位练兵等方式开展各类应用技能培训 2000 人次，不断提高基层计生工作者的信息化水平。积极核查更新育龄妇女信息平台，全区已婚育龄妇女覆盖率达 100%，主要数据项完整率达 100%，逻辑关系准确率、信息准确率达 100%。为提高信息准确性，与区公安、卫生、民政、人社、统计、教育等部门完善信息横向通报制度，每月进行信息互通对比，实现了人口基本信息的部门共享。

【宣传教育】2016 年，全区继续在电视台开辟《人口计生》专栏节目宣传计生新政；火车站广场、候车室视频及站台的电子屏，每天滚动播放计生公益宣传视频和标语口号；区政府门户网站定期发布并更新计生政策、法律法规、优生优育知识、办事指南等；区电信公司成立计生信息平台中心，将政策法规以短信形式向广大干群发送，发送计生信息近8万条。在“5·29”协会活动日期间，举办“青春接力”气排球联谊赛和“爱心相伴、相约回家”知识抢答赛、座谈会，社会反响较好。全区狠抓以镇、村宣传阵地为主的基层基础工作，着力打造阳光计生。区卫计委为每个村拨款0.5万元，巩固宣传阵地，制作户外宣传牌655块，刷新永久性墙体标语466条，确保了群众对计划生育政策及该村计划生育事务的知晓率达98%以上，全区所有村（社区）全部达到阳光计生阵地建设标准。

【流动人口计划生育管理】2016年，围绕流动人口计划生育服务与管理，以采集信息为主线，以推进均等化服务为契机，不断扩展区域协作新领域和关爱关怀新亮点。全区采集流出人口信息7378人、流入人口信息11658人。办理区域协作违法生育个案0件，出具计划生育证明（函件）20份，办理流动人口婚育证明344份，撤销纠错违规个案0件。建立流入人口健康档案24954份，制作传染病防治、健康教育等专栏（板）50期，免费为流入人口育龄妇女健康检查6203人次。印发流动人口办证须知、均等化服务宣传资料各8万份。

【药具工作】科学合理编制2016年全区药具需求计划，加强药具计划执行、质量管理和随访服务，建立药具不良反应监测反馈制度。药具账、表、册资料齐全，上下一致，完整归档。全年举办2期业务培训考试，全区药具员合格率达100%。区药具站每月一次督查各乡镇，进一步夯实了药具基层基础工作。在流动人口聚集地、社区等公共场所，大力宣传药具免费发放政策，普及药具使用知识。狠抓流动人口药具宣传发放服务，让流动人口充分享受到“市民化”的药具优质服务。将避孕药具的发放宣传同婚育新风进万家、“三下乡”以及“预防性病、艾滋病”宣传日、“人口日”等活动结合起来。2016年，参加宣传活动4次，目标人群宣传面达2.1万人次，在各类活动中免费发放避孕药具1.1万盒。全区实现了计划生育药具优质服务均等化和全覆盖，区药具站继续保持全省区级计划生育示范药具站称号。

镇乡、街道概况

花桥街镇

【概况】花桥街镇地处冷水滩区北部，东临普利桥镇和杨村甸乡，南接东安县芦洪市镇，西与东安县花桥镇毗邻，北与东安县南桥镇接壤，镇人民政府驻地距冷水滩城区40千米。全镇辖10个行政村和1个居委会，共221个村民小组，人口5307户、20582人。行政区域总面积64.5平方千米，耕地面积924公顷，林地面积0.64公顷。

花桥街镇沿用驻地花桥命名。相传明初境内有一石拱桥，花纹奇特，故名“花桥”。中华人民共和国成立初，为花桥乡、坪塘乡；1956年，坪塘乡并入花桥乡；1958年，属和平公社；1961年，建立花桥公社；1981年，改名为花桥街公社；1984年，复为花桥乡、坪塘乡；1995年，撤区并乡，坪塘、花桥两乡合并为花桥街镇。

镇内群山环绕，粮田众多，是冷水滩区的林木、玉米、花生重点产区。境内217省道贯穿南北，邵永高速公路穿境而过，在新铺村处设有高速公路入口。

花桥街镇自古以来是连接邵阳（原宝庆）与永州（原零陵）的交通要道和边贸重镇，尤以手工业出名。花桥街的藤椅销往全国各地。镇政府驻地集镇商铺林立，各种藤织品、木器家具、农副产品、日杂百货琳琅满目，形成一个山区闹市、商贾长廊。每逢农历三、六、九日为赶圩日，每年农历二月十五日、三月十三日、六月十三日、九月十三日为大圩日。

2016年，全镇实现农业总产值67985万元，同比增长11.6%；财政收入676万元，同比增长5.76%；农民人均可支配收入10600元，同比增长11.8%。辖区内有非公有制企业3家，从业人员32人。全镇有农村卫生院2个，职工25人，床位29张；有村卫生室13个，医务人员15人。设有花桥街和坪塘两所学校，在校学生334人，在职教师43人；有民办幼儿园2所。

【农村基层政权建设】花桥街镇第六次党代会和花桥街镇第六届人民代表大会第一次会议分别于2016年5月和11月召开，选举产生了新一届镇党委、人大、政府领导班子。

2016年3月，全镇启动并村工作。4月，并村工作完成，原新铺村与石坝村合并为新铺村，秀井头村与定塘村合并为秀井头村，坪塘村与枫木井村合并为坪塘村，金山岭村与高龙村合并为金山岭村，良木塘村与姚家坝村、峦山岭村合并为良木塘村，花桥居委会与岔路口村、老街村、花桥村合并为花桥居委会，原江西佃村、石塘村、敏村村、温水塘村、灯塘村5个村建制不变。合并后，全镇有行政村10个、居委会1个。

【农业工作】2016年，全镇植树造林213公顷，其中18.1千米的镇村主干道两旁种植大苗1800株、各类小苗5000余株。全年骨干山塘清淤32个，打小型机井53个；跃进、鹅鸭冲2座小（2）型水库完成升级改造，维修渠道6100米。春秋两季动物防疫入户率100%，预防率100%，全年没有发生动物疫情和食品安全事故。全年林地确权登记6376公顷，发放林权证6657份，发证率100%。全年完成双季水稻种植面积800余公顷，种植优质玉米733公顷、其他粮食作物313公顷，培育种植大户9户。

【小城镇建设】2016年，花桥街镇投入100余万元，完成湘花路沿线下水道、人行道建设，共长1400米；硬化镇中心街道路面长1400米；投入10余万元，购置225个垃圾桶、果皮箱发放给居民使用；投入100余万元，在新铺至集镇中心段、敏村至坪塘段新安装太阳能路灯200多盏。

【农村环境治理】2016年，全镇投入50万元，购买垃圾桶2500个，修建垃圾池56个，集镇街道、各村垃圾实行集中清运处理；关停石塘、灯塘村内的两座污染较大的养猪场和秀井头村养鸡场；改造农村厕所102个；8座小（2）型水库全部禁止肥水养鱼；投入10万余元，对花溪江流域进行治理；修建村级道路江西佃村至杨村甸段、高龙龙阿塘至天子岭道路共4千米；启动花桥街镇敏村村“生态文明秀美乡村”建设工作。2016年，花桥街镇被授予“市级卫生镇”称号。

【社会管理综合治理】2016年，花桥街镇持续推进“平安花桥”建设工作，开展打击“两抢一盗”专项治理活动，实施“天眼方案”，在全镇重点路口安装治安摄像头32个，组建11个村级治安联防队，与镇综治办联合巡逻。农村网格化建设发展迅速，完成了秀井头、坪塘、江西佃、灯塘、良木塘、敏村6个村网格化基础设施建设，其中秀井头、坪塘两村被确定为冷水滩区网格化建设示范村。整治烟花爆竹违规经营行为，取消5户违规经营户，重新明确3家烟花爆竹经营点；对新铺冶炼厂、灯塘阳家红砖厂、温水塘五房红砖厂的非法经营行为进行集中整治，全镇无证企业已全部关停；成立海宽校车公司，完成了校车标准化升级工作；建立矛盾纠纷月排查制度，做到“小矛盾不出村，大矛盾不出镇”。

【精准扶贫】2016年年初，全镇有秀井头、金山岭、灯塘3个贫困村，全镇建档立卡贫困户682户、1082人，年底脱贫101户、274人。全年教育扶贫雨露计划帮扶10人，贫困户政策兜底49户、112人，向193户贫困户发放小额贷款773万元；扶持发展秀井头村药材种植、金山岭村养牛、敏村村水上养殖、灯塘村蔬菜种植4个农村种养合作社；完成农村贫困人口危房改造19户，易地搬迁6户；为173名贫困人口购买了医疗保险。

【社会事业】2016年，全镇出生人口355人，计划生育率93.83%，被评为永州市计划生育良好乡镇，坪塘村被评为全区村民自治模范村；全年发放粮食补贴资金161.66万元、退耕还林资金310.37万元；农村计划生育家庭奖励扶助117人，扶助资金11.2万元；全镇现有低保户628户、1145人，新农保参保17542人，新农合参保9245人。

普利桥镇

【概况】普利桥镇位于冷水滩区北部，东邻黄阳司镇，南毗牛角坝镇，西界东安县花桥镇，北接杨村甸乡、祁阳县。镇政府驻普利桥街道，距冷水滩城区33千米。全镇辖23个村和1个普利桥社区。普利桥镇被国家七部委确定为全国重点镇，是冷水滩区级文明乡镇。

明初，有人在境区开铺设店，街东土地堂侧架有木桥，始名“土地桥”。1943年，东安县顾畴和尚到此做法会，改为“普利桥”，意即“普利四方”。1984年，设普利桥区政府，辖原普利桥镇、楠木冲乡、杉木桥乡、杨村甸乡、花桥乡、坪塘乡、牛角坝乡、牛角圩乡8个乡镇。1995年，撤区并乡建镇时，原普利桥镇、楠木冲乡、杉木桥乡3个乡镇合并为现在的普利桥镇。

全镇总面积135.8平方千米，耕地面积2638.32公顷，人口12033户、52269人。境内属丘陵地形，主产水稻、大豆、红薯、烤烟、红枣、向日葵、百合等经济作物。尤其是红薯粉产量多且正宗而扬名。矿产资源丰富，锰、煤储量大。该镇是古老的传统集镇，早在明初就形成集市，圩日热闹非凡，传统的“二月八”闻名遐迩。普利桥境内水利资源丰富，有小（二）型水库9座，骨干山塘465个，石溪江、龙江穿越境内。普利桥境区内有冷水滩区至今发现最大的岩洞——位于宽公村的大陂岩，洞内景色优美如画，有地下河流过，清澈透明。岩洞历史悠久，早在明洪武五年（1373），洞内有军队安营扎寨，并砌有点将台；唐朝著名诗人柳宗元曾慕名前往游览；岩洞口有抗日战争时期修建的炮台。

【经济发展】2016年，全镇实现生产总值5.8亿元，同比增长12%；实现农业总产值2.3亿元，同比增长10.3%；实现工业及第三产业产值3.5亿元，同比增长14.5%；完成财政收入1117.51万元；农民人均纯收入11500元，同比增长9.2%。

【精准扶贫】2016年年初，普利桥镇有竹家冲村、落刀塘村、荷塘村3个贫困村，有建档立卡贫困户1089户、3459人。全年全镇共有80户贫困户进行了易地扶贫搬迁，共为482户发放小额扶贫贷款2398万元，并100%落实了“雨露计划”和低保兜底政策。在交通部门支持下，全镇完成了25千米的村级公路新建或改建项目；在区林业局、人社局、人大办等区直扶贫工作队的帮扶下，全镇大力发展白茶、金槐、青蒿等特色种植和黑山羊养殖等项目；扶贫工作队支持贫困村种苗资金20万元，种植金槐2.5株。另外，有3个贫困村建成小型光伏电站。

【信访维稳】2016年，普利桥镇平安创建深入推进，社会环境逐步安稳，全镇共安装联网视频监控22个，破获各类违法案件24起，抓获犯罪嫌疑人33人。矛盾纠纷化解率明显提高，上访群众大幅减少。

【小城镇建设】2016年，全镇投资684万元，建成污水管网工程，总长7.8千米；投资360万元，完成新自来水厂新、老并网正式投入使用；投资197万元的污水处理厂已经完成招投标工作；中心农贸市场主体已经完成，配套设施正在施工建设；中心客运站已建成并投入运营；中心幼儿园、中心小学合格化建设基本完成，普花路中心小学段改道扩宽全面完成；岚江东路延伸段工程竣工通车；岚江大道人行道改造基本完工，绿化、亮化、美化全面达标；投资12万元，购置垃圾车和20个车载垃圾厢。中心城镇镇域面积大幅扩容，环境、品质全面提升。

【基础设施】2016年，全镇投资620万元，建成通村公路15千米；投资7000余万元，完成26个村的国土整改项目；完成18个“一事一议”项目；镇区内的山口灌区高干渠全面改造提质，岭口灌区左干渠、支渠全面启动改造；新建6处农村饮水工程；9座小（2）型水库防渗、除险加固和维修全面完成；35处“五小”水利设施得到维修和加固；投资3000万元的岚江流域河道治理工程全部完工；对9座小（2）型水库及骨干山塘的肥水养鱼问题进行了整治，水域环境得到保护；投入近50万元，推进农村环境污染整治工作，各村环境整治成效明显；美丽乡村试点、联村建绿、创建森林城市、绿色永州等工作均取得较好效果。

【社会事业】2016年，全镇共发放低保、五保资金640余万元，优抚资金134.1万元，救灾款及临时救助资金18万余元；安排124.2万元，完成200户危房改造；发放农民耕地保护补贴资金541.41万元，发放农机下乡补贴资金73.69万元、退耕还林补贴资金222.13万元、“一事一议”财政奖补资金56万元；组织375人参加大型招聘会，232人获得满意的工作岗位；新农合参合率稳定在98%以上，新农保参保率达90%。

牛角坝镇

【概况】牛角坝镇位于冷水滩区北部，东、北与普利桥镇相邻，南与高溪市镇接壤，西与东安县芦洪市镇、端桥铺镇毗邻。全镇总面积83.9平方千米，耕地面积1763公顷，人口6609户、27654人。境内石溪江穿境而过，沿江两岸山岭连绵起伏，属丘陵地带，中间狭长平坦，形成长达157.5千米的河谷盆地。冷普公路贯穿南北。牛角坝镇是冷水滩区的产粮基地，又是林木、柑橘的重点产区，名特产品黑美人西瓜畅销香港。2016年，全镇完成地方生产总值3.8亿元，工农业生产总值7673万元，财政总收入660万元，农民人均可支配收入11500元。境内设有中学两所，中心小学两所，小学11所，中心卫生院1所。境内风景优美，东部有代皮岩，中部有观音山岩洞群，西部有云霄岩、鼻孔岩，岩洞内有众多石钟石乳，可容1000余人。

【基础设施建设】2016年，开展了石溪江河道为重点的小流域治理，进行了13座小（一）型、小（二）型水库和重点骨干山塘水利设施维修加固工作以及中低产田改造。全镇14个村和1个居委会基本上实现了道路“村村通”“组组通”。至2016年，全镇村组水泥道路硬化总长达100千米；国土整理项目遍及原21个村和1个居委会；新修机耕道、田间生产道45千米，整修排洪渠、灌溉渠50多千米；农村电网升级改造基本完成，通信网络基本覆盖全镇所有村。

【林地、土地确权发证】2016年，牛角坝镇积极开展林业权证的确权登记、发证和产权转移等工作，共登记、发放林权证2000多本。还开展了土地确权的调查、公布、核对、信息化录入等工作。

【就业和社会保障】2016年，牛角坝镇全面落实就业促进政策，全年转移农村富余劳动力8000多人。落实各项社会保障制度，城乡居民养老保险参保率90%以上，医疗保险参保

牛角坝镇新沙洲村精量同步施肥机正在插秧（余毕涛/摄）

牛角坝镇雷溪坪村进行油菜收割（余毕涛／摄）

率98%以上。同时开展了残疾人培训和农村幸福院建设等工作。

【调整农业产业结构】2016年，牛角坝镇大力发展槐米、国外松、油茶等规模种植，发展鸡、鸭、鹅、山羊、生猪、肉牛等规模养殖。积极组织劳务输出，发展农村劳务经济。加大农村实用技术的推广，举办多期实用技术培训班和农民工招聘会。

【扶贫攻坚工作】全镇原有低保户680户，至2016年，已脱贫859人。严格贯彻执行中央、省、市有关惠民政策，补助各类惠民资金2000多万元。

【社会管理综合治理】2016年，全镇完成小城镇总体规划和6个村庄布点规划。加强农村环境治理，整顿小城镇的“脏、乱、差”现象和马路市场，进行街道绿化亮化，新建垃圾环保焚烧炉2座，配备垃圾转运车2台，绿化道路15千米，造林面积1万余亩。

黄阳司镇

【概况】黄阳司镇位于冷水滩区东北部，地处湘江上游，东、北与祁阳县大村甸镇、文明铺镇接壤，南界竹山桥镇、高溪市镇，西与普利桥镇相连。全镇总面积129.7平方千米，有水田3.3118万亩、旱土3764亩。2016年3月实行并村改革前，辖37个行政村、1个社区；并村改革后，辖天里坪、大湾、坪湖塘、严家、郝皮桥、专冲、建设、菱角塘、社湾、红坝、六牙市、田坝塘、何家亭、大陂岩、水口桥、河东新村、五峰岭、陈家冲、社塘、冯干岭、星火、同乐滩、狮子岭23个行政村、1个社区、424个村民小组，总人口5.1万人，其中城镇人口7983人。镇党委下辖56个支部，其中村（社区）支部38个，镇直单位支部7个，机关及其他支部11个。镇辖区内有公安派出所、中心供电所、中心卫生院；教学机构有中学1所、小学3所、中心幼儿园1所、民办幼儿园9所；金融机构有农业银行、农村信用社、邮政储蓄所；工商、食药、畜牧水产、农技、电信、自来水等部门均设有分站（所）。

2016年，黄阳司镇绩效考核为优秀等次，基层党建考核为全区第一名，安全生产工作被评为永州市先进单位，党风廉政建设、意识形态、党管武装、综合治理、社会稳定、食品药品监管、优化经济环境等工作被评为冷水滩区先进单位，精准扶贫、粮食生产、推新、信访、森林防火、电子商务等工作获冷水滩区三等奖。

【主要经济指标】2016年，黄阳司镇地方总产值8亿元，同比增长13%；农业总产值4.5亿元，同比增长12%；工业总产值3.5亿元，同比增长18%；农民人均纯收入16558元，同比增长10%；财政总收入875万元，同比增长0.9%。

【农业经济】2016年，黄阳司镇创新经营模式，实现农村资本大融合，转变经济发展方式。一是土地流转。将土地向能人大户集中，截至2016年年底，全镇完成土地流转1833.3公顷，其中流转水田533.3公顷，流转旱土500公顷，流转荒山800公顷。二是合作社建设。加快种植养殖产业化、专业化的步伐，全镇成立油茶种植、水稻种植、香芋香姜种植、药材种植、猪牛羊养殖、鸡鸭养殖、农机等合作社125家，有近1000户农户参加合作经营组织。三是推行“公司+基地+农户”生产经营模式。全镇成立龙头农业公司5家，共带动农户种植优质油茶1333.3公顷、优质水稻1200公顷、青蒿1000公顷、香芋100公顷、香姜33.3公顷、有机无公害蔬菜200公顷、穿心莲100公顷、黄栀13.3公顷、湘莲33.3公顷、油葵33.3公顷、红提33.3公顷；发展淡水养殖面积233.3公顷。

【美丽乡村建设工作】2016年，全镇美丽乡村建设布点天里坪村和河东新村两个村。天里坪村各组各户修通4.5米宽的水泥路，共安装135盏太阳能路灯，在进出村路口修建两座治安岗亭。水利设施方面，清淤整修215个山塘，建成1200米长的防洪沟渠。全村连片种植13.3公顷栀子花、20公顷湘莲、4公顷油葵。实现无线局域网全覆盖，购置巡逻观光车。河东新村完成进村道路拓宽，各自然组接通水泥路；建成13.3公顷红提采摘基地、66.7公顷水稻全程机械化操作基地、100公顷有机蔬菜休闲观光农业基地。

【旅游开发】黄阳司境内有传承千余年的踩高跷、划旱船、赛龙舟等民俗文化活动，每年都吸引上万人前往观看。始于明洪武年间的“扎故事”已传承800余年，将5~8岁儿童演员绑扎在设计好重心平衡的铁杆上，剧情人物在铁杆上上下叠起进行表演，最高可达七层，被评为“湖南省非物质文化遗产”。境内有明朝朱元璋母亲出家的娘娘庙、宋朝杨万里亲笔题写的“唐叟钓矶”和宋代瓦窑、方志道摩崖石刻诗等古遗址；有湖南省内最高的三面观音像，高达16米，还有可与桂林冠岩相毗美、长达2千米、可容纳数千人的大陂岩天然溶洞。至2016年，大陂岩旅游开发共投入资金3000万元，主体景区建设已基本完成。天里坪村完成20公顷湘莲观赏基地建设，河东新村的休闲观光农业基地、星火村的河鱼养殖基地初具规模。

【小城镇建设】2016年，黄阳司镇争取1000余万元资金，修建通组公路20千米，提质改造30千米。争取300余万元资金，整修骨干山塘10口，修建排水沟3500米。投资350万元，安装120盏太阳能路灯。马黎大道修建于2016年3月启动，截至年底，完成镇区范围内17.3公顷的征地和400余座坟山、25座房屋拆迁意向协议。投资150余万元，建设可入住50人的中心敬老院，大楼第二层已封顶。光伏发电项目已完成六牙市村66.7公顷用地协议签订。黄阳司社区、天里坪、大湾、水口桥、同乐滩、严家、社湾、冯干岭、红坝、陈家冲10个村（社区）网格化硬件设施已建成。

【安全稳定工作】2016年，黄阳司镇实施“天网工程”，在镇、村主要路口安装高清视频摄像头15个，购置巡逻车2辆，发动5个村安装太阳能路灯165盏，修建村级治安岗亭2座，安装广播12个。在各村成立巡逻队、联防队，日夜进行常规联防巡逻。

落实领导带队检查安全生产工作制度，开展“大排查、大管控、大整治”行动，全面排查、治理辖区内的道路交通、校车营运、水上运输、烟花爆竹、危险化学品、非法采矿、消防等行业及地质灾害等安全隐患情况，建立“实名制”隐患整改台账，建立健全重点隐患挂牌督办机制、责任倒查机制和问责机制，全年共查处安全隐患 17 起，现场整改 10 起，限期整改 4 起，停业整改 3 起。

高溪市镇

【概况】高溪市镇地处冷水滩区中北部、湘江西岸，距中心城区约 10 千米。全镇辖 10 个村、1 个居委会、166 个村民小组，人口 4652 户、17536 人，行政区域面积 81.8 平方千米，耕地面积 1465 公顷。镇机关有在编在岗干部职工 75 人，共有 18 个党支部、712 名党员。镇内交通便捷，二广高速、湘桂高铁穿境而过，冷黎、冷黄、冷普公路贯穿全镇，湘江、水汲江、石溪江在此交汇，境内水域流经路线达 10 千米，森林覆盖率达 85% 以上。2016 年，财政收入 1308 万元，完成税收 645 万元，其中国税 345 万元、地税 300 万元。

【农业】2016 年，全镇推广集中育秧和机械插秧，在甄家冲、普口、田洞、易家桥、扶桥坝、王家冲、戈底凼 7 个村建立集中育秧示范基地 49 公顷，免费提供机插工具，邀请区农机局专家现场指导，机插秧面积达 467 公顷。建立了以易家桥、田洞、扶桥坝等村为核心的 333 公顷高产连片优质稻和 2000 公顷杂交水稻制种示范基地。2016 年，被评为全区粮食生产先进乡镇。土地确权登记基本完成，全镇 11 个村 1566 公顷土地现场确权，另完成土地流转 300 公顷。

【林业】2016 年，全镇建有 1333 公顷国外松基地，全年植树 47 公顷，生态公益林、退耕还林面积全部核实到组到户，林权制度换发证全部发放到户。

【乡村旅游】2016 年，高溪市镇投资 100 万元，建设完成普高公路沿线农村环境整治示范带；斥资 200 多万元，将普口村建成全区乡村旅游精品示范村，聘请上海交通大学规划设计院进行旅游业规划设计，设计方案初步通过了专家评审。

【项目建设】2016 年，湘器异地搬迁项目落户樟木凼村与马坪交界处，神华火电湘江引水项目已经做好前期准备工作，黎马公路、湘江流域“四水”治理暨防洪大堤风光带等重点项目正在紧张施工中。

【基础设施】2016 年，全镇投入水利建设资金 200 多万元，对 2 座小（2）型水库及 16 个骨干山塘进行清淤和除险加固，维修骨干渠道 6 千米，维修机埠和水轮泵 2 座，修建村级公路 21 千米，80% 的村实现组组通硬化公路。投资 50 余万元，完成镇街道 5000 米排水排污管网建设，安装太阳能路灯 60 盏；投资 30 万元，建成高溪市镇农贸市场。

【社会保障】2016 年，全镇农村五保户、低保户、城镇低保工作全面提标和扩面，并进行了清理核查，做到了应保尽保，杜绝了人情保、关系保。易家桥敬老院建成市、区规范化敬老院。城镇居民医保、养保参保率 100%，农村居民新农合参保率 99% 以上，新农保参保率 86% 以上，为 2456 名 60 岁以上的老人发放了基础养老金。

【社会事业】2016 年，镇内高溪市、易家桥两所学校相继启动合格学校建设，学校硬件建设上了一个新的台阶。校车运营范围实现全覆盖，小学、中学入学率达 100%，高中、职高升学率达 80% 以上。镇卫生院新建了综合门诊楼，新增科室两个，改善了看病就医条件，同时实行药品“零差价”销售，98% 以上农民参加了新农合。计划生育保持了一类水平。

【精准扶贫】2016年，全镇脱贫86户303人，清理不符合建档立卡条件的“四类人员”79户290人，全镇有43名学生获得“春蕾计划”教育资助，对30户90人实行了财政兜底扶贫，完成了18户71人的易地扶贫搬迁确认工作。对脱贫对象开展3次技术培训，为贫困户提供种子、农药、化肥等物资折合金额200万元，提供各种工作岗位90多个。全镇贫困户授信额度提高到每户5万元，全年完成1000万元贫困户小额信用贷款，每户贫困户年分红达5000元。

【平安创建】2016年，在镇区内开展“禁毒禁赌”、“打黑除恶”、打击“两抢一盗”等专项行动，在全镇各村重要路口安装监控摄像头，全镇未发生危害社会稳定的重大刑事、治安案件和群体性事件。对煤矿、非煤矿山、烟花爆竹、危险化学品、道路交通、建筑施工、校车安全开展专项整治，依法“打非治违”，打击煤矸石非法开采，全年未发生安全生产责任事故。

【干部队伍建设】2016年，在全镇党政机关和干部队伍中落实中央“八项规定”，开展“三严三实”专题教育、“两学一做”学习教育活动，在党员队伍中开展“入党为什么、为党做什么”大讨论，整顿“门难进、脸难看、事难办”的不良作风，实行工作人员去向告知制、首问责任制和一次性告知制，让群众办事少走“弯路”。严格执行行政问责制度，做到群众有求必应、有难必帮。建立问题登记、整改台账55个，对群众反映的问题立行立改，切实解决联系服务群众“最后一公里”的问题。

伊塘镇

【概况】伊塘镇位于冷水滩区东南部，东临祁阳县大忠桥镇，南接零陵区接履桥镇，西连岚角山镇，北界竹山桥镇。1995年6月，由原白塘、孟公山二乡合并设立伊塘镇，以镇政府所在地伊塘村命名。境内有小（1）型水库1座、小（2）型水库5座、山塘2300个。镇内有国外松2666公顷、柑橘1333公顷。322国道穿境10千米，衡阳至昆明高速公路穿境5.8千米。镇域面积81.4平方千米，有水田1992公顷、旱地52公顷，辖16个村、1个居委会、258个村民小组，人口5820户、21599人。

2016年，由黄泥塘、新圩、荷叶铺、堰塘、茶花、姚家、畔塘、东风、长木塘、花亭子、孟公山、山门口、白竹山、马家、鼎星观、丁塘、麻塘、井塘、小塘、白塘、枫木山、龙井、庙山、花果园、曾家、伊塘26个村民委员会和紫竹街居委会，合并调整为新圩、荷叶铺、堰塘、茶花、畔塘、东风、长木塘、花亭子、孟公山、山门口、马家、麻塘、井塘、白塘、龙井、庙山16个村民委员会和紫竹街居委会。

【经济发展】农业：全镇有农业人口19662人，占总人口的84.7%；耕地面积2786公顷，人均1.8亩。2016年，全镇完成农业总产值39136万元。镇区内粮食作物以水稻为主，2016年，粮食总产量32588吨，其中稻谷29685吨，玉米2156吨，薯类338吨。经济作物有油菜、花生、药材等，2016年，药材产量41吨。

林业：全镇林地总面积419公顷，有竹林156公顷、灌木林161公顷。2016年年末，森林覆盖率79.8%，活立木蓄积量32万立方米。松树面积207公顷，松脂产出、销售收入是农民经济收入的主要来源之一。

畜牧业：以猪、牛、鱼类为主。2016年，全镇饲养生猪94102头，渔业养殖面积3848公顷，水产养殖总产量1620吨，家禽养殖910100只。

工业：2016年，全镇完成

工业总产值14700万元，其中规模以上工业总产值6300万元，有规模以上工业企业4家。

商贸服务业：2016年年末，全镇有个体工商户159户，从业人员532人；餐饮服务行业经营户6户，从业人员18人。2016年，全镇财政总收入364.7万元。年末，境内金融机构各类存款余额2.2亿元，比上年增长14.2%；各项贷款余额6500万元，比上年增长28.4%。

劳动力转移：多年来伊塘镇农村剩余劳动力为增加家庭经济收入，自发向广东、深圳、浙江等沿海经济发达、劳动力短缺的地区转移就业，转移规模日渐扩大，2016年，全镇转移输出劳动力人数7521人。

【基础设施】 交通运输：镇内322国道穿境10千米，衡阳至昆明高速公路穿境5.8千米。上大公路改扩建项目即将动工建设。

邮政通信：2016年年末，镇内有邮政代办所1处，报纸、杂志累计发行35种153份；有电信、联通、移动等通信营业机构各1家，固定电话用户202户，移动电话用户3180户，互联网用户312户，全年电信业务收入50万元；有电视用户1065户。

供电：2016年年末，全镇村村通电，全部实施农村电网改造，全镇总用电量6万千瓦时，总体能满足全镇人民生活生产需要。

【社会事业】 教育：2016年年末，镇内有全日制九年义务教育学校1所、教学点6个，在校学生810人，专任教师98人；有幼儿园1所，在园幼儿95人，幼儿教师5人；小学适龄儿童入学率100%。全年政府预算内教育经费79.4万元，占财政总支出的4%。

文化体育：2016年，建成茶花村磨子岭山地自行车竞训基地。

医疗卫生：2016年年末，镇内有各级医疗卫生机构22个，其中镇卫生院1所，村卫生室21个；病床60张；专业卫技术生人员26人，其中执业医师4人，执业助理医师9人。2016年，医疗机构完成诊疗1.2万余人次，全镇新型农村合作医疗参合人数20290人，参合率96%。

社会保障：镇内有社会福利收养单位1个，社会福利收养人数21人；新型农村合作医疗参保人数20290人，新型农村社会养老保险参保人数12905人，农村居民最低生活保障人数1195人。

【特色地情】 特色产业：在冷水滩中心城区东郊建有永州市国家农业科技园，园区共辖冷水滩区和零陵区的7个镇、5个国有单位，总面积9.87万公顷，其中核心区0.67万公顷，示范区2.8万公顷，辐射区6.4万公顷。核心区设在冷水滩区境内，伊塘镇处于核心区域。核心区规划布局为一区八景，“一区”即农产品加工物流区；“八景”即潇湘农业八景：稻香荷景、果蔬大观、尚膳食里、湘辣之源、风情瑶谷、种都南国、万国农汇、潇湘智谷。园

伊塘镇东风村高速插秧机正在作业（余毕涛／摄）

区以“永州农业看世界、世界农业进永州”为中心定位，以“创新立园、生态养园、共富强园”为园区建设的核心理念，充分发挥“新农村建设、农业产业化、城乡统筹”三个示范作用，致力于打造“永州世界农业工园”。园区2010年被科技部批准为国家级农业科技园区，2011年被农业部批准为国家级农业产业化示范基地，2012年获全国现代农业示范区称号，是湖南省唯一承担两类示范项目的国家级园区。园区内形成了以优质稻、柑桔、西瓜、油茶、种苗和食用菌为主导的特色农业，以粮油加工、果蔬加工、天然辛香料萃取为龙头的农副产品精深加工业，以永州森林植物园为核心的乡村旅游休闲观光业，已聚集企业75家，其中高新技术企业6家、国家级农业产业化龙头企业1家、省级13家、市级26家；获评“全国放心粮油示范企业”8家、“全国油茶籽油加工十强企业”1家；拥有中国驰名商标5个、湖南省著名商标9个、国家地理标志保护产品1个；组建农村专业合作组织65个，发展会员4万余人。

特色文化：西瓜节，每年6月下旬，伊塘镇万亩果园中黑美人西瓜成熟，全国各地的客商纷纷前往购买。6月28日，由伊塘镇西瓜协会举办西瓜节，开展以西瓜种植、销售为主题的系列文化活动。茶花节、桃花节，每年2月，伊塘镇山门口村千亩茶花与数百亩桃花相继盛开，全国各地的游客、记者、摄影爱好者争相前往，共赏茶花、桃花盛况。2016年2月28日，市农科园管委会和伊塘镇政府联合举办茶花节、桃花节，开展一系列以茶花、桃花为主题的文化活动。

文物名胜：镇内有白塘古墓群，位于冷水滩东端原白塘乡、衡昆高速公路两侧，有汉代民间古墓200多座。

上岭桥镇

【概况】上岭桥镇于2015年12月由原竹山桥镇与原上岭桥镇合并成立，合并后镇域总面积199平方千米，辖47个村、1个居委会，人口11989户、4.58万人。该镇位于冷水滩城区东郊，东与祁阳县相接，南与岚角山镇毗邻，西邻市区，北抵湘江与高溪市镇、黄阳司镇隔江相望，镇政府驻地距城区3千米。穿越镇内的有邵永高速及其联接线、322国道、祁冷快速通道、冷竹路、界黄路、香阳路等主次干道公路及湘桂铁路复线。镇内有双牌灌区九、十、十二支渠贯穿，分布有烟江、哲塘冲、张家大塘三大灌溉水系。

2016年，全镇工农业生产总产值19.3亿元，农村生产总收入9.6亿元，财政收入1800万元，农民人平纯收入17325元；主次干道公路硬化率100%，实现组组通公路；农村人口自然增长率在5‰以内；农村小学适龄人口入学率、初中生在校巩固率100%，九年义务教育普及率99.9%；城乡居民医保制度覆盖率100%；农村绝对贫困人口在1%以下；村务公开、财务公开率达100%。

【脱贫攻坚工作】上岭桥镇有4个贫困村、26个非贫困村（居），有贫困户1355户、4412人，其中2014年脱贫137户、516人，2015年脱贫288户、357人，2016年脱贫259户、871人，2017年预脱贫314户、1000人。全镇产业发展脱贫2573人，异地搬迁脱贫48人，医疗救助脱贫766人，教育助学脱贫104人，社会兜底300人。

全镇脱贫攻坚工作由镇党委书记、镇长负总责，安排1名党委委员和1名副镇长主抓、3名扶贫专干专抓，30个村（居委会）全部配备了专人专柜。村级扶贫专干中，有大学生11人。全年，共组织专题培训学习3次；召开贫困户座谈会40余场次；制作广播音频3套，不定期在镇广播站播放，高速公路连接线和祁冷路等主要通道有大型标语11条、大小墙体标语100余条；发放口袋书和政策宣传单2000余份，营造了脱贫攻坚的良好氛围。对脱贫攻坚台账坚持动态管理，实行联村领导、驻村干部和村干部共同联审核查签字制，各村上报清理“四类对象”共59户、204人，上报新增“五类对象”共72户、241人。按照“乡有总账、村有明细账、帮扶单位有责任账”的“三账合一”工作机制和“扶贫手册、台账、系统”基础信息“三线合一”的工作要求，镇、村档案全部按要求分年度规范整理到位。全镇200余名区乡村党员干部，对照《扶贫手册》的要求，进村入户结对大帮扶，联系贫困户的走访率达100%。在扶贫产业方面，4个贫困村已全部建成光伏电站并网发电，光伏发电每年可增加村集体收入6万元以上。上岭桥村2016年租地100余亩发展冬脆枣和砂糖橘，长势良好；全年套种西瓜和花生，每亩收入可达2300元；由村成立协会管理，贫困户劳力每月收入达一二千元。东村改造鱼塘2个，年收入5000元；组建村基建队，通过政府支持，全年承建改厕任务1000座，村集体管理费收入6万元。东村还成立了农业合作社，为催生农业大户和发展农业产业化建设了服务平台。大塘乾村2015年引进了两家企业（宏泽生物肥料和东兴石材厂），采取入股分红的方式，2016年，村集体收入5万元。明塘村成立农业合作社，果蔬基地已部分生产，附近有劳动力的贫困户都纳入合作社社员，贫困户每天务工收入约80元，全面投产后，每年可增加村集体收入3万元。贫困村基础设施建设方面，在全镇4个贫困村投入各类资金1000多万元，新修村道17千米，扩改道路13千米，修建户户通水泥路11千米，新修渠道20余千米，整修山塘9个，修建水坝3处，改厕800余座。落实扶贫奖补政策，全年发放金融扶贫贷款409户，放贷金额1692万元；扶助23名初中和小学贫困户学生入学。

【农村环境治理】2016年，全镇以祁冷路沿线村和美丽乡村建设示范村为重点，规划在11个村实施污水处理项目。已完成污水处理设施建设项目2个，配套管网20千米，完成工程总投资150万元，污水日处理能力100吨。以湘江流域、石江和烟江流域、22座水库和3000余个山塘为重点，共组织10余次对湘江流域企业进行全面排查，下达整改文书4份，责令4户养猪户进行了搬迁。镇内所有水库和骨干山塘，全部禁止投肥喂养。对中央环保督查组交办的两处养殖场排污问题，镇政府与环保畜牧部门联合执法，封堵排污口，限期整改。全镇投入垃圾清运处理资金180万余元，印发宣传资料1万余份，制作宣传门牌8890个，聘用保洁员96人，发放垃圾桶5800套，新增垃圾转运车8辆，各村共清除杂草、灌木320亩，清理陈年垃圾3200立方米。全镇拆除空心房100余座、2000余平方米，新修雨水沟15千米。镇内正在修建垃圾中转站1座、高规格垃圾房156个，规划新建生态休闲广场2个，新建标准化农贸市场2个。镇政府从上岭桥、阳山观、潮水、香花坝等老乡片区村选出4个基础设施差、粪污排放不规范、群众反映强烈的规模养殖场作为农村改圈试点，现已完成调查摸底和预算，4个规模养殖场的改圈规划已形成，正按规划要求整改施工。根据区农贸市场建设规划，全年镇内改造2个农贸市场（马坪里和竹山桥）、筹建1个（香花坝）农贸市场，相关设计已完成，其他各项工作正在筹备当中。

【农村综合服务平台建设】全

上岭桥镇香花坝村收割机正在作业（余毕涛 / 摄）

年计划新建20个村，改扩建7个村。第一批新建综合服务平台5个村，于4月18日在全区率先开工，9月底已完成主体建设，11月10日入驻办公。第二批新建15个村，改建7个村（居），11月20日前全部完工，12月10日入驻办公。

【美丽乡村建设】2016年，镇内启动明塘、仁山村2个村美丽乡村建设工作，投入建设资金约500万元。仁山村配备垃圾桶500个，建设垃圾池28个、垃圾屋6座，聘请保洁员3人，改造旱厕30座，新建公厕2座，建好了10吨的集中污水处理池1个、分散式污水处理池28个，硬化道路4.5公里，拆除空心房30处，建成标准化球场1个、小游园2个、生态停车位18个，道路两旁安装路灯150盏，建成通道及院落绿化1500平方米。明塘村以明塘一路口、二路口、三路口为核心的祁冷公路沿线绿化6千米，共种植绿化树大苗4000多株；村内通道绿化1.5千米，种植苗木380株；筹资20余万元，修建明塘村大塘周边护栏300余米，安装路灯16盏。完成改厕197座，集中垃圾处理点50余处，拆除空心房40余座，建成1000平方米的小型农村广场1个。

【农村网格化试点工作】2016年，全镇共划分30个基本网格、98个单元网格，每个基本网格确定了网格管理员和信息管理员，并设立了“一委两会两站”（党支部委员会，村民委员会，村务监督委员会，综治维稳站、风格管理便民服务站），农村居委会设立了“一委一会两站”（社区党工委，居民委员会，综治维稳站、风格管理便民服务站），并确定了负责人及工作人员名单。试点建设的大塘乾村，于2016年10月成功举办了全市网格化建设现场会。通过网格化管理，全年共代办养老金880余人、合作医疗1900余人，办理生育证40余本，组团维修房屋30余次，办理村淘业务80余次，开展网格巡逻60余次。

【基础设施建设】2016年，镇政府与区农业主管部门联系，争取到多个农业基础设施建设项目，大部分项目已完成或基本完成。双牌灌区九支渠东村、雷发庄村段9千米进行清淤扫障，实现“三面光”；对东村4千米的十支渠进行清淤扫障、维修，共解决沿线5000余亩的稻田灌溉问题；对镇内的六村公路7千米、明塘至潮水公路7千米、湘江至大塘乾公路15千米共29千米村级道路提质改造（加宽1.5米硬化），工程已基本完工；打通湘江3组至长冲4组的断头路3.5千米；对东村至湘江、雷发庄至港子口的断头路共4.5千米进行立项建设；国土整理项目在香花坝片、三大桥片、潮水片等3个片区落户，计划投资1500多万元。

【重点建设项目】2016年，境区内有4个重点建设项目，即二广高速永州东连接线改扩建项目、永州市监控分中心项目、永州市人防疏散基地项目、永州市残疾人康复中心，规划征收项目用地740.28亩，迁坟墓800余座。其中二广高速永州东连接线改扩建项目征地363.48亩、永州市监控分中心项目征地59.8亩、永州市人防疏散基地项目征地299亩、永州市残疾人康复中心项目征地18亩。年底，各项目的征地任务已全面完成。

【土地流转】至2016年，全镇有注册登记的农业协会40余个，有代表性的是古塘现代农业服务管理合作联社，该合作联社有3个种养合作社、1个农村合作社、1家项目服务管理公司。全年共流转土地200公顷，其中古塘合作社流转土地67公顷，双坪、团结、东村等养鱼养蛙基地27公顷，双坪村种植莲子7公顷，以及大塘乾村、东村、明塘村、上岭桥村、雷发庄村等农业产业流转土地47公顷。

蔡市镇

【概况】蔡市镇位于冷水滩区西南部，东临湘江与岚角山街道隔河相望，南毗潇水与零陵区七里店街道、石山脚乡、黄田铺镇相邻，西抵东安县石期市镇，北与经开区仁湾镇接壤。全镇总面积72.8平方千米，有水田1265公顷、旱地52公顷，人口5522户、20387人。行政区划调整后辖11个村、1个居委会，其中三龙塘村与零东圩村合并为零东圩村，巴洲滩村与巴洲居委会合并为巴洲滩居委会，九牛岭村与老埠头村、大园山村合并为老埠头村，池塘铺村与阳竹塘村合并为池塘铺村，油铺里村与全福村、灯芽塘村合并为三联村。

境内地形多为丘陵，流经的主要河流有湘江和潇水，水能蕴藏量140万千瓦，其中可供发电量25万千瓦时。

【经济发展】2016年，全镇实现农业总产值2.67亿元，工业总产值0.76亿元，财政总收入932万元，人均可支配收入17337元。全镇油茶林覆盖率达80%，面积3151公顷，是冷水滩区最大的油茶林基地镇。全年粮食作物种植面积3653公顷、油料作物面积400公顷、蔬菜面积1793公顷、瓜果面积500公顷，是冷水滩区重要的农产品生产基地。冷水滩又是重要的畜牧水产基地，年内生猪存栏2.2万头、出栏2.3万头，羊出栏0.4万只，牛存栏0.3万头，家禽存笼75.09万羽、出笼67.04万羽，水产年总产量1324吨。

【“潇湘古镇”修复】蔡市镇历史文化底蕴深厚，自然环境优美，旅游资源丰富，有省级文物保护单位“潇湘古镇”和市级文物保护单位“文秀塔”。2016年年初，启动“潇湘古镇”保护性修复计划，投资100万元，对1座古建筑物进行抢救性修复，同时完善周边道路等附属设施。是年蔡市镇被认定为省级“特色小镇”，镇内的

市级文物保护单位——岐山头村文秀塔（蔡市镇政府 提供）

邓家铺村潇湘文化园（蔡市镇政府提供）

原邓家铺村陶家组被列为冷水滩区“乡村旅游示范点”。

【潇湘文化旅游园建设】境内投资1500万余元的潇湘文化旅游园，至2016年，已完成第一期核心景区陶家组的建设，风车、木质栈道等设施和房屋立面改造、绿化、亮化、美化等工程全部完工；第二期女书馆、展览馆等木质房主体工程竣工；第三期亲子乐园和水上游乐场初步完成规划。

【基础设施】全镇农村实现组组通水泥硬化路，2016年，完成小(2)型水库维修和油铺里、灯芽塘、全福3个村小流域治理工程，设计100个床位、软硬件设施全区一流的蔡市中心敬老院投入使用。

【精准扶贫】2016年，邓家铺村、零东圩村的太阳能发电站等集体经济建设项目逐步投入使用；零东圩村投资70万元的村级服务平台投入作用，100亩酥脆枣基地、100亩药材基地、100亩百果园等集体经济项目先后建成，该村被评为湖南省精准扶贫示范村。

杨村甸乡

【概况】杨村甸乡地处冷水滩区北部，东接祁阳县文明铺镇，南连普利桥镇，西与花桥街、邵阳市相邻，北抵祁东县，是永州、邵阳、衡阳三市接壤处，素有“一脚踏三市”之说。全乡辖12个行政村、1个居委会，总人口2.4万人。区域总面积84.3平方千米，有耕地1.1万亩、林地11万亩，森林覆盖率85%。辖区内有4条河流：石溪江河、贯子头河、花桥河、庙后头河。地形属半丘陵，山系属湖南四明山系，境内有冷水滩区最高峰腾云岭，海拔1044米。

杨村甸乡沿用驻地杨村甸村自然地名，境内居民阳姓居多，门前有一大甸，故名杨村甸。中华人民共和国成立初，境内设杨村甸、岭口、张家冲3个乡，1952年改为大力元、黄茶园、杨村甸、胡家桥4个乡。1956年合并为杨村甸乡。1958年实行人民公社化，属和平人民公社。1961年独立为杨村甸人民公社，1984年改为杨村甸乡，属普利桥区管辖。1995年撤区并乡，成立杨村甸乡。2016年，全乡实现地方生产总值1.4亿元，同比增长12%；辖区内非公有制企业2家，从业人员96人。全年财政收入585.2万元，同比增长11%，其中本级财政收入22.4万元。农民人均纯收入17700元，同比增长15%。

【特色地情】境内林木蓄积量丰富，山地种植有大面积的松、杉、竹等林木，是冷水滩区竹木加工业的的原材料基地。有区内唯一的一座集灌溉、发电、旅游为一体的中型水库岭口水库。水库两旁青山环绕，风光秀丽，是避暑垂钓的好去处。林中有大面积的松树、杉树和珍贵树种、古树，动物有野猪、野羊、山鹿等国家一、二级保护动物，之前还有华南虎。土特产甜叶菊，可用来泡茶，味香而甜，有丰富的营养及药用价值。在腾云岭上，古木参天，山顶盛产“云雾茶”。在岭口村，有一处岩洞，长达数公里，可直通祁阳境内。在保方村有极为丰富的金矿、钨矿，已纳入了国家储备矿产保护区域。2015年，四明山省级森林公园创建成功，公园内建有完善的观光、游乐、休闲、餐饮、住宿设施，旅游业呈现良好发展态势。以四明山居委会为小城镇建设中心，农副产品、日杂百货应有尽有，形成一个山区闹市、商贸长廊。每逢农历一、四、七日为赶圩日（又称“赶闹子”）。

【农村基层政权建设】杨村甸乡第九次党代会和杨村甸乡第十届人民代表大会第一次会议于2016年5月和11月召开，选举产生了新一届乡党委、人大、政府领导班子。2016年1月，杨村甸乡启动并村工作。5月，并村工作完成，其中原杨村甸村、石子塘村、四明山居委会合并为四明山居委会，居委会办公地点设在乡中心小学。

【农业农村工作】2016年，全乡按照“调结构、促增长”的发展思路，以农村产权制度改革为契机，在巩固壮大传统产业的基础上，积极培育新型农村经营主体和新兴产业，粮食播种面积稳中上升，粮食产量持续增加。全年培育种粮大户38户，培育家庭农场10家，成立各类合作社、公司、种植养殖基地46家，全乡土地流转面积比上年增长20%，林产品加工向精深方向发展，新发展规模加工企业15家，实现产值1000万元。特种养殖品种增多、规模扩大，藏香猪、黑山羊等特种养殖业全年实现产值2000万元。

【小城镇建设】2016年，全乡投入20万元，完成了集镇道路拓宽硬化；投入48万余元，在普杨公路及小城镇辖区内路段安装太阳能路灯99盏；投入10万元，对石溪江岭口村至四明山居委会段道路进行全面维修整治。

【农村环境治理】全年以污水处理为重点开展农村环境治理工作，带动美丽乡村试点村建设。小城镇规划设计下水道1030米，已完工330米，剩下700米正在开工建设；新建污水处理池5处。投入资金50余万元，在美丽乡村试点村胡家桥村和陡角头村规划下水道建设500米，正开工建设。投入资金20余万元，购买垃圾桶3000余个，分发到农户家中。全乡共完成改厕任务418座，完成了沙子坳村、岭口村、陡角头村3个村的生猪养殖场污水标准化处理升级工作。在全乡大力推行“牧、沼、果、林、蔬”的生态农业模式，减少和控制环境污染。

【社会管理综合治理】2016年，杨村甸乡持续推进“平安杨村甸”建设，开展打击“两抢一盗”等专项治理行动；实施“天眼工程”，在杨村甸乡重点道路路口统一安装高清摄像头22个，组建13个村级治安联防队，与乡综治办联合巡逻；完成了胡家桥村等8个村网格化基础设施建设，其中岭口村、回龙村、胡家桥村被确定为冷水滩区网格化建设示范村；整治烟花爆竹违规经营行为，取消8户违规经营户，重新明确4家烟花爆竹经营点；对非法采石行为进行集中整治，全乡无证企业全部关停；建立矛盾纠纷月排查制度，做到“小矛盾不出村、大矛盾不出乡”，全年没有发生安全生产事故。

【精准扶贫】2016年年初，全乡有张家排、黄茶园、沙子坳、堆子头、保方村等6个贫困村，建档立卡贫困户947户、

3043人，至年底，脱贫118户、411人，其中教育扶贫雨露计划帮扶17人，贫困户政策兜底51户、129人，100%纳入五保、低保。为388户发放扶贫小额贷款1940万元。扶持发展茂丰藏香猪养殖社等26个农村种养合作社，该合作社覆盖贫困户286户、912人。全年完成农村贫困人口危房改造22户，为3043名贫困人口购买了医疗保险，实现基本合作医疗100%覆盖。

【社会事业】2016年，全乡新出生人口293人，其中男孩151人、女孩142人，计划生育率为94.54%，被评为冷水滩区计划生育优秀乡镇。全年发放粮食补贴资金1529266元，退耕还林资金1295718元，农村计划生育家庭奖励扶助67人，扶助金175600元。全乡有城乡低保883户、1247人。全年完成新农保参保20180人，新农合参保13500人。有农村卫生院1个，职工20人，床位50张；村卫生室13个，医务人员13人。设有杨村甸中心小学和杨村甸中学两所学校，在校学生共1130人，在职教师89人；有民办幼儿园3所。

梅湾街道

【概况】梅湾街道位于冷水滩区河东，是永州市委机关所在地，下辖4个社区居委会、1个村，共有107个中央、省、市、区属驻街单位。城区范围东至永州大道，西至湘江，南至逸云路，北至潇湘大桥。总面积7.6平方千米，总人口5.36万人。街道内设综合后勤组、计生服务组、社区服务组（农业农村组）、政法综治组、城建控违组、三创一保组、协税护税组。2016年，实现工业总产值65766万元，财政总收入1484万元，城镇居民人均可支配收入2.83万元，农民人均可支配收入1.402万元；完成地税任务11212万元，国税任务6681万元。荣获永州市2016年度安全生产工作先进街道称号，荣获11项冷水滩区年度先进称号：年度精准扶贫工作先进街道、年度社会管理综合治理先进单位、年度网格化建设工作先进街道、年度维护社会稳定工作先进街道、年度人口与计划生育工作群众自治先进单位、年度党建工作先进街道、年度党委意识形态工作先进街道、年度信访工作先进街道、年度党委政府重大事项督查和优化经济发展环境及机关效能建设工作先进街道、年度控违拆违工作先进街道、年度绩效评估工作优秀等次。

【基层党组织建设】2016年，街道党工委下属4个社区党工委、1个农村党总支、1个派出所党支部、1个社区卫生服务中心支部，共有党员488人，其中农村党员66人。街道党工委组织开展党员进社区活动，辖区1301名在职党员走进社区，参与文明创建、文明劝导、保护生态环境等活动。将城市社区和农村社区细分为67个网格（农村网格4个），在网格内实行“1+N”模式精细化管理，实行“党建+网格”的组团式服务模式，逐步形成了“上下联动、条块结合、社会协同、公众参与”的社会管理新格局。

梅湾风采——梅湾街道全景（梅湾街道提供）

梅湾风采——宋家洲大桥（梅湾街道 提供）

梅湾风采——潇湘大桥（梅湾街道 提供）

【社会管理综合治理】2016年，梅湾街道大力开展平安创建活动。全面落实治安防范措施，推行以“自我管理”为主的社区自治机制，积极组建群防群治网络，组织辖区内单位开展夜巡，制定严格的管理规定，划定巡逻路线，配备手电筒等设备，每天晚上在辖区内巡逻，维护治安，为社区治安构筑起坚实的防护墙。

【社区建设和管理】梅湾街道辖区内4个社区的硬件设施达到了全区一流水平，每个社区均设立一站式服务大厅、党代表工作室、党员活动室、文化活动室，为每个社区配备了电视机、VCD、投影仪、电子显示屏等现代化设施，实现了电脑办公网络化。街道荣获湖南省社区建设先进单位、湖南省创建和谐社区先进街道、湖南省充分就业街道等称号。

【教育文化体育】2016年，梅湾街道辖区内有公办中学2所：京华中学、李达中学；公办小学3所：梅湾小学、三多亭小学、滨江小学；幼儿园22所。

辖区内有公共图书馆1所，即永州市冷水滩区图书馆；大型体育场馆1处，即永州市体育中心；潇湘平湖、滨江公园、潇湘公园、白石山公园等旅游景区；汇集各地特色美食、沿湘江东路一带长约2800米、总建筑面积3.2万平方米的源味街。辖区内的永州市体育中心位于湘永路，1990年建成，占地21.33公顷，该中心内建有多个训练比赛场馆，设施齐全，是全市最大综合型体育场地。

2016年，辖区内有市民自发成立的业余腰鼓队、老年艺术团、门球队等40余支（个），经常开展各类健康的文艺表演训练和比赛活动。居民广场舞盛行，场地有滨江文化广场、体育中心广场、潇湘公园东、南、北三条大门前广场。

菱角山街道

【概况】菱角山街道地处冷水滩城区中北部，东南至湘江与上岭桥镇、梅湾街道隔江相望，西至九疑巷、马路巷与肖家园街道毗邻，北至珊瑚东路与梧桐街道、凤凰街道以及高科技工业园接壤，是冷水滩区的商业中心和老工业区。2016年，辖区共有居民14267户，常住人口46905人，流动人口1.5万余人，总面积6.85平方千米。下辖活龙井、文昌阁、下河线3个社区。2016年实现财税收入1.76亿元，居民人均可支配收入为45027元。

【商业贸易】菱角山街道是冷水滩区商业贸易最为发达的区域之一，截至2016年，辖区内建起了永泰商贸城、银龙电脑城、江南电器、长隆大厦、舜德摩尔、步步高商业广场、金水湾城市广场等大型商业市场。位于永泰大厦负一层的家家福超市，是冷水滩城区首家大型超市；位于老火车站旁的万喜登酒店，是冷水滩区顶级高档酒店之一。辖区内的中央区域，零陵路自南向北、凤凰路自西向东穿越全境，成十字形交汇，街道两旁商铺酒店、高楼鳞次栉比，店铺内商品琳琅满目。建筑立面改造后的凤凰路、零陵路主街道宽阔整洁，人行道上，街头广场行人摩肩接踵，各类推销活动此起彼伏；机动车道上，竟日机声隆隆、车流如梭，便利的交通和优越的区位促进街道经济迅速发展。

【项目建设】菱角山街道是原零陵地区的老工业基地，辖区内有改制破产企业35家，其中市属改制企业的管理功能移交给菱角山街道的共有6家：万利集团、冷水滩耐火厂、永州市木材总厂、湘南罐头厂、冷水滩纺织厂、轻机六分厂。移交的下岗职工及家属共7600余人。2016年年底，辖区内24个重点财源建设项目中，年税收在1000万元以上的有佰乐福、步步高商业连锁、渝洲公司、永州综合大市场、香江名城、香河一品、泰丰二期、湘福花园。在项目建设中，街道党工委和办事处全年共帮助处理各种矛盾97处，万寿路、竹山街路、九嶷大道等断头路和安置小区等项目拆迁任务全部完成；舜德湘江、湘江名城、云恒至尊、永州综合大市场、金属批发大市场等项目建设顺利进行；湘江棚户区改造项目已签拆迁合同1076户，拆除面积6180平方米，以息代租签约668户，面积20046平方米；河西立面改造项目一期工程接近尾声。全年，辖区内14个重点项目共完成地税收入9500万元。

【社会保障】菱角山街道积极宣传和贯彻落实城镇居民基本医疗保险制度，至2016年11月，全街道城镇居民医保参保人数11098人，参保率90%以上，缴纳医保金1449510元。认真开展退休人员信息采集和核对工作，2016年，对辖区内4000多名退休人员进行了一次全面的信息采集和核对，通过视频进行养老资格认定，认定率100%。贯彻落实城镇居民养老保险政策，至2016年年底，辖区内60岁以下登记参保1697人，缴费357700元；为684名60岁以上人员办理登记与养老金发放；社会保障卡信息采集已录入10283人；对低保户实行动态管理，通过调查清理和确认，全街道享受低保对象共1990户、4449人。2016年，街道走访272名残疾人，申报“两项补贴”（重度残疾人护理补贴，困难残疾人生活补贴）残疾人390人次。

【计生服务】2016年，全街道计划生育总人口43873人，出生527人，死亡224人。开展计划生育家庭奖励扶助资料整理上报工作，录入准确率达100%，奖扶资金足额发放到人；依法落实独生子女保健费240户、5.76万元，城镇居民独生子女伤残死亡家庭特别扶助对象38户、15.2万元，完成3351户城镇居民独生子女父母奖励对象调查确认工作。

【维稳工作】2016年，全街道为居民提供法律咨询97人次，协助办理法律援助案件7件；排查调处各类矛盾纠纷96起，调处成功率100%；接收社区矫正对象69人，已解矫40人；组建3支社区巡逻队，实现街面巡逻和背街小巷巡逻一体化；开展法制宣传，发放宣传资料1.1万多份、挂图600余幅；联合其他部门开展严打整治、消防安全、食品安全、学校周边环境等专项整治活动10多次。

【民本民生】市属6家改制企业的管理功能于2009年移交至街道，共移交下岗职工及家属7600余人，多数是低保户，街道低保人数最多时达6000

人，占全区总低保人数的三分之一，菱角山街道一度出现低保户多、零就业家庭多、弱势群体多的“三多”现象。改制过程中的各种矛盾纠纷以及历史遗留问题叠加，社情民意复杂，给街道的信访维稳、计划生育、党建、创卫等各项工作带来了极大挑战。经过消化、沉淀和化解，截至2016年12月底，菱角山街道共有低保户1912户、4276人。全年通过街道、社区渠道完成城镇新增就业596人，下岗失业人员再就业286人，就业困难人员再就业125人，解决零就业家庭7户10人就业。

【社区建设】2016年，街道所属活龙井、文昌阁、下河线3个社区办公用房面积分别为1100平方米、1800平方米、600平方米。街道各社区的硬件设施达到了全区一流水平。辖区内的文昌阁社区是全区唯一的市级网格化管理示范性社区、湖南省和谐社区。街道各社区的工作人员由办事处下派人员和社区岗工作编人员组成，2016年年底，3个社区共有工作人员96人，其中社区岗工作编人员38人。

【控违拆违】2016年，菱角山街道贯彻落实《永州市中心城区控违拆违管理办法》，成立以街道党工委书记为组长的领导小组，制定完整的监管巡查制度，从保安公司聘请10名保安，建立起一支查违控违专门队伍，全天候、全覆盖巡回检查，发现问题及时处理，街道全年共组织8次大规模的拆除违法建筑活动，拆除违法建筑83处，面积38139.95平方米，其中拆除辖区内重点项目和湘江西岸棚户区改造范围内的违法建筑1.6万平方米。

肖家园街道

【概况】肖家园街道（原城中办事处）位于永州市冷水滩区河西城区中心，东与菱角山街道接壤，西与珊瑚街道、杨家桥街道相连，南与湘江沿岸毗邻，北与梧桐街道相接。街道辖2个社区居委会，辖区内有省、市、区单位26家，总面积2.65平方千米，总人口2.5万人。

2016年，全街道实现财政总收入1397.20万元，城镇居民人均可支配收入2.72万元；实现地税1280万元，国税2630万元。街道被评为2016年度冷水滩区网格化管理先进街道、2016年度永州市安全生产先进单位、2016年度永州市控违拆违工作先进单位、2016年度湖南省永州市低碳社区、2016年度冷水滩区社会管理综合治理先进单位、2016年度冷水滩区创省文明城区工作先进单位，获2016年度冷水滩区创建国家卫生城市三等奖。

【基层党建工作】2016年，肖家园街道党工委开展“两学一做”学习教育活动，成立学习领导小组，全年开展4个专题大讨论。结合“两学一做”学习教育活动，在街道社区开展“比学习、看效果；比文明、看形象；比业绩、看执行”的“三比三看”活动，通过比看评选先进，树立标杆。加大“党代表工作室”工作力度，每月

肖家园街道一隅（肖家园街道 提供）

5日、15日，分别由2位党代表接待群众来信来访，全年接待群众80余人次，为群众解决问题36件。组织慰问困难党员20人，发放慰问金20000元。在全体党员中开展“六个一”活动，即“戴一枚党徽、重温一次入党誓词、提一条好的建议、参加一次义务劳动、联系一户困难家庭、履好一份工作职责”。

【重点项目建设】2016年，街道辖区内实施的重点项目建设有中诚家园、名门世家、中联国际、珍珠商贸小区等。街道按照宣传到位、任务包干，责任到位、对照时间节点的原则，对重点项目实行“一个项目，一名领导，一个班子”的全程跟踪服务方式，深入项目工地了解进度情况，积极协调好项目建设周边关系，帮助解决建设中的征地拆迁、优惠政策问题。年底，完成了中诚家园、珍珠商贸小区两个重点项目建设。

【社会管理综合治理】2016年，肖家园街道继续推进城市社区网格化“1+N”管理工作，建立“1+N”网格化数字管理综合服务平台，即“1个网格长”（由街道办事处的领导或社区党工委委员担任）、“N个责任人”（由社区专职网格员和城管、环卫、园林、交警、公安、食药、“三创办”、物业等部门的工作人员组成），实现“网格全覆盖”，横向到边，纵向到底，“人在网中走，事在网中办”。加强综治民意工作的领导，采取发放宣传资料，征求意见，召开座谈会、恳谈会，组织媒介宣传、召开治安形势分析会、为民办好事实事等一系列措施，加大综治民意工作力度。在安全生产工作中，街道全年开展安全生产大排查、大整治活动8次，召开安全生产培训会6次，悬挂横幅25条，出板报12处，并及时建立安全隐患台账。年内，没有发生重大生产安全事故，实现了“零事故”“零死亡”“零发生”。

【计划生育】2016年，肖家园街道计生工作坚持“强基础、重服务、提水平”的工作方针，加大投入，健全制度，全面完成了年度计生人口计划，人口自然增长率控制在7‰内，计生率达96%。

肖家园街道古渡浮桥美景（肖家园街道 提供）

【城市建设和管理】突出联合整治，建立长效机制。2016年，肖家园街道在社区配备了控违拆违信息员，实行控违拆违目标管理责任制。实行信息员监管、社区巡查、城管执法联动管理模式。全年辖区内违章建筑实现“零增长、零违建”。建立国家卫生城市管理、市容环境综合整治常态巡查制度，组织城市管理工作人员每天进行“零死角”巡查，同时开展“五小”门店综合整治工作，规范辖区经营秩序。做好数字化城市管理工作，安排专人负责辖区内数字化城市管理各项具体工作，全年综合整治结案率100%。扎实做好创建国家园林城市、交通管理模范城市、省级文明城区的各项工作，每个社区均设立“三创”宣传栏和50米的永久性文化宣传长廊，全街道建固定宣传栏85个。开展市容市貌综合整治100余次，将辖区的示范街和主次干道落实责任人，明确工作职责，建立常态化组织机制，组织社区+城管+公安+交警+环卫+食药+园林等部门，多次开展联合整治

开展夜巡工作（肖家园街道 提供）

行动，严格落实路段包干人员责任，实行街道周检查、月考评、季通报制。

【民生保障】2016年，肖家园街道加强以“志愿者服务”为主体的义务服务组织建设，积极推进志愿者服务、邻里互助服务和结对帮扶服务活动，营造“崇尚科学、明礼诚信、互帮互助、健康活泼”的人文氛围。街道辖区内60岁以上应享受居民养老保险的全部参保享受退休金待遇，60岁以上老年居民发证率100%；组织居民参加医疗保险9872人；坚持低保动态管理，定期走访低保对象，核实低保对象信息，张榜公布低保对象名单，设立举报箱，接受居民监督。全年发放就业、再就业宣传资料5000余份，制作宣传标语20余幅，组织辖区失业人员参加招聘会场4次。全年城镇新增就业人数687人，下岗失业人员实现再就业人数281人，其中就业困难对象123人，一对一帮扶零就业家庭4户。

杨家桥街道

【概况】杨家桥街道位于冷水滩区城南，东邻湘江，西接湘桂铁路，南至轻机路、中泰饲料厂，北连新华街、又一村。湘桂铁路穿境而过，零陵南路、珍珠路、狮岩路、轻机路、长安路、泉陵路、伍家院路、新华街、沿江路、舜皇大道纵横交错，交通方便。2016年，街道共有干部职工155人，其中机关42人，下属事业单位113人，设有人口和计划生育事务中心、社会保障和社会救助事务中心、社区服务中心、食品药品安全管理服务中心、城市管理服务中心等机构。辖区内有中小学校6所；有中央储备粮永州直属库、黄泥井市场实业有限公司等企事业单位65家。辖伍家院、狮子口（含宋家洲工作站）2个社区居委会。总面积3.45平方千米，人口3.1万人。

2016年，街道实现工业总产值12.56亿元，财政总收入1333.11万元，城镇居民人均可支配收入2.72万元；实现地税2190万元，国税4849万元。被评为2016年度冷水滩区网格化管理先进街道、2016年度永州市依法行政先进单位、2016年度冷水滩区党风廉政建设责任制度考核先进单位、2016年度冷水滩区重大事项落实及优化经济环境和机关效能建设先进单位、2016年度冷水滩区社会管理综合治理先进街道，获2016年度永州市创建省文明城

杨家桥街道组织开展文明劝导工作（杨家桥街道 提供）

宋家洲拆违行动（杨家桥街道 提供）

市工作先进单位，获2016年度冷水滩区创建省文明城区工作一等奖、2016年度冷水滩区创建国家卫生城市二等奖、2016年度冷水滩区征地拆迁安置大会战工作先进街道三等奖。

【基层党组织建设】2016年，杨家桥街道党工委在“两学一做”学习教育活动中，按照区委统一要求，成立学习领导小组，开展4个专题学习讨论；继续加大“党代表工作室”工作力度，每月5日、15日，分别由2位党代表接待群众来信来访，全年接待群众40余人次，为群众解决问题32件；组织慰问困难党员5人，发放慰问金2000元；在全体党员中开展“六个一”活动，即“戴一枚党徽；重温一次入党誓词；提一条好的建议；参加一次义务劳动；联系一户特殊家庭；履好一份工作职责”。

【重点项目建设】2016年，杨家桥街道有湘江西岸棚户区改造和宋家洲综合整治两个市、区重点项目。全年，湘江西岸棚户区改造项目签订房屋征收协议1339户，拆除面积11万平方米；宋家洲综合整治项目取缔网箱养鱼15.07万米，完成了集体土地征收，房屋征收拆迁正按程序稳步推进。

【社会管理综合治理】2016年，杨家桥街道在城市社区网格化“1+N”管理模式工作中，建立“1+N”网格化数字管理综合服务平台，即“1个网格长”（由街道办事处的领导或社区党工委委员担任）、“N个责任人”（由社区专职网格员和城管、环卫、园林、交警、公安、食药、“三创办”、物业等部门的工作人员组成）；建立起社区网格化管理资料信息库，形成联动机制，理顺管理职能，协同服务能力得到加强。采取发放宣传资料，征求意见，召开座谈会、恳谈会，媒介宣传等措施加强综治民意工作，注重为民办好事实事。大力推进安全生产工作，严格落实安全生产企业的主体责任，全年开展大排查、大整治、大管控活动5次，召开安全生产培训会6次，悬挂横幅15条，出板报12处，并及时建立隐患台账。年内，没有发生重大生产安全事故，做到了“零事故”“零死亡”。

【计划生育】2016年，杨家桥街道重视计生工作，贯彻“强基础、重服务、提水平”的工作方针，加大投入，健全制度，全面完成了年度计生人口计划，人口自然增长率控制在7‰以内，计生率达98%。

【城市建设和管理】2016年，杨家桥街道加大控违拆违工作力度，在社区配备了控违拆违信息员，实行信息员监管、社区巡查、城管执法联动管理模式，全年辖区内没有新增违章建筑。加强国家卫生城市管理工作，按照区国卫办的统一部署，开展市容环境综合整治，组织城市管理工作人员每天对商场和各类小门店进行巡查，规范其经营秩序。做好数字化城市管理工作，安排专

区委书记何冲龙（中）在杨家桥街道调研网格化工作（杨家桥街道 提供）

虎岩公园（杨家桥街道提供）

人负责辖区内数字化城市管理各项具体工作，对区数字化城管指挥中心转交的问题全部整改到位，综合整治结案率100%。加强创建国家园林城市、国家交通管理模范城市、省级文明城区（以下简称“三创”）的各项工作，依托社区网格发放宣传资料1000多份，每个社区均设立“三创”宣传栏和50米的永久性文化宣传长廊，全街道建固定宣传栏85个；发动各门店安装电子显示屏45个，滚动宣传创建工作。开展综合整治，将辖区的示范街和主次干道落实责任人，组织社区＋城管＋公安＋交警＋环卫＋食药＋园林等职能部门开展联合整治行动；组织13家单位开展共创共建活动，组织志愿者，定人、定时、定路口开展文明劝导活动；严格落实路段包干人员责任，实行街道周检查、月考评、季通报制。

【民生保障】2016年，街道辖区内60岁以上应享受居民养老保险的全部参保享受退休金待遇，60岁以上老年居民发证率100%。组织居民参加医疗保险8972人，完成情况排全区前列。坚持低保动态管理，阳光操作，定期走访低保对象，核实低保对象信息，实行张榜公布，设立举报箱，公布举报电话，接受居民监督；严格按政策按程序办理低保手续，清理不符合条件的低保对象。截至2016年年底，全街道享受低保待遇的居民有104户、1942人，月发放保障金额48.92万元。全年印发就业、再就业宣传资料2000余份，办黑板报20期，制作宣传标语20余幅，组织辖区失业人员参加招聘会4次。全年城镇新增就业人数687人，下岗失业人员实现再就业人数281人，其中就业困难对象123人，一对一帮扶零就业家庭4户。

凤凰街道

【概况】凤凰街道位于冷水滩区东北部，东毗邻上岭桥镇，南临菱角山街道，西与梧桐街道、珊瑚街道接壤，北与高溪市镇相连，下辖2个村、2个社区、9个居民小组、30个村民小组，总面积20.01平方千米，总人口6.041万人。

2016年，街道圆满完成了各项工作任务，被评为永州市控违拆违工作先进单位、冷水滩区重大事件落实及优化经济环境和机关效能建设先进单位、冷水滩区作风建设先进单位、冷水滩区征地拆迁大会战先进单位、冷水滩区民政工作先进单位，获冷水滩区绩效考核二等奖、冷水滩区控违拆违工作二等奖、冷水滩区推新工作一等奖。

【文明创建】2016年，街道大

力开展文明创建活动。一是加强宣传教育，营造浓厚创建氛围。向辖区居民印发《健康教育宣传手册》4万余份，卫生防病常识宣传单3.5万余份，在辖区新增健康教育宣传栏60余块，新增电子显示屏24处，悬挂宣传横幅100余条。开展社会主义核心价值观、“我的中国梦”、“讲文明树新风”学习宣传教育活动，印发宣传手册1万余份，张贴宣传挂图5000余份，张贴“社会主义核心价值观”、志愿者服务、居民公约、讲文明树新风、遵德守礼小贴牌等6000余张，开设文明创建、科普宣传专栏42期，书写永久性宣传标语16条、楼道贴1万余份，花费8万余元制作1000余块高标准楼道宣传板，广大群众的交通法规和交通安全常识普及率和知晓率均达80%以上。二是严格农贸市场管理。对辖区内工业村、凤凰中心大市场、春江市场3个主要的农贸市场，根据《冷水滩区农贸市场管理办法》的要求和部署，安排20余人专门值班；街道办事处制定了农贸市场考核办法，定期对3个农贸市场的日常工作进行安排部署以及考核考评；街道组织市场管理所、社区、城管大队对辖区内工业村市场、凤凰园中心大市场及湖塘临时市场、欣欣路、八通巷、市第二中学周边主次干道和背街小巷流动摊贩和占道经营、环境卫生进行17次专项整治。

【人口计生优质服务】2016年，凤凰街道严格执行流出人口管理制度，客户端录入率100%，居民自治率100%，流动人口计划生育管理服务到位率100%。全年制作执法文书30份，上交区人民法院强制执行3份。全年未出现一例重大恶性案件，迎省、市、区检效果良好。

【项目建设】2016年，街道以项目服务为重点，加大在建项目征地拆迁工作力度，全年完成紫霞东路房屋拆迁2100平方米、九嶷大道2500平方米、瑞柯机电项目2560平方米、富达家园260平方米、黎马公路1100平方米。完成市区公交首末站征地157亩，拆除房屋1800平方米、钢架棚子1.2万平方米。梧桐东路改造扩建拆除房屋1.1万平方米，凤凰路提质改造拆除房屋3800平方米，同时完成凤凰园公交首末站征地10.34亩，湖塘东路延伸段土地征收15.8亩，春江小学建设征地12亩。

【控违拆违】2016年，街道在控违拆违工作中坚持一天两巡查，横向到边、纵向到底，

市委副书记张严（前右一）督查创卫工作（凤凰街道 提供）

区委书记何冲龙（中）检查指导园区项目建设工作（凤凰街道提供）

重点时间段及时巡查，重要路段经常巡查。全年制止违建行为80余起，依法拆除1996年以来违章建筑94处，共计48519.77平方米。

【社会保障工作】一是低保工作做到应保尽保，严格执行评议制度、联审制度，至2016年，审批低保户758户、1417人，发放金额316794元，其中2016年新增62户、88人。街道现有五保户24户、25人，孤儿66人。二是劳动保障和再就业工作扎实开展，全年共组织就业培训8次，帮助新增就业738人，下岗再就业265人，就业困难人员再就业125人，援助零就业家庭6户。三是完成失地农民养老保险调查摸底，村、社区共发放社会保障卡2500张。

【社会管理综合治理】2016年，在社会管理综合治理工作中，街道与社区、辖区各单位层层签订责任状，严格落实综治维稳工作“一票否决”制，明确各驻村（社区）党政领导为第一责任人，所有村（社区）支书、主任和办事处工作人员为直接责任人，将综治目标量化、细化，确保了特别防护期“零挂号”。在安全生产监管工作中，街道对辖区内存在的交通、消防、安全生产隐患进行排查，建立台账，同时积极组织开展平安校园、平安家庭、平安边界、平安文化市场、军地平安创建活动，对辖区所有校车登记造册，定期督查，规范管理，收到了良好的效果，全年成功调处突出矛盾82起。

【农村农业工作】精准扶贫：全街道共有贫困户98户、233人，2014年、2015年已脱贫43户、111人。2016年，采取结对帮扶、扶贫小额担保贷款、低保兜底、产业扶贫的方式开展精准扶贫工作，按照“一达到、两不愁、三保障”的标准，完成脱贫任务55户、122人，其中包括2017年预脱贫30户、55人，提前一年完成脱贫任务。土地确权：全年完成原来4个村、30个组共计3152.98亩的土地确权及土地承包纠纷调处核查等工作，25个组、997户确权到组，3个组、145户确权到户。林业发证方面，全年完成原来4个村、30个组共计1233公顷的林地确权发证工作和纠纷调处工作。

梧桐街道

【概况】梧桐街道成立于2003年1月，街道地处永州市冷水滩城区西北部，原属永州市凤凰园经济开发区管辖，是冷水滩区委、区政府行政中心所在地。辖区东至凤凰路，南至湘桂铁路线，西至珍珠路，北至湖塘路。成立之初，设珊瑚路、白竹路、梧桐路、紫荆路4个社区居委会、12个居民小组。2015年，合并为梧桐社区、紫荆社区、白竹亭社区3个社区。辖区土地面积4.13平方千米，有居民9257户、23347人。2016年，街道财政总收入1289万元，人均可支配收入27183元。

梧桐街道辖区内有湖南跃进机电有限责任公司、湘南器材有限责任公司、永州市烟叶复烤厂、湖南省煤勘三队等省、市、区13家企业单位，凤凰小学、白竹亭小学、十八中、剑桥实验学校、黄岗育才实验学校、永州市职业技术学院等教育机构，锦苑小区、城市绿岛、名门世家、锦绣潇湘、银海家园、苏杭大厦、上城国际等一批小区。

2016年，梧桐街道获省流动人口公共卫生计生服务均等化示范街道称号，被评为永州市创建文明城市工作先进单位，街道所辖梧桐社区党工委获永州市先进基层党组织称号。

【重点项目建设】2016年，梧桐街道在重点项目建设中共征收土地23公顷，征收房屋3.3万平方米，拆除违章建筑4.5

万平方米。辖区内4条断头路全部拉通，4个安置小区建设有序推进，年底已基本建成。珍珠路改造全面完成，梧桐路、珊瑚路的提质改造进展顺利。珊瑚公园已完成征地工作，公园建设的雏形已形成。银象小学建设已完成征地工作，建成了白竹亭社区老年人日间照料中心。

【社区建设与服务】至2016年年底，街道辖区内设有健身室、球类活动室、棋牌室、舞蹈室等，有浪力篮球队等22个群众文体组织。是年，开展集体文体活动100余次，参与人员近5万人次。

【就业和社会保障】2016年，街道为75户生活困难户办理低保，为260户申请了医疗救助；发放低保资金380万元、困难救助资金6万元、大病救助资金86万元、优抚资金9.5万元。全年共推荐就业492人。至2016年年底，街道参加医保参保人员11576人。2016年，新农村养老保险新参保354人，参保率达95.8%。

【人口与计划生育】2016年，街道总人口24433人，其中流动人口6720人；出生340人，出生人口符合政策生育率97.65%，出生人口性别比108.1；计划生育优质服务（随访和访视）到位率100%，生殖保健服务到位率100%，社区卫生计生服务落实率100%。开展各类宣传活动15次，发放各类宣传材料5000余份，接待计生政策和相关知识咨询1300余人次。对辖区内流动人员管理实行均等化服务。

【文明创建】2016年，街道党工委和办事处按照市委、市政府的工作部署，开展了创建国家交通管理模范城市工作，在每月的考核中多次被评为全市第一名。筹资500多万元，在白泥塘城中村建成一个高标准小游园；开展创建省级文明城区工作，取得较好成效。

【安全生产】2016年，街道全面展开安全标准化创建工作，贯彻职业健康安全法规，依法开展打非治违专项行动5次，打击非法经营点、无证或证照不全销售、储存等违法行为26起，取缔非法经营点13处，安全隐患整改率100%。扎实推进安全生产风险定级和管控工作，建立企业、经营单位风险源档案210家，定级210家。

【司法综治】2016年，街道成立综治维稳信访中心，推行“流动信访站”模式，共受理各类纠纷案件380件，调解成功率100%。积极开展校园法制教育活动，建立社区矫正影响评估群众评议机制，解决矫正对象认定难题。

【人大和政协工作】2016年，街道继续定期举办人大代表活动，建立人大代表接待室、“人大代表信箱”、“代表履职档案”，充分发挥人大代表的作用。辖区内政协委员开展“居家养老”、“城中村”改造调研、“进社区、听民意”等活动，收集群众意见建议31条。

【党建工作】2016年，街道开展服务型党组织建设，全年组织街道内的市、区两级党代表10多人、党员志愿者320多人在社区接待居民群众40余人次，收集社情民意70条，协调解决68条，群众满意率97.2%。组织党员志愿者开展“学雷锋、转作风、暖民心”，无偿献血，关爱孤寡老人、儿童，为偏远山区捐款，进集市、上大街做清扫，创交模文明劝导等一系列活动，赢得社会好评。开展“社区党工委—网格党支部—楼道党小组”的组织体系建立工作，已建立银海花园、煤勘三队、职业技术学校、名门世家、银竹家园、跃进厂、紫荆社区1网格、梧桐社区居民4网格等9个纯居民网格党支部，正在进行楼栋党小组的组建工作。推行党员公开承诺服务制，街道8个党组织、390名党员围绕小区建设、控违拆违、市场整治、文明劝导、打击传销等工作任务，公开承诺事项166件，已全部兑现落实。

珊瑚街道

【概况】珊瑚街道地处冷水滩区西部，东与凤凰街道相邻，西南与仁湾街道为邻，西界东安县端桥铺镇，北接高溪市镇。相传此地原是湖泊，湖中有石形似珊瑚，湖边有巷，名珊瑚巷，由此得名。中华人民共和国成立后，先后设立为珊瑚公社、珊瑚乡，2013年9月区划调整后更名为珊瑚街道。珊瑚街道办事处驻珊瑚路565号，辖凌云社区和水汲江村、岭头上村、桃李坪村和东零桥村。2016年3月，按照上级区划调整的要求，将水汲江村和岭头上村合并为水汲江村，将桃李坪村和东零桥村合并为桃李坪村。珊瑚街道辖区共设9个城市网格和35个村民小组，有2525户、10450人，辖区总面积20.1平方千米，街道党政机关有干部职工133人。

珊瑚街道境内洛湛、湘桂铁路交汇，冷东公路、冷普公路纵横南北，城区路网珍珠北路、凤凰北路、陶源路、潇湘大道、湖塘西路、传芳路交错延伸。共有1座小（1）型水库和2座小（2）型水库，分别可灌溉稻田460亩、160亩、320亩。境内河流属长江流域，芦洪江自水汲江村浪泥冲组入境，由西向东，至水汲江村陈家组，再经高溪市镇流入湘江。

【教育、卫生、文化】2016年，珊瑚街道辖区有幼儿园5所、小学2所、初中1所，初中适龄人口入学率、小升初升学率、九年义务教育覆盖率均达100%。有各级各类医疗卫生机构5个，其中卫生院1所，村卫生室6个，老百姓看病就医方便；建成高标准智能化综合运动场和社区博爱超市、阅览室和舞蹈训练室，配套健身器材2套，群众文化生活丰富。2016年，凌云社区被评为永州市交通模范星级社区。

【税源项目】2016年，珊瑚街道辖区内有市、区重点项目12个，其中税源项目10个，通过内培育外引资，狠抓企业发展，壮大主体财源，完成以印刷、建材、医药为主的工业投资（含技改）6000万元，现有建材、医药、电子企业等50家。2016年，实现工业总产值6.7亿元，同比增长8%。在壮大财源的同时，加强税源摸底、税收环境整治、税收征管的协调服务、重点项目税收的入库工作，严防跑、冒、滴、漏的现象发生。2016年上半年，共完成国税2016万元、地税660万元，圆满完成区下达的财税总任务。

曲河街道

【概况】曲河街道位于冷水滩区河东，成立于2013年10月，辖管范围东至冷竹路东风水库，南至城南大道，西至湘江东路，北至逸云路。下辖马路街、曲河、逸云和前进4个社区，总面积15.9平方千米，人口2.3万人，流动人口7800人。辖区内翠竹路、冷竹路、逸云路、中兴路、进贤路贯穿东西，永州大道、育才路、湘江东路、阳明大道（在建）连接南北，有冷水滩中心城区“东南大门”之称。

2016年，全街道完成工业总产值42426.5万元，财政总收入6000余万元，城镇居民人均可支配收入2.72万元；实现地税3800万元，国税1600万元。获2016年度冷水滩区森林防火目标管理考核工作三等奖、2016年度冷水滩区控违拆违工作一等奖、2016年度国家卫生城市管理工作三等奖，获2016年度信访工作先进单位、2016年度冷水滩区征兵工作先进单位、2016年度冷水滩区消防工作先进街道、2016年度永州市创建省文明城市工作先进单位、2016年度综治民调工作先进街道、2016年度冷水滩区人口和计划生育工作优秀单位、2016年度精准扶贫工作先进街道、2016年度食品药品安全工作先进单位、2016年度绩效考核评估优秀单位、2016年度社会管理综合治理先进单位、2016年基层党建工作先进街道、2016年度党风廉政建设责任制考核先进单位、2016年度永州市计划生育工作优秀单位等荣誉称号。

【基层党组织建设】2016年，曲河街道党工委开展“两学一做”学习教育，成立学习领导小组，组织4个专题大讨论。制定了《关于进一步严肃街道党员干部征地拆迁工作纪律》，按照“围绕征迁抓党建，抓好党建促征迁”的工作思路，在街道辖区内开展“最美共产党员”“十佳征迁能手”评选活动，激发了党员干部共同克难攻坚的工作热情。逸云社区党工委被评为湖南省先进基层党组织。加大对“党代表工作室”的建设力度，每月确定1天时间由党代表接待群众来信来访，全年接待群众60余人次，为群众解决问题52件；组织慰问困难党员16人，发放慰问金7000元。

【重点项目建设】2016年，全辖区29个重点项目共完成征地近28公顷，协议征收房屋14.63万平方米，已拆除近10万余平方米，迁坟1300余座；辖区内7条断头路全部拉通，安置小区建设交地建房1100余人户；棚户区改造拆除工作接近尾声。辖区内的源味街、高速公路连接线改扩建、曲河花园、永州一号、逸云路城中村改造等重点项目进展顺利，征迁工作被市、区作为先进典型推介。

【社会管理综合治理】2016年，曲河街道探索社会管理新模式，全面推行党建、城管、计生、创卫、服务民生等工作进网格，下派21名干部进社区担任“一委三站一办”（“一委”即社区党工委，“三站”即网格管理站、综治维稳站、便民服务站，“一办”即社区综合办公室）网格化工作人员，借助“互联网+”，开辟“魅力曲河”微信公众号、党建微信群和网格微信群，实现零距离服务。为每个社区配备治安巡逻员、综治信息员和民调员，辖区内单位干部职工、夜巡队员、楼栋长、街道干部职工和小区物管联合组成防控网络，全方位在辖区单位、居民小区等开展义务巡逻，治安发案率较上年下降3%。全年共调处各类矛盾纠纷168起，调解成功率97%；化解信访积案12起；帮助外来务工人员追回工资、押金、补偿金等共计2.2万元；累计帮扶信访资金14万元，接劝访投入25.3万元。

【计划生育】曲河街道计生工作连续三年被评为全区优秀等次，2016年进入市优良行列，其中统计准确率、节育措施落实到位率、违法生育清理工作处理到位率、流动人口计划生育管理与服务到位率、利益导向落实到位率均达100%。落实独生子女奖扶政策10户，落实独生子女保健发放人员49人，独生子女父母奖励122人。

【城市建设和管理】2016年，曲河街道实行控违拆违目标管理责任制，建立控违拆违台账，分安置小区和社区面上两个专业巡查组负责巡逻，对在巡查过程中发现的违法建设情况登记台账，进行劝阻制止。全年拆除违章建筑棚27个，拆除新增违章建筑460平方米，拆除陈年违章建筑60660平方米。

【民生保障】2016年，全街道实现城镇新增就业523人，下岗失业人员再就业236人，就业困难对象再就业120人，零就业家庭就业3户，新增城镇居民参保人数992人。因人施策，精准扶贫，全年脱贫41户、139人。辖区内全年新增城区学位23个，冷水滩区城区内高标准的红杉树幼儿园于7月正式开园；重视校车安全，实施公司化运营。街道共有低保户495户、828人，月发放金额160808元。全年改造农村危房3户，调处各类矛盾纠纷共158起，调解成功146起。

岚角山街道

【概况】岚角山街道（原岚角山镇）于2016年2月29日成立，位于零陵区、冷水滩区两区的中心地段，是中国共产党主要创始人之一李达的故乡。永州大道贯穿南北，322国道和冷竹公路衔接东西，二广高速穿插其中，衡昆高速与其毗邻，湘江穿境而过，永州机场座落在辖区内，是永州市滨江新城建设的核心区域。2016年，全街道辖区面积90.1平方千米，辖8个社区、7个村，299个村民小组、6296户，总人口29359人。有耕地面积34323亩，其中水田33215亩，旱地1108亩。

2016年，全街道财政收入1612万元，实现地方生产总值15.26亿元，固定资产投资6.12亿元，人均可支配收入24520元。项目建设是推动岚角山快速发展的重要保证。是年，落户街道的项目有永州大道提质改造、三路一桥、玫瑰湾、一宫两馆六中心、李达故居、华盟万商红、琴水丽湾、迎宾路等36个项目。辖区内有各类企业47家，其中客货运输企业3家，非煤矿山1家，冶金加工企业7家，木材加工企业15家，大米加工企业1家，烟花爆竹仓库1座，汽车贸易销售8家，农业休闲企业6家，特种养殖场5家，初步形成了具有岚角山特色的企业群体。

街道党政机关有在编在岗工作人员128人，其中行政编制47人，事业编制81人。街道内设党政综合办公室、社会管理综合治理办公室、经济发展办公室、人口和计划生育办公室、社会事务办公室，成立6个公益性全额拨款事业机构：社会保障和社会救助事务中心、人口和计划生育事务中心、文教体事务中心、工交安监药监和规划建设环保事务中心、经济发展服务中心、农业服务中心。

【安全生产】2016年，街道党工委、街道办事处组织人员对辖区内生产经营单位（项目、场所）进行地毯式排查，如实排查登记每一个生产经营建设单位基本情况，由安监站统筹汇总。全年共排查生产经营建设单位(场所、工地)188家（处），其中烟花爆竹行业5家（处），危险化学品行业2家，非煤矿山1家，工贸八大行业12家（处），在建房屋10处，在建项目11处，学校3所，幼儿园3所，水库12座，酒店9家，交通服务行业2家，医疗服务3家，日杂百货9家，小型餐饮店28家，零售服务业78家。在辖区内开展打非治违工作，针对无证经营、非法经营企业，街道联合冷水滩区林业局、畜牧水产局、岚角山部队、派出所、供电所、冷水滩区巡特警中队等部门，对辖区内存在重大安全隐患的锯木加工小作坊、无证木材板厂、生猪养殖场展开拉网式整治行动。关闭非法木材加工小作坊8家、木材板厂4家、无证彩钢瓦1家、禁养区养猪场3家，共计拆除厂房面积约9500平方米。在岚角山街道菜市场路口开展“第十五个安全生产宣传月——宣传咨询日”活动，活动中，发放各类宣传单230余份、宣传手册200余册，接受咨询45次，受教育群众230余人。在街道入口处树立了大型安全生产宣传牌，在人员密集区域安装了长35米的文化宣传长廊，通过生动活泼的漫画、通俗易懂的语言将安全理念、应急知识展示给居民。

市委常委、市委秘书长唐能武（前右二）到岚角山街道调研（岚角山街道 提供）

冷水滩区委书记何冲龙（中）到岚角山街道调研（岚角山街道提供）

【社区管理和服务】截至2016年年底，岚角山街道按区域地块划分66个单元网格，由村（社区）“两委”成员兼任网格员，以网格化的方式整合村（社区）资源，强化村（社区）职能，提升村（社区）服务，实现村（社区）管理科学化、精准化和长效化。各村都建立了综治中心、便民服务中心和网格管理中心，其中油榨头社区改建了约200平方米便民服务大厅、社区食堂和卫生间，翻修约300平方米的老旧房作为计生活动室、老科协、医务卫生室等用房；新建约700平方米的篮球场和安装有健身器材的体育活动场所，在部分区域安装了路灯，方便了居民出行；改造约400平方米原社区大礼堂，翻修120平方米房屋，用于改善卫计卫生室医疗机构条件。

【并村工作】岚角山街道原辖进贤、香山前、宅芝甸、寅巳塘、杨司江、梅塘口、周家、楚江圩、渣里口、飞跃、东塘庙、武塘、高桥头、五口井、梁木铺、春光、阳甸、中间庙、新田前、油榨头、潇湘庙、蔡家埠、巴洲、千世头、长塘角、庆桥、官禄塘、石木冲、岚角山、保方寺30个建制村，岚角山和楚江圩2个社区，299个村民小组，28645人。根据区委、区政府关于农村建制村合并的总体要求，岚角山街道做为全区的试点街道，并村改革工作从2015年11月上旬启动，2016年2月底全面完成。全街道由原来的30个村、2个社区合并调整为7个村、8个社区，即保方寺社区、新田前社区、三庙社区、油榨头社区、蔡家埠社区、巴洲社区、岚角山社区、楚江圩社区，杨司江村、香山前村、春光村、五口井村、高桥头村、飞跃村、官禄塘村。建制村（社区）平均面积为6平方千米，平均人口为1759人。

【扶贫攻坚】全街道共有建档立卡贫困户698户、2163人，其中2014年脱贫76户、255人，2015年脱贫180户、591人，2016年脱贫120户403人。春光村是省级贫困村，该村有建档立卡贫困户95户、337人，其中2014年脱贫9户、35人，2015年脱贫17户、73人，2016年脱贫16户、53人，2017年计划脱贫45户、160人。在扶贫工作中，岚角山街道严格按照“一进二访”（进村入户访贫问需、访贫问计）和建档立卡“回头看”以及“四类对象”（原建档立卡户中有商品房、有公职人员、有汽车、是个体经营户和私营企业主的农户）专项清理等活动要求，对建档立卡系统内扶贫对象进行反复核实校对，清理出不符合条件的“四类对象”54户、178人，新纳入符合条件的贫困户61户、170人。同时对贫困对象信息及时进行更新，将全街道贫困户、贫困村的信息进行建档管理，统一录入全国建档立卡系统，确保贫困户、贫困村档案资料真实、准确、完整。全年发放1500万元小额扶贫贷款。

【重点项目建设】岚角山街道辖区是永州市滨江新城建设的核心区域，在建和拟建的重点工程项目有10多个（处）。

万商红项目：位于永州大道与李达大道交汇处东南角，规划建设用地603亩，项目总投资16亿元，总建筑面积46万平方米。2016年，共征收房屋涉及4个组、87户、242人，总建筑面积28898平方米，其中主房面积15544平方米。2016年，青苗、附属设施、迁坟款均已发放到位，已征房屋拆除工作全部完成。该项目正在建设中。

“两中心”项目（即市政务中心和文化艺术中心）：位于永州大道以东、迎宾路以北，阳明大道以西、利安路以南，规划征地411.06亩，建筑面积8万平方米，总投资约4亿元。土地征收共411.06亩，房屋92户，征收面积30905平方米，其中主房面积14313平方米。征收企业2家。2016年，房屋腾空拆除89户，青苗、附属设施、迁坟款已全部发放到位。该项目正在建设中。

迎宾路及迎宾路扩宽项目：规划征地110.45亩，涉及保方寺6个组，应征收房屋83户。至2016年，已征收房屋81户、企业5家、村集体1家，征收房屋总面积21292.0平方米，其中主房面积8936.0平方米；腾空并拆除房屋46户和企业2家；迁移坟墓267座。项目正在施工建设中。

保方寺公园项目：位于保方寺村和油榨头村，规划征地197.98亩，涉及保方寺村1、2、3、5、6、7组和油榨头上湖组，征收房屋17户、企业5家、村集体1家，房屋征收面积10291平方米，其中主房征收面积1736平方米。2016年，完成了土地测绘、踩界工作，做好了财政报审；完成了土地征收和17户房屋征收协议签订。征收房屋腾空拆除工作正在进行。

李达故居铜像周边设施项目：位于油榨头村，规划征地139.515亩，涉及5、6、7三个小组50人，征收房屋16户。房屋征收面积2190平方米，其中主房面积1445平方米。2016年6月，街道配合市测绘队，完成了项目的测绘、踩界及调查摸底工作，做好了财政预算报审工作，签订了土地征收协议。9月，全部完成了16户房屋征收协议签订工作，完成了青苗、坟墓、附属设施的补偿工作，修建了农具临时用房。

永州大道绿化带提质改造项目：至2016年，完成8户房屋的征收拆除工作，房屋征收面积3004.8平方米，其中主房面积2109平方米；完成了青苗、附属设施的补偿工作。

市烟草物流中心项目：位于阳甸村，2016年，征收房屋共24户，已签订协议22户，完成率91.67%，房屋征收面积6950平方米，其中主房面积3396平方米；做好了青苗附属设施的补偿工作。

A–1、A–2号宗地项目：位于新田前村，2016年，征地428.29亩。11月，启动房屋征收工作，征收房屋35户，房屋征收面积8135平方米，其中主房面积5786平方米。房屋测绘、青苗、坟墓清点工作正在进行。

E–1–2–3–4号宗地（永州市2013年第四批次用地）项目：位于原潇湘庙村、油榨头村，2016年，征地411亩，完成了测绘、踩界工作，做好了财政预算报审，签订了土地征收协议，完成了附属设施、青苗、坟墓征收补偿工作。

阳明大道项目：位于保方寺村，需征地174.3亩。2016年12月开始启动，正在进行土地测绘调查摸底等前期工作，2016年正在建设之中。

世外山庄和好风光两农业企业：2014年前已签订了征收协议。

万商红800亩项目：土地原已征，12月开始启动房屋征收工作。

永州双语学校项目。位于中间庙村，2016年完成了土地征收工作。

其他项目：巴洲安置小区、万商红安置小区、X–2号宗地、S–2号宗地、利安路、市农产品检测中心、市质检中心、市房产交易中心、市地税局、申湘置换地、市环境监测中心等项目2016年征收扫尾工作全部完成。

【获得的荣誉称号】2016年，岚角山街道荣获“湖南省省级卫生乡镇”“永州市计划生育优质服务先进单位”“社会治安综合治理先进单位”、全区“绩效评估考核优秀单位”“冷水滩区文明单位”等称号。

马坪农业开发区

【概况】马坪农业开发区于1993年10月成立，位于冷水滩区城区北郊，东临水汲江，南与珊瑚街道接界，西与东安县端桥铺镇接壤，北与牛角坝镇相邻，南面紧靠湘桂铁路，217省道、市区三条公路横贯南北。开发区辖马坪、龙家岭2个村，辖区总面积18平方千米，辖区总人口4460人。

【经济发展】2016年，全开发区完成生产总值8.6亿元，同比增长12%，其中农业总产值5.5亿元，工业总产值3.1亿元，财政总收入550万元，农民人均纯收13600元，比上年增长13%。

【扶贫攻坚工作】马坪开发区的2个村均为非贫困村，共有贫困户321人，至2016年年底，已脱贫251人。2016年，全开发区在扶贫工作中坚持“四到位”：

一是数据清理到位。对建档立卡系统内的数据进行再摸排、再核实、再清理，针对系统内的数据错项、漏项及时更正，及时调整。二是宣传到位。通过宣传栏、宣传标语、发放口袋书、电子显示屏等多种形式宣传精准扶贫工作，做到入脑入心。三是走访、帮扶到位。对辖区内的建档立卡贫困户，每户安排一名责任领导、一名责任人、一名村干部结对帮扶，帮扶责任人深入贫困户家中面对面地了解贫困户的家庭人口、致贫原因、住房条件等基本情况，有针对性帮助拟订脱贫计划，制定脱贫措施，真正做到因人制宜，一户一策。四是管理到位。对于不符合条件的贫困户坚决清查到位，对于真正贫困的家庭一户不漏地纳入进来。同时，严格按照区扶贫办的要求，做到一户一档，一户一册，健全台账管理机制。

【农村网格化建设】2016年5月，根据《冷水滩区统筹推进农村网格化建设实施方案》，马坪开发区立足当地实际，切实做到规定动作不走样，自选动作创特色。一是划分好2个

马坪开发区组织拆除违章户外广告（马坪开发区 提供）

行政村的网格。根据地域条件，对每个行政村以方便村民生产生活为出发点，将若干个联系紧密的村民小组，按照200户或500人左右的标准划分成单元网格，共划分出10个网格：马坪村6个网格、龙家岭村4个网格。二是高标准建设好开发区、马坪村、龙家岭村3个网格管理中心。全年，开发区建成一个130平方米的网格管理中心，龙家岭村建成一个110平方米的网格管理中心，马坪村建成一个100平方米的网格管理中心。三是3个网格管理中心均配齐了必备的办公设备：一台电脑、一台打印机、一台高拍仪、一套办公桌椅，并接通了外网，共投入建设资金18万元。四是健全网格管理队伍，按照“一格一员”的要求，每一个网格配备了1名网格管理员、由村干部担任，每个网格还安排了1名干部职工对接协调和1名党政领导包片负责，并明确了网格管理员的职责。

【平安马坪创建活动】2016年，马坪开发区开展“平安马坪”创建活动。一是运用标语、宣传栏等形式，开展创建平安乡村、平安大道、平安边界、平安家庭、平安信访秩序、平安铁路活动。二是不断扩大创建覆盖面，实现基层创建活动向企业延伸，向农村居民户延伸，向学校拓展。在财政紧张的情况下，拿出10万余元在各路口设置治安监控探头11个，使老百姓的平安得到有力保障。

【基础设施建设】2016年，马坪开发区投资20余万元，完成了龙马街道、马坪村大院子路段100余盏路灯安装工程；完成50余户的农户民居改造，配套建设了风雨亭、农家书屋和马坪村农民文化活动场所；新修庙山组至铺里组通村公路长1.5千米，解决了当地群众的出行难问题。

【马坪现代化农业示范点建设】2016年，马坪开发区辖区内引进永州市世外桃源生态农业发展有限公司，成功将马坪村庙山组约200亩荒田进行流转，投资约100余万元经营特色林稻种植和水产家禽养殖，以稻田养虾为主，池中种植水稻、莲藕，堤坝种植柑橘、果品。引进永州市聚丰生态农业开发有限公司，该公司计划投资2000万元，在辖区成功流转土地560亩，规划修建全自动化的智能催芽齐苗密室、育秧中心、粮食烘干中心、粮食低温储存中心、农机服务和保养中心、优质大米加工中心、优质农产品展示中心、农业生产资料配送中心、职业农民培训中心、农产品网上销售及电子商务中心等设施，使之成为一个现代大型农业综合服务中心。至2016年，马坪开发区辖区内的永州市鑫海农机专业合作社共流转土地800多亩，推动了农业增效，农民增收。

工业园区

【概况】工业园区位于冷水滩城区西部，东至珍珠路，南至湘桂铁路线，西与仁湾镇交界，北与珊瑚街道接壤，属于城郊接合部，洛湛铁路与湘桂铁路在境内交汇。辖区总面积9.85平方千米，其中耕地面积51.7公顷。辖区内有1个村、2个社区（即珍珠塘村、长冲社区、古塘社区）、8个居民小组、8个村民小组；共有人口32260人，其中农业人口1260人，低保户669人；城区部分按网格化管理要求划分为25个网格。

辖区内有省属单位永州火车站、市属单位永州市第四中学，区属单位水利局和皮肤病医院。辖区内道路成“三横”（珍珠南路、传芳路、潇湘大道）“六纵”（梧桐西路、珊瑚西路、站前南路、金竹路、西冲塘路、西区路）格局。

园区管委会有在职干部职工110人，共设6个工作组，即综合政治组、计生组、五创五化组、城建城管组、征地拆迁综合组、处理历史遗留问题组。

【财税工作】2016年，工业园区在财税工作中积极抓税收的足额入库，一方面加强税源清查工作，另一方面完善依法催缴税收机制，全年完成税收1.2亿元。在税收足额入库的同时，狠抓项目企业的优质服务，实行一个项目一名领导、一套班子、一个方案、一包到底的服务方式。

【人口计生工作】工业园区严格流动人口管理，提倡优生优育，2016年，全园区出生人口151人，符合政策生育率99.3%。

【项目建设活动】2016年，工业园区开展“项目建设服务年”活动，加大在建设项目征收拆迁工作力度，全年完成征地6公顷，拆迁房屋4800余平方米。同时加大控违拆违力度，实行台账化管理，全年制止违建行为320起，依法拆除违章建筑36处，共计20660平方米。

【社会保障工作】2016年，全园区实现低保工作应保尽保，劳动保障和再就业工作扎实开展，医保资金及时足够入库。

【社会管理综合治理】2016年，工业园区继续实行综治维稳“一票否决”制；继续加强民调基础工作，重新采集完善民调电话6150个；继续加强安全监管力度，在辖区内组织3次交通、消防、安全生产隐患排查和整顿工作，及时处置突发事件，处理安全事故1起，调处突出矛盾3起。

【农业农村工作】精准扶贫：园区有贫困户31户、116人，2016年，通过结对帮扶、发放扶贫小额担保贷款、低保兜底、产业扶贫等方式，贫困户全部脱贫。动物防疫工作：在珍珠塘村8个组全面铺开动物防疫工作，按要求完成了防疫任务。

【基础设施建设】2016年，按照市、区政府的断头路“百日大会战”工作要求，工业园区全力以赴，组建5个工作组，处理协调矛盾纠纷30多次，及时完成了珍珠南路、西冲塘路、站前北路、长冲巷路、传芳路等断头路建设项目的拆迁任务，上述道路已全部建成通车。

【社区网格化建设】2016年，按照市、区网格化管理要求，工业园区实行职能下放、力量下沉，及时下派39名干部职工，充实社区工作力量。在建立健全社区“一委一会”的基础上组建了“三站一办”，全园区共划分24个网格，配齐了专职网格员，购置了必要的办公设施。辖区内人口和房屋信息采集率达90%以上；同时多方筹措资金200多万元，新建了长冲社区办公楼。

【安置小区建设】工业园区党委非常重视安置小区建设工作，2016年年初，组建了强有力的领导班子，成立4个工作小组，分别由党委领导班子成员担任组长，各小组密切配合，取得了明显成效。全年完成土石方工程50多万立方米，完成了辖区内安置小区建筑区平地工程，20多栋安置房屋的设计招标工作全部完成，还完成了12栋房屋的桩基础施工和8栋房屋的国土报建工作，另有3栋房屋按照统一规划、统一设计、统一施工的方式组织开工建设，其中1栋房屋已竣工验收。

附　录

2016年冷水滩区委及区委办公室文件目录

表1

发文文号	文件标题	发布日期	承办单位	备注
一、冷发文件15件				
冷发〔2016〕1号	印发《关于制定冷水滩区国民经济和社会发展第十三个五年规划的建议》的通知	2016.1.12	区发改委	
冷发〔2016〕2号	关于贯彻落实中央和省委、市委精准扶贫战略部署的实施意见	2016.3.14	区扶贫办	
冷发〔2016〕3号	关于表彰2015届区文明单位、文明标兵单位、文明社区的决定	2016.3.18	区文明办	
冷发〔2016〕4号	关于对冷水滩区第三届道德模范、道德模范提名奖、冷水滩区第二届美德少年进行表彰的决定	2016.3.18	区文明办	
冷发〔2016〕5号	关于创建省文明城区的决定	2016.4.13	区文明办	
冷发〔2016〕6号	关于在乡镇党委换届选举的同时选举出席中国共产党冷水滩区第八次代表大会代表的通知	2016.4.11	区委组织部	
冷发〔2016〕7号	关于转发《政协永州市冷水滩区委员会2016年工作要点》的通知	2016.4.20	区政协办	
冷发〔2016〕8号	关于召开中国共产党永州市冷水滩区第八次代表大会的决议	2016.7.6	区委组织部	
冷发〔2016〕9号	关于开展中共永州市冷水滩区第八次代表大会代表选举工作的通知	2016.7.8	区委组织部	
冷发〔2016〕10号	关于深入学习宣传贯彻《习近平总书记在庆祝中国共产党成立95周年大会上的讲话》的通知	2016.7.15	区委宣传部	
冷发〔2016〕11号	关于召开中国共产党永州市冷水滩区第八次代表大会的通知	2016.8.26	区委办	
冷发〔2016〕12号	关于印发《中共永州市冷水滩区委常委会议事规则》的通知	2016.9.19	区委办	
冷发〔2016〕13号	转发《中共永州市冷水滩区人大常委会党组关于做好区、乡（镇）两级人民代表大会换届选举工作的实施方案》通知	2016.9.29	区委办	
冷发〔2016〕14号	关于进一步加强禁毒工作的实施意见	2016.12.5	冷水滩公安分局	
冷发〔2016〕15号	关于印发《永州市冷水滩区党风廉政建设主体责任和监督责任追究暂行办法》的通知	2016.12.30	区纪委	

续表 1

发文文号	文件标题	发布日期	承办单位	备注
二、冷委文件 10 件				
冷委〔2016〕1 号	关于降低市全面建成小康社会考评财政收入等有关指标统计口径调整对我区不利影响的请示	2016.1.13	区委办	
冷委〔2016〕2 号	关于召开区委常委会“三严三实”专题民主生活会的请示	2016.1.14	区委组织部	
冷委〔2016〕3 号	关于在 2015 年度党委政府绩效评估中给予土地和房屋征收特色工作加分的请示	2016.1.20	区政府办	
冷委〔2016〕4 号	关于建议暂不在冷水滩城区全面推行环卫作业市场化运作的报告	2016.1.22	区环卫局	
冷委〔2016〕5 号	关于召开中国共产党永州市冷水滩区第八次代表大会的请示	2016.7.4	区委组织部	
冷委〔2016〕6 号	关于召开区委常委会专题民主生活会的请示	2016.7.21	区委组织部	
冷委〔2016〕7 号	关于成立冷水滩区委网络安全和信息化领导小组的通知	2016.7.28	区委宣传部	
冷委〔2016〕8 号	关于确定冷水滩区出席中国共产党永州市第五次代表大会代表候选人预备人选的情况报告	2016.8.24	区委组织部	
冷委〔2016〕9 号	关于支持冷水滩区全面小康建设工作的请示	2016.9.28	区委组织部	
冷委〔2016〕10 号	关于召开 2016 年度区委常委班子专题民主生活会的请示	2017.1.9	区委组织部	
三、冷办发文件 19 件				
冷办发〔2016〕1 号	关于转发区委防范和处理邪教问题领导小组《冷水滩区防范处理邪教工作规定》的通知	2016.2.18	区委防范和处理邪教问题领导小组	
冷办发〔2016〕2 号	关于印发《冷水滩区乡镇领导班子换届工作实施方案》的通知	2016.3.6	区委组织部	
冷办发〔2016〕3 号	转发《中共永州市委办公室永州市人民政府办公室关于印发〈关于进一步做好纠正“四风”突出问题专项整治和监督检查工作的实施意见〉的通知》（永办发〔2016〕2 号）文件的通知	2016.4.13	区纪委	
冷办发〔2016〕4 号	关于印发《冷水滩区创建省文明城区实施方案》的通知	2016.4.13	区文明办	
冷办发〔2016〕5 号	关于印发《2016 年全区重点财源建设项目计划安排表》的通知	2016.4.27	区重点财源办	
冷办发〔2016〕6 号	印发《关于在全区党员中开展“两学一做”学习教育实施方案》的通知	2016.5.9	区委组织部	
冷办发〔2016〕7 号	印发《关于中共永州市冷水滩区委常委会深入开展“两学一做”学习教育的安排》的通知	2016.5.20	区委组织部	
冷办发〔2016〕8 号	关于印发《冷水滩区 2016 年落实党风廉政建设和反腐败工作分工意见》的通知	2016.5.20	区纪委	

续表 1

发文文号	文件标题	发布日期	承办单位	备注
冷办发〔2016〕9 号	转发《中共永州市委办公室关于印发〈永州市党风廉政建设签字背书实施办法〉等文件的通知》（永办发〔2016〕11 号）文件的通知	2016.5.20	区纪委	
冷办发〔2016〕10 号	关于印发《冷水滩区 2016 年重点项目建设实施方案》的通知	2016.5.20	区发改委	
冷办发〔2016〕11 号	关于印发《冷水滩区贯彻落实省、市党委（党组）意识形态工作责任制实施意见》的通知	2016.7.28	区委宣传部	
冷办发〔2016〕12 号	关于调整 2016 年重点财源建设项目安排的通知	2016.9.8	区重点财源办	
冷办发〔2016〕13 号	关于印发区委常委分工和区级领导联系乡镇街道情况的通知	2016.9.13	区委办	
冷办发〔2016〕14 号	关于加强中秋、国庆“双节”期间作风建设的通知	2016.9.13	区纪委	
冷办发〔2016〕15 号	关于在全区国家机关中实行“谁执法谁普法”责任制的实施意见	2016.10.9	区司法局	
冷办发〔2016〕16 号	关于印发《永州市冷水滩区公务用车制度改革总体方案》和《永州市冷水滩区区直党政机关和乡镇、街道办事处公务用车制度改革实施方案》的通知	2016.11.7	区发改委	
冷办发〔2016〕17 号	印发《关于进一步加强中心城区小区党建工作和网格化管理的实施意见》的通知	2016.11.28	区委组织部	
冷办发〔2016〕18 号	关于印发《永州市冷水滩区禁毒工作责任制实施办法》的通知	2016.12.5	冷水滩公安分局	
冷办发〔2016〕19 号	关于加强冷水滩区基层医疗卫生服务体系建设的实施意见	2016.12.15	区卫计委	

四、冷办文件 81 件

冷办〔2016〕1 号	关于开展全区 2015 年度绩效评估年终考核的通知	2016.1.12	区绩效办	
冷办〔2016〕2 号	关于印发《冷水滩区 2016 年迎新春美化亮化净化序化及安全保卫工作实施方案》的通知	2016.2.1	区国卫办	
冷办〔2016〕3 号	关于认真组织开展 2016 年元旦、春节期间群众文化体育活动的通知	2016.2.1	区委宣传部	
冷办〔2016〕4 号	关于表彰 2015 年党风廉政建设和作风建设工作先进单位的通报	2016.2.27	区纪委	
冷办〔2016〕5 号	关于召开区委 2016 年经济工作会议的通知	2016.3.11	区委办	
冷办〔2016〕6 号	关于 2015 年度全区绩效评估等 21 项工作考核结果的通报	2016.3.14	区委办	
冷办〔2016〕7 号	关于成立冷水滩区乡镇领导班子换届工作领导小组的通知	2016.3.6	区委组织部	
冷办〔2016〕8 号	关于表彰 2015 年度冷水滩区干部队伍执行力建设先进个人的通报	2016.3.15	区委组织部	

续表 1

发文文号	文件标题	发布日期	承办单位	备注
冷办〔2016〕9 号	转发《中共永州市冷水滩区纪委、区委宣传部关于学习宣传贯彻〈中国共产党廉洁自律准则〉和〈中国共产党纪律处分条例〉和实施方案》的通知	2016.3.14	区纪委	
冷办〔2016〕10 号	关于成立冷水滩区宋家洲综合治理工作领导小组的通知	2016.3.18	区人大办	
冷办〔2016〕11 号	关于对精准扶贫工作开展专项督查的通知	2016.4.11	区扶贫办	
冷办〔2016〕12 号	关于成立二广高速永州东连接线建设协调指挥部的通知	2016.4.13	指挥部	
冷办〔2016〕13 号	关于印发《冷水滩区创建国家园林城市实施方案》的通知	2016.4.13	区园林处	
冷办〔2016〕14 号	关于印发《冷水滩区"雁过拔毛"式腐败问题专项整治实施方案》的通知	2016.4.28	区纪委	
冷办〔2016〕15 号	关于进一步加强单位干部职工参与城区社区治安巡逻工作的通知	2016.4.26	区综治办	
冷办〔2016〕16 号	印发《区委办公室领导班子成员工作分工》的通知	2016.4.29	区委办	
冷办〔2016〕17 号	印发《关于继续开展党政机关和领导干部办公用房清理整治督查工作实施方案》的通知	2016.5.4	区委统战部	
冷办〔2016〕18 号	关于成立区委统一战线工作领导小组的通知	2016.4.8	区委督查室	
冷办〔2016〕19 号	关于印发《全区安置小区 2016 年度建设目标任务》的通知	2016.5.11	区综合协调办	
冷办〔2016〕20 号	关于调整冷水滩区"雁过拔毛"式腐败问题专项整治协调领导小组的通知	2016.5.16	区纪委	
冷办〔2016〕21 号	关于成立冷水滩区"两学一做"学习教育协调小组的通知	2016.5.20	区委组织部	
冷办〔2016〕22 号	关于成立冷水滩区社会救助保障兜底脱贫对象认定工作领导小组的通知	2016.5.23	区民政局	
冷办〔2016〕23 号	关于印发《冷水滩区统筹推进农村网格化建设实施方案》的通知	2016.5.23	区网格办	
冷办〔2016〕24 号	关于印发《2016年市委、区委经济工作会议报告和〈政府工作报告〉确定的任务责任分工表》的通知	2016.5.25	区委督查室	
冷办〔2016〕25 号	关于开展《名村志》编纂工作的通知	2016.6.1	区史志办	
冷办〔2016〕26 号	关于成立蔡市镇邓家铺村美丽乡村建设暨扶贫开发工作领导小组的通知	2016.5.31	区委政研室	
冷办〔2016〕27 号	关于做好《永州市志·冷水滩区概况》编纂工作的通知	2016.5.31	区史志办	
冷办〔2016〕28 号	关于进一步加强和改进信息工作的通知	2016.6.13	区委办信息室	

续表 1

发文文号	文件标题	发布日期	承办单位	备注
冷办〔2016〕29 号	关于印发《冷水滩区 2016 年度人口和计划生育工作考核评估方案和奖惩办法》的通知	2016.6.16	区卫计委	
冷办〔2016〕30 号	关于撤销“台湾高科技（永州）产业园项目建设协调指挥部”的通知	2016.7.4	区委办	
冷办〔2016〕31 号	关于开展区级领导带队检查安全生产工作的通知	2016.7.5	区安监局	
冷办〔2016〕32 号	关于“八一”期间深入开展拥军优属系列活动的通知	2016.7.21	区民政局	
冷办〔2016〕33 号	关于印发《冷水滩区 2016 年度党委（党组）意识形态工作责任制考评细则》的通知	2016.7.28	区委宣传部	
冷办〔2016〕34 号	关于认真做好部分企业服务归口调整工作的通知	2016.7.28	区委办	
冷办〔2016〕35 号	关于成立冷水滩区委意识形态领导小组的通知	2016.7.28	区委宣传部	
冷办〔2016〕36 号	关于印发《冷水滩区换届风气监督专项工作方案》的通知	2016.8.1	区委督查室	
冷办〔2016〕37 号	关于召开中国共产党永州市冷水滩区第八次代表大会的预备通知	2016.8.22	区委办	
冷办〔2016〕38 号	关于区级党员领导干部作为区第八次党代会代表候选人参加选举的通知	2016.8.23	区委办	
冷办〔2016〕39 号	关于成立冷水滩区区乡换届工作领导小组的通知	2016.8.25	区委组织部	
冷办〔2016〕40 号	关于认真做好 2015 年度退伍军人安置工作的通知	2016.9.7	区民政局	
冷办〔2016〕41 号	关于调整冷水滩区创建省级文明城区工作领导小组、区创建国家交通管理模范城市工作领导小组和创建国家园林城市工作领导小组等 3 个议事协调机构的通知	2016.9.9	区创文办 区创交办 区创园办	
冷办〔2016〕42 号	关于印发《冷水滩区创建省级文明城区工作考核奖惩办法》的通知	2016.9.9	区创文办	
冷办〔2016〕43 号	关于进一步加强和规范领导干部外出请示报告等 10 个事项的通知	2016.9.23	区委办	
冷办〔2016〕44 号	关于印发《冷水滩区 2016 年临时机构目标管理考核实施办法》的通知	2016.10.13	区重点财源办	
冷办〔2016〕45 号	关于做好村民委员会换届选举前期准备工作的意见	2016.10.14	区编委办	
冷办〔2016〕46 号	关于印发《冷水滩区农村社区建设试点工作实施方案》的通知	2016.10.14	区民政局	
冷办〔2016〕47 号	关于印发《上岭桥镇主要职责内设机构和人员编制规定》的通知	2016.10.14	区民政局	

续表 1

发文文号	文件标题	发布日期	承办单位	备注
冷办〔2016〕48 号	关于印发《岚角山街道办事处主要职责内设机构和人员编制规定》的通知	2016.10.14	区编委办	
冷办〔2016〕49 号	关于加强全区区乡（镇）两级人大代表换届选举督查指导工作的通知	2016.10.19	区委组织部	
冷办〔2016〕50 号	关于印发《冷水滩区第九届人大代表推荐提名、考察工作方案》的通知	2016.8.12	区委组织部	
冷办〔2016〕51 号	关于印发《冷水滩区第九届政协委员推荐提名、考察工作方案》的通知	2016.8.12	区委组织部	
冷办〔2016〕52 号	关于在全区开展园林式单位、园林式居住小区创建活动的通知	2016.10.25	区园林处	
冷办〔2016〕53 号	关于印发《2016 年度冷水滩区重点项目建设考核办法》的通知	2016.10.31	区发改委	
冷办〔2016〕54 号	关于印发《2016 年度冷水滩区安全生产工作考核奖惩实施方案》的通知	2016.10.31	区安监局	
冷办〔2016〕55 号	关于印发《2016 年度区委、区政府重大事项督查考核及全区优化经济环境和机关效能建设工作考核工作方案》的通知	2016.10.31	区委办 督查室 优化办	
冷办〔2016〕56 号	关于印发《2016 年度冷水滩区党委（党组）意识形态工作责任制考评办法》的通知	2016.10.31	区委宣传部	
冷办〔2016〕57 号	关于印发《2016 年度冷水滩区综治工作（平安建设）考评办法》的通知	2016.10.31	区综治办	
冷办〔2016〕58 号	关于印发《2016 年度“绿色冷水滩”建设、巩固提高创建国家森林城市成果工作考核办法》的通知	2016.10.31	区林业局	
冷办〔2016〕59 号	关于印发《2016 年度冷水滩区信访工作责任目标管理考核办法》的通知	2016.10.31	区信访局	
冷办〔2016〕60 号	关于印发《2016 年度冷水滩区综治民调考评办法》的通知	2016.10.31	区委政法委（民调办）	
冷办〔2016〕61 号	关于印发《2016 年度冷水滩区作风建设工作考核实施方案》的通知	2016.10.31	区纪委	
冷办〔2016〕62 号	关于印发《2016 年度冷水滩区落实党风廉政建设责任制检查考核实施方案》的通知	2016.10.31	区纪委	
冷办〔2016〕63 号	关于印发《2016 年度冷水滩区驻冷和区直相关单位全面建成小康社会工作考评细则》和《冷水滩区创建市全面小康示范乡镇、示范村评比考核办法》的通知	2016.10.31	小康办	
冷办〔2016〕64 号	关于印发《2016 年度冷水滩区农业农村工作考核办法》的通知	2016.10.31	区农业委	
冷办〔2016〕65 号	关于印发《2016 年度冷水滩区绩效评估实施办法》的通知	2016.10.31	区人社局	
冷办〔2016〕66 号	关于印发《2016 年度冷水滩区精准扶贫工作考核办法》的通知	2016.11.2	区扶贫办	

续表 1

发文文号	文件标题	发布日期	承办单位	备注
冷办〔2016〕67 号	关于印发《冷水滩区电子商务工作目标管理考核办法》的通知	2016.11.21	区商粮局	
冷办〔2016〕68 号	关于成立曲河片区征地拆迁指挥部的通知	2016.11.22	指挥部	
冷办〔2016〕69 号	关于印发《2016 年度冷水滩区美丽乡村建设考核办法》的通知	2016.12.8	区农业委	
冷办〔2016〕70 号	关于印发《冷水滩区创建国家园林城市考核奖惩实施办法》的通知	2016.11.29	区园林处	
冷办〔2016〕71 号	关于印发《2016 年度冷水滩区“三项优先”工作综合考核方案》的通知	2016.12.1	区人社局	
冷办〔2016〕72 号	关于印发《2016 年度冷水滩区区级领导及有关后盾单位联点帮扶社区安排表》的通知	2016.12.5	区民政局	
冷办〔2016〕73 号	关于印发《2016 年冷水滩区城市社区绩效评估实施办法（试行）》的通知	2016.12.5	区综治办	
冷办〔2016〕74 号	关于认真做好 2016 年度退伍军人安置工作的通知	2016.12.7	区民政局	
冷办〔2016〕75 号	关于成立中共永州市冷水滩区委党校建设领导小组的通知	2016.12.12	区委党校	
冷办〔2016〕76 号	关于印发《2016 年全区服务重点财源建设项目考核暂行办法》的通知	2016.12.13	区重点办	
冷办〔2016〕77 号	关于印发《2016 年六件惠民实事和重点民生实事考核方案》的通知	2016.12.13	区人社局	
冷办〔2016〕78 号	关于成立冷水滩区市园林局片征地拆迁协调指挥部的通知	2016.12.14	指挥部	
冷办〔2016〕79 号	关于集中开展 2016 年度绩效评估等 14 项工作年终考核的通知	2016.12.20	区委办督查室	
冷办〔2016〕80 号	关于印发《冷水滩区 2017 年元旦春节期间美化亮化净化序化及群众文化活动等有关工作实施方案》的通知	2016.12.30	区委宣传部	
冷办〔2016〕81 号	关于印发《落实市委党风廉政建设考核反馈意见的整改方案》的通知	2017.1.12	区纪委	
五、冷办发电文件 15 件				
冷办发电〔2016〕1 号	关于召开中国共产党永州市冷水滩区第七届委员会第五次全体（扩大）会议的通知	2016.1.8	区委办	
冷办发电〔2016〕2 号	转发《中共湖南省委办公厅湖南省人民政府办公厅关于做好低温雨雪冰冻天气防范应对工作的紧急通知》（湘办发电〔2016〕12 号）文件的通知	2016.1.21	区委办	
冷办发电〔2016〕3 号	关于做好全区 2016 年春节走访慰问工作的通知	2016.2.1	区委办	

续表 1

发文文号	文件标题	发布日期	承办单位	备注
冷办发电〔2016〕4 号	关于开展迎新春全民大扫除活动的通知	2016.2.1	区国卫办	
冷办发电〔2016〕5 号	关于开展党组（党委）向区委报告工作的通知	2016.5.20	区委组织部	
冷办发电〔2016〕6 号	关于切实做好国庆期间有关工作的紧急通知	2016.9.29	区委办	
冷办发电〔2016〕7 号	关于加强乡镇人大、政府换届选举工作指导和监督的通知	2016.11.9	区委办	
冷办发电〔2016〕8 号	关于认真做好 2017 年度《中共中央办公厅通讯》发行和学用工作的通知	2016.11.16	区委办	
冷办发电〔2016〕9 号	关于做好 2017 年度全区党报党刊发行工作的通知	2016.11.22	区委宣传部	
冷办发电〔2016〕10 号	关于开展 2016 年度落实党风廉政建设责任制检查考核的通知	2016.12.19	区纪委	
冷办发电〔2016〕11 号	关于做好 2017 年元旦春节期间有关工作通知	2016.12.30	区委办	
冷办发电〔2016〕12 号	关于认真学习宣传贯彻党的十八届六中全会精神的通知	2017.1.9	区委宣传部	
冷办发电〔2016〕13 号	关于认真学习宣传贯彻落实省第十一次党代会精神的通知	2017.1.9	区委宣传部	
冷办发电〔2016〕14 号	关于在全区组织开展党的十八届六中全会精神及省第十一次党代会精神集中宣讲和微宣讲工作的通知	2017.1.9	区委宣传部	
冷办发电〔2016〕15 号	关于开展 2016 年度党组（党委）向区委报告工作的通知	2017.1.9	区委组织部	

2016年冷水滩区政府及政府办公室文件目录

冷政发〔2016〕1号，3月2日，《关于进一步做好审计整改工作的通知》

冷政发〔2016〕2号，4月27日，《关于收回国有土地使用权的决定》

冷政发〔2016〕3号，4月29日，《关于转发永政发〔2016〕3号文件的通知》

冷政发〔2016〕4号，5月11日，《关于收回国有土地使用权的决定》

冷政发〔2016〕5号，5月10日，《关于2016年发展粮食生产的意见》

冷政发〔2016〕6号，5月12日，《关于收回国有土地使用权的决定》

冷政发〔2016〕8号，6月7日，《关于承接落实国务院和省市人民政府取消调整及下放行政审批事项的通知》

冷政发〔2016〕9号，7月13日，《关于印发《永州市冷水滩区困难残疾人生活补贴和重度残疾人护理补贴发放实施细则（试行）》的通知》

冷政发〔2016〕10号，7月12日，《关于加快推进农业标准化建设的意见》

冷政发〔2016〕11号，8月30日，《关于公布2016年区政府工作部门行政权力的通知》

冷政发〔2016〕13号，9月13日，《关于依法关闭永州市冷水滩区友福采石场等两家非煤矿山企业的决定》

冷政发〔2016〕14号，10月25日，《关于印发《永州市冷水滩区政府购买服务操作规程（试行）》的通知》

冷政发〔2016〕15号，11月2日，《关于表彰2015年度打击传销工作先进集体和先进个人的决定》

冷政发〔2016〕16号，12月12日，关于印发《冷水滩区落实〈水污染防治行动计划〉实施方案(2016—2020年)》的通知

冷政发〔2016〕17号，12月12日，关于印发《冷水滩区水污染和大气污染治理实施方案（2016-2020年）》的通知

冷政发〔2016〕18号，11月14日，《关于表彰见义勇为先进个人的决定》

冷政发〔2016〕19号，11月29日，《关于加快供销合作社改革发展的实施意见》

冷政发〔2016〕20号，12月15日，关于印发《冷水滩区保障性住房分配工作实施意见》的通知

冷政发〔2016〕21号，12月29日，关于印发《冷水滩区区直单位差旅费管理办法》的通知

冷政发〔2016〕22号，12月27日，关于印发《永州市第三人民医院法人治理结构建设试点工作实施方案》的通知

冷政办发〔2016〕1号，1月5日，关于印发《冷水滩区森林禁伐减伐三年行动实施方案》的通知

冷政办发〔2016〕2号，2月16日，关于印发《永州市冷水滩区流感大流行应急预案》的通知

冷政办发〔2016〕3号，3月3日，转发区清收不良贷款筹建农商银行领导小组办公室《关于加大清收信用社不良贷款工作力度的十项措施》的通知

冷政办发〔2016〕4号，3月14日，关于印发《冷水滩区“十三五”时期易地扶贫搬迁实施方案》的通知

冷政办发〔2016〕5号，3月22日，《关于表彰2015年度办理人大代表建议政协委员提案先进单位和先进个人的通报》

冷政办发〔2016〕6号，

3月23日，《关于做好第三次全国农业普查的通知》

冷政办发〔2016〕7号，4月20日，《关于表彰2015年度全区消防工作先进单位和先进个人的通报》

冷政办发〔2016〕9号，4月10日《转发永政办发[2016]8号文件的通知》

冷政办发〔2016〕11号，4月29日，关于印发《永州市冷水滩区突发环境事件应急预案》的通知

冷政办发〔2016〕12号，5月9日，关于印发《冷水滩区行政许可和行政处罚等信息公示工作实施方案》的通知

冷政办发〔2016〕13号，6月22日，关于印发《永州市冷水滩区运砂船签单发航制度》的通知

冷政办发〔2016〕14号，5月31日，关于印发《冷水滩区2016年度重点生态功能区县域生态环境质量考核工作方案》的通知

冷政办发〔2016〕16号，6月1日，关于印发《永州市冷水滩区政府购买棚改服务管理暂行办法》的通知

冷政办发〔2016〕17号，6月17日，关于印发《冷水滩区突发性地质灾害应急预案》的通知

冷政办发〔2016〕18号，6月30日，关于印发《冷水滩区贯彻落实<湖南省出生缺陷防治办法>实施方案》的通知

冷政办发〔2016〕19号，7月12日，关于印发《冷水滩区精神卫生工作协调机制工作方案》的通知

冷政办发〔2016〕21号，7月21日，《关于转发湘政法发〔2016〕12号文件的通知》

冷政办发〔2016〕22号，8月16日，关于印发《冷水滩区互联网金融风险专项整治工作实施方案》的通知

冷政办发〔2016〕24号，9月8日，关于印发《冷水滩区非法集资风险专项整治工作方案》的通知

冷政办发〔2016〕26号，10月11日，关于印发《永州市冷水滩区乡村教师支持计划（2016—2020年）实施细则》的通知

冷政办发〔2016〕27号，10月19日，关于印发《冷水滩区税收保障实施细则》的通知

冷政办发〔2016〕28号，10月31日，关于印发《冷水滩区区级储备粮管理办法》的通知

冷政办发〔2016〕29号，11月2日，关于印发《冷水滩区政务公开工作考核办法》的通知

冷政办发〔2016〕31号，11月11日，《关于转发永政办发〔2016〕8号文件的通知》

冷政办发〔2016〕32号，11月25日，关于印发《冷水滩区2016年度依法行政考核方案》的通知

冷政办发〔2016〕33号，11月29日，关于印发《2016年冷水滩区食品药品安全工作考核办法》的通知

冷政办发〔2016〕34号，12月12日，关于印发《冷水滩区突发公共卫生事件应急预案》的通知

冷政办发〔2016〕35号，12月12日，关于印发《冷水滩区人感染H7N9禽流感应急预案》的通知

冷政办发〔2016〕37号，12月15日，关于印发《永州市冷水滩区食品安全事故应急预案》的通知

冷政办发〔2016〕38号，12月22日，关于印发《冷水滩区粮食应急预案》的通知

冷政办发〔2016〕39号，12月7日，《关于转发永政办发〔2016〕42号文件的通知》

冷政办发〔2016〕40号，12月30日，关于印发《永州市冷水滩区城乡医疗救助实施细则》的通知

冷政办发〔2016〕41号，12月30日，关于印发《永州市冷水滩区临时救助资金发放办法》的通知

重要文件选登

中共永州市冷水滩区委 印发《关于制定冷水滩区国民经济和社会发展第十三个五年规划的建议》的通知

冷发〔2016〕1号

各乡镇、街道、工业园区、马坪农业开发区党（工）委，区委各部委，区直机关各单位和各人民团体党组织：

《关于制定冷水滩区国民经济和社会发展第十三个五年规划的建议》已经中国共产党永州市冷水滩区第七届委员会第五次全体（扩大）会议审议通过，现印发给你们。

中共永州市冷水滩区委

2016年1月12日

关于制定冷水滩区国民经济和社会发展第十三个五年规划的建议

“十三五”时期是全面建成小康社会的决胜期，也是我区加速发展的重要战略机遇期。区委认真贯彻党的十八届五中全会和省委十届十五次全会精神，全面总结过去五年工作经验，客观分析我区全面建成小康社会的形势和任务，深入研究“十三五”时期我区发展的一系列重大问题，就制定“十三五”规划提出以下建议。

一、扩宽长远发展空间，开创全面小康新局面

1.“十二五”时期我区经济社会发展取得显著成就

“十二五”时期是我区发展成效显著、极不平凡的五年。面对错综复杂的发展环境和极其艰巨的发展任务，区委、区政府在市委、市政府的坚强领导下，团结带领全区人民奋发有为，努力克服经济下行等诸多困难，推动经济发展方式转变、经济结构优化、发展动力转换，实现了经济稳中有进，社会和谐稳定，改革落地生根，基本完成了“十二五”规划确定的主要目标和任务，综合实力不断增强，人民生活水平不断提高。经济总量实现新突破，全区地区生产总值突破200亿元，预计2015年完成216.5亿元。三次产业结构进一步优化，工业实力不断增强，规模工业完成值位居全市第一。高科园、农科园建设有序推进，累计引

进项目61个，招商引资到位资金73亿元。城乡面貌不断改观，中心城市三年提质计划、名城联创行动强力推进，完成10条主干道“白改黑”，23条断头路全部打通，55个城中村、70个城乡结合部村组和17条道路绿化完成改造提质，成功创建国家卫生城市、国家森林城市。基础设施实现大突破，一大批事关国民经济持续、快速、健康发展的重点工程、重点项目加快实施，达福鑫电子信息产业园系列生产线、恒伟生物医药园、中小企业创业园等项目竣工投产。积极开展交通建设三年大会战，二广高速、泉南高速、冷祁一级公路等建成通车，全区公路总里程突破2000公里。零陵机场开通长沙、昆明、深圳、上海航线。湘桂高铁开通运行，进入“高铁时代”。对外开放不断深入，招商引资成果丰硕，“十二五”期间实际利用外资4.1亿美元，到位内资77.3亿元，项目履约率、开工率明显提升。统筹推进国企、政府机构、合镇并村、财税体制等改革，“3+2”重点领域改革向纵深推进，按要求完成了改革目标任务。争取了城建、环卫、园区管理的重心下移，市区管理体制日益理顺。生态建设持续加强，重点推进湘江污染防治“三年行动计划”，启动了四明山自然保护区和渲溪农民公园建设，成功申报四明山省级森林公园。教育优先战略深入实施，教育质量大幅提升。就业优先进展良好，成功创建省级创业型城市。农业产业化进程加快，成功设立国家级永州农科园，农产品加工产值实现翻倍。服务业发展提速，第三产业增加值实现翻倍。社会发展呈现新局面，各项社会事业全面进步，法治冷水滩建设有力推进，社会保障体系和公共服务体系基本建立，社会大局和谐稳定。经过五年努力，全区经济建设、政治建设、文化建设、社会建设、生态文明建设和党的建设取得了一系列新成果，为我区“十三五”时期的发展奠定了坚实基础。

2.“十三五”时期面临的发展环境

综合研判国内外形势，“十三五”时期我区既处于可以大有作为的重要战略机遇期，也面临着诸多矛盾叠加、风险增多的挑战。国家出台了一系列政策措施，扩大专项建设债券规模，积极鼓励引导社会投资，加强棚户区改造，加强重大基础设施建设，加大扶贫攻坚力度，这些政策为冷水滩区带来巨大的项目空间；“一带一部”战略实施，形成了区域经济协同发展新格局，有利于冷水滩区依托区位优势主动承接产业转移，推进区域产业结构调整，积极寻找新增长点，加速区域产业集聚；加大改革创新投入力度，加快淘汰落后产能，为冷水滩区转变经济发展方式，发展新兴产业提供重大机遇；国家、省市大力推进新型城镇化建设，有利于冷水滩区加大城镇基础设施建设，完善城市综合服务功能，提升城市内涵，激活经济发展的巨大潜力；与周边县区的互联互通、协同发展，进一步放大了冷水滩区位优势、夯实了产业基础、搭建了发展平台、优化了发展环境，为“十三五”平稳转型、良性发展奠定了基础。同时也要看到，外部宏观经济形势继续发生深刻变革，国内经济发展进入“三期叠加”，给冷水滩经济保持较高增速发展带来挑战；区域间竞争日趋激烈，在要素资源争夺上难度加大，推动冷水滩创新发展、特色发展的任务更加紧迫；财政持续增收基础不牢固，财税收入结构有待优化，财政收支矛盾突出；城乡居民收入增长放缓，安全生产、环境保护、食品药品安全、教育、卫生等事关群众切身利益的问题较多，保障和改善民生与群众的期盼差距较大；个别单位干部工作执行力还不强；经济社会发展还存在一些风险隐患。总体判断，“十三五”期间的时和势总体于我有利，冷水滩区仍将处于加快发展的重要战略机遇期。要准确把握形势，坚定发展信心，践行五大发展理念，充分发挥冷水滩在区位、资源、生态、要素、人文方面的独特优势，加快转变经济发展方式，加速产业转型升级与融合发展，在经济发展新常态中尽快实现增速企稳、动力转换、结构变优，为冷水滩经济社会发展开拓更广阔的前景。

3.“十三五”规划的指导思想和总体要求

全面贯彻党的十八大及十八届三、四、五中全会精神和中央、省市委经济工作会议精神，牢牢把握稳中求进总基调，按照“四个全面”新布局，落实“五个发展”新理念，主动适应经济发展新常态，以全面建成小康社会为总揽，以建成品质活力城市为目标，紧紧围绕市委、市政府“四个三”工作部署，全面推进千亿投资、百亿产业、名城联创、生态家园等“六大工程”，加快形成引领全市经济发展新常态的体制机制，加快提升中心城区的辐射力影响力，加快打造产业发达、城乡靓丽、生活殷实、创新涌流、生态引领的品质活力中心城市，率先在全市全面建成小康社会。

落实上述指导思想，必须遵循以下总体要求：

贯彻“五个发展”新理念。创新、协调、绿色、开放、共享的发展理念是未来发展思路、发展方向、发展着力点的集中体现，是一场关系发展全局的深刻变革。创新发展，注重于解决发展动力的问题；协调发展，注重于解决发展不平衡的问题；绿色发展，注重于解决人与自然和谐的问题；开放发展，注重于解决内外联动的问题；共享发展，注重于解决社会公平正义的问题。“五个发展”的新理念，有机统一、相辅相成、互为支撑、互为条件，关键在于破解发展难题、增强发展动力、厚植发展优势。

深入推进“四个三”工作部署。过来的实践证明，市委、市政府提出的“四个三”工作部署契合中央和省里的决策，符合永州实际，遵循经济社会发展规律，取得了显著成效。作为永州首府区，我们必须要坚决贯彻落实好这一工作部署，始终保持定力、深度用力、精准发力，不跟风，不摇摆，一抓到底，一以贯之，并结合我区实际丰富内涵，打造亮点。

坚持项目带动。树立“大项目大发展、小项目小发展、无项目难发展”的理念，以项目带投资，逐步形成以项目工作带动项目生成和工作机制创新，以项目带动生产要素集聚，以项目带动促进投资增长、增强经济综合竞争力和发展后劲，以项目带动政府职能转变和廉政建设，以项目带动工作作风改进，抓好各项工作落实，形成想干事、能干事、干成事的工作和投资创业环境。

坚持依法治区。法治是发展的可靠保障。必须坚定不移走中国特色社会主义法治道路，推进严格执法、公正司法、全民守法，加快建设法治经济和法治社会，把经济社会发展纳入法治轨道。

坚持党的领导。党的领导是实现冷水滩经济社会持续健康发展的根本政治保证。必须贯彻全面从严治党要求，不断增强党的创造力、凝聚力、战斗力，不断提高党的执政能力和执政水平，确保永州发展航船沿着正确航道破浪前进。

4.“十三五”规划的核心定位和主要目标

根据国家、省、市的发展战略，结合我区面临的机遇和发展优势，我区“十三五”时期的核心定位是：立足首府地，提高首位度，打造首善区，着力建成区域性铁路枢纽城市、国家生态文明建设示范城市、全国文明城市，着力打造生态引领、创新涌流、产业发达、生活殷实、城乡靓丽的品质活力中心城市。总体目标是：通过大交通、大项目、大物流建设，打造区域经济核心区；通过扩容提质、名城联创、美丽乡村建设，打造品质活力示范区；通过做大高科园、农科园两个园区平台，做强电子信息、生物医药、先进制造、农产品深加工五大优势产业，打造产业集聚核心区。

经济发展实现新跃升。到2020年，地区生产总值达到345亿左右，年均增长10%，人均GDP达到60000元，财政总收入达到22亿元；三次产业之比为9.9 ∶ 45.5 ∶ 44.6，园区规模工业增加值占规模工业增加值比重达到75%；全社会固定资产投资年均增速20%，到2020年实现固定资产投资600亿元；社会消费品零售总额达180亿元，年均增长12.5%。

人民生活呈现新气象。到2020年，全区总人口达到57.3万人；人均预期寿命76.91年；城镇化率达到72%；城镇登记失业率控制在4%以内，城镇净增就业人数2.5万人；城镇居民人均可支配收入达到37000元以上，年均增长9%；农村居民纯收入达到24000元以上，年均增长9%；人均住房使用面积超过45平方米；人均储蓄存款超过30000元；居民文教娱乐服务消费支出占消费总支出比重超过16%；行政村客运班线通达率达100%；农村居民安全饮水比率达100%。

社会发展达到新水平。到2020年，九年义务教育巩固率达到99.6%，高中阶段毛入学率达95%，平均受教育年限达12.5年以上；城乡三项医疗保险参保率101.4%，基本医疗保障覆盖率达100%，基本养老服务补贴率达100%；每千人拥有床位数超过10张，5岁以下儿童死亡率控制在8‰以下；人均拥有公共文化体育设施面积大于2平方米。

生态文明获得新进步。到2020年，单位GDP能耗低于0.62吨标煤/万元；化学需氧量、氨氮排放量减少8%，二氧化硫和二氧化氮排放量减少6%；城镇污水处理率达到90%，空气质量达标率达95%以上，地表水质达标率达到100%，农村生活污水处理率达90%以上，农村垃圾集中处理率达95%以上；全区森林覆盖率达到39.7%，城镇建成区绿化覆盖率达46%，森林资源蓄积量增长率大于3%。

民主法治取得新提升。到2020年，城镇居委会依法自治达标率超过98%，农村村委会依法自治达标率超过98%；社会安全指数达到100%。

二、拓宽主体功能空间，开创区域发展新局面

5. 拓展城市空间布局。按照“一江两岸、东扩西跨”、“南北联城、中部崛起”的思路，构筑一江两岸集防洪、休闲、健身、景观和高档住宅等于一体的多功能沿江景观带，打造东部活力城和西部产业城，配合永州市南北联城和滨江新城建设，协调推进旧城旧村改造和新城区建设，完善配套设施，推进高速外环线建设，拓展城市发展框架。推动中心城市扩容提质，完善城市功能，强化中心城市在区域发展中的辐射作用。适度扩大中心城区人居、绿色空间，以打造湘江风光带为重点，加强城市生态系统保护，延续山水特色和历史文脉。

6. 协调城镇空间布局。按照“布局合理、集约高效、生态友好、定位明确”的原则，以“一区两城，四卫多点”城镇体系为重点，形成层次分明、优势互补、整体协调的城镇发展格局。“一区”，即中心城区，作为全区的政治、经济和文化中心，进一步完善商贸物流等功能，提升综合承载能力和辐射带动能力，打造综合性的城市功能组团。“两城”，即东部活力城和西部产业城。东部活力城重点发展商贸服务、会展休闲和现代生态都市农业和旅游。西部产业城大力发展循环经济，重点发展电子信息、食品加工、新型材料、机械制造、生物医药等产业。“四卫”，即蔡市镇、高溪市镇、上岭桥

镇、伊塘镇四个卫星镇，充分发挥区位优势，加快与中心城区城乡规划衔接、基础设施互联互通、产业分工协作，建设成为各具特色、富有活力的中心城区卫星镇。“多点”，即黄阳司镇、普利桥镇2个生态观光旅游重点镇和杨村甸乡等其它乡镇。依托自然资源和人文景观，与特色产业发展相结合，通过规划引导、市场运作，建设一批具有特色的旅游城镇和历史文化城镇。

三、拓宽优势产业空间，开创产业繁荣新局面

7. 加快新型工业发展。构建结构优化、融合互动、集约高效、环境友好的现代工业体系。

培育壮大支柱产业。电子信息业方面，支持达福鑫电子信息产业园建设，促进电子信息产业和其他产业融合发展，到2020年产值突破100亿元以上。生物医药业方面，以永州丰富的中药材资源为依托，以恒伟医药、钰丹药业、希尔制药、大自然制药等企业为重点，建成一个产业链完善、创新能力强、特色鲜明的产业集聚群。先进装备制造业方面，依托长丰汽车配套，做大做强万马轮毂、东莞瑞柯等装备企业，促进传统装备制造企业向先进装备制造企业蜕变，将冷水滩打造成全省先进装备业重要基地。农产品深加工业方面，大力发展特色农产品精深加工，积极配合果秀、熙可、泉辉、恒惠等龙头企业争取政策资金，进行技改扩能，鼓励差异化发展。节能环保业方面，重点发展节能产业、废旧物资回收和综合利用、环境治理产业三大领域，重点抓好高清洁车用汽油及其添加剂、结构陶瓷生产线、山都环能建材、惠榕建材等项目建设。新能源业方面，重点建设风电设备、光伏发电、电动汽车三大领域，抓好纯电动汽车、光伏太阳能发电等项目建设，努力把新能源产业培育成冷水滩区新的产业增长点。

扶持发展中小企业。在促进大型企业集团“顶天立地”带动全区经济发展的同时，着力发展为各类大中型企业提供配套产品、配套服务的“专精特新”中小企业，鼓励和支持中小企业围绕产业转型升级，加强技术创新、结构调整、节能减排和市场开拓。推动大众创业、万众创新，打造中心城区中小企业创业孵化园、高科园小微企业创新创业孵化园，激发中小企业创业创新活力。

8. 促进现代农业发展。以冷水滩国家现代农业示范区建设为引领、国家农业科技园为平台，转变发展方式，抓好农业产业化、标准化、合作化和信息化建设，促进农业向二、三产业功能拓展，建设现代农业体系。

推进现代农业标准化、产业化。继续抓好“菜篮子”“米袋子”工程，遏制耕地抛荒，推进农业标准化生产。粮食种植面积稳定在90万亩，总产量稳定在38万吨以上，优质稻达到63万亩。全面完成19万亩高标准农田项目建设任务。大力培育和引进农产品加工龙头企业，实现果秀食品、恒惠食品、和广生物等一批龙头企业创全国、全省知名品牌。完善农村水利、电网等设施。加快灌区续建配套工程建设进度，完善农村饮水安全工程。完善城乡电力设施，构建安全可靠的城乡电网。加快发展休闲农业，利用农业自然资源，推进乡村休闲旅游发展。

加快构建新型农业经营体系。大力培育和引进农产品加工龙头企业，大力推行“龙头企业+基地(合作组织)+农户”等农业产业化经营模式，大力发展订单农业，培育新型职业农民、专业大户、家庭农场和专业合作社等新型经营主体，积极引导工商资本发展现代农业。

提升农业社会化服务水平。提升农产品产地安全质量水平，推进农产品质量安全体系建设，建立农产品质量可追

溯制度，形成区、镇、村、组四级监管服务网，实现农产品质量全程有效、常态化管理。整合涉农信息资源，提供农业气象、农产品批发交易服务，提升农村信息服务水平。改善政府对农业的指导方式和服务方式，统筹整合涉农资金、项目，创新农业投融资机制，健全信息服务、融资担保等社会化服务组织，加快农村金融服务体系建设，加强农业农村科技人才队伍建设。

9. 推动现代服务业发展。把推动服务业大发展作为产业结构优化升级的战略重点，发展新业态，培育新热点，形成一、二产业与服务业协调进进的发展态势。加快发展文化旅游业，立足潇湘平湖与湘江水色，结合区内历史文化景点，进行科学规划和分步开发，将乡村旅游、生态旅游与建设现代化旅游设施串联为一个整体，并加强宣传营销，打造成为永州城市旅游休闲中心和综合服务中心。大力发展现代物流业，加快永州保税物流业、永州航空物流、金属物流园、永州站物流中心、兴农物流配送中心、滨江新城物流配送中心、四丘田港口物流配送中心等物流基础设施建设。大力发展商贸流通业、金融服务业、房地产服务业，加快推进华盟万商红国际（东盟）商贸中心、永州国际（东盟）会展中心、永州美食城、湘江东路风情街等建设。紧抓国家鼓励发展"互联网 +"的大好机遇，重点发展"互联网 +"农业、物流业、旅游业、智慧能源、公共服务业、商贸消费等领域，加快制定冷水滩区"互联网 +"行动规划。积极应对人口老龄化，优先发展社会养老服务机构，加快建立以家庭为基础、社区为依托、机构为支撑的养老服务体系。加快惠民养老建设工程、乡镇敬老院等建设项目。

10. 引导产业集聚发展。按照"一区两园"产业布局，推进高科技工业园、永州国家农业科技园建设，引导产业向园区集中，培育发展特色产业集群，提高产业综合竞争力，提升园区承载能力。

突出发展高科技工业园。按照"工业新城，绿色新区"的定位，优先发展电子信息、生物医药、先进制造、现代物流四大产业，打造全市工业发展高地和创新创业基地。完善园区功能，全面推进公共基础设施、标准化厂房和服务设施建设，进一步增强集聚和承载能力，完善生活服务功能，以工业化带动城市化，促进产业和城市融合发展。进一步优化软环境，进一步健全各类服务体系，进一步完善封闭运行管理体制，进一步深化体制机制创新，建设宜工宜商宜居的现代化产城融合新城区。

加快发展永州国家农业科技园。以农业产业化示范、新农村建设示范、城乡统筹发展示范为目标，将永州国家农业科技园区打造成为立足湘南、领跑全省、辐射湘桂粤的现代农业发展引擎。围绕园区特色产业农业、农产品精深加工、乡村休闲旅游等三大主导产业，做强入园企业，引进配套产业，延伸产业链条，提高产品附加值，充分发挥龙头企业的带动聚集作用。

四、拓宽城镇一体空间，开创城乡统筹新局面

11. 提升城市承载能力。实施"品质活力"战略，坚持扩容与提质并举，全力打造"产城一体、文城一体、景城一体、城乡一体"智慧城市。依托绕城高速和南北主干道建设，拉开城市发展骨架，强化东西连通，南北联城。全力配合推进湘江东路风光带、城南大道、湘江东路、湘江西路、东部新城、河东城市综合体、河西城市综合体等重大城建项目建设，提升中心城区品质。强化梅湾街道、凤凰街道等片区在市中心城区的地位和功能，推进与周边省份交通、旅游、商贸、物流、人流的有效对接，加强城市衔接互动。按照城市综合管廊要求，加强地下空间

开发利用，全力抓好城市防洪排涝、主干道地下管网改造、路面“白改黑”、空间立面整治、天然气输配、集中供热管网、垃圾处理系统等基础设施建设。完善中心城区防洪排涝体系，特别抓好“城中村”、城乡结合部、棚户区改造和安置小区建设。完善城市配套功能。加强城镇医院、学校、博物馆、影剧院、会展中心等公共服务设施建设，推动社会服务资源向农村和社区转移。增强公共服务功能。

12. 大力推进小城镇建设。按照以工促农、以城带乡要求，依托中心城市发展，进一步增强小城镇、农村发展活力。优化资源要素配置，合理城镇空间布局，推进产业发展，提高公共服务水平，实现由“镇”向“城”的战略性转变。打造蔡市镇、高溪市镇、上岭桥镇、伊塘镇等卫星镇，培育黄阳司镇、普利桥镇等具有特色资源、区位优势的小城镇成为文化旅游、产业集聚的重点镇。大力推进品质活力示范乡镇建设，集中力量将伊塘镇建设为省、市“秀美乡镇”。并依托农业科技园和示范镇，形成“极点开发、以点带面”的产镇产村相依相融空间开发格局，推动特色产品、特色产业发展，争取实现“一镇一品”。积极开展扩权强镇试点，合理合镇并村。

13. 加快美丽乡村建设。加强美丽乡村顶层设计，完善村庄发展规划全覆盖。以发展特色优势产业为依托，以改善村容村貌为突破口，加快城镇基础设施及商业、体育、卫生、文化等公共服务设施向农村延伸。突出抓好农村垃圾处理和污水处理设施建设，加快农村改水、改厕、改厨、改圈步伐，实现道路硬化、绿化、亮化，村庄庭院美化、绿化，水源净化，建立农村保洁长效机制。统筹推进发展农村公共社会事业，持续提高农民整体素质和生活质量，提升农村社会保障水平和农村信息化水平。着力构建种植业、养殖业协调发展的生态农业产业循环体系，推广种养相结合、循环利用的生态健康种养生产方式，推进农田环境系统监测网络建设，有效控制农业面源污染，保护农村居住环境。重点利用祁冷快速通道、上大公路、322国道等工程建设的机会，开展新农村村民集中建房试点工作。建设一批品质活力乡镇和田园美、村庄美、生活美的美丽宜居乡村。

14. 促进城乡统筹发展。优化城乡空间结构，促进公共资源在城乡之间均衡配置，生产要素在城乡之间自由流动，加快转变城乡二元结构。坚持以人为核心的城镇化进程，加大户籍制度改革实施力度，有序推进农业转移人口市民化。探索建立城乡发展一体化机制，推进城乡公共资源均衡配置。建立健全农村基础设施投入长效机制，把社会事业发展重点放在农村和接纳农业转移人口较多的城镇，推动水电路气等基础设施城乡联网、共建共享，建立安全高效的城乡基础设施体系。推动城镇公共服务向农村延伸，逐步建立政府主导、覆盖城乡、可持续的基本公共服务体系，实现城乡基本公共服务均等化。进一步推进城乡社会治理、生态建设、资源利用一体化。积极开展宜居城市、宜居城镇、宜居村庄创建活动，改善城乡人居环境。

五、拓宽基础网络空间，开创基础先行新局面

15. 构建便捷交通体系。构建快速便捷、衔接顺畅、城乡对接的综合运输体系，为全区经济社会发展提供强有力的交通运输保障。

建设对外交通大通道。统筹抓好铁路、公路、航运、机场建设。积极推进洛湛铁路邵永客运专线、湘桂铁路电气化改造及新建湘桂铁路高溪市镇至永州站线路、兴永郴赣铁路新建、永州北站新建及永州站提质改造、零陵机场迁建、湘桂运河等重大项目。

打通对内交通内循环。大力疏浚城市快速通道，加大国、省干线公路建设和改造力度，推进永州大道快速公交BRT、九嶷大道北段等项目建设。畅通农村公路路网，大力提升农业产业区、景区旅游点等通道公路水平。到2020年，实现全区所有乡镇道路全部达到二级公路及以上标准。

突出交通运输强配套。逐步增强冷水滩对外联系能力和中心城区的交通辐射能力，优化区域和城乡运输系统，全面推进城乡客运一体化，促进道路货运与物流的融合，实现资源配置统筹，促进城乡间交通基础设施互联互通，切实提升运输综合服务功能。优化公交线网，推进公交站场、农村客运站场、道路运输站场及配套体系建设。

16. 建设现代水利体系。加强水源安全工程建设，加大农村饮水安全及水源工程建设，推进已建工程配套改造、升级联网。加强农田水利设施建设，大力实施节水灌溉工程，推进灌区配套工程建设，大力发展高效节水灌溉及高标准农田改造。加强防洪减灾体系建设，继续实施好大中小型病险水库除险加固、湘江及支流河道和中小河流治理等工程，加强城市及乡村防洪能力建设。加强水土保持与水生态治理建设，加强重要生态保护区和水源涵养区的保护，继续推进地表水源污染治理。加强水利综合管理服务体系建设，开展水土保持、地表水源污染治理、地下水保护、城市水源地保护综合整治等工程，完善监测预报预警体系和群测群防体系，加快实施山洪灾害工程治理项目。

17. 健全能源供应体系。着力抓好冷水滩岚角山110千伏变电站建设，大力建设城市智能电网，继续抓好农村电网改造升级。着力推进地面及分布式光伏电站项目建设，引进光伏企业开发太阳能资源，争取“十三五”期间光伏电站装机规模达10万千瓦。落实“气化永州”机遇，加快输气管网建设，构筑稳定、经济、清洁、安全的能源供应体系。

18. 完善信息网络体系。大力推进光网城市和无线城市建设，推进通信网、互联网和广电网三网融合。新建一批4G基站、电视无线发射塔，重点推进下一代移动通信、光纤宽带网络、局域传感网络和云计算网络等设施建设。推进信息化与工业化的融合发展，大力发展涉农电子产品和信息服务产业，以政务信息化、企业信息化、教育信息化、旅游信息化、农业信息化、社会公共服务信息化及网络信息安全为重点，增强区域信息技术应用和共享能力。

六、拓宽绿色发展空间，开创生态文明新局面

坚守生态底线、严格生态保护、强化环境治理，充分开发生态环境资源的经济价值，全力挖掘生态经济潜力，实现生态环境保护与生态经济发展有机融合、同步提升，全面开创生态文明新局面，建设天蓝、地绿、水清、路洁的秀美家园。

19. 筑牢生态安全屏障。以扩大绿色覆盖、建设宜居环境和发展生态经济为重点，突出功能性生态建设，实现生态良好、人与自然和谐共处。划定并加强四明山自然保护区、饮用水源保护区、芦江生态走廊等生态功能区建设，将绿色生态作为城市魅力的核心组成部分，加快建设山水相融、城景相依的智慧创新之城、生态宜居佳城、绿色活力新城，以获得社会、经济和生态的最大收益。

20. 促进资源节约利用。严格执行土地利用年度计划管理，落实耕地保护政策，严格控制土地转性，提高单位土地投资强度和产业效益，实现土地节约和集约利用。积极引导建材、化工等传统优势产业向节能环保型转变，深入推进建筑、交通、商业、民用等领域的节能效果提升，促进清洁生

产。大力实施高耗水行业节水技术改造，推广应用节水产品，因地制宜推广高效节水农业灌溉技术，加快供水管网改造，加强城镇节约用水，建设节水型社会。落实清洁生产、绿色消费、资源循环再生等行业强制性政策，逐步建立绿色 GDP 核算体系，用循环经济、低碳经济理念加快产业结构调整，提高经济发展质量。

21. 推广低碳消费模式。推进清洁能源汽车使用，加快发展电动公交车和水运等资源节约型、环境友好型运输方式，加强城市步行和自行车交通系统建设，提高公共出行和非机动车出行比例。坚持集中与分散功能相结合，因地制宜建设城乡功能设施，提高城乡用能水平和效率。广泛开展绿色生活行动，积极引导消费者购买高能效、节水型等节能环保产品。严格执行《湖南省两型产品政府采购目录》，逐步提高节能节水产品和再生利用产品比重。建立绿色采购信息平台，推动第三方机构参与政府绿色采购。

22. 加大环境治理力度。坚持预防为主、综合治理，强化从源头防治污染和保护环境，坚决改变先污染后治理、边治理边污染的状况，严格执行国务院颁布的《水污染防治行动计划》和《大气污染防治行动计划》，从根本上有效改善环境。加强饮用水源保护区建设，建立饮用水源安全预警机制，加快城乡污水处理设施建设，加强水污染防治。严格总量考核和污染减排，提高环保准入门槛，扎实推进工程减排，促进企业污染治理、产业结构调整升级，改善区域环境质量。实施落后产能退出计划，加强对化工、水泥、建材、食品等行业和产能过剩行业的审核与治理。严控大气污染，加强工业废气污染防治，强化机动车尾气污染防治，深化工业粉尘、烟尘和城市扬尘污染治理。严控社会、交通和建筑施工噪声，严控固体废弃物污染，妥善处理城镇生活垃圾、危险废弃物、医疗废弃物和工业固体废弃物。扎实开展农村环境综合整治工作，严控农村工业污染，加大养殖、生产生活污染治理力度和环境治理补助力度。加强环境监测能力建设，逐步加大监测仪器设备和人员配备，实现建设环境信息电子政务应用平台、环境管理业务应用平台和环境信息管理平台。

七、拓宽改革开放空间，开创包容合作新局面

23. 推进体制机制改革。坚持把改革作为加快转变经济发展方式的强大动力，坚定推进经济体制、社会管理体制和行政管理体制等领域改革。

行政管理体制改革。加快政府职能转变，优化政府组织机构，理顺部门职责关系。合理界定政府权责，全面推进政企分开、政资分开、政事分开、政府与市场中介组织分开。全力落实简政放权、扩权强镇相关工作。转变经济管理方式，继续全力推进行政审批制度改革，精简审批事项，优化审批流程。严格落实公务员工资制度，推进人事制度改革，规范事业单位公开招聘行为，继续加强占编不在岗人员清理。

农村综合配套改革。深化农村产权制度改革，完成区、镇、村三级土地流转服务网络体系和土地流转纠纷调处机构建设。鼓励发展农业专业合作组织，深入探索统分结合的经营模式，保障农民长期增值收益。加强农村集体资产资金管理，积极支持有条件的村开展村级集体资产股份化改造，不断加强各类帮扶资金、政府扶持资金的管理，切实保护农民利益。

投融资体制和企业改革。规范政府融资平台管理，推进平台公司转型发展，有效控制和化解债务风险。规范小额贷款公司、融资担保公司等准金融机构和金融中介管理，打击非法集资，防范金融风险。创新重点领域投融资机制，建

立健全政府和社会资本合作（PPP）模式，着力化解融资难题。深化国有企业改革改制，全面提高国有资产质量，实现国有资产增值保值。

深化财税金融体制改革。围绕建立现代财政制度，积极推进收入管理、预算管理、体制管理和绩效管理四大领域改革。强化公共财政职能，建立确保财政支出优先满足基本公共服务需要的保障机制，推动基本公共服务供给重点向农村和困难群体倾斜。推行全口径预算管理，增强预算完整性，强化预算支出约束和预算执行监督，提高预算规范性和透明度。深入推进“营改增”改革，落实国家结构性减税政策。

创新社会治理模式。创新行政管理方式，全面推进中心城区网格化管理，启动农村网格化管理试点。加快社区标准化建设，实行小区域、模块式的扁平化管理，推动社区管理由传统街居管理模式向现代社区治理模式转变。培育发展社会组织，将部分职能向社会组织转移，提升政府治理功能和社会服务功能。建立社会风险评估和预警应急机制，把各种不稳定因素化解在基层和萌芽状态。增强社区自治功能，推动公共管理重心下移，提高社区社会管理和公共服务水平，夯实社会管理基础。

24. 提升对外开放水平。着力扩大对外开放的广度和深度，着力转变对外贸易方式，突出引进战略投资者，积极实施“走出去”战略，充分利用国际国内两个市场、两种资源，构建高水平的开放型经济新格局。

优化外贸发展环境。积极承接粤港澳、东南亚地区产业转移，大力拓展东盟自由贸易区、南美等新兴贸易市场，积极发展进出口贸易，扩大关键零部件、先进技术和设备进口，引进、扶持、壮大一批有规模、有优势的加工贸易企业，培育和发展一批战略性新兴产业龙头企业，鼓励高附加值产品、高新技术产品和精深加工农产品出口，优化出口产品结构。

着力引进战略投资者。坚持内资外资并举、引资引智并重，完善“项目库”和“客商库”，调整招商策略，改进招商引资方式，大力引进全国500强企业、港澳台大型企业、中央企业和大型民营企业等战略投资者落户冷水滩区，重点在食品加工、电子信息、初级产品等领域积极引进国内外投资，抓好中国永州港、万商红东盟专区等项目。

加快实施“走出去”。加强区域合作，积极融入“四大板块”、长江经济带建设。鼓励和支持园区内有条件的内资企业“走出去”，引导有实力的企业在食品加工、生物医药等方面加大对东盟国家投资，完善产业链条，扩展发展空间。加强对企业“走出去”的宏观指导和支持服务，健全跨部门协调机制，为实施“走出去”战略创造条件。

八、拓宽民生保障空间，开创和谐幸福新局面

25. 促进社会创业就业。加快发展劳动密集型产业、服务业和中小企业，高度重视重大产业、基础设施建设项目，扩大就业容量。完善财税、金融、产业等扶持政策和创业服务体系，加强创业孵化基地建设，培育众创等新型孵化模式，推进小额担保贷款工作，放宽市场准入限制，支持大众创业、万众创新，以创业创新带动就业。改善就业服务体系，建设规范的人力资源市场，实施农民工职业技能提升计划，大力开展就业技能培训，提升劳动者的技能和就业能力，加快农村富余劳动力转移就业及自主创业。积极发挥工会和行业组织作用，加快构建和谐劳动关系。切实加强劳动力供给、企业用工需求和人力资源市场监测，进一步提高就业失业调控水平。

26. 提高社会保障水平。按照“全覆盖、保基本、多层次、可持续”的原则，全面试行“五

险”统一征缴模式，统一基数、统一窗口、统一征收、统一稽核、统一分险支付。建立个人缴费、政府补贴、集体补助或其他资助相结合的城乡居民社会养老保险制度，推进商业保险与社会保险衔接合作，实现城乡居民社会养老保险全覆盖。建立被征地农民社会保障制度，强化土地征收各项保险费用依法收缴，切实解决被征地农民养老保险问题。完善城乡居民大病保险制度，深化医保支付方式改革。以基本养老保险、基本医疗保险等为重点，不断提高城乡低保、新型农村合作医疗、城镇居民基本医疗保险、新型农村社会养老保险等的参保率和覆盖水平。

27. 健全社会救助体系。坚持“以民为本、为民解困、为民服务”的宗旨，转变思想观念，整合救助资源，加快制度创新，协调城乡发展，建立起功能完善、衔接配套、和谐高效、保障有力的新型社会救助体系。

28. 完善社会福利体系。不断完善适度普惠型福利制度，构建以家庭养育为基础、社区福利服务为依托、福利机构为保障的社会福利体系，加快推进社会福利由补缺型向适度普惠型转变。

29. 加快教育事业优先发展。全面落实教育优先发展地位，优化资源配置，加大教育投入，改善办学条件，深化人事改革，加强教育科研，提升教育质量，加快实现教育现代化、信息化。普及发展学前教育，促进义务教育均衡发展，推进标准化学校建设，推动普通高中教育特色发展，大力发展职业教育和民办教育，稳步发展非学历继续教育，广泛开展城乡社区教育，逐步分类推进中等职业教育免除学杂费，实现家庭经济困难学生资助全覆盖，建立充满活力的教育新机制。实施优质幼儿园建设工程，引导和支持社会资本发展普惠性民办幼儿园，加快城乡中小学校布局调整，加强薄弱学校改造，新建7所学校，续建3所学校，改扩6所学校，切实缩小校际差距，促进教育公平。加快校园足球场建设，创建永州幼儿师范高等专科学校。

30. 加快医疗卫生计生事业发展。以提高服务水平和供给能力为核心，满足社会多层次、多样化卫生医疗服务需求。“十三五”期间，继续深化医药卫生体制改革，强化区域卫生规划和医疗机构设置规划，加强公共卫生服务体系建设，健全社区卫生服务体系和医疗服务体系，打造好永州市第三人民医院，发展好特色专科医院，完善好医疗卫生“网底”，大力推进中医药服务能力建设，健全区、乡镇（社区）、村（服务站）三级医疗卫生服务无缝对接机制，切实解决好人民群众“看病难、看病贵”问题。

31. 加快科技事业发展。建立科技创新平台，加快建设创新体系，加强科研能力建设，引进消化和再创新，加快科技信息化和高新技术发展步伐。

32. 加快文体事业发展。建立健全以区级公共文化设施为龙头、以街道和乡镇文化设施为骨干、以村组和社区文化设施为基础的公共文化设施网络，着力建设具有湘西南区域性特色、在湘桂粤三省交界之地具有较大影响力的文化产业群，加快文化产业发展。

33. 健全公共安全体系。加大公共安全投入，强化全社会公共安全意识，增强公共安全保障能力和水平，切实保障人民生命财产安全，推动公共安全保障从被动应对向主动防控转变。健全食品药品监管体系，严格执行食品药品安全标准，建立食品药品质量可追溯制度，形成来源可追溯、去向可查证、责任可追究的安全责任链。严格安全生产管理，全面加强安全监管能力建设，积极推进省级安全生产示范创建工作。完善突发事件应急体系，建立健全统一指挥、结构合理、反应灵敏、保障有力、运转高效的突发事件应急体系，提升自然灾害、事故灾难、公共卫生事件和社会安全事件的风险预警、防范控制和快速处理能力。构建社会治安防控体系，统筹推进人防技防物防，开展专项打击集中行动，严厉打击聚众赌博及“两抢一盗”多发性侵财犯罪，切实保障人民生命财产安全。

34. 全面推进精准扶贫。大力实施精准扶贫，组织开展扶贫攻坚行动，确保2015年至2019年每年实现精准脱贫5000人以上，到2019年，稳定实现扶贫对象“两不愁、三保障”（不愁吃、不愁穿，保障义务教育、基本医疗和住房）目标，实现26671人全部如期脱贫。实施社会保障扶贫，加强扶贫对象基本社会保障。实施异地搬迁扶贫，对偏远山区交通不便的扶贫对象，在充分尊重群众意愿的基础上，实施整体搬迁移民。实施产业开发扶贫，因地制宜发展扶贫特色产业。实施基础设施建设扶贫，统筹推进水、电、路、通信等基础设施建设，为提升群众生产生活水平打下坚实基础。推进技能培训扶贫，通过扶持、引导和培训，提高贫困人口素质，增强其就业和创业能力。实施文化卫生扶贫，加大贫困学生资助力度，加强乡镇卫生院的支持力度和医疗卫生人才队伍建设。全力推进金融扶贫，建立扶贫担保基金、产业扶贫风险补偿机制和产业扶贫贷款贴息机制。

九、拓宽和谐发展空间，开创政治文明新局面

35. 全面加强党的建设。加强党的执政能力建设和先进性建设，深化对发展规律的认识，提高领导发展的制度化、法治化和专业化水平，为实现“十三五”时期全区经济社会发展目标提供坚强保证。

抓好意识形态建设。加强对意识形态工作的领导，把意识形态工作作为党的建设和政权建设的重要内容。开展学习培训，加强学习型党组织建设，坚定理想信念，把学习成果转化为对理想信念的坚守、对党绝对忠诚的行动。

完善干部管理机制。深化干部人事制度改革，完善竞争性选拔干部方式，高标准选拔任用干部。完善政绩考核评价体系和奖惩机制，加强干部平时考核、专项考核和年度考核，有计划实行干部交流、轮岗，严要求培养管理干部。

强化干部作风建设。严格落实中央“八项规定”精神，认真执行“六类纪律”，坚持不懈纠正“四风”。巩固党的群众路线教育实践活动和“三严三实”专题教育成果，对照问题清单，抓好整改落实。加强反腐倡廉建设，全面落实党风廉政建设党委的主体责任和纪委的监督责任，强化责任追究。

加强基层党组织建设。强化农村、社区党组织建设，提高基层党组织的创造力、凝聚力和战斗力。充分发挥基层带头人作用，抓好村支部书记的选拔培养工作，提高党和政府的公信力。

发挥党的领导核心作用。完善党委领导经济社会发展的体制机制和方式方法，提高依法推动发展的能力和水平，强化全委会决策和监督作用。加强执行力建设，进一步提升党员干部的能力和素质，不断提高经济工作的专业化能力。

36. 加快依法治区步伐。深化行政执法体制改革，建立健全统一领导、政府法制机构综合协调、各部门分工协作的执法管理体制。加强民主政治建设，加强对人大、政协工作的领导，支持人大依法行使职权，充分发挥政协政治协商的作用。加强法制政府建设，深入推进依法决策，完善行政决策程序和机制，建立行政机关内部重大决策合法性审查制度，建立重大决策终身责任追究制度及责任倒查机制。推进依法行政，依法全面履行政府职能，围绕行政决策、行政执

法、行政公开、行政权力监督等主要环节，全面规范政府行为。以规范司法行为和改革司法工作机制为重点，构建开放、动态、透明、便民的阳光司法机制，提高司法公信力。大力开展法制宣传教育，增强公民法律意识、法治观念、法律素质。树立全民法治意识，健全普法宣传教育机制，深入开展法治宣传教育，完善法律援助制度，健全司法救助体系，形成规范有序、高效保质的公共法律服务体系。

37. 实施人才引领战略。加强人才队伍建设，依托重大项目、重点工程和重要活动等载体，建立引才引智绿色通道，持续培养和引进高层次人才。围绕经济社会发展，统筹推进企业经营管理人才、党政人才、专业技术人才、社会工作人才、农村实用人才等各类专业人才队伍建设。完善职业培训体系，加大对就业培训机构的扶持与监管力度，建立培训机构与职业院校联合培训机制，提高综合培训效果，进一步完善培训、技能、就业相挂钩的职业培训体系。优化人才服务体系，健全人才服务保障机制，破除束缚人才发展的思想观念和制度障碍，努力营造充满活力、富有效率、更加开放的人才发展环境。

十、拓宽保障措施空间开创规划实施新局面

38. 加强组织领导。围绕“十三五”规划的实施，成立规划实施领导小组，协调解决规划实施中的重大问题。各级各部门根据规划纲要，负责专项规划和区域规划的组织实施，制定年度工作计划，分解目标任务，明确责任分工，抓好工作落实，保障规划目标和任务的完成。

39. 强化规划衔接。强化规划纲要作为制定专项规划、年度计划以及相关政策依据的重要地位，发挥规划纲要对城镇规划、土地利用规划等相关领域规划的指导作用。探索推进经济社会发展规划、城乡规划、土地利用规划和生态环境保护规划“多规合一”，增强规划的科学性和可实施性，提升规划的权威性、严肃性和约束力，形成一本规划、一张蓝图的发展总思路。

40. 实施项目带动。在经济结构调整、空间布局优化、产业转型升级、生态文明建设、民生福祉改善等方面组织实施好一批关系全局和长远发展的重大项目，实现“以规划确定项目，以项目落实规划”。强化项目管理，加强项目前期准备工作，切实抓好项目库建设和重大项目遴选、申报、扶持工作。加强项目后管理，建立和完善后评价制度，强化建成投产项目跟踪服务。

41. 完善实施机制。“十三”规划一经批准，要严格按规划规定的进度组织实施。在规划实施期间由于特殊原因确需进行调整修正时，需按有关程序报批，依据“动态调整，滚动修正”原则，保持规划实施的连续性。完善规划评估体系和评估制度，及时总结规划进展情况，解决规划实施过程中存在的问题，提出改进意见，确保规划的科学性和指导性，保障规划目标顺利实现。同时，要加大规划实施的监督力度，做好各项工作和政策措施落实的督促检查工作，强化人大对规划实施的监督职能，促进规划落实

全区上下要更加紧密地团结在以习近平同志为总书记的党中央周围，深入贯彻中央十八届五中全会和省委十届十五次全会、市委四届八次全会精神，高举中国特色社会主义伟大旗帜，解放思想、求真务实、开拓创新、顽强拼搏，努力开创“十三五”我区发展新局面，共同夺取全面建成小康社会决胜阶段的伟大胜利！

中共永州市冷水滩区委
永州市冷水滩区人民政府
关于贯彻落实中央和省委、市委精准扶贫战略部署的实施意见

冷发〔2016〕2号

（2016年3月14日）

为深入贯彻落实习近平总书记关于精准扶贫的战略思想以及中央和省委、市委精准扶贫战略部署，全力推进我区精准扶贫工作，加快全区贫困对象脱贫攻坚步伐，根据上级有关精神，结合我区实际，特制定如下实施意见。

一、指导思想

深入贯彻落实中央和省委、市委精准扶贫工作精神，紧紧抓住国家大力推进扶贫开发工作的重大历史机遇，按照“五个一批”（发展生产脱贫一批、易地搬迁脱贫一批、发展教育脱贫一批、社会保障兜底一批、生态补偿脱贫一批）的要求，整合优化资源，精准锁定贫困对象，找准致贫原因，区分贫困类型，制定帮扶措施，集中力量扶持，切实做到扶真贫、真扶贫。

二、目标任务

从2015年起，对建档立卡的8530户贫困户26670人贫困人口，按照“识别到人、帮扶到户、落实到位”的要求，通过采取综合扶贫措施，实施精准施策。2015年至2018年完成全区减贫任务80%以上，确保到2019年，稳定实现贫困对象“两不愁、三保障”（不愁吃、不愁穿，保障义务教育、基本医疗和住房安全）目标。

三、精准管理

（一）核准底数。按照国家制定的统一贫困对象识别标准、方法和程序，采取按收入倒排、公示公告的方式，以收入为依据，逐村逐户拉网式摸底排查和精确复核，摸清贫困对象，核准困难家底，弄清贫困原因，把握群众需求，确保贫困对象的真实性、精准度。

（二）科学分类。在摸清底数的基础上，认真分析每个贫困村、贫困户的致贫原因、脱贫意愿，科学划分贫困村、贫困户类型。根据自然条件恶劣、基础设施滞后、产业发展欠缺、村级班子软弱等区分贫困村，根据因病、因灾、因学、缺技术、缺资金、缺劳动力等区分贫困户。按照“五个一批”要求，分类列出帮扶清单，落实责任部门，因村、因户施策，建立帮扶档案，通过异地搬迁扶贫、农村产业扶贫、基础设施扶贫、文教卫生扶贫、社会保障扶贫、金融扶贫等方式，助其脱贫；对低保户、五保户等农村因病因残完全丧失劳动能力的贫困对象实行兜底保障。

（三）建档立卡。进一步核实核准贫困对象建档立卡

数据信息，完善贫困村、贫困户建档立卡资料，提高建档立卡数据质量，确保卡实相符。加强数据分析运用，打通扶贫与医疗、社保、教育、住建等部门的数据信息管理系统，建立健全统一的民生大系统数据平台。

（四）动态管理。区扶贫工作领导小组负责确定年度减贫规模，并分解到各乡镇（含工业园区，马坪农业开发区，相关街道，下同），各乡镇将区下达的年度减贫计划逐级分解到各村，落实到户到人，并完成年度脱贫任务。在此基础上，加强贫困对象的数据统计和动态监测，以贫困对象进退的识别标准为依据，组织入户调查、民主评议、社会评价等，确保贫困对象进退有序，及时进行数据更新，实现有进有出、逐年更新、分级管理、动态监测。

（责任单位：区委组织部、区扶贫办、各驻村帮扶工作队等。各乡镇、工业园区、马坪农业开发区和相关街道按本实施意见的工作要求，落实主体主抓责任，以下不再重复列举）

四、精准施策

（一）实施易地搬迁扶贫

1. 精准确认搬迁对象。对居住在深山、石山、高寒、荒漠化、地方病多发、无水源、生产资料缺乏等生存环境差、不具备基本发展条件，以及生态环境脆弱、限制或禁止开发地区，2015 年人均纯收入 2800 以下的农村建档立卡贫困人口，按照“政府主导、群众自愿、量力而行、保障基本”的原则，实施易地扶贫搬迁。优先安排地质灾害多发区、国家自然资源保护区、水库淹没区以及居住生活环境恶化区的建档立卡贫困人口搬迁。对于确需与建档立卡贫困户同步整村（含自然村、村民小组、山寨，下同）搬迁的其他农户，可一并纳入搬迁范围。

2. 合理确定安置方式。统筹考虑水土资源条件、城镇化进程、新农村建设及搬迁对象意愿，采取集中与分散相结合的安置方式。集中安置主要包括：行政村内就近集中安置、建设移民新村集中安置、依托小城镇或工业园区或农业园区安置、依托乡村旅游区安置等。分散安置主要包括插花安置、投亲靠友等。

3. 统筹做好脱贫规划。易地扶贫搬迁应与同步整村搬迁、农村危房改造、库区移民搬迁等统筹考虑，统一选址、统一规划基础设施，统一推进。要高起点、高标准编制搬迁对象脱贫规划，合理确定搬迁对象人数、安置区域、脱贫计划和帮扶措施等，确保搬迁对象搬得出、稳得住、有事做、能致富，确保到 2019 年底所有搬迁贫困对象实现脱贫致富。

4. 切实落实搬迁对象补助政策。一是住房建设面积补助。按照“保障基本”的原则，对建档立卡贫困户搬迁对象补助人均住房建设面积不超过 25 平方米（宅基地按本区标准执行），确有需要，每户（不论人口多少）可在人均 25 平方米的基础上增加不超过 25 平方米的总面积，增加面积部分按实际建设成本由农户自行承担费用，不享受资金补助。对于确需与建档立卡贫困户同步整村搬迁的其他农户，区政府将根据当地居民生产生活习惯和农户自筹能力，制定面积控制标准。二是住房建设资金补助。按照“建档立卡贫困人口搬得出，不加重负担”的要求，建档立卡贫困人口住房建设最低补助标准为 800 元 / ㎡，具体标准由区政府根据安置方式和安置区域确定。与建档立卡贫困户确需同步整村搬迁的其它农户所需建房资金，由农户自筹解决，国家和省不予补助。

（责任单位：区发改委、区扶贫办、区移民局、区住建局、冷水滩国土资源分局、区财政局）

（二）实施产业发展扶贫

1. 发展特色产业。坚持宜农则农、宜游则游、宜商则商，因地制宜规划发展扶贫特色产业，确定好主导产业，对资源禀赋、发展条件、产业基础相近的贫困村进行集中连片规划开发，建设一批扶贫产业标准化基地，重点鼓励和扶持发展油茶、蔬菜、优质稻、园林苗木、竹木、药材和畜禽鱼等优势特色产业，大力发展农产品加工业和林产品加工业。积极培育和发展农民专业合作、股份合作、劳务合作、投资合作等新型合作经营组织，鼓励扶持农业企业、农民专业合作社、家庭农场、专业大户与贫困户建立紧密的利益联结机制，对带动贫困户增收效果好的新型经营组织给予财政专项扶贫资金、小额信贷支持。积极引导贫困对象将承包土地向农业龙头企业、农民生产专业合作社、家庭农场、专业种养大户流转，鼓励贫困对象以土（林）地承包经营权作价入股，参与农民生产专业合作社、合作农场、联户经营和家庭农场等新型农业经营组织。推行“公司＋合作社(基地)+贫困户”等模式，采取保底收购、股份分红、利润返还等方式，增加贫困对象劳务、租金、股息、红利等财产性收入。大力发展农资供应、农产品运销组织，组织专业技术人才进村入户开展产业技术培训指导服务，推动产业发展。

（责任单位：区农办、区财政局、区农业局、区林业局、区畜牧水产局、区蔬菜局、区供销社、区农业开发办、区扶贫办）

2. 发展电子商务产业。抢抓国家实施“互联网＋”的战略机遇，积极在贫困村实施电子商务示范工程创建活动，加快对接阿里巴巴“千县万村”实施计划，到2017年，实现区有电子商务服务中心，村有电子商务服务点，全区基本普及电子商务应用，贫困户能通过电子商务销售自产产品，购买生产生活资料。

（责任单位：区商务局）

3. 发展乡村旅游业。抓住湖南省实施乡村旅游扶贫“百村行动计划”的机遇，选择一批有条件发展旅游产业的贫困村，谋划储备项目，做好策划、规划，争取列入全省扶持计划。重点做好四明山省级森林公园、李达故居、老埠头古民居等绿色、红色、古色乡村旅游文章，引导城区居民就近进行乡村旅游，让贫困对象吃上旅游饭、赚上旅游钱。

（责任单位：区文新旅局、区农办、冷水滩国土资源分局、区住建局）

4. 发展村级集体经济。率先完成贫困村农村土地承包经营确权登记发证，加快土地流转。依托农村集体山林、鱼塘等资源，通过承包、租赁、股份合作等方式，盘活村级资源，促进集体资产转为实体经济。加强政策支持，鼓励贫困村集体领办创办专业合作组织，实行“村集体＋合作社＋农户”合作经营机制，实现精准扶贫、发展集体经济与贫困户的有效对接。

（责任单位：区委组织部、区农办、区经管局等）

（三）实施基础设施建设扶贫

1. 改善交通条件。实施农村公路路网改造工程，重点解决贫困村断头路的问题；实施农村公路窄路加宽工程，优先将贫困村路面3.5米及以下路段，加宽至4.5米，解决贫困村瓶颈路的问题；实施农村公路安全保障工程，到2017年，基本完善贫困村公路安全保障设施，确保校车、客车等各种车辆通行安全；实施农村通畅公路深度延伸工程，到2019年全部解决现有贫困村通畅工程受限制、实际受益不广、受益人口比例不高的问题，确保贫困村村民出行方便。

（责任单位：区交通运输局等）

2. 完善水利设施。优先实施贫困村小农水项目、病险水库除险加固、山洪涝治理等防洪薄弱环节建设，积极推进中小水库灌区配套、骨干山塘维修、引水提水等水源工程建设，大力实施“五小”水利工程建设，完善贫困村用水管水机制，着力改善贫困村水利条件。

（责任单位：区水利局）

3. 保障饮水安全。优先实施贫困村饮水安全进村入户工程，提高水质达标率和自来水入户率，到2019年贫困村自来水普及率达到80%以上，逐步实现贫困群众喝上方便、安全的饮用水的目的。

（责任单位：区水利局）

4. 强化用电保障。实施贫困村农村电网改造升级工程，对建档立卡未用上电的贫困户生活照明用电免费包入户。2019年，全面完成33个贫困村的农网改造升级。

（责任单位：区经信委、区发改委等）

5. 加快通信建设。加快贫困村通信网络建设步伐，到2017年实现每个贫困村组通电话、有网络，到2019年，33个贫困村全部通广播电视。

（责任单位：区经信委、区文新旅局、各电信运营商等）

6. 保障住房安全。实施"百村示范、千村联动、万户安居"工程，从区农村危房改造年度指标中，每年切块安排总量的50%以上，用于贫困户的危房改造。到2019年全面确保建档立卡贫困户住房安全。

（责任单位：区住建局、区扶贫办等）

（四）实施金融扶贫

1. 落实金融产业扶贫小额信贷政策。加大建档立卡贫困对象评级授信面，到2016年底，实现符合条件的建档立卡贫困户评级授信全覆盖，对有劳动能力、有致富愿望、有贷款意愿、有收入保障，遵纪守法好、信用观念好，并参与产业扶贫开发或自主选择较好的小型生产经营项目的建档立卡贫困户，按需求申请给予5万元以下、期限3年以内的小额信用贷款。

2. 建立金融产业扶贫风险补偿机制。扶贫小额信贷风险由政府与区信用联社共同分担，以政府为主。属于政府分担的，使用风险补偿金，属于区信用联社分担的，由区信用联社自行负责，具体分担比例按有关文件执行。从2015年起，设立300万元的"冷水滩区产业扶贫项目贷款风险补偿基金"，以后每年根据当年贷款目标任务和实际投放量，及时扩充风险补偿金规模。风险补偿金只能用于建档立卡贫困户发展产业、发展生产的贷款风险补偿。

3. 建立金融产业扶贫贷款贴息机制。对有劳动能力和有生产经营意愿的建档立卡贫困户从事产业发展的，实行贷款贴息补助，按贷款基准利率的100%予以贴息，贴息年限根据产业发展需要确定，但最高不超过3年。鼓励新型农业经营组织在与贫困农户建立紧密利益联接和与扶贫办、区信用联社、贫困农户建立相互约束机制的前提下，实行统贷统还，并予以全额贴息。

（责任单位：区财政局、区金融办、区扶贫办、区信用联社等）

（五）实施社会保障扶贫

1. 抓好教育扶贫。合理布局贫困村教学点，优先加强边远乡村义务教育学校改造建设，实施城区优秀教师到贫困乡村学校支教计划，改善贫困乡村师资力量。建立贫困学生资助平台，落实好现有国家济困助学政策，逐步提高贫困生资助标准，不让一名贫困家庭子女因贫困而失学。大力发展农村公办幼儿园，对建档立卡贫困户家庭子女免收学前教育保教费；全面落实义务教育阶段"两免一补"政策；落实好国家"雨露计划"教育扶贫补贴政策，对建档立卡贫困户家庭子女就读中、高等职业教育的每人每年补助2000元。对因贫困面临失学、辍学的建档立卡贫困户家庭中义务教育、普高教育、高等教育阶段学生，由村委会推荐，经乡镇人民政府初审后，统一向区扶贫办申请，区扶贫办审核确认后，给予每名特困学生每年扶贫助学补助2000元。为当年被全日制大专以上院校录取的贫困家庭大学生办理国家生源地信用助学贷款。

（责任单位：区教育局、区扶贫办）

2. 抓好医疗卫生扶贫。加大贫困村卫生室建设步伐，分期分批完成未达标贫困村卫生室建设任务。到2019年，33个贫困村每个村建好一个标准化村级卫生室、配备一名村医，逐步提高乡村医生待遇。积极开展区级医院结对贫困村定期巡回义诊服务。为贫困人口提供免费孕前优生健康检查等生殖健康服务，降低畸形儿童出生率。加强重大疾病、传染性疾病的防治，解决好严重威胁妇女儿童健康的突出问题。健全医疗保障制度。提高贫困人口新农合“参合率”，降低大病保险报销起付线，提高贫困人口医疗救助标准和住院报销封顶线，切实减轻贫困人口医疗费用负担。完善大病救助制度，使贫困人口最大限度地享受农村医疗制度改革的成果。对贫困人口因病（含重大疾病）住院发生医药费用经新农合补偿、新农合大病保险补偿、民政医疗救助后自负费用仍有困难的，加大临时救助、慈善救助力度。对因病、因意外伤害、因突发事件等特殊原因导致生活暂时陷入困境的家庭实施临时救助，并引导社会力量加大扶持救助力度，帮助他们渡过难关。

（责任单位：区卫计委、区发改委、区妇联等）

3. 抓好文化扶贫。重点抓好贫困村的文化活动中心、农家书屋、信息资源共享工程、乡村广播“村村响”等文化设施建设，积极开展文体活动下乡、文艺演出下乡、电影放映下乡、科技下乡、信息下乡、卫生下乡等活动，不断丰富贫困群众的精神文化生活，引导群众解放思想、转变观念、崇尚科学、追求积极向上的健康生活。

（责任单位：区委宣传部、区文新旅局、区卫生局、区科技局等）

4. 抓好就业创业扶贫。积极为建档立卡贫困户提供免费职业介绍、职业指导、就业信息服务、职业技能培训等就业服务和小额贷款、创业培训、项目推介等创业服务。每年帮助1000名贫困对象实现转移就业，帮助100名贫困对象实现创业，到2019年基本实现贫困劳动力稳定就业。大力实施“雨露计划”，对参加转移就业技能培训半年以上并获得初、中级职业资格证书的农村建档立卡贫困对象每人给予1500元培训补贴。对有创业意愿的贫困村劳动者或返乡农民工开展创业培训，免费对贫困对象开展农村实用技术培训，鼓励社会中介机构对贫困对象开展免费职业介绍服务。鼓励贫困对象自主创业，对贫困对象在区内从事自主创业，有创业项目和稳定的经营场所并办理了个体工商户登记手续的，经区就业部门审核后，符合条件的优先给予创业贷款扶持。对贫困户高校毕业生，离校后未就业的，由人社部门安排见习岗位。每个贫困村设一名劳动保障协理员，有序帮扶贫困户家庭劳动力就地就近或转移就业。加强对轻度残疾人的就业援助、培训扶助和创业扶持。

（责任单位：区人社局、区农业局、区扶贫办、区财政局、区教育局、区卫计委、区民政局）

5. 抓好政策兜底。推进农村“低保”“五保”与精准扶贫有效衔接，将符合“低保”“五保”条件的贫困人口全部纳入“低保”“五保”范围，做到应保尽保。对需要政策兜底的建档立卡贫困对象，建立低保线与贫困线的差额补足办法，逐步实施扶贫线低保线两线合一。将建档立卡重度残疾人全部纳入政策兜底范围，全面落实困难残疾人生活补贴和重度残疾人护理补贴。做好城乡低保相关政策的衔接。对原享受农村低保的建档立卡贫困户，因政策性征收农转非和政策性搬迁进城、进镇的，实行农村和城镇低保互转，转变身份办理非农户口后，仍符合低保条件的直接转为享受城镇低保待遇。支持贫困人口参加基本养老保险和基本医疗保险。

（责任单位：区民政局、区人社局、区卫计委等）

（六）实施生态补偿扶贫

落实好生态补偿政策，整合退耕还林、天然林保护、长江防护林建设、坡耕地综合整治、水土保护、水生态治理等重大生态工程项目，研究制定林区贫困人口脱贫的办法，探索将林区有劳动能力的贫困人口改为护林员，保证其有长期稳定的工资收入。

（责任单位：区环保局、区林业局、区水利局等）

五、精准帮扶

1 领导办点示范。开展精准帮扶示范创建活动，区委、区政府主要领导、分管领导带头选择深度贫困村作为示范点，区“四大家”班子成员和乡镇党政主要负责人都要联系一个贫困村开展精准扶贫示范创建工作，定期深入到贫困村调查研究，了解情况，解决问题，大胆探索贫困村、贫困户精准扶贫的新思路、新举措，及时总结和推广驻村帮扶的好经验、好做法。区委、区政府主要领导每年到贫困村调研精准扶贫工作不低于 4 次，其他区级领导和乡镇党政主要负责人到贫困村调研精准扶贫工作不少于 6 次。

2 开展驻村帮扶。每个区直和中央、省、市驻冷单位联系帮扶 1 个贫困村，每个贫困村派驻一个帮扶工作队，由牵头帮扶单位抽派得力干部任队长，兼任贫困村党组织第一书记。参与帮扶的后盾单位要进一步加大人、财、物的帮扶支持力度。驻村帮扶干部要准确把握精准扶贫的政策要求，切实指导帮助驻点村制定脱贫规划，落实精准扶贫政策措施。贫困村不摘帽，驻村帮扶工作队不撤队。

3 实行结对帮扶。确保每个贫困户都要有一个干部结对帮扶，区级领导结对帮扶 2 户以上贫困户，科级及以下干部结对帮扶 1 户以上贫困户。做到“逐户摸底号脉、逐户建立台账、逐户制定帮扶计划、逐户考核脱贫效果”，不脱贫不脱钩。

4. 引导社会力量参与扶贫。大力强化企业、社会组织、知名人士的社会责任，动员社会各界人士、在外能人、企业家，通过捐赠救助、实业带动、就业促进等多种形式参与扶贫；鼓励企业和个人采取“一对一”结对帮扶的方式，为贫困对象提供创业、就业、教育、医疗、技能培训等方面的帮助；倡导开展“光彩事业”、感恩行动等公益捐助扶贫行动，组织爱心企业积极开展针对贫困对象的爱心捐款捐助，鼓励有条件的企业自主设立扶贫公益基金；发挥好共青团、妇联和工商联等群团组织在精准扶贫中的助推作用，通过有效的活动载体动员和组织知识青年、妇女届和工商届中的优秀人员参与精准扶贫、精准脱贫；区人武部、驻冷各部队要紧扣部队特点，用好自身优势，采取捐资捐物、出工出力等各种形式开展驻村帮扶、定户结对帮扶。

5 强化主体脱贫。坚持人民群众脱贫主体地位不动摇，充分调动人民群众积极性、主动性和创造性，把他们的聪明才智和创业创新热情释放到断穷根、富长久、奔小康上来。善于凝聚群众的智慧和力量，鼓励和支持基层大胆实践、勇于创新、敢于突破，从群众的实践中探索脱贫攻坚克难的办法和路子。积极为愿意创新创业的群众，尤其是那些能人，有针对性地给予政策、技术、资金等支持，充分发挥他们在脱贫致富中的示范带头作用。

六、精准保障

（一）加强组织领导。精准扶贫工作涉及面广、任务重、工作繁杂，是一项政策性很强、敏感度很高的系统民生工程，更是重要的政治任务。为加强对精准扶贫工作的组织领导，成立由区委书记任组长，区委副书记、区长任第一副组长，区委副书记任常务副组长，分管农业农村工作的相关区级领导任副组长，区委办、区政府办、区农办、区扶贫办、区财政局、区发改委、区人社局、区民政局、区教育局、区住建局、区残联等单位主要负责人为成员的领导小组，领导小组下设办公室，领导小组办公室设在区扶贫办，按照“五个一批”的要求，设立产业扶贫、基础设施（含公共服务）扶贫、易地搬迁扶贫、教育扶贫、社会保障扶贫、生态补偿扶贫6个专项工作组、分别由一名区级领导任组长，相关部门单位负责人为成员，负责研究出台和落实我区扶持精准脱贫的重大举措。要健全区、乡两级扶贫工作机构，配强工作力量，保证工作经费。要加强对区、乡、村三级扶贫工作人员的能力培训，分层分期分批组织培训好乡镇党委书记和乡镇长、分管扶贫工作的领导、扶贫专干、贫困村党支部书记和主任以及驻村帮扶工作队员。区级相关部门要组建专抓班子，党政一把手要亲自抓，并确定一名得力副职具体分管。各乡镇也要成立由乡镇党委书记任组长、乡镇长任常务副组长的领导小组，并设立相应的扶贫机构，确定专人专抓。

（二）强化责任落实。加快贫困群众脱贫致富是各级党委、政府的责任担当。落实党政一把手第一责任。全区各级各部门各单位党政一把手为本区域本部门本单位精准扶贫工作第一责任人，要高度重视，认真履责，亲自部署和协调落实，经常研究精准扶贫工作，经常深入贫困村、贫困户调查解决实际问题，督促指导和帮助所联系帮扶贫困村所结对帮扶贫困户落实脱贫措施，早日脱贫。落实乡镇主体主抓责任。乡镇党委、政府是落实农村贫困对象脱贫的直接责任主体，党委书记、乡镇长作为第一责任人，向区委、区政府签脱贫攻坚责任书，制定切实可行的工作措施，落实工作责任，明确精准扶贫工作的时间表、路线图、任务书，统筹抓好具体组织实施工作，确保全面完成贫困人口脱贫、贫困村摘帽任务。落实部门特殊责任。区扶贫开发领导小组办公室及其成员单位和26个精准扶贫行业部门要建立分工明确、定期协商、协同推进的工作机制，根据各自职责分工，发挥行业和职能优势，认真制定落实好各项扶贫措施的具体实施细则和年度精准扶贫计划方案，抓好督查指导。落实驻村帮扶工作队和村党组织、村委会具体落实责任。驻村帮扶工作队要吃住到村、工作到户、访困问需、访贫问计，搞好调查研究，把贫困对象摸清，把困难家底搞实，把贫困原因核准，把精准帮扶措施落实；村党组织、村委会要坚持标准、严格程序，精准识别贫困对象，团结带领广大党员干部积极发展村级经济，加强农村政治、经济、文化、社会和生态建设，带领带动贫困户主动落实脱贫措施、主动发展家庭经济，主动脱贫，确保贫困村和村内贫困户早日脱贫退出。

（三）加大资金投入。一是确保财政投入。积极争取上级财政专项扶贫资金投入。从2015年起，区财政预算安排1000万元精准扶贫专项资金，主要用于支持贫困对象产业发展和小额贷款贴息、基础设施建设配套、教育培训费用的减免、民生保障优惠政策提标部分的补贴等，逐年递增。二是整合项目资金投入。全区所有涉及到农业农村建设的项目和资金都要向贫困村、贫困户和贫困人口倾斜，各相关部门单位在制定项目规划和确定资金投向时，都要有扶贫内容，按照精准扶贫支持计划的安排，到2019年，全面完成行业扶贫任务。三是强化信贷投入。积极落实贫困农户小额信贷政策，2015 年完成 1000 万元，2016 年完成 3000 万元，逐年增加。主动衔接落实易地扶贫搬迁货款计划，按需要落实贷款数额。四是鼓励社会力量投入。通过“农村资源变股权、资金变股金、农民变股民”，强化企业与农户的联系机制，撬动社会资本参与扶贫开发。五是强化扶贫资金监管机制，定期开展扶贫资金审计，加大违法违纪查处力度，提高扶贫资金使用效益。

（四）加强农村基层组织建设。利用乡镇换届和行政村合并的机会，切实加强以村党组织为核心的农村基层组织建设，合理设置合并后的村党组织，选优配强乡村两级领导班子，注重从经济能人、大学生村官和机关干部中选派优秀人士担任村党组织书记、成员和村委会成员。加强对乡镇党委书记、镇长和村党组织书记、村委会主任的培训，提升他们领导和带领脱贫攻坚的能力素质。加强村级组织阵地建设，让村干部有办公场所、党员有“家”、村民有活动中心。着力推进农村网格化建设，打通服务群众的“最后一公里”。

（五）严格考核问责。要把精准扶贫工作作为各级各部门领导班子和领导干部年度绩效考核和干部执行力考核的重要内容，实行“一年一考核、一乡（镇）一考核、一村一考核”。重点考核领导班子和领导干部落实精准扶贫、精准脱贫措施情况，完成贫困人口减贫和贫困村摘帽任务完成情况，以及贫困群众增收、生产生活条件改善，贫困村公共服务水平、生态环境建设、社会保障等指标落实情况。统筹考核管理和结果运用，把考核结果作为干部选拔任用的重要依据，加大扶贫工作在乡镇、区直单位经济社会发展实绩考核中的分值比重，注重在精准扶贫一线考察识别干部。对扶贫任务重、扶贫成效显著、减贫“摘帽”快的乡镇党政一把手和分管领导予以重点培养。对在精准扶贫中发挥作用充分、工作成效明显、个人实绩突出的行业部门领导干部优先提拔使用。对人员不到位、履行帮扶责任和执行政策不力而造成工作被动的，特别是引起群众上访造成恶劣影响的单位和个人，由区委、区政府主要领导对其进行约谈。对实施精准扶贫战略认识不到位、精力不集中、措施不聚焦、作风不扎实、效果不明显的领导干部进行问责。对完不成阶段性扶贫任务、在扶贫工作中弄虚作假的领导干部给予严肃处理。对年度减贫任务未完成的乡镇、村，对其党政一把手、分管负责人和村党支部书记进行诫勉谈话，个人当年度不得评先评优、提拔重用，乡镇当年度绩效考核降低一个档次。连续两年没有完成减贫任务的乡镇、村，对其党政主要领导、分管负责人和村党支部书记采取组织措施。实施驻村帮扶考核，把驻村帮扶工作成效作为后盾单位行业扶贫的重要考核内容，对帮扶资金到位、帮扶项目实施、帮扶脱贫成效进行量化考核，帮扶工作考核结果与单位年度绩效评估挂钩。建立驻村帮扶干部管理考核档案，加强对驻村干部的培养，对在贫困一线干出成绩、群众拥戴的驻村干部，优先提拔使用；对挂名走读、工作不实、帮扶不力的，及时更换，当年度不予评先评优。

中共永州市冷水滩区委办公室 永州市冷水滩区人民政府办公室 关于印发《冷水滩区创建国家园林城市实施方案》的通知

冷办〔2016〕13号

各乡镇党委、乡镇人民政府，各街道，工业园区、马坪农业开发区，区直机关各单位：

《冷水滩区创建国家园林城市实施方案》已经区委、区政府研究同意，现印发给你们，请认真组织实施。

中共永州市冷水滩区委办公室
永州市冷水滩区人民政府办公室
2016年4月13日

冷水滩区创建国家园林城市实施方案

为确保我区全面完成创建国家园林城市各项工作任务，根据《中共永州市委办公室永州市人民政府办公室关于印发〈永州市创建国家园林城市实施方案〉的通知》（永办〔2016〕20号）文件精神，结合我区实际，特制定本实施方案。

一、工作目标

坚持“政府主导、全民参与、统一规划、因地制宜、讲求实效”的原则，充分利用“山、水、洲、林”等城市条件，加快以城市园林绿化为重点的生态环境建设。2016年全面启动创建国家园林城市工作，按照《国家园林城市标准》和《永州市创建国家园林城市实施方案》要求，加大城市基础设施配套建设和园林绿化建设力度，确保2018年8月底前我区城市人居环境各项软硬件设施全面达到国家园林城市标准，2019年成功创建国家园林城市。

二、主要任务

（一）基础管理工程

1. 积极配合市相关部门完成城市绿地系统规划修编。坚持“规划建绿”，合理布局城市各类绿地，确保城市绿地建设的科学性和前瞻性，并按程序报批，严格实施。

2. 市、区联动，全面落实绿章、绿线管理制度。根据国家住房和城乡建设部《城市绿线管理办法》要求，结合冷水滩实际，划定中心城区城市绿线，并向社会公布。全面实行绿线绿章管理制度，确保各类建设项目符合国家住房和城乡建设部《城市绿化规划建设指标的规定》。

3. 编制和实施城市规划区植物物种多样性保护规划。大力开发培植乡土树种，适地适树，科学引入外来物种，丰富城市绿化物种，合理配置植物，形成多层稳定的植物群落和特色鲜明的城市绿化生态系统。

4. 积极配合制定和完善城市园林绿化管理规章和制度。根据《国家园林城市标准》要求，配合制订出台《永州市园林绿化工程质量管理办法》《永州市城市蓝线管理办法》，修订《永州市城市绿化管理实施办法》《永州市园林式单位和小区创建标准和办法》等，确保管理制度配套、齐全，绿化成果保护良好。

5. 收集整理近三年来有关城市绿化、经济适用房和廉租房等方面的基础数据资料，完成对建成区绿地率、绿化覆盖率和人均公园绿地面积三大基本指标的卫星遥感测试工作。

（二）景观保护工程

1. 加强城市原有自然风貌和文物古迹的保护。切实保护好城市外围自然山体和自然植被，着力抓好湘江两岸、滨江风光带、李达故居等风景名胜、纪念地的规划编制实施和设施配套完善，丰富城市文化内涵。

2. 扎实做好城市古树名木的保护管理。按照全国绿化委员会《关于加强古树名木保护的决定》和国家住房和城乡建设部《城市古树名木保护管理办法》要求，进一步调查分析我区城市古树名木资源分布、生长状况和养护情况，逐株建档立卡，制定具体的复壮保护措施。

3. 规范户外招牌广告管理。按照城市容貌标准，严格广告招牌设置审批，对城市主要路口、公园广场、主次干道的门店招牌、指示牌、户外广告等进行统一规划，整体设计，精心布置。

（三）园林绿化建设工程

1. 公园绿地。根据创建标准，严格按照《公园设计规范》和修编后的城市总规要求，规划新建一批综合性公园、社区公园、专类公园，高标准规划建设好湘江风光带等城市绿地、公园，逐步建设城郊森林公园。加快中心城区街道（广场）休闲绿地建设进度，以满足公园绿地服务半径的要求，确保到2018年8月，人均公园绿地面积达到创园标准。

2. 道路绿化。新建道路坚持绿化建设与道路建设同步进行，路修到哪里绿化就延伸到哪里，保证城区干道绿化带面积不少于道路总用地面积的25%，道路绿化普及率、达标率分别达95%和85%以上；对现有道路进行提质改造，重点突出九嶷大道、潇湘大道、珍珠南路、春江中路、银象北路、陶源西路、谷源路等中心城区主干道，切实抓好街道绿地、行道树的补植补种和增肥除害等管护，增加乔木、亚乔木和花卉植物，提高绿地率，丰富道路绿化色彩景观，形成林荫路系统。

3. 单位庭院与居住小区绿化。加强对新建单位和居住小区绿化规划审批和绿化工程质量的监督管理，新建单位和居住小区实行“统一规划，配套建设”，保证绿地率达30%以上，并规划建设集中的休闲绿地；对旧居住区逐步进行改造，保证绿地率不低于25%；加大“园林式单位”和“园林式小区”创建力度，确保园林式单位、小区创建比例达60%以上；实施拆墙透绿工程，对城市主干道沿街单位原有实体围墙，一律拆除改为装饰性空透围栏，增强透绿效果，与道路绿化形成多层次的立体绿化景观。

4. 苗圃建设。配合市相关部门规划建设好永州市园林苗木基地，扶植、引导郊区、乡镇调整产业结构，发展苗木花卉生产，搞好植物引种、育种工作，构建植物乡土化、多样化、生态化网络基地，确保生产绿地面积占建成区总面积2%以上，城市绿化建设苗木自给率达80%以上。

5. 开展全民义务植树活动。实施义务植树登记卡制度，加强义务植树基地建设，确保尽责率达80%以上，植树成活率和保存率均不低于85%。

6. 立体绿化。充分利用建筑物墙体、桥体、屋顶、围栏、阳台等进行立体绿化。

（四）环境优化工程

1. 防护绿地建设。抓好以永州大道（九嶷大道）以东及冷水滩区西南片区为重点区域的城市外围自然山体和森林植被的恢复和保护，改善林相结构；加强公路、铁路两侧防护林带建设，重点做好永州大道、生态新城、潇湘大道、衡枣高速和永邵高速入城连接线和湘桂铁路、洛湛铁路城区沿线的防护绿带等路段绿色通道建设，构建环城生态圈，形成城乡一体的优良环境，缓解城市热岛效应。

2. 生态环境保护。加大生物资源保护力度，着力加强重要生态功能区的控制性保护，加强城市和城市周边地区湿地保护和生物多样性保护。加强湘江、潇水流域生态保护，形成城市特有的风光带。

3. 环境综合治理。切实加强水环境、大气环境综合治理，确保城市大气污染指数小于100的天数达到240天以上，地表水环境质量标准达到三类以上，全面改善我区城乡环境质量。

（五）市政设施完善工程

积极配合市里抓好城市中心区建设和功能配套，切实抓好城市路网建设，继续完善燃气、公交、环卫、城市道路、城市照明、城市公共消防栓等公用设施，积极推进城市数字化管理，提高城市管理效能。力争到2018年8月底燃气普及率80%以上；万人拥有公共交通车辆10标台、公厕3座；公交出行比率不低于15%；城市道路照明装置率98%以上，城市道路亮灯率98%以上；人均拥有道路面积9平方米以上；用水普及率98%以上；水质综合合格率100%；道路机械清扫率达到20%以上。

四、工作步骤

整个创建工作分四个阶段进行：

（一）组织准备和宣传发动阶段（2016年4月）

1. 成立工作机构，按照市委、市政府统一部署，对照《国家园林城市标准》，开展调查摸底，明确创建国家园林城市阶段性任务。

2. 召开全区动员大会，对创建工作进行全面动员和安排部署。各街道（含工业园区，下同）和区直相关部门向区委、区政府递交责任状。

3. 通过电视、报纸、广播等新闻媒体广泛宣传，深入发动，形成人人知晓、个个参与的创建氛围，各级新闻媒体开设专栏，及时跟踪报道，掀起宣传高潮。

（二）全面实施阶段（2016年4月至2018年8月）

1. 2016年9月底前，配合市里制定完善中心城区园林绿化规划。

2. 以园林绿化工程和城市基础设施配套建设等工程为重点，全面组织和落实项目建设，各责任单位要认真组织，狠抓落实，按期完成。

3. 制定相关规范性文件及出台配套政策。

4. 推进“园林式单位”“园林式小区”的创建，对不符合要求的单位及居住区，限期进行绿化改造。

5. 按要求收集和整理有关申报资料和台账，按要求组织申报。

（三）达标初检和完善提升阶段（2018年9月）

在全面完成各项创建任务的基础上，区创建领导小组办公室全面自查各项创建工作，发现问题及时整改，对一些重点工作、重点建设、重要部位实行重点督查、重点突破。

（四）申报受检阶段（2018年9月至2019年3月）

2018年9月之前，完成市里下达各项任务，配合市政府向国家住建部呈报创建申请，2019年3月迎接国家检验组验收。

五、组织领导

在区委、区政府统一领导下，成立永州市冷水滩区创建国家园林城市工作领导小组（以下简称创园领导小组），具体负责指导、组织、协调创建工作。领导小组下设6个工作组：

（一）综合协调组（创园办）。区园林处为牵头单位，区委办、区政府办、区委组织部、区住建局、区财政局、区林业局为责任单位，负责统筹、组织、指导、协调、调度整个创园工作，负责对创园工作的后勤保障，负责各类综合材料撰写及创园资料的收集、整理、汇编。

（二）宣传教育组。区委宣传部为牵头单位，区文体新局、区教育局、区住建局、区园林处，各街道为责任单位。负责创园宣传报道、开展创园宣传教育活动。

（三）规划规章组。区规划分局为牵头单位，区法制办、冷水滩国土资源分局、区交通运输局、区水利局、区侨联、区城管局、区环保局、区文体新局、区林业局为责任单位，负责各自职责范围内的创园专业规划、重点项目等的规划设计工作，负责建立健全城市绿化、环境保护、文物保护的管理规章或实施细则等文件。

（四）绿化建设组。区园林处为牵头单位，区住建局、冷水滩国土资源分局、区林业局、区交通运输局、区水利局、区公路局、区城管局、各相关街道为责任单位，负责市里分配我区具体园林绿化建设项目的确定和建设，并根据国园标准，在规定的时间内完成建设任务。

（五）市容环境组。区城管局为牵头单位，区住建局、区环卫局、区交通运输局、区环保局、区消防大队、各街道为责任单位，负责各自职责范围内的城市市政基础设施建设、维护，确保环境卫生、燃气、照明、公交、给排水、环境保护、消防设施等各项创建指标和临街面门牌广告整治达标。

（六）督查考核组。区委督查室为牵头单位，区政府督查室、区住建局、区园林处为责任单位。负责将创国园工作纳入区委、区政府绩效考核和主要工作督查内容，负责对创园工作的督查和考核。

六、工作措施

（一）加强领导，确保组织到位。全区各级各部门必须高度重视，统一思想认识。各街道和区直各责任单位要组建专门的工作班子，把创建工作列入重要议事日程和实行目标管理。做到机构、人员、任务、经费“三落实”，确保创建工作有序运转，取得实效。

（二）强化宣传，确保认识到位。创建国家园林城市是一项庞大复杂的系统工程，必须举全区之力，动员广大市民积极参与共同完成。全区各级各部门要层层召开动员会，组织学习创建国家园林城市的有关文件，掌握创建标准，明确创建职责，落实创建任务。充分利用报纸、电视台、广播电台等舆论宣传工具，大力宣传报道创建活动。要大力宣传创建工作的意义，营造创建氛围，让创建国家园林城市工作家喻户晓，人人皆知，激发广大市民自觉参与意识，引导大家共建绿色家园，为创建国家园林城市作出应有的贡献。

（三）明确责任，确保任务落实到位。全区各级各部门要严格按照《永州市创建国家园林城市工作任务分解表》的要求，认真履行职责，制订具体的工作落实方案和项目建设安排，层层分解抓好落实，根据职责统筹兼顾、互相配合，在规定的时间内完成创建任务。

（四）加大投入，确保各项设施建设到位。各级各部门都要加大资金投入，加强市政、园林基础设施建设，确保有关国家园林建设“硬”指标达标，重点建设好小游园、广场绿化改造、社区公园、城市主干道绿地建设，现有道路绿化提质改造，立体绿化建设、园林式单位创建。凡新建、改建、扩建工程，其绿化配套建设必须在主体工程竣工同时完成，绿地面积没有达标的项目不予验收。

（五）加强督查，确保职责落实到位。将创国园工作列入区委、区政府绩效考核和重要工作督查内容，建立督查工作制度，对工作落实好的给予奖励，对领导不力、进度缓慢的予以通报批评，对创建工作造成严重不良影响的，实行责任追究，确保各项职责落实到位，确保各项创建指标有效落实。

中共永州市冷水滩区委办公室
永州市冷水滩区人民政府办公室
关于加强冷水滩区基层医疗卫生服务体系建设的实施意见

冷办发〔2016〕19号

为切实加强我区基层医疗卫生服务体系建设，提升基层医疗卫生机构服务能力，根据《中共湖南省委办公厅湖南省人民政府办公厅关于进一步加强基层医疗卫生服务体系建设的若干意见》(湘办发〔2015〕38号)以及《中共永州市委办公室永州市人民政府办公室关于加强全市基层医疗服务体系建设的实施意见》（永办发〔2016〕24号），经区委、区政府同意，现就加强全区基层医疗卫生服务体系建设提出以下实施意见。

一、目标任务

（一）总体目标

从2016年起，用三年时间集中解决基层医疗卫生机构的业务用房和基本设备配套建设问题，改善基层医疗卫生服务条件，优化服务环境，加强队伍建设，完善服务功能和运行机制，使全区基层医疗卫生机构达到省定标准化建设，基层中心卫生院达到省示范建设标准要求。到2020年，建立健全覆盖城乡居民的基本医疗卫生制度，提升基层医疗卫生机构服务能力，使城乡居民人人享有更高水平的基本医疗和公共卫生均等化服务，实现“小病不出村、常见病不出镇、预防在基层”的目标。

（二）主要任务

1. 加强乡镇卫生院标准化建设。根据《乡镇卫生院建设标准》，每个建制乡镇建设好1所政府举办的卫生院，我区现有10个建制乡镇卫生院（含仁湾卫生院），所有的业务用房在2019年全部达到标准化建设，使乡镇卫生院在基础设施、人才队伍、医疗质量和安全、公共卫生服务、运行机制等方面都达到“群众满意乡镇卫生院”要求。

2. 加强社区卫生服务体系建设。每个街道办事处建好一所社区卫生服务中心，并按核定编制配齐配优社区卫生服务中心工作人员。积极争取市委市政府支持，解决梅湾、杨家桥、工业园、珊瑚、曲河等5个无业务用房的社区卫生服务中心用地问题。在解决土地问题的基础上，区里每年筹建2所社区卫生服务中心，力争到2019年全面完成社区卫生服务中心的房屋、设备配套建设。同时，根据规划建好一批社区卫生服务站，形成能够满足城区居民基本医疗、预防保健等“六位一体”的城市社区卫生服务体系。

3. 加强行政村卫生室标准化建设。2019年底全区行政村卫生室标准化建设全覆盖，标准化卫生室面积不低于200平方米，诊断室、治疗(处置)室、药房、观察室、公共卫生服务室等五室齐全。

4. 加强基层卫生人才队伍建设。按照《中共湖南省委办公厅湖南省人民政府办公厅关于进一步加强基层医疗卫生服务体系建设的若干意见》规定，乡镇卫生院人员编制按每1000人服务人口配备1.4人的标准核定，社区卫生服务中心人员编制按每1000人服务人口配备1人的标准核定，其中中医类别医师达到医师总数的20%以上，区卫计委要积极与人社、编办等部门衔接，重新核定各基层医疗卫生机构编制。落实区卫计委人才招聘主体责任，根据基层医疗卫生机构岗位空缺情况，由区卫计委主导，积极组织公开招聘专业技术人员，择优录用，对基层医疗卫生机构紧缺急需专业岗位，可适当放宽招聘条件，每年招聘50至100人，利用2至3年时间逐步消化临聘人员，优化基层人才结构。通过农村订单定向医学生免费培养工程，为乡镇卫生院定向培养一批本专科层次的医学院校毕业生。鼓励符合执业资格要求、综合素质突出的卫技人员到空白村、偏远村卫生室以及乡村医生工作能力低下的村卫生室执业。根据不同学科要求，每年派送一定数量的镇、村医务人员到上级医院进修、培训，提高基层卫技人员整体素质。加强对全科医师的培养和转岗培训，到2020年，全区基层医疗卫生机构每万常住人口配备不低于1.6名合格全科医师，每个基层医疗卫生机构至少有4至5名合格全科医师，每个村卫生室至少有1名乡村医生。

5. 巩固完善基层卫生运行新机制。按照《中共中央国务院关于深化医药卫生体制改革的意见》和《国务院办公厅关于巩固完善基本药物制度和基层运行新机制的意见》(国办发〔2013〕14号)要求，将基层医疗机构由差额拨款转为全额拨款，重新核定卫生事业经费，完善人事薪酬制度改革。巩固基本药物制度，建立维护公益性、调动积极性、保障可持续的基层卫生运行新机制。足额落实基本公共卫生服务项目经费，并专款专用。

二、政策措施

(一)进一步优化基层卫生机构布局设置

按照新的行政区划设置和《医疗机构设置规划指导原则》要求，以区域内居民医疗卫生服务需求为导向，重新制定《冷水滩区区域医疗机构设置规划》，合理配置基层医疗卫生资源，每个建制乡镇设立一所卫生院，每个街道办事处设立一所社区卫生服务中心。乡镇卫生院按功能分为中心卫生院和一般卫生院两种类型，每所中心卫生院应辐射周边3至4所一般卫生院的原则，使调整后的中心卫生院成为某一基层区域的医疗救治与技术指导中心，对乡镇合并后原竹山桥卫生院，作为建制镇上岭桥卫生院的分院。对街道办事处管辖区域较宽的，根据需要设置若干社区卫生服务站。社区卫生服务设施应与城镇居民住宅小区同步规划、同步建设、同步投入使用，城乡规划建设主管部门要按照城市小区建设项目规划及医疗机构设置规划要求，预留社区卫生服务机构用地用房，努力打造社区居民“步行15分钟健康服务圈”。

(二)进一步加强基层卫生机构服务能力建设

1. 加强业务用房建设。对照国家发布的各类基层医疗卫生机构建设标准，按照“填平补齐”原则，加大财政投入和争取项目资金补助，用三年时间集中解决基层医疗卫生机构业务用房建设问题，重点加强中心卫生院业务用房建设，不断改善基层医疗卫生服务条件，完善服务功能。

2. 加大医疗设备投入。根据群众医疗卫生服务需求，一是加大基层医疗卫生机构设备购置的财政投入，完善长效的财政投入机制。抓住“从2015年起省级财政连续3年，每年投入5000万元重点为中心卫生院配备临床所需的医疗设备和急诊急救设备，每年投入2000万元为社区卫生服务中心配备医疗康复设备和基本公共卫生服务设备”的机遇，积极争取设备建设项目资金，区财政适当补助；二是通过基层医疗卫生机构收支结余，每年解决1至2台急需设备购置，不断提升基层医疗卫生机构的辅助诊断、健康管理水平和急诊急救能力。

3. 加强业务能力建设。推进各乡镇卫生院产科力量的整合，核心力量向中心卫生院集中；在中心卫生院设立临床检验检测中心，承担辐射区域一般卫生院临床检验检测工作；在中心卫生院设置区域性医疗急救中心，纳入全区医疗急救网络建设，使当地居民能得到快速、有效、及时、安全的医疗救治；鼓励中心卫生院加强与永州市第三人民医院等上级医疗机构的合作，加强特色科室建设；各社区卫生服务中心和乡镇卫生院均要建立中医药综合服务区，加大中医药适宜技术推广运用，提高中医药服务能力。制定中心卫生院特色科室建设计划，允许开展特色专科手术和诊疗项目。社区卫生服务中心要加强全科医学科室建设，因地制宜发展中医、康复、护理等特色科室；鼓励基层医疗卫生机构与上级医院建立远程会诊、心电图和影像等远程诊断系统，提高诊断能力。

4. 逐步建立分级诊疗体系。根据省、市要求，制定下发《冷水滩区关于推进分级诊疗制度建设实施方案》，制定分级诊疗规范，推进基层首诊负责制，出台双向转诊标准。开展区级公立医院对口支援基层医疗卫生机构工作，重点加强对基层医疗卫生机构的业务指导、技术支持和人才培养，帮助提高服务水平。建立基层医疗卫生机构与上级医院的转诊绿色通道，方便患者合理转诊。

（三）进一步加强基层卫生机构药品配备使用管理

在坚持执行基本药物制度的前提下，根据《湖南省卫生计生委关于进一步完善基层医疗卫生机构药品配备使用管理的意见》（湘卫药政发〔2014〕1号），可配备使用一定数量或比例的非基本药物，采购品规不得超过本机构本年度基本药物品规总数的25%，采购金额不得超过本机构本年度基本药物采购总金额的30%。满足患者用药需求，有序推进村卫生室实施基本药物制度。对于自愿实施基本药物制度的非政府办基层医疗卫生机构，可采取购买服务的方式推进。加强对实施基本药物制度的药品采购、配送、零差率使用和药款支付等环节的监管，重点加强药品配送服务监管，督促中标供药企业按照药品购销合同规定的时间、地点、数量及时配送。同时督促医疗机构要按照政策及合同及时支付药款，确保采购药品机制健康运行。

（四）进一步完善编制管理和人事分配制度

1. 完善人员编制管理。按照省委、省政府文件规定，重新核定乡镇卫生院和社区卫生服务中心的人员编制。根据基层医疗卫生机构实际，全区在核定编制总额内，可进行动态调整，向中心卫生院和偏远地区乡镇卫生院倾斜。

2. 完善专业人员招聘政策。基层医疗卫生机构所需专业技术人才，由区卫计委在编制限额内，按照公开、公平、公正的原则，制定公开招聘方案，商区人力资源社会保障部门、区编制部门同意后，组织实施招聘工作，拟聘结果报区人力资源社会保障部门备案后，办理聘用相关手续。基层医疗卫生机构招聘高层次，紧缺岗位人才，经区人力资源社会保障部门、区编制部门研究上报市级人力资源社会保障部门、编制部门核准，可以采取直接考核的方式招聘。订单定向医学生毕业后，由签订“订单定向培养服务协议”的区卫计委办理编制使用核准手续后，商区人力资源社会保障部门安排到乡镇卫生院工作，确保有编有岗。加强对享受优惠政策招聘和定向培养的基层医疗卫生专业技术人员的管理，为其开展工作提供必要的条件，对违反协议或规定擅自离岗离职的人员，取消其因优惠政策所享受的待遇(资格)。

3. 完善绩效工资分配机制。进一步完善绩效考核方案，根据考核结果发放奖励性绩效工资，奖励性绩效工资占绩效工资比例不低于60%。绩效工资分配应向工作一线、关键岗位、业务骨干、贡献突出等人员倾斜，合理拉开收入差距，体现多劳多得、优绩优酬。

4. 提高基层医疗卫生机构人员待遇。按照财政部、原卫生部印发的《基层医疗卫生机构财务制度》的有关规定，在核定年度绩效工资总量的基础上，基层医疗卫生机构可提取不超过50%的收支结余，作为单位职工当年的福利基金、奖励基金。对其中效益较好的单位，其绩效工资水平原则上不高于当地事业单位绩效工资水平基准线的3倍。对乡镇卫生院正式工作人员，按省人力资源社会保障、财政部门相关规定，给予乡镇工作补贴。将保障性住房建设继续延伸到乡镇卫生院，城乡住房建设、发改、财政、卫生计生等部门要统筹规划，加快实施乡镇卫生院保障性住房建设。

(五)进一步加强村卫生室和乡村医生队伍建设

依托农村服务平台建设，从2017年起全面启动村卫生室标准化建设，到2019年，确保每个行政村都有一所标准化村卫生室，并合理配置乡村医生，原则上按照每1000人服务人员不少于1名的标准配备乡村医生。针对未设置卫生室的“空白村”、以及边远地区乡村医生严重老龄化的地区，实施乡村医生本土化人才免费定向培养，培养对象毕业后，注册成为本村卫生室的乡村医生。允许其他具有医学中专及以上学历人员参加省卫生计生部门统一考试，对取得《乡村医生执业证书》的，充实到乡村医生队伍。进一步落实乡村医生政策待遇。采取购买服务的方式，保障乡村医生的合理收入。对于乡村医生提供的基本公共卫生服务，应根据核定的任务量和考核结果，发挥考核杠杆作用，合理拉开补助总额，将相应的基本公共卫生服务经费拨付给乡村医生。完善村卫生室实施基本药物制度后的多渠道长效补偿机制，按政策落实财政专项定额补助。完善乡村医生养老政策，支持引导符合条件的乡村医生参加职工基本养老保险，不属于职工基本养老保险覆盖范围的，在户籍地参加城乡居民基本养老保险。对符合条件的老年乡村医生，按规定给予生活困难补助。逐步建立乡村医生退出机制，区卫计委在每5年一次的乡村医生执业再注册时，对年满65周岁、身体健康状况难以胜任村卫生室工作任务的乡村医生，原则上不予再注册；年满60周岁的在岗乡村医生，自愿退出乡村医生岗位的，可注销注册。

三、组织保障

(一)切实加强领导。各级各部门要充分认识加强基层医疗卫生服务体系建设对深化医药卫生体制改革和全面建成小康社会的重要作用，统一思想，加强领导，将基层医疗卫生服务体系建设作为改善民生的重点工作列入党委、政府议事日程，并严格考核，促进工作落实。区委督查室、区政府督查室对本《实施方案》的落实情况，定期开展督查，及时通报情况，确保各项政策措施落到实处、取得实效。

(二)强化部门职责。各有关部门要加强协调配合，落实各自职责。组织部门要加强卫生计生部门领导班子建设，优化领导班子结构，注重选配有医疗卫生专业知识背景的人员进入领导班子，增强班子整体功能；宣传部门要大力宣传基层深化医药卫生体制改革政策，发掘卫生计生系统先进典型，正确引导舆论，形成全社会支持医药卫生体制改革、参与医药卫生体制改革的良好氛围；发改（物价）部门要优化基层医疗卫生机构布局，加强基层医疗卫生机构基础建设，做好基层医疗卫生机构医疗卫生服务收费标准的制定、执行监督工作；财政部门要按照政策规定及时足额安排基层医疗卫生机构各项补助资金和基层卫生人才培养资金；编制部门要统筹落实编制政策，科学合理配置基层医疗卫生机构的人员编制；人力资源社会保障部门要加大基层医疗卫生机构人员聘用力度，支持基层医疗卫生机构的人才队伍建设；医保部门要制定完善符合基层医疗卫生服务特点的医保政策；规划建设部门要加强新建小区社区卫生服务用房建设保障工作；环保、城管部门要支持基层医疗卫生机构污水和废物处理工作；卫生计生部门要加强基层医疗卫生机构管理，努力提高医疗卫生服务能力和质量，引导群众就近就医，不断提升人民群众健康水平。

（三）优化服务环境。政府办基层医疗卫生机构属于公益性事业单位，各有关部门在基层医疗机构建设发展中，要给予大力支持，实行政策倾斜，对其在基础设施建设项目报建时的行政性收费和服务性收费按规定给予减免，在水电费缴纳价格方面与基层同类事业单位缴纳标准保持一致。区委、区政府要妥善处理好医患纠纷，依法打击医闹，为基层医疗卫生机构创造良好的社会环境。

中共永州市冷水滩区委办公室
永州市冷水滩区人民政府办公室
关于印发《冷水滩区农村社区建设试点工作实施方案》的通知

冷办〔2016〕46号

各乡镇党委、乡镇人民政府，各街道，工业园区、马坪农业开发区，区直机关各单位：

《冷水滩区农村社区建设试点工作实施方案》已经区委、区政府研究同意，现印发给你们，请认真抓好贯彻落实。

中共永州市冷水滩区委办公室
永州市冷水滩区人民政府办公室
2016年10月14日

冷水滩区农村社区建设试点工作实施方案

为加快统筹城乡经济社会协调发展，深化村民自治，创新农村基层社会治理，提升农村公共服务水平，根据《中共湖南省委办公厅湖南省人民政府办公厅关于深入推进农村社区建设试点工作的实施意见》（湘办发〔2015〕62号）精神，结合我区实际，特制定本实施方案。

一、指导思想

全面贯彻落实党的十八大和十八届三中、四中、五中全会精神，完善村民自治，建立农村社区共建共享机制，健全村民自我服务与政府公共服务、社会公益服务有效衔接的农村基层综合服务管理平台，积极探索新形势下农村社区建设的模式和方法，为全面推进农村社区建设积累经验。

二、工作目标

2016年度每个乡镇（含岚角山街道，下同）确定1个村开展农村社区建设试点，逐年逐步铺开，到2020年全区171个村全面实施农村社区建设，10%以上的村达到省级农村社区建设示范村标准。

三、基本原则

1. 党委领导，政府推动

始终坚持党的领导，坚持党在农村的基本政策；政府履行组织协调、规划引导、政策支持、物质保障等职能；完善公共财政投入机制和部门分工协调机制，扎实推进农村社区建设。

2. 以人为本，服务群众

始终把服务村民，改善民生作为农村社区建设的出发点和落脚点，以解决农村村民最关心、最直接、最现实的利益问题为着力点，切实提高村民生活幸福指数。

3. 依靠群众，整合资源

充分发挥村民的主体作用，尊重村民意愿，维护村民的合法权益。通过搭建服务平台，完善工作机制，整合所需资源，把农村社区建设与社会主义新农村建设、农村网格化建设结合起来，调动一切积极因素参与农村社区建设，形成推进农村社区建设的强大动力。

4. 因地制宜，分类指导

各乡镇要从经济社会发展水平的实际出发，根据城郊村、集镇村和一般建制村各自不同的特点，有针对性地指导，先易后难，循序渐进，突出特色，注重实效，有计划、有步骤地推进农村社区建设。

四、工作任务

（一）加强村级组织建设，为农村社区建设提供组织保障

1. 强化基层党组织领导核心作用。积极推进村党组织“两推一选”工作，选准选强村党组织班子；明确村党组织的职责，实现基层党组织对农村各项工作和其他基层组织的统一领导，把党的领导落实到基层治理的各方面；加大在农民合作社、农业企业、农业社会化服务组织等建立党组织的力度，扩大党的组织覆盖和工作覆盖；推进基层党组织属地化管理，对辖区内的流动党员，保持组织关系不变、参加所在工作单位或居住地党组织的组织生活；充分发挥党员服务区、党员责任区等载体作用，带领广大村民积极投身社区建设，群众对社区党员作用满意率达到 90% 以上。

2. 逐步完善村党组织领导的充满活力的村民自治机制。规范民主选举，依法依规选举村民委员会，健全村委会下属的人民调解、治安保卫、公共卫生与计划生育等委员会；建立健全村务监督委员会；完善村民会议、村民代表会议、村支“两委”联席会议、村民议事协商会议和民主选举、民主管理、民主决策、民主监督、民主评议、村务公开、财务管理、考核奖惩等制度；各项制度得到有效落实，村民满意率达到 90% 以上。

3. 大力培育和发展农村社区社会组织。各农村社区可根据本地实际，引导村民在自愿的基础上成立各类农村专业合作社或协会、老年协会、关心下一代协会、环境卫生监督协会、文体活动组织、志愿服务组织等农村社区社会组织和中介服务组织，积极引导他们参与农村社区建设；乡镇要根据区里编制的村民委员会职责清单和协助政府工作清单，与村民委员会或社会组织签订委托协议和购买服务协议，建立履职履约双向评估机制。

（二）规范农村社区工作用房及活动设施建设，为农村社区建设提供平台

各农村社区建设试点村要充分利用现有设施，通过新建、扩建、改建等方式建好村级组织室内外活动场所，其中室内活动场所建筑面积要达到 400 ㎡以上，内设“三站、十室、一校”，即便民服务站、信访维稳站、网格管理站、综合办公室、警务室、人民调解室、司法调解室、图书室、娱乐室、卫生和计生服务室、会议室、党员活动室、村民代表议事室、村民学校等，坚持一室多能、一室多用的原则，合理安排使用，其中便民服务站面积要达到 50 ㎡以上，设置 80cm × 60cm（高 × 宽）吧台、等候区和办公区，墙上张贴有村“两委”成员及其他工作人员照片，并标注有职务、职责及联系电话，张贴有主要惠民政策的办事程序和流程；各室、站门口侧边墙上安装有规范统一的标识牌，其中便民服务站

门楼上方要求悬挂“公共服务中心”（规格40cm×60cm，铜底红字）的牌子；村级活动场所门口统一悬挂用不锈钢制做楷体红字书写的“中国共产党××村支部委员会（或委员会、总支部委员会）”和楷体黑字书写的“××村村民委员会”两块竖牌；在适当位置安装液晶显示屏，宣传党和政府有关政策法规；室外设有党务公开栏、村务公开栏、宣传栏和规模适应的活动广场。

（三）完善农村社区服务功能，提升社区服务水平

1. 实行村干部在“便民服务站”轮流值班制

各农村社区建设试点村要制定村干部在“便民服务站”轮流值班制度，接待村民来访，及时化解邻里矛盾纠纷，对于政府公共服务事项及其他服务事项为村民提供咨询、直接办理、全程委托代理和反馈服务，最大限度地为农村居民办事提供方便。

2. 推进农村社区医疗卫生服务

整合和利用现有农村医疗资源，建设好社区卫生和计生服务室，加强预防保健、健康教育、计划生育服务和一般常见病、多发病、慢性病的诊疗服务；建立老年健康档案；开展上门医疗服务；加强人畜共患疾病的防治；强化药品监管，杜绝不合格和过期药品流入农村社区。真正做到“小病足不出户，急病及时救护，大病全程监护”。

3. 推动农村社区志愿服务

广泛动员各类社会组织和村民群众参加农村社区志愿服务，搭建社区志愿者、服务对象和服务项目对接平台，开展丰富多彩的社区志愿互助活动；建立农村社区“三留守”人员动态信息库，建立健全“三留守”人员关爱服务机制，发挥农村邻里相助的传统文化，实施村“两委”干部、党员、村民小组长、志愿者关爱“三留守”人员“一对一”或“多对一”守望相助制度。

4. 健全农村社区市场化服务

完善农村社区商业网点和物流布局，引导经营性服务组织在农村社区开展连锁经营，设置便民利民服务网点；支持各类商贸企业参与涉农电子商务平台建设；整合资源，采取政府投入与民间投入相结合的办法，建设社区老年人日间照料中心，幼儿园等服务机构。

（四）丰富农村社区居民文化生活，深入开展精神文明创建活动

支持村民兴办演出团体和其他文化团体；发展各具特色的农村社区文化，发现和培养乡土文化能人，广泛开展具有浓郁乡土气息的农村社区文化体育活动，丰富村民的业余生活；开展“文明示范户”“文明村民”等评选活动，促进家庭和睦、邻里和谐、文明乡风的形成；倡导科学、文明、健康的生活方式，反对封建迷信赌博活动，形成健康向上、文明和谐的社区文化氛围，推动农村社区精神文明建设。

（五）开展绿化美化社区环境活动，营造宜居新村

开展社区环境保护宣传，增强村民环保意识；加强庭院绿化和村庄绿化带建设，搞好社区绿化；建立健全生活垃圾收运处理体系，重点解决污水乱排、垃圾乱扔、秸秆随意抛弃焚烧等脏乱差问题，搞好社区净化；有经济条件的村在社区主要道路或中心活动区域安装路灯，搞好社区亮化。

（六）推进农村社区法制建设，维护农村稳定

加强农村社区普法宣传教育，提高基层党员、干部法治思维和依法办事能力，引导社区村民依法反映诉求，解决矛盾纠纷；及时了解掌握和回应不同利益主体的关切和诉求，有效预防和就地化解矛盾纠纷；成立社区治安巡逻队伍，建立社区治安防范体系，实行群防群治；建立流动人口台账，加大对流动人员的管理；加强对刑满释放和吸毒人员的帮教工作；指导完善村民自治章程

和村规民约，支持社区村民自我约束和自我管理，提高农村社区治理法治化水平。

五、实施步骤

1. 确定试点单位（2016年4月10日至15日）

原则上1个建制村即划定为1个农村社区，各乡镇要将拟开展农村社区建设试点村的名单在4月15日前上报区基层政权和社区建设工作领导小组办公室（设区民政局425室），待报请区基层政权和社区建设工作领导小组批准后组织实施。

2. 制定试点方案（2016年4月20日至30日）

各乡镇要组织指导试点村通过召开村组干部会、党员会、村民代表会或村议事协商会以及到村民中走访、问卷调查等多种形式，广泛征求意见，按照全区农村社区建设试点工作的统一部署，制定切合本村实际的详细具体的实施工作方案。

3. 试点工作实施（2016年4月30日至2017年3月31日）

各乡镇及试点村要按照农村社区建设试点方案要求，列出工作实施进度表，责任明确到人，措施具体到位，扎实稳步推进农村社区建设试点工作。

4. 检查验收（2017年3月31日至4月30日）

区基层政权和社区建设工作领导小组将组织相关部门，按照“冷水滩区农村社区建设试点村验收标准”（见附件）进行检查验收并进行通报，80分以上的（含80分）为验收合格，80分以下的由该乡镇党政主要领导带队进驻该试点村进一步开展农村社区建设工作，直到验收合格为止。

六、工作要求

1. 加强组织领导

农村社区建设是一项系统工程，全区农村社区建设试点工作由区基层政权和社区建设工作领导小组统一组织领导，试点乡镇要高度重视，成立以党委书记为组长的领导小组，并选派精干得力的党政班子人员带领工作组进驻试点村，负责指导农村社区建设工作的落实；区委将此项工作作为对乡镇党委书记基层党建工作履职的一项重要考核内容；区委督查室、区政府督查室要根据实施步骤，每月进行一次工作督查，对贯彻落实工作不力的将予以通报批评。

2. 形成工作合力

区直各有关部门和单位要根据本部门职责，密切配合，加强协作，大力支持和积极参与农村社区建设，努力形成工作合力，稳步推进农村社区建设试点工作。区委组织部要将农村社区建设工作作为基层党的建设的一项重要任务统筹推进；区民政局要发挥牵头协调作用，会同区委督查室、区政府督查室搞好工作督查，指导督促各乡镇抓好各项任务的落实；区财政局要搞好资金统筹，并按计划安排及时拨付到位；区委政法委要协调公安、司法等部门搞好社区警务室（司法调解室）建设，帮助指导试点村搞好群防群治工作，加强农村公共法律服务、社区戒毒（康复）、社区矫正及安置帮教工作；区农业委要结合新农村建设统筹谋划指导农村社区建设工作；区科技和经信委要组织推进农村网络全覆盖工作；区交通运输局要加强村级道路建设；区卫计委要加强对农村社区卫生工作人员的技术培训指导，疾病防控，计生服务工作；区食药监管局要加强对食品、药品的安全检查；区人社局要加强就业培训指导，新型农村合作医疗和养老保险制度的落实；区商务和粮食局要引导组织好商业网点布局、物流配送和涉农电子商务平台建设工作。

3. 建立投入机制

区财政为每个试点村适当安排农村社区建设试点经费，乡镇也要相应安排资金，特别是要统筹整合相关涉农资金，提高资金使用效率，避免重复建设；有集体经济收入的村，可通过召开村民代表会议形成决议，拿出一定比例资金，用于本村社区建设中的公益项目；联系乡镇的区直相关部门相应视为该乡镇试点村农村社区建设联点帮扶单位，要在人力、资金、物资、技术等方面给予大力资助，同时委托或交由农村社区协助办理的事项，要实行“权随责走，费随事转”；鼓励动员社会团体、企事业单位和个人以捐赠、投资方式兴办农村社区服务项目。农村社区建设通过以上方式逐步建立起以各级财政、涉农资金、村集体积累资金投入为主体，社会各界投资、捐助为补充的多元投入机制。

4. 加强队伍建设

进一步健全和完善村党组织和村民委员会换届选举的选拔用人制度，大力选拔政治素质好、创业致富强、有奉献精神、公道正派、廉洁自律的农村优秀人才进入村级班子；加强农村社区工作者队伍建设，坚持本土培养和外聘相结合，并将其纳入社会工作人才队伍建设，逐步推进社区工作者的专业化、职业化；争取每个农村社区至少有1名大专以上学历的社区工作者；建立完善农村社区工作者民主评议、考核奖惩、培养选拔等机制，落实薪酬待遇，激发农村社区工作者的积极性、主动性和创造性，不断提高农村社区服务规范化、标准化水平和群众对社区工作的满意度。

5. 及时总结经验

对安排开展农村社区建设试点的村，根据实施步骤，及时发现和宣传各类先进典型，适时对试点工作成效进行总结评估，为全面推进农村社区建设推广好的经验和做法。

经济社会统计资料

表 2

2016 年冷水滩区社会经济基本情况

	计算单位	实际数
一、人口、劳动力及土地面积		
年末常住人口	万人	54.32
总户数	万户	19.33
其中：城镇人口	万人	36.48
农村人口	万人	17.84
其中：男性	万人	28.05
女性	万人	26.27
年末户籍总人口（公安局户籍数）	万人	55.99
其中：非农业人口	万人	23.03
年出生人口	人	8256
年死亡人口	人	2745
年末总户数	万户	19.81
年末单位从业人员数（只含限上企事业单位）	人	64495
（1）农、林、牧、渔业	人	144
（2）采掘业	人	–
（3）制造业	人	11292
（4）电力、煤气及水的生产和供应业	人	653
（5）建筑业	人	6315
（6）交通运输、仓储和邮政业	人	4871
（7）信息传输、计算机服务和软件业	人	2618
（8）批发和零售业	人	5077
（9）住宿和餐饮业	人	87
（10）金融业、保险业	人	5216
（11）房地产业	人	1261
（12）租赁和商务服务业	人	3398
（13）科学研究、技术服务和地质勘查业	人	1250
（14）水利、环境和公共设施管理业	人	549
（15）居民服务和其它服务业	人	111
（16）教育	人	5383
（17）卫生、社会保障和社会福利业	人	3093
（18）文化、体育和娱乐业	人	614

续表 2

	计算单位	实际数
（19）公共管理和社会组织	人	12563
土地面积	平方公里	1217.13
其中：城镇建城区面积	平方公里	23.44
二、综合经济		
（一）地方生产总值（按现行价格计算）	万元	242.53
第一产业增加值	万元	35.17
第二产业增加值	万元	89.99
其中：工业增加值	万元	76.28
第三产业增加值	万元	117.37
支出法地方生产总额	万元	242.53
最终消费	万元	120.13
居民消费	万元	82.48
政府消费	万元	37.64
资本形成总额	万元	121.71
固定资本形成总额	万元	107.87
存货增加	万元	13.84
货物和服务净流出	万元	0.68
（二）农业		
年末实有耕地面积	万亩	48.66
农业从业人员	万人	19.79
农林牧渔业总产值（当年价格）	万元	632963
农业	万元	307523.4
林业	万元	26901.9
牧业	万元	245489.4
渔业	万元	44168.3
服务业	万元	8880
主要农产品产量		
粮食	万吨	36.69
蔬菜	万吨	82.58
棉花	吨	1014
大豆	吨	6431

续表 2

	计算单位	实际数
水果	万吨	39.37
#柑桔	万吨	2.93
猪肉产量	吨	77025
禽蛋产量	吨	10104
水产品产量	万吨	2.64
（三）工业	(不含电力局）	(不含电力局）
规模以上工业总产值	亿元	270.61
轻工业	亿元	82.77
重工业	亿元	187.84
规模工业增加值	亿元	60.58
主要工业产品产量		
汽车	万辆	5.8
机制纸及纸版	万吨	0.5
水泥	万吨	90.7
发电量	万千瓦时	15.1
电缆线	万千米	32.1
主要经济指标		
企业单位数	个	142
应收帐款净额	亿元	22.99
产成品	亿元	3.96
固定资产净值平均余额	亿元	–
流动资产合计	亿元	72.31
资产合计	亿元	211.42
负债合计	亿元	116.47
主营业务收入	亿元	250.07
主营业务税金及附加	亿元	1.71
利润总额	亿元	9.09
应交增值税	亿元	5.96
全部从业人员平均人数	万人	3.09
(四)交通运输、邮电通信、电力		
铁路客运量	万人/公里	248.7

续表 2

	计算单位	实际数
铁路货运量	万吨 / 公里	11.3
公路客运量	万人 / 公里	48636
公路货运量	万吨 / 公里	32205
水运客运量	万人 / 公里	35.7
水运货运量	万吨 / 公里	639.1
民用航空货运量	万吨公里	0.078
民用航空客运周转量	万人公里	5.78
邮电业务总量（当年价）	万元	25559
全年用电量	万千瓦时	119023
# 工业用电	万千瓦时	36325
（五）批发、零售贸易与餐饮业		
社会消费品零售总额	亿元	116.8
批发零售贸易业商品销售总额	亿元	108.9
单位数	个	64
限额以上批发业	个	11
限额以上零售业	个	34
住宿业	个	5
餐饮业	个	14
从业人员	人	10656
（六）对外经济活动		
外国和港澳在区投资项目	个	4
当年合同利用外资金额	万美元	1000
当年实际使用外商金额	万美元	9163
（1）对外借款	万美元	—
（2）外商直接投资	万美元	9163
（3）外商其他投资	万美元	—
内资项目	个	26
当年合同利用内资金额	亿元	58
当年实际利用内资金额	亿元	24.01
（七）500 万元以上投资额	亿元	264.85
其中：城镇投资	亿元	221.41

续表 2

	计算单位	实际数
农村非农户投资	亿元	27.77
房地产开发投资	亿元	15.67
# 住宅	亿元	50.83
全年新增固定资产	亿元	–
房地产开发单位	个	34
本年施工住宅建筑面积	万平方米	281.63
本年竣工住宅建筑面积	万平方米	37.85
商品房屋销售建设面积	万平方米	142.86
其中：住房	万平方米	135.62
商品房屋销售额	亿元	54.6
其中：住房	亿元	50.83
三、教育、科技、文化、卫生		
学校总数	(不含教学点)	
小学	所	32
普通中学	所	34
幼儿园园数	所	191
特殊教育学校数	所	–
中等职业学校（专业实习场所）	所	4
专任教师数		
小学	人	2134
普通中学	人	1169
幼儿园园数	人	1351
特殊教育学校数	人	–
中等职业学校	人	245
在校学生数		
小学	人	53975
普通中学	人	29598
幼儿园园数	人	23583
特殊教育学校数	人	4
中等职业学校	人	5201
全区科技经费支出	万元	3070

续表 2

	计算单位	实际数
年内申请专利	件	683
从事科技活动人员数	人	–
文化广场	个	105
剧场、影剧院数	个	–
公共图书馆图书藏量	万册	1.5
医院机构总数	个	297
其中：医院	个	2
医院机构年末实有床位数	张	2531
医院机构年末实有卫生技术人员	人	1899
其中：执业（助理）医师数	人	752
四、环境保护、供气（含市直）		
工业企业个数	个	32
工业废水排放量	万吨	472.56
工业废水排放达标量	万吨	419.69
煤炭消费总量	万吨	20.37
工业化学需氧量	吨	1152.51
工业化学需氧量去除量	吨	7417.51
工业氨氮排放量	吨	29.14
工业氨氮除去量	吨	32.96
工业废气排放量	亿立方米	54.42
工业二氧化硫去除量	吨	66.28
工业二氧化硫排放量	吨	2101.52
工业氮氧化物排放量	吨	2172.44
工业氮氧化物除去量	吨	0.00
工业烟尘排放量	吨	2200.03
工业烟尘除去量	吨	116439.63
工业固体废物产生量	万吨	10.69
#危险废物	吨	–
工业固体废物综合利用量	万吨	10.69
工业固体废物贮存量	万吨	–
工业固体废物处置量	万吨	–

续表 2

	计算单位	实际数
工业固体废物排放量	吨	–
建设项目环保 " 三同时 " 执行合格率	%	100
液化石油气供气量	吨	–
# 家庭用量	吨	–
五、财政、金融、保险		
财政总收入	亿元	14.57
地方公共财政收入	亿元	9.68
地方公共财政支出	亿元	29.12
保险企业单位数	个	–
保费收入	亿元	5.22
保险赔付金额	亿元	2.48
六、人民生活		
在岗职工年平均人数	人	54038
在岗职工年均工资总额	元	49972
城乡居民人均可支配收入	元	–
城镇居民人均可支配收入	元	27183.0
农村居民人均可支配收入	元	17337.0
居民人均消费者支出（城镇）	元	14376
（1）食品	元	5285
（2）衣着用品	元	1051
（3）居住	元	2310
（4）家庭设备、用品及服务	元	696
（5）医疗保健	元	889.9
（6）交通和通信	元	1207
（7）娱乐、教育、文化服务	元	2686
（8）其它商品和服务	元	249
人平拥有空调机	人平 / 台	0.27
人平拥有电冰箱	人平 / 台	0.32
人平拥有洗衣机	人平 / 台	0.32
人平拥有家用电脑	人平 / 台	0.21
人平拥有家用汽车	人平 / 台	0.04

续表 2

	计算单位	实际数
人平拥有固定电话	人平 / 部	0.1
人平拥有移动电话	人平 / 部	0.72
居民消费价格指数（以上年 =100）	%	102.6
商品零售价格总指数（以上年 =100）	%	102.5
机关事业单位养老保险人数	万人	12108
企业养老保险新增参保人数	人	3935
失业保险总参保人数	万人	2.1
工伤保险新增参保人数	人	2600
社会儿童福利院	个	1
社会儿童福利院床位数	张	–
七、为民办实事		
1. 新增农村公路建设	公里	91.47
2. 普通公路安保设施建设	公里	21.85
3. 解决农村安全饮水人数	万人	2.23
4. 县以上城镇污水处理率	%	92.5
5. 县以上城镇生活垃圾无害化处理率	%	100
6. 新增公租房（含廉租房）	套	–
7. 帮助 0–7 岁残疾儿童实施抢救性	名	20
8. 国有工矿棚户区改造	户	4633
9. 农村危房改造	户	855
10. 新增养老服务床位	张	268
11. 农贸市场标准化改造	个	–
12. 新增城镇就业人员	人	5317
13. 农村公办幼儿园建设	所	2
14. 救治救助贫困重性精神病患者	人	80

表 3

2016 年冷水滩区总产出情况表

	代码	按当年价格计算 绝对额（万元）		按不变价格计算 绝对额（万元）		以 2015 年为 100 的指数 (%)	
		2016 年	2015 年	2016 年	2015 年	2016	2015 年
地区生产总值	1	5959673	5372451	5870756	5372451	109.3	109.5
农、林、牧、渔业	2	632963	600991	622135	600991	103.5	104.1
农业	3	307524	298428	299323	298428	100.3	102.8
林业	4	26902	26570	28696	26570	108.0	108.0
畜牧业	5	245489	228223	243286	228223	106.6	104.2
渔业	6	44168	39930	42206	39930	105.7	111.0
农、林、牧、渔服务业	7	8880	7840	8624	7840	110.0	102.0
工业	8	3057086	2820816	3036168	2820816	107.6	108.6
采矿业	9	75994	80216	75521	80216	94.1	107.6
# 开采辅助活动	10	4227	4472	4030	4472	90.1	107.2
制造业	11	2312246	2125696	2307549	2125696	108.6	109.4
# 金属制品、机械和设备修理业	12	7259	7058	6920	7058	98.0	108.5
电力、燃气及水的生产和供应业	13	668846	614904	653098	614904	106.2	106.3
建筑业	14	330134	281940	321274	281940	114.0	108.4
批发和零售业	15	185549	165469	178832	165469	108.1	108.0
批发业	16	55627	50784	54629	50784	107.6	107.6
零售业	17	129922	114685	124203	114685	108.3	108.2
交通运输、仓储和邮政业	18	241146	230109	240996	230109	104.7	103.4
铁路运输业	19	31109	29723	30940	29723	104.1	103.9
道路运输业	20	145156	138684	143443	138684	103.4	101.5
水上运输业	21	2726	2513	2600	2513	103.5	101.7
航空运输业	22	3576	3224	3324	3224	103.1	103.5
邮政业	23	30164	28819	29213	28819	101.4	101.3
其他	24	28415	27146	31476	27146	116.0	115.3
住宿和餐饮业	25	191709	175003	185728	175003	106.1	108.3
住宿业	26	32812	29727	31927	29727	107.4	107.3
餐饮业	27	158897	145276	153801	145276	105.9	

续表 3

	代码	按当年价格计算 绝对额（万元）		按不变价格计算 绝对额（万元）		以 2015 年为 100 的指数 (%)	
		2016 年	2015 年	2016 年	2015 年	2016	2015 年
信息传输、计算机服	28	221728	183185	219249	183185	119.7	108.5
务和软件业							112.3
电信、广播电视和卫	29	175259	142228	174843	142228	122.9	
星传输服务业							110.1
其他	30	46469	40957	44406	40957	108.4	
金融业	31	230958	208158	230958	208158	111.0	121.2
货币金融服务	32	184104	162620	184104	162620	113.2	119.9
资本市场服务	33	12089	11479	12089	11479	105.3	120.5
保险业	34	31534	32049	31534	32049	98.4	118.5
其他金融业	35	3231	2010	3231	2010	160.7	120.1
房地产业	36	155147	131547	143816	131547	109.3	116.4
房地产开发经营业	37	85992	70389	78762	70389	111.9	109.8
其他房地产活动	38	7350	6501	6920	6501	106.4	112.9
自有房地产经营活	39	61805	54657	58134	54657	106.4	106.5
动							106.5
租赁和商务服务业	40	43112	34899	42539	34899	121.9	
科学研究、技术服务	41	29973	24605	27355	24605	111.2	120.4
和地质勘查业							118.8
水利、环境和公共设	42	11892	9177	11567	9177	126.0	
施管理业							116.0
居民服务和其他服务	43	94917	73529	89948	73529	122.3	
业							123.2
教育	44	82251	65311	80985	65311	124.0	
卫生、社会保障和社	45	116510	97922	114178	97922	116.6	124.6
会福利业							116.7
文化、体育和娱乐业	46	12252	8765	11098	8765	126.6	
公共管理和社会组织	47	322346	261025	313930	261025	120.3	125.0
第一产业	48	624083	593151	613511	593151	103.4	119.4
第二产业	49	3375734	3091226	3346492	3091226	108.3	104.1
第三产业	50	1959856	1688074	1910753	1688074	113.2	108.6
							113.1

2016年冷水滩区按常住人口平均的地区生产总值情况表（一）

表4

项目	计量单位	本年	上年
按平均常住人口	万人	53.62	52.42
按常住人口平均的G D P	元	45231	41434
按常住人口平均的GNI	元	45281	41487

2016年冷水滩区按常住人口平均的地区生产总值情况表（二）

表5

项目	代码	绝对额（万元）	
		2016年	2015年
甲	乙	1	2
固定资本形成总额	01	1217142	1030700
一、固定资本形成总额	02	1078681	913138
1. 住宅	03	139626	118197
2. 非住宅建筑物	04	636187	538553
3. 机器和设备	05	190032	160869
4. 土地改良支出	06	7625	6455
5. 矿藏勘探费	07	2469	2090
6. 计算机软件	08	9091	7696
7. 其他	09	93651	79278
二、存货变动	10	138461	117562
1. 农林牧渔业	11	53321	45274
2. 工业	12	55928	47486
3. 建筑业	13	10937	9286
4. 交通运输、仓储和邮政业	14	2981	2531
5. 批发和零售业	15	9006	7646
6. 住宿和餐饮业	16	2098	1782
7. 房地产业	17	2192	1861
8. 其他服务业	18	1998	1696

2016 年冷水滩区按当年价格计算的地区生产总值构成项目情况

表 6

项目	代码	增加值	劳动者报酬	生产税净额	固定资产折旧	营业盈余
甲	乙	1	2	3	4	5
地区生产总值	1	2425298	2425298	171396	275090	647301
农、林、牧、渔业	2	354689	354689	5670	12788	71783
农业	3	186863	186863	2987	6737	37818
林业	4	16973	16973	271	612	3435
畜牧业	5	119377	119377	1908	4304	24160
渔业	6	28466	28466	455	1026	5761
农、林、牧、渔服务业	7	3010	3010	49	109	609
工业	8	762804	762804	47666	119638	239041
采矿业	9	22912	22912	3753	3156	5053
# 开采辅助活动	10	1134	1134	187	154	247
制造业	11	564013	564013	30694	72171	182892
# 金属制品、机械和设备修理业	12	1814	1814	98	231	582
电力、燃气及水的生产和供应业	13	175879	175879	13219	44311	51096
建筑业	14	140050	140050	29561	17780	39139
批发和零售业	15	128658	128658	26440	7213	52600
批发业	16	36964	36964	7598	2327	14870
零售业	17	91694	91694	18842	4886	37730
交通运输、仓储和邮政业	18	122899	122899	11586	21368	36160
铁路运输业	19	19319	19319	1944	3253	6150
道路运输业	20	84057	84057	8361	14118	26819
水上运输业	21	995	995	122	208	256
航空运输业	22	1224	1224	130	250	322
邮政业	23	9529	9529	194	2151	224
其他	24	7775	7775	835	1388	2389
住宿和餐饮业	25	76289	76289	6486	5367	4130
住宿业	26	13378	13378	1136	940	762
餐饮业	27	62911	62911	5350	4427	3368
信息传输、计算机服务和软件业	28	92398	92398	6044	32281	39214
电信、广播电视和卫星传输服务业	29	76836	76836	3875	31160	32227

表 6

项目	代码	增加值	劳动者报酬	生产税净额	固定资产折旧	营业盈余
甲	乙	1	2	3	4	5
其他	30	15562	15562	2169	1121	6987
金融业	31	142776	142776	10427	4241	88172
货币金融服务	32	113871	113871	8316	3382	70322
资本市场服务	33	9173	9173	670	272	5665
保险业	34	17709	17709	1293	527	10936
其他金融业	35	2023	2023	148	60	1249
房地产业	36	81238	81238	16628	6341	20376
房地产开发经营业	37	48085	48085	13815	2350	12962
其他房地产活动	38	5926	5926	212	1853	1023
自有房地产经营活动	39	27227	27227	2601	2138	6391
租赁和商务服务业	40	24587	24587	2407	2215	5519
科学研究、技术服务和地质勘查业	41	18215	18215	846	847	2863
水利、环境和公共设施管理业	42	8790	8790	264	504	180
居民服务和其他服务业	43	45629	45629	3946	563	1652
教育	44	52618	52618	173	4828	2472
卫生、社会保障和社会福利业	45	46499	46499	228	3908	2878
文化、体育和娱乐业	46	8463	8463	544	1912	1165
公共管理和社会组织	47	318696	318696	2480	33296	39957
第一产业	48	351679	351679	5621	12679	71174
第二产业	49	899906	899906	76942	137033	277351
第三产业	50	1173713	1173713	88833	125378	298776